사이먼
샤마의 **1**
영국사

사이먼 샤마의

영국사

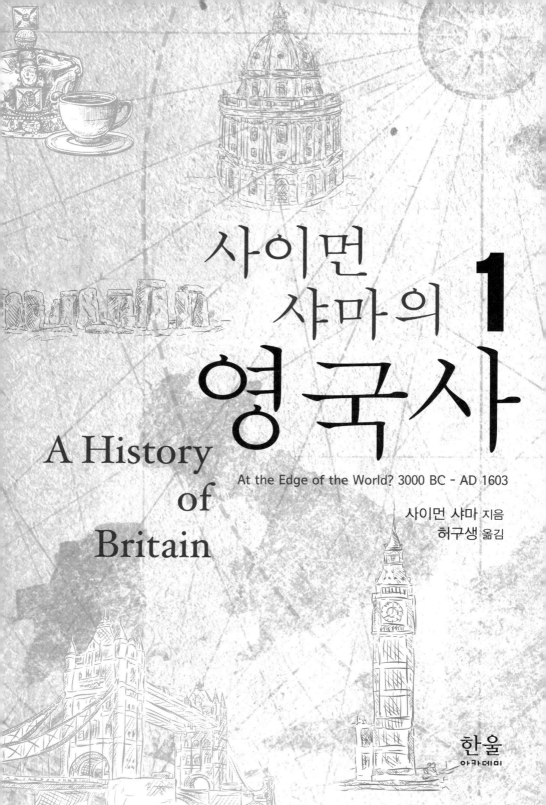

1

A History

of

Britain

At the Edge of the World? 3000 BC - AD 1603

사이먼 샤마 지음
허구생 옮김

한울
아카데미

A History of Britain: At the Edge of the World?(3000 BC-AD 1603)

by Simon Schama

차례

···

요람은 심연 위에서 흔들리고, 상식은 우리에게 말하길,

우리 존재는 두 개의 어두운 영겁 사이로 잠시 흐르는 한 줄기 틈새 빛에 불과하다….

자연은, 성숙한 인간이라면 중간에서 일어나는 특별한 광경들을

아무렇지도 않게 받아들이듯이,

이물에서 고물까지 양쪽 끝에 위치한 시커먼 어둠의 공동들을 받아들일 것을 기대한다.

상상은 불멸의 존재에게도, 미성숙한 존재에게도, 더할 수 없는 기쁨이지만

반드시 제한되어야 한다.

삶을 즐기려면, 우리는 상상을 너무 즐겨서는 안 된다.

나는 이러한 상황에 대해 반항한다.

— 블라디미르 나보코프Vladimir Nabokov, 『말하라, 기억이여Speak, Memory』

19세기 잉글랜드인들에게 조상들의 삶에 대한 진실한 그림을 보여줄 수만 있다면,

나는 역사학의 권위를 밑으로 떨어뜨렸다는 비난을 감수할 것이다.

— 토머스 배빙턴 매콜리Thomas Babington Macaulay, 『잉글랜드의 역사The History of England』

정복당한 왕들은 미친 듯이 노하여 죽어간다;

신들은 영과 육에서 죽고, 활자 속에서 산다,

잘못 인용된 폭군의 집, 각기의 도서관에서.

— 로버트 로웰Robert Lowell, '어느 해의 마지막End of a Year', 『역사History』

일러두기

1 이 책은 다음을 완역한 것이다. Simon Schama. 2000. *A History of Britain: At the Edge of the World? 3000 BC-AD 1603*. Peters, Fraser and Dunlop Ltd.

2 되풀이해서 나오는 주요 고유명사는 필요하면 가장 먼저 나오는 곳에서 원어를 같이 표기했다.

3 본문에 등장하는 도서, 신문 등의 표기에서 단행본 제목에는 『 』, 논문, 시 제목에는 「 」, 신문이나 잡지 제목에는 ≪ ≫, 프로그램 제목, 영화 제목에는 〈 〉를 사용했다.

4 맞춤법과 외래어 표기는 국립국어원 표준국어대사전과 외래어표기법을 따랐지만 모든 교황 및 성인 이름은 한국천주교 용례를 따랐다.

감사의 글

BBC가 이 기획을 나의 본국 귀환을 환영하는 이벤트로 생각하려고 할지는 모르겠지만, 이 『사이먼 샤마의 영국사*A History of Britain*』는 내게 있어서 지난 20년간 떠나 있었던 나라에 대한, 그리고 지난 10년간 가르치지 않았던 과목에 대한 일종의 '홈커밍homecoming'과 같은 의미가 있었다. 감상感傷 혹은 지나친 비판 의식에 젖은 해외 거주 귀국자들이 자기 나라 역사에 대해 가장 냉정한 해설자가 되리라는 법은 없다. 당시 BBC2에 있던 재니스 해들로우Janice Hadlow가 맨 처음 내게 텔레비전 영국사와 씨름 한번 해보지 않겠냐고 권해왔을 때, 그동안 전문 연구자들과의 토론에서 벗어나 있었던 나로서는 그 일을 맡을 자격이 없다는 것이 나의 즉각적인 대답이었다. 그러나 재니스는 그 거리를 단점이 아니라 잠재적 강점으로 생각하라고 밀어붙였다. 다시 알아가는 과정을 통해 내 스스로의 이해를 넓히고, 또한 그들 스스로는 결코 전문가가 될 수 없는 시청자 및 독자들과의 연결망을 가질 수 있는 강점 말이다. (헤이스팅스 Hastings 전투와 흑사병에 대한 '모든 것'을 알고 있는 택시 기사들과 자주 마주치면서 이러한 가정이 과연 옳은 것인지 의심하게 되지만) 익숙하지 못한 상황이 초래할 수 있는 위험보다는 재발견이 주는 흥분이 더 클 것이라는 쪽에 표를 던짐으로써, 이 프로젝트를 공동 구상한 재니스와 앨런 옌톱Alan Yentob, 그리고 마이클 잭슨 Michael Jackson은 하나의 커다란 도박을 벌이고 있었다. 그것은 우리로서는 일생일대의 도박이었다.

결국에는, 영국사에 관한 새로운 프로그램을 만드는 것이 텔레비전의 존재 이유라는 앨런과 재니스의 열정적 믿음에 긍정적으로 답할 수밖에 없었다. 잘 알려진 이야기들에게는 생생한 기운과 극적인 요소를 불어넣고, 덜 알려진 이야기들을 가능한 많은 대중에게 전달하는 것, 그리고 특히 요즘처럼 국민적 충성과 정체성의 총체적 이슈가 쉬운 가정이 아니라 하나의 심각한 질문으로 다시 떠오른 시기에, 역사를 현재의 우리 생활에서 멀리 있지 않은, 오히려 우리 생활의 완전한 일부로 공유되는, 하나의 대중적 열정으로 복원하고 되살리는 것이 텔레비전의 존재 이유라는 것이다.

이 책의 표지에는 단 한 사람의 이름이 있지만, 『사이먼 샤마의 영국사』는 처음부터 끝까지 BBC의 친구, 동료들의 용기 있는 재능과 고갈될 줄 모르는 에너지 없이는 생각할 수 없었던 '공동 작업'이었다. 마틴 데이비드슨Martin Davidson은 이 작업 전체 과정을 통해 특별한 동반자였다. 그는 예리한 집중력과 상상력의 소유자였으며, (작업이 잘 진행되지 않는다고 생각되면) 이 프로젝트와 관련하여 차분하고 명쾌한 의견을 내게 제시하곤 했으며, 그것은 그런 자질을 갖추지 못한 나 같은 해설가에게 큰 도움이 되었다. 또한 나의 독특한 관점을 기꺼이 공유해 준 제작팀과 같이 일할 수 있었다는 건 커다란 행운이었다. 나는 이 '감사의 글'이라는 전통적 방식으로는 도저히 적절하게 표현할 수 없는 것을 그들로부터 배웠다. 클레어 베번Clare Beavan, 이안 브렘너Ian Bremner, 마르티나 홀Martina Hall, 리즈 하트퍼드Liz Hartford, 팀 커비Tim Kirby, 재닛 리Janet Lee, 폴 틸지Paul Tilzey가 그들이다. 마이크 이베지Mike Ibeji는 이안 브렘너와 더불어 중세사에 관한 나의 엄청난 지적 공백을 메울 수 있도록 도와주기 위해 참으로 많은 작업을 열심히 해주었고, 내가 다루어야 할 학문적 영역과 이슈에 대해서도 알려주었다. 나는 또한 문헌 및 시각 자료를 담당했던 일단의 지칠 줄 모르고 두려움 없는 연구보조원들에게 심심한 감사를 표한다. 그들이 없었다면 이번 일은 끔찍하게 힘들었을 것이다. 그들의 이름은 멜리사 악도건Melisa Akdogan, 알렉스 브리스코Alex Briscoe, 에이미 아이스너Amy Eisner, 캐런 그린Karen

Green, 패트릭 키프Patrick Keefe, 조안 킹Joanne King, 벤 레든Ben Ledden, 클로이 샤마Chloë Schama이다. 이번 시리즈 대부분의 프로그램에서 카메라를 담당했던 루크 카디프Luke Cardiff는 문자 그대로, 선견지명이 있는 사람이었다. BBC2에서는 폴 해먼Paul Hamann과 제인 루트Jane Root의 헌신적인 지원을 통해 필요한 것을 지속적으로 제공받았다. 텔레비전 진행자 겸 작가가 선로를 완전히 이탈하지 못하도록 확실하게 지키는 일은 틀림없이 세상에서 가장 힘든 일 중 하나이며, 이 점에서 나는 BBC2 역사 팀의 사라 플렛처Sara Fletcher, 클레어 샤프Claire Sharp, 테리사 라이던Theresa Lydon 등이 촬영 현장 안팎에서 보여준 충실성, 효율성 그리고 사려 깊음에 감사할 따름이다.

끝없이 계속되는 이 일과 씨름할 수 있도록 내게 장기 휴직을 허락해 준 컬럼비아 대학교의 교무처장 조너선 콜Jonathan Cole, 그리고 모든 종류의 학문적 도움과 영감을 준 같은 대학의 동료 데이비드 아미티지David Armitage에게 깊은 감사를 드린다. 역시 같은 대학의 존 브루어John Brewer, 스텔라 틸리어드Stella Tillyard, 아만다 포먼Amanda Foreman, 엘리엇 프리드먼Eliot Friedman, 민디 엥겔 프리드먼Mindy Engel Friedman, 조너선 길리Jonathan Gili, 타니아 루어먼Tanya Luhrmann, 질 슬로토버Jill Slotover, 테리 저스토Terry Justo 등은 본질적으로 자만심 가득 실린 이 프로젝트와 작가인 내게 좋은 친구가 되어주었다.

이 책은 단순히 텔레비전 시리즈물의 파생 상품이라고 할 수 없다. 시리즈물의 대본들을 단순하게 글로 옮긴 것이 아니라, 우리 역사의 주제와 쟁점들을 시리즈물보다 훨씬 더 상세하고 구체적으로 다루었기 때문이다. 스튜어트 프로피트Stuart Proffitt는 이 책의 원고를 언제나 그렇듯이 매의 눈으로 읽고 개선할 수 있는 크고 작은 방법들을 일러주었다. 마거릿 윌리스Margaret Willes는 초기 원고에 대해 많은 조언을 해주었다. 앤드류 피트그리Andrew Pettegree 교수와 존 허드슨John Hudson 박사는 책의 본문에 두드러진 실수가 있는지 세심하게 살펴주었다. 그러나 남아 있는 오류는 나의 책임이다. BBC 월드와이드에서 아량 있고, 인내심 많으며, 안목 있는 편집자인 마사 코트Martha Caute를 만난 건

행운이었고, 당연하게도 주제를 저울 위에 올려놓고 따지는 일의 중요성에 대해 일관된 신념을 가지고 있었던 실라 에이블맨Sheila Ableman, 샐리 포터Sally Potter, 크리스 웰러Chris Weller에게 감사하다. 토크 미라맥스Talk Miramax의 티나 브라운Tina Brown과 조너선 버넘Jonathan Burnham은 『사이먼 샤마의 영국사』를 미국 내에서 가능한 많은 대중이 접할 수 있도록 열성을 다했다. 티나는 이 프로젝트에 대해 처음 듣는 순간부터 전 과정을 통해 단순한 우정을 훨씬 뛰어넘는 열렬한 지지자였다.

수년에 걸친 집필과 제작 기간 동안 이 정도 규모의 프로젝트를 진행하다 보니, 모든 문제의 장본인인 내 가족들에게도 보통 이상의 고생을 시켰다. 언제나 그렇듯이 매일 사랑과 가정의 행복이라는 묘약을 주어서 내가 지치지 않게 해준 지니Ginny, 클로이Chloë, 가브리엘Gabriel, 그리고 거스Gus에게 감사하다. 그리고 PFDPeter, Fraser & Dunlop의 바네사 컨즈Vanessa Kearns는 나와 우리 가족들이 예상보다 길게 영국과 그 밖에 많은 곳에서 체류하는 동안 편하게 묵을 수 있도록 도와줄 준비가 늘 되어 있었다.

『사이먼 샤마의 영국사』는 처음부터 끝까지 앨런 옌톱, 재니스 해들로우, 마틴 데이비드슨, 그리고 나의 텔레비전 에이전트인 로즈메리 스콜라Rosemary Scoular로 이루어진 소집단에 의해 추진된 놀라운 믿음의 행위였다. 이 프로젝트, 그리고 작가인 나에 대한 그들 모두의 조금도 변함없는 믿음은 역사가로서의 나의 오랜 경력을 통해 가장 감동적인 (그리고 나를 가장 불안하게 만든) 사건이었다. 그러나 가장 큰 감사의 말은 동료 여행가 중 하나인 마이클 시슨스Michael Sissons에게 돌아가야 한다. 그것은 단지 그가 내게 이 프로젝트를 떠맡을 수 있도록 용기를 주고 이것이 현실이 될 때까지 지켜봐준 것 때문만이 아니라, 나와 모험을 공유했던 지난 30년간 작가로서의 내 삶이 이루어질 수 있도록 도와주었기 때문이다. 그는 늘 폭풍 속의 항해사였다.

서문

역사는 강하게 달라붙기도 하고, 헐렁하게 차서 놓아주기도 한다. 붕괴는 지속과 마찬가지로 역사학의 온당한 주제이다. 그러므로 20세기에서 바라본 영국사의 중요한 주제가 '지속'이라면, 21세기에서 바라본 대응적 주제는 '변화'여야 한다.

이슬비 내리는 대관식과 서리로 얼어붙은 장례식은 우리 전후 세대에게 영국인이라는 것이 무얼 의미하는지에 대해 가장 강력하게 말해 준 공적 의식儀式이었는데, '매달리기'와 '보내주기'의 두 가지 요소 모두가 이 두 개의 의식 속에서 스스로의 존재감을 드러냈다. 인정하건대, 엘리자베스Elizabethans의 대관식이 열렸던 1953년 6월, 당시 영국의 가장 지배적인 분위기는 상쾌한 변화의 바람은 아니었다. 2년 전 브리튼 축제(1851년 열렸던 빅토리아 만국박람회 100주년을 기념한 자축연)가 열렸을 때에는, 회색의 플란넬 소재 짧은 바지를 입고, 무릎양말을 내려 신은 여덟 살짜리 우리들로 하여금 이제 '새로운 엘리자베스 시대 사람들'이라고 생각하도록 설득하려는 공식적인 움직임이 활발하게 진행되고 있었다.[1] 당시 축제의 상징물은 미래 지향적 기술의 전당을 시각화한 스카일런

---

1   1951년 들어 조지 6세의 건강이 나빠지면서 왕위계승자인 엘리자베스가 왕실의 행사를 대행하기 시작했다. 1951년 5월 3일 브리튼 축제의 개막식에는 조지 6세가 참석하기도 했지만 축제 전체 일정을 통해 엘리자베스가 중요한 역할을 담당했다 ─ 옮긴이.

skylon이었다. 이것은 날렵한 철제의 원통형 조형물로서 — 이삼바드 킹덤 브루넬Isambad Kingdom Brunel에서 나온 브랑쿠시Brancusi랄까 — 마치 산업용 실패처럼 수직의 양 끝을 향해 점점 가늘어지는 형태를 이룬 채, 매우 가벼운 케이블 선으로 지탱되고 있었는데, 이 때문에 이 조형물은 어떠한 지지 수단도 없이 사우스 뱅크 산책로 위로 수 피트 정도 붕 떠 있는 것처럼 보였다. 그러나 1953년 봄에는, 그저 새 여왕에 대한 경의를 표시하기 위한 거대한 무대 장치만 있었을 뿐, 맵시 있는 디자인을 통해 과학적 미래를 매력적인 비전으로 제시하려는 시도는 없었다. 물론, 변화를 되살리는 순간으로 대관식을 홍보하려는 간헐적인 노력이 있기는 했다. 그러나 거기에 넘어가는 사람은 없었다. '자유국가들의 연합'에 관한 모든 공동성명에도 불구하고, 젊은 여왕이 통치하게 될 영연방은 솔직하게 말해서 제국의 상실이라는 현실을 외면한 채 태연한 척 허세를 부리고 있을 따름이었다. '충성스러운 자치령들'에서 온 인도식 헬멧과 챙이 넓은 호주 육군의 제모를 착용한 부대, 그리고 1953년 현재 여전히 '영국령'으로 알려진 지역에서 파견된 보다 이국적인 모습의 부대 병력들은 주어진 순서에 따라 더 몰the Mall 거리를 충실하게 속보로 행군 중이었는데, 이는 그야말로 사라진 제국의 허울에 지나지 않았다. 그리고 여왕이 대관식을 기념하기 위해 세계 여행 길에 올랐을 때, 우리 같은 초등학생들은 여전히 빛바랜 장밋빛으로 표시된 지구의地球儀 위 옛 제국의 여러 지역에 (근대 세계에서 그들 지역의 지위가 무엇이었건) 작은 깃발들을 붙이면서 여왕의 행선지를 따라갔다. 1954년 출판된 윌리엄 맥켈위William McElwee의 『잉글랜드 이야기The Story of England』에는 '브리티시 리더십하에 제국 곳곳에서 후진적 인종들의 평화적 진화가 이루어질 수 있을 것'이라는 기대가 여전히 있었다. 그리고 옴두르만 가든Omdurman Gardens과 마페킹 클로즈Mafeking Close에서 보이는 망사 커튼 너머 얼굴들은 여전히 피식민자가 아닌 식민자의 것이었다.

　　전통이라는 둥지 속에서 빠른 속도로 성장하고 있는 어색한 모습의 이 시대 뻐꾸기 한 마리가 있었는데, 그것은 바로 텔레비전이었다. 영국 내 시청자

2700만 명과 전 세계 인구 4분의 1이 지켜본 웨스트민스터Westminster 사원에서의 대관식 텔레비전 중계는 매스커뮤니케이션 역사의 신기원을 연 순간이었지만, 하마터면 불발될 뻔했다. 대관식이 준비되는 몇 달 내내, 여왕과 그녀의 주요 자문관들은 웨스트민스터까지 갔다가 되돌아오는 대관식 행진에 대해서는 (1947년 그녀의 결혼식 때와 마찬가지로) 텔레비전 중계를 허용하도록 할 예정이었지만, 실제 왕관을 쓰는 대관 장면만은 한낱 전자적 장비를 통해 일반 대중의 시선에 노출시키기보다는 신성불가침의 불가사의한 의식으로 보전하기 위해 비공개로 진행하겠다는 입장을 밝히고 있었다. 그러다가 마지막에, 알려진 바에 따르면 방송기자 리처드 딤블비Richard Dimbleby의 개입에 의해 그녀가 마음을 바꾸었다고 한다. 그럼에도 대관식 당시 텔레비전 중계방송 기록물을 다시 틀어보면, 텔레비전이라는 매체가 가진 잠재적인 오만함이 대관 의식의 위엄을 지키려는 주최 측의 태도에 얼마나 철저하게 눌려 있었는지를 알 수 있다. 카메라들은 정해진 장소에 놓였는데, 지시받은 곳에 정확하게 위치한 채 지시받은 시간에만 작동되어야 했다. 여왕을 클로즈업한다든가 하는 사적 분위기를 주는 일체의 영상 촬영은 엄격하게 금지되었고, 따라서 대관식의 가장 중요한 장면들 대부분이 사원의 중앙통로 높은 곳에 위치한 신자석에서 그 장관을 내려다보는 원거리 조망이었다. 프로그램 말미에 어떤 크레디트가 뜨더라도, 이 행사의 진정한 제작자들은 대관식 집행위원장을 맡았던 에든버러Edinburgh 공작, 의식의 신비스러움과 불가사의함을 극대화하려 했던 캔터베리Canterbury 대주교 제프리 피셔Geoffrey Fisher, 시종대신 첨리Cholmondeley 후작, 그리고 문장원紋章院 총재인 노퍽Norfolk 공작 등이었다. 그중에서도 노퍽 공작은 가장 중요한 인물로서, 그는 귀족 예복 장식의 흰 담비 털[2]을 토끼털로 대체할 수 있는가 같은 중요한 문제에 대해 결정을 내리는 역할을 맡고 있었다. (그 자체로 공식 사진으로서의 품위를 갖춘) 흑백의 영상들이 송출되는 가운데, 격조에 맞게 조절된

---

2   흰색 담비(ermine)는 전통적으로 왕과 귀족의 고결한 신분을 상징함 — 옮긴이.

실황중계 아나운서들의 음성이 달콤하고 부드럽게 흘렀다. 장엄한 수도원 의식에 걸맞은 리처드 딤블비의 원숙하게 가라앉은 바리톤 음색과 거리 행진에 어울리는 윈퍼드 본 토머스Wynford Vaughan Thomas의 경쾌하고, 사람을 들뜨게 만드는 테너 음색이 그것이었다. 이 모든 것의 중심에서 27세의 엘리자베스는 마치 어떤 의례적 정화 장치를 통해 스스로 군주의 역할을 체화하고 있는 것처럼 보였다. 가끔씩 활짝 웃기도 하던 젊은 여성의 숨김없는 얼굴은 이제 무표정한 군주의 가면으로 충실하게 정착되고 있었다. 사원 건물 앞으로 모여든 수백만 명의 충성스러운 군중은 부착식의 화질 향상 장치에 의해 확대된 9인치 스크린 화면에 눈을 맞춘 채 무거운 장식의 왕관을 쓰고 부풀려진 망토를 걸친 여왕을 바라보고 있었다. 끝없이 긴 수행원들의 행렬을 끌고 그녀가 웨스트민스터의 중앙 통로를 따라 합창단의 우렛소리와 점점 상승되는 오르간 음의 물결 속으로 이동할 때는 '여왕이여, 영원히 사소서'라는 고대 색슨-프랑크Saxon-Frank족의 연호가 사원의 기둥들에 부딪히며 메아리쳤다.

도시의 거리에서든, 농촌의 마을에서든, 국민의 심적 태도 안에서 가장 높은 곳에 위치한 것은 '새로움'이 아니었다. 오히려, 두 엘리자베스 시대 사이의 유추를 가능케 하는 에피소드들이 쉴 새 없이 나라를 두들겼다. 엘리자베스 1세의 대관식을 문장원 총재Earl Marshal 자격으로 총괄했던 사람이 노퍽 공작 하워드Howard였는데, 새로운 엘리자베스의 대관식을 맡은 문장원 총재 역시 같은 가문의 노퍽 공작 하워드였다. 『에식스의 어린이들을 위한 기념 책The Souvenir Book for Essex Children』[3] 또한 엘리자베스 1세 통치 기간과의 역사적 유사성을 강조하고 있었다. '잉글랜드인들이 이른바 스페인과의 위대한 투쟁으로 위기에 직면했을 때처럼', '1953년 지금의 엘리자베스 2세 역시 매우 중요한 시기에 왕위에 오르게 되었다. 두 위대한 전쟁은 온 국민이 일어나 맞서 싸우고

---

3   엘리자베스 2세의 대관식에 앞서 이를 기념하기 위해 에식스 카운티(Essex County)정부가
     1953년 1월에 발행한 책이다 ─ 옮긴이.

고통을 감내하는 가운데 치러졌다.' 이 책은 또한 '우리가 만약 충성스럽고 확고부동하다면, 우리의 여왕 엘리자베스 시대 또한 좋은 여왕 베스의 시대와 같은 반열에 오를 가치가 있음을 역사는 말해 줄 것이다'라고 약속했다.

영국 역사의 영속성에 대한 이 모든 집착이 있음으로 해서, 윈스턴 처칠 Winston Churchill이 총리직을 맡아 새로운 군주의 왕위 승계와 대관식을 주재한다는 것은 매우 자연스러운 (또는 최소한 운명적인) 일로 간주되었다. 처칠 개인으로 보자면, '행위로서의 역사'와 '기록으로서의 역사'라는 고전적인 구분은 실제적인 의미가 없었다. 그의 전 경력을 되돌아볼 때, 과연 영국 역사를 통틀어 그가 쓰지도 않았고 행동도 하지 않았던 대목이 단 한군데라도 있었던가? 처칠은 대관식 2주전에 열린 코먼웰스 의회 연합 Commonwealth Parliamentary Association 구성원들을 위한 오찬 자리에서 미국에서 온 한 학생에게 (그는 후일 좋든 나쁘든 대통령의 연설 작성자가 되었다.) '공부하게, 역사, 역사, 또 역사를! 역사 속에 국정의 모든 비밀이 있네'라고 말했다. 글을 쓰는 것과 행동하는 것이 그의 마음속에서 너무나 얽혀 있어서, 무엇이 원인이고 무엇이 결과인지를 구분해서 말하는 것이 거의 불가능했다. 1940년 최고의 위기와 직면했을 때조차 처칠이 국가의 운명에 미친 결정적인 영향은 그의 '행동'과 '언어' 모두를 통해서도 이루어졌다고 말할 수 있다. 미래에 대해 희망을 가지기 위해서는 나라와 나라의 과거에 대한 열정을 재결합시키는 일이 필수불가결하다는 것이 그의 본능적인 (그리고 완벽하게 정당화된) 신념이었다. 대관식 당시 그의 나이는 70대 후반이었지만, 중세풍으로 장식된 웨스트민스터 홀의 해머빔 hammerbeam 트러스 truss 아래에서 거행된 대연회에서 자신이 여왕의 고조모(빅토리아 여왕), 증조부(에드워드 7세), 조부(조지 5세), 그리고 부친(조지 6세)에 이어 이제 새 여왕에 이르기까지 역대 군주들을 충실하게 보필하고 있음을 즐겁게 상기시키는 처칠의 모습은 마치 불멸의 존재처럼 비쳐졌다. 그리고 이 젊은 여왕과 불굴의 원로 총리 사이의 후견적 동반자 관계는 언론과 대중 모두에게 새것과 오래된 것 사이의 행복한 결합을 완벽하게 상징하는 것으로 받아들여졌고, 이것은 새로운 엘리자베스 시대의 도래를 표상하게 될 것이었다.

그런데 대관식 3주 뒤인 6월 23일, 이탈리아 총리 환영 만찬에서 (아마도) 로마의 브리튼 정복에 관한 이야기를 하고 있던 처칠은 뇌졸중으로 의자에 쓰러졌다. 이 상황이 대중에게 알려지지 않도록 조심스러운 조치가 취해졌으며, 처칠은 계속해서 총리직에 있었다. 그리고 그는 실제로 놀라운 회복력을 보여주었다. 그러나 그의 말대로 '열정은 줄어들었다'. 그가 각별한 애정을 표했던 영국적인 특성들이 그랬던 것처럼 그 또한 영원할 수 없었으며, 그는 12년 뒤인 1965년 어느 얼어붙은 겨울날에 세상을 떠났다. 그의 장례식은 새로운 것에 열광하는 문화적 분위기 속에서 치러졌다. 그가 빅토리아 여왕 때의 제국 군대에서 마지막으로 보았던 구레나룻과 군복 상의의 어깨 장식, 그리고 기다란 나무 단추와 고리로 이루어진 외투 단추 등이 록밴드의 기발한 의상으로 부활해서 돌아왔지만, 처칠은 이 같은 시간의 회전 고리를 목격할 정도로 오래 살 수는 없었다. 다우닝가의 주인은 14대 홈Home 백작(앨릭 더글러스 홈Alec Douglas-Home)에서 '과학혁명의 백열'을 주창했던 노동당의 해럴드 윌슨Harold Wilson으로 바뀌었으며, 색슨 초기 왕들의 매장지인 윈체스터Winchester 대성당은 (여전히 내게는 불가사의한 이유에 의해서) 프랭크 시나트라Frank Sinatra가 부른 팝송 제목이 된 지 오래였다. 그러나 잉글랜드는 그의 죽음을 애도하며 꽤 오랫동안 (마치 시계추의 운동 같은) 흔들림을 멈추었다. 1965년 1월 30일 그의 장례식이 있던 날, 실제로 빅벤Big Ben의 시계추는 멈추었고, 장례식 내내 정지 상태로 있었다. 속절없이 시간이 흐르는 가운데, 아주 오래된 블레넘산産 오크나무로 만들어진 처칠의 관은 회색빛 포가砲架에 실려 세인트폴로 향했는데, 여왕은 경의를 표하기 위해 의전을 깨고 그곳 제단 앞에서 그를 기다렸다. 처칠의 유해는 용감하게 추위와 싸우고 있는 거리의 군중을 지나 여객선 터미널인 타워 피어Tower Pier로 내려갔으며, 그곳에서 헤이븐고어Havengore호에 올라 부두를 지나갔다. 런던항의 기중기들은 경례의 표시로 위치를 낮추었다. 처칠의 유해는 워털루 역에서 다시 기차로 옮겨졌고, 영국 공군장교 복장을 하고 평평한 자기 집 지붕에 올라 경례를 올리고 있던 한 남자를 지나 서쪽으로 향했다. 그의 유해는 마침내 블래든의 교회 마당에 도착했는데 그곳은 그가 태어난 블레넘에서 1마 일(1.6킬로미터)쯤 떨어진 곳이었다. 그 시간, 새로운 영국의 최첨단적인 매력은 어느새 영국의 과거에 관한 장려한 서사시 속으로 빨려 들어가고 있었다. '오 래된 역사'라는 야수는 모처럼 은신처를 벗어나 거리와 기념물을 배회하면서, 킹스 로드의 잘난 척하는 모든 사람이 자신을 조롱하도록 자청하고 있었다.

그들 중에는 나와 내 친구들이 포함되었다. 우리 생각에, 대관식과 장례식 사이, 우리는 제법 진지한 '새로운 역사'의 독자가 되었다. 그중에서도 페르낭 브로델Fernand Braudel, A. J. P. 테일러A. J. P. Taylor, E. P. 톰슨E. P. Thompson, 마르 크 블로크Marc Bloch, J. H. 플럼J. H. Plumb, 아사 브리그스Asa Briggs, 데니스 맥 스 미스Denis Mack Smith, 크리스토퍼 힐Christopher Hill 같은 역사가들이 우리에게 의 미 있게 다가왔다. (힐은 우리 학교에 부임해서 용감하고, 카리스마 넘치고, 약간 더듬 는 발성으로 밀턴Milton과 머글턴Muggleton파派에 대해 얘기했다.) 물론, 처칠과 그의 충 실한 대변자이자 찬양자였던 아서 브라이언트Arthur Bryant는 확실히 우리의 관 심 대상이 아니었다. (우연치 않게 1942년에 출판된) 그의 책『시련의 시기, 1793- 1802 Years of Endurance 1793-1802』에서 다룬 — 프랑스혁명 전쟁이라는 위기와 곧 직면 하게 될 — 18세기 후반의 '즐거운 잉글랜드Merrie England'에 관한 브라이언트의 소박한 랩소디는 모든 것을 다 알고 있다고 생각하는 우리로 하여금 조롱의 콧 방귀를 뀌게 할 뿐이었다.

길가의 오두막과 언덕 위 농갓집 촛불 밝힌 창문 안쪽에서 올드 존 불Old John Bull 은 부엌 아궁이 옆에 냄비를 놓은 채 꾸벅꾸벅 졸면서 앉아 있었을 것이다. 개와 고양이는 그의 발밑에서, 그의 착한 아내는 물레 위에서 엎드려 자고 있었을 것 이고, 예쁜 아가씨인 그의 딸은 들통을 들고 집 안으로 들어오고 있었을 것이며, 부싯깃 통은 선반에, 그리고 양파와 돼지 옆구리 고기는 천장에 매달려 있었을 것이다. … 저 아래 마을 선술집, 아무것도 덮지 않은 조악한 식탁 주변에 담배

파이프들과 그릇들이 놓여 있고, 햇볕에 그을린 적갈색 얼굴을 한 마을 유지들이 농담을 던지거나 돌림노래를 하고 있는 그곳에서 '올드 잉글랜드'는 아직 살아 있었다.

그러나 브라이언트의 이렇듯 나른한 감상은, 우리가 좀 더 도덕적인 원칙에 입각해서 생각해 본다면, 그저 가벼운 이야기로 넘기기에는 위험한 존재였다. 이것은 대중을 수면에 빠트리기 위해 고안된 문학적 아편의 일종이었으며, 우리는 그들이 불현듯이 잠에서 깨어나서 보다 암울하고, 보다 논쟁적인 '과거와 현재'라는 현실과 직면하기를 원했다. 우리가 브라이언트의 목가적 풍경을 재구성한다면 아마도 다음과 같았을 것이다.

자기만족적인 대지주 계급의 금전적 지배에 대항하여 여러 가지 불법적인 방법으로 그들을 공격한 건초 방화범과 밀렵꾼들의 부패한 시신들이 매달린 채 흔들리고 있는 마을 선술집 앞 교수대 주변에서 '올드 잉글랜드'는 아직 살아 있었다.

아무튼 이런 맥락이었던 것 같다. 그리고 우리는 처칠이 그의 영국 연대기를 구축하는 데 재료로 사용했던 영국사의 극적 장면들 ─ 러니미드Runnymede,[4] 틸버리Tilbury,[5] 트래펄가Trafalgar ─ 을 화려하게 열거시키는 대신 민중의 삶이 묘사된 장면들, 이를테면 1381년 블랙히스Blackheath의 무장 농민들, 퍼트니Putney의 수평파,[6] 그리고 1848년 케닝턴Kennington의 차티스트Chartist 같은 사건들로써 대

4　1215년 존 왕이 마그나 카르타(Magna Carta)에 서명한 장소 ─ 옮긴이.
5　스페인과 일전을 벌이고 있던 1588년 8월 9일 엘리자베스 1세가 이곳을 방문, "내가 비록 여자의 몸이지만 잉글랜드 왕의 심장을 가지고 있다"는 연설을 한 장소 ─ 옮긴이.
6　잉글랜드 내전이 진행되고 있던 1647년 10월, 신형군(the new model army)의 사령부가 있던 퍼트니(Putney, 현재 런던 남서부)에서 혁명의 방향과 새 정부의 헌정 구조 등을 놓고 토론회

체하고 싶었다.

　그럼에도 불구하고 장례식에서 집으로 돌아온 나는, 한편으로는 처칠에 대한 내밀한 존경심에 의해서, 다른 한편으로는 여러 해 전에 아버지가 내게 주셨던 그의 『영어로 말하는 사람들의 역사A History of the English-Speaking Peoples』속의 그 어떤 내용들이 역사에 대한 나의 열정에 처음으로 불을 붙여주었는가 하는 호기심에 의해서, 붉은색 표지로 된 그 책들의 먼지를 털어냈다. 무작위로 읽어나간 구절들 중에서 어떤 것들은 때로는 나를 충분히 황당하게 만들었지만, 그럼에도 여전히 많은 단락은 저항할 수 없을 정도로 매력적인 레토릭rhetoric과 의심할 여지 없는 상식들을 분출하며 나를 전율시켰다. 내가 할 수 있는 유일한 반응은, 예상과는 달리, 혼합적인 감정이었다. 그 하나는 매콜리Macaulay로부터 상당한 영향을 받은 처칠식의 '당당한 진보의 서사시'가 절대적인 '영국사의 의미'로 존재해서는 안 된다는 생각이었다. 말하자면 그것은 민주주의의 요람, 서구의 희망, 관습법을 기반으로 하는 도덕 정신의 수호자, 그리고 광신적 전제주의에 대한 끊임없는 저항 등의 개념으로 주조된 영국의 과거이며, 이는 섬나라 특성에 기반을 둔, 낭만적으로 위대하며, 자명하게 프로테스탄트적인, 그리고 휘그적으로Whiggishly 의회주의적인, '영어를 말하는 영국English-speaking Britain'이었다. 이를 망상에 빠진 애국주의적 동화 선집 정도로 가볍게 취급해서는 안 된다. 내가 어릴 때 살던 바닷가 읍내의 기찻길 경계 벽에는 흰 페인트로 희미하게 윤곽이 드러나는 'PJ'라는 유령 같은 글자가 있었는데, 아버지는 그것이 'Perish Judah!', 즉 '유태인을 말살하자!'라는 의미이며, 처칠은 그러한 모즐리협회의 슬로건과 이것의 실현 사이에 서 있던 사람이라고 열을 올리며 말씀하셨다. 그 세대의 사람들이 섬나라 자유의 요새에 대해 가지고 있던 신념이라는 것이 필수적인 것이 아닌, 그저 공허하고 상투적인 문

가 열렸는데, 이 자리에서 수평파(the Levellers)는 국왕제와 상원의 폐지, 1인 1투표제에 기반을 둔 남성 보통선거, 법 앞의 평등 등 급진적 개혁을 주장했다 ─ 옮긴이.

구였음을 내가 제대로 알게 된 것은 바로 그때였다. 그리고 나는 그 엄청난 가공의 신화 속에 묻혀 있는 껄끄러운 진실의 작은 조각들이 무엇일지 잠깐이나마 생각해 보기로 했다.

* * *

35년이 흐르면서 영국의 과거에 대한 두 가지의 주류적 해석들, 즉 처칠적인 관점과 사회주의적 관점은 모두 급격하게 지지 기반을 상실하고 말았다. 노동당 창립과 궤를 같이 하며, 주로 페이비언Fabian 협회의 창립자들에 의해 집필된 노동의 역사는 낡은 마르크시스트 정치의 쭈그러진 포도 덩굴 위에서 시들어버렸으며, 그 모호하기 짝이 없던 계급 전쟁의 유물과 함께 '붉은 깃발'의 기억을 떨쳐버리기에 바쁜 중도파 정치 세력이 이제 와서 조직화된 노동의 역사를 미래 시민을 위한 교과과정의 핵심에 둘 것 같지는 않아 보인다. 그런가 하면, 처칠이 자신의 눈으로는 보지 않겠다고 그토록 다짐했던 '제국의 종언'도 이제는 과거가 되었다. 의회민주주의와 법에 의한 지배가 제국의 유산으로 남을 것이라는 웨스트민스터의 천명과는 달리, 식민지인들이 취한 것은 표면적 가치일 뿐이었다. 그들은 이 천혜의 개념들을 과거 식민지 총독들이 의도했던 바와는 다르게 자신들만의 방식으로 향유하기로 했던 것이다. 수단 사람들의 복속을 기념하기 위해 이름이 붙여진 영국 각지의 옴두르만 정원들Omdurman Gardens[7]은 현재 바로 그 복속자의 후예들이 사는 곳이 되었다. 처칠이 늘 자랑스럽게 이야기하던 '섬나라 인종'이 이룬 제국주의적 무용담은 그들에게는 잘해야 이해하기 어려운 사건이고, 나쁘게 보자면 터무니없이 공격적인 행위일 뿐이었다.

물론 이는 모든 사람에게 해당되는 이야기는 아니다. 예컨대 〈제왕의 섬This

---

7   옴두르만은 수단의 중부 도시이다. 1898년 영국의 로버트 키치너가 영국·이집트 연합군을 이끌고 이곳에 있던 수단군을 공격하여 승리하고, 수단을 식민지로 삼았다 ― 옮긴이.

Sceptred Isle〉[8]은 처칠의 역사 저작을 상당 부분 가공하지 않고 사용한 라디오 방송의 연속 다큐 프로그램이었는데, 이것이 수많은 청중을 끌어들였다는 사실 자체가 처칠의 이야기들이 영웅적 모험담을 원하는 대중의 갈증을 풀어주는 지속적인 역할을 하고 있음을 증명해 주는 것이다. 노인을 대상으로 하는 이 같은 문화유산 오락 프로그램은 당금의 시대정신*Zeitgeist* 주인들에게는 마치 농촌 가옥 관광이나 시대 의상 드라마와 마찬가지로 '과거'를 상품으로 팔면서 번창하는 산업의 일부로서 완벽하게 수용 가능한 것으로 보인다. 그것은 노스탤지어라는 부드러운 최면제의 복용이, 운전 중이거나 무거운 중장비를 작동하고 있을 때가 아니라면, 달리 해로울 일이 없기 때문이다. 그러나 이것은 처칠이 예의 미국 학생에게 역사를 공부하라고 조언을 던졌을 때나 또는 그가 역사를 공부해야 하는 이유와 관련하여 글을 썼을 때 그가 말하고자 했던 것과는 전혀 다른 것이다. 또한 이것은 처칠의 지적 스승인 매콜리가 그의 강렬하고 눈부신 내러티브를 통해 얻으려던 것과도 거리가 있다. 두 사람 모두에게 역사는 살아 있는 교육일 뿐 그 다른 무엇도 아니었다. 다시 말하면 역사는 교양 있는 시민이 갖추어야 할 필수적인 소양이지 여가 시간에 누리는 사치가 아니었다. 그들이 만약 영국사와 영국의 근대성이 상호의존적인 관계가 아니라 상호 배타적인 존재로 취급받고 있는 현실을 본다면 경악을 금치 못했을 것이다.

그들은 이를 부분적으로는 불쌍한 역사의 여신 클리오Clio가 처한 궁핍한 처지 때문이라고 생각할지도 모른다. 그녀는 방부 처리가 된 시체 신세가 되거나 또는 추방당할 처지에 놓여 있다가 모처럼 바깥바람을 쐴 수 있는 특별한 기회를 얻어 기괴하고 좀약 냄새 풍기는 드레스를 걸치고 정신 나간 아줌마처럼 다락방을 빠져나왔다가 다시 그녀의 처소로 돌아와 흰 곰팡이가 핀 여행용 글래

---

8   역사가인 크리스토퍼 리(Christopher Lee)가 대본을 맡은 BBC 라디오 프로그램으로 1995년과
    1996년에 걸쳐 모두 216개 에피소드를 방송했으며, 1999년, 2001년, 그리고 2005~2006년에도
    후속 프로그램을 방송했다 — 옮긴이.

드스턴 가방들, 의자 등받이에 씌운 장식 달린 커버들과 공간을 공유한다. 영국 역사의 섬나라적 특성을 가장 결연한 태도로 주장했던 사람들은 휘그 역사가들이었는데, 그들은 영국사의 의미를 '분리'와 동의어로 자명하게 받아들였다. 이들의 이 같은 확고부동한 신념이 반드시 틀렸다고 할 수는 없다. 16세기 후반 엘리자베스 시대나 18세기 중반의 하노버 시대처럼, 영국의 (또는 잉글랜드의) 역사가 오해의 여지가 없을 정도로 정말로 특별했음을 여실하게 보여주는 의미 있는 순간들이 있었기 때문이다. 무질서하게 쌓여 있는 수많은 역사학의 재료들 중에서 '영국적 차별성British difference', 그리고 그레이트 브리튼Great Britain 또는 유나이티드 킹덤United Kingdom이라고 불리는 국민국가의 실현에 이르는 길을 보여주는 사료들을 면밀하게 선별하는 것이 역사의 역할이라는 것이 그들의 신념이었고, 이는 그들이 역사를 기술함에 있어서 명확성과 일관성의 덕목을 갖추게 만들었다.

그러나 이제는 유나이티드 킹덤 그 자체가 당연히 존재하는 실체가 아니라, 처칠과 같은 부류의 역사가들이 영속될 것이라고 믿었던 다른 많은 제도나 기구처럼, 어떤 답을 필요로 하는 문제적 존재가 되었다. 또한 그들이 추구하던 역사학의 덕목이었던 명확성은 이제 과잉 확신으로 읽히기 시작했으며, 영국적 차별성의 필연적·영구적 성격을 받아들였던 역사학은 어느새 진실을 호도하는 것으로 간주되기 시작했다. 그들이 얘기했던 목적론적 이정표들은 결국 잘못된 방향을 가리키고 있었다는 것이다. 만약, 이런 종류의 영국사가, 혹은 다른 어떤 종류의 영국사가 있어서, 점차 지구화 되어가는 세계에서 고립주의에 대한 환상을 영속화시킬 우려가 있다면, 우리는 이를 읽지 않아야 하는 것일까?

그러나 만약 영국사가 새로운 브랜드를 갖춘 국가적 미래와 맞지 않을 것이라는 상상이나, 또는 지구화된 시장에서 통하지도 않을 애국주의적 충성심을 재활용하려 들지도 모른다는 의심으로 영국사의 역할을 최소화하는 데 공모한다면, 이는 집단적 기억 상실을 초래할 끔찍한 자해 행위라 할 것이다. 이로 인한 폐해는 '역사가 없는 문화는 여러 시제時制들 중에서도 가장 환상에 가까운 현재라는 시제의 함정에 스스로를 가두어, 마치 어린아이들처럼 자신이 어디에서 왔는지, 어디로 가고 있는지도 모르게 될 것'이라고 말한 키케로Cicero의 경고를 정당화시켜 줄 따름이다. 어떤 단일하고 고정된 국민적 성격이 과거 역사의 다양한 시기를 관통하면서 단단히 자리 잡고 있다고 가정하는 역사는, 이것이 우리가 상상할 수 있는 유일한 영국사는 아니기 때문에, 이 또한 '근거 없이' 의도된 기억상실의 일종이라고 할 수 있다.

연속성과 견고성에 기반을 둔 영국사 대신에, 변화와 돌연변이, 그리고 외부 유입이 정상으로 간주되는 영국사를 상상해 보자. 이는 모든 시대가 그레이트 브리튼이라는 하나의 통일국가로 가차 없이 귀결되는 역사가 아니라, 로만 브리튼Roman Britain 시대가 300년에 불과한 하나의 시대이듯, 각 시대를 브리튼 섬에 존재하던 여러 국가들의 진화 과정에서 일어난 여러 시대들 중의 하나인 개별적인 사건으로 인식하는 역사이다. 또한 이러한 역사는 브리튼과 잉글랜드뿐 아니라 스코틀랜드, 아일랜드, 그리고 웨일스Wales에서도 국민적 정체성은 고정된 것이 아니라 본질적으로 변화에 민감하고 유동적 성격을 가진 존재로 보는 역사이다. 이러한 역사 속에서 충성심은 깃발과 왕조의 문제라기보다는, 세대와 지역에 따라 종족과 계급, 도시와 장원莊園, 국어와 방언, 교회와 클럽, 또는 길드와 가족의 문제일 수 있다. 이러한 역사에서는 국가 사이의 고정된 경계보다 들쭉날쭉한 지역 사이의 경계들이 훨씬 중요할 수도 있고, 스코틀랜드나 웨일스 내부의 남북 간 경계는 그들과 잉글랜드 이웃 사이의 경계보다 더 뿌리 깊은 것일 수 있다. 이는 또한 잉글랜드나 스코틀랜드가 정신적인 면이나 이해관계에 있어서 때로는 서로에게보다 프랑스나, 심지어 로마와 더 가까울 수 있었던 반면, 또 어떤 시기에는 진정으로 그리고 진심으로 (좋건 나쁘건) 영국 연방 안에서 공동으로 결합된 존재였음을 인정하는 탄력적 국민 형성의 역사인 것이다. 이러한 역사는 영국성Britishness 형성에 필연적으로 수반되기 마련인 역사적 불순물을 보다 더 순수하고, 정돈되고, 간결한 국민적 정체성의 개념을 추구한다는 이름하에 버리는 대신, 오히려 이를 우리의 큰 강점으로 포용하려 할 것이다. '연합왕국United Kingdom'에 의해 추정되는 통일성은, 따지고 보면, '연합국가United States'의 경우보다 결합력이 떨어질 수 있지만, 그럼에도 불구하고 이것이 가진 관용적 이종성異種性의 장점 때문에 오히려 지켜야 할 가치가 더 클 수도 있는 것이다. 마지막으로, 이러한 역사는 필연성을 믿지 않고 우연성을 존중하며 역사의 경로나 행선지를 예단하지 않는 역사이다. 이것은 어떤 사건이 일어나는 방식을 마치 그것이 그렇게 되기로 예정되어 있었던 것처럼 (승리자의 역사 대본이 언제나 원하듯이) 당연하게 받아들이는 것을 거부하는 역사이며, 그야말로 우연히도, 해럴드Harold와 그의 동생 사이가 틀어지지 않았다면, 앤 불린Anne Boleyn이 건강한 남자아이를 출산했다면, 올리버 크롬웰Oliver Cromwell이 그때 죽지 않았다면, 그 결과가 달라졌을 수도 있었음을 인정하는 역사이다. 1750년대 사람이, 그가 아무리 천리안을 가졌다 하더라도, 그 세기의 말에 이르러 영국은, 종국에 있어서, 대부분 영어가 아닌 벵골어나 우르두Urdu어를 사용하는 식민지들을 가지게 될 것이라는 예언을 과연 할 수 있었을까?

물론 이러한 종류의 '영국사들'에서 불도그의 혈통이나 섬나라 인종 같은 친숙한 이야기들이 수많은 경쟁적 대안 스토리들 사이에서 갈 길을 잃어버릴 수도 있고, 이 때문에 영국인들은 이런 이야기들이 제공해 주던 정신적 계류장을 상실할 염려도 있다. 게다가 옛이야기의 단순함이 주는 위안 대신에 새것이 주는 혼돈으로 당혹할 수도 있다. 그러나 우리가 클리오를 제대로 평가한다면, 그녀는 뮤즈의 신들 중에서 복잡한 존재이다. 그녀의 아름다움은 그녀의 진실이 본질적으로 단순함이 아니라 복잡함 속에 깃들여 있다는 데에 있다. 바로 이러한 까닭으로 그녀의 신봉자들은 그들이 반드시 거쳐야만 되는, 때로는 험하고 굴곡 많은 그 행로에 주의를 기울이면서도, 그 여행을 보다 용이하게 만들기 위해 이야기들을 전하리라 맹세하는 것이다. 결국, 역사는, 특히 스릴 넘치는 장면들의 연속인 영국사는, 가장 뛰어난 역사가들이 약속해 왔듯이 교훈뿐 아니라 즐거움도 주어야 한다.

1

세상의 끝에서?

At the Edge of the World?

엘리자베스 1세의 빛나던 시절에 『브리타니아*Britannia*』를 집필한 역사가이자 고고학자였던 윌리엄 캠던William Camden은 그 글을 쓰는 데 있어서 거침이 없었다. 그의 나라는 모든 사람이 알다시피 '전 세계에서 비교할 상대가 없는 가장 유명한 섬'이었다. 또한, 그곳을 특별한 선망의 대상으로 만드는 건 이곳의 날씨라는 것을 그는 알고 있었다. 그는 기쁨에 겨워 말했다. 브리튼은 '공기뿐 아니라 토양 또한 흠잡을 데 없이 기름지고 온화한 곳에 자리 잡았다. 공기가 너무나 부드럽고 온화하여, 여름이라 할지라도 가벼운 바람이 계속 불어 열을 식혀주니 지나치게 덥지 않고 … 겨울 또한 따뜻하게 지나간다.' 캠던은 고대인들이 브리튼을 매력적으로 생각한 것은 바로 이 달콤한 생식력 때문이라고 생각했다. 콘스탄티누스Constantine의 찬양자로 알려진 로마의 한 작가에 따르면, — 엘리자베스 시대 사람들은 그가 브리튼에서 태어났다고 믿었다 — '즐거운 브리튼의 숲에는 사나운 동물도 없고, 들판에는 해로운 뱀들도 없다. 반면에 우유로 가득 찬 젖을 가진 길들여진 소들이 셀 수 없이 많았다.' 이에 역사가 타키투스Tacitus는 로마인들에게 떠오를 수 있는 최고의 찬사를 브리튼에 보냈다. 그곳은 '정복할 만한 가치*pretium victoriae*'가 있었다. 그곳에는 올리브와 포도를 제외한 모든 것이 자라고 있을 뿐 아니라, 문자 그대로 금광 그 자체였다. 은 역시 풍부했으며, 굵은 비 내리는 어두운 하늘처럼 회색빛이 돌기는 하지만 진주도 넘쳐났는데, 그곳 원주민들은 단지 진주들이 파도로 인해 해안으로 밀려오는 것을 줍기만 하면 되었다.

그럴진대, 멀리 떨어져 있다고 해서 그것이 기이함을 의미하지는 않았다. 여기에서 우리는 타키투스가, 또는 이 문제와 관련해서 캠던이, 공간적인 제약을 벗어나서 브리튼섬에서 가장 먼 곳, 다시 말하면 그들이 오르카데스Orcades라고 알고 있던 — 오늘날 우리가 오크니Orkney라고 부르는 — 곳으로 여행을 갈 수 있었다고 가정하자. 또한 그들이 시간을 거슬러 올라가서, 미케네Mycenae의 궁전들이나 이집트의 피라미드들이 세워지기 전에, 또한 월트셔Wiltshire 평원의 스톤헨지Stonehenge가 그 모습을 드러내기 전에 그곳에 도달할 수 있었다고 가정해 보자. 그러면 그들이 그때 그곳에서 발견한 풍경 중에서 그나마 가장 기대에 부합하는 것은 하나의 바닷가 마을이었을 것이다.

우리가 5000년 전의 오크니 사람들Orcadian을 생각할 때 떠오르는 것은 아마도 거대한 기둥들과 원형으로 둘러선 제례적인 기념물들일 것이다. 우리가 생각하지 못하는 것은 그들의 가정생활이다. 우리는 무의식적으로 신석기시대의 브리튼 사람들은 바위 절벽 표면을 파서 만든 원시적 주거지에서 무리 지어 살고 있었다고 상상한다. 1850년 무렵 불어닥친 거대한 폭풍에 의해 수천 년 동안 모래 언덕과 잔디로 덮인 채 기적적으로 보존되어 오던 스카라 브레Skara Brae의 아주 작은 마을이 그 모습을 드러냈는데, 그곳은 위험천만한 해변가에 둘러붙은 야만인들의 주거지였다. 이곳에 처음 정착한 사람들은 아마도 스코틀랜드 본토의 케이스네스Caithness에서 펜트랜드Pentland 해협을 건너서 이주해 왔을 것이다. 당시 이곳의 공기와 바닷물은 지금보다 조금 따뜻했는데, 그들은 바닷물 가장자리에서 겨우 몇백 미터 떨어진 곳에 사암 집을 짓고 — 짙은 청회색의 사암은 수사슴 뿔로 만든 괭이로도 쉽게 파졌다 — 얕은 바닷물에도 넘쳐나는 붉은 도미, 코크핀 놀래기corkfin wrasse, 홍합, 그리고 굴 등을 채취하며 살았다. 지금 우리가 생각하기에는 어떠한 작물의 경작에도 적합하지 않았을 그 땅에서 스카라 브레의 사람들은 보리를 길렀고 심지어는 밀까지 재배했다. 소는 고기와 우유를 제공했으며, 개는 사냥을 위해, 그리고 친구 삼아 양육되었다. 신석기시대 이곳에는 최소한 열두 채의 집이 있었는데, 안락함과 안전을 고려하여 땅을 파서 반쯤은 그 안에 들어앉혔다. 담으로 둘러친 가옥들이 좁고 돌이 깔린 길들과 골목을 통해 공공장소와 연결되는 가운데, 그 안에서 50~60명 정도 되는 주민들이 집단적으로 형성한 활기차고 분주한 공동체 — 그것은 누가 정의하더라도 '진정한 마을'임에 틀림없었다.

그리고 하나의 방으로 이루어진 개별 주거지는 '진정한 집'이었다. 320평방피트(97.5평방미터)의 바닥 공간은 우리가 가정생활과 연관시킬 수 있는 모든 사회적 활동에 필요한 각각의 공간들로 구분되었다. 가운데에는 취사와 보온 용도로 사용하는 커다란 난로가 있었는데, 이 공간은 돌에 의해 명확하게 구분되었다. 건물의 한쪽 끝에는 아마도 아직 살아 있는 상태의 미끼들과 조개들을 보관하는 용도로 사용했음 직한 수조가 있었고, 벽 쪽으로는 취침 공간이 있었다. 침대에는 몸을 포근하게 받아줄 짚과 깃털이 층층이 깔려 있었고, 동물 가죽과 털로 만들어진 담요가 제법 호사스럽게 덮여 있었다. 그리고 주거지의 안쪽에서 바깥쪽으로 흐르는 물골이 있었는데, 고고학자들은 이로 미루어 각 주거지마다 별도의 화장실이 있었을 것이라고 추정한다.

스카라 브레의 가옥은 단지 피난처 역할에 그치는 것이 아니라 문화를 수용하고 있었다. 커다란 석제의 찬장이 거실의 시각적 중심을 차지하고 있는 것으로 보아, 그들이 오늘날 우리가 문화적 양식樣式이라고 부르는 것을 향유하고 있었음을 짐작할 수 있다. 그들은 그 찬장의 선반 위에 원과 나선형의 장식을 넣어 깎아 만든 돌 구슬, 물결 모양의 테두리와 지그재그 문양의 홈을 넣은 진흙 냄비와 항아리, 그리고 뼈 구슬 목걸이와 의상용 장식 핀을 진열했다. 그토록 오랜 세월을 견디며 살아남은 물건들을 보고 있노라면, 우리는 모든 역사의 위대한 역설들과 마주하게 된다. 시대를 막론하고 이는 늘 낯선 것과 익숙한 것 사이의 대화이기 때문이다.

과거, 특히 선사시대 오크니처럼 멀리 떨어져 있는 과거는 사실상 우리에게 외국과도 같은 존재이지만, 그럼에도 불구하고, 묘하게도 마치 예전에 우리가 그곳에 있었던 것처럼 느껴진다. 조심스러운 역사가들이라면 자신이 신석기 오크니인들의 무리 속으로 걸어 들어가는 장면을 상상하고 싶은 유혹을 애써 뿌리쳐야 할지도 모른다. 우리가 만약 그것을 행한다고 할 때, 조개껍질과 퇴비 등 그들이 만든 유기물 쓰레기 더미 위에 생태 경제학적으로 지어진 가옥들 사이를 걷는다는 것이 곤혹스럽긴 하겠지만, 그럼에도 우리는 그 분주한 작은 세계 속에서 양질의 식食과 주住, 그리고 당시의 표준으로 볼 때, 나름대로 풍요한 생활을 누리고 있었음을 느끼게 될 것이다.

예리한 동물의 뼈 또는 오크니의 회색빛 사암으로 만들어진 당시 가용 도구들의 낮은 효용 수준을 감안한다면, 이들 주거용 거처도 그렇거니와 거대한 돌을 원형으로 둘러 세운 브로드거Brodgar의 유적 같은 제례용 기념물을 짓는 데에도 엄청난 인력을 필요로 했을 것이다. 브로드거 유적은 여러 마을의 사람들이 함께 모여서 계절의 순환을 기념하고, 그리고 수확에 대해, 또한 재앙으로부터 살아남은 것에 대해 신들에게 감사를 드리는 장소였다. 이를 통해 스카라브레 같은 마을이 어부와 농부들의 고립된 정착지가 아니었음을 확신할 수 있다. 이곳의 사람들은 보다 큰 단위의 사회에 속해 있었는데, 그 사회는 이 거대한 기념물을 제작하고 그것을 세로로 세우는 데 필요한 노무자와 장인 집단을 동원할 수 있는 매우 정교한 조직이었다.

죽은 사람들에게 적절한 휴식처를 제공하는 것보다 더 중요한 일이 없다고 생각되던 시절이었으므로, 공동묘지와 망자들의 궁전이야말로 신석기시대 건축가와 석공들이 이룩한 가장 경이로운 성취였다. 이들은 미노아Minoan의 크레타Crete, 또는 로마 이전 에트루리아Etruria 수준의 웅장하고 비밀스러운 아름다움을 간직하고 있다. 과도한 표현을 절제하는 우리 취향과 조화를 이루는 이들

브리튼식 피라미드들은 모든 건축적 역량을 내부에 집중했다. 메이스 하우Maes Howe에 있는 영묘靈廟의 외부는 단지 하나의 소박한 둔덕 또는 지표 위에 솟아 오른 하나의 완만한 융기물에 지나지 않는다.

새로운 시신을 매장할 필요가 있을 때에는 마을에서 보낸 사람들이 무덤 입구를 봉인하고 있는 마개를 들어냈을 것이다. 그리고 시신은 끌 것이나 들 것에 의해 그 입구를 통해 무덤 안으로 들어갔을 것이다. 무덤을 만든 사람들은 내부에 30피트(9.1미터) 정도 되는 매우 좁고 낮은 통로를 만들어 놓았는데, 이 때문에 시신 운반자들은, 존경의 표시일 수도 있겠지만, 돌 통로를 걸어 내려가는 동안 심하게 몸을 구부려야 했다. 1년에 단 한 번 비치는 동짓날의 희미한 불빛, 지하세계의 눅눅한 냄새, 그리고 죽음의 배수관이 주는 오싹한 긴장감을 경험하면서 나아가다 보면 비로소 천장이 높은 방에 이르게 되고 그제야 허리를 똑바로 펼 수 있었다. 그 방은 높이가 쉽게 가늠이 안 되는 둥근 천장을 향해 점차로 좁아지는 형상이었으며 북쪽 하늘과도 같은 검은 빛을 띠고 있었다.

일부 무덤들은 파도 또는 바람에 밀린 구름처럼 소용돌이치는 원형의 패턴으로 정교하게 장식되었다. 9세기에 바이킹족들이 도굴하기 전까지 이 무덤들에는 보석과 장신구들이 가득 차 있었을 것이다. 그것들은 구원의 저쪽으로 여행할 망자들에게 화관을 씌우기 위한 것이었으며, 때로는 개와 독수리의 사체도 놓았다. 로우지Rousay섬 근처 미드하우Midhowe의 예처럼 어떤 무덤들에서는 망자의 몸이 깔끔한 칸막이 방 석조 선반 위에 놓여 있고, 그들의 무릎은 마치 다시 태어날 순간을 기다리는 것처럼 가슴 쪽으로 당긴 자세를 취하고 있었다. 메이스 하우 등 다른 곳에서는 특별한 대우를 받아야 하는 사람들의 시신만 주실로 연결되는 측면 무덤들에 매장되고, 나머지 평범한 오크니인들의 사체는 공동 매장지에 던져져서 먼저 간 사람들의 무수히 많은 뼈와 섞였을 것이다. 그러니까 그곳은 신석기적 내세로 향하는 붐비는 대합실이었던 셈이다.

스카라 브레에서의 삶은 수 세기에 걸쳐 거의 같은 방식으로 지속되었을 것이다. 새로운 집들은 선조들의 쓰레기 더미 위에 지어졌고, 그 작은 집단 거주지는 점차 해발고도를 높여갔을 것이다. 그러다가 기원전 2500년 무렵이 되면 이 섬의 기후는 더 춥고 더 축축해졌을 것이다. 붉은 도미가 사라져버렸고, 아주 여러 세대에 걸쳐서 오크니 사람들이 누려오던 안정적인 삶의 환경도 사라져버렸다. 들판은 버려졌고, 농부와 어부들은 다른 곳으로 떠났다. 남겨진 석조 건축물들과 무덤들 위에는 토탄과 바람에 날려 온 모래가 층을 이뤄 쌓이고 맨 위는 잡초들로 덮였다. 기가 막히게 전리품을 찾아내는 후각 좋은 바이킹인들이 몰려와서 굴을 뚫고 땅을 파내기 전에는 뼈들이 깔린 무덤의 커다란 방들은 훼손되지 않은 채로 그곳에 있었다.

이후 수 세기 동안 좋은 땅을 차지하려는 긴 투쟁이 비단 스코틀랜드뿐 아니라 브리튼 전역에서 벌어졌다. 그렇게 해서 기원전 1000년 무렵의 철기시대 브리튼은 한때 낭만적으로 상상했던 바와 같이 콘월Cornwall에서 인버네스까지 끊어지지 않고 연결된 숲의 왕국이 아니라 개방경지 조각들을 무질서하게 이어 붙인 모습을 하고 있었다. 그곳에는 초보적 수준의 쟁기들이 콩과 곡식들을 경작하기 위해 사용되었으며, 멧돼지 등을 사냥할 때 차폐물로 사용할 수 있는 작은 잡목림들이 여기저기 산재해 있었다. 대장간 노爐를 달굴 연료로 사용하기 위해서, 또한 대부분의 사람들이 주거용으로 사용하던 원형 오두막과 가옥을 짓기 위한 목재 공급을 위해 집중적인 벌채가 이루어졌다. 농촌 지방의 모습은 약 3000년 뒤 오늘날의 사람들이 비행기 좌석에 앉아 내려다보는 풍경과 비슷한 모습을 이미 갖춰가기 시작했던 것이다.

그러나 하나의 큰 차이점이 있었다. 로마 침공 이전 수 세기 동안은 가용할 수 있는 토지에 대한 인구 압력이 가장 심한 시기였고, 농부들은 안전을 보장받을 방법이 절실하게 필요했다. 그들은 마침내 철기시대 브리튼을 지배했던 '언덕 위 성채'의 주인들로부터 보호책을 구했는데, 이들은 햄프셔Hampshire의 데인버리Danebury와 도싯Dorset의 메이든 캐슬Maiden Castle의 계단식 등고선 속에서 (특히 항공기에서 볼 때) 시각적으로 확인되는 것이다. 부족의 장과 같은 권력자들의 저택은 토루, 나무울타리, 방벽 등 동심의 연결망으로 방어되었고, 만약 인근에서 돌의 채굴 및 공급이 충분하게 이루어질 수 있다면, 수 피트 두께의 탄탄한 성벽을 둘러치거나, 혹은 스코틀랜드나 웨일스의 원탑처럼 높이가 수 피트에 이르는 창 없는 타워를 세우기도 했는데, 이들 원탑은 셰틀랜드Shetland의 모우사Mousa 또는 오크니의 거니스Gurness 같은 외딴 지역에 아직도 남아 있다.

그러나 이들 견고한 성벽과 계단식 방책들 바깥에 있는 세상이 정체되거나 축소 압력을 받고 있던 사회는 아니었다. 로마의 침공을 앞둔 철기시대 브리튼은 오히려 역동적이고 팽창하는 사회였다. 성벽 너머에 경작과 목축을 위한 농장들이 '언덕 위 성채'의 보호하에 만들어지고 있었다. 내부적으로는, 많은 곳에서 진정한 의미의 도시들이 태동하고 있었고, 그에 따라 공동체의 군사적 성격 또한 옅어지고 있었다. 이를테면, 도시들 중에는 군사적으로 방어되지 않은 곳도 있었고, 대부분의 도시에서 예식과 예배의 공간, 그리고 수많은 대장간과 작업장들을 갖춘 상업 공간 등으로 구성된 거리 패턴이 나타났다. 이들 작업장에서는 엘리트 계층의 신체를 치장할 제품을 만드는 놀라운 금속 세공 작업이 이루어지고 있었는데 팔찌, 핀, 브로치, 조각된 거울 등이 그것이었다. 그에 못지않은 것이 중무장 장비로서, 자부심 강한 브리튼 전사들은 아마도 그것 없이는 이륜 전차에 오르길 꺼려했을 것이다. 칼자루와 뿔 달린 투구 등에는 차례로 잎이 펼쳐지는 고사리 모양의 소용돌이무늬, 그리고 놀랍도록 양식화된 청동제의 말들이 형상화되어 있었는데, 운 나쁜 전투를 체념으로 받아들이는 수많은 늙은 당나귀들 같은 정감 어린 우수가 표현되어 있다.

이들의 부족 문화들은 서로 경쟁할 뿐 아니라, 주고받는 것이기도 했다. 과거에는, 정교하게 제작된 이들 예술 작품이 기원전 500년경 중부와 북부 유럽에서 대규모로 이주해 온 켈트족에 의해 만들어진 것이며, 이들이 아직 미개 상태로 잠자고 있던 브리튼섬의 원주민들을 각성시킴으로써 보다 수준 높은 문화로 이끌었다고 생각해 왔다. 그러나 지금의 우리는 브리튼의 전사들, 드루이드교druid의 사제들, 그리고 장인들이 누리던 세련된 문화가 사실은 브리튼 안에서 자체적으로 발전했으며, 이는 섬을 세로로 가른 두 개의 교역지대 내부에서 이루어진 문화 교류의 결과임을 알게 되었다. 교역지대 중의 하나는 서부 스코틀랜드와 웨일스에서 브르타뉴Bretagne로 이어지는 지역이고, 다른 하나는 남동부 잉글랜드에서 갈리아Gaul 북부와 저지대로 이어지는 지역을 말한다. 이는 모든 중요한 영역에서 브리튼의 토착적 문화가 유럽 대륙 세력의 정복이나 이주에 의해서가 아니라, 그들과의 접촉에 의해 진화한 것을 의미한다. 결론적으로 철기시대 브리튼은 그들이 수천 년 삶을 이어오던 그 현장에서 성장했던 것이다. 스톤헨지와 고분들은 최소한 이보다 1000년 전에 만들어져 브리튼의 풍경을 특징지었지만, 철기시대 브리튼에 들어서도 이곳들은 여전히 제례 의식의 공간이었다.

그런데 우리는 이를 가리켜 문명이라 할 수 있을까? 카이사르Caesar에서 타키투스에 이르기까지, 침공 당시의 로마 역사가들은 그렇게 생각하지 않았다. 이들에게 '문명화'란 그 정의에 있어 도시에 거주하는 것을 의미했기 때문이다. 비록 로마인들이 방어 시설을 갖추지 않은 브리튼 부족들의 도시 중심을 오피다oppida라고 하여 도시적인 의미가 포함된 이름으로 부르기는 했지만, 그들의 기준에 따르면, 윗가지와 회반죽으로 지은 오두막들로 이루어진 이들 브리튼인들의 집단 주거지는 당시 지중해 세계에 존재하던 보다 작은 석조 도시들보다도 훨씬 뒤떨어진 원시적인 목조 정착지에 지나지 않았다. 또한, 로마인들은 몸을 온통 밝은 청색으로 칠한 채, 길고 날카로운 칼을 휘두르며 전쟁 나팔을 불어대는, 거기에다 알아들을 수 없는 함성까지 질러대며 그들 앞에 모습을 나타낸 싸움터 속의 야만족 브리튼 전사들을 흉측한 미개인으로 묘사했다. 빅토리아 제국의 병사들이 아프리카와 인도의 '원시적' 적군들을 조우했을 때의 묘사가 아마도 이와 똑같았을 것이다.

그러나 로마인들이 이보다 앞서서 픽트Pict인들이 만들었던 예사롭지 않은 예술품들을 ― 새와 황소, 물고기들을 상징하는 상형문자를 조각한 놀라운 석조 유물들,

그리고 긴 옷을 입고 수염을 길렀으며, 두건을 두른, 거기에다 테이Tay강 계곡에서 만들어진 것이라기보다 아시리아에서 갓 이주해 온 듯 온 세상을 바라보는 전사들을 묘사한 프리즈frieze(수평 띠 모양의 조각을 두른 소벽) 같은 부조를 — 본 적이 있었다고 가정해 보자. 또한 그들이 앵글시Anglesey에서 발견된 강렬한 인상의 돌머리 같은 조각품들과 조우한 적이 있다고 가정해 보자. 고풍스럽고 비밀한 웃음, 어떤 신비스러운 구도의 가수假睡 상태에 빠진 듯 반쯤 감긴 깊은 눈, 그리고 평퍼짐한 코에 넓은 볼 등 돌머리 조각의 전체적인 얼굴 모습은 로마인들로 하여금 그들이 그리스의 섬들이나 에트루리아에서 마주쳤던 고대 지중해 양식의 흉상들을 곧바로 떠올리게 할 만한 것이었다.

그렇다면, 로마인들은 이것이 사실상의 예술 작품이라는 것을 인정했을까? 아마도 그렇지 않았을 것이다. 특히, 그들이 돌머리의 꼭대기 부분이 제물 봉헌을 위해 마치 삶은 달걀처럼 우묵하게 파여 있다는 사실을 알았다면 말이다. 그들이 로마화된 세계에서 마주쳤던 조금은 더 깨인 야만인들로부터 전해 들었던 이야기, 즉 잘린 목을 숭배한다는 브리튼인들의 섬뜩한 신앙을 — 브리튼 신앙의 한 특별한 모습이라고 이야기되는 종교적 희생과 익사에 관한 이야기는 언급할 필요도 없이 — 확인시켜 주었을 테니까. 브리튼의 원주민들 중에는 머리가 잘린 이들을 신속하게, 그것도 깊은 물속에 매장하지 않으면, 그 머리들이 자신들을 몸통에서 분리시킨 이들을 계속해서 꾸짖을 것이라고 믿는 사람들이 있었던 것으로 보인다.

그렇다면 로마인들은 왜 세상의 끝이자, 잘린 머리를 이야기하는 사람들이 있는 그 섬으로 가고자 했을까? 브리튼에 황금향黃金鄕이 있다는 타키투스의 판타지에도 불구하고, 만약 로마 내부의 냉정한 정치적인 계산들이 그를 브리튼 원정으로 떠밀지만 않았다면, 율리우스 카이사르 같은 약삭빠른 사령관이 브리튼섬을 '정복할 만한 가치'가 있는 곳이라고 판단하지는 않았을 것이다. 기원전 1세기 중반 무렵, 그는 자신과 함께 삼두정치를 이끌던 다른 두 명의 집정관인 폼페이우스Pompeius 및 크라수스Crassus와 불안하게 권력을 공유하고 있었는데, 만약 그가 브리튼에서 기세 좋게 승리를 거둔다면, 이는 그를 의심할 여지 없이 수석 집정관의 자리에 올려 놓을 것이었다. 게다가, 그는 브리튼 사정에 대해 무지한 외부인으로서 원정을 감행하는 상황이 아니었다.

십중팔구 카이사르로 하여금 브리튼에서 조정자, 중재자, 그리고 대군주로서의 역할을 할 수 있도록 완벽한 기회를 제공하고 있었던 자들은 로마에 파견된 브리튼 부족들의 대표들이었을 것이다. 그러므로 라틴 침략자들에 대항해서 절벽에서 서로의 어깨를 맞대고 한 덩어리가 되어 싸우는 브리튼 부족연합을 상상하는 것은 사실을 크게 왜곡시키는 일이 될 것이다. 그들 부족국가 중에서 지금의 허트포드셔Hertfordshire에 있었던 카투벨라우니Catuvellauni와 에식스Essex에 있었던 트리노반테스Trinovantes는 남, 동, 서쪽에 있던 다른 부족들로부터 팽창주의적이고 침략주의적인 위협적 존재로 인식되고 있었는데, 그들 약소 부족들의 입장에서는 로마를 동맹으로 끌어들이는 것만이 그들의 위협을 막을 수 있는 유일한 방책으로 생각되었다. (거의 2000년 뒤에 브리튼인들이 로마 제국에 버금가는 새로운 제국을 건설하게 되었을 때, 그들 또한 로마인들과 매우 유사한 방식으로 인도에 거점을 확보할 수 있었다.)

어쨌든, 카이사르의 첫 번째 원정에 동반했던 자는 아트레바테스Atrebates의 왕 콤미우스Commius였는데, 그는 카이사르에게 원정의 전망과 관련, 지나치게 낙관적인 정보를 주었던 것 같다. 사실, 카이사르의 브리튼 원정은 미지의 세계로의 여행도 아니었고, 카이사르의 군단이 야만적 암흑의 심장부에 빛을 던져주는 일도 아니었다. 왜냐하면, 브리튼은 이미 세상이 다 아는 온화한 겨울, 풍부한 식량 공급, 그리고 로마에 협력적인 원주민 우방 등 '기지수旣知數'의 곳이었기 때문이다. 또한 짐작컨대 카이사르는 자신의 원정이 브리튼을 완전한 식민지로 만들기보다는 힘의 우위를 과시하는 데 그치는 제한적인 군사행동이 될 것이라고 생각했을 것이고, 그렇다면 브리튼 원정은 그의 구미에 딱 맞는 현실적인 계획이었을 것이다. 권력의 정점에서 햇볕 비치는 로마에 앉아, 무패의 만족감에 살짝 도취해 있던 카이사르는 멋진 하나의 '작은 사이드 쇼'를 선

보이며 적은 비용으로 얻게 될 개선凱旋을 상상하고 있었을 것이 틀림없다. 로마 군단의 번쩍이는 갑옷과 독수리 깃발을 마주친 야만인들은 단지 항복하기 위해 줄을 설 수밖에 없을 것이다, 역사는 항상 로마 편이었다는 것을 그들도 알고 있으리라, 그는 이렇게 생각했을 것이다.

그러나 (역사는 몰라도) 지리는 그렇지 않음이 드러났다. 기원전 55년과 54년, 2년 연속 카이사르의 부대에 병참 문제가 발생했는데, 원인은 그들이 우호적일 것이라고 믿었던 하나의 요소, 바로 '기후' 때문이었다. 첫 번째 원정 작전에서는 보병 1만 2000명과 기병 2000명이 바다를 건너고 있었는데, 사나운 강풍이 불어와 말과 기병들을 태운 배들을 갈리아로 돌려보냈다. 이때 함대의 나머지 배들은 아직 착수着水조차 하지 못하고 있었다. 두 번의 원정 모두 폭풍이 일으킨 높은 조수와 험악한 바람이 덮치는 바람에 켄트Kent 해변에서 상륙을 시도하고 있던 배들이 박살나고 말았다. 카이사르는 잘 훈련된 로마 군대가 툭 트인 야전에서 브리튼 전사들을 뚫고 나갈 것이라고 상상했지만, 그가 브리튼의 내륙지대에서 실제로 상대해야 했던 적은 갑자기 나타났다가 유령처럼 숲속으로 사라져버리는, 그야말로 치고 때리는 전략을 유능하게 구사하고 있었다.

로마군은 두 번째 원정에서 브렌트퍼드를 통해 템스Thames강을 건너기는 했지만, 카투벨라우니Catuvellauni의 왕 카시벨라우누스Cassivellaunus를 패배시키지 못했고, 거기에다 두 번 연속으로 증원 병력 및 동계 병참 지원에 실패함에 따라 카이사르는 카시벨라우누스와의 정치적인 타협을 통해 체면치레를 하는 수밖에 없었다. 카이사르가 끌어낸 약속은 (그다지 큰 가치가 없는 것으로) 앞으로 카시벨라우누스가 로마와 동맹을 맺은 다른 브리튼 부족국가들과 평화를 유지한다는 것이었다. 당시 카이사르 휘하에서 근무하고 있던 형제를 두었던 키케로는 카이사르의 어설픈 원정에 대해 애초에 어려움을 무릅쓸 필요가 없었던 일이라고 그 가치를 절하하면서 실패에 태연한 척하려 했다. 금과 은의 실체가 확인되지 않았고, '포로를 제외하면 전리품도 없었는데, 나는 당신이 혹여나 그들이 문학이나 음악에 높은 조예를 가지고 있을 것이라 기대하지는 않기를 바랍니다'.

그러나 브리튼 원정 실패에 대한 기억은 오랫동안 로마인들의 마음을 괴롭혔을 것이 틀림없다. 그로부터 90년이 지난 기원후 43년, 그들이 브리튼에 다시 발을 들여놓았을 때, 로마의 분위기는 보다 더 공격적인 제국주의로 바뀌어 있었다. 로마제국 건국에 관한 위대한 라틴 서사시 『아이네이스Aeneis』에서 베르길리우스Vergilius는 주피터Jupiter의 입을 통해 다음과 같이 외쳤다. '나는 로마인들의 시간과 공간에 어떠한 제약도 두지 않았다.' 그렇다고 하더라도, 만약 브리튼 내 로마의 동맹국들이 로마에 대해 가지고 있던 믿을 만한 후원자 또는 보호자라는 신뢰가 위태로운 상황에 처해지지만 않았다면, 로마의 영향으로부터 벗어나고자 하는 섣부른 움직임이 브리튼에서 일어났다고 해서 그 이유만으로 카이사르와 아우구스투스Augustus의 후계자들이 브리튼 완전 정복 전쟁을 벌이지는 않았을 것이다. 사실에 있어서, 카이사르는 브리튼을 버렸는지 모르지만 브리튼 사람들은 로마를 버리지 않았다. 43년 로마의 브리튼 침공 이전 수십 년 동안 로마령 갈리아 사이의 무역은 그 어느 때보다 활발했다. 부피가 큰 물건은 남쪽으로 고급스러운 물건은 북으로 갔다.

그즈음, 브리튼의 지배적인 왕들, 특히 브리튼 남동부 지역에 막강한 세력 기반을 구축하고 있던 (셰익스피어가 심벨린Cymbeline이라고 불렀던) 쿠노벨리누스Cunobelinus 같은 지배자들의 사랑받지 못한 아들들, 또한 그들의 정적들이 로마에 많이 들어와 있었다. 기원후 41년, 쿠노벨리누스가 죽자 예상했던 대로 그의 후계자들 사이에 다툼이 일어났는데, 이 사건은 이스트 앵글리아East Anglia 지역의 이세니Iceni족과 서식스Sussex 지역의 레그넨스Regnenses족 등 쿠노벨리누스에 적대적이던 많은 부족들에게 있어서, 지금이야말로 다시없을 브리튼 재침공의 시간이라고 로마인들을 설득할 수 있는 절호의 기회였다.

활모양으로 굽은 발에 말까지 더듬는 등 정복자의 이미지와 전혀 어울리지 않는 외모를 가진 클라우디우스Claudius이지만, 그는 미루다가 기회를 놓친 티베리우스Tiberius, 그리고 항구까지 나간 것이 고작이었던 칼리굴라Caligula 등 그동안 로마가 경험한 수많은 시행착오를 타산지석으로 삼아 전임자들의 실수를 바로잡기로 결심했다. 그리고 그는 이 과업을 수행하는 데 있어서 카이사르의 수치가 어떤 방식으로건 되풀이되지 않으려면 압도적인 무력으로 행해야 한다고 생각했을 것이 틀림없다. 그는 확실한 승리 이외의 어떤 결과도 제위를 보장할 수 없을 정도로 권력 기반이 약했으며, 또한 브리튼 부족들의 정치적 상황이 매우 불안정했을 뿐 아니라 인질에 무관심한 그들의 태도로 미루어 볼 때, 제한적인 점령 전쟁은 생각조차 할 수 없었다.

이번만큼은 제대로 해야 했다. 그렇기에 클라우디우스의 침공 무력은 무려 4만 명에 달했는데, 이는 철기시대 브리튼으로서는 거의 생각하기 어려운 엄청난 군대였고, 직접 대적하기는 더더욱 어려운 무력이었다. 그러나 이 같은 무적함대조차 시작 단계에서 코미디 같은 시행착오를 경험해야 했다. 가장 탁월한 역전의 지휘관들이 원정부대를 이끌었음에도, 하급 병사들이 불로뉴 Boulogne에서 함대를 일별한 후 황제의 친서를 확인해야겠다면서 승선을 거부한 것이다. 황제의 편지는 나르키소스Narcissus로 알려진 클라우디우스의 노예 출신 하인에 의해 전해졌는데, 이 사실이 도움이 되지는 않았겠지만 아무튼 편지는 적절한 시간에 도착하기는 했다.

클라우디우스는 카이사르가 실패한 곳에서 성공했는데, 그것은 집중적이고 무자비한 군사작전과 정치적 실용주의가 동시에 멋지게 결합된 원정을 통해 이루어졌다. 아울루스 플라우티우스Aulus Plautius 같은 그의 지휘관들은 발전 일로에 있던 브리튼인들의 사회를 충분히 이해하고 있었기에, 방어가 거의 이루어지지 않고 있던 오피다를 점령하면 브리튼 귀족 사회의 심장부를 칠 수 있다는 것을 잘 알고 있었다. 그곳에는 신분과 명성이 존재했고, 예배의 공간들이 있었다. 그러나 로마인들은 과시적 소비와 보여주기식의 행태가 성행하던 그곳 철기시대의 중심에서 자신들이 할 수 있는 또 다른 일이 있다는 것도 물론 알고 있었다. 그것은 투창의 전투보다는 평화의 올리브 가지를 선택한 현실적 감각의 부족국가 군주들을 위해 그들이 가지고 있던 것과는 완전히 다른, 장려함을 갖춘 하나의 '질서'를 부여하는 것이었다.

현실주의 성향의 브리튼 군주들 중에 토기두브누스Togidubnus라는 자가 있었는데, 그는 아트레바테스의 왕 베리카Verica의 후계자로서 클라우디우스의 침공에 간접적으로 책임이 있었다. 토기두브누스는 로마에서 교육을 받았을 가능성이 있고, 그랬다면 로마적인 생활양식의 긍정적 측면들을 이해하고 있었을 것이다. 침공 이후 그는 브리튼의 위대한 왕, 티베리우스 클라우디우스 토기두브누스라고 불리게 되었는데, 이는 아마도 예속 군주라는 그의 새로운 역할을 반영하는 이름이었을 것이다. 로마에 대한 그의 충성심은 치체스터 Chichester 근처 피쉬본에 세워진 호화스러운 궁전에서도 나타나는데, 화려한 색깔의 모자이크 바닥으로 치장된 이런 종류의 집은 예나 지금이나 사우스 다운스South Downs의 배 밭이 아니라 오직 로마 라티움Latium의 올리브 밭에서나 상상할 수 있는 것이었다.

토기두브누스가 자신과 신민들을 위해 무엇이 가장 이로울 것인지에 대한 문제와 관련하여 실용적 견해를 취한 유일한 부족장은 아니었다. 로마군은 브리튼 내륙으로 진군하는 내내 지방 부족장들의 도움을 받았는데, 그들은 로마와의 동맹이 자신들의 권위를 약화시키기는커녕 오히려 강화시켜 줄 것이라 생각했던 것이다. 4세기 로마의 역사가 에우트로피우스Eutropius는 침공 당년인 43년 오크니의 왕이 클라우디우스에게 복속했다고 기록했다. 그의 기록은 로마에서는 1세기 말에 사라졌던 암포라amphorae 양식의 항아리 파편이 거니스에서 발견되기 전까지는 근거 없는 억지 주장으로 간주되었었다. 우리는 이제 철기시대 브리튼의 지방 통치자들 중에는 — 그들이 원탑이나 궁전의 주인들이건 혹은 남부 잉글랜드 언덕 위 성채들의 주인들이건 — 빵의 어느 쪽에 버터가 발라져 있는지를 너무도 잘 아는 영리한 자들이 많이 있었다는 사실을 알고 있다. 이렇듯 브리튼의 개별 군주들이 원자화됨에 따라, 로마 군대는 그들을 하나하나 복속시키는 가운데 전쟁 기계를 가동함으로써 브리튼섬 내부로 전진할 수 있

굵은 글씨체(픽트 등): 부족 이름
■ 로마타운 및 요새
◇ 로마 양식의 빌라

오크니제도

코르나비

대칸테

칼레도니
테살리
픽트
인치투틸

북해

대서양

안토니누스
장벽
보타디니

셀고바에
하우시스테즈
하드리아누스 장벽
노반태
코브리지
칼라일
빈돌란다

달 리아타

나그나태

에르다니

아이리시해

브리간테스

요크
파리시

코시

앵글시섬

링컨

아우데이니

강가니

브리간테스

오르도비케스

데케안글리
체스터
록세터

코리타니

이세니

벨라보리

코르노비

카투벨라우니

트리노반테스

이베르니

데메타에
실루레스

글로스터
◇체드워스
시렌세스터

콜체스터

세인트 올번스

카마던

런던

캔터베리

케얼리언

바스
아트레베이트

칸티아시

레그넨스

도버

0   50 miles
0   100 km

둠노니

윈체스터

뷰로트리게스

엑서터

비그너◇

◇피시본

도체스터

치체스터

잉글랜드 해협

브리튼 부족들과 로마인들의 도래

었다.

쿠노벨리누스의 아들 하나는 전투에서 패했다. 다른 아들 카라타쿠스Caratacus 는 북쪽으로 후퇴했다. 그가 남기고 떠난 콜체스터Colchester에 클라우디우스가 코끼리에 올라탄 채로 의기양양하게 입성했다. 짧은 시간 안에 콜체스터는 로마 지배하의 브리튼이 어떤 모습이 될 것인지를 보여주는 하나의 모델이 되었다. 길게 쭉 뻗은 도로와 거대한 돌담, 붐비는 상점, 그리고 인상적인 사원과 장대한 조각군##이 있는 메트로폴리탄의 중심이 그것이었다. 이곳이 브리튼의 첫 타운town은 아닐지라도 첫 시티city인 것은 분명했으며, 또한 로마적인, 그러면서 동시에 브리튼적인 곳이 될 수 있는 공간이기도 했다.

잠시나마 이는 너무 쉬운 일처럼 보였을 것이다. 도망자 신세가 된 쿠노벨리누스의 아들 카라타쿠스는 이미 복속한 북부 잉글랜드 브리간테스Brigantes의 여왕 카르티만두아Cartimandua에게 잡혀 로마 당국에 넘겨지는 신세가 되었는데, 쇠사슬에 묶인 채 로마 거리를 지나갔다. 그런데 그가 얼마나 위엄 있게 행동했던지, 클라우디우스는 로마제국의 관대한 아량을 표상하는 그 유명한 장면을 연출하는 가운데 그를 사면하는 조치를 취했다. 로마제국 전체 군대의 약 8분의 1에 달하는 5만 명에 가까운 병력이 브리튼을 점령했는데, 이 숫자는 주둔군의 일부 하급 지휘관들로 하여금 자신들의 무력을 과신하게 만들었으며, 특히 서기 54년, 세심한 성격의 클라우디우스를 대신하여 나태한 성격의 네로Nero가 제위에 오르자 그 폐해가 드러났다. 이세니 왕국에서는 이 지역 귀족들을 로마와의 동맹에 끌어들이기 위해 만들어졌던 세심한 협약들이 점령군의 노골적인 무력시위를 통해 폭력적으로 폐기되었다. 이세니의 부디카Boudicca는 남편인 프라수타구스Prasutagus 왕이 죽자, 혼란을 예방하기 위해 네로에게 왕국의 공유를 제안한 바가 있었지만 소용이 없었다.

지역의 로마 행정관들은 자기 파괴적인 오만과 잔인성을 과시하면서, 마치 이세니가 로마에 협력해 온 것이 아니라 저항해 온 지역이기나 하듯, 이곳을 노예 지역으로 선언했다. 누가 누구를 소유하고 있는지를 확실하게 보여주려는 의도에서, 이들은 부디카를 공개적인 채찍 형으로 처벌했고, 그 사이 그녀의 두 딸들은 강간당했다. 이 사건의 즉각적인 결과는 자발적이고, 심지어는 열성적이기까지 했던 협력적 가문들을 달래기 어려운 적으로 돌려놓았을 뿐 아니라, 보다 지적인 로마인들이라면 가장 피하고 싶었던 상황까지 초래하고 말았다. 그것은 삽시간에 브리튼 모든 지역으로 확산되었으며, 불평분자들을 하나로 묶는 거대한 저항 동맹으로 발전했다.

서기 60년, 로마군의 정예 병력이 원거리에 위치한 북부 웨일스의 반란을 진압하느라 묶여 있는 동안, 부디카의 군대는 브리튼인들이 거의 무심하게 로마화를 용인했던 곳이자, 신세계를 가장 상징적으로 표상해 온 바로 그곳, 콜체스터를 향해 진군했다. 그곳이 가벼운 수준으로만 요새화된 것도 도움이 되었다. 그들이 동부 잉글랜드를 가로지르며 폭풍같이 진군하는 동안 로마인들의 정착지들이 하나씩 불탔는데, 이번에는 콜체스터 차례였다. 로마인들은 그들이 가장 안전하다고 느끼는 곳, 즉 클라디우스에 의해 건설된 거대한 사원 지구로 물러났지만, 부디카의 군대는 그곳마저 파괴하기에 이르렀고, 거기 있던 황제의 흉상 머리 부분을 쳐서 떨어뜨린 뒤에 올드Alde강으로 던져버렸다.

(시신이나 참수된 머리를 우물이나 강물에 빠뜨리는 제의 행위는 브리튼 부족들의 전통적인 관습이었으며, 부디카의 군대는 아마도 자신들의 문화가 여전히 살아 있음을 말하려고 했을 것이다.) 수천 명의 로마인들이 성소 내부에서 공포에 떨고 있는 동안 조숙한 제국의 도시는 불타고 있었다. 벽으로 둘러싸인 성소에 웅크린 식민 개척자들은 그들에게 다가오는 연기를 맡아야 했고, 결국 그들 또한 폐허 속에서 불에 타는 운명을 맞게 되었다. 탄소연대측정이 이루어진 하나의 사발 그릇(그날 불었던 불 폭풍의 유물)은 부디카의 복수에 대해 당신이 알아야 할 모든 것을 말해 준다.

그녀의 승리는 지속될 수 없었다. 콜체스터의 파괴로 우쭐해진 부디카의 군대는 세가 눈덩이처럼 불어났는데, 어쩌면 역설적으로 이것이 그들을 자멸로 이끈 원인이 되었는지도 모른다. 통제할 수 없는 무리가 되어버린 브리튼 병력은 앵글시에서 급하게 회군한 잘 훈련된 로마 군대와 직면하는 순간, 바로 그 '통제 불능'의 문제 때문에 패배를 맞게 되었다. 일단 로마 군단이 공격로를 확보하고 들어오자, 전장 뒤편에 수레들 속에 모여 있던 여자와 아이들은 전차와 보병들의 기동성을 방해했다. 혼잡한 소동은 유혈이 낭자한 혼돈의 대학살로 바뀌었고, 부디카는 로마군에 사로잡히느니 자살을 선택했다.

적어도 일부 사람들은 어려운 방법으로 교훈을 얻는다. 만약 우리가 타키투스가 쓴 역사를 믿는다면, 그의 장인이자, 스코틀랜드와 웨일스 지역의 평정 책임을 맡았던 장군인 율리우스 아그리콜라Julius Agricola는 자신의 집안을 단속하고 청렴과 정의로써 통치하려는 모든 노력을 기울임으로써 반란의 원인을 제거하려고 했다. 아그리콜라는 또한 클라이드Clyde만灣과 포스Forth만灣을 잇는 경계선을 그려 브리타니아를 구획한 뒤에 병참 지원이 어려운 하일랜드 지역을 칼레도니아Caledonia인들이라고 알려진 부족들에게 넘기려 했다고 한다. 그러나 아무리 신중한 장군이라 해도, 야만인들이 로마군 진지를 마음대로 공격하는 상황에서 수수방관하고 있을 수는 없었다. 서기 84년, 확인되지 않는 하일랜드의 어느 산 경사면에서 거대한 범汎유럽적 전투가 벌어졌다. 타키투스가 그라우피우스Graupius산이라고 불렀고, 테이강의 북쪽에 위치했을 것이 틀림없어 보이는 그곳에서, 3만 명에 달하는 칼레도니아인들과 그들의 북방 동맹군이 로마 군단과 네덜란드 및 벨기에 지역 지원군을 상대로 전투에 돌입했다.

전투의 결과는 원주민 1만 명과 로마군 360명의 전사였다. 타키투스의 역사 기록에서 가장 주목할 부분은, 흔히들 예측하듯 유혈이 낭자한 전투 장면들이 아니라, 상대방 지휘관들, 특히 칼레도니아 장군 칼가쿠스Calgacus의 입을 통해 쏟아진 연설이었다. 궁지에 몰린 상황에서 칼가쿠스가 행한 것은 스코틀랜드 땅 위에서 처음으로 행해진 위대한 반제국주의 연설이었으며, 그것은 모국의 자유를 위한 힘찬 외침이었다.

여기 세상의 끝, 자유의 마지막 발치에서, 우리는 오늘까지, 먼 곳에 위치하고 세상에 알려지지 않은 탓에 방해받지 않는 삶을 살아 왔습니다. … 그러나 이곳에 올 또 다른 부족들은 없습니다. 바다와 절벽, 그리고 그보다 더욱 치명적인 로마인들이 있을 뿐이며, 우리가 복종하고 자제한다고 해서 그들의 교만을 피해갈 수 없습니다. 이 세상의 강탈자들은 육지가 그들의 무차별적으로 파괴적인 손 안에 들어가자, 이제 심지어는 바다를 탐색하고 있는 것입니다. 만약 그들의 적이 부를 가졌다면 그것을 탐했고 … 동쪽도, 서쪽도 그들의 식욕을 채워주지 못했습니다. … 그들은 노략질, 살육, 강탈, 이러한 것들에 제국이라는 이름을 잘못 붙이고 있습니다. 황무지를 만들어놓고는 그들은 이를 평화라고 부릅니다.

우리는 물론 칼가쿠스가 이러한 말을 실제로 했다는 증거는 가지고 있지 않다. 자유를 향한 그의 절절한 호소는 우리가 현재 확인할 수 없는 켈트 부족의 수사修辭에서 나온 것이라기보다는 로마 공화주의자들의 철학을 직접적으로 대변하고 있는 것이다. 그럼에도 불구하고, 이러한 종류의 뜨거운 감성은 여러 세대를 거치며 브리튼인들에게 전해졌다. 그러므로 브리타니아의 정체성과 마찬가지로 '자유로운 칼레도니아'의 개념도 원래부터 로마인들의 창안이었던 것이다. '브리튼은 정복당했지만, 곧바로 빠져나가도록 허용되었다'라는 것은 자신의 장인이 브리튼 북부에서 쏟아부었던 각고의 노력을 허사로 돌려버린 후대의 로마 정책에 대한 타키투스의 유죄 선고였다. 타키투스는 2세기 초입 반역적인 유대에서 반항적인 남부 스코틀랜드에 이르기까지 지나치게 확장된 제국 통치에 따르는 실제적인 부담에서 자유로운 입장에 서 있던 '안락의자 전사戰士'였다.

바로 이때 모든 로마 황제를 통틀어 가장 사려 깊은 스페인 태생의 황제가 나타났는데, 그는 전임자인 트라야누스Trajan, 그리고 극단적으로 팽창한 그의 제국을 대신하여 원정을 펼치면서 지혜를 쌓았으며, 견제 정책의 가치를 잘 이해하고 있었다. 그리고 그는 무엇보다 브리튼 내에 세워질 장벽의 이름으로 기억될 운명이었다. 사람들은 종종 하드리아누스Hadrian 장벽을 마치 아메리카 인디언 지역에 세워진 전방 요새처럼 생각하는 경향이 있다. 미국 기병대가 말뚝 울타리 사이로 초조하게 밖을 내다보며 그들의 전쟁 북소리를 들으려고 안간힘을 쓰는, 모든 돌 하나하나에서 피해망상이 번져 나오는 구조 말이다. 그러나 하드리아누스의 장벽은 전혀 그렇지 않았다. 타인Tyne강에서 솔웨이Solway만까지 총길이 73마일(117킬로미터), 두께 7~10피트(2.1~3미터), 높이 15~20피트(4.6~6.1미터)로 이루어진 장벽은 122년 무렵 하드리아누스가 제국 시찰차 브리튼에 들른 직후에 축조되기 시작했다. 장벽 축조술의 논리와 야심 찬 기개에는 하드리아누스의 모든 개인적 특성이 반영되어 있다. 처음에는 이 것이 로마인들이 종종 업신여기는 태도로 언급한 '브리툰쿨리Brittunculi', 즉 '불 쌍한 작은 브리튼인들'의 만성적 불복종에 대처하기 위한 것이었음은 틀림없 다. 특히 첫 50년 동안은 장벽을 따라 500야드(457.2미터)마다 설치된 '마일캐슬 milecastle'과 초소哨所탑을 중심으로 군대가 배치되어 있던 군사적 요새였다. 서 기 122년, 공사 진척 상황을 점검하기 위해 브리튼에 온 하드리아누스는 장벽 의 기능과 관련하여 로마제국의 한 지방으로서 적절하게 통치할 수 있는 브리 타니아 영토의 경계를 표시하는 것으로 분명하게 생각하고 있었다.

장벽이 축조된 지역인 브리간테스는 원래 카르티만두아 여왕 통치하에 있 던 순응적인 동맹국이었는데, 그녀의 남편 베누티우스Venutius가 전면적인 반 란을 획책함에 따라 왕권이 도전받고 있었으며, 1세기 말에 이르면 이곳 노섬 브리아Northumbria의 농촌 지역은 더 이상 로마 식민정책에 특별하게 호의적인 지역으로는 간주되지 않았다. 하드리아누스가 죽음을 맞이한 138년 무렵 장벽 은 견제 기능을 잘 수행하고 있었고, 그의 후계자 안토니우스 피우스Antoninus Pius는 전선을 더 북쪽으로 밀고 올라가 스코틀랜드 깊숙이 들어갔는데, 그곳 에 클라이드강과 포스만을 연결하는 풀 언덕으로 방벽을 구축했다. 이는 타키 투스가 칼레도니아의 북쪽 '섬'이라고 일컬었던 호전적인 픽트Pict족('물감을 칠 한 자들')을 봉쇄하는 효과가 있었다. 그렇게 되자, 하우시스테즈Housesteads와 코브리지Corbridge 같은 요새들은 더 이상 최전선 방어 지역에 속하지 않게 되 었고, 내륙 산간의 지역 근거지 또는 로마의 '체크포인트 찰리Checkpoint Charlie' 라고 할 수 있는 활발한 비즈니스 중심지들로 발전했다.

이제 장벽은 로마령 브리튼을 브리튼의 나머지 북부로부터 봉쇄하여 출입을 차단하는, 그러니까 일종의 방역선의 기능을 한다고는 생각되지 않게 되었다. 장벽의 개념은 이동을 막는 것이 아니라 통제하고 관찰하는 것으로 대체되었다. 만약 살인이 일어난다면, 시신보다는 장벽의 한쪽에서 다른 쪽으로 이동되는 물품에 부과되는 관세가 더 큰 문제였을 것이다. 이곳 군 주둔지에서 돈을 버는 무역업자와 공급업자들은 자신들의 보호 명목으로 국가 방위비용을 지불했을 것인데, 이는 로마인들이라면 갈취 수준으로 간주할 만한 비싼 대가였다.

하드리아누스Hadrianus 장벽은 방벽이라기보다는 브리타니아 북부에 대한 로마의 통제를 강화하고 안정화시키는 척추 역할을 한 것으로 보는 것이 보다 정확한 관점이 될 것이다. 우리가 지금 이 시점에서 장벽 동서 길이의 중간쯤에, 그리고 1마일 정도 후방에 위치했던 빈돌란다Vindolanda 요새와 같은 곳을 그리 나쁘지 않은 배치지로서 상상할 수 있게 된 것은 최근에 발굴된 놀랄 만한 로마 유적에 의해 장벽 요새에 주둔했던 군인들과 주위 주민들이 영위했던 삶에 대한 우리의 인식에 변화가 있었기 때문이다. 고고학자들은 25년에 걸쳐 23피트(약 7미터)의 깊이로, 그리고 유의미한 현장 확인이 가능할 정도의 폭으로 유적지를 분할했다. 그들의 목적은 고대 세계의 횡단면과도 같은 그곳을 옆방향으로 훑어가면서 그 흙덩어리 속에 묻혀 있을지도 모르는 과거 빈돌란다에 살던 남자들과 여자들이 자신들의 일상적 삶의 이모저모를 기록한 종이처럼 얇은 엽서 크기의 목서판木書板을 찾으려는 것이었다. 이렇게 해서 발굴된 서판 조각들은 잉크로 기록된 것인데, 말하자면 이들은 오늘날 우리가 (이메일email의 시대에 밀려 점차 사라지고 있지만) 일상적으로 쓰고 아무렇게나 던져버리는 약간의 영수증, 신용카드 지불 부본, 광고성 우편물, 전단지 같은 것들이었다. 이들은 우리에게 브리튼의 로마 요새 주변 생활이 실제로 어떠했는지를 보여주는 창窓과 같은 존재이다.

만약, 당신이 피시 소스fish sauce 상인이었다고 가정해 보자. 로마제국의 식탁이라면 으레 어디에서나 등장하는 역한 냄새의 향신료, 그것 없이는 로마의 군인이 하루의 일과를 감당할 수 없었던 그 피시 소스를 빈돌란다Vindolanda로 배달하는 일을 당신이 맡고 있다. 첫 번째로 당신 눈앞에 들어오는 풍경은 그 요새 주변에서 실제로 보이는 군인의 숫자가 매우 적다는 것이다. 92년에서 97년 사이의 어느 5월 18일에 이루어진 집계에 따르면, 그 요새의 정규 병력 756명 중 최소한 456명이 부재중이거나 병을 앓고 있었다. 그다음 당신 눈에 들어오는 것은 그 군인들이 전형적인 로마인의 외모와는 다른, 다시 말하면, 키가 크고 호리호리하며 금발에 연분홍색 뺨을 가진 사람들이라는 것이다. 그 이유는 그곳 군인들 대부분이 네덜란드인(바타비안Batavian) 또는 벨기에인(툰그리안Tungrian)이었기 때문이다. 또한 그곳에는 딱히 군사적 업무라 할 수 없는 일에 종사하는 사람들이 많이 있었던 것으로 보인다. 건축 노동자, 구두 수선공, 수의사, 무기업자들이 그들이다. 그뿐만 아니라 당신은 부러울 만큼 호사스러운 것들과도 마주치게 될 것이다. 아픈 사람을 위한 병원, 공동의 화장실, 온수가 나오는 목욕탕, 그리고 거대한 곡물 창고 등이 그것이다. 당신이 만약 한 끼 식사를 위해 머물러 달라는 요청을 받았다면, 당신은 그들이 좋은 식사를 한다는 것을 알고 있었기에 아마도 그 초대에 응했을 것이다. 굴과 노루 고기, 염소 고기, 돼지 족발, 마늘, 올리브, 당근 등이 그들의 식탁에 오르는 것들이었다. 당신은 그 식단에 놓인 외국산 후추의 존재로 인해 세계적 제국의 일원으로 일하고 있음을 새삼 깨닫게 될 것이다. 물론 그곳에는 맥주 공급량 부족에 따른 일상적인 불평도 있을 것이고, 또한 무릇 사내라면 어떤 일을 해야 하며, 그러기 위해서는 정확하게 무엇을 해야 하는지에 대한 자잘한 잡담들이 오갈 것이다. 멧돼지 사냥을 다시 할 수 있는 기회가 언제나 올지, 군 복무에 대한 보상으로 로마 시민권을 따려면 얼마나 근무해야 하는지, 하는 얘기들도 오갈 것이다. 지역 사령관 플라비우스 케레알리스Flavius Cerealis와 그의 부인 술피키아 레피디나Sulpicia Lepidina의 사교 생활에 대한 흥미진진한 수다들도 오갔을 것이다.

자매여, 9월 15일에서 사흘 전인, 나의 생일 축하연에 그대가 꼭 올 수 있기를 바라면서, 또한 그대가 와준다면 그대의 존재로 인해 내게는 그날이 더욱 즐거워질 것이기에, 그대를 따뜻하게 초대하오. 나의 인사를 케레알리스에게 전해주시오. 나의 엘리우스Aelius와 나의 작은 아들도 그에게 안부를 보냅니다. 나는 당신을 기다릴 것이오. 안녕, 자매여, 내가 가장 사랑하는 영혼이여, 번창하고 강건하기를 기원하오.

4세기 초 로마는 통치상의 이유로 브리튼인과 로마인을 혹독할 정도로 엄격하게 구분했고 이는 때로 유혈 충돌을 불러일으켰다. 그러나 브리타니아는 이미 2세기 말과 3세기 즈음에 이르러 여러 인종의 혼합과 더불어 여러 언어가 통용되는 상당히 안정된 사회로 정착되고 있었으며, 특히 잉글랜드 동부의 윌드Weald에서 링컨셔 울즈Lincolnshire Wolds까지, 서부에서는 데번Devon에서 칼라일Carlisle에 이르는 저지대 지방이 그러했다. 그러니까, 부디카 반란 때 정점에 달했던 만성적인 반란의 악몽은 이미 흘러간 과거가 되었다.

물론 브리타니아 원주민들이 로마 통치의 과실을 모두 평등하게 누린 것은 아니었다. 여전히 켈트어를 사용하는 농촌 지역 대다수 거주민들에게, 로마 통치는 한 부류의 지주 집단이 다른 부류로 교체된 것을 의미할 뿐이었다. 아마도 가장 치명적 외상을 입은 집단은 족장에 대한 군사적 봉사를 이유로 높은 사회적 지위를 누려오던 브리튼 부족의 전사들로서, 그들은 직업적인 로마 군인들에 밀려나서 익숙하지 못한 도시 사회로 편입되거나 섬길 주인 없이 단순한 농지 경작자로서 농촌에 남을 것인가를 선택해야 하는 기로에 봉착했다. 그러나 사회의 최상층에서는, 로마제국 전성기 모든 지역이 다 그러했듯이, 원주민과 새로운 유입자들 사이의 경계가 점차 희미해져 가면서 괄목할 만한 혼종 현상이 일어났다. 시리아 팔미라Palmyra 출신의 한 로마인이 브리튼 노예 출신의 아내 레지나Regina를 위해 사우스실즈South Shields에 세운 묘비는 그다지 예외적 사건이 아니었다. 공식적 로마 종교는 이름뿐인 통제에 머물렀으므로 모든 종류의 브리튼-켈트의 신앙들이 살아남았다. 1세기경 코브리지Corbridge의

한 무덤에는 참수된 하나의 해골이 한 무리의 사체들과 같이 묻혔는데, 그 사체들 곁에는 아마도 그들이 내세로 진군할 때를 고려한 까닭인 듯 장화들이 놓여 있었다.

이 같은 문화적 잡종 교배와 관련하여 가장 잘 알려진 상징적 존재는 다름 아니라 바스Bath에 있는 술리스 미네르바Sulis Minerva 신전의 주랑이 늘어선 현관에서 (목욕하는 미인들을 묘사한 일군의 조각 작품들과 함께) 온천 애호가들을 반겨주는 '생기를 주는 얼굴'이다. 이 신전은 아마도 로마-브리튼 우호 관계의 상징적 존재이자, 영토가 잉글랜드 서쪽 끝까지 펼쳐져 있었을 것으로 추정되는 (피시본Fishbourne 궁전의 티베리우스 클라우디우스 토기두브누스라고도 알려진) 토기두브누스에 의해 지어진 것으로 알려져 있는데, 고전적인 풍요로움과 장려함이라는 품격과 조화를 이루는 신전의 부조들에서는 클라우디우스와 베스파시아누스Vespasianus 황제 시대 제국의 기품이 은은하게 감지된다. 그러나 토기두브누스야말로 진정한 문화적 교차의 장본인으로서, (고르곤Gorgon의 두상이 보여주는 것처럼) 부분적으로 로마적이고 부분적으로 켈트적인, 독특한 목욕탕 신神을 만들어냈다. 그것은 로마의 태양신이, 그 오래된 햇빛이 멘디프Mendip 언덕의 바람 안에서 또는 아콰 술리스Aquae Sulis[1]의 뜨거운 물속에서 만들어낸 작품이라고 말할 수 있을 것이다.

바스는 최신식 문명과 신비 신앙이 공존하는 로마풍 브리튼의 전형적인 공간이었다. 이곳의 양쪽에는 각각 철기시대의 요새들이 있었는데, 리틀 솔즈베리Little Solsbury와 바스햄프턴Bathhampton이 그들이다. 브리튼 원주민들의 물에 대한 숭배를 생각하면, 그곳을 목욕탕으로 바꾼다는 생각은 브리튼의 옛 문화 속에서는 신성을 더럽히는 것으로 간주되었을 것인바, 토기두브누스는 이곳을 건설함에 있어서 그의 새로운 지위가 가지는 이점을 활용했음이 거의 틀림없다. 전성기의 바스는 온천 위에 건설된 일군의 건물들로 이루어진 거대하고 화

---

1   바스의 로마 시대 이름 — 옮긴이.

려한 위락 단지였다. 온천은 (산화수은 성분으로 인해) 밝은 오렌지색을 띠는 화씨 104도°F(섭씨 40도°C)의 더운물을 매일 약 33만 갤런(124만 9185.89리터)씩 목욕탕으로 분출시켰다. 바스에서 몸을 물에 담근다는 것은 몸과 영혼 모두에게 청결, 절제, 헌신이라는 덕목을 가져다주는 것이었다. 목욕은 대개 — 자욱하게 떠다니는 물방울 속에서 쑥덕공론과 시시덕거림, 그리고 흥정이 오가는 가운데 — 소박한 위엄을 갖춘 대욕탕 속에서 이루어졌다. (분별없었던 말과 행동에 대해 고쳐 생각하게 되는 것은 모공을 막기 위해 찬물에 몸을 담갔을 때이다.) 그러나 그곳의 진정한 중심은 고사리 모양의 동굴 안에 고인 성스러운 샘물이었다. 그곳을 관장하는 수호신 술리스 미네르바를 숭배하는 사람들은 특별히 고안된 창을 통해 샘물과 그녀를 기리기 위해 세워진 제단을 조망할 수 있었고, 욕객浴客들은 또한 물속으로 무언가 작은 물건들을 던지는 행위를 통해 그녀의 주의를 끌 수도 있었다.

1878년 발굴 당시 하수관에서 채집된 보석 한 자루와 귀걸이 한 쌍을 포함한 귀중품들을 바라보노라면, 당시 사람들은 신으로부터 원하는 것이 많으면 많을수록 그만큼 더 많은 공물을 바치려 했음을 알 수 있다. 그리고 그들이 무엇을 던졌는가를 보면, 그들이 무엇을 원했는지도 알 수 있다. 그들이 원한 건 때로는 신의 축복이었으며, 때로는 충실하지 못한 연인에 대한 저주이기도 했다. '이로 인해 타시타Tacita는 저주받았으며 썩은 피처럼 부패했음이 선언되리라'는 바람은 후자의 경우였다. 이곳을 금광이나 마찬가지로 여겼을 뜨내기 좀도둑들을 향한 저주도 있었다. '오늘 아침, 나 암미아누스Ammianus로부터, 내 지갑에서 은 조각 여섯 개를 훔쳐간 자, 그가 누구이건, 이교도이건 기독교도이건, 남자든 여자든, 소년이건 소녀이건, 노예이든 자유인이든, 여신이시여, 그에게서 내 물건을 분리시켜 주소서.'

바스가 로만 브리튼인들이 사치를 누리던 유일한 지역 중심지는 아니었다. 거대한 무역 중심이었던 론디니움Londinium, 로마 병사들의 은퇴지로 출발했던 글로스터Gloucester 정착지, 그리고 불탄 폐허에서 불사조처럼 일어나 위풍당당한 도시로 성장한 콜체스터에 이르기까지, 브리튼섬에는 1만 5000명에서 2만 명 사이의 로마 시민을 거주자로 하는 타운들이 산재해 있었다. 이로써 브리튼에서 제대로 된 도시 생활이 시작된 것이었다. 농촌 지역의 절대다수 농부들은 여전히 켈트어를 사용하고 있었지만, 3세기에 이르면 과거 브리튼 전사 귀족의 후예들은 라틴어를 말하고 쓰면서 성장하고 있었다. 물론 자신들이 원주민 엘리트 계급의 일부라는 것을 의식하고는 있었지만 말이다. 일단 교육을 받고 나면 그들은 쿠리알레스*curiales*(고문관)의 신분으로 타운 정부의 운영에 참여할 수 있었고, 상수도가 공급되는 타운 주택에서 살 수 있었다. 상수도는 자신의 비용으로 집까지 연결할 수 있었다. 그런 수준의 수도 및 위생상 편의 시설이 브리튼 땅에 다시 등장하게 되는 것은 19세기에 들어서였다. 지배 계층의 식탁은 시장에서 구입한 것들로 차려졌다. 농부들은 곡물을 키우고 신선한 농작물을 시장으로 가져가 현금으로 바꾸었다. 지배 계층의 집은 브리튼에서 생산된 물건들로 가득 차 있었는데, 예컨대 옥스퍼드셔나 뉴 포레스트New Forest 산産 도자기 등은 한때 로마제국에서 대단한 반응을 얻었던 사모스제製 붉은 도기 수입품에 당당히 맞설 수 있었다. 극장에서는 동물들의 시합이 벌어졌고, 멋진 외형을 갖춘 회의실에서는 도시 정부의 지루한 회합이 이루어지고 있었다. 회의는 제법 허세를 부린 교외 주택에서 열리기도 했는데, 종종 타운에서 반나절 거리 이상 떨어진 곳에 위치한 경우도 있었으며, 또한 조금 더 화려하게 보이게 하려고 인공적인 건축 디테일이 가미된 담장들이 설치된 곳들도 있었다.

　3세기 또는 4세기 초반을 로만 브리튼의 쇠퇴기로 보는 것은 매우 잘못된 일이다. 새로운 찬탈자가 눈 깜짝 할 사이에 옛 찬탈자의 제위를 유혈로써 계승하는 제국의 수도 로마에서 그 무슨 일이 일어나건, 브리타니아의 태양은 여전히 빛을 발하고 있었다. 로만 브리튼 예술의 가장 놀라운 창조물들 중에는 서식스 비그노의 화려한 저택과 '색칠한 집Painted House'으로 알려진 도버Dover의 화사한 호텔 등 이 시기에 건축된 것들도 있는데, 이 중에서 호텔의 방들은 현재 지표면 수 피트 아래에 묻혀 있다. 만약 갈리아에서 온 여행자가 도버에 당도해서 운 좋게도 이곳에서 숙박을 하게 되었다면, 그로서는 이 호텔을 '쇠퇴기'의 건물이라고 생각할 하등의 이유를 발견하지 못했을 것이다.

그러나 브리타니아에서 도버가 가지는 의미가 어느 시점에 이르러 입도 항구에서 방어 거점으로 바뀐 것은 사실이며, 또한 호텔의 환영 매트는 거대한 담장 모양으로 둘러쳐진 접근 금지의 표지로 대체되었는데, 담장은 그 대형 호텔의 과거 로비로 추정되는 곳으로 직접 연결되었다.

광범위하게 확산되어 있던 낙관론이 조심스러운 신중론으로 대체되는 과정은 하룻밤 사이에 일어나지 않았다. 로만 브리튼은 한차례의 쾅하는 소리 또는 한 번의 훌쩍거림이 아니라 긴 호흡으로 뱉어내는 한숨 소리와 함께 아주 천천히 죽어갔다. 그리고 그 한숨 소리는 상상 속에나 존재하는, 잃어버린 자유에 대한 켈트족의 비탄이 아니라 그들의 모국 로마를 위한 것이었다. 만약, 로만 브리튼의 문제가 무엇이었는지 묻는다면, 그 답은 이렇다. 문제가 많지 않았으며, 적어도 3세기와 4세기에는 문제가 없었다. 문제는 그곳이 아니라 다른 곳에 있었다. 로만 브리튼 문화의 원뿌리가 더 깊게, 더 굳건하게 뿌리를 내리면 내릴수록, 역설적으로, 제국의 수도인 로마는 복수複數의 황제들, 그리고 연속된 음모, 살인, 찬탈 등의 문제로 인해 무정부 상태로 빠져 들어가고 있었다. 로마 통치의 핵심이라고 할 수 있는 정통성 자체에 문제가 생겼던 것이다. 로마에서 새롭게 화폐를 발행하면, 그것은 브리튼에서 불만과 저항에 부딪혔다. 브리타니아의 군사적 강자들이 요크York나 런던에서 반란의 깃발을 들었을 때, 그들이 민족의 독립이 아니라, 추운 북쪽 나라를 출발하여 기력이 떨어진 '영원한 도시'를 구출하기 위해 내려갈 제국의 구원자나 되는 것처럼, 로마인들보다 더 로마다운 개혁자로서의 기치를 내걸었던 것은, 브리타니아가 로마제국의 가장 약한 지방이 아니라 가장 강력한 지방이라고 생각되었기 때문이었다.

그들 중 가장 강한 자는 카라우시우스Carausius였다. 그는 벨기에 연안의 진흙투성이 바다에서 조타수로 경력을 시작한 후, 북해의 해적들을 소탕하는 임무를 담당하는 선장으로 승진했다. 카이사르의 것은 카이사르에게 넘기라는 금언을 따르는 대신, 카라우시우스는 자신이 챙긴 것을 바탕으로 막강한 권력 기반을 구축하는 데 성공했고, 286년에는 황제를 참칭하기에 이르렀다. 18세기의 위대한 작가 에드워드 기번Edward Gibbon을 비롯한 일련의 영국 역사가들은 카라우시우스를 알프레드Alfred에 앞선 초기 브리튼의 진정한 왕이자 바다의 영웅이라는 낭만적 캐릭터로 묘사했다. 그러나 카라우시우스는 진정한 모험가로서, 황제가 되겠다는 야망을 이루기 위해 브리튼을 작전기지로 활용했을 뿐이었다. 가장 철학적이었던 황제의 이름을 따서 스스로를 마르쿠스 아우렐리우스 카라우시우스Marcus Aurelius Carausius라 명명하고, 새로운 황금시대의 출범 및 '로마의 개혁자'로서의 자신을 표현하는 동전을 주조하는 등 자신의 군사적 위업에 문화적 성취를 더하기 위한 자기선전에 노력을 쏟았다. 카라우시우스의 선전 책략은 아주 잘 작동하는 것처럼 보였지만, 이는 그의 2인자인 알렉투스Allectus로 하여금 자신도 쉽게 권력을 탈취할 수 있을 것이라 믿게 만들었다. 그래서 그는 293년 카라우시우스를 살해하고 곧바로 자신의 동전을 주조했으나, 로마의 진압군에게 패함으로써 허사가 되었다. 이때 런던을 굴복시키고 '빛의 복원자'로 불린 지휘관은 콘스탄티우스Constantius였는데, 그는 막시미아누스Maximianus 황제 치하의 부제副帝이자 콘스탄티누스의 아버지였다.

야만인들이 영토 깊숙하게 치고 들어와 있던 제국의 동쪽 전선에서 일어난 재앙들과 비교하면, 브리튼 전선은, 최소한 표면적으로는, 난공불락의 바위처럼 보였을 것이다. 하드리아누스 장벽은 카라우시우스에 의해 한층 더 보강되었는데, 그것은 동부 해안과 남부 해안을 따라서 노퍽의 브랜캐스터Brancaster에서 햄프셔의 포트체스터Portchester까지를 전략적으로 연결하는, 이른바 '색슨 쇼어Saxon Shore'라고 불리는, 아홉 개의 요새망 구축이었다. 그러나 상당한 브리튼 주둔군 병력이 그들을 더욱 긴급하게 필요로 하는 대륙으로 귀환함에 따라 인력 누수가 심각한 수준에 이르게 되었다. 로마의 적들이 이 같은 상황을 놓칠 리가 없었고, 따라서 367년 전례가 없던 일이 브리튼 전선에 발생했다. 서로 다른 세 개의 침략 세력이 상호 협력하에 맹공격을 해왔던 것이다. 북해를 건너온 앵글로-색슨Anglo-Saxon족들은 '색슨 쇼어'의 요새들을 관통하는 데 성공했고 그곳의 지휘관들을 살해했다. 전통적으로 견고하다고 간주되어 오던 다른 요새들은 지금껏 로마의 지배를 한 번도 받지 않은 땅에서 온 전사들에게 뚫렸다. 중부와 북부 스코틀랜드에서 온 픽트족, 그리고 아일랜드에서 침공한 (통상적으로는 매우 혼란스러운 용어인 '스코티Scoti'라고 불리는) 게일Gaelic 계통의 달리아타Dal Riata족이 그들이었다. 저택들은 약탈당하고 불탔으며, 타운들은 어떤 형태의 구출이나 증원군 파병도 기대할 수 없는 공포 속 고립 상태에 빠졌다. 연대기 작가 암미아누스는 약탈자 집단에 포위된 런던에 대해 기록했는데, 그들은 포로가 된 원주민들과 가축들을 길을 따라 몰아대고 있었다고 썼다.

이로써 브리타니아가 종언을 맞은 것은 아니었다. 야만인 침공의 충격이 있은 지 2년 뒤에는 외형적으로 로마의 법과 질서가 회복되었고, 요새들은 강화되었다. 그러나 4세기 말에 또 하나의 부인할 수 없는 위기를 목격하지 않으면 안 되었다. 외부 공격에 의해 노출된 브리타니아의 취약점은, 역설적으로 로마 통치에 너무 잘 적응되어 있다는 점에서 비롯되었다. 로마 통치 시스템의 핵심에 위치한 타운 생활의 지속성은 적절한 방어를 전제로 하는 것이었다. 그 방어의 책임은 직업적인 로마 군대와 원주민, 그리고 외국인 용병들에게 맡겨져 있었는데, 그들은 이제 (로마가 무엇을 약속했건) 필요할 때 필요한 곳에 있을 것이라는 믿음을 상실했다. 브리타니아에서 로마화가 가장 잘 이루어진 지역들이 특히 무력했던 까닭은, 그들이 로마의 보호에 익숙해졌기 때문이었다. 그렇기에 갑자기 자체 방어의 개념을 생각하기 어려웠고, 따라서 상응하는 별다른 조치를 취하지 못했기 때문이다. 오히려 외부 침략에 대항하여 무장투쟁을 벌인 곳은 도시화가 덜 이루어진 웨일스, 데번, 그리고 최북단 지역 등 브리타니아의 변방들이었다. 이들 지역에서는 옛 브리튼의 전사 계급들이 로마 통치에 완전히 통합되지 않고 약간의 명맥을 유지하고 있었으며, 그렇기에 그들의 저항은 대체로 지방 토호들에 의해 주도되었다. 거친 지형도 그들 편이었다. 저항 세력 일부는 한때 버려졌던 하드리아누스 장벽 요새 버드오스월드Birdoswald를 재점령하여 군사 지휘 본부로 사용하기도 했다.

군사적 위기는 경제적 위기를 촉발시켰다. 로만 브리튼 핵심 지역의 농부들은 그동안 여러 세대에 걸쳐서 타운 시장에 내다 팔 상품을 생산함으로써 번영을 누려왔다. 그런데 야만인들의 침공으로 시장이 위태로워졌고 이로써 타운과 농촌 사이의 중요한 연결 고리가 끊어져버렸다. 다수의 농촌 주민들은 이제 소와 양의 방목에 의지하는 수밖에 없었다. 정주민이라 하더라도 그들이 로만 브리튼의 질서에 특별히 충실해야 할 이유는 없었다. 그들이 홀로 남겨진 이상, 누가 브리튼을 통치한들 그들이 상관할 이유가 어디에 있었을까? 그들에게 닥친 변화가 통치 계층에게는 큰 충격을 주었겠지만, 토지를 소유하지 못한 농부들에게는 단지 한 집단의 주인이 다른 집단의 주인으로 대체되는 문제일 뿐이었다. 그러므로 410년 호노리우스Honorius 황제는 브리튼의 지원 요청과 관련하여 브리타니아의 주도적 시민들에게 답하면서 이제부터는 스스로의 자원으로 스스로를 방어해야만 한다고 했을 때, 로마에 대한 충성심에 바탕을 둔 저항 같은 것을 기대하기는 어려웠다.

어떤 경우이건, 호노리우스에게는 선택의 여지가 거의 없었다. 고트Goth족의 알라리크Alaric가 수도 로마를 약탈했을 때, 그는 임시방편으로 수도를 라벤나로 옮길 수밖에 없었는데, 그가 앞에서 언급한 바와 같이 브리튼에 안녕을 고한 편지를 쓴 장소도 그곳이었다. 이후 로마제국은 콘스탄티노플Constantinople에서 경영하게 되었고, 과거 서로마 시절에도 최우선적 관심 대상이 되지 못했던 브리튼은 이제 새로운 동로마제국으로부터는 어떤 의미의 우선순위도 부여받지 못하는 처지가 되었다. 신중한 역사가들은 어떤 사건의 결정적 시기를 꼭 집어 말하는 것에 대해 체질적으로 거부 반응을 보이곤 하는데, 그들은 그 대신에 장기 발전의 개념을 수용함으로써 '전환점'의 개념이 가지는 극적 요소들을 완화시키려는 경향이 있다. 그러나 410년은 브리튼의 역사에서 정말로 운명적 순간 중의 하나였다. 고트족의 알라리크가 로마를 약탈했을 때, 브리튼에 남아 있던 마지막 두 개 군단이 떠났다. 이 광경은 1997년의 홍콩과는 달랐다. 홍콩 하늘에는 깃발이 휘날렸고, 백파이프가 연주되었으며, 총독은 자신의 사륜마차 위에 올라 다시 돌아올 것을 맹세하며 청사 안마당을 일곱 바퀴나 돌았다. 의심할 여지 없이, 로만 브리튼인들의 상당수는 언젠가 로마 군단의 독수리 깃발이 귀환하기를 바랐고, 심지어는 그럴 것이라 믿었다. 그러나 타운의 관리, 판사, 세금 징수관, 도예업자, 시인, 특히 새로운 기독교 사제를 포함한 다른 많은 사람은 어둡고 불확실한 미래와 직면하게 되자 스스로에게 말하고 있었다. 이것은 일어나게 되어 있었다, 영원히 로마 본국을 바라볼 수는 없는 일이다, 어쨌건 제국의 절반에 이르는 땅에 야만인들이 횡횡하고 있는 것이 현실이다, 자신들은 야만인들을 상대하기 위해 다른 야만인들을 고용할 수 있다, 그리고 어떻게든 이 위기를 헤쳐 나갈 수 있을 것이다. 그러면서 한편으로는 보다 신중한 대비책으로서 자신들의 동전, 보석, 메달 등 귀중품들을 저장고에 넣어 묻었다. 최악의 순간이 지나가면 그것들을 다시 꺼내 문명 세계 안으로 들일 작정이었다.

로만 브리튼인들이 할 수 있는 최상의 선택은 최악을 피하는 것이었다. 독일 북부 해안 — 남부 덴마크, 유틀란트반도Jutland, 그리고 니더작센Lower Saxony — 지역의 전사들이 그들의 '파도마wave-horses'에 올라 북쪽으로 항해를 시작했을 때, 그들은 저주가 아니라 축복처럼 생각되었다. 로마 군단의 철수로 발생한 권력 공백을 틈타 침공해 오는 북쪽의 픽트족과 서쪽의 달리아타족을 저지할 어떤 힘이 필요한 상황에서, 보르티게른Vortigern 같은 모험적인 지역 지배자는 색슨Saxon족 전사들을 자신의 사병으로 끌어들이고 이를 핵심 타격 부대로 삼아 남동부 잉글랜드의 최강자가 되고자 했다. 게다가 그는 — 그저 수백 명에 불과한 — 색슨인들을 저렴한 비용으로 고용할 수 있다고 생각했던 것 같다. 그들이 통치에 대해 무엇을 알며, 어떤 관심을 가졌을까? 그래서 보르티게른은 색슨인들에게 새넛섬의 토지 일부를 제공했는데, 막상 그들이 약탈 중이던 픽트족을 북쪽으로 밀어내는 등 제 할 일을 다 하자, 더 이상 그들에게 비용 지불을 계속할 필요를 느끼지 못했다.

이는 브리튼 역사상 가장 극적인 오판 중 하나였다. 440년경에 색슨 전사들은 파괴적인 광란으로써 배신에 대한 불쾌감을 표시했는데, 이에 비하면 367년에 있었던 그들의 습격은 아무것도 아니었다. 446년, 몹시 당황한 브리튼인들은 보르티게른이 남부와 동부 잉글랜드에서 무엇을 촉발시켰는지를 뼈아프게 깨달으면서, 로마를 향해 정신없이 마지막 구원 요청을 보냈는데 이는 446년의 일이었다. 이것은 6세기 중반 웨일스에 살던 수도사 길다스Gildas가 쓴 『브리튼의 몰락De Excidio Britanniae』에 기록되었다.

> 세 차례나 집정관을 역임하는 아에티우스Aetius여, 브리튼 사람들의 신음 소리 … 야만인들은 우리를 바다로 밀어 넣습니다. 바다는 다시 우리를 야만인들에게 보냅니다. 이 두 가지 죽음 사이에서 우리는 익사하거나 학살당합니다.

길다스는 5세기와 6세기의 재앙을 목격했다. 기근, 폭정, 그리고 '야만적 암사자 동굴에서 갑자기 튀어나온 한 무리의 새끼 사자들이 벌이는' 유린, 그 모든 것들은 신의 계명을 어긴 건방지고 오만한 로만 브리튼의 사람들에게, 또한 '모든 사람의 모범이 되어야 함에도, 대개가 술에 취해 나뒹굴고 있는' 기독교인들에게 신이 내리는 형벌이었다. 그러나 브리튼의 역사를 최대한 구약성경의 역병 관련 대목처럼 묘사하려는 의도에서, 또한 시적인 색깔을 입히려는 시도 속에서, 길다스의 기록은 파괴의 규모와 속도를 과장한 측면이 있다. '사체 조각들은 보라색 피딱지로 덮여 있어서, 마치 어떤 가공스러운 포도 착즙기에 의해 혼합된 것처럼 보였다'라는 기록은 후자의 예이다. 야만인 전사들의 '무리'는 사실 분산된 작은 무리들이었으며, 그들은 남부와 동부에 걸쳐서 매우 엷은 분포를 이루며 정착했다. 그들은 확실히 거칠고 위협적이었지만, 로만 브리튼 사람들이 수적으로 지배하는 인구구조 속에서 아주 작은 소수집단에 불과했다. 세인트 올번스St Alban's의 돌발적 사건 같은 유명한 저항 사건들을 가능하게 한 것은 이러한 숫자상 불균형이었다. 세인트 올번스에서 성 게르만누스Saint Germannus는 '할렐루야'라는 전투 함성을 가장 강력한 무기로 삼아서 승리할 수 있었다. 음유시인 아네이린Aneirin이 쓴 웨일스의 서사시 『고도딘The Gododdin』은 브리튼 북부(스코틀랜드 남부 추정)에서 일어난 유명한 저항 전투를 묘사한 것인데, 이에 따르면, 퀸리Cynri, 쿼넌Cynon, 퀸라인Cynrhain, 등 세 명의 브리튼인 왕, 그리고 '금빛 목걸이를 두르고' 불을 뿜는 듯한 300마리의 종마 위에 올라탄 그들의 전사 300명이 색슨인들을 대적했다. 저항 운동과 관련하여 가장 유명한 이야기는 516년에 일어난 것으로 추정되는 마운트 바돈Mount Badon 전투인데, 마운트 바돈은 바스가 내려다보이는 언덕들 주변으로 생각되어 왔다. 시간이 꽤 흐른 뒤, 8세기의 수도사이며 역사가인 넨니우스Nennius는 이 마운트 바돈 전투의 승리자를 어둠의 무리에 맞서 싸운, 그 이름도 유명한 로마의 마지막 기독교 전사 아서Arthur로 생각했다. 그러나 '카멜롯Camelot', 그리고 '어느 켈트족 현자에 의해 소명이 주어진 왕' 등의 신성한 구도 설정은 하나의 시적 판타지에 불과한 것으로서 불확실하고, 불가지의 시간들로 인해 듬성듬성 구멍 난 연대기적 공백을 환하게 밝히려는 의도에서 비롯된 것이었다. 실제 마운트 바돈의 영웅은 길다스에 의해 묘사된 로마 귀족이자 퇴역 장교 출신으로 추정되는 암브로시우스 아우렐리아누스Ambrosius Aurelianus 같은 사람일 가능성이 훨씬 높다. (아직도 남아 있는 로마시의 '아우렐리아누스 장벽'을 건설한 3세기의 로마 황제 아우렐리아누스의 후손일 가능성도 있다.)

이런 이야기들이 가진 서사적 매력에도 불구하고, 사실 5세기와 6세기를 가리켜 충격으로 휘청거리는 브리튼섬 위에서 빛과 어둠의 숙주들이 쟁패를 벌인 시간이라고 말하기는 어렵다. 로만 브리튼의 대량 파괴, 그리고 앵글로 색슨 잉글랜드의 폭력적인 재탄생이라는 브리튼 역사의 단선적 설정은 비록 깔끔하기는 하지만 대다수 동시대 사람들과의 경험과는 동떨어진 것이다. 로마의 지방 통치제도는 사실상 점진적으로 쇠퇴했으며, 사회적 관행, 문화, 심지어는 언어에 이르기까지 옛 브리튼의 많은 것이 색슨 용병들과 약탈자들의 무리가 처음 도래한 이후에도 상당히 오랜 시간 동안 지속되었다. 로만 브리튼인들과 북해의 전사들은 여러 세대에 걸쳐, 불구대천의 원수가 아니라 이웃으로서 함께 어울려 살았을 것이다. 색슨족, 주트Jute족, 그리고 앵글Angle족들은 (그들 스스로 몸을 굽혀 농사를 지을 생각이 없었기에) 원주민 농부들이 현장에서 농사를 짓고 있는 기경작지를 원했고, 어차피 땅을 소유하지 못했던 원주민들의 유일한 관심은 어떤 부류의 영주가 자신들에게 보다 더 확고한 안전을 제공해 줄 것인가를 계산하는 것이었으므로, 새로운 것과 오래된 것 사이에 손쉬운 결합이 맺어질 수 있었던 것이다.

브리튼섬에 강제된 대용적代用的 성격의 변화는 로마제국 대륙 영토에 기반을 둔 구세계로부터의 경제적 고립뿐 아니라, 색슨족의 위협에 대응하는 차원에서도 이루어졌다. 확실히 쇠퇴가 이루어진 부분도 있었다. 엑시터Isca Dumnoniorum를 비롯한 몇몇 타운들은 완전히 버려졌고, 다른 타운들은 위축되었다. 도로, 목욕탕, 시장, 극장 등의 시설들은 폐허로 변했다. 슈롭셔Shropshire의 록시터Wroxeter에 있던 제빵 오븐은 490년에서 550년 사이의 어느 시점에 작동이 멈추었다. 록시터에서 일어난 이 사건은 전환기에 처해 있던 이 시대의 많은 타운에 어떤 일이 일어났는지를 보여주는 좋은 사례이다. 그것은 말살이라기보다 '각색'이었다. 목욕탕이 더 이상 기능을 하지 않게 되자, 목욕탕 타일들은 도로 포장에 사용되었다. 바실리카basilica의 지붕이 무너져 내릴 위험이 생기면 시민들은 스스로 건물을 해체한 후, 그 외부 구조 안에 목재로 이루어진 로마 양식의 건물을 새로 지었는데, 그것이 사적 용도이건, 공적 용도이건, 건물은 여전히 널찍했다.

그러나 시간이 흐름에 따라 그러한 '각색'의 방식들이 점점 더 임시변통적인 성격을 띠게 되고, 로마적인 삶의 구조 또한 점차 빈약해지더니 결국은 완전한 붕괴를 맞게 되었다. 로만 브리튼의 이상에 가장 높은 가치를 부여하던 사람들도 6세기 중·후반에 이르자, 고대 브리튼의 심장부, 즉 남부와 동부에서조차 더 이상 이를 유지하는 것이 불가능하게 되었음을 깨달았다. 엄청난 숫자의 주트족(켄트), 앵글족(이스트 앵글리아), 그리고 색슨족(남부)이 몰려와 정착하고 있었기 때문이다. 이제 원주민들은 북쪽과 서쪽으로 이동하기 시작했으며, 때로 일부 브리튼인들은 옛 제국의 무역과 시장 경제의 잔재를 찾아 배를 타고 갈리아나 아르모리카(브르타뉴) 등 옛 로마 지역으로 건너갔다.

7세기가 되면, 브리타니아는 이제 확실히 지나버린 과거가 되었고, 네 개의 다른 문화들이 브리튼 섬을 공동으로 점유하게 되었다. 서부와 남서부, 그리고 웨일스 지방은 과거 '브리튼'의 흔적들을 아직도 간직하고 있었다. 그들은 더 이상 로만 브리튼인들이 아니었으며, 켈트 언어로 말하고 기록하고 있었다. 아일랜드, 헤브리디스Hebrides 제도, 그리고 서부 스코틀랜드에 살고 있던 달리아타 게일족도 이러한 전통의 일부였다. 방기된 장벽과 요새들의 북쪽, 스코틀랜드에서는 픽트족 왕국들의 느슨한 연방체가 확고하게 뿌리를 내리고 있었는데, 이들 대부분은 여전히 이교도였으며, 아직까지 우리가 밝혀내지 못한 모종의 언어를 사용하고 있었다. 그리고 앵글로 색슨과 주트족 등 이교도의 왕국인 '잉글랜드'는 동쪽에 건설되고 있었다. 그들의 세력 범위는 주트족이 자리 잡은 켄트에서 시작하여, 노섬브리아 해안의 뱀버러Bamburgh를 근거지로 하는 노섬브리아 베르니시아Northumbria Bernicia의 색슨 왕국에까지 이르렀다.

다른 많은 침략자들과 마찬가지로, 색슨의 족장들과 왕들은 그들이 이 땅에 오기 전에 사라져버린 것, 즉 브리타니아 왕국이 가지고 있던 옛 로마적 이상에 대한 동경을 가지고 있었으며, 때로 런던은 물론, 옛 로만 브리튼 타운들의 폐허 위에 정착지를 건설하기도 했지만, 그러나 그 이외의 측면에서 그들과 로마 문화 사이에 닮은 것은 없었다. 그들의 정치적 권력은 전쟁을 통해 획득한 전리품과 부족의 불문법적 관행에 기반을 두었다. 유혈의 복수극을 되풀이하는 부족 간의 다툼과 토장土葬은 그들의 표준적 관습이었다. 그렇다고 이것이 초기 앵글로 색슨 왕국들의 공간이 투구를 쓴 폭력배들에 의해 인간 이하의 잔인함과 무지함이 자행되는 곳이었다는 의미는 아니다. 전쟁은 스포츠가 아니었다. 그것은 하나의 시스템이었다. 전쟁에서의 약탈은 귀족 전사들과 그들의 부하들을 왕에게 결합시켜 주는 충성이라는 이름의 접착제였다. 그들의 배를 불려주는 것은 군사적 봉사에 대한 대가로 주어지는 토지였다. 그들의 자부심을 키워주는 것은 명예였다. 그들의 허영심을 만족시켜 주는 것은 보석이었다. 이것은 모든 것이었다.

7세기와 10세기 사이에 쓰인 앵글로 색슨의 위대한 서사시『베어울프_Beowulf_』는 괴물을 처치하는 영웅에 대한 서사적 판타지이지만, 체오를ceorl, 즉 자유민 전사들이 '반지 주는 사람ring-giver', 즉 그들의 주군이 자신의 거대한 목조 저택에서 베푸는 잔치를 즐기는 장면은 사실과 크게 다르지 않을 것이다. 베어울프에게 건네진 흉부 갑옷, 투구, 금제 깃발 등은 서턴 후Sutton Hoo 유적의 배에서 발굴된 장신구와 갑옷을 바로 연상시킨다. 만약, 서턴 후 고고 유물들의 극적인 품격이 우리가 가서 보아야 할 무엇이라면, 그렇게 화려한 물건들을 상으로 내릴 수 있는 주군을 위해 전사들이 기꺼이 목숨을 바치려 한 것이 그리 놀라운 일이 아닐 것이다. 그러한 주군 중의 하나가 625년에 죽은 이스트 앵글리아의 왕 래드왈드Raedwald로서, 투구, 갑옷, 코트, 검, 방패, 창 등 로마풍의 화려한 장비들과 함께 길이 85피트(약 26미터)의 서턴 후 배 속에 누운 주인공일 가능성이 가장 높은 인물이다. 그 배는 서퍽Suffolk의 디벤강에서 제방으로 끌어 올려진 뒤에 배의 크기에 맞추어 판 구덩이 속으로 다시 밀어 넣어졌다. 배의 가운데에는 왕과 그의 보물들로 채워진 커다란 관이 놓였고, 걸맞은 장례식이 치러진 뒤에는 그가 수평선상에 서서 '파도마wave-horse'를 타고 사후 세계를 향해 항해할 수 있도록 배를 무덤 속에 정치한 다음, 그 위에는 흙 둔덕을 만들었다. 배 안에서 그리고 별도의 흙 둔덕에서 발견된 물품들의 출처들을 살펴보면, 앵글로 색슨 침탈자들과 무역상들의 활동 범위가 놀라울 정도로 광범위했음이 명확하게 드러난다. 비잔티움Byzantium에서 온 은, 갈리아에서 온 금화, 로만 브리튼의 유약, 시리아에서 건너온 황색 비단, 그리고 낙타와 사자가 새겨진 북아프리카산 그릇 등이 그들이다. 그러나 그중에 가장 압권인 것은 커다란 금제 버클(죔쇠)인데, 단단하게 처리된 표면 위에 뱀 모양의 동물들이 몸부림치는 형상으로 가득 차 있다.

그 '서턴 후' 전사의 영원한 휴식처는 이교도 오딘Odin 신의 전당인 발할라Valhalla였을까, 아니면 기독교의 천국이었을까? 그곳 보물들 중에는 숟가락 한 쌍이 있는데, 그중 하나의 손잡이에는 '사울Saul'이 새겨져 있고, 다른 하나에는 기독교의 '바울Paul'이 새겨져 있다. 래드왈드 자신은 아내의 만류로 그러지 못한 것으로 보이지만, 그와 동시대를 살아가던 앵글로 색슨의 다섯 왕국 사람들은 오래되지 않아 기독교를 받아들였다. 6세기와 8세기 사이에 이루어진 개종의 역사는 브리튼섬의 역사에서 또 하나의 결정적 전환점 중의 하나였지만, 이 사건의 의미는 단순히 종교사적 에피소드에만 머물지 않았다. 로마 군단의 철수가 브리튼을 로마로부터 고립시킨 사건으로 상징되는 것처럼 개종의 시대는 로마의 귀환을 의미하는 것이었기 때문이다. 그리고 이 개종의 역사는 역설적이게도 로마의 통치가 단 한 번도 이루어지지 않았던 땅에서 시작되었다. 로마인들이 '히베르니아Hibernia'라고 부른 이 땅(아일랜드)에는 게일 계통의 달리아타족이 거주하고 있었다.

우리는 이 대목에서 아일랜드로 건너간 초기 선교사들 중에 가장 유명했던 성 패트릭St Patrick이 사실은 스스로를 귀족이란 의미를 가진 '파트리키우스Patricius'라고 불렀던 로만 브리튼 귀족 출신임을 기억할 필요가 있다. 그의 부친은 지배계급의 중심인물이었다. 그는 타운의 자문관이었으며, 노예처럼 마음대로 부릴 수 있는 농부들을 가진 토지 소유 계급이었다. 그는 또한 로마의 생활 방식에 집착하던 그의 계급에 속했던 다른 많은 사람처럼 기독교 교회의 부제이기도 했다. 그러므로 5세기 초의 어느 날, 잉글랜드 남서부의 어딘가에서, 아마도 집에서, 느닷없이 달리아타족의 약탈자들에 의해 납치되어 노예로 팔려갔던 10대 소년 패트릭에게 아일랜드 사람과 닮은 데가 있을 리 없었다. 그 자신의 말에 따르면, 그 재앙 같은 사건이 일어나기 전의 패트릭은 게으르고 미숙했지만, 이후 '포클러트 숲Forest Foclut'에서 목동으로 노예 생활을 해야 했던 6년 동안 (아마도 앤트림 카운티Antrim County의 슬레미쉬Slemish 산악 지대의 전통에 의해) 지난날을 성찰하고 회개하는 시간을 가졌다. '나의 믿음은 커졌고, 나의 영혼은 움직였다. … 그리고 나는 하루에 100번의 기도를 올렸던 것 같다. 날씨가 어떠하건 동트기 전에 일어나 기도를 올렸다. 눈이 오건, 서리가 내리건, 아니면 비가 오건, 이제는 성령이 내 안에 계신 것을 깨달았기에 아무런 어려움도 느끼지 못했다.'

브르타뉴로 추정되는 곳으로 탈출한 뒤에 그곳에서 교육을 받고 사제로 서품된 패트릭은 갈리아처럼 기독교가 가장 깊게 뿌리를 내린 여러 지방들, 특히 대성당이 있는 도시 오세르Auxerre에서 수년을 보냈다. 따라서 우리는 이제 로만 브리튼이라는 패트릭의 이미지에 유럽 기반의 기독교인이라는 요소를 추가해야만 할 것이다. 그리고 그는 예언적인 꿈들을 꾸었다. 첫 번째 꿈은 그에게 브리튼의 고향 집으로 돌아가라고 했다. 두 번째는 그가 브리튼에 있을 때 꾼 것으로 아일랜드에서 온 사람에 대한 것인데, 그는 포클러트 숲의 사람들이 '믿음이 깊은 소년이여, 이리 와서 우리와 함께 하길' 간청하며 패트릭에게 보낸 편지를 가지고 있었다. 그렇게 해서 패트릭은 460년 무렵, 달리아타족이 지배하는 서부 군도群島의 '바울'이 되었다. 그는 목숨을 내건 방랑자가 되어 옛 로마제국 경계 너머 '세상의 끝Ultima Thule'까지 이방인들에게 복음을 전함으로써, 사실상 그 이전의 어떤 기독교적 복음주의자도 감히 시도하지 못했던 일을 해냈다. 그것은 쉬운 일이 아니었다. 아일랜드 지역의 왕들은 그를 자신들의 적, 또는 로마의 간첩으로 취급했으며, 로마의 사제들은 그를 구제 불능의 이방인들을 위해 시간을 낭비하는 사람으로 생각했다. 적대감과 수차례의 체포에도 불구하고, 패트릭은 전통적인 이교도 신앙의 현장들과 축제들을 설교의 현장으로 선택함으로써 훌륭하게 그들과 대적했다.

사실, 이는 생각보다 덜 대립적인 전술일 수도 있었는데, 왜냐하면 (만약 논쟁의 여지가 있다면) 물이나 나무들을 대상으로 하는 이교도들의 오랜 정령숭배

신앙을 기독교적 목적에 맞도록 접목시킴으로써 그들을 기독교 신앙으로 인도하는 것이 선교사들의 일반적인 관행이었기 때문이었다. 달리아타족의 왕들은 여전히 자신들이 이교도적 신의 후예라는 것을 자랑으로 여기고 있었기에 신성한 샘물을 세례의 장소로, 숭배하는 정령들의 거처인 작은 나무숲을 살아 있는 십자가의 사원으로, 그리고 전통적인 언덕의 성채들과 봉분들을 설교의 장소로 삼는 것은 그들 나름의 일리가 있었다. 또한, 패트릭과 그의 후계자들은 이들 켈트인들의 아일랜드가 가지고 있는 환경들을 그들의 선교 목적을 촉진시키는 방향으로 활용하는 또 다른 전술들을 구사했다. 주교들 사이의 규율적 상하 관계와 하나뿐인 권위의 중심을 강조하는 로마교회의 엄격한 계서 조직은 강렬한 지역주의 색채를 지닌 150명의 아일랜드 왕들에게는 받아들이기 어려운 성격의 것이었다. 패트릭은 로마교회의 통제하에서 지역적으로 조직화된 주교들에게 복종을 강조하는 브리튼 교회로부터 자신의 독립적인 지위를 확보하려고 결심했다. 그는 갈리아에 있을 때 학습했던 '칩거'라는 수도원의 이상이야말로 지방 왕족들이 필요로 하는 것들과 완벽하게 조화되는 것으로서, 이를 그들에게 하나의 가족사家族事로서 제시할 수 있음을 이해하고 있었다.

'성스러운 비둘기'로 상징되는 콜룸실Columcille(보다 익숙한 라틴어 형식으로는 콜룸바Columba)은 (그에 대한 전기를 쓴 작가 성 아돔난St Adomnan과 마찬가지로) 예외적으로 강력했던 위아 니얼Ui Neill의 앤트림Antrim 씨족 출신이었기에, 세속적 목적과 종교적 목적을 하나로 수렴시키는 더 좋은 방법을 알고 있었다. 결국 씨족들은 무엇보다 이상적인 아버지 같은 존재인 '리 투아치ri tuach'에 의해 통치되는 철저한 종족 공동체였으며, 콜룸실은 그러한 성격의 왕에게 있어서 수도원을 세우고 기부하는 일이란 충성스러운 전사에게 토지나 말을 희사하는 일과 마찬가지로 '의무'를 성립시킬 수 있는 선물이라는 것을 확실하게 이해하고 있었던 것이다. 이는 기부자로 하여금 기부의 대가로서 무엇인가 ─ 가축, 재화 또는 전투에서의 행운 ─ 돌려받을 수 있음을 확인시키는 하나의 제스처였으며,

특히 문해 계층에서는 서면 형식으로 이루어지기도 했다. 코날 맥 콘가일Conall mac Congaill이 563년 멀Mull섬 해변에서 조금 떨어진 아이오나Iona섬의 작지만 비옥한 토지를 콜룸실에게 내줄 때, 그는 아마도 이런 것을 염두에 두고 있었을 것이다. 얼마 되지 않아, 아이오나섬은 서쪽으로는 아일랜드의 달리아타, 동쪽으로는 헤브리디스 열도와 아가일Argyll로 향하는 콜룸실의 선교 본부가 되었다. 내륙이건 섬이건, 지역의 왕들은 수도사들에게 토지와 농부들을 기꺼이 제공하고자 했다. 농부들은 수도사들에게 보리와 꿀뿐 아니라, 수도원의 방을 만들거나 대장간에서 일할 노동력을 제공했으며, 장차 수도원장이나 수도사가 될 아들들, 그리고 수녀가 될 딸들을 바쳤다. 그들은 마치 하나의 거룩한 석축 성채를 짓는 것 같았다. 그들의 모자에 깃털을 꽂듯이, 그들의 영혼에 은총을 간구하듯이. 그래서 그런지, 갈매기들이 밀려오는 아일랜드 해안 앞바다 애런Aran섬을 포함한 섬들에 위치한 수도원들은 돌담, 벌집 모양의 원형 수도실, 그리고 주위를 둘러친 석축 성벽 등의 외형적인 특징으로 인해 마치 요새처럼 보였다. 그것은 신을 위해 지어진 군대의 주둔지였다. 세속적인 영역과 종교적인 영역 간의 합치 현상이 완성된 것은 574년 무렵, 콜룸실이 달리아타의 왕들 중 하나인 에이든 맥 가브레인Aedan mac Gabhrain을 기독교 사제로 서품했을 때로 보아도 될 것 같다.

7세기 초반 무렵의 어느 날, 베르니시아의 왕들 중 한 사람인 오스왈드Oswald는 자신의 왕국에서 설교할 선교사를 파견해 달라고 아이오나에 요청했고, 이후 얼마 되지 않아 성 에이든St Aidan이 베르니시아 북동부에 도착했는데, 우리는 이를 역사상 매우 의미 있는 한 시대가 시작되는 순간이라고 간주할 수 있을 것이다. 그것은 브리튼의 모든 사람이 기독교의 품 안으로 모여드는 시간을 의미했다.

그들이 이룬 탁월한 성취를 연대기로 기록한 사람이 자로Jarrow의 수도사 비드Bede였다. 우리 세대의 모든 학생에게 그는 언제나 '가경자可敬者 비드'로 통했는데, 독자를 주눅 들게 하는 『잉글랜드 교회사Historia ecclesiastica gentis

Anglorum』라는 책의 제목은 말할 것도 없이, 짐승의 거친 털로 만든 헤어셔츠 Hairshirt와 은둔의 냄새를 풍기는 그 '존경할 만한 사람'이라는 이미지 자체가 그의 책이 책장 넘기기가 기다려질 정도로 재미있지는 않을 것임을 강하게 암시한다. 그럼에도 불구하고, 비드는 사실 역사상 최초의 능숙한 영어 이야기꾼이었다. 그는 세상의 경이로운 일들을 사람들에게 솜씨 있게 전하는 사람이었으며, 엄청난 상상력을 구사하여 산문을 쓰는 작가로서 색슨 왕들의 목조 연회장 벽난로의 불빛과 고기 굽는 장면, 그리고 위대한 전투마의 사투를 마법처럼 불러내 펼칠 수 있었다. 일곱 살 때 부모에 의해 의탁된 이후 거의 대부분의 생애를 노섬브리아 자로의 수도원에서 보냈지만, 비드는 중세 초기 잉글랜드의 수도사 중에서 가장 속세와 절연되지 않은 사고방식을 가진 인물이었다. 그는 피비린내 나는 반목과 예측할 수 없고 때로는 유치하기까지 했던 왕가의 다툼, 그리고 쉽사리 마법에 넘어가는 행태 등, 앵글로 색슨 시대의 속취俗臭에 대한 통찰력 있는 관찰자이기도 했다. 그가 그토록 설득력을 갖춘 '시대의 해설자'가 될 수 있었던 것은 그가 성자들의 덕성뿐 아니라 죄인들의 약점에 대해서도 예리하게 이해하고 있었고, 또한 개종자들이 언제나 옳고 바르게 살 것이라는 망상을 가지고 있지 않았기 때문이었다.

부활절Easter이란 원래 이교도 여신 에오스트레Eostre를 위한 축제에 기독교적 세례명을 붙인 것으로서, 664년 열린 휘트비Whitby 종교회의에서는 이 부활절의 정확한 날짜를 언제로 할 것인가에 대한 논쟁이 일어났는데, 이때 비드는 아직 어린 나이였다. 우리에게는 이것이 소소한 문제로 보일 수도 있지만, 켈트계 아일랜드인들과 로마교회 등 당사자들 입장에서는 매우 중요한 문제였다. 주님이 순교한 날짜에 대한 동의가 이루어지지 못한다면 과연 그들이 공유할 수 있는 것은 무엇이었을까? 아일랜드인들의 강력한 존재감에도 불구하고 이날의 승리는 로마교회로 돌아갔고, 비드는 로마교회가 지배하는 수도원에서 성장했다.

597년 아우구스티누스를 파송하여 켄트의 주트족 왕국에 복음을 전하게 한 사람이 바로 그레고리오Gregory 대교황이었기에, 그가 앵글로 색슨족의 개종과 관련하여 가장 큰 공을 세웠다는 평가는 전혀 놀랄 만한 일이 아니다. 당시 교황은 켄트의 왕 에텔베르트Aethelbert를 중요한 개종 대상자로 지목하고 있었는데, 그것은 그가 프랑크Frank족의 기독교인 공주인 베르타Bertha와 결혼했으며, 그녀의 요청으로 캔터베리Canterbury 시내에 예배당을 두는 것과 프랑스 출신 주교의 봉직을 허용했기 때문이었다. 그러나 비드의 이야기는 왕의 개종이 그리 쉽게 이루어진 것이 아님을 말해 준다. 왕은 원래 그렇게 해서 파송된 아우구스티누스를 자신의 신민들과 격리시켜 타네트Thanet섬에 머물도록 했던 것이다. 그의 마음을 얻은 것은 후일 아우구스티누스와 베르타 왕비가 같이 기도하며 추종자들을 얻기 시작했을 무렵이었다. 그리고 노섬브리아의 왕 에드윈Edwin의 개종은 그들의 딸 에텔부르가Aethelburga가 에드윈과 결혼한 결과로써 이루어졌다. 비드는 그의 책 전체를 통해 이교도의 왕들이 그들의 전통적인 신들을 저버릴 것을 요구받았을 때, 어떠한 인센티브들이 그들로 하여금 그에 따르는 불신과 우려를 극복하게 했는지를 매우 현실적인 시각으로 보고 있다. 싸움이 능사인 세상에서, '만군萬軍의 주主'를 자기편에 서서 싸우게 하는 것은 숙고할 만한 가치가 있었다. 거기에다 순수한 호기심도 있었다. 예컨대, 노섬브리아의 왕 에드윈은 새로운 교회를 받아들일 것인지의 문제를 두고 의견을 듣기 위해 현자들의 회의를 소집했는데, 거짓말같이 그와 고위성직자들은 구舊신앙이 어떤 '가치나 이점'이 없음을 인정하기 시작했던 것이다. 그의 뒤를 이어 색슨 귀족 한 사람이 나서서 비드의 책을 통틀어 가장 감명 깊은 연설을 행하는데, 그의 개종의 변이 단지 도박꾼의 성마른 육감에 비견되는 것에 근거를 두고 있어서 한층 더 설득력이 있다.

주군이시어, 제게는 여기 지상에서 이루어지고 있는 현세의 삶이란 … 마치 참새 한 마리가 이 집으로 다가와 매우 빠르게 날갯짓을 하며 휙 스치고 나가는 … 겨울날 당신이 지휘관들, 하인들과 더불어 저녁 식사를 하는 동안, 한 창문으로 들어왔다가 다른 창문으로 날아가 버리는 것과 같다고 생각됩니다. 이곳의 거실은 가운데 피워놓은 난롯불로 따뜻하지만, 그 밖의 모든 곳은 미친 듯이 불어대는 사나운 겨울비와 눈으로 어렵습니다. 집 안에 머무르는 짧은 그 시간 동안만은 겨울 폭풍의 쓰라림에서 자유롭지만, 그러나 아주 짧은 순간에 지나지 않는 온화한 기운은 다시 겨울로, 겨울로 이어지며 당신의 시야 바깥으로 달아납니다. 이렇듯 이곳에서 인간의 삶이란 짧은 계절 동안 드러날 뿐이지만, 그 후에 무엇이 오는지, 혹은 그 이전에는 무엇이 있었는지, 우리는 확실히 알지 못합니다. 그런 까닭에, 이 새로운 가르침이 우리에게 무엇인가 보다 확실한 것을 가져다주었다면, 따를 만한 가치가 있다고 저는 생각합니다.

이토록 결정적인, 또한 놀라울 정도로 현실적인 비유에 근거한 연설을 귀족의 입으로 말하게 하는 것이 전형적인 비드의 스타일이다. 앵글로 색슨 잉글랜드의 교회는 (아일랜드와 픽트족의 스코틀랜드와 마찬가지로) 귀족 사회의 연장선 위에서 자연스럽게 형성되었으며, 높은 가문 태생의 남녀들에 의해 지배되었다. 자로와 몽크웨어마우스Monkwearmouth에 위치한 쌍둥이 수도원들은 7세기 베네딕트 비스코프Benedict Biscop에 의해 세워졌는데, 그는 원래 노섬브리아의 테인thegn, 즉 종사從士 계급 출신으로 프랑크족이 지배하는 기독교 유럽을 여행하고 돌아와서 수도사가 되었다. 기독교로 정화된 차세대 로마인이라는 자의식을 가지고 있던 이들 귀족 출신의 수도원장들은 '위엄'을 중요시했다. 요크의 귀족 출신 주교였던 성 윌프리드St Wilfrid는 로마의 권위에 걸맞은 바실리카 성당을 헥삼Hexham에 세우기 위해 하드리아누스 장벽의 일부를 활용했다. 이들의 수도원과 교회는 (아일랜드 교회의 검소함과 금욕주의와는 대조적으로) 웅장함을 기치로 장식되었다. 비스코프는 이탈리아 여행에서 돌아올 때, 일군의 석공들, 유리공들, 그리고 보석 세공인들을 데리고 왔으며, 성경들과 성인들의 일대기들을 수놓은 진주빛 효과의 벽걸이들도 가지고 왔다. 그는 또한 로마의 성베드로St Peter 성당에서 불리던 성가들을 수도사들에게 가르치기 위해 음악 교사들도 초빙했다. 어떤 귀족 출신의 사제는 여행할 때 많게는 수도사 80명으로 구성된 인상적인 수행단을 거느렸는데, 이는 과거 그가 세속에서 고위 영주 노릇을 할 때와 같은 수준이었다. 성 윌프리드의 수행원들이 서식스 해변에서 적의 공격과 맞닥뜨리자, '명예로운 죽음이냐, 승리의 삶이냐'를 외치며 앵글로 색슨 스타일의 맹세를 한 것도 이러한 맥락에서 이해할 수 있다.

수도원들은 그들의 가장 힘든 과제, 즉 성경과 초기 교회 역사를 복사하기 위해 인력을 필요로 했다. 자로와 린디스판Lindisfarne 같은 곳은 라틴 및 기독교 문학의 생명을 이어나갈 서적들의 생산라인 역할을 담당했으며, 이를 수행하기 위해 제조업적인 공정을 필요로 했다. 그레고리오 대교황의 저작들을 복사하는 데 무려 2000장이 넘는 양피지가 소요되었고, 한 권의 성경책을 만드는 데 송아지 가죽 500장이 필요했다. 아이오나의 수도사 성 에이든이 설립한 린디스판 수도원은 원래 자로 수도원보다 소박한 공간이었지만, 이곳 역시 보석 가게 하나를 가지게 되었다. 그것은 제책 작업과 더불어 이곳의 수도사 이드프리드Eadfrith가 손수 장식을 더한 영광스러운 성경을 위한 케이스 작업이 필요했기 때문이었다. 이드프리드는 잉글랜드의 첫 명인이라 해도 손색이 없는 인물이었다. 이드프리드, 그리고 그와 함께 작업한 수많은 무명의 신도들은 (단 한 장의 양피지 주위에 1만 개가 넘는 작은 붉은색 점들을 아로새길 정도로 정성을 들인) 린디스판 복음서의 제책 작업 과정에서 신석기시대에 이 땅에서 처음으로 선보였던 똬리 틀기, 곱슬곱슬하게 만들기, 그리고 나선형의 선 등 고대 브리튼의 예술 감각을 자신들의 종교 예술에 접목시켰다. 놀라운 것은, 서튼 후 버클 위에 몸을 뒤틀고 있던 뱀 형상의 바로 그 피조물이 아름답기 그지없는 이른바 린디스판 복음서의 '융단 면들carpet pages'에서 재등장한다는 사실인데, 이는 이교도적인 모티프와 기독교적인 모티프의 융합에 관한 놀랍도록 선명한 증언으로서, 가장 위대한 앵글로 색슨 예술은 이들을 융합시킴으로써 비롯된 것이었다.

린디스판 복음서는 그곳 수도원에서 가장 카리스마 있는 성자였던 성 커스버트St Cuthbert의 성지聖地 조성을 위해 만들어진 것이라는 해석이 유력한데, 그의 생애는 비드의 별도 저서에 기록되어 있다. 전기傳記는 학자들이나 성 월프리드처럼 권위를 갖춘 인물들뿐 아니라 초창기 기독교 은둔자들의 행복 가득한 소박한 삶을 몸으로 구현하고자 했던 사람들의 이야기를 필요로 했던 앵글로 색슨 교회의 상황을 잘 보여주는 것이다. 커스버트는 성 월프리드나 비스코프처럼 높은 가문 출신으로서 휘트비 종교회의에서 설정된 로마 중심적인 노선에 충실하게 복종해 왔지만, 그의 수련은 금욕적 청빈에 기반을 둔 아일랜드 교회의 전통과도 잘 어울리는 것이었다. 그는 체비엇Cheviot의 언덕들을 성큼성큼 걸으면서 참으로 많은 시간을 사람들과 양떼를 돌보고 병자와 빈민들을 방문하면서 보냈다. 그는 나이 서른에 린디스판 수도원의 부원장이 되었는데, 신비에 싸인 그의 성자 같은 모습에 대한 평판으로 인해 노섬브리아 해변의 수도사들 사이에서는 여러 가지 소문이 떠돌았다. 그에게 도벽이 있다는 소문이 있었는가 하면, 혹자가 말하길, 그가 차디찬 바닷물에 몸을 무릎 높이까지 담그고 선 채로 성가를 불렀다고 했는데, 천진함과 허세가 교묘하게 혼합된 것처럼 보이는 습관들이었다. 그가 콜딩햄Coldingham 수도원을 방문했을 때 수도사 한 명이 그의 뒤를 은밀하게 밟았는데, 그는 정말로 커스버트가 바위 사이 작은 웅덩이에 정강이까지 몸을 담근 채 달빛이 떨어질 때까지 노래를 부르는 것을 보았다는 것이다. 그러나 날이 밝자 모든 의심은 사라졌다. 커스버트는 모래 위에 무릎을 꿇고 있었는데, 두 마리의 바다 수달이 물속에서 나오더니 자신들의 털 덮인 몸을 그의 발에 문질러대고 있었는데, 이는 커스버트의 발을 덥혀주고 말리려 한 것이었다.

린디스판조차도 커스버트가 명상하기에는 너무 번잡한 곳이었으므로, 그는 마흔이 되었을 때 보다 멀리 떨어진 판Farne섬으로 들어가 칩거를 시작했고, 그곳에서 혼자 보리를 키우면서 바다오리들을 벗 삼았다. 684년 노섬브리아의 왕 에그프리드Egfrith는 그를 설득하여 주교로서 본토에 귀환시키고자 했다. 그는 자신의 설득이 별 소용이 없을 것임을 충분히 예상하면서도 직접 변화무쌍한 파도를 타고 판섬까지의 여행을 감행했다. 결과에 관계없이 그의 시도는 너무 늦은 것이었다. 커스버트가 687년에 세상을 떠났기 때문이다. 수도사들이 그의 시신을 옮겨오기 위해 판Farne섬으로 갔는데, 그들이 린디스판에 돌아왔을 때, 일행의 배는 그곳에서 성가를 부르고 있던 커다란 무리의 독실한 신자들과 마주쳤다. 11년이 지난 뒤, 린디스판의 신도들은 그를 기리기 위한 성지를 조성하기로 하고 그의 시신을 성 베드로 예배당에서 파냈는데, 놀랍게도 그의 시신은 전혀 부패가 진행되지 않고 있었다.

커스버트는 열렬한 숭배의 대상이었으므로, 그의 고귀한 성지가 바이킹 해적들의 좋은 목표가 될 것임을 내다본 린디스판의 수도사들은 793년, '늑대코트wolfcoat' 또는 '광포한 자들'로 불리는 약탈자들이 그의 유해에 어떤 해도 끼치지 못하도록 그의 유해를 수습하여 보다 안전한 피난처를 찾아 나섰으며, 그들은 7년간을 함께 방랑하며 보냈다. 『앵글로 색슨 연대기The Anglo-Saxon Chronicle』는 그해의 일에 대해 이렇게 적고 있다.

무시무시하게 강한 것들이 노섬브리아를 덮쳤다. … 엄청난 회오리바람과 번개의 섬광들, 불타는 듯이 용들이 하늘을 날고 있는 것이 보였다. 대기근이 뒤따랐고, 그리고 얼마 지나지 않은 6월 8일, 이교도들의 약탈로 인해 린디스판의 하느님 교회가 비참하게 파괴되었다.

어떤 문화이건, 열심히 들여다보면 (아마도 20세기의 몇몇 경우를 제외한다면) 무언가 좋은 것을 발견할 수도 있다. 최근 들어서 바이킹을 연구하는 역사가들은, 가능한 최선의 동기들을 찾기 위해, 그들의 문화가 오로지 배 타고 와서 난도질하고, 불 지르고, 강간하고, 약탈하는 것뿐이었다는 신화를 떨쳐버리기 위해 공을 들이고 있다. 그 결과 오늘날 우리는, 그들이 노르웨이와 덴마크의 바다에서 배에 올라탔던 것은 스칸디나비아의 척박한 땅에서 발생한 인구 압력 때문이었음을 알게 되었고, 또한 그들이 호박琥珀, 모피, 바다코끼리 상아 등을

(그리고 악의적인 태도를) 가지고 왔다는 것을 알게 되었으며, 거기에다 그들의 설화들이 영웅적 서사시들로 가득 차 있다는 것도 알게 되었다. 그들이 (예컨대, 10세기에) 식민자로서 (때로는 농부로서) 브리튼 땅에 정착했을 때 보여준 무역의 역동성과 공예품의 아름다움이 그들의 포악한 호전성에 관한 명성을 어느 정도 상쇄시켜 준 것은 틀림없는 사실이다. 더블린Dublin이나 요크 같은 도시들은 바이킹이 대군주의 신분으로 통치하는 동안 번창했다. 이런 연유로, 최근 요크는 이 도시의 바이킹식 이름을 붙인 '요르빅Jorvik' 테마파크를 조성함으로써, 보다 따뜻하고 보다 친화적인 바이킹의 이미지를 전달하는 데 기여하고 있다.

그러나 아무리 그렇게 하고 싶더라도, 초기 바이킹들이 발트해Baltic Sea의 상업적 여행자로서 새로운 시장을 개척하기 위해 무용담을 노래하며 노를 저었다는 개념은 사실에 부합되지 않는 것 같다. 8세기가 끝나갈 무렵, 도체스터Dorchester의 지방 행정관 비두허드Beaduheard는 순진하게도 일군의 함선들을 노르웨이의 온건한 무역 선단이라 생각하고 그들을 만나러 갔다. 그는 그들을 왕실 소유지로 안내하고자 했는데, 그의 도움에 대한 대가로 그들이 지불한 것은 그의 얼굴을 향해 내려친 도끼뿐이었다. 바이킹들이 확실히 선호했던 재산 목록은 노예로 팔 수 있는 (여자를 포함한) 사람이었다. 그들은 869년 아마Armagh에서 자행한 단 한 차례의 약탈을 통해 약 1000명의 노예를 획득했다. 879년으로 추정되는 매장 현장에서 바이킹 전사 한 명과 그의 검, 그리고 의식에 따라 살해당한 노예 소녀 두 명, 그리고 수백 명의 남자와 여자, 어린아이들의 뼈가 나왔다. 그와 오딘 신의 전당 발할라까지 동행할 사람들의 숫자였다.

그러므로 그들에게 사지를 절단당하지 않으려고, 혹은 노예로 끌려가지 않으려고 발버둥을 쳤던 9세기 브리튼 거주민들이 노르웨이인들에게 인종적인 매력을 느꼈을 턱이 없다. 앵글로 색슨인들의 삶에 미친 초기 바이킹의 영향과 관련된 수많은 이야기가 놀라울 정도로 폭력 일변도라고 해서, 또한 그 이야기들이 주로 앵글로 색슨 쪽에서, 특히 교회 자료에서 나왔다고 해서, 그 이야기들이 사실이 아니라는 입증은 되지 못한다. 게일족의 기록도 거의 비슷한 이야기를 들려준다. 성 패트릭의 아일랜드 초기 선교와 깊은 관련이 있는 스트랭퍼드 로Strangford Lough의 유서 깊은 수도원은 완전히 파괴되었다. 795년 아이오나에서는 브리튼의 기독교 개종을 상징하는 성지들이 약탈당했으며, 806년에는 수도사 68명이 살해당했다. 강, 만, 연안 후미 등으로부터 가해지는 바이킹의 공격에 취약한 지역의 주택들은 심각한 위협을 느낄 수밖에 없었다. 에식스의 브래드웰-온-시Bradwell-on-Sea에 위치한 작은 성당은 7세기 노섬브리아에서 파송된 원거리 선교단에 의해 로마 시대 성채 양식으로 건축된 것으로서, 덕분에 그곳에 있던 수도사들은 조만간 사납게 들이닥칠 바이킹 공격을 초조하게 기다리면서도 견고한 석조 방어물이 선사하는 안도감에 감사했다.

비록 의도하지는 않았지만, 바이킹이 행한 일 중에 긍정적인 측면을 가진 것이 하나 있었는데, 그것은 잉글랜드와 알바Alba를 하나의 왕국으로 통합해야 할 필요성을 만들어낸 것이다. (알바는 궁극적으로는 스코틀랜드로 불리게 되었다.) 그런데 이것은 그들이 기다란 배들을 신속하고 결사적으로 몰면서 상류로 거슬러 올라올 때에는 생각하지 않았던 문제였다. 그 당시 그들이 특별히 염두에 두었던 것은 오직 전리품뿐이었다. 바이킹들은 전사 귀족들의 난립으로 거의 무정부 상태에 놓여 있던 스칸디나비아 사회 출신이었다. 덴마크와 노르웨이의 왕들에게 표면적인 충성의 제스처를 취하고는 있었지만, 실제로는 해적 활동을 대체로 용인받은 상황이었기에, 그들은 원하는 만큼 토지를 취할 수 있었고, 원하는 만큼의 약탈과 노예 포획을 자행할 수 있었다. 집에서 약탈하느니 바깥에서 약탈하는 것이 더 나았다. 그들은 후일 잉글랜드 동부와 북부의 점령지에서 정착 생활을 시작하게 되지만, 그 이전의 바이킹들은 이 왕국에 상당한 수준의 폭력을 가함으로써 이 땅의 지배자들이 자신들을 돈으로, 그것도 이왕이면 은화로 회유토록 유도하는 전술을 썼다. 그러한 전술은 조악한 것이었지만, 그럼에도 불구하고 여러 국가로 분열되어 있을 뿐 아니라 또한 각기 내부적으로 분열되어 있던 색슨 왕국들에 가해진 그들의 폭력은 충분히 효과가 있었다. 색슨 국가들 사이의 혼인 동맹은 상황이 주는 압력으로 인해 군사적 연대로 연결되지 못하는 경우가 많았는데, 바이킹이 가한 피해가 자신의 재앙이 아니라 다른 누군가의 재앙으로 생각될 경우에는 특히 그러했다. 한 걸음 더 나아가, 일부 색슨 통치자들은 자신들의 필요에 따라 바이킹 침략자들을 원군으로 끌어들임으로써, 4세기 전 로만 브리튼인들이 저질렀던 실수를 되풀이했다.

735년 자신의 죽음을 앞에 두고 위기가 닥치고 있음을 목격한 비드는 과연 기독교라는 믿음의 나무가 이를 극복할 수 있을 정도로 깊게 뿌리를 내리고 있는지를 걱정했다. 그가 염려한 위협 중 하나는 스칸디나비아인들을 통한 이교도적 신앙의 유입이고, 다른 하나는 이슬람이라는 새로운 전투적 종교의 출현이었는데, 이슬람 신앙은 스페인과 프랑스의 기독교 영토 속으로 깊숙하게 파고들고 있었다. 비드는 이 같은 자신의 비관적 인식에도 불구하고, 바이킹의 침략이 노섬브리아에 초래할 파괴의 규모가 어느 정도 될 것인가는 상상조차 하지 못했다. 린디스판 수도원과 자로에 있던 그 자신의 수도원은 물론, 몽크 웨어마우스와 아이오나의 수도원들도 파괴되었으며, 요크는 약탈당했다. 가장 고통스러운 것은 수도원들이 가지고 있던 위대한 도서관들이 불탄 것이다. 프랑크족 출신의 위대한 신성로마제국 황제 샤를마뉴Charlemagne의 궁정 신학자였던 '요크의 앨퀸Alcuin'은 린디스판의 소멸 소식을 듣고 이렇게 적었다. '하느님의 사제들의 피로 뒤덮인 성 커스버트의 교회를 바라보라.'

색슨 왕국들의 세력을 대부분 깨부숨으로써, 바이킹은 각기 분열되어 싸우고 있던 잉글랜드의 왕들, 백작들, 종사從士들, 역시 상호 적대적이던 달리아타와 픽트랜드Pictland 등의 북방 왕국들이 지금껏 해내지 못한 일을 마침내 이루었다. 그것은 역설적이게도, 바이킹이라는 공동의 적에 대항하는 일종의 동맹 체제의 출현이었다. 의식적으로 첫 기독교인 로마 황제의 이름을 차용한 픽트족의 왕 콘스탄티누스는 20년에 걸친 공략 끝에 달리아타를 패퇴시키고 811년 두 왕국을 통합했다.

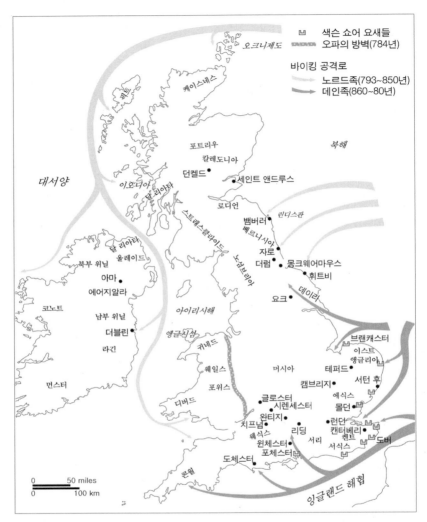

앵글로-색슨 왕국들과 바이킹족의 도래

아직 바이킹에 굴복하지 않은 잉글랜드 지역의 통치자들은 그들이 당면한 불가역적 재앙을 공동의 위협으로 간주하면서, 상호 간의 불화를 땅에 묻어버리고 한 사람의 왕을 '모든 잉글랜드의 왕'으로 추대함과 동시에 그에게 대군주의 지위를 부여했다. 전례가 없는 이 같은 동맹체제가 힘을 얻기 위해서는 그

체제를 이끌어갈 인물이 비범한 존재여야 하는데, 알프레드는 이런 조건에 딱 맞는 사람이었다. 튜더Tudor 시대 사람들은 역대 통치자들 중에서 오직 알프레드만이 샤를마뉴 대제 같은 인물에나 걸맞은 '대Great'라는 명예 호칭을 부여받을 수 있다고 생각했다. 알프레드에 관한 전설들을 모두 신화로 돌릴 수는 없다. 앵글로 색슨인들은 그를 가리켜 '잉글랜드의 목자', '잉글랜드의 사랑'이라고 불렀다.

그가 849년 완티지Wantage에서 웨식스Wessex 왕 애설울프Aethelwulf의 막내아들이자, 에그버트Egbert 왕의 손자로 태어났을 때, 웨식스는 전쟁과 혼인이라는 통상적인 결합을 통해 미드랜드midland의 머시아Mercia를 대체하는 지배적인 위치의 색슨족 왕국으로 성장하고 있었다. 그 무렵까지도 바이킹은 단지 주기적인 불편함을 안기는 존재 정도로만 인식되는 경향이 있었다. 그들은 성지, 그리고 햄윅Hamwic(사우샘프턴Southampton의 옛 이름)같이 번창한 색슨의 시읍들을 마음대로 노략질하고 돈을 강탈했으며 그렇게 얻은 것을 즐기기 위해 자비라도 베풀 듯이 떠나갔다. 그러나 근자에 들어서 한 번 출정에 30척에서 35척이 동원될 정도로 그들의 함대 규모가 커졌고, 불길하게도 그들이 머무는 시간도 점차 길어져 가고 있었다. 850년대 무렵 그들은 켄트의 타네트Thanet과 셰피Sheppey섬에서 겨울 내내 머물렀다. 850년, 앵글로 색슨 연대기 추정에 따르면 최대 350척에 달하는 바이킹의 함대가 런던을 점령하고, 머시아의 왕 베르트울프Berhrtwulf를 축출했다. 은銀은 더 이상 그들을 회유할 수 있는 수단이 아니었다. 864년 켄트의 관리들은 그들에게 돈을 내줬지만, 바이킹들은 별 이유 없이 그 지역을 살육의 장으로 만들었다. 뒤이어 865년과 866년에는 노섬브리아의 위대한 왕국이 그때까지 브리튼에 나타났던 함대 중 가장 큰 규모의 바이킹 함대에 의해 파괴되었고, 867년에는 요크가 함락되었다. 867년에 이르러 노섬브리아의 토지들은 그들의 우두머리들에게 할당되었다. 869년은 이스트 앵글리아의 왕 에드먼드Edmund가 당할 차례였다. 그는 바이킹에게 일상적으로 돈을 지불해야 한다는 것이 역겨워져서 저항을 선택했다가 머리가 잘리고, 몸이 꿰뚫렀다. 이제 웨식스의 왕 애설레드Aethelred와 그의 동생 중 유일하게 생존한 알프레드는 머잖아 그들 역시 바이킹과 부딪혀야 하는 것이 현실임을 직시하게 되었다.

우리가 알프레드에 대해 알고 있는 대부분의 지식은 웨일스의 수도사 애서Asser가 쓴 전기로부터 나오는 것이다. 그는 알프레드의 궁정에 초빙된 인물로서 그가 왕의 업적을 칭송하고 싶어 했던 것은 의심의 여지가 없는 사실이다. 따라서 알프레드가 그에 의해 이상화되었다는 점을 감안해야 하는 것은 맞지만, 그럼에도 그가 그려낸 알프레드의 모습 속에 어느 정도의 진실이 담겨 있는 것 또한 사실이다. 알프레드가 어릴 때부터 배움에 목말라 했다는 것도 사실일 것이다. 이 천재 소년에 대한 애서의 이야기 중 가장 유명한 것은 그의 어머니가 장식이 달린 앵글로 색슨 시가집 한 권을 아들 중 그 누구건 책의 내용을 터득할 수 있는 아이에게 주려고 했다는 대목이다. 말할 필요도 없이, 어머니 앞에서 책 속의 시들을 외워서 큰 소리로 낭독한 아들은 알프레드였는데, 그는 반쯤은 책벌레였고, 반쯤은 과시욕이 있는 아이였다.

그러나 당시 상황은 한가하게 책이나 읽고 있을 때가 아니었다. 868년 바이킹이 머시아의 노팅엄Nottingham에서 겨울을 보내고 있을 때, 알프레드는 전략적 동맹을 추구하기 위해 이얼스위드Eahlswith와 혼인했는데, 그녀의 어머니는 머시아 왕가의 일원이었다. 870년 무렵 바이킹의 데인Danes족은 리딩에 출현했는데, 이는 웨식스 왕국에 대한 직접적인 도전이었다. 871년 애설레드와 알프레드 형제는 수차례의 전투를 벌인 끝에 애쉬다운Ashdown에서 승리를 거두었다. 그러나 승리의 기쁨을 만끽하기도 전에 애설레드가 왕국을 알프레드에게 넘겨주고 숨을 거두었다. 엄청난 규모의 바이킹이 재침하여 리딩Reading으로 진군해 왔다는 소식은 불안하기 짝이 없었다. 웨식스의 붕괴가 일촉즉발로 다가오면서, 앵글로 색슨 잉글랜드는 과거 로만 브리튼의 길을 가고 있는 것처럼 보였다.

그러나 여러 개의 작은 기적들이 일어났다. 매우 인상적인 바이킹의 살인기계도 하나의 약점을 가지고 있었는데, 그것은 승리의 과실을 누리기 위해 스스로를 여러 개의 단위 세력으로 분리하는 경향이 있다는 것이었다. 나뉘어 정복하기보다는 정복한 후에 나뉘는 것이었다. 생각건대, 이들 위대한 바이킹의 이교도 군대는 정복지에서 자신들에게 맞설 자가 없다는 자신감으로 865년과 871년 각각 분리의 길을 걸어갔다. 865년 원정군 중에서 원로급 전사들 일부는 874년 노르웨이로 돌아갔고, 나머지는 오랜 기간 노섬브리아에 정착했다. 871년 원정군의 젊은 층은 구트룸Guthrum이라는 지휘관을 따라 캠브리지로 이동했다. 그들 계산으로는 그곳에서 남쪽과 서쪽 방향으로 공략하면 웨식스를 자신들의 젖줄로 만들 수 있을 것으로 생각했다. 그리고 구트룸이 글로스터로 진군했을 때만 하더라도 이 목표는 성사될 것처럼 보였다.

당시 상황에서 알프레드가 선택할 수 있는 유일한 방안은 시간을 끄는 것뿐이었다. 알프레드는 그들을 웨식스에서 빼내서 머시아 쪽으로 보내려는 의도에서 구트룸과 조약을 맺고 인질들을 교환하려 했다. 알프레드 입장에서는 구트룸 같은 이교도가 맹세를 지킬 것이라고 믿기 어려운 일이었지만, 한동안은 그의 책략이 통하는 것처럼 보였다. 그런데 아니나 다를까, 878년 1월의 추운 겨울날, 바이킹은 웨식스의 왕궁 도시 치프넘Chippenham에 갑작스러운 공격을 감행했는데, 이는 알프레드 같은 기독교인들이 공현절을 축하하느라 주의가 흐트러져 있음을 알고 취한 행동이었다. 그들의 계획에는 틀림없이 왕을 사로잡는 일이 포함되어 있었을 것이고, 이는 거의 성공할 뻔했다. 사실상 무방비 상태에 있던 알프레드로서는 도망가는 수밖에 없었다.

그다음에 일어난 일이 알프레드 전설의 핵심을 이룬다. 부들 풀로 가득 찬 에설니Athelney의 늪지대에서 도망자 신세가 된 그는 적의 접근이 어려운 소택지를 방어 거점으로 삼아 전세를 뒤집기 시작했다. 애서는 이 대목에서 게릴라 전사의 원형과도 같은 알프레드의 모습을 묘사하고 있다. 서머싯Somerset의 숲과 늪지에서, '약탈이 아니라면 먹을거리도 구하기 어려운 곤궁한 삶을 영위하면서' 알프레드는 농부들에게 선의를 구걸하는 수밖에 없었다. 그들 중에 양돈 농부의 아내도 있었는데, 그녀는 빵을 태우게 했다면서 알프레드를 조롱하기까지 했다. 이런 얘기들은, 그때나 그 이후에나, 성경적인 (최소한 외경에는 존재하는) 분위기를 가지고 있다. (화가 난 일개 여인으로부터 질책을 당할 정도로) 절망적인 빈곤과 금욕적 겸양의 상태로 떨어진 고귀한 신분의 왕이 겪는 이야기, 그리고 한때 불운으로 나락에 떨어졌던 주인공이 결국은 신의 축복으로 용기를 얻고 자신과 조국의 운명을 한 손에 쥐게 된다는 이야기가 그러하다. 적에 쫓겨 방랑하는 왕의 주변에서 일어나는 많은 후속 이야기 중 하나는, 성 커스버트가 (그가 아니면 누구였겠는가?) 나타나 알프레드의 음식을 나눠 먹자고 요구하는 것이다. 왕은 그렇게 한다. 그러자 그 낯선 이는 갑자기 사라지더니 완전한 성인의 차림을 하고 다시 나타나 알프레드에게 궁극적인 성공을 약속한다. 그리고는 기드온Gideon처럼 하느님을 믿고 전투 뿔피리를 불어 친구들을 모으라는 충고를 보낸다.

878년, 알프레드는 세력을 규합하여 임기응변적인 저항 동맹을 결성하는 데 성공했다. 그리고 월트셔와 서머싯 경계에 있는 에그버트 왕의 비석 앞에서 군대의 지휘를 맡고, 이틀 뒤 에딩턴Edington에서 구트룸의 바이킹 군대와 싸워 이겼다. 그것은 너무나 완벽한 승리였기에 알프레드는 내친 김에 치프넘까지 바이킹을 추격해 포위하는 데 성공했으며, 2주 뒤에는 구트룸의 항복을 받아내기에 이르렀다. 그리고 그것은 흔한 항복 장면이 아니었다. 구트룸은 알프레드의 전쟁신戰爭神이 가진 능력에 대해 매우 깊은 감명을 받았으며, 다른 전사 30명과 함께 대뜸 기독교 병사단에 합류하기로 결정했던 것이다. 그는 서머싯의 알러Aller 교회에서 세례를 받았는데, 알프레드는 그의 대부가 되어 그를 세례반洗禮盤으로부터 일으켜 세웠다. 맹렬한 이교도의 삶을 살아왔던 바이킹 영주들은 이제 갑옷 대신에 부드러운 흰 천으로 만들어진 개종자의 의복을 머리에서 발끝까지 걸쳐야 했다. 엄숙한 예식이 끝난 후에야 그들은 웨드모어Wedmore에 있는 알프레드의 왕궁에서 세례복을 벗었다. 그러므로 구트룸에 대한 알프레드의 승리는 군사적인 것임과 동시에 종교적이었다. 알프레드는 그를 믿는 자로 만들고 그를 잉글랜드 교회 공동체로 받아들였다. 이로써 이제야말로 그와 더불어 신성하고 구속력 있는 조약을 체결하는 것이 가능해졌고, (어쨌건 알프레드가 원하는 바대로) 구트룸은 이에 따라 이스트 앵글리아를 지배하는 것에 만족하고, 웨식스와 머시아, 그리고 에식스 및 켄트에 있는 웨식스 지배 영토에 대한 공격을 중지하기로 했다. 이 조약은 그런대로 지켜졌다. 구트룸은 서식스의 하들리Hadleigh로 퇴각했으며, 그곳에서 빈둥거리면서 사나운 바이킹답지 않은 목가적인 은퇴 생활을 보낸 것으로 보인다.

알프레드는 설익은 승리감에 도취하여 휩쓸리기에는 너무나 지적인 인물이었다. 구트룸이라는 한 사람의 바이킹 우두머리와 그의 전사들이 그에게 패했을 뿐, 잉글랜드 내의 모든 바이킹 세력이 패배한 것은 아니었다. 9세기 말에 이르러 스칸디나비아인들은 비교적 긴 시간을 브리튼섬에서 머물렀고, 그들은 이제 약탈자나 해적이라기보다 식민지 개척자의 면모를 보이고 있었다. 알프레드가 가질 수 있는 최선의 희망이란, 기독교화 된, 그래서 전보다 온순해진 바이킹들과 협정을 맺음으로써 그들을 '견제'하는 것이었다. 비록 전설적인 영웅담이 전하는 성취에는 미치지 못하지만, 에딩턴의 승리로 인해 브리튼섬을 휩쓸던 바이킹 왕들의 공략이 일시 중지되었고, 알프레드는 14년에 걸친 귀중한 휴식 시간을 가질 수 있었다. 이 기간 동안 그는 버burh라고 불리는 병력이 상주하는 30개의 요새들을 연결시켜 막강한 방어진을 구축했는데, 이는 철기 시대의 언덕 위 성채, 로마 시대의 도로, 색슨족의 제방 및 수로 등 누대에 걸쳐 축적된 옛 조상들의 군사적 지혜에 바탕을 두고 전략적으로 구상된 것이었다. 알프레드는 또한 퍼드fyrd라고 하는 비상근 의용군을 두었는데, 이들은 상위 영주계급에 대해 군사적 의무를 가지는 종사從士 계급이 양성하는 병력으로서, 이들은 이제 말을 장비로 갖추게 되었다. 퍼드 병력은 순번제로 근무에 투입되었으므로, 알프레드는 이제 바이킹이 언제 나타나건, 그들에 대항하여 싸울 수 있는 제법 강한 상비 전력을 갖추게 된 것이다. 알프레드가 예상했던 바와 같이 바이킹은 890년대 초에 재차 침입했는데, 이제 그들은 9세기 중반 약탈 전성기 때 가졌던 작전상 여유를 더 이상 누릴 수 없게 되었다. 알프레드의 군사작전은 바이킹으로 하여금 이 나라의 절반에 훨씬 못 미치는 지역에 국한하여 제한적으로 정착하게 만들었고, 이스트 앵글리아, 동부 머시아, 그리고 노섬브리아를 가로질러 형성된 경계선은 데인족(바이킹)의 잉글랜드와 색슨족 잉글랜드 사이의 전선으로 견고하게 자리 잡았다.

이때까지 상황은 기껏해야 호각지세에 불과했다. 그러나 886년 알프레드가 런던에 입성하자, 뜻 깊은 사건이 하나 일어났다. (런던은 머시아의 색슨족이 지금의 알드위치Aldwych 및 스트랜드Strand가街 근처에 세웠던 도시가 아니라, 알프레드가 옛 로마 유적 위에 재건설한 도시이다.) 애서의 기록에 따르면, 그는 '데인족 지배하에 있지 않은 모든 잉글랜드인의 주군'으로서 칭송을 받았던 것이다. 그가 '앵글로 색슨인들의 왕King of Anglo-Saxons'이라고 불리기 시작한 것도 이 무렵이었다. 나아가 이 시대에 주조된 일부 동전들에 '렉스 앙글로룸rex Anglorum', 즉 잉글랜드인들의 왕이라 새겨졌는데, 이 칭호는 927년 그의 손자 애설스탠이 왕관을 쓸 때 공식적으로 사용한 것이다. 이렇게 볼 때, 알프레드 시대에 잉글랜드 통합왕국의 개념이 가시화되었고, 더 나아가 바람직한 것으로 받아들여지게 되었다는 데에는 의심할 여지가 없다. 에설니에서 그리 멀지 않은 곳에서 발견된 정교한 세공의 '알프레드 보석'은 법랑이 입혀진 비범한 얼굴 모양의 형상을 가지고 있다. 풀러 브로치fuller brooch와 마찬가지로 여기에 묘사된 형형한 눈빛들은 '통찰력'과 '지혜'를 상징하는 것으로서, 이는 전지全知한 군주를 칭송함에 있어서 더할 나위 없이 안성맞춤인 덕목이었다. '알프레드 보석'의 측면에는 '알프레드가 나를 만들어지게 했다Alfred mec heht gewyrcan'라는 명각銘刻이 새겨져 있다. 그가 재창조한 잉글랜드 군주정에 대해서도 그렇게 말할 수 있을 것이다.

사실대로 말하자면, 알프레드 치하 잉글랜드의 앵글로 색슨 왕국은 케네스Kenneth 1세 치하의 맥 알핀mac Ailpin 스코틀랜드와 마찬가지로 많은 작업이 진행되고 있을 뿐이었다. 그러나 899년 죽음을 맞이했을 무렵, 그는 확실히 왕권의 성격을 본질적으로 바꾸는 데 성공한 것처럼 보였다. 과거 전사 족장의 역할은 '반지 주는 자'일 뿐이었지만, (그리고 알프레드는 여전히 가장 위대한 '반지 주는 자'로 칭송받고 있었지만) 이제 왕의 역할은 고전적이고, 성서적인 근거를 주장할 수 있는 하나의 제도로서 발전했다. 알프레드처럼 『시편*Psalms*』을 번역한 왕이라면, 스스로를 새로운 다윗이나 솔로몬으로 생각했을 수도 있다. 다윗과 마찬가지로, 그는 하느님 교회의 오른팔이고 싶어 했으며, 애빙던Abingdon에서 발견된 하나의 검은 그가 이러한 역할을 얼마나 진지하게 받아들였는지를 말해 주고 있다. 솔로몬과 마찬가지로, 알프레드는 왕의 권위는 힘의 중재가 아니라 정의에 기반을 두어야 한다고 생각했다. 알프레드는 여러 갈래의 법률들과 또한 그 위법행위에 대한 처벌 조항들을 일관성을 가진 하나의 법전으로 묶고, 또한 그 법들을 기록하고 해석함으로써 그의 신민들이 (또는 자유민에 해당하는 최소 절반에 이르는 신민들이 ― 여기에서 우리는 색슨 잉글랜드가 노예제 사회였음을 반드시 염두에 두어야 한다) 국왕의 정의에 용이하게 접근할 수 있도록 만든 최초의 왕들 중 한 사람이었다. 알프레드가 제공한 정의는 현실주의의 범주 안에서 잘 지켜진 것은 분명하다. 피의 복수를 불법화하는 것이 불가능하다는 것을 인식한 알프레드는 왕으로서 그것을 통제하는 것에 주안점을 두었다. 예를 들면, 공격을 받은 쪽이 상대방에 대한 복수를 단행하기 전에 상대방과 합의에 이를 수 있도록 유예 기간을 설정하는 것이 그것이다. 또한 알프레드는 바이킹이 수도원 도서관들을 불살랐던 기억을 뼈아프게 되살리면서, 왕을 교육자로 간주하려고 했다. 그가 번역한 보이티우스의 『철학의 위안*De consolatione philosophiae*』에서도 '지혜'는 가장 강조되는 덕목이었다. 그러나 그의 교육에 대한 헌신에는 또한 실용적인 측면이 있기도 했다. 단지 그의 가족과 왕실뿐 아니라 모든 귀족을 위한 학교를 설립한 것은 향후 왕의 이름으로 국가 경영에 참여할 것으로 기대되는 자들은 (검을 찬 자들, 또는 재력을 가진 자들이 아니라) 읽고 쓸 줄 알아야 하며, 학식을 갖춘 자들이어야 한다는 그의 뜻을 천명한 것이었다.

지식의 소유가 권력을 행사하는 조건이 되어야 한다는 것이 알프레드의 가장 강렬한 신념이었다는 것은 특기할 만한 일이다. 다른 많은 브리튼의 지배자들 중 과연 누가 그와 같았다고 말할 수 있을까?

색슨 왕들은 도끼를 든 사악한 이교도 도래자에서 도서관 창설자로 변모하기까지 먼 길을 걸어왔다. 물론 평화롭고 면학하는 앵글로 색슨의 웨식스라는 하나의 상像은 목전에 도달한 현실이라기보다는 하나의 고귀한 이상에 가까운 것이었다. 비록 웨식스에 근거를 둔 잉글랜드 왕들의 주권이 10세기에 이르러 트위드Tweed강까지 확장되었다고는 하지만, 나라의 절반 이상을 바이킹이 확고하게 장악하고 있는 상황에서, 이는 '데인로Danelaw'로 알려지게 된 바이킹 통제 지역이 상당한 자율권을 누리는 것을 전제로 한 것이었다. 바이킹은 10세기 말에 매우 공격적인 재침을 감행하여 앵글로 색슨 잉글랜드로 깊숙이 들어오려 했으며, 11세기 초에는 데인족의 왕 크누트Cnut가 하드리아누스 장벽 남쪽의 모든 지역을 통치하기도 했다. 그러나 그의 통치는 대체로 알프레드와 그의 후계자들이 이룩한 앵글로 색슨 정부의 유산 덕분이었다.

웨식스 왕조는 이 모든 고난의 시간 속에서 부딪히고, 피 흘렸으며, 또한 모든 것이 한꺼번에 쓸려나가는 순간을 맞기도 했었지만, 알프레드 치하에서 결정체를 이룬 왕권의 이상만은 사라지지 않고 지속되었다. 흔히 고대 로마의 전통을 땅에 묻어버렸다고 간주되는 색슨 문화의 흉중에 로마의 통치 이상이 이식된 것은 초기 브리튼 역사에서 발견되는 가장 의미 있는 역설 중 하나이다. 이 점에서는 트위드강 북쪽, 즉 스코틀랜드도 마찬가지 경우였는데, (900년 이후 불리기 시작한 픽트랜드의 새 이름인) 알바의 왕들은 아들들에게 게일식과 라틴식 이름을 번갈아 붙여주었다. 그러니까, 왕자 오엔구스Oengus는 왕자 콘스탄티누스의 형제인 것이다. 많은 면에서, 알프레드는 색슨인들 중에서 가장 로마적인 인물이었다. 853년 그가 아직 어렸을 때 그의 아버지 애설울프는 그에게 특별한 임무를 주어 로마로 보냈는데, 당시 교황 레오 4세는 어린 그에게 로마 집정관의 자줏빛 예복을 입히고, 로마의 기독교 전사들이 차는 검대劍帶를 둘러주었다. 그는 854년과 855년 사이, 또 다른 1년간을 부친과 함께 로마에 머물면서 추억을 쌓았는데, 거기에는 앵글로 색슨인이라면 잊기 어려운 팔라티노Palatine 언덕의 폐허도 포함되어 있었다. 성년이 되어 라틴어를 배우고, 그레고리오 교황의 『사목규범Pastoral Care』을 번역함으로써, 열렬한 기독교적 로마주의자로서의 그의 정체성이 최종적으로 확립되었다. 또한 알프레드는 교황 막시무스Maximus 2세의 재임 기간 동안 로마시의 잉글랜드인 거주 지역에 대한 교황의 면세 조치에 대한 답례로 매년 잉글랜드 왕과 국민들의 빈민구호 물자를 로마로 보내는 전통을 만들었는데, 이는 헨리Henry 8세가 종교개혁을 단행하기 전까지 지속되었다.

물론 알프레드가 헌신한 로마는 클라우디스Claudius와 하드리아누스가 군대를 보내 브리타니아를 창조했던 그 이교도 제국이 아니었다. 그것은 로마의 새로운 기독교 제국이었다. 알프레드가 만약 그만의 고귀한 왕권 개념과 관련하여 마음속에 품고 있었던 모델이 있었다면, 그것은 아마도 샤를마뉴였을 것이다. 그가 학식이 있는 성직자들을 궁정으로 불러들인 정책도 바로 그 프랑크족 황제를 직접적인 본보기로 삼은 것으로 볼 수 있다. 그럼에도 그의 중손자 에드거Edgar가 치른 두 번의 대관식에 제공된 장엄한 의전은 (로마 시대 의전에 대해 무언가 알고 있었음이 틀림없어 보이는) 캔터베리 대주교 던스턴Dunstan에 의해 고안된 것으로 오늘날까지 잉글랜드 대관식의 핵심 의전으로 남아 있는데, 도유塗油, 보주寶珠와 홀sceptre의 수여, 그리고 '왕이여, 오래 사소서, 왕이여, 영원히 사소서'라는 환호의 외침 소리 등은 프랑크적 전통뿐 아니라 로마적 전통에 그 기원을 두고 있는 것이다. 그리고 그 두 번의 대관식은 어디에서 거행되었는가? 바로 잉글랜드에서 로마와 고대 브리튼의 융합이 가장 완벽하게 체화되었던 바스와 체스터Chester였다.

그가 이와 관련하여 그 밖에 또 다른 무엇을 이해하고 있었는지 모르지만, 에드거는 잉글랜드의 생존을 위해 왕이 해서는 안 될 한 가지 일이 무엇인지 알고 있었다. 그것은 잉글랜드를 고립된 섬나라로 만들면 안 된다는 것이었다.

A History of Britain

At the Edge of the World?

3000 BC–AD 1603

2

노르만 정복

conquest

역사가들은 조용한 삶을 좋아하고 대개는 그걸 얻는다. 대부분의 경우 역사는 의도한 속도대로 움직이며, 미묘하고 점진적으로 변화를 이끌어낸다. 국가들, 그리고 그들의 사회제도는 완만하게 흐르는 강물이 만들어내는 퇴적물처럼 때로는 단단한 모양을 이루기도 하고, 때로는 허물어지기도 한다. 잉글랜드의 역사는 절제된 공동체가 빚어낸 작품처럼 좀처럼 격변에 휩쓸리지 않는 특별한 경우처럼 보이기도 한다. 그러나 잉글랜드의 역사에도 격동의 순간들이 있었다. 격렬한 흐름 속에서 결정적·유혈적, 그리고 정신적 외상을 초래할 정도의 변화를 겪는 경우가 있는가 하면, 온갖 문제들이 한꺼번에 몰려와서 그때까지 한 문화에 방향성을 제공하고 있던 관습, 언어, 법, 그리고 충성의 대상까지 모든 것을 쓸어버리는 순간도 있었다.

1066년이 바로 그러한 순간 중의 하나였다. 최근 들어 헤이스팅스Hastings 전투의 역사적 의미를 축소하려는 움직임이 일고 있는데, 이들 작업의 출발점은 전투 장소를 바로잡는 것이었다. 전투는 헤이스팅스가 아니라 수 마일 더 내륙 쪽으로 들어간 곳에서 일어났다. 색슨인들이 '센락Senlach'이라고 부르던 곳이며, 노르만인들이 '상락San-lac', 즉 피의 호수로 전와轉訛시킨 곳이다. 그러나 명명에 관한 논쟁은 분명히 요점을 벗어나는 것이다. 요점은 1066년 가을 웨식스 남동부에서 일어났던 사건이 단순히 한 정착 사회의 일상을 어지럽힌 희미한 미진에 그쳤는지, 아니면 대부분의 역사가들이 생각하듯이, 영국 역사의 연속선상에 거대한 단층선을 만들어내기 시작했는가, 다시 말해서 어떤 것의 종언과 함께 다른 어떤 것의 시작을 가져온 사건인가, 하는 문제이다. 그것도 아니라면, 이것은, 사실상의 소멸이었을까?

대다수의 앵글로 색슨 잉글랜드 주민들에게 (나머지 브리튼의 주민들은 차치하더라도) 1066년은 대체로 영주 교체의 의미만 있었을 뿐이다. 앵글로 색슨 사회의 최하층에 위치한 노예들은 매매의 대상이었고, 따라서 주인들이 어떤 언어를 사용하는지는 그들에게 그다지 신경 쓸 문제가 아니었다. 농노들(부자유한 소작인들)은 땅을 갈았고, 돼지를 사육했으며, 빈곤과 역병으로부터 보호해달라고 기도를 올렸으며, 계절이 돌아오는 것을 지켜볼 뿐이었다. 물론 어떤 사건들을 비정치적 관점에서 바라보는 것은 언제나 가능한 일이고, 심지어는 극악무도하기 짝이 없는 사건들조차도 사회적 일상의 리듬이 동요 없이 지속되는 가운데 발생하는 주변적 사건으로 간주할 수도 있다. 그리고 언제나와 같이 봄이 돌아오고, 풀은 다시 녹색으로 돋아나는 것은 자명한 이치이다. 그러나 1066년 이 해에는 미나리아재비 풀 밑에 뼈들이 쌓여 있었다. 그리고 약 4000명에서 5000명 사이의 테인, 또는 종사들로 구성되었던 앵글로 색슨 잉글랜드의 지배층 전체가 소멸되었고, 이들이 가지고 있던 모든 권위와 부, 그리고 그들이 부리던 사람들과 가축들은 모두 도래인渡來人들에게 넘어갔다. 그들 구舊지배층은 여전히 삶을 영위할 수 있었고, 여전히 잉글랜드인으로 살아갈 수 있었다. 심지어는 그들의 언어인 영어를 사용할 수도 있었다. 그러나 정치적인 관점에서 볼 때, 그들은 이제 하층계급의 구성원이요, 열등한 인종이었다. 그들은 여전히 잉글랜드에 살고 있었지만, 그곳은 더 이상 그들의 나라가 아니었다. 이런 변화는 어떤 기준으로 보더라도 충격적인 경험임에 틀림없었다.

　(외부인의 정복으로) 지배층이 바뀐 것이 잉글랜드에서 처음 일어난 사건은 아니었다. 1016년, 그러니까 헤이스팅스 전투가 일어나기 정확하게 50년 전, 잉글랜드는 졸지에 기독교 군주 크누트가 통치하는 광대한 발틱-데인Baltic-Dane 해상제국의 최남단 지방으로 편입된 적이 있었다. 이는 불가피한 변화도 아니었지만, 그렇다고 그 모든 것이 놀라운 사건이라 할 수도 없었다. 10세기 말에서 11세기 초에 걸쳐서 앵글로 색슨 왕국을 끊임없이 괴롭히던 악몽이 다시 재현된 것뿐이었다. 990년대에 맹렬한 바이킹의 침범이 재개되었는데, 이들은 과거 도살을 일삼던 기회주의적 지역 토호들jarls의 습격과는 달리, 데인족의 공식적인 식민정책을 수행하는 군대의 면모를 가지고 있었다. 데인족들은 독일 지역 오토Otto 왕조의 강력한 군사력으로 인해 유럽 대륙 진출이 어려워지자, 잉글랜드로 눈을 돌리고 있었던 것이다. 그들은 동부 잉글랜드에 형성되어 있던 데인로Danelaw, 즉 '데인법' 시행 지역의 경계선을 넘어 웨식스와 머시아의 색슨족 왕국들을 붕괴시킴으로써 트위드강과 웨일스 경계선 사이 잉글랜드의 전 국토를 자신들의 통치하에 두려고 획책했던 것이다. 한 위대한 앵글로 색슨 서사시 속에서 비탄으로 형언된 바 있는 991년 에식스 해안의 몰던Maldon 전투는 에식스의 이얼더먼ealdorman, 즉 지방 수령인 비트노트Byrhtnoth가 바이킹 왕자 올라프 트리그바손Olaf Tryggvason에 의해 죽임을 당함에 따라 잉글랜드의 패배로 끝났다. 몰던 전투는 단순한 지역적 재앙이 아니라 전국적 재앙이라 불러야 될 정도로 그 영향이 컸다. 그것은 에드거의 막내아들이자 웨식스의 왕 애설레드의 권위가 바이킹의 공격에 의해 이미 큰 상처를 입었으며, 따라서 그의 주된 신하들, 즉 이얼더먼(지방 수령)들과 테인, 즉 종사들의 충성을 담보할 수 없었던 시기에 이 사건이 일어났기 때문이었다. 그가 자신의 이름 '애설레드Aethelred(좋은 충고)' 대신 '언레드Unraed(나쁜 충고)'라는 별명으로 불리게 된 것은 뼈아픈 농이었으며, 그가 신민들의 존경심을 잃었다는 불길한 전조이기도 했다. (이는 비록 노르만 정복 이후에 기록된 것이기는 하지만, 동시대에서도 통

용될 만한 이야기이다.) 몰던 전투 이후 바이킹들은 색슨 지역에 무거운 공물을 강요하기 시작했다. 색슨인들은 애설레드로부터 아무런 보호책도 보장받지 못했고, 또한 그로부터 어떤 보복의 위협도 없었으므로 바이킹에 공물을 바치는 선택을 하는 경우가 더러 있었는데, 이는 결과적으로 바이킹 함대의 장기 주둔에 일조하는 셈이 되었다. 알프레드와 그의 후계자들에 의해 구축되었던 권력과 충성의 정교한 연결 고리들은 이제 그 역할을 다한 듯 보였다.

하지만 그러한 상황은 완결된 것도 아니었고, 아직 완전하지도 않았다. 덴마크 왕 스베인Sweyn 1세는 기독교로 개종한 경건한 군주였는데, 자신이 잉글랜드 왕이 되겠다는 야심을 숨기지 않았다. 그럼에도 그의 야심이 실현 가능한 국면에 진입하기까지는 20년에 걸친 살벌한 전투들을 더 필요로 했다. 무엇보다도, 그는 자신의 주된 바이킹 라이벌이자, 995년에 노르웨이 왕위를 차지한 트리그바손을 물리쳐야 했다. 그다음에는 잉글랜드 이얼더먼들의 절반 이상이 자신의 왕권에 동의하도록 설득해야 했다. 이런 일들이 실제로 이루어진 것은 1013년에 이르렀을 때였다. 그리고 몇 년 지나지 않아 아버지들이 아들들에게 길을 터주었다, 스베인 1세는 1014년 예기치 않은 죽음을 맞으면서 왕국을 아들 크누트에게 넘겼다. 애설레드 또한 1016년 아들 에드먼드Edmund 강용왕剛勇王에게 왕위를 물려주고 죽었다. 1016년 10월, 강용왕은 에식스의 아싱턴Ashingdon에서 크누트에게 대패했으며, 왕위 계승권에서 우위를 점하고 있었음에도 불구하고 협상에 응하는 수밖에 없었다. 조약에 따라 이제 그의 왕국은 웨식스에 국한되어 그 안의 모든 영지, 교회, 수도원을 관할할 뿐이며, 데인족이 그 밖의 모든 것을 차지하게 되었다. 그해 11월 아무런 조짐도 없이 에드먼드 강용왕이 아버지를 따라 무덤에 묻혔고, 그에 따라 마지막 남은 잉글랜드 땅마저 크누트의 손에 넘어갔다. 그렇다면 이 시기의 잉글랜드는, 50년 뒤 완전히 노르만에게 넘어갔던 것처럼 완전히 데인족의 나라가 되었을까? 요크에서 이스트 앵글리아에 이르는 잉글랜드의 상당 부분, 그리고 스칸디나비아 백작령 오크니와 바이킹의 항구도시 더블린에서는 식민지화가 이루어지고 있었다고 말할 수 있다. 왜냐하면 그들의 경제 및 문화생활이 스칸디나비아 무역제국이 있는 북동쪽 및 동쪽을 새로운 지향점으로 삼고 있었기 때문이다. 명칭이 '-비by'나 '-소프thorp'로 끝나는 수많은 시읍은 그들이 바이킹에 의해 비롯되었다는 흔적을 오늘날까지 전하고 있다. 그러나 웨식스와 머시아에서는 누가 누구를 식민화하고 있었는지 불분명하다. 크누트는 그의 통치를 결혼과 학살이라는 일반적인 방식으로 시작했다. 과거 1002년 애설레드가 데인족에 대한 무차별 학살을 명령했을 때, 그의 마음에는 아무런 거리낌이 없었다. 그에게 그것은 후방 교란을 예방하는 좋은 수단일 뿐이었다. 이번에는 크누트의 차례였다. 그는 자신의 주된 경쟁자였던 에드먼드 강용왕의 동생 이드릭Eadric과, 충성심이 의심스러운 색슨 귀족들, 특히 머시아와 이스트 앵글리아의 백작들을 말살해 버리고, 그들의 영지는 그에게 잉글랜드 왕관을 가져다 준 바이킹 출신 귀족 에릭Eric과 키다리 토르켈Thorkell에게 주었다. 이는 마피아 세계와 비슷했던 11세기 유럽에서 행해지던 방식이었다. 이렇듯 후일에 문제를 야기할 수도 있었던 왕가 혈통의 귀족들이 모두 제거됨으로써 훌륭하고 깔끔한 국가가 만들어졌다. 마지막으로 크누트는 자기 모친과 연령대가 비슷한 애설레드의 미망인 에마Emma를 부인으로 맞아들였다.

그 결혼은 육체적인 쾌락을 위한 것이라기보다는 정치적 이익을 염두에 두고 기획된 것이었다. 여기에는 상대방 세력을 완전히 소멸시키는 대신, 사실상의 '적대적 인수'를 선택한 의미가 있었다. 크누트는 자신의 데인족 친구들에게 영향력 있는 백작의 지위를 주었지만, 그럼에도 그는 잉글랜드를 그들이 아닌 잉글랜드인의 방식으로 통치하고자 하는 영민함을 갖추고 있었다. 하기는, 중세 초기 유럽에서 가장 집중적으로 관리되고 가장 잘 조직화된 (그리고 크누트의 통치가 끝날 무렵, 가장 많은 세금을 징수했던) 정부를 물려받은 그가 만약 다른 방식의 통치를 생각했다면 그건 어리석은 행위가 되었을 것이다. 말기의 앵글로 색슨 잉글랜드는 정치적으로는 불안정했지만 제도만큼은 안정적이었다. 궁정에서 대혼란이 벌어지고 전장에서는 유혈이 낭자했던 그 시간에도 교회는 세워졌고, 법원에서는 재판이 진행되고 있었다. 상품들은 생산되고 유통되었으며, 내구성이 있는 방대한 양의 화폐가 주조되었다. 그리고 우리는 잔존하는 단편적 유물들을 통해 그 시대의 문화가 매우 세련되고 다양한 성격을 가지고 있었음을 확인할 수 있다. 윈체스터Winchester와 캔터베리의 위대한 종교적 명소에서 발굴된 놀라운 상아 제품들, 휘황찬란한 색을 입힌 예배용 시편집詩篇集들, 감성을 마구 자극하는 예수의 수난 장면들, 그리고 살아 움직이는 것처럼 생생하게 묘사된 새와 짐승들은 기독교 유럽의 여타 지역에서 발견된 최고의 걸작들과 견주어 결코 뒤떨어지지 않는다.

중세 역사를 전공한 19세기의 학자들은 당시 그들이 칭송해 마지않던 통치제도의 뿌리를 앵글로 색슨 정부에서 발견했다. 물론 그들의 학문적 연구는 상상력의 산물이라고 할 수 있는 색슨의 '황금기golden age'에 근거한 감상적 작업이 상당 부분을 차지했지만, 그렇다고 해서 그것이 완전히 틀린 것이라고 할수는 없었다. 험버Humber강 남쪽의 잉글랜드는 샤이어shire라는 단위로 행정구역이 분할되었으며, 이는 1974년까지 존속되었다. 각 샤이어에는 국왕의 사법권 행사가 이루어지는 법원이 있었으며, 이얼더먼ealdorman이라는 강력한 행정책임자가 왕의 이름으로 통치권을 행사했다. 그리고 각 샤이어는 다시 헌드레드hundred라고 불리는 소小행정구역들로 나누어졌으며, 각기 별도의 재판소가설치되었다. 이 재판소는 추측건대 지역 내 분쟁과 가벼운 범죄를 다루기 위해매월 열렸으며, 여기에는 모든 자유민이 참석한 것으로 생각된다. 애설레드 시대의 유명한 법률 하나는 12명의 종사들로 구성되는 '배심원단'을 언급하는 항목인데, 이 제도는 통상 12세기의 창안품으로 간주된다. 이들은 범죄인을 찾아내어 재판에 넘기는 권한을 위임받았다. 앵글로 색슨 시대의 잉글랜드 정부는하이드hide를 기본적인 통계단위로 삼아 각 샤이어와 헌드레드, 그리고 버러burgh에 할당할 조세와 징병에 관한 책임량을 산정했는데, 여기에서 하이드란통상 자유민 한 가구의 생계를 적절하게 부양하는 데 필요하다고 생각되는120에이커(48만 5622.8제곱미터)가량의 토지를 말하는 것이었다. 통계의 끝자리는 반올림되었다. 지방 차원에서는 리브reeve라고 불리는 하급 관리가 사법, 조세, 징병, 도로의 유지, 그리고 퍼드, 즉 통상 군사적 의무를 가진 테인들과 그들의 소작인들로 구성되는 일종의 비정규 의용군을 관리하는 책임을 맡았다. 이 같은 정부 조직을 임의로 움직일 수 있었던 앵글로 색슨의 왕들은 틀림없이 자신들이 입법권까지 가지고 있다고 생각했을 것이다. 또한, 그들이 예컨대, 소의 절도를 일소하라는 법을 만들고 그에 대한 서명과 봉인을 거쳐 그들의 주된 신하인 이얼더먼, 그리고 셰리프sheriff들에게 전달할 때, 그들은 자신들이 만든 법이 충실하게 지켜질 것으로 기대했을 것이다.

사정이 이러했으므로 크누트는 사과가 가득 담긴 손수레에 비유할 수 있는 11세기 초의 잉글랜드 체제를 뒤엎을 하등의 이유가 없었다. 주교들 또한 그들의 자리를 지킬 수 있게 놓아두었고, 애설레드의 도덕 입법에 깊숙이 관여했던 요크York 대주교, 울프스탄Wulfstan의 권위도 그대로 유지되었다. 성직자와 속인들을 대상으로 그들의 의무를 환기시키는 온갖 종류의 훈계를 담은 법령집을 발행키로 한 (그럼으로써 자신의 행동을 알프레드나 에드거의 행보와 동일시하고자 한) 크누트의 결정에 결정적 역할을 한 사람은 틀림없이 울프스탄이었을 것이다. 법령들 중에는 사순절 육식 금지 원칙에 대한 환기에서부터, 국왕이 사망한 백작의 재산과 관련하여 합법적으로 자신의 것으로 주장할 수 있는 부분에 대한 법적 지침, 그리고 어떤 장물이 영문을 알 수 없이 자기 집 안에서 발견되었을 경우, 오두막집 여주인이라 하더라도 스스로를 변호할 수 있는 방법에 이르기까지 다양했다. 크누트는 심지어 공식적인 서한을 통해 신하들을 다루는 관행을 시작했는데, 이는 고집스럽게 불만을 제기하는 하는 자들에게 일종의 계약을 제시함으로써 왕권의 손상을 제한시키는 초기적 시도라고 할 수 있었다. 말하자면, '만약 네가 나의 통치에 평화적으로 복속한다면, 나의 공격부대 출진을 중지시키겠노라'라는 것이었다.

데인족의 식민 통치자인 크누트가 과거 끊임없는 전쟁 상태에 있었던 잉글랜드를 20년에 걸친 휴식 국면으로 이끌 수 있었던 것은 그가 잉글랜드를 색슨 방식으로 통치할 준비가 되어 있었기 때문이며, 또한 스칸디나비아에 정좌한 부재不在 황제가 아니라 잉글랜드에 머무르며 통치했기 때문이다. 그는 점차 자신이 직접 백작의 지위를 부여했던 키다리 토르켈을 포함한 소수의 바이킹 출신 귀족들을 불신하기 시작했으며, 이와는 대조적으로 유능하고 지식을 두루 갖춘 잉글랜드 출신 자문관들에 대한 의존도를 눈에 띄게 높여갔다. 제대로 된 자문관이라면 하이드와 조세 문제에 정통해야 하고, 충성과 역심을 구분할 수 있는 능력을 갖추어야 하며, 교회를 언제 달래고 언제 재물을 옭아낼 것인 지를 판단할 수 있어야 했다. 또한 수 마일 떨어진 곳에 있는 곳에 있는 보물이나 반역의 냄새를, 그것들이 아무리 깊은 곳에 묻혀 있다 하더라도, 맡을 수 있어야 했다. 거기에다, 크누트의 신뢰를 받는 자문관이 되려면, 웨식스 옛 왕가와의 관계를 단절하는 것이 필요했다. 크누트는 맡은 바 일을 훌륭하게 그리고 충성스럽게 수행하는 새로운 인물들을 선택하여 왕국의 고귀하고 부유한 권력자로 만들었다.

고드윈Godwin 백작보다 더 성실하게 일하는 사람도, 그보다 더 큰 보상을 받은 자도 없었다. 그는 빠르게, 그리고 멀리 날아올랐다. 남부 색슨족의 종사 계급 출신 울프노트의 아들로 태어난 그는 애설레드의 권력 장악력이 쇠퇴하던 무렵, 잉글랜드 남부 해안을 따라서 활약하며 이름을 떨친 무소속의 해적이었다. 그러므로 고드윈은 폭력, 재물, 그리고 지배라는 데인족 특유의 연결 고리를 일찌감치 이해할 수 있었다. 그는 출세 가도에서 데인족 귀족 출신인 위타Gytha와 결혼하는 데 성공했고, 자신의 아들들에게 스베인Sweyn, 해럴드Harold 같은 바이킹 이름을 붙였다. 그는 바이킹이 권력을 가지고 있는 현실 체제에 잘 적응한 잉글랜드 사람의 상징과도 같았다. 그는 크누트로 하여금 지혜왕, 정의왕, 장엄왕을 자처하게 할 정도로 수완을 발휘하면서, 짧은 시간 내에 자신을 정보와 집행력의 원천이라는 불가결한 존재로 만들어나갔고, 그의 적들은 빠르게 소멸되었다. 1018년, 한때 해적에 불과했던 고드윈은 이제 백작 고드윈으로 완벽하게 변신했으며, 그에게는 옛 왕국 웨식스에 위치한 엄청난 영지와 함께 대규모 수도원들에 대한 후견권이 주어졌다. 당대의 왕들은 여전히 이 영지에서 저 영지로 옮겨 다니면서 지방 토호들에게 그 비용을 전가시키는 낭비적인 방랑자의 생활을 영위하고 있었는데, 이 점에서 왕과 고드윈은 서로에게 많은 것을 필요로 했다. 그들의 관계는 완벽한, 그리고 상호의존적인 기생 관계였다. 그러나 이들의 관계는 과분한 것이어서 오래 지속되기 어려웠다.

1035년, 어떤 기준에서 보더라도 능력 있는 통치자였던 크누트가 나이 채 마흔이 되기도 전에 섀프츠베리Shaftesbury에서 사망했다. 그의 두 아들 하르다크누트Harthacnut와 해럴드는 이복이었는데, 두 사람 모두 왕위를 주장할 수 있는 위치에 있었고, 실제로도 주장했다. 데인족이나 색슨족의 관습 그 어디에도 장자가 자동적으로 왕위를 계승한다는 근거가 없었기 때문이다. 애설레드와 크누트 등 두 잉글랜드 왕의 미망인이 된 에마는 하르다크누트를 밀었다. 그런데 마침 크누트의 제국에 속하는 덴마크와 노르웨이 사이에 전쟁이 일어나자, 하르다크누트는 잉글랜드보다 스칸디나비아를 그의 주전장으로 삼기로 결정했다. 일이 이렇게 되자, 잉글랜드의 세속 귀족 및 고위 성직자들로 구성되는 전국적 회의체인 위턴witan의 멤버인 머시아와 노섬브리아의 백작들은 그의 이복형이자, 크누트의 전처 엘프기푸Aelfgifu의 아들 '토끼발Harefoot' 해럴드를 잉글랜드의 왕으로 지명했다. 사안의 불가피성을 알아차린 고드윈은 말할 필요도 없이 해럴드를 왕으로 세우는 것으로 자신의 입장을 정리했다.

그런데 왕위계승 문제와 관련하여 사실상의 세 번째 대안이 있었다. 즉, 잉글랜드계의 왕도 가능했다. 데인족 통치 기간이라고 하지만 그 사이 웨식스 왕가가 완전히 소멸하지는 않았던 것이다. 실제로 애설레드와 에마 소생의 두 자녀인 알프레드와 에드워드가 목숨을 부지하여 잉글랜드 해협 건너 노르망디 공국에 살고 있었다. 그들은 데인족의 대학살이 벌어지던 색슨 잉글랜드의 가장 어두운 시간에 생존을 위해 그곳으로 보내졌던 것이다. 데인족의 위협에 대항하기 위해 외부의 도움이 절실했던 애설레드는 일찍이 노르망디Normandy 공리처드Richard와 동맹을 맺은 바 있었다. 이는 당시로서는 큰 의미가 있었다.

애설레드의 왕비 에마는 노르망디 공작의 딸이었는데, 당시 노르망디는 단지 문서상으로만 프랑스에 의존적인 봉신 국가였을 뿐, 북서부 프랑스의 광대한 영토를 무대로 세력을 떨치던 전사 국가였다. 실제로 노르망디는 프랑스와 동등하거나 오히려 우월한 위치에 있었다. 랄프Ralf 또는 '바이킹 롤로Rollo the Viking가 시조라고 알려진 노르만Norman족은 몇 세대 이전까지만 하더라도 그들 또한 스칸디나비아 스타일의 삶을 영위하던 집단이었다. 약탈품을 챙기기 위해 배를 이용하여 치고 빠지는 폭력을 행사하고, 그렇게 챙긴 약탈품을 더 많은 해상 활동의 자금으로 사용하며, 그리고는 특정 지역의 정치적 특권을 강탈하기에 충분한 힘을 축적한 후에는 그곳을 숙주 삼아 스스로를 이식하는 것이 곧 스칸디나비아 스타일이었는데, 노르만족의 경우 그 숙주는 카롤링거Carolinger 말기의 프랑스였다. 그러나 여기에서 웨식스 왕가와 노르망디 공국 간의 관계를 '바이킹을 상대하기 위해 다른 바이킹을 끌어들인 것'으로 생각하면 잘못이다. 왜냐하면, 수륙 양면에서의 진화를 모색해 오던 노르망디의 통치자들은 10세기 말에서 11세기 초에 이르러 자신들의 공국을 육지 기반의 국가로 변모시켰기 때문이다. 자신들의 주력 장비를 장형 범선에서 스페인산 전투마로 교체하고 노르망디 자체에 종마 사육장을 만들어 말들을 번식시킨 것이 그 예이다. 스칸디나비아식의 전통적 성채는 모트 앤 베일리 성채motte-and-bailey castle, 즉 언덕 위에 요새를 세우고 주위를 외벽과 깊게 파인 도랑으로 두른 성채로 대체되었다. 이들 노르망디 초기 성채들의 방어적 성격은 역대 노르망디 공작들이 기본적으로 봉신들을 통해 통치 권력을 행사하는 초기 형태의 봉건 영주인 동시에, 또한 늘 말을 타고 반란과 배신에 맞서 싸워야 했고, 적의 땅을 빼앗아주겠다는 회유로써 잠재적인 우방을 확보해야지만 불안정한 동맹을 유지할 수 있었다는 의미이다. 그런데 비록 정치적으로는 혼란스러웠을지라도, 공작령 노르망디에는 경건한 신앙이 확산되고 있었다. 웨식스 왕가와 마찬가지로 공작들은 대를 이어 새로운 수도원들의 후원자가 되었으며, 11세기에는 로마네스크Romanesque 양식의 멋진 교회들이 모습을 드러내기 시작했다. 장엄한 외관을 갖춘 석조의 성채들이 나타난 것도 이 무렵이었다. 팔레스Falaise에 세워진 성채도 그중 하나였는데, 1027년 이곳에서는 노르망디 공 로베르Robert 와 무두장이의 딸 에를레브Herlève 사이에서 한 사내아이가 사생아로 태어났다. 노르망디에는 혼란스러운 기운이 몰려들고 있었고, 노르망디 공국은 장차 북방 기독교 유럽의 미래 권력으로 떠오를 참이었다.

웨식스의 왕자인 알프레드와 에드워드는 이러한 세계에서 성장하고 있었으며, 따라서 이들이 언젠가는 노르만의 지원을 받아 데인족에 강탈당한 자신들의 왕관을 되찾을 날을 상상하고 있었던 것은 그리 놀라운 일이 아니었다. 1035년 크누트가 죽자, 그들은 모친인 에마가 자신들의 편을 들어줄지도 모른다고 생각했다. 그녀가 일견 자신들의 계획을 지원하고 있는 것처럼 보이기도 했다. 비록 그들이 이루고자 하는 일이 위험으로 가득 차 있다는 것을 알면서도 알프레드와 에드워드는 1036년 각기 다른 길을 택하여 잉글랜드에 상륙함으로써 자신들의 미래에 관해 모친이 과연 무슨 생각을 가지고 있는지를 타진해 보기로 했다. 에드워드는 사우샘프턴에 상륙하여 잉글랜드 정치적 지형에 발을 담그긴 했지만 그 나름의 판단에 근거하여 곧바로 발을 빼서 노르망디로 되돌아갔다. 알프레드는 자신의 낙관적 전망에 대한 값을 치렀다. 처음에는 모든 일이 잘 풀리는 듯 보였다. 알프레드는 충정이 넘치는 것처럼 보이는 고드윈 백작을 만났다. 고드윈은 길퍼드Guildford의 자기 집에서 알프레드를 맞았는데, 충성의 대상을 웨식스 왕가로 되돌리고, 알프레드의 봉신, 즉 '서약한 사람'이 되겠다는 의사를 표명하기까지 했다. 알프레드는 긴장을 풀었다. 그리고 그것은 치명적인 불운이었다. 고드윈이 그를 토끼발 해럴드 측에 넘긴 것이다. 그들은 알프레드 측근들을 도살했으며, 젊은 왕자의 눈을 찢고 팔다리를 잘랐다. 그의 남은 몸은 무자비한 방식으로 엘리Ely로 끌려갔으며, 그는 그곳에서 끔찍한 상흔 속에서 죽어갔다.

그런데 승리를 거둔 토끼발 해럴드는 알프레드보다 고작 4년을 더 살았다. 그리고 그의 이복형제인 하르다크누트가 1040년 스칸디나비아에서 귀환하여 아버지의 유산을 물려받았다. 그는 해럴드의 유해를 윈체스터 왕릉에서 파내어 템스강에 던짐으로써 해럴드 시대의 종언을 그 나름의 방식으로 선언했다. 고드윈은 알프레드 왕자 살해에 대한 자신의 책임을 어떻게든 회피해 보려는 의도에서인지, 새 왕에게 80인승의 전투함 한 척을 선물한 후 재판에 자진 출석했는데, 예상했던 대로 그는 방면되었다. 하르다크누트는 1041년 색슨 귀족들과의 화해를 더 한층 촉진시키기 위해 알프레드의 동생 에드워드를 잉글랜드로 초빙했다. 그러나 하르다크누트의 이런 행동은 어떤 감상적인 선의에서 비롯된 것이 아니었다. 그의 입장에서는 자신의 바이킹 라이벌이자 노르웨이 왕인 망누스Magnus 1세를 뿌리치기 위해 강력한 색슨 백작들의 지원이 절실했던 것인데, 망누스는 그만큼이나 잉글랜드 왕관을 강력하게 주장할 수 있는 데인족의 인물이었다. 결국은 이들 두 스칸디나비아 출신 왕들 사이에 협약이 맺어졌는데, 그것은 둘 중 누군가가 먼저 죽으면 잉글랜드 왕국은 생존자에게 넘긴다는 것으로서, 이는 하르다크누트에게 시간을 벌어주었다. 상황이 이러했으므로 에드워드는 처음부터 두 바이킹 세력들의 거대한 전략들 속에 갇힌 하나의 볼모에 지나지 않았다. 그가 이런 상황을 몰랐다 하더라도 그가 해협을 건널 때는 먼저 간 형의 운명을 떠올리며 자신의 결정에 대해 틀림없이 일말의 불안감을 느꼈을 것이다. 그러나 1년 뒤, 에드워드는 자신의 성공 가능성이 갑자기 커지는 상황을 맞았다. 하르다크누트가 한 측근의 결혼식에 참석하여 그의 건강을 위해 축배를 들다가 '끔찍한 발작과 함께 바닥에 쓰러져' 예기치 않게 죽고 말았던 것이다. 참으로 바이킹다운 퇴장이었다.

고드윈 백작은 지체 없이 위탄witan 회의에서 에드워드를 새로운 왕으로 옹립하자고 제의했다. 하르다크누트의 데인족 친족인 에스트리드손Estrithson과 노르웨이 왕 망누스 1세 등 여전히 스칸디나비아 출신의 왕위계승 후보자가 둘이나 있는 상황이었다. 그러나 에드워드는 적절한 시간에, 적절한 공간에 위치하고 있었다는 엄청난 이점을 가지고 있었을 뿐 아니라, 고드윈 백작의 설득을 통해 머시아와 노섬브리아 백작들의 지원을 확보하고 있었다. 고드윈의 입장에서는 강력한 바이킹 왕을 세우는 것보다는 취약한 색슨 왕을 두는 것이 사실상 왕국의 실질적 지배자 노릇을 하고 있는 자신의 입지를 펼치는 데 훨씬 더 이로울 것이라는 계산이었다. 이렇게 해서 후일 참회왕으로 불리게 될 에드워드는 1043년 부활절 날, 윈체스터에서 예전 에드거의 대관식 때 대수도원장 던스턴이 만든 의식에 따라 왕관을 썼다. 에드워드는 37세였고 아직 미혼이었다. 일상적인 갈채와 귀족들의 충성 맹세에도 불구하고 그는 불안감으로 등골이 오싹해지는 것을 느끼곤 했다. 무엇보다 (애설레드의 왕비 시절보다 크누트의 왕비 시절을 더 즐겼던 것으로 보이는) 그의 모친이 몰염치하게도 자신을 몰아내고 노르웨이 왕 망누스를 잉글랜드 왕위에 올리려 하고 있지 않은가!

크누트가 그러했듯이 에드워드는 자신이 가용할 수 있는 수단을 모조리 동원하는 수밖에 다른 방법이 없었다. 노르웨이 왕을 안전지대 밖에 묶어두기 위해 머시아와 노섬브리아 백작들의 지원을 받을 수밖에 없었고, 웨식스Wessex 백작 고드윈을 볼 때마다 형의 죽음이 떠올라 고통스러웠지만 그럼에도 고드윈의 도움 없이 이룰 수 있는 일은 없었다. 종국에 고드윈은 왕국의 거의 모든 땅을 차지하고 (그리고 그 지역의 봉건 테인들과 그들 수하 병력의 충성에 근거하여) 거의 왕에 다름없는 위세를 누렸다. 그의 아들 해럴드는 이스트 앵글리아의 백작 자리를 차지하여 고드윈의 영토적 기반을 크게 확장시켰다. 에드워드가 이를 어떻게 받아들였는지 모르지만, 그 늙은 괴물은 누구도 부인할 수 없는 위턴 회의의 지도자였고, 교회 성직과 국가 관직을 마음대로 요리하고 있었다. 왕은 이와 관련하여 할 수 있는 일이 없었다. 최소한, 아직은 아니었다. 따라서 고드윈이 자신의 딸 에디스Edith와 결혼하라는 제안을 하자 그는 이를 거부할 수 없었고, 그녀는 그의 공식적인 왕비가 되었다. 둘 사이에 자녀는 없었으며, 후일 이를 두고 에드워드가 순결 서약을 했다거나, 성행위에 대한 극도의 혐오감 같은 것을 가지고 있었다는 얘기들이 생겨났다. 잉글랜드 왕위 상속자가 될 자신의 손자를 탄생시킴으로써 본인의 가계를 왕위계승 라인에 편입시키고자 하는 고드윈의 야망을 좌절시키기 위해 에드워드가 일부러 에디스와 거리를 두었다는 이야기도 거론된다. 어떤 경우이건, 그는 아직 훗날의 전설이 전하는 기적을 행하는 자도 아니었고, 병자를 치료하는 자도 아니었다. 통치 초기의 에드워드는 웨식스 왕가의 여느 혈기왕성한 구성원들과 다르지 않게 사냥과 음주에 탐닉했고 남에게 지기 싫어했다.

그러나 에드워드의 리더십 모델은 앵글로-색슨 전통뿐 아니라, 자연스레 노르만 전통에도 기반을 두고 있었다. 무엇보다 그의 모친의 출생지이기도 했던 노르망디는 그 어느 곳보다 그를 편하게 해주는 곳이었다. 그는 노르만-프랑스어를 사용했으며, 노르망디 공 로베르를 자신의 보호자이자 후견인으로 생각했다. 또한, 노르망디 공작들은, 그의 모친 에마가 (서사시 속 거트루드Gertrude 처럼) 데인족 왕들 편에 섰음에도 불구하고, 데인족 왕들에 대항하는 그와 그의 형의 명분을 (비록 적절하지 못했을지 모르지만) 지지해 주었었다. 그가 스스로를 교회의 후원자로 자처했을 때 그의 마음속에 있던 생각은 노르만 스타일에 따라 개혁적 교단들을 후원하는 것이었다. 그의 조카 '소심한' 랄프를 포함, 그를 따르는 소수의 측근들 거의 대부분이 노르만인이거나, 프랑스인, 또는 브르타뉴인들이었다.

에드워드는 사생아 기욤William보다 스무 살이 연상이었지만 아마도 그가 머물던 공작령 궁정에서 같은 시기 그곳에서 성장하고 있던 기욤을 보았을 것이다. 그가 생존을 위해 무엇을 하건 거기에는 다소의 행운이 따랐는데, 기욤과의 만남도 그러했다. 로베르 공작이 국내의 적들을 몰아내게 해준 신의 은혜에 감사드리기 위해 성지 순례를 떠나기로 결정했을 때 기욤의 나이는 겨우 일곱 살 내지 여덟 살이었는데, 사생아라는 신분이 여전히 그의 많은 것을 지배하고 있었다. 로베르는 1035년 귀환 길에 죽었고, 그가 남긴 사생아는 늑대들에게 던져진 어린 양의 신세보다 낫지 않았다. 늑대들은 곧바로 소년 기욤의 침실에서 그의 시종을 살해했는데, 기욤은 아마도 이를 지켜보았을 것이다. 에드워드는 자신이 겪은 불운과 매우 흡사한 이 혼란스러운 상황을 지켜보면서, 소년 기욤의 생존 방식에 모종의 감명을 받았을 것이다. 그가 노르망디를 떠날 때,

기욤은 열세 살이었다. 잉글랜드의 에드워드는 왕의 권위가 절망적으로 제한받고 있던 차에, 노르망디의 젊은 공작이 음모와 역경을 극복하고 나아가 (프랑스 왕의 지원을 받아) 반란 귀족들의 만만치 않은 동맹체를 깨트리고 끝내 승리를 쟁취하는 과정을 부러운 눈으로 지켜보았을 것이다. 기욤이 어떤 앵글로 색슨 왕도 갖지 못했던 고도로 중앙집권적인 국가를 만드는 데 성공한 것은 사실이었다.

1050년 무렵 에드워드는 그 호기롭고 위험을 무릅쓰는 노르망디 공작으로부터 한 수를 배워 자신만의 지지 세력을 구축하기 시작했는데, 그들 중 일부는 해협 건너 노르망디에 연고가 있었다. 가장 결정적인 것은 유미에주Jumièges의 매우 중요한 수도원 출신인 로베르를 런던 주교직에 앉힌 것인데, 그는 급기야 1051년 캔터베리 대주교가 되었다. 왕은 또한 링컨셔Lincolnshire, 이스트 앵글리아, 그리고 서부 지역의 땅들을 그의 프랑스 및 노르만 친구들에게 나누어주었다. 가장 중요한 측근은 살해당한 그의 형 알프레드의 아들인 랄프 백작으로서 1042년 에드워드와 함께 귀국한 자였다. 친親에드워드 세력은 헤리퍼드셔Herefordshire에 독자적인 성채들과 노르만 기사단을 갖춤으로써 소小노르망디를 건설했다. 그 성채들은 노르만이 잉글랜드에 세운 최초의 요새들이었다. 그러나 이 모든 것 중에 노르만의 잉글랜드 왕위 계승 포석을 위한 전략적 음모의 일환으로 진행된 것은 하나도 없었다. 에드워드의 직접적인 관심은 귀네드Gwynedd와 포위스Powys 등. 웨일스 군주들의 팽창주의적 모험으로부터 머시아와 웨식스의 국경을 방어하는 일이었다. 만약 그 과정에서 고드윈 세력에 대한 의존에서 벗어날 수 있는 힘의 기반을 구축할 수 있다면 그것은 더 좋은 일이었다.

1051년에 이르러 에드워드는 자신의 생각을 행동으로 옮길 수 있는 충분한 힘을 갖추었다고 판단했다. 그는 고드윈 백작 및 그의 가족과 힘겨루기 한판을 고대하며 안달이 났다. 그러던 그해 어느 날, 그의 노르만계 매부인 불로뉴의 외스타슈Eustace가 잉글랜드 여행을 위해 기사 시종들을 대동하고 도버Dover항에 도착했다. 그리고는 그들이 묵게 될 숙소가 그들의 신분에 합당한지 여부를 놓고 싸움이 일어났고 그 와중에 기사 한 명이 부상을 당하자, 노르만 기사들은 가해자를 칼로 찔러 죽였다. 싸움이 끝났을 때 시신의 숫자는 20구에 달했다. 자신의 인척을 대상으로 공공연히 벌어진 무례한 언동에 화가 난 에드워드는 도버시 전체에 징벌적 '약탈'이라는 법적 처분을 내릴 것을 요구했다. 이 임무를 수행할 책임자로 임명된 자는 고드윈이었는데, 폭력 행위가 벌어진 곳이 그의 영지에 속했다. 그러나 그는 바보가 아니었다. 그는 자신이 어떤 경우이건 잃을 수밖에 없는 딜레마a lose-lose dilemma에 걸려들었음을 깨달았다. 그가 할 수 있는 선택이란, 자기 사람들에게 고통을 가함으로써 스스로의 권력 기반을 소외시키거나, 아니면, 왕으로부터 명령 불복종에 대한 책임을 추궁받는 것이었다. 그는 후자를 선택했다. 그는 글로스터로 소환되어 왕의 명령을 거부한 이유를 설명해야 했는데, 그는 그곳에서 노섬브리아 백작 시워드Siward의 군대로 보강된 소규모 왕의 친위대 병력과 맞부딪쳤다. 고드윈은 충성 맹세를 통해 사면을 받으려고 했지만, 에드워드는 더 이상 그런 애매한 의식 따위에는 관심이 없었다. 에드워드는 고드윈에게 안전 통행의 권리를 부여하는 대신, 군대를 불러들였다. 고드윈과 그의 아들의 백작 작위와 관직이 박탈되었다. 그는 또한 재산과 토지를 왕에게 양도하고 닷새 안에 왕국을 떠나도록 처분되었다. 고드윈 가족은 두 군데로 흩어졌다. 고드윈은 두 아들 스베인과 그리드Gyrd를 데리고 플랑드르Flandre로 건너갔는데, 그곳은 셋째 아들 토스티그Tostig가 그 지역 백작의 딸과 혼인한 인연이 있었다. 해럴드와 레오뷔네Leofwine 등 그의 다른 두 아들은 서부 잉글랜드를 거쳐 아일랜드로 건너갔다. 고드윈의 딸이자 에드워드의 왕비인 에디스는 사실상 에드워드의 승리를 담보하는 볼모가 되었을 뿐 아니라 이래저래 왕에게서 버려져 수녀원에 감금되는 처지가 되고 말았다.

이때가 에드워드 통치의 정점이었는데, 겨우 재위 8년째였다. 그는 틀림없이 자신이 얻은 노르만식 교육의 가치를 높이 평가하고, 자신을 정치적 게임의 승리자로 간주했을 것이다. 이제 그는 고드윈 세력의 간섭으로부터 자유로워졌고, 그의 형에 대한 복수도 달성한 것으로 보였다.

그러나 그는 자신의 이점을 활용하는 데 있어서 얼마나 성공을 거두었는가? 노르만 정복에 관한 연대기들은 에드워드가 고드윈에 대해 승리를 거둔 이후 일어난 사건들이야말로 결과적으로 기욤의 잉글랜드 왕위 계승을 위한 초석이 되었다고 주장한다. 에드워드가 유미에주의 로베르를 캔터베리 대주교에 임명한 뒤에 이에 대한 교황의 인준을 받기 위해 그를 로마로 보낸 것이 이 무렵이었다. 같은 출처의 기록들에 따르면, 로베르는 로마로 가는 도중에 루앙 Rouen에 들러 그곳에서 기욤을 만나 에드워드가 그를 후계자로 삼을 것임을 알리도록 지시를 받았다는 것이다. 물론, 노르만 연대기들은 후대에 만들어진 선전물이다. 또한, 왕위 승계에 관한 당시의 일반적 원칙이 혈통적 근접성에 기반하고 있었음을 감안하면, 그가 잉글랜드 왕위를 요구하기에는 그 거리가 너무 멀었다. 그는 이 점에 있어서 에드워드의 7촌보다도 유리하지 않았다. 그럼에도, 에드워드의 직계 후계가 존재하지 않는 상황에서 가계도의 근접성이 왕위 승계를 결정하는 유일한 기준은 아니었다. 거기에다 자식이 없는 에드워드의 입장에서 볼 때, 어떻게 돌려받은 왕관인데 그것을 바이킹 왕가에 다시 넘겨주기는 싫었을 것이고, 그렇다고 고드윈 가문으로 넘겨주는 것은, 1051~1052년에 승리에 도취되어 잠시 그 가능성을 생각해 본 적이 있긴 하지만 더욱 싫었을 것이다. 그런데 기욤에게 왕위를 계승한다는 그토록 급진적이고 심지어는 파괴적일 수 있는 의사결정을 단지 자신의 경쟁자들을 괴롭힐 목적으로 선택했다면, 그는 자신의 그러한 행동이 장차 끔찍한 재앙을 초래할 수 있음을 분명히 인식하고 있었을 것이다. 왜냐하면 앵글로-색슨 전통에 따르면, 잉글랜드의 왕위 계승은 위턴 회의, 즉 고등평의회의 동의를 받아야 하며, 따라서 그것이 단지 왕의 점지로써 이루어질 수 있는 사안이 아니었기 때문이다.

그가 노르만 승계에 대해 진지하게 고민했건 아니건, 에드워드는 제대로 통치권을 발휘할 수 없는 상황으로 접어들고 있었다. 그가 '외국인'을 선호한다는 평판을 얻으면서 머시아와 노섬브리아 백작들의 결정적인 지원을 상실했고, 이제 그들은 고드윈 일가의 귀국을 조심스럽게 입에 올리기 시작했다. (사실상, 앵글로-색슨 잉글랜드의 거의 모든 위기는 왕국의 남부와 북부 사이에 형성된 껄끄러운 관계와 깊은 관련이 있다.) 이제 고드윈이 귀국을 도모하기 위해 필요한 것은 약간의 동기 유발뿐이었다. 그는 플랑드르에서 아들의 처가 쪽 지원을 받아 막강한 함대를 일으켰다. 그는 와이트Wight섬에서 해럴드와 레오뷔네 등 그의 다른 아들들이 지휘하는 별도의 함대와 합류하여 섬을 휩쓸고 파괴를 자행하면서 국왕 에드워드가 더 이상 그들의 보호자가 아님을 보여주었다. 그는 과거 자신의 영지였던 웨식스에서 군대를 징발한 후에, (그곳 사람들은 그가 과거 에드워드의 도버 약탈 명령을 거부한 데 대해 상당히 고마운 마음을 가지고 있었을 것이다.) 그길로 곧장 런던을 향해서 항해해 나가던 중 런던 브리지London Bridge를 통과했는데, 런던 시민들이 자기편이라는 좋은 조짐이 있었다. 그의 함대는 1052년 9월 14일, 서더크Southwark에 정박했다. 그들을 막기 위해 파견된 왕의 부대는 전투를 거부했다. 한때 성공적으로 비쳤던 에드워드의 친위 쿠데타가 파멸적인 굴욕으로 되돌아온 것이다.

고드윈의 백작 지위는 회복되었고, 그와 가족에게 씌워졌던 모든 범죄 혐의는 철회되었다. '최근 들어 왕국에 들어온' 노르만과 프랑스인들은 추방되었다. 캔터베리와 도체스터Dorchester의 노르만 출신 대주교들의 재산과 웨일스 국경 지대에 고립된 자작령들은 몰수되어 고드윈과 그의 아들 해럴드, 그리고 딸인 왕비 에디스에게 분배되었다. 신민들에게는 '좋은 법'이 약속되었는데, 그것은 국왕의 자의적 의지와는 다른 것을 의미했다.

그렇다면, 당시 잉글랜드의 진정한 통치자는 과연 누구였을까? 굴욕을 감수한 에드워드의 권위는 지켜졌지만 힘은 없었다. 고드윈 일가는 힘을 가졌지만 그들의 권위는 모호했다. 이미 노르망디 공작 기욤의 귀에는 에드워드가 했다는, 다소 무책임하기는 하지만 그러나 결코 뿌리칠 수 없는, 약속의 말이 속삭이고 있었다. 하지만 잉글랜드에 있던 노르만 세력이 붕괴됨에 따라 그의 기회는 그만큼 더 멀어진 것처럼 보였다. 머시아와 노섬브리아의 백작들은 틀림없이 왕을 믿을 수 없는 사람(부러진 갈대)으로 간주하고 있었겠지만, 그렇다고 고드원 일가에게 머리를 숙이고 싶지는 않았다. 거기에다, '북방의 천둥', '하늘 아래 가장 위대한 전사' 등 다양한 별칭으로 알려진 노르웨이의 새로운 왕 하랄 하르드라다Harald Hardrada는 자신을 강력한 잉글랜드 왕위계승 후보로 생각하고 있었고, 과거 크누트의 앵글로 스칸디나비아 제국을 부흥시킬 꿈을 꾸고 있었다. 더 나아가 헝가리에도 왕위계승 후보가 살고 있었는데, 멀리 떨어져 있긴 하지만 그의 기회가 완전히 불가능해 보이지는 않았다. 그는 애설레드의 손자이자 에드먼드 강용왕의 아들이며, 또한 에드워드의 조카가 되는 자로서 '애설링Atheling'으로 알려져 있었다. 이따금 저 멀리 잉글랜드에서 밀사들이 풀에 덮인 다뉴브 평원으로 그를 찾아와 '왕국'으로 돌아올 의사가 있는지를 묻곤 했다. 1056년 그는 어린 두 아들과 함께 귀국길에 올랐는데, 발라톤Balaton 호수에서 시작한 그의 긴 여정은 바로 다음 해 어느 색슨 종사의 거실에서 숨을 거두면서 끝이 났다.

고드원 일가의 세력은 1051~1052년의 위기를 겪으면서 과거 그 어느 때보다 더욱 강해졌다. 국왕 에드워드는 대조적으로 힘의 한계를 처절하게 실감하고 있었다. 세속사를 관장하는 사령탑의 역할을 수행하기가 불가능해지자, 그는 점차 영적 영역에 집중하기 시작했다. 그렇다고 그가 세상으로부터 어떤 방식이건 손을 뗐다는 의미는 아니었다. 성인전聖人傳 작가들은 이 시기 참회왕이 기도와 금식, 기독교 문헌의 숙독으로 나날을 보내면서 치유와 자선에 헌신한 것처럼 묘사하고 있지만, 에드워드는 자신의 그런 활동을 대수도원들과 수도원들을 (귀족이 아닌) 왕실 후견권 아래에 두는 기회로 삼았던 것이다. 또한 그가 런던 템스강 상류에 있는 소니Thorney섬에 거대한 베네딕투스Benedictine 수도원을 건립할 계획을 세우고, 이를 (성 바울St Paul의 이스트 민스터East Minster에 짝을 맞추어) 성 베드로St Peter의 웨스트민스터West Minster라고 명명했을 때, 그가 이곳을 신앙의 표상일 뿐 아니라 동시에 왕권의 중심으로 삼으려 했다는 것은 의심할 여지가 없다. 그러므로 그가 이곳에 유미에주나 페캉Fecamp에 있는 위대한 수도원들처럼 아치형 회랑을 기둥들로 둘러싼 노르만-로마네스크 양식의 바실리카 성당을 지으려 했던 것은 어찌 보면 당연한 일이었다. 1053년 오랜 숙적 고드윈이 화려하게 재기한 뒤 불과 1년 만에 갑작스러운 죽음을 맞자, 에드워드는 아마도 '열심히 기도하라, 그러면 신이 의당 응답하시어 적을 물리치실 것이다'라는 어휘를 떠올렸을 것이다. 노르만 연대기 작가들이 전해준 이야기에 따르면, 왕이 어느 잔치에서 고드윈을 만나 형 알프레드의 죽음을 따지면서 두 사람이 맞붙었는데, 이때 늙은 백작이 자신을 변호하는 말을 하려다 그만 입속에 있던 빵 한 조각이 목구멍에 걸려 질식사했다고 한다.

조금 더 그럴 법한 이야기는 앵글로 색슨 연대기 애빙던 필사본이 전하는 것으로서, 이에 따르면 사인이 뇌졸중이었을 가능성이 크다. 고드윈이 왕과 윈체스터에서 저녁 식사를 하던 중 갑자기 발판 쪽으로 주저앉더니 말을 잃었고 그 후 며칠 동안 무기력하게 침묵을 지키다가 죽었다는 것이다.

그럼에도 에드워드의 정치적 형편이 나아진 것은 아니었다. 고드윈 파당의 대부는 갔지만 그의 아들들인 고드윈슨 형제들의 무리가 잉글랜드를 거의 변함없이 지배하고 있었다. 그들 형제들 모두가 무탈하게 생존한 것은 아니었다. 맏이인 스베인은 마치 방종한 사이코패스 같았다. 그와 비교해서 차라리 『리어왕King Lear's』의 에드먼드가 긍정적 의미의 수도자처럼 느껴질 정도의 경력 소유자였다. 레민스터Leominster의 수녀원장을 납치 강간한 뒤에 필사적으로 도망쳐야 했던 그이지만 호송 중에 자신의 친족을 살해함으로써 자신의 복귀를 예고했다. 그는 왕의 사면을 받은 뒤에 예루살렘으로 순례를 떠났다가 귀환 중에 죽었다. 그의 죽음은 고드윈 제국의 핵심 영역인 웨식스 백작령이 그다음 순서인 해럴드에게 넘어가는 것을 의미했다. 1050년대 중반에서 1060년대 초 사이에 역사는 극적으로 고드윈 아들들의 편을 들어주었다. 1055년 노섬브리아 백작이 죽자, 그 자리를 다음 차례인 토스티그Tostig가 계승했다. 그리고 이스트 앵글리아의 무산된 반란으로 인해 그곳의 백작령이 지드Gyrd에게 넘어갔

1065~1066년 무렵 브리튼 제도와 노르망디

다. 그리고 더 이상 가용한 백작령이 없는 상황에서, 버킹엄셔Buckinghamshire에
서 켄트에 이르는 전략적 요충지를 새로운 백작령으로 만들어 레오뷔네에게
주었다. 그러나 해럴드에게 카이사르의 힘에 비견되는 평판을 가져다준 것은

북부 웨일스의 반란을 평정한 부대의 지휘관으로서 행한 그의 역할이었다. 북부 웨일스는 지리적 특성상 평정이 불가능하다고 믿어지던 지역이었다. 동부 헤리퍼드Hereford까지 영토가 뻗쳐 있던 귀네드Gwynedd와 포위스Powys의 군주인 그루피드 압 루엘린Gruffydd ap Llewellyn은 1063년 머시아 백작과 반란 동맹을 맺을 정도로 당돌했다. 해럴드는 토스티그가 이끌던 또 다른 부대와 연합작전을 펼치는 동안 경무장 친위대를 게릴라식으로 산등성이 지역에 투입했는데, 그의 부대는 웨일스인들을 상대로 (반복 공격으로 적의 세력을 약화시키는) 맹렬한 소모전을 벌였다. 마을과 농장은 완전히 파괴되었는데, 12세기 웨일스의 제럴드Gerald는 이를 가리켜 '단 한 사람의 벽을 향해 오줌 싸는 자not one that pisseth against a wall', 즉 단 한 사람의 남자도 살려두지 않았다고 묘사했다. 만약 자신의 병사들이 웨일스인들에 의해 참수되면 이에 대응하여 민간인을 가리지 않고 약식 처형하는 것이 해럴드의 반란 평정 방식이었다. 진절머리가 난 그루피드의 부하들은 항복의 표시로 그의 머리를 저며서 해럴드에게 보냈다.

해럴드는 이제 왕국의 병권과 후견권을 마음껏 휘둘렀다. 그는 권력의 정점에 있었던 것이다. 장신에다 카리스마 있어 보이는 준수한 용모를 가진 그는 그의 부친만큼이나 정치적인 영민함이 있었지만, 귀족적인 우아함으로 포장된 그의 겉모습 속에는 폭력배 같은 거친 본성이 숨겨져 있었다. 그는 분명 앵글로 색슨의 행정체계를 이해하는 능률적인 행정가인 동시에, 필요할 경우에는 강력한 군사지휘관으로서 이스트 앵글리아의 평지 지역 또는 스노도니아Snowdonia의 산악 지대 등 매우 다양한 지형적 특성에 맞게 전략을 구사할 줄 알았다. 또한, 표면적으로는 국왕 에드워드를 위해 벌인 것이지만, 이들 전투의 양상은 왕이 되기 훨씬 이전부터 해럴드가 어떤 형태이건 잉글랜드 왕국의 영토적 결합을 이루어내는 데 지대한 관심을 가지고 있었음을 말해 주는 것이었다. 특히 그는 불만을 품은 백작들과 광범위한 범위의 잠재적 협력자들이 연합하여 브리튼섬 내에서 문제를 일으킬 수 있는 상황 자체를 봉쇄하고자 했다. 웨일스의 군주들, 스코틀랜드의 왕들, 더블린의 노르웨이계 왕들, 오크니와 케이스네스Caithness 지방의 노르웨이계 백작들이 그들이었다. 백작령들이 그대로 유지된다는 점에서 그가 추구하던 일원화된 왕국은, 그것이 어떤 형태이건, 아직 멀었다는 데에는 의심의 여지가 없었지만, 해럴드는 그들을 가족 안으로 끌어들임으로써 최소한 그들이 독립적 세력으로 행동할 수 없도록 담보하기 위해 노력하고 있었다.

해럴드 고드윈슨Harold Godwinson은 1063년 웨일스에서 승리를 거둠으로써 토지, 재물, 그리고 역동적이고 충성스러운 전사단 등 세상의 모든 것을 다 가진 것처럼 보였다. 그는 자신에게 패한 적장 그루피드의 미망인 얼지스Ealdgyth와 결혼했다. 전방에서 적을 몰아내고 있는 한, 그는 에드워드에게 없어서는 안 될 존재였다. 그런 그가 이제 스스로 왕이 되는 꿈을 꾼다면 이상한 일이었을까? 아니면, 그가 그런 꿈을 꾸지 않는 것이 이상한 일이었을까? 그가 왕이 된다는 것은 잉글랜드 내 왕조의 교체를 의미하는 것이었지만, 에드워드에게 후사가 있을 가능성이 별로 없는 상황이기에 왕조의 교체는 어떤 방식으로건 일어날 일이었다. 만약 해럴드가 국경 북쪽 스코틀랜드의 왕 맥베스Macbeth의 역사를 한번 살펴보았다면, 그는 아마도 그 속에서 그의 야망을 고무하는 이야기와 반대로 야망을 누그러뜨리는 이야기를 동시에 발견했을 것이다. 왜냐하면, 거기에는 두 왕국의 운명과 관련한 특별한 유사점이 있기 때문이다. (10세기 중반부터는 스코틀랜드라고 불리게 될) 알바Alba 왕국의 맥 알핀 왕조의 왕들은 웨식스의 왕들과 동일한 방식으로, 즉 바이킹 침략을 막아내는 데 있어서 중심적 역할을 수행함으로써, 스스로 지배적인 왕권을 수립해 나갔다. 11세기 초에는 스코틀랜드 남서부에 있던 스트래스클라이드Strathclyde 왕국이 사실상 스코틀랜드에 병합되었다. 스코틀랜드 왕들은 잉글랜드 왕들이 그랬듯이 스콘Scone 수도원에서 거행되는 장엄한 대관식 예식을 더욱 발전시켰으며, 또한 교회에 대한 후견권 행사를 통해 역시 알프레드와 에드거의 후손들(즉, 잉글랜드 왕들)과 마찬가지로 자신들을 솔로몬적인 존재로 부각시켰다. 또한 그들은 웨식스 왕들과 마찬가지로 평정이 불가능한 바이킹 정착 지역과 세력을 다투어야 했는데, 다만 이들은 데인족이 아닌 노르드족(노르웨이인들)이었으며, 이들은 오크니 백작령을 핵심 근거지로 삼아 펜트랜드 해협 건너 케이스네스까지 영역을 확장시키는 결정적인 도해를 단행했다. 참회왕 에드워드처럼 맥 알핀 왕조의 마지막 왕인 말콤Malcolm 2세도 자녀가 없었다. 그의 후계자 덩컨Duncan은 1034년 모계를 통한 왕위계승권을 주장했지만, 그의 권력 장악은 늘 불안정했으며, 도전받았다. 자신의 불안정한 지위를 만회해 보려는 듯, 덩컨은 군사적 승리를 기대하면서 이곳저곳에서 마구 전투를 벌였다. 첫 번째는 노섬브리아의 잉글랜드인들과 더럼Durham에서 맞붙었고, 그다음에는 북방에서 오크니 백작을 상대로 전투를 벌였지만 모두 패전했다. 그리고는 북방 머리Moray에서 모르메어mormaer, 즉 사병들을 거느린 지역 호족에게 자신의 통치권을 강요하면서 전투를 벌이던 중에 죽었다.

여기에서 말하는 '머리의 모르메어'가 바로 맥베스였는데, (희곡 속 인물이 아닌) 실제의 그는 살인이 아니라 전투에서 승리함으로써 왕위에 올랐던 것이다. 또한 그는 전전긍긍 죄책감에 시달리던 셰익스피어 희곡 속 찬탈자보다 훨씬 긴 기간 동안 — 17년간 — 통치했으며, 오크니 백작 토르핀Thorfinn과의 동맹을 바탕으로 권력을 유지했다. 그러다가 종국에는 1057년 덩컨의 아들 말콤 3세 캔모어Canmore(게일어로 '위대한 지도자'라는 뜻)와의 전투에서 패하며 목숨을 잃었다. 그러나 만약 해럴드가 맥베스의 실제 이야기로부터 교훈을 구하고 있었다면, 17년간의 통치를 통해 드러난 맥베스의 정치적 수완, 즉 조력을 줄 수 있는 북방 세력과의 신중한 동맹 관계, 그리고 간헐적인 무력의 사용 등은 그렇게까지 교훈적인 이야기로 느껴지지 않았을 수 있다. 그리고 만약에 해럴드가 적절하게 양국의 상황을 비교했다면, 덩컨에게는 그의 명분을 이을 수 있는 두 아들이 있었지만 참회왕 에드워드는 그렇지 못하다는 사실에 그는 아마도 고무되었을 것이다.

그에게는 이 모든 조짐이 상서롭게 느껴졌을 것이다. 그러나 1064년 해럴드의 야심은 빗나가기 시작했다. 기욤의 궁정에서 끝이 나게 될 자신의 운명적인 여행을 해럴드가 언제 시작했는지는 여전히 확실하지 않다. 아무튼, 기욤의 이복형제인 오도Odo 주교가 책임 제작한 '바이외 태피스트리the Bayeux Tapestry'는 노르만 역사상 가장 탁월한 선전물로서 이에 따르면 해럴드의 그 여행이 모든 이야기의 발단이었다. 태피스트리의 묘사는 노르만 역사가들의 주장을 충실하게 반영하고 있는데, 이 여행은 에드워드가 자신의 왕위를 기욤에게 넘기겠다는 자신의 약속을 확인시키기 위해 해럴드에게 지시하여 이루어진 일이라는 것이다. 그러나 1066년 죽음에 임박한 에드워드가, 15년 전 그가 잠시 권력의 정점에 있었을 무렵이라면 혹시 모르겠지만, 선의건 악의건 노르만 승계에 관한 어떤 계획을 가지고 있었을 가능성은 거의 없었다. 거기에다, 바이킹이건, 아셀링Atheling 가문이건, 또는 고드윈 가문이건, 거의 모든 경쟁자는 기욤보다 더 강력한 명분을 가지고 있었다. 그럴진대, 해럴드가 그의 이익과 명백하게 상충하는 노르만 승계 방안을 추진하기 위해 (문자 그대로) 힘들게 노력할 하등의 이유가 있었을까? 잉글랜드 여인들에 의해 수가 놓였을 것이 거의 틀림없는 이 태피스트리조차 해럴드의 해외여행을 모호하거나 어정쩡하게 묘사할 뿐이다. 태피스트리의 첫 장면들 속에 나타난 해럴드 백작의 이미지들은 가히 영웅적이다. 늠름하게 콧수염을 기른 남자가 손목에 매를 앉힌 채 말을 타고 행진하는 장면, 그리고 치체스터 인근 보샴Bosham에 위치한 그의 아름다운 색슨식 수도원 교회에서 잔치를 벌이는 장면들이 그러하며, 매우 선량하고 정직한 귀족인 그가 맨발을 물에 담근 채 부하들을 도와 상앗대를 이용하여 배를 계류장으로부터 끌어내고, 배가 해협을 향해 항해하는 동안 손수 노를 잡는 장면들도 그러하다.

아무튼 그 뒤에 일어난 일들에 대해서는 논쟁이 덜한 편인데, 태피스트리에도 충실하게 기록되어 있다. 바다를 덮친 폭풍으로 그의 배가 의도하지 않았던 상륙을 하게 된 것이 사실이건 아니건, 해럴드는 그곳의 영주인 퐁티외Ponthieu의 기Guy라는 자에게 체포되어 그의 봉건적인 주군인 기욤 공작에게 넘겨졌다. 기로서는 자기 땅으로 흘러든 난파선과 인원들이니 이들을 자신의 인질로 취하여 스스로 이익을 탐한다고 해도 자신의 영지 안에서 행해지는 가내수공업과 별로 다르지 않은 부류의 일이었지만, 이전에 그가 권력 남용으로 공작의 눈에 난 일이 있었기에 이번에는 신중한 행동을 취한 것이다. 기욤에게 해럴드의 출현 소식이 전해지기 무섭게 해럴드는 공작 앞으로 끌려갔다. 태피스트리의 자수는 해럴드와 그의 일행들이 자신들이 낯선 세상에 와 있음을 발견하는 장면을 잘 보여준다. 색슨족은 그들 특유의 콧수염을 자랑스럽게 기르고, 비록 곤경에 빠지더라도 호쾌한 기백을 유지하려고 애쓴다. 노르만족은 아주 큰 말을 타고, 뒷머리는 면도를 한다. (말이 크다고 하지만, 현대의 탈것에 비해서는 훨씬 작다.) 한동안 공작과 백작은 마치 서로를 전우처럼 대하는 것처럼 보였다. 기욤은 해럴드를 자신의 브르타뉴 원정에 대동했고, 자신의 딸과 혼인할 것을 제의했으며, 해럴드의 여동생과 노르만인의 결혼을 주선했다. 그러나 이들 전우 사이의 관계는 평등한 것이 아니었다. 태피스트리를 보면, 기욤은 해럴드를 자신의 기사로 만들고 검을 수여한다. 이 의식에는 봉건적 신종臣從의 예가 따랐을 것이고, 이는 해럴드가 자신의 손을 기욤의 손 안에 넣고, 자신의 생명과 충성의 행방을 기욤의 명령에 맡긴다는 것에 동의하는 형식으로 치러졌을 것이다.

해럴드가 이어서 기욤에게 모종의 맹세를 한 것은 사실일 가능성이 있다. 맹세는 중세 유럽에서 매우 엄중한 약속으로 간주되었기에, 정확하게 어떤 형식으로 맹세가 이루어졌는가 하는 문제는 앞으로 다가올 갈등 국면에서 매우 중요한 이슈가 될 것이었다. 고드윈 가문의 주장에 가장 근접한 자료들에 따르면, 해럴드는 단지 노르망디에서 기욤의 사람이 되겠다고 맹세한 것이지, 잉글랜드의 왕위계승과 관련된 것은 하나도 없었다는 것이다. 이에 반해 노르만 연대기들은 해럴드가 잉글랜드 왕위에 대한 기욤의 권리를 옹호하고 촉진시킬 것을 엄숙하게 맹세했으며, 심지어는 공작이 잉글랜드에 대한 법적 소유권을 확보하기에 앞서 미리 그를 위한 수비대를 창설할 것을 서약했다고 주장한다. 해럴드에 적대적인 노르만 측의 핵심 논거는 그가 위증의 죄를 범했다는 것인데, 12세기 연대기 작가 와스Wace를 비롯하여 발군의 상상력을 가졌던 노르만의 선전 요원들은 공작이 성유물이 가득 찬 궤짝을 옷으로 덮었기에, 해럴드가 그것이 성궤인지 모르고 얼떨결에 그곳에 손을 얹고 맹세했을 것이라고 설명한다. '해럴드가 궤짝 위에 손을 얹었을 때, 그의 손이 떨리고 몸까지 흔들렸지만, 그는 맹세하고 서약했다. 잉글랜드를 공작에게 넘기겠노라고.' 태피스트리는 여기 이 이야기의 결정적인 대목에서 다시 한 번 우회적 표현 기법을 멋들어지게 구사한다. 즉, 해럴드를 잉글랜드로 보내줄 배들이 정박해 있는 장면을 시퀀스상 서약 직후 이어지는 장면으로 배열함으로써 해럴드의 서약이 자유의 대가였다는 인상을 확실하게 안겨주는 것이다. 이는 또한 서약이 강압에 의해 얻어진 것임을 말하는 것이기도 했다.

해럴드가 악몽 같았던 노르망디 체류에서 돌아온 후 자신의 입지에 대해 정확하게 무엇을 생각했는지에 대해서는 영원히 알 수가 없다. 그 여행의 동기가 무엇이었건, 에드워드가 병들어 있는 상황에서 그가 왕위계승이라는 절대적으로 중요한 문제와 관련하여 기욤과 논의할 의도가 전혀 없었다고는 보기 어렵다. 자신의 왕위계승에 대해 기욤의 양해를 얻어내고, 나아가 교차 혼인을 통해 상호 간의 동맹을 확인하려 했을 것이라는 설명이 가장 그럴듯해 보인다. 그러나 (비공식적인 협상의 우회적 절차 안에서 흔히 일어나듯이) 어느 순간 오해들이 굳어지고, 자유를 잃은 상황에서 해럴드는, 자신의 왕위계승이 아니라 공작의 왕위계승을 이야기하게 되었던 것이리라.

그러나 본국으로 귀환한 해럴드가 취한 행동들 중에는 그가 스스로를 기욤의 잉글랜드 대리인으로 생각하고 있었음을 시사해 주는 것은 전혀 없었다. 우리가 알고 있는 것은 1065년 겨울 그가 노섬브리아 백작령의 운명과 관련하여 내린 결정인데, 이는 결속을 중시하는 고드윈 가문의 모든 전통을 충격적으로 깨뜨린 것으로서, 이를 두고 우리는 그가 스스로 잉글랜드 왕관을 차지하려는 계획의 일환이었다고 말할 수밖에 없다. 해럴드는 자신의 이익을 위해 동생 토스티그를 배신하고 그를 위험 속으로 내몰았던 것이었다.

물론, 11세기 유럽에서 왕관이 걸린 문제라면 형제들은 누구나 셰익스피어 『리어왕』에 나오는 에드거나 에드먼드의 역할을 완벽하게 해낼 수 있었다. 해럴드는 10년 전에 노섬브리아 백작에 임명되었던 토스티그를 노섬브리아에서 내쫓았다. 이 행동은 결과적으로 동생을 철천지원수로 만들었는데, 이 점에서 본다면 차라리 그를 바로 죽이는 편이 더 나을 뻔했다. 거기에다, 두 사람 사이의 문제는 단순한 집안싸움으로 끝나지 않았다. 고드윈 가문의 형제들 사이에서 벌어진 전쟁은 적지 않은 역사 교과서들 속에서는 언급조차 되지 않지만, 여느 서사시나 무용담만큼이나 유혈적인 파멸을 몰고 온 사건이었다. 토스티그의 적개심으로 인해 해럴드는 종국에 자신의 왕관과 목숨을 그 대가로 치러야 할 운명이었다. 가족 간의 불화가 앵글로 색슨 잉글랜드의 종언을 가져왔던 것이다.

물론 해럴드는 동생을 소외시키는 자신의 행동이 큰 위험을 초래할 수도 있다는 것을 알고 있었지만, 그럼에도 불구하고 1065년의 그에게는 다른 선택의 여지가 없었을지도 모른다. 그해 (스코틀랜드 왕과 바이킹 백작들이 호시탐탐 노리고 있던) 북부 지방에서 심각한 반란이 일어났는데, 이는 분쟁 당사자 간의 혈수血讐를 허용하는 크누트법을 폐지하고자 하는 토스티그의 판단 착오적인 열정으로 인해 촉발되었다. 토스티그는 또한 자신의 사병을 키우는 일에 열중하고 있었는데, 이 비용을 마련하기 위해 교회 재산을 강탈하고 세금을 쥐어짠 것이 상황을 더욱 악화시켰다. 그는 더 이상 노섬브리아의 보호자가 아니었던 것이다. 거기에다, 토스티그는 1063년 로마 순례 및 웨일스 원정 등으로 영지에서 벗어나 있었는데, 이 때문에 스코틀랜드 말콤 3세에 의한 월경 급습에 제대로 된 군사적 대응을 하지 못했고, 이로 인해 그의 군사적 능력에 대한 회의가 확산되었다. 불량배가 되는 것보다 더 나쁜 것은 무기력한 불량배가 되는 것이다. 필연적인 반란의 와중에서 토스티그의 근위부대 200명은 쫓기다가 모두 몰살되었으며, 토스티그는 범법자로 선언되었다. 반란을 일으킨 종사 계급의 사람들은 머시아 백작의 동생 모르캐르Morcar를 자신들의 새로운 백작으로 맞아들였다. 해럴드는 국왕 에드워드로부터 무력 진압이 아닌 협상을 통해 반란을 처리하라는 임무를 받고 파견되었다. 노섬브리아 종사들이 토스티그의 귀환을 용인하지 않을 것이 확실하고, 또한 에드워드가 늙고 병들어 있는 상황에서, 해럴드는 영향력 있는 귀족들과 소원한 관계를 맺는 것이 자칫 자멸을 초래할 수 있는 무모한 행동임을 깨달았을 것이다. 더구나 노르웨이의 침공 위협에 대처하기 위해서는 그들의 도움이 절실했다. 토스티그는 형의 마음이 어디로 향하고 있을지 한동안 의심해 오던 차에 마침내 해럴드가 그를 제거하고 그 자리에 모르캐르를 앉히는 데 동의했다는 소식을 접하고는 분노했다. 그는 분노를 삭이면서 망명을 떠났고, 형제를 배신한, 그의 말을 빌리자면 '자연의 법칙에 어긋난 행위'를 범한 형에게 복수하기로 마음먹었다. 처남인 플랑드르 Flandre 백작의 처소에서 손님으로 머무는 동안, 토스티그는 과거 자신의 부친이 짧은 기간 연옥과도 같은 망명 생활을 보낸 뒤에 마침내 응징의 함대를 일으켜 화려하게 권력에 복귀했던 사실을 기억하면서, 언젠가 자신도 부친의 그 길을 따르리라 마음먹었을 것이다.

그렇지만 일은 토스티그가 마음먹은 대로 진행되지는 않았다. 특히 1065년에는 그 어느 것도 계획한 대로 이루어지지 않았다. 앵글로 색슨 연대기에 따르면, 1065년 말은 사나운 폭풍우로 기억되는 시기로서, 교회며 가옥이며 대저택들이 무너졌고, 크고 오래된 나무들이 뿌리째 뽑혔으며, 그 잔해들은 공중에 흩날렸다. 이런 때 사람들은 예견과 예감에 의지하려는 성향을 나타내며, 특히 참회왕 에드워드처럼 자신들의 시간이 속절없이 끝을 향해 달려가고 있는 사람들의 경우에는 더욱 그러했다.

애설레드의 막내아들이었던 에드워드는 임종 무렵 웨스트민스터의 새로 완공된 궁전에 있었는데, (만약 바이외 태피스트리의 묘사가 맞는다면) 그의 주위에는 왕국의 중요한 사람들이 다 모여 있었다. 그동안 왕의 총애를 어느 정도 회복한 왕비이자 해럴드의 누이인 에디스는 면사포로 눈물을 닦아내고 있었고, 캔터베리 주교인 스티간드Stigand도 그곳에 있었다. 그리고 특히 의미 있는 것은 해럴드 또한 그곳에 있었다는 것이다. 왕은 손을 뻗어 해럴드의 손가락들을 만졌는데, 이는 위임의 의미를 가지는 몸짓이었다. 그러나 무엇을 위임한다는 뜻이었을까? 섭정공? 아니면 왕이었을까? 만약, 그가 해럴드를 후계자로 지명하려 했다면, 이는 곧 자신의 조카의 아들인 에드거 애설링의 왕위 계승권을 부정하는 셈이었다. 그가 위임한 것이 무엇이었건, 문제는 터지게 마련이었다. 훗날 에드워드의 전기를 집필한 한 작가에 따르면, 에드워드는 죽기 전에 무언가를 말하기 위해 몸을 일으켰다. 그러나 그는 왕위계승과 관련하여 자신의 마음속에 있는 것을 말하는 대신, 아마도 악몽이었을 자신의 꿈 이야기를 털어놓았다. 예전에 알고 지내던 수도승 두 명이 그의 임종 침상으로 다가왔고, 그들은 잉글랜드인들이 저지른 죄가 너무나 커서 신께서 1년 하고도 하루 동안 왕국을 악령의 손에 맡겼던 것을 상기시켰다. 왕이 그들에게 속죄와 진심 어린 통회痛悔로써 그 형벌을 감수할 수 있겠는가 물었더니 그들이 답하기를, 자라나는 나무 하나가 몸통 중간쯤에서 베어진 뒤에, 그 후 저절로 합쳐져서 녹색 잎이 우거진 나무로 다시 자라기 전까지는 그런 일이 일어나지 않을 것이라고 했다. 그들의 충고는 흥미로웠지만, 왕위계승 문제를 해결하는 데에는 별 도움이 되지 못했다. 따라서 위턴 회의가 예측 가능한 움직임 속에서 해럴드에게 왕위를 제안하자, 그는 이를 받아들였다. 1066년 구세주 공현축일(1월 6일)에 에드워드의 장례식이 열렸고, 같은 날에 해럴드 2세의 대관식이 뒤따랐다. 새 왕은 최선의 것을 기원하면서 PAX(평화)라는 글자가 표면에 새겨진 동전 화폐를 발행했다. 그러나 1066년 4월 위험한 별 핼리Halley 혜성이 하늘에 나타났는데, (별이 나타난 시점이 바이외 태피스트리가 멜로드라마처럼 묘사한 대관식 날 밤은 아니었지만) 이를 불길한 징조로 받아들이지 않는 사람이 없었다.

대부분의 잉글랜드인들은 옛 왕의 죽음을 채 알기도 전에 새로운 왕을 맞았다. 다음 세기에 우스터Worcester의 존John이라는 역사가는 해럴드가 공정하지 못한 법률들을 폐지하고 공정한 법률들을 새로이 제정했음을 칭찬했지만, 9개월에 걸친 그의 통치는 거의 기간 내내 어떤 위기의식에 의해 지배되고 있었다. 그가 왕으로서 가장 먼저 취한 행동은 과거 동생을 희생시켜서까지 얻어냈던 북부 백작들과의 관계에 관한 것으로서, 그들이 당시의 협상 목적에 부응하는 삶을 살고 자신에게 충성스럽게 행동할 것을 재확인하도록 한 것이었다. 그는 그들과의 보다 긴밀한 결속을 위해 머시아 백작의 누이를 자신의 새 왕비로 맞아들였다. 그리고 이 전략은 얼마 동안은 효과가 있는 것처럼 보였다. 해럴드는 북방의 안전이 확보되자, 남쪽 지방의 방어에 집중할 수 있었다. 바로 그의 동생 토스티그가 그해 봄 플랑드르에서 지원받은 배들을 끌고 남쪽 바다에 출현했던 것이다. 그러나 해안선의 방어 태세가 워낙 견고하여 토스티그는 와이트섬에서 더 나아갈 수가 없었다. 남부 잉글랜드에서 격퇴당한 토스티그는 동부 해안을 따라 과거 그의 노섬브리아 영지 쪽으로 올라갔다. 그러나 그는 그곳에서 환영은커녕, 친왕파로 변모한 모르캐르 백작과 에드윈 백작 휘하의 군대에 의해 급박하게 쫓기는 신세가 되었다. 거기에다 탈영이 줄을 잇자, 토스티그는 북으로 계속 올라가서 스코틀랜드 왕 말콤 3세에게 피난처를 구걸하는 처지가 되었다. 동생의 반란이 무기력해짐에 따라 해럴드는 그의 주된 골칫거리, 즉 노르망디 공작과의 협상에 집중하기 시작했다.

노르만의 역사가 유미에주의 기욤은 루앙 근처 퀘빌리Quévilly 소재 공작령 숲에서 사냥을 하고 있던 기욤 공작이 웨스트민스터에서 치러진 해럴드의 대관식 소식을 듣고 어떻게 반응했는지를 다음과 같이 기록했다.

많은 시종들과 기사들을 대동하여 사냥을 하고 있던 … 공작은 에드워드가 죽고 해럴드가 왕이 된 모든 정황을 알고 나서 한 사람의 인간으로서 격분하여 숲을 떠났다. 그는 망토를 묶었다가 다시 그것을 풀기를 반복했다. 그는 아무에게도 말하지 않았고, 또한 아무도 감히 그에게 말하려 하지 않았다. 그리고 그는 보트를 타고 센Seine강을 건너 그의 처소에 도착하여 안으로 들어갔다. 그리고 긴 의자의 끝에 앉아서 이리저리 자리를 바꾸었고 망토로 얼굴을 가리기도 했으며 때로는 머리를 기둥에 기대기도 했다.

참으로 생생하기 짝이 없는 이 이야기의 진실이 무엇이건, 기욤이 자신이 입은 마음의 상처와 직접 대면하기로 한 것은 틀림없었다. 웨식스 백작, 즉 해럴드는 자신의 봉건적 신하가 되기로 서약한 자인데, 그런 그가 자신의 것에 손을 댄 것이다. 이미 막대한 영토를 구축한 기욤은 조금 경솔한 면이 없지 않아 있었지만 머지않아 잉글랜드까지 자신의 영토 목록에 추가될 것이라고 공공연히 말해 왔었다. 그런데 이제 그의 그런 말이 허언이 되고 말았다.

그가 취한 첫 행동은 스스로의 맹세를 충격적으로 깨뜨린 해럴드에게 분노 어린 항의의 뜻을 전달하는 것이었다. 훗날 만들어진 잉글랜드 측 자료에 의하면, 해럴드는 자신이 위턴 회의에 의해 왕으로 선출되었으며(이는 역사적인 사실에 부합하는 것으로 보임), 왕위를 양도할 수 있는 권한을 부여받지 못했으므로 이에 관한 그 어느 것도 약속할 수 없었다는 회신을 보냈다. 바이외 태피스트리는 이에 따라 잉글랜드를 침공할 함대가 곧바로 구축되고 있음을 보여주지만, 기욤은 일단 치밀었던 분노가 가라앉자 잉글랜드 침공이 일생일대의 큰 도박임을 깨달았으며, 도박에 이기기 위해서는 군사전략만큼이나 중요한 것이 법적, 그리고 정치적 준비를 갖추는 것이라는 걸 알게 되었다. 봉건 제후들과 상의했지만 그가 기대했던 만장일치의 열정은 얻지 못했다. 그들 대부분에게 있어서 잉글랜드 침공은 동기부여 측면보다 위험 부담이 훨씬 더 컸기 때문이다. 기욤이 공작의 봉건적 권리를 내세워 군대를 징발하려 하자, 그에게 돌아온 답은 봉신들의 의무가 임계치에 도달했다는 것이었다.

그렇다면 종국에 그들의 마음을 바꾼 것은 무엇이었을까? 한마디로 말하면 그것은 교회였다. 기욤의 두 번째 행동은 로마를 앞세워 웨스트민스터를 공략함으로써 그의 잉글랜드 침공을 국제적으로 승인된 성전聖戰으로 만드는 전략을 구사하는 것이었다. 기욤은 그의 친구이자 캉Caen 수도원 원장인 (그리고 후일 캔터베리 대주교가 될) 벡Bec의 란프랑크Lanfranc로부터 많은 영향을 받았으며, 이 때문에 당시 많은 세속 군주와 대립하고 있던 교황청의 우방이자 동맹국으로서 노르망디의 입장을 견지해 오던 중이었다. 11세기 유럽의 가장 첨예한 문제는 세속 군주가 주교를 임명하고 그에 따르는 권한을 부여할 수 있는가, 아니면 그러한 권리는 오직 베드로의 후예인 로마 교황에게만 속하는 것인가, 하는 것이었다. 주교들은 단순히 상급의 성직자들이 아니었다. 그들은 관할 지역에서 엄청난 권력과 부, 그리고 영향력을 가졌으며, 따라서 그들의 임명을 둘러싼 갈등은 단순한 신학의 문제가 아니라 정치적 문제이기도 했다. 그동안 로마 편에 서왔던 기욤이기에, 그가 란프랑크를 교황에게 보내 그의 잉글랜드 침공에 대한 교황의 축복을 구하여 호의적인 응답을 받는다면 이는 자신에게 큰 의지가 될 것이라 확신했다. 란프랑크는 평소 잉글랜드인들을 야만인이나 이교도와 별반 다르지 않은 존재로 여기고 있는 것으로 알려졌으며, 따라서 그가 잉글랜드에서 고드윈 가문이 패권을 휘두르는 작금의 상황을 막강한 세력을 가진 제후들이 흉악스럽게 교회를 침노하는 전형적인 예로 표현하는 데 주저하지 않을 것으로 생각되었다. 과연 란프랑크는 고드윈가의 악명을 열거할 수 있었다. 고드윈 가문은 교회를 훼손했다. 그들은 에드워드 왕에 의해 임명된 법적 정당성을 가진 캔터베리 대주교 유미에주의 로베르를 쫓아내고 그 대신 윈체스터 주교 스티간드로 대체했다. 스티간드는 교황 다섯 명에 의해 파문당했으며, 그의 평판이 어찌나 나빴던지 해럴드조차 대관식에서 자신에게 왕관을 씌워줄 성직자로서 그가 아닌 요크 대주교를 선택하는 것이 현명할 것이라는 판단을 했을 정도였다.

이와는 달리, 해럴드의 대對로마 외교는 어느 면에서도 성공적이지 못했다. 해럴드는 일찍이 1061년 동생 토스티그를 노골적으로 친親노르만 성향을 표방하던 교황 니콜라오Nicholas 2세에게 보내, 잉글랜드 교회가 로마에서 일반적으로 생각하고 있는 것처럼 부패의 소굴이 아니라는 것을 설득하고자 했다. 이 임무는 만약 토스티그가 귀환 길에 토스카나Tuscan의 귀족 출신 강도들에게 공격받지 않았더라면 완전한 실패로 기록되었을 것이다. 무슨 말인가 하면, 이로 인해 법과 질서와 관련하여 교황을 비난할 수 있는 예기치 못했던 기회 하나를 건진 것이 그나마 성과라면 성과였다는 뜻이다. 그럼에도 불구하고 이 사건의 기억이 니콜라오의 후계자인 알렉산데르Alexander 2세가 앵글로 색슨인들을 상냥하게 대하도록 만들지는 못했다. 아무튼 니콜라오 교황은 기욤에게 공식적인 축복과 함께 교황의 깃발 및 반지를 수여했고, 심지어는 과거 해럴드가 그 위에 손을 얹고 맹세했으며 그럼으로써 위증의 죄를 범했다는 혐의를 받게 한 바로 그 문제의 성궤 속 성유물 하나를 몸에 지닐 수 있게 허락해 주었다.

이렇듯 종교적인 측면과 로마 교황청의 관점이 가진 중대한 의미를 파악하지 않고서는 1066년의 사건을 제대로 이해하기 어렵다. 종교 문제와 로마 교황청과의 관계를 적절하게 활용함으로써, 기욤과 란프란크는 그렇지 않았다면 단순히 개인적이며 왕조적인 반목에 머물렀을 사건을 하나의 성전聖戰으로 전환시키는 데 성공했으며, 이 덕분에 처음에는 주저했던 많은 귀족을 기욤의 '거룩한' 깃발 아래 불러 모을 수 있었던 것이다. 그들 중에는 노르만뿐 아니라 브르타뉴, 그리고 플랑드르인들도 있었다. 이제 잉글랜드 문제는 기독교 유럽에게 개입 명분을 주었고, 이는 잉글랜드의 새로운 왕 해럴드에게 하나도 유리할 것이 없었다.

사실 해럴드는 통치 첫 몇 달 동안 교회를 매우 세심하게 배려했고, 불법적으로 상실한 토지와 재산을 복구시키는 조치를 취하고 있었기에 이런 상황은 매우 역설적으로 비쳐질 수도 있는 것이었다. 그러나 그의 조치는 이미 늦은 것이었다. 일단의 성공에 고무된 나머지 로마에서 무슨 일이 벌어지고 있는지를 몰랐던 그는 그야말로 실제적인 방어 문제에 골몰해 있었다. 그런데 그는 최소한 이 대목에서만은 브리튼 역사를 통틀어 발군의 군사적 전략가임을 증명하고 있었다. 그는 3000명 정도의 정예 친위대원들을 타격 부대로 편성할 수 있었는데, 그들은 양손으로 도끼를 휘두를 수 있도록 훈련된 전문적인 군인 집단으로서 그들의 도끼는 제대로 휘두를 경우 적의 말이나 기병을 단번에 관통해 벨 수 있는 위력을 갖추고 있었다. 이들 친위 부대는 대개 말을 타고 전장에 도착했지만 실제 전투는 도보로써 행해졌다. 이들은 둥근 연 모양에 가죽을 입힌 목제의 방패와 코 부위를 보호하는 기능이 있는 원뿔형의 투구, 그리고 무릎까지 내려오는 쇠사슬 갑옷 등 비장의 장비로 무장하고 있었다. 그런데 잉글랜드군은 이들 친위 부대 외에 잉글랜드 종사 4000명, 그리고 그들이 주군인 해럴드의 명령에 따라 제공한 퍼드라고 불리는 병사들을 포함하고 있었다. 이들 퍼드 병사들은 1년에 40일간 복무할 의무가 있는 비정규 병력으로서 그들의 숫자는 최소 1만 명에서 1만 3000명에 달했으며 잉글랜드군의 다수를 점하고 있었다. 잉글랜드군의 핵심 병력은 해럴드가 켄트와 서식스의 항구들에서 급하게 징발한 배들로 구축한 함대에 근접한 남쪽 해안 지역에 포진되었다. 이곳은 바로 고드윈 가문의 영토로서, 지역의 모든 수도원, 마을, 항구들이 모두 긴밀하게 연결되어 있었다. 그러므로 만약 기욤이 이곳으로 치고 들어온다면, 이는 곧 해럴드의 가장 강력한 방어 장치 속으로 들어오는 셈이었다.

기욤이 이를 깨달았는지는 알 수 없지만, 아무튼 그는 어떠한 모험도 시도하지 않았다. 그 대신에 그는 프랑스 북부 디브Dives강 입구에 부대를 집결시켰는데, 이는 클라우디우스Claudius 황제 이후 가장 큰 규모의 원정 부대였다. 그곳에 집결된 말만 하더라도 6000마리나 되었는데, 이는 기사 1인당 세 마리 꼴이었다. 기사 1인에게 커다란 전투용 군마 한 필과 조금 작은 말이 두 필씩이 배정되었는데 그중 작은 말 하나는 기사의 종자를 태우는데, 다른 한 마리는 기사의 무장을 운반하는 용도로 사용하기 위한 것이었다. 그의 원정 함대는 모두 400척의 배로 이루어졌고, 배마다 인원과 말로 가득 찼다. 그 외에 즉시 사용할 수 있는 식량을 실은 조금 작은 규모의 병참 공급선들이 있었다. 가능한 빠른 시간 내에 잉글랜드에 상륙해서 식량을 추가 확보할 계획이었다. 8월 10일이 되자, 이 대규모 원정 함대는 출진할 준비가 되었다. 이제 쌍방의 대규모 전투 집단이 서로의 소멸을 다짐하며 해협을 가운데 두고 맞서는 형국이 벌어지게 되었다.

그리고 오랫동안 아무 일도 일어나지 않았다. 기욤은 편남풍을 기다렸지만 그 바람은 불지 않았다. 해럴드는 기욤을 기다렸지만 그는 오지 않았다. 두 사람 모두 전투가 더 이상 지연되는 것을 감당할 도리가 없었다. (문자 그대로 안락하게 살아오던) 기욤의 말들은 현지에서 공급된 건초들을 거의 다 먹어치웠고, 병사들도 먹는 게 일이었다. 그러나 해럴드의 상황은 더욱 심각했다. 9월 첫 주가 되자, 전투 대형으로 배치되어 있던 퍼드 병사들과 소규모의 함대가 그들의 약정 의무 기간인 40일 복무 기한을 넘기고 있었던 것이다. 물론, 그는 병사들에게 노르망디 위협의 절박성을 일깨워주기 위해 기를 쓰고 있었다. 그러나 기약 없는 대기 상태에 있는 것보다 병사들을 더 지치게 하는 일은 없었고, 기다림의 시간이 길어질수록 하루빨리 집으로 돌아가 수확을 해야 하고 아내와 자식들 만나기를 고대하는 이들의 불평은 커질 수밖에 없었다. 결국 이런 압박이 임계치를 넘어가자, 해럴드는 9월 8일을 기하여 퍼드 병들과 소함대의 해산을 명했고, 그로부터 일주일 뒤에는 보샴을 떠나 런던으로 귀환하는 수밖에 없었다. 한 연대기에 따르면, 왕은 이즈음 원인을 알 수 없는 극심한 다리 통증으로 고통받기 시작했다. 다리에 의지하여 전투를 해야 하는 왕의 입장에서 이는 결코 상서로운 조짐이 아니었다. 그의 다리 통증은 무엇인가 메시지를 전하려 한 것일 수도 있었다. 해럴드가 남부 해안을 떠나기 불과 며칠 전인 9월 12일, 기욤의 함대가 마침내 항해를 시작했기 때문이다. 갑자기 불어닥친 강풍이 그의 함대를 동쪽 솜Somme강 입구 쪽으로 밀어댔는데, 그것만이 그의 도해를 방해하고 있는 유일한 존재였다.

일주일 뒤인 9월 19일, 해럴드는 전혀 예기치 못한 곳으로부터 전해온 불길한 소식을 들었다. 그와 소원한 관계가 된 동생 토스티그와 노르웨이 왕 '북방의 천둥' 하랄 하르드라다가 군사 1만 명과 함께 노섬브리아에 상륙했으며, 이미 스카버러Scarborough, 클리블랜드Cleveland, 홀더네스Holderness 등지를 완전히 불더미로 만들었던 것이다.

해럴드 입장에서는 지난 봄 토스티그를 완전히 처리했다고 생각했겠지만, 사실 그가 하절기 동안 방어진을 치느라 열중하고 있는 동안, 토스티그는 유럽을 떠돌며 우군을 구하러 다니고, 심지어는 기욤 공작과 만나기 위해 노르망디까지 찾아갔다는 소문이 떠돌았다. 많은 이야기가 신뢰할 수 없는 것들이었지만, 한 가지는 명백한 진실이었다. 그것은 토스티그가 노르웨이에서 그와의 만남을 예기치 않았던 하르드라다와 접촉했다는 사실이었다. 잉글랜드 왕좌에 관한 노르웨이의 욕심과 주장은 최소한 크누트의 치세까지 올라가는 것이다. 하르드라다의 전임자인 망누스 왕은 노섬브리아, 동부 스코틀랜드를 거쳐 오크니의 노르웨이계 백작령까지 이어지는 북해 일대를 호령할 수 있는 강력한 세력을 형성했다. 과거 1050년대 해럴드가 국왕 에드워드를 대신하여 수행했던 군사작전은 망누스에 의한 이스트 앵글리아 침공을 막는 것이었는데, 그것은 성공적이었다. 하르드라다의 주장은, 망누스와 크누트의 아들인 하르타크누트 사이에 둘 중 누구건 오래 살아남는 사람이 잉글랜드 왕위를 차지하는 것으로 협약이 이루어졌었는데, 색슨계의 왕들 때문에 이것이 지켜지지 못하고 있다는 것이었다. 이러한 노르웨이 측의 주장이 아무리 설득력이 떨어진다 하더라도, 전임 왕들과 아무런 혈통 관계가 없는 기욤이나 해럴드의 주장과 비교하여 그 무게가 결코 가볍지 않았다. 더구나 하르드라다는 초인적인 힘을 가진 전사라는 무시무시한 평판과 함께 도착했다. 6피트 4인치(약 193센티미터)라는 예외적으로 큰 키에, 스칸디나비아, 러시아, 비잔티움 등지에서 수많은 전투를 치른 역전의 용사이며, (그 자신을 포함한) 음유시인들에 의해 시대의 영웅으로 칭송되어온 하르드라다는 전설 속의 그 어떤 잔인한 행동도 능히 저지를 수 있는 사람이었다. 작은 새들의 꼬리에 불붙은 나무조각을 달아서 마을 가옥의 둥지로 날려 보내고, 그렇게 해서 도시 전체에 불을 붙임으로써 포위 공격에 소요되는 시간을 절약하는 것은 매우 그다운 방식이었다. 그 점에서 토스티그가 그의 지원을 얻어냈다는 것은 대단한 쾌거라고 할 수 있었다. 그는 틀림없이 해럴드가 노르망디와 갈등을 벌이고 있는 작금의 상황이 더할 나위 없이 좋은 기습 공격의 기회라고 설득했을 것이다. 토스티그는 이를 통해 자신의 백작령을 회복하고, 과거 고드윈이 크누트에게 그랬던 것처럼 새로운 왕의 치하에서 그의 최고위직 신하로서 그 지위를 누릴 수 있을 것이라고 기대했다. 그들은 아마도 그들이 군대를 합류시킨 지점인 오크니에서 만났을 것이다. 토스티그는 플로우에 정박한 거대한 함대를 보고는 그것이 자신의 형에게 타격을 가할 순간을 떠올리면서 자신의 작고 쓰라린 가슴이 부르르 떨리는 것을 느꼈다. 그들의 전쟁 기계는 무적이며 그 누구도 막을 수 없다. 이제 음유시인들이 노래할 그들의 전설이 곧 시작될 것이다.

1066년에 있었던 세 번의 큰 전투 중 그 첫 번째는 그러한 전망과 별로 다르지 않은 양상으로 벌어졌다. 전투는 9월 20일, 요크의 바로 외곽에 있는 풀퍼드Fulford의 늪과 우즈Ouse강 사이에서 벌어졌다. 하르드라다는 번창했던 바이킹 도시 요르빅, 즉 요크에서 겨울을 날 계획을 세우고 그곳을 취하기 위해 함대를 몰아 험버강과 우즈강을 한참 거슬러 올라간 후 리칼Riccall이라는 마을에 닻을 내렸다. 풀퍼드에는 그들의 요크 진군을 막기 위해 에드윈과 모르카Morcar가 일으킨 군대가 있었다. 그들은 아직 10대의 나이였고, 그들의 군대는 검증되지 않았지만, 그럼에도 그들은 노르웨이군의 쐐기꼴 대형을 상대로 놀라운 활약을 벌였고, 심지어는 대치 중이던 포진을 벗어나 전진하기까지 했다. 하르드라다가 직접 군대를 지휘하여 맹렬한 반격을 가한 다음에야 잉글랜드군의 방어선을 격파할 수 있었다. 습지에 잉글랜드군의 시체가 켜켜이 쌓이고, 후일 노르웨이의 음유시인 스노리 스툴루손Snorri Sturlasson이 자랑스러워했듯이, '노르웨이의 전쟁 영웅들은 적의 시체를 밟고 건넜다'.

요크/요르빅은 이제 완전히 열렸다. 하르드라다는 약탈을 자제하고 그럼으로써 이 도시의 주민들을 자신의 세력으로 결집시킬 생각을 할 정도로 영민했다. 노섬브리아인들은 이에 대한 응답으로 그의 군대가 남쪽으로 진군하면 이에 합류하는 데 동의했다. 약속을 담보하기 위해 인질들이 넘겨졌지만, 항복 조건에 의해 노섬브리아 출신 인질 500명을 추가 제공하기로 했다. 항복 날짜는 9월 26일, 장소는 요크에서 동쪽으로 8마일(12.9킬로미터) 떨어진 스탬퍼드 브리지Stamford Bridge가 선택되었다. 이는 완벽하게 일상적인 비즈니스처럼 보였다. 하르드라다는 군대의 3분의 1을 리칼에 남겨둔 채, 토스티그를 대동하여 승리의 순간을 즐기기 위해 떠났다. 그러나 그들이 스탬퍼드 브리지에 도착하여 발견한 것은 버림받은 인질들의 우왕좌왕하는 무리가 아니라 거대한 군대였다. 스노리 스툴루손은 '그들의 무기가 반짝거릴 때 그것은 마치 한 장의 얼음판처럼 보였다'고 적었다. 하르드라다와 토스티그는 얼어붙을 수밖에 없었다. 하르드라다가 토스티그에게 이 상황이 무엇을 의미하는지 물었다. 토스티그는 '문제'를 의미한다고 답했다.

잉글랜드 왕이 사실상 불가능한 일을 해낸 것이었다. 그는 9월 19일 하르드라다가 잉글랜드에 상륙했다는 소식을 듣고 바로 그다음 날 그의 친위 부대인 후스칼huscarls 부대를 이끌고 런던을 떠났다. 그리고 가는 길에 지난번 해산했던 퍼드 병사들을 다시 징발했다. 행군 중에 계속해서 병력을 보강해 가면서도 그의 군대는 5일 만에 190마일(305.8킬로미터)을 행군하는 놀라운 이동 속도를 보였다. 이는 종사 계급의 무사들과 무기가 최소한 부분적으로나마 말에 의해 운반되었음을 말해 주는 것이다. 그러나 많은 수의 퍼드병은 창과 도끼 등 모든 무장을 손에 들고 로마 시대의 도로를 따라 북쪽을 향해 혹독한 걸음을 재촉했을 것이다. 그들은 9월 24일 요크에 도착했는데, 이름이 요크이건 요르빅이건 상관없이 그 도시는 그들에게 조용히 성문들을 열어주었다. 그렇게 해서 9월 25일 아침, 그들은 토스티그와 하르드라다를 놀라게 할 준비가 되어 있었던 것이다.

그들은 분명히 놀랐다. 토스티그가 전략적 후퇴를 제의할 정도였는데, 그것은 리칼에 정박 중인 함대의 안전을 도모하고, 병력과 무기를 재집결하자는 것이었다. 그러나 역시 하르드라다는 그의 명성답게 이러한 충고를 새가슴 탓으로 돌리면서 일축했고, 양 군대 사이에는 혼전이 벌어졌다. 스탬퍼드 브리지 또는 풀퍼드 전투 그 어느 것에 대해서도 신뢰할 만한 목격담이 전해지지 않지만, 노르웨이나 앵글로 색슨의 옛 기록들 모두가 노르웨이군이 스탬퍼드 브리지를 필사적으로 방어하려 했는데, 그들의 방패벽이 결국은 도끼와 칼을 휘두르는 잉글랜드군의 맹공격에 뒤로 밀려났음을 전하고 있다. 그때 비무장의 '북유럽 전설 속 사나운 전사' 한 사람이 다리 경간을 막아섰는데, 그는 한 잉글랜드 병사가 말죽통을 타고 다리의 목재 교각 밑으로 다가가서 다리 바닥 사이에 있는 틈을 통해 아래에서 위로 칼을 찌름으로써 제거되었다고 한다. 일단 다리가 열리자 전투는 다른 곳으로 옮겨져서 격렬하게 전개되었다. 뒤늦게 함대에서 소환된 바이킹 병사들이 모습을 나타냈지만 결과를 바꾸기에는 너무 늦었다. 노르웨이 전사들의 전투력은 점점 고갈되어 갔고, 잉글랜드군이 그들의 방어선을 뚫었다. 결국 살아남은 노르웨이 병사들은 족장들을 가운데에 두고 한군데로 몰렸고, 하르드라다는 그의 까마귀 문장이 아로새겨진 왕기王旗 '랜드-웨이스터Land-Waster' 아래에서 도끼를 휘두르다가 화살이 목구멍에 박혀 숨을 거두었다. 토스티그는 하르드라다의 깃발을 주워들었으나 그 또한 몸이 베어졌다고 전해진다.

살육의 현장에서 살아남은 바이킹 병사들은 배를 향해 달리기 시작했으며 필사적인 탈주를 감행했다. 젊은 오크니의 백작들과 하르드라다의 아들들은 잉글랜드를 떠나 다시는 돌아오지 않겠다는 맹세를 하고 나서야 목숨을 건질수 있었다. '한밤의 태양' 아래 노르웨이를 떠났던 수백 척의 배들 중에서 오직 24척만이 생존자들을 싣고 귀환했다. 하르드라다는 1년 뒤에야 노르웨이 북부 니아드로Niadro에 있는 성모 마리아 교회에 묻혔다. 그와 함께 묻힌 건, 알프레드 통치하에서 시작된 앵글로-스칸디나비아 제국의 꿈이었다. 해럴드는 랜드-웨이스터 깃발 아래 누운 동생의 시신을 발견했고, 그가 남긴 것을 수습해서 요크 대성당에 묻었다.

그러나 해럴드에게는 슬퍼하거나 기뻐할 겨를이 없었다. 스탬퍼드 브리지 전투 이튿날인 9월 26일, 솜강 입구에 위치한 생 발레리St-Valéry 항구의 바람 방향이 갑자기 바뀌었다. 그곳은 기욤의 함대가 강풍으로 낭패를 당해 은신하고 있던 곳이었다. 성직자들은 이를 두고 생 발레리의 성유물이 기적을 행한 것이라고 굳게 믿었다. 9월 27일 기욤은 다시 바다 위에 섰고, 그의 함대는 북쪽을 향해 항해하기 시작했다. 그는 왕비 마틸다Matilda가 제공한 기함 모라Mora호에 올라타 함대를 지휘했다. 바이외 태피스트리는 단호한 표정으로 지휘를 하고 있는 그의 모습을 잘 표현하고 있다. 이튿날 그는 실제로 이 같은 지휘를 할 필요가 생겼다. 첫 햇살이 비쳤을 때 조수가 높아진 바다 위를 모라호만이 항해하고 있었고, 다른 배들은 하나도 보이지 않았던 것이다. 선원들과 병사들이 당황하여 어찌할 바를 모르는 동안, 그는 아침 식사를 했다. 그의 배는 무기와 말의 무게로 무거워진 다른 배들을 그저 앞섰을 뿐이었다. 두 척의 배가 가라앉고 있는 것이 눈에 들어왔다. 대동했던 예언자 한 명이 그중 한 척의 배와 운명을 같이했다는 보고가 들어왔다. 그의 반응은 '적지 않은 예언자들이 정작 자신의 마지막은 예지하지 못하지'라는 말이었다.

시야에 처음으로 들어온 잉글랜드의 풍경은 비치 헤드Beachy Head의 가파른 절벽들이었을 것이다. 그러나 잠깐 지형을 살펴본 뒤에는 외견상 굳건해 보이는 옛 로마 시대 요새 바로 밑 페번시Pevensey에 안전하게 상륙할 수 있는 자갈 지대가 있는 것을 발견했을 것이고, 조금 더 조사해 본 후에는 그 요새가 실은 방어 병력이 없는 껍데기에 불과하다는 것을 깨달았을 것이다. 만약 3주 전처럼 잉글랜드의 퍼드병들이 그곳에 포진해 있었더라면, 또는 해럴드의 함대가 기욤이 와이트섬 방향으로 올 것이라 지레 짐작하고 그곳에 잠복하고 있지 않았더라면, 이야기는 달라졌을 것이다. 이제 노르만인들은 가지고 온 세 개의 조립식 목성木城 중 하나를 배에서 내린 후, 마치 그들이 로마의 후예라고 선언이나 하듯이 그것을 요새 안 언덕에 구축했다.

노르만군은 아무런 조직적인 군사적 저항도 받지 않고 서식스의 농촌 지역을 자유롭게 이동하면서 식량도 원하는 대로 구할 수 있었지만, 경계심을 늦추지 않고 낯선 풍경 속을 전진해 나갔다. 기욤은 늪지대의 수로들과 그 지역 언덕 지대를 지나갈 때면 포위 공격을 받지 않을까 염려했고, 상륙 거점에서 빠져나와 런던으로 향하는 여정이 행여나 좌절되지 않을까 노심초사했다. 노르만 군대는 그들이 필요한 시간에, 필요한 만큼의 식량을 힘없는 주민들로부터 노획했고, 탈취할 수 없는 것들은 그것이 무엇이건 불태워버렸다. (절단된 시체로 가득 찬) 바이외 태피스트리의 묘사에서 가장 무시무시한 장면 중 하나는 희생자들의 집으로 보이는 불타는 건물 잔해로부터 뛰쳐나오는 엄마와 아이의 모습이다. 이는 아마도 유럽 예술사에서 희생자들의 참상을 묘사한 첫 번째 이미지일 것이다. 바이외의 수놓는 사람들은, 그들이 비록 평화주의자는 아니었을지라도, 노르만 정복이 단순히 힘 있는 자들의 전략적 차원만이 아닌 그 무엇인가가 개입된 사건으로 보았으며 그들의 이런 관점을 작품 속에 표현했던 것이다. 그림의 테두리와 중심 공간을 가리지 않고 그들의 자수 작품은 보통 사람들의 삶의 모습으로 가득 채워졌다. 짐꾼들, 궁수들, 요리사들, 그리고 창병들의 모습도 있거니와, 오도 주교가 마치 마지막 만찬에서의 예수처럼 주재하고 있는 제의적 축제의 와중에서 두 사람의 병사가 서로를 삽으로 후려치는 장면도 있다.

노르만군이 헤이스팅스 인근에서 휴식을 취하고 있을 무렵, 해럴드는 또 한 차례의 혹독한 고속 행군을 감행하여 서둘러 런던으로 귀환했다. 노르웨이인들과 자신의 동생이 가해왔던 위협을 막 물리쳤는데, 이러한 종류의 일을 1주일 또는 2주일 안에 처음부터 다시 해내야 할 순간이 오리라고 그는 상상도 하지 못했을 것이다. 그의 군대가 스탬퍼드 브리지에서 승리를 거두었고, 생존한 퍼드병들의 사기가 아무리 높다 하더라도, 그때 입은 손실을 감안하면 그들을 다시 전투에 투입한다는 것은 생각할 수 없는 일이었다. 노르만 군대에 대적하여 강력한 전투력을 발휘하기 위해서는 어떤 경우라도 정예 후스칼 부대를 투입하는 것이 필수적이었다. 문제는 누구에게 지휘를 맡기느냐 하는 것이었다. 일설에 따르면, 해럴드의 동생 그리드가 형 대신 방어 부대를 지휘하겠다며 자청하고 나섰다고 한다. 사실 이는 분별 있는 요청이었다. 그가 전투에서 승리를 거둔다면 그 자체로 좋은 일이고, 만약 패배한다 하더라도 해럴드의 2차 방어선 구축이 가능하므로 기욤이 무저항 상태로 런던으로 진군하는 것만은 막을 수 있을 터였다. 그러나 해럴드는 이 모든 것을 다 고려하더라도, 이 상황에서 가장 중요한 것은 왕이 직접 군대를 이끌고 침략자와 싸워야 한다고 느꼈던 것 같다. 기욤과의 직접 대면을 회피한다는 것은 자신의 정통성에 어떤 문제가 있다는 것을 인정하는 셈이었으니까. 아닌 게 아니라, 전투 개시 일주일 전 해럴드는 그가 파약破約의 죄를 범했다는 기욤의 주장을 담은 전갈을 받아들고 화가 났는데, 이는 기욤이 의도한 바였다. 둘 사이의 논쟁은 이제 기사도적 명예의 문제와 결부되었고, 해럴드는 지금껏 자신이 전적으로 명예로운 삶을 살아왔다고 확신하고 있었다.

더욱 중요한 것은 기욤의 군대와 언제 교전에 돌입하느냐의 문제였다. 가장 합리적인 전략은 풀퍼드 전투에서 생존한 후스칼 부대를 노섬브리아로부터 불러들이고, 런던 주변 샤이어들을 중심으로 퍼드 병력을 보강할 때까지 기다리는 것이었다. 당시 해럴드가 추가적으로 일으킬 수 있는 잠재적 퍼드 병력은 3만 명에서 4만 명이었는데, 이 정도면 기욤을 완전히 곤경으로 몰아넣을 수 있는 숫자였다. 그러나 해럴드는 기욤의 군대를 남부 서식스 지방의 삼림지대와 수로에서 봉쇄하는 것, 그리고 어떠한 희생을 감수하더라도 기욤이 그곳을 벗어나서 잉글랜드 남동부 지역을 제멋대로 돌아다니는 것을 막으려는 생각이 확고했기에, 이 같은 논의는 무의미하다고 믿었다. 어쩌면 그는 기욤이 노르망디에서 증원군이 오기를 기다리고 있을지 모른다고 생각하고, 그에게 주어진 최선의 기회는 상대적으로 비슷한 전력을 가지고 있을 때 맞붙어 일전을 겨루는 것이라고 믿었을지도 모른다. 어쩌면 해럴드는 스탬퍼드 브리지 전투의 승리로 인해 매우 우쭐해진 나머지 자신을 불사신으로 믿게 되었는지도 모른다. 그랬다면 그것은 불운한 믿음이었다.

또한 해럴드는 이러한 양상의 전투에서 병참상의 이점이 방어군에게 있다고 믿었을 것이 틀림없다. 그러므로 색슨군이 해야 할 일은 오로지 자기 위치를 사수하는 것, 그리고 기욤이 런던을 향해 전선을 돌파하는 것을 막는 것이었다. 그의 군대가 일단 서식스에 주둔하게 된다면, 노르만군은 식량과 건초를 구하는 것이 한층 더 어려워질 것이었다. 겨울이 멀지 않았고, 예전에 율리우스 카이사르Julius Caesar가 봉착했던 문제가 곧 기욤에게도 닥칠 것이었다. 군사적 기동과 식량으로부터 부자유스러워지면, 침략자들의 기세는 꺾이기 마련이며 그들은 결국 해변으로 기수를 돌리게 될 것이었다. 이것이 그의 전망이었다.

그러나 그에게 가해질 첫 번째 타격이 기다리고 있었다. 10월 12일 해럴드는 (그가 어리석게도 왕조적 유대를 강조하면서 합류를 고집했던) 북부 백작들이 정말로 합류해 오고 있는지를 확인하지도 않은 채, 두 동생 그리드와 레오뷔네, 그리고 2000명에서 3000명 정도의 후스칼 병력을 끌고 런던을 떠났다. 곧 테인, 즉 종사들에 의해 일단의 새로운 퍼드 병력이 징발되어 동원될 것이고, 그들은 오래된 회색 사과나무, 이른바 '호어 트리hoar tree'로 집결될 예정이었다. 호어 트리는 헤이스팅스에서 올라오는 길과 런던으로 향하는 길의 교차점에 있었다. 해럴드는 그 빌어먹을 나무 옆에 그의 '전사' 깃발을 꽂을 것이며, 잉글랜드 군은 이제 그곳 센락의 산마루에서, 준비가 되었건 아니건, 노르망디의 기욤을 상대할 예정이었다.

율리우스력 1066년 10월 14일 토요일 아침, 그날은 노예로 태어났다가 순교로 죽음을 맞은 교황 성 갈리스토St Calixtus의 축일이었다. 만약, 당신이 색슨의 후스칼 무사였다면, 당신은 (지금보다 훨씬 경사가 심했던) 언덕마루 벼랑 끝에 서서 수백 야드 바깥에 있는 적들을 내려다보고 있었을 것이다. 당신은 왕이 밀어붙인 ─ 58마일(93.3킬로미터)을 단 3일 만에 주파해야 했던 ─ 그 고된 행군으로 지쳐 있다. 아마도 왕은 하르드라다를 놀라게 한 것처럼 노르만인들을 놀래 주고 싶었을 것이다. 그러나 그들은 그다지 놀라지 않았다. 당신의 양쪽에는 후스칼 부대의 방패벽이 아마도 1000보 정도 되는 긴 대열을 이루고 있고, 전사들은 옆구리를 맞대고 손에는 예리하게 벼려진 전투용 도끼와 창을 들고 있다. 그것들은 날카로울수록 좋은 법이다. 당신 뒤에는 퍼드병들이 있다. 그들은 뭔가가 일어나고 있는 것을 지켜보았고, 바로 이런 일에 대비하여 자신의 검과 투구를 집 안에 보관해 왔다. 당신은 왕과 그의 동생들이 대열의 중앙에 자신들의 깃발과 함께 서 있는 것을 바라다본다. 비룡, 웨식스의 황금빛 용, 그리고 '전사' 문장의 왕기王旗가 그들의 깃발이다. 당신은 왕의 능력을 믿는다. 그는 용기를 가졌으며, 분별력이 있다. 당신은 왕이 하르드라다를 패퇴시키는 것을 보았으며, 또한 당신은 그가 흔들리지 않을 것을 알고 있다. 당신은 아래쪽에서 들려오는 노르만군의 말 울음소리를 듣는다. 당신은 지금껏 말 탄 기사들과 대적해 본 경험이 없다. 그러나 그들은 밑에서 위로 올라와야만 한다. 그들이 찬송가를 부르는 것을 들었다고 그대가 생각하는 건 아마도 그 때문일 것이다.

만약 당신이 노르만의 보병 병사라면, 말 탄 기사들이 제발 자신들이 무엇을 하고 있는 지를 깨달아주었으면 하는 기도를 하고 있을 것이다. 당신 주위에는 온통 금속들이 삐걱거리는 소리로 가득 차 있다. 이를테면 검을 벼리는 소리, 말에 올라타는 소리 같은 것이다. 당신은 가파른 언덕 비탈 위를 올려다보고는 얇고 반짝반짝 빛나는 하나의 선이 있음을 발견한다. 당신은 이마에서 가슴에 걸쳐 십자를 긋고 쇠사슬 갑옷의 연결 고리들을 만지작거린다. 이것들이 과연 날아오는 적의 도끼날을 무디게 만들 수 있을까? 당신은 지금까지 전장에서 적의 도끼와 맞상대해 본 적이 없다. 당신은 고개를 돌려 궁수들이 활시위의 탄력을 점검하고 있는 모습을 지켜본다. 다른 보병 병사들이 다리를 질질 끌며 궁수들의 뒤편으로 자리를 옮기고 있다. 모두들 자신이 어디에 위치해 있는지 개의치 않는 것처럼 보인다. 당신은 창과 검을 집어 든다. 당신의 뒤편에는 기드림, 즉 끝이 갈라진 중세 기사들의 삼각 깃발들이 있다. 왼쪽에는 브르타뉴, 오른쪽에는 플랑드르의 깃발들이 있다. 당신은 기욤과 그의 형제들과 함께 대열의 중앙에 있다는 것 때문에 기분이 좋다. 거기에다 성부聖父의 깃발을 바라보니, 신이 당신 편에서 싸우고 있으며, 또한 공작이 교황의 반지를 끼고 전투에 돌입할 것이라는 것을 상기시켜 줌에 따라 더더욱 기분이 편해진다.

만약 실제 전투가 연대기 작가 와스가 묘사한 바와 같이, 그야말로 시적인 장면으로 시작되었다면, 즉 종군 중이던 음유시인 타유페르Taillefer가 노르만군의 대열에서 말을 타고 앞으로 나와 「롤랑의 노래Chanson de Roland」를 부르며 검을 하늘 높이 던졌다가, 떨어지는 칼자루를 부여잡고는 전속력으로 잉글랜드 진영으로 돌진하여 잉글랜드 병사 세 명을 거꾸러뜨리고, 빗발치는 창날 속에서 쓰러지는 것으로 시작되었다면, 그것은 참으로 멋들어진 장면이었을 것이다. 그러나 현실 속의 전투는 보다 산문적으로 찬찬히 전개되었을 것이다. 궁수들이 사거리에 근접한 지점까지 천천히 전진하여 활시위를 놓고, 그다음에는 보병들이 달리기 시작하고, 마지막으로 기사들이 창을 들고 노르만의 나팔 소리와 그들의 전투 구호 소리 '듀스 아여Dex aie(신이 우리를 도우신다)'에 맞추어 돌격을 감행했을 것이다. 그들은 잉글랜드 진영에 닿기 전, 적진에서 들려오는 율동감 있는 방패 두드림 소리, 그리고 '전능하신 신이여'라는 함성 소리를 들었을 것이다. 그다음에는 살인적인 군마들의 돌진과 충돌, 무기들의 꿰찌르기, 가죽을 입힌 방패를 때리는 화살과 창날, 땅바닥에 쓰러지는 병사들, 그리고 부상자들의 비명 소리가 끝도 없이 이어졌을 것이다.

기욤은 약 한 시간에 걸쳐서 궁수, 보병, 기병 등 세 개 부대 대형을 언덕을 향해 전개시켰다. 일부 기병들은 곧바로 적의 방패벽에 도달하여 마치 암초처럼 벽을 향해 부딪쳐 들어갔다. 그러나 대부분의 기병들은 잉글랜드병들의 도끼와 맞서지 않으려 했고, 특히 전투 초반의 양상은 그러했다. 그들은 그 대신에 잉글랜드군 대형에 가능한 가까이 접근하여 투창용 창을 던짐으로써 그들의 방패벽을 뚫고자 했다. 그리고는 방향을 돌려 아군의 화살비를 보호막 삼아 언덕 밑으로 후퇴한 뒤에 다음 공격을 기다리는 식이었다. 그러나 이러한 공격은 큰 성과를 거두지 못했고 이는 정오 무렵까지도 마찬가지였다. 색슨의 방패 벽은 1인치도 움직이지 않았다. 노르만 기병의 공격 기회에도 제한이 있을 수밖에 없었다. 그런데 이때 잉글랜드 병사들 사이에서는 적의 기병 공격이 주춤 거리고 있음이 감지되면서 다소 의기양양한 기운이 감돌고 있었는데, 이것이 그들의 위기를 자초했다. 기욤 부대의 좌익을 맡고 있던 브르타뉴 기병의 말들이 보병에 채어 넘어지면서 흐트러진 모습으로 후퇴하자, 이를 본 잉글랜드 퍼드병들은 이참에 적을 패주시키고 싶은 유혹을 떨치지 못했다. 그들은 대열을 이탈하여 브르타뉴 부대를 쫓아 언덕으로 내려갔다. 초기 전투 국면에서 맞이하게 된 이 결정적 순간에 만약 잉글랜드군이 왕의 지휘하에 집중적인 공격을 감행했더라면 잉글랜드군은 이날 승리를 취할 수 있었을지 모른다. 그러나 해 럴드는 적에게는 여전히 우익의 플랑드르 부대와 중앙의 노르만 부대가 건재 하고 있다는 사실을 유념하면서 보수적인 전략을 구사했다. 그는 그의 부대가 전투력을 확실하게 유지하는 가운데, 적으로 하여금 방패벽을 상대로 싸우다 가 스스로 지치도록 만드는 것이 최상의 전략임을 확신하고 있었다. 일부 퍼드 병들이 대열을 이탈함에 따라 전군 차원의 협력 작전으로 주도권을 잡으려 했 던 해럴드는 핵심 부대 일부에 대한 통제권을 잠시나마 상실한 셈이 되었다. 그 퍼드병들이 언덕 밑으로 달려갔을 때, 타고 있던 말이 베임을 당해 한때 죽 었다고 루머가 돌았던 기욤은 자신의 건재를 과시하기 위해 투구를 고쳐 쓰고 중앙의 노르만 부대 대형을 다시 정비하고 있었다. 그리고는 브르타뉴 병들을 추격해 오는 색슨군을 대열에서 고립시켜 포위했다. 작은 언덕으로 물러난 잉 글랜드군은 변변치 못한 무장에도 불구하고 최선을 다해 싸웠지만 하나씩 적 의 칼에 베어져 스러져 갔다.

전투는 오래 계속되었다. 중세 역사에서 가장 길었던 전투 중 하나로 기억 되는 이날의 전투는 여섯 시간 만에 승패가 갈렸다. 노르만 기사들의 재결집이 확실한 전환점이었다. 전투는 양 진영의 군대가 편제 운용상의 유연성에서 차 이가 있음을 여실하게 보여주었다. 기욤은 군대의 이질적 요소들을 변화하는 상황에 따라 적절하게 운용했다. 해럴드는 적의 세력이 약해져서 반격이 가능 할 때까지 적의 공격을 수동적으로 받아들이면서 오로지 방어에만 집중하는 전략을 선택했다. 그러나 시간이 오후 한가운데로 접어들 무렵, 힘이 떨어져 바닥에 쓰러지는 자들은 노르만이 아니라 잉글랜드 병사들이었다. 기욤은 자 신의 기사들을, 노르만 역사가들의 주장대로 표현하면, '거짓으로' 후퇴시켰다. 거짓이건 아니건, 그들의 후퇴는 오히려 잉글랜드 후스칼 전사들의 손실과 함 께 잉글랜드의 방어선을 축소시키는 결과를 가져왔다. 상대적으로 무장과 보 호 장비가 취약한 퍼드병들이 점차 후스칼 전사들의 자리를 메웠고, 그들의 후 방은 고각으로 발사되어 위에서 쏟아져 내리는 노르만의 화살 공격에 더욱 노출되었다. 잉글랜드군은 대열이 흐트러졌음에도, 그날 오후 상당히 늦은 시간까지 언덕을 확실하게 지키고 있었다. 그러나 어떤 순간에 이르러 노르만 기병들이 언덕의 서쪽 비탈을 타고 올라섰다. 그들은 그곳을 기반으로 세력이 줄어든 적의 대열을 직접 공격하는 것이 가능해졌으며, 반면에 잉글랜드 진영은 취약점이 상당 부분 적에게 노출되었다. 두터운 대열을 형성하고 있던 오른쪽에 해럴드가 있었고, 아마도 그의 동생 그리드도 거기 있었을 것이다. 이때 (태피스트리가 확실하게 묘사하고 있듯이) 왕이 눈에 화살을 맞았는데, 이는 단지 왕 자신뿐 아니라 그의 군대에도 치명적인 결과를 초래했다. 왜냐하면 그의 형제들도 모두 전투 중에 사망하여 지휘의 공백이 발생했기 때문이다. 레오뷔네는 훨씬 앞서 전사했고, 그리드는 전투가 끝날 무렵 죽은 것으로 보인다. 그들의 주변에는 전장에서 빛이 사라질 때까지 최후의 일각까지 싸우다가 쓰러져간 셀 수 없이 많은 후스칼 전사들의 시신이 쌓여갔다.

군의 깃발들이 땅에 떨어지고 그나마 남아 있던 잉글랜드군의 대열은 끝내 붕괴되었다. 살아남은 퍼드병들은 이제 그들의 목숨을 보존하여 가족을 찾거나 위험을 벗어날 방법을 궁리해야 했다. 그렇다고 전투가 완전히 끝난 것은 아니었다. 잉글랜드의 낙오병들을 전속력으로 추격하고 있던 일단의 노르만 기사들은 나무들이 우거진 작은 협곡 '말포세malfossé(프랑스어로 불길한 도랑이라는 의미)'에서 매복 공격을 당해 말들이 고꾸라졌다. 많은 수의 기사가 죽었고, 그들의 지휘관이었던 불로뉴의 유스터스Eustace는 워낙 강한 일격을 맞은 탓에 코와 입에서 피가 흘러내려 전투 장소에서 실려 나와야 했다.

해럴드의 절단된 시체는 시체더미 속을 헤집고 다니던 그의 정부情婦 에디스 스완네크Edith Swan-Neck에 의해 확인되었다. 그녀는 '오직 자신만이 알고 있는 신체적 특징'으로 죽은 왕을 알아보았다. 기욤은 마치 그의 필연적인 파멸과 영구히 대면하기라도 하려는 듯 그의 시신을 해변의 석판 아래에 묻었다. 해럴드의 모친 위타는 아들의 시신을 돌려받기 위해 기욤에게 금을 주려했지만 그녀의 제의는 모욕적인 방식으로 거절되었다. 기욤은 신이 자신에게 승리를 주신다면 감사의 뜻으로 대수도원을 짓겠다고 한 맹세를 실현하기 위해 해럴드가 왕기王旗를 세웠던 바로 그 자리에 대수도원을 건축할 생각이었다. 그러나 그가 이 거창한 계획을 제대로 즐기려면, 우선 자신의 승리부터 확인해야 했다. 그것은 단순히 하나의 전투에서 거둔 승리가 아니라 잉글랜드를 획득하기 위한 전쟁에서의 승리를 의미했다. 그는 센락 언덕에서 벌어진 살육의 현장에서 병력의 최소한 4분의 1을 잃었으며, 곧이어 나머지 병력들도 극심한 풍토병인 이질의 습격을 받았다. 만약 기욤이 살아남은 잉글랜드 귀족들이 헤이스팅스로 떼 지어 몰려와 그에게 충성의 맹세를 할 것이라고 기대했다면, 그 결과는 매우 실망스러웠을 것이다.

고드윈 가문이 붕괴하면서 당시 잉글랜드에서는 캔터베리 대주교 스티간드와 요크 대주교 앨드레드Aeldred, 그리고 북방의 백작들인 에드윈과 모르카가 권력의 핵심으로 떠올랐다. 만약 이들 북방의 백작들이 센락 언덕에 합류했더라면 전투의 승패가 달라졌을지도 모를 일이었다. 그런데 그들이 후방에 군대를 유지하고 있었다는 것은 최소한 그들이 무언가 흥정거리를 가지고 있었다던가, 혹은 그렇게 믿고 있었을 개연성을 의미한다. 그들은 처음에 직관적 판단에 의해 에드먼드 강용왕剛勇王의 손자이자 에드워드 참회왕의 조카 손자인 에드거 왕자를 왕으로 선언하려고 했다. 그는 옛 웨식스 왕가의 마지막 후계자였다. 그러나 그는 아직 소년이었고, 잉글랜드 후방 귀족들의 볼모에 지나지 않았다.

이 때문에 기욤은 그의 병력이 이질에서 회복하자마자, 잉글랜드 귀족들을 상대로 그들이 항복하면 무엇을 얻을 것이며, 저항한다면 무엇을 잃을 것인지를 실제로 보여줄 필요가 있었다. 잉글랜드 남동부 지역을 휩쓴 일상적인 방화와 약탈은 이런 필요를 충족시키기 위한 계략에 다름없었다. 캔터베리, 윈체스터 등 앵글로 색슨 잉글랜드의 핵심 지역들이 하나둘씩 무너졌다. (윈체스터에서는 해럴드의 누이이자 에드워드 참회왕의 왕비였던 에디스가 윈체스터와 함께 색슨 왕들이 묻혀 있는 대수도원의 열쇠들을 기욤에게 넘겨주었다.) 에드윈과 모르카는 소년 에드거를 왕으로 옹립하는 문제를 급작스럽게 재고하게 되었고, 자신들의 백작령을 보전하기 위해 북쪽으로 출발했다. 그들은 노르만의 침공이 과거 데인족의 경우와 똑같은 양상으로 진행될 것이라고 생각했다. 즉, 명목상의 수장인 외국인이 결국은 잉글랜드 귀족들과 앵글로 색슨 잉글랜드의 통치제도들과 타협할 수밖에 없을 것이라는 생각이었다. 그러나 기욤의 경우에는 그가 실제로 오래된 것과 새로운 것, 즉 색슨과 노르만의 정치적·사회적 융합을 통해 잉글랜드를 통치할 가능성은 별로 없었다. 그가 애초에 노르망디에서 대규모의 병력을 일으킬 수 있었던 기본적인 전제는 승자가 전리품을 챙긴다는 것이었다. 그런 까닭으로 잉글랜드의 식민지화는 대규모 무장 병력의 지속적인 존재를 필요로 했고, 따라서 기욤은 그의 약속을 지켜서 자신을 따라온 봉신들에게 잉글랜드 귀족들의 재산, 토지, 신분을 넘겨주겠다는 확고한 입장을 가지고 있었다.

기욤은 런던의 점령 없이는 어떠한 정복도 그 이름에 걸맞은 가치를 가질 수 없다는 것을 알고 있었다. 그는 런던을 직접적으로 공략하는 대신, 식량이 떨어질 때를 기다릴 심산으로 군대를 당분간 런던 주변 녹지대에 주둔시키려고 했다. 그러나 기욤이 월링퍼드Wallingford에서 템스강을 건널 무렵, 스티간드 대주교와 앨드레드 대주교, 그리고 에드거 왕자 등은 이미 그에게 무릎 꿇을 준비가 되어 있었다. 그렇게 해서 색슨 왕가 혈통의 마지막 후계자는 기욤의 인질이 되었고, 이제 위턴 회의의 구성원 중에서 세력 규합을 통한 조직적 저항을 주도할 만한 인물은 단 한 명도 없었다. 1066년 크리스마스, 웨스트민스터 수도원에서는 지난 1년 사이 세 번째 맞이하는 왕실 의식이 치러지고 있었다. 바로 국왕 윌리엄 1세의 대관식이었다. 색슨과 노르만의 전례典禮를 결합시켜 의식을 치를 계획이었다. 973년 바스에서 치러진 국왕 에드거의 대관식 때 만들어졌던 던스턴의 전례를 채택했는데, 요크 대주교 앨드레드는 영어로 읽고, 쿠텅스Coutances의 주교 조프루아Geoffrey는 프랑스어로 읽음으로써 이를 재현했다. 그리고 프랑스에서 왕들을 위해 사용하던 신성한 기름 부음, 즉 성유 의식을 추가했다. 이로써 사생아 기욤은 마침내 정통성을 갖춘 잉글랜드 국왕 윌리엄 1세가 되었다.

이는 에드워드 참회왕이 그의 임종 침상에서 예언을 남긴 지 거의 1년 만의 일이었는데, 웨스트민스터 대관식 참석자들 중에는 수천 명의 잉글랜드인들이 죽었으므로 충분한 속죄가 이루어졌으며, 따라서 잉글랜드라는 나무는 이제 스스로를 치유하고 다시금 푸른색으로 자라날 것이라고 생각하는 사람들이 있었다. 그러나 악령들이 완전히 떠나간 것은 아니었다. 윌리엄은 대관식 당일 웨스트민스터 수도원 바깥에 기사들을 배치하여, 이 위대한 의식을 열렬히 반기지 않는 자들을 모두 처리하도록 했다. 경비병들은 건물 안쪽에서 들려오는 환호와 만세 소리를 듣고는 모종의 폭력사태가 일어나고 있다고 판단하고는, 그들의 대응 준칙대로 눈에 들어오는 건물들마다 불을 지르기 시작했다. 역사가인 오르데리쿠스 비탈리스Orderic Vitalis는 다음과 같이 적었다.

> 불이 급속하게 주택들 사이로 번지면서, 수도원 안에서 의식을 치르고 있던 사람들은 혼란에 빠졌으며, 남녀 군중은 계층과 신분 가릴 것 없이 때 아닌 재앙에 놀라 교회 밖으로 뛰쳐나왔다. 주교들을 포함한 성직자들과 수도승들만이 겁에 질린 채 제단 앞에 머물렀는데, 그들은 극심하게 몸을 떨고 있는 왕을 위해 어떻게든 성체 의식을 마무리 지으려고 애쓰고 있었다. 거의 모든 사람이 걷잡을 수 없이 타오르는 불길을 향해 달려갔는데, 개중에는 화염을 상대로 용감하게 싸우는 사람들도 있었지만, 혼란의 와중에서 자신들을 위한 노획품을 챙기려는 사람들이 더 많았다. 잉글랜드인들은 전혀 예측하지 못했던 이 사태의 배경에 무언가 음모가 개입되었을 거라고 믿으면서 극도의 분노를 느꼈고, 이후 노르만인들을 의심하면서 그들을 기만적인 사람들로 판단하게 되었다.

이 같은 낭패를 당한 후, 윌리엄이 대관식에서 행해졌던 형식적인 충성 맹세들을 액면 그대로 받아들이지 않게 된 것은 놀라운 일이 아니다. 전례 없이 강력한 방어력을 갖춘 석성石城이 크리스마스 직후에 건설되기 시작한 것은 우연이 아니었다. 이 요새는 후일 런던 타워가 되었다.

사람들이 '창백한 안색으로 떨고 있는' 윌리엄을 흘끗이나마 볼 수 있었던 것은 대관식 재앙이 유일했고, 그는 대개 신과 같은 승자의 모습으로 사람 앞에 나타났다. 그는 5피트 10인치(178센티미터)의 큰 키에 붉은 머리카락을 한 힘이 센 사람이었다. 1067년 부활절 무렵, 그는 노르망디로 돌아가서 공작령의 도시들과 교회들을 섭렵하며 개선 행진을 할 정도로 자신감을 회복했다. 잉글랜드에 첫발을 밟았던 페번시를 출발점으로 삼은 왕의 개선 행진은 매우 정교하게 기획된 장관壯觀이었는데, 왕은, 과거 로마인들이 개선 행진할 때 동반했던 포로들처럼, 소수 무기력한 색슨 엘리트들의 표본이라 할 에드거 왕자, 그리고 에드윈과 모르카 등 두 명의 노섬브리아 백작들을 대동했다.

루앙에서의 행복감으로 인해 그는 마치 잉글랜드를 완전히 평정한 것처럼 생각하게 되었을 것이다. 그러나 그게 아니었다. 윌리엄은 그의 통치 기간 대부분을 해협 양쪽에서 일어나는 국지적 반란들을 진압하면서 보낼 운명이었다. 그것이 원칙의 문제였건, 아니면 기회주의적 행동이었건 간에 윌리엄 1세에 대항하여 그 나름대로 반란의 명분을 가지고 있었던, 그리고 무력을 사용할 기회가 있었던 거의 모든 사람이 반란을 일으켰던 것이다. 웨일스의 '야성의 에드릭Eadric the Wild'은 요정 같은 공주와 결혼하고 그녀를 왕에게 소개했다고 — 미녀, 야수에게 인사하세요, 야수, 미녀에게 인사하세요 — 전해지지만, 그는 노르만 영주에게 빼앗긴 자기 땅을 되찾으려 하는, 그러니까 현실적인 문제에 더 관심이 많은 사람이었다. 그런가 하면 해럴드의 아들들은 1068년 데번과 서머싯에서 제법 심각한 공격을 감행했고, 엑시터Exeter의 시민들은 노르만의 포위 공격을 18일간이나 막아냈으며, 그들은 과거의 시민적 특권을 회복한 다음에야 저항을 멈췄다. 헤이스팅스에서 윌리엄 편에서 싸웠던 자들 중에도 반란에 가담한 이들이 나타났는데, '도버의 파괴자'였던 불로뉴의 유스티스는 일단의 기사들을 이끌고 이번에는 그 도시를 방어하기 위해 반기를 들었다. 잉글랜드 왕좌를 포기할 생각이 없었던 덴마크의 스베인 2세는 200척에 달하는 대규모 함대를 꾸려 침략을 감행했는데, 이스트 앵글리아와 노섬브리아 등 한때 바이킹이 지배하던 대규모의 잉글랜드 지역을 점령하기도 했다.

1069년 무렵, 윌리엄은 3년 전 해럴드가 경험했던 수준의 골칫거리를 실제로 경험하게 되었고, 해럴드가 그랬던 것처럼 왕국의 한쪽 끝에서 다른 쪽 끝을 허둥지둥 달려서 전투를 벌여야 했다. 이런 불유쾌한 전투를 치르는 동안 그는 얼마나 넓은 브리튼 땅이 아직도 정복되지 않은 채 색슨계 귀족들의 손에 남아 있는지를 확실하게 실감하게 되었을 것이다. 웨일스는 (고드윈 시대에도 그랬던 것처럼) 반란이 일상화된 지역으로서, 국경 지역을 신뢰 수준으로 안정화시키기 위해서는 변경 영주들과 그들의 성채를 대상으로 수년간에 걸친 무자비한 진압과 식민화 과정을 필요로 했다. 스코틀랜드의 장수왕 말콤 3세는 도주한 색슨 왕자 에드거의 누이와 결혼했을 뿐 아니라 에드거를 그의 궁중 예빈으로 대우하는 대담함을 과시했다. 윌리엄은 덴마크에 의한 동쪽 해안 내습과 스코틀랜드에 의한 남침 상황을 동시에 직면하게 되었다. 요크는 덴마크의 왕 스베인에게 문을 열어주며 그를 해방자로 맞아들였다. 이 때문에 윌리엄이 1069년 강력한 군대를 동원하여 북쪽으로 진군했을 때, 그의 군대는 통상적인 응징의 차원을 훨씬 뛰어넘는 무자비한 학살을 자행하고 집단적 아사를 유발시켰는데, 이는 의도적이고 계산된 폭력이었다. 수천 명의 남자와 소년들이 소름 끼치는 방식으로 도륙되었고, 그들의 시신은 부패할 때까지 노상에 버려졌다. 농토와 가축들이 완전히 황폐화되었기에, 살아남은 사람들 또한 곧이어 불어닥친 기근과 전염병으로 인해 죽어갔다. 역사가 오르데리쿠스 비탈리스에 따르면 윌리엄은 임종 침상에서 다음과 같이 말했다고 한다. '나는 북부 지방의 잉글랜드인들에게 노호하는 사자처럼 맹렬하게 달려들었고, 그들을 잔인하기 짝이 없는 기근이라는 참사의 희생자로 만들었으며, 그렇게 함으로써 … 노소를 막론하고 수천의 선량한 사람들을 죽인 살인자가 되었다.' 그러나 그 참사 당시 윌리엄의 감정을 지배했던 것은 동정심이 아니었다. 왕은 파괴된 요크의 한가운데에서 성탄을 축하하는 행사를 잊지 않았던 것이다.

대재앙이 지나간 곳에는 성들이 세워졌다. 윌리엄은 문제 지역으로 간주되는 요크, 체스터, 런던 등을 중심으로 많은 성채를 도시 내부에 구축했는데, 일부는 예전처럼 흙 둔덕 위에 목재로 세웠고, 어떤 것들은 영구적인 석조 건물로 축성했다. 이들은 평화 시에는 도시의 권위를 지켜주는 성채였으며, 내전 시에는 필요한 만큼의 공포를 생산해내는 기제가 되었다. 도버와 메드웨이Medway 강안의 로체스터Rochester같이 왕국의 핵심적인 연결 통로에는 옛 로마 브리튼 시대의 것을 본뜬 요새를 건설했다. 그러나 지역에 따라 어떤 종류의 성채를 구축하더라도 방어에 적합하지 않은 군사적 지형을 가진 곳들이 있었다. 예컨대, 이스트 앵글리아에 위치한 일리Ely 주변의 소택 지역은 수로를 통한 덴마크의 내습이 있을 경우 이에 내응하는 반란이 일어날 가능성이 많았다. 전장에서 돌아와서 보니 자신의 가정이 파괴되고 토지는 노르만인들에게 넘어간 것을 목격하고는 소택지의 게릴라가 되었다는 종사 계급의 무법자 헤리워드 더 웨이크Hereward the Wake의 전설은 상당 부분 허구이지만, 일리의 '피난의 섬'이 한동안 헤리워드뿐 아니라 노섬브리아의 모르카 백작에게도 피난처를 제공해 주었던 것은 사실이다. 그러나 덴마크 왕 스베인이 자신의 손실을 줄이기 위해 과거 바이킹 방식으로 돌아가 윌리엄이 제공하는 돈을 받기로 하면서 소택지의 반란은 그 운이 다했다. 그러나 반란군은 이미 피터버러Peterborough 대수도원을 불태워버렸으며, 또한 노르만군을 함정으로 끌어들일 목적으로 건설한 제방이 의도한 바대로 가라앉는 것을 만족스럽게 바라보고 있었다. 이 대목에서 재미있는 것은 헤리워드의 이름이 둠즈데이 북Domesday Book에 웨스트 미드랜드west Midlands, 지역의 토지 소유자로 등재되어 있다는 것인데, 이로 미루어 볼 때 그 또한 윌리엄과 모종의 흥정을 했을 가능성이 있다.

이후 윌리엄은 위협과 매수라는 수단을 통해 차례차례, 나라 전체를 복종으로 이끄는 데 성공했다. 마지막 작업은 1072년 전략적인 면이 빛을 발하는 협공 작전에 의해 이루어졌다. 그는 서쪽의 클라이드강과 동쪽의 테이강에서 동시에 치고 들어가는 작전으로 스코틀랜드를 양분하며 말콤 왕을 협공했는데, 말콤은 에드거 왕자를 버리고 윌리엄을 적법한 잉글랜드 군주로 인정하는 수밖에 없었다. 전쟁 군주로서의 윌리엄의 카리스마는 당시 스코틀랜드 왕을 섬기고 있던 야성의 에드릭 같은 일부 생존한 색슨 귀족들마저 자기편으로 끌어들일 정도의 충분한 위력을 발휘했다. 에드릭의 토지는 원상대로 회복되었다. 잉글랜드 연대기에 따르면, 말콤은 인질들을 넘겼을 뿐 아니라, 그 자신이 '윌리엄의 사람'이 되기로 맹세했다고 한다. 이것이 과연 스코틀랜드 왕이 잉글랜드 왕에게 '신종臣從의 예'를 올린 것을 의미했는지, 그렇지 않았는지, 하는 문제는 장차 수 세기에 걸쳐 두 왕국 간에 유혈의 논쟁거리가 될 예정이었다.

이 사건에 대한 기록들은 1066년의 경우와 마찬가지로 승자의 것이었다. 뽐내기 좋아하는 푸아티에Poitiers의 기욤이나 조금 뒷시대의 사람인 와스는 기만적인 해럴드와 고귀한 윌리엄, 맹세를 어긴 해럴드와 배반당한 윌리엄 등, 두 사람의 행적을 극명하기 짝이 없을 정도로 대조적으로 기술했다. 한 사람은 중죄인이었고, 다른 한 사람은 귀감이었다. 그렇듯 자화자찬의 합창 소리가 싫증날 정도로 들리는 가운데, 거기에 어울리지 않는 음을 내며 감히 윌리엄을 비판하고 그의 정복을 '있었던 그대로', 다시 말해 무자비하게 계획되고 잔인하게 실행된 침략 행위로 이야기하는 목소리가 최소한 하나는 있었다. 그 목소리의 주인공은 바로 수도사 오르데리쿠스 비탈리스였다. 그는 노르만인 아버지와 잉글랜드인 어머니 사이에서 태어났기에 노르만 정복을 하나의 독특한 관점으로 관조할 수 있었으며, 그런 연유로 더욱 신뢰감을 확보할 수 있었다. 그의 부친은 윌리엄과 함께 도래한 사람이었는데, 소년 오르데리쿠스를 노르망디로 보냈다. 소년은 그곳에서 성장하면서, 어쩌면 그의 모국이었어야 할 곳으로부터 무언가 소외된 느낌을 받았다. 그가 정복 전쟁에 대한 글을 쓴 것은 12세기 초였는데, 다른 기록들과는 대조적으로 사방에 유혈이 낭자하고 불탄 재가 날리는 정복 전쟁의 현실을 낱낱이 기록했다. 오르데리쿠스는 자신이 생각한 '식민화'의 진실을 완곡하게 말할 생각이 전혀 없었다. '외래인들은 잉글랜드에서 전리품을 얻어 날로 부유해진 대신, 원래 그곳의 자손들은 불명예스러운 죽임을 당하거나 아무런 희망 없이 남의 나라를 방황하는 망명 생활로 내몰렸다.' 이것이 그의 이야기였다.

다른 말로 하면, 오르데리쿠스는 정복 전쟁으로 야기된 사건을 하나의 정신적 외상外傷으로 보았다. 물론 그것은 뿌리째 뽑힌 것에서 비롯된 것이라기보다 윗부분이 싹둑 잘린 상처에서 비롯된 것이었다. 앵글로 색슨의 모든 것이 1066년을 기해 사라진 것은 아니었다. 그곳에는 여전히 샤이어와 헌드레드가 행정구역의 단위로서 살아남았으며, 각 행정구역에는 법정들이 있었다. 위턴 회의는 사라졌지만 노르만 왕들은 여전히 자문 회의를 통해 의견을 수렴했다. (윌리엄은 대체로 자문 회의를 무시하는 편이었다.) 자유롭지 못한 농민들, 즉 농노들은 여전히 한 결strip의 목초지를 경작하고 가축을 키우는 대가로 영주를 위해 정해진 날수만큼 노동력을 제공해야 했다. 앵글로 색슨의 이름을 가진 영주들이 프랑스 이름을 가진 영주들로 바뀌었다. 그렇다면 바뀐 것이 이름뿐이었을까?

많은 것이 달라졌다. 앵글로 색슨의 테인들, 즉 종사들은 대부분 이름에 성을 사용하지 않았다. 위고드Wigod나 세드릭Cedric 다음에 지역 이름이 추가된다면, 그것은 단지 그들이 그곳 출신이라는 것을 의미할 뿐이었다. 그러나 노르만인들이 지역을 자신의 이름에 포함했을 때는, 그것은 점유와 소유의 행위였다. 그들이 로저 보-몽Roger Beau-Mont 또는 몽-고메리Mont-Gomery라는 이름을 사용할 때 그 지역은 곧 그들 자신이었으며, 그들은 곧 그 지역을 의미했던 것이다. 그들은 지역의 모든 것을 소유했다. 기사들과 농민들은 물론, 방앗간, 삼림, 목축장, 여울, 다리, 양털, 가죽, 그리고 맥주에 이르기까지 모든 것이 그들의 소유였다. 그리고 그들이 이렇게 일괄적으로 잘 묶인 재산을 일단 소유하게 된다면, 가족 구성원의 죽음이나 생존 등 우발적 사고에 의해 재산이 다시 쪼개지는 일도 없을 터였다. 과거 앵글로 색슨인들은 자신이 소유한 토지 재산을 귀금속, 그리고 훌륭한 무기와 갑옷과 함께 그들이 속한 종사 계급의 한 가문이 가지는 자산의 일부분으로 생각했다. 그리고 개인들이 가진 자산들을 모두 합하여 이를 형제, 자매, 숙부, 숙모, 심지어 사촌 등 족친들까지 포함하는 '대 가족'의 공동재산으로 간주했다. 종사나 그의 미망인이 죽으면 그들의 재산은 대가족 구성원 모두에게 배분되었다. 이는 가족들 사이의 평화를 유지하는 데 에는 유용했지만, 자산을 거대 규모로 키우는 데에는 적합하지 못했다. 반면, 노르만 귀족들에게 재산의 보전은 하나의 강박관념이었다. 노르만이 주인이 된 세상에서 이제 아엘프리다Aelfrida 숙모와 재산을 공유할 일은 없어졌다. 모 든 재산은 단 한 사람의 후계자에게 상속될 것이었다. 그들 관점에서 보면 왕 국 자체가 가장 큰 재산이었다. 앵글로 색슨의 옛 방식에 따르면, 죽어가는 왕 이 머리를 끄덕여 왕위 승계 후보자 중 한 사람을 지명하면 위턴 회의가 이에 대한 동의 여부를 결정했다. 새로운 방식은 왕이 그의 왕국을 아들에게 물려주 는 것이었다. 토론은 필요 없었고, 그것으로 끝이었다.

이럴진대, 이들 외국어를 쓰는 정복자들에 의한 지배계급의 교체는 단순한 인적 치환이 아니었다. 옛 봉건 영주권의 체계는 일련의 관계들과 의무에 기반 을 둔 것이었다. 테인 계급의 사람들, 즉 종사들이 색슨 왕들에 대해 군사적 의 무를 지게 된 것은 토지 보유자라는 그들의 신분 때문이었다. 새로운 질서하에 서 노르만의 백작들은 그들이 왕에 대한 군사적 의무를 수행한다는 조건으로 토지 보유를 허여받았다. 이 경우, 그들의 의무는 사실상 임대료와 같은 성격 이었다. 또한 과거 앵글로 색슨의 종사들은, 그들이 비록 왕족의 혈통을 가졌 다 해도, 소작농들을 함부로 내쫓지 못했고, 특히 1하이드나 2하이드의 농장을 보유·경영하고 있었던 최상층의 체오를ceorl, 즉 자유 차지인借地人들의 경우에 는 더욱 그러했다. 체오를 계급의 사람들은 종사 계급과 비교하여 정도의 차이 는 있을망정, 같은 목조 주택에 살았고 같은 종류의 복식 및 언어 습관을 가지 고 있었다. 그들은 재산의 축적 또는 혼인을 통해 종사 계급에 오를 수 있다는 희망도 가질 수 있었다. 그러나 노르만 정복 이후, 그 같은 근접성이나 친밀성 은 소외와 무력감으로 대치되었으며, 오랫동안 관습이라는 이름하에 누려오던 보호 장치를 상실하고 외부의 힘에 무기력하게 노출된 그들의 상황은 공포심마저 불러일으켰다. 이것은 목재로 된 집회장과 성채의 차이였으며, 친밀감이 느껴지던 색슨 교회의 규모와 요새 형식으로 지어진 노르만 대성당의 거대한 규모의 차이이기도 했다.

잉글랜드 땅에서 노르만 정복이라는 사건을 시각적으로 각인시킨 것은 대규모의 성채들과 교회 건물들인데, 이들이 보여주는 단일한 양식은 어찌 보면 기만적이라고 할 수 있다. 윌리엄이 잉글랜드의 토지 보유 계급 전체를 자신의 봉신으로 전환시키겠다고 약속한 것은 분명하지만, 그렇다고 그가 그들 중 가장 강력한 자들이 자신의 통치에 반기를 들 가능성마저 배제시킨 것은 아니었다. 또한, 그는 정복자였고 왕이었지만, 그렇다고 해서 그가 과거 공작 시절보다 가문의 반란 음모로부터 더 자유로워진 것도 아니었다. 그의 장남 로베르Robert가 반란을 일으켰고, 그의 이복동생인 바이외Bayeux 주교 오도 블루아Odo of Blois(바이외 태피스트리는 그를 위해 만들어졌음)는 윌리엄이 해외 체류 중일 때 주저 없이 그를 섭정으로 임명할 만큼 최측근이었음에도 불구하고 그마저 반란 음모에 개입되었다. 세평에 따르면 바이외 주교는 로마로 진군하여 스스로 교황 자리를 차지하려 했다고 한다. 거기에다 플랑드르 백작과 덴마크의 크누트 3세도 잉글랜드에 대한 그들의 야망을 포기하지 않고 있었다.

그러나 이 어느 것도 그의 국정 운영을 진정으로 방해하지는 못했다. 1085년 크리스마스, 그는 글로스터에서 어전회의를 열고, 그의 전 통치 기간을 통틀어 가장 놀라운 작전을 개시했다. 그것은 세수税收에 대한 정보를 확보하기 위한 작전이었다. 앵글로 색슨 왕들로부터 물려받은 국가 방어 명목의 조세인 겔드geld를 부과하는 데 필요한 정보를 얻는 것이 당면 과제이긴 했지만, 둠즈데이 북의 편찬은 그것을 넘어 정부 회계 업무에 획기적인 변화를 가져온 사건이었다. 이것은 최북단 타인강에 이르기까지 잉글랜드의 모든 샤이어, 모든 헌드레드를 망라하여 작성된 자산 목록이었다. 정복 직전에는 누가 무엇을 소유했으며, 현재는 누가 무엇을 소유하고 있는지, 그 당시에는 자산의 가치가 얼마였으며, 지금 현재의 가치는 얼마인지가 기록되었다. 이는 당장의 재정을 확보하고자 하는 실용적 필요성을 넘어서는 것으로서, 윌리엄은 '아는 것이 곧 힘'이라는 것을 알고 있었던 것이다. 그처럼 끊임없이 말을 타고 달려야 했던 사람들에게는 좀처럼 기대하기 어려운 본능적 자질을 그는 가지고 있었던 것이다. 정복왕 윌리엄은 최초의 데이터-베이스 왕, 즉 데이터를 축적·보관했다가 필요할 때 꺼내 쓰는 최초의 왕이었다.

그의 신하들은 11세기 상황에서는 초고속이라 할 속도로 왕에게 정보를 전달했다. 오르데리쿠스 비탈리스는 다음과 같이 기록했다.

> 왕은 잉글랜드 전역의 모든 샤이어에 사람을 보내, 그곳에 얼마나 많은 100하이드 단위의 토지가 있는지, … 또는 그곳에서 자신이 소유하고 있는 토지와 소의 양은 얼마나 되는지, 자신이 각 샤이어에서 받아야 할 것은 얼마나 되는지 조사하게 했다. 그리고 그는 모든 대주교, 주교, 수도원장, 그리고 백작이 얼마나 많은 토지를 가지고 있는지에 대한 기록을 가지고 있었는데 … 얼마나 세밀하게 조사했는지, 단 1하이드의 땅, 단 한 마리의 황소, 단 한 마리의 암소, 단 한 마리의 돼지도 그의 기록에서 누락된 것이 없었다.

1086년 8월 1일은 수확제의 날이었는데, 윌리엄은 그날 솔즈베리의 올드 사룸Old Sarum에서 빽빽하게 묶인 서류 뭉치들을 전달받았다. 이 자료들은 맨 처음 지역 차원에서 수집되어 헌드레드로 보내졌고, 이를 다시 샤이어의 조사단이 최종적으로 편찬하여 책으로 만들어진 것으로서, 상호참조 과정을 거친 정보들이 수록되었다. 일부 자료들은 농노나 사제들의 구두 증언에서 비롯되었다. 그러나 이 중 상당한 자료들은 겔드-북geld-book과 같은 기존의 문헌에서 취했을 것이 틀림없다. 이로써, 우리는 통상 둠즈데이 북을 노르만 정부의 거침없는 효율성을 보여주는 기념비적 사건으로 간주하지만, 사실은 앵글로 색슨 정부 시스템이 남겨놓은 선진적인 정보 검색 장치의 도움을 많이 받았을 것이라는 것을 미루어 짐작할 수 있다. 이런 연유로 오래된 잉글랜드의 세계는 새로운 세계에 사로잡힌 유령의 신세가 되었다고나 할까, 아무튼 둠즈데이 북에 기록된 채로 그 자리에 오래 머무르게 되었던 것이다. 테인, 즉 종사라는 계급, 셰리프라는 직제, 그리고 하이드라는 지적 단위도 그렇게 기록 속에서 살아남은 것들이었다. 윌리엄에게 이 책이 전달된 그 순간, 윌리엄은 잉글랜드를 다시 한 번 정복한 것이나 마찬가지였다. 이 '통계에 의한 정복'은 설사 노르만 잉글랜드의 전사 귀족들이 불만이 있다 하더라도 여간해서는 극복하기 어려운 방식의 정복이었다.

올드 사룸에서 치러진 두 개의 의식은 별개의 사건이었지만, 그럼에도 불구하고 정복 이후의 잉글랜드와 정복 이후의 잉글랜드 군주정을 상호보완적인 방식으로 완벽하게 규정해 주었다. 하루 먼저 일어난 첫 번째 사건은 모든 대신과 귀족, 그리고 젠틀맨에 의한 충성 맹세였다. '잉글랜드에서 토지를 점하고 있는 모든 사람은, 토지의 크기에 관계없이, 또한 누구의 봉신이건 상관없이 … 모두 그에게 복종하고, 다른 모든 사람에게 대항하여 그에게 충성할 것을 맹세했다.' 두 번째 사건은 바로 윌리엄이 둠즈데이 북을 가지게 된 것이었다. 이로써 그는 언제든 필요하다고 생각되면 이것에 수록된 정보를 활용하여 충성심이 의심스러운 봉신에게, 그가 누구이건, 압박을 가하거나 벌금을 물릴 수 있었고, 재산을 박탈할 수도 있었다. 이후 수 세기 동안 잉글랜드가 통치 측면에서 발휘한 강점은 지주계급의 세력과 국가 권위 사이의 (결코 쉽거나 단순하지 않은) 제휴 관계로부터 비롯되었다. 그것은 토지 관리자와 정보 관리자 사이의 관계였다. 그리고 그들 사이에는 중립적 존재를 표방하면서 양측의 이해관계를 모두 존중한다고 공언하는 영원한 심판, 즉 주권자the sovereign가 있었다.

이쯤 되면, 우리는 윌리엄이 이러한 혼합적인 '앵글로-노르만' 통치 시스템에 만족하고, 이것이 저절로 작동될 수 있도록 일임했을 것이라 생각하게 된다. 특히 1086년 덴마크의 크누트 4세가 살해되면서 끊임없이 이어지던 덴마크의 위협이 사라진 이후에는 더욱 그랬을 것이다. 한 가지 역설적인 것은 윌리엄이 마지막으로 주조한 동전에는 과거 해럴드와 똑같이 희망적인 명문 PAX(평화)를 새겼다는 것이다. 그리고 또 한 가지, 윌리엄은 침묵 속에 위엄을 갖춰 앉은 채 오랫동안 왕관을 쓰고 있는 것을 좋아했는데, 이러한 제왕의 이미지는 바로 바이외 태피스트리에서 묘사된, 해럴드가 어전회의를 주재하는 모습과 같았다. 그러나 윌리엄의 분노 조절 한계는 과거와 마찬가지로 극히 낮은 수준에 머물러 있었다. 당시 프랑스의 왕들은 필연적으로 프랑스와 노르망디 공국 사이의 경계를 넘어 분쟁 대상 영토 속으로 들어가야 했고, 이는 윌리엄의 격렬한 대응을 유발시켰다. 이제 50대 후반에 들어선 윌리엄은 몸이 비대해지기 시작했지만, 다시금 말 위에 올라 나이 들어서도 사라지지 않은 정열을 불태웠다. 노르망디-프랑스 경계 근처의 망트Mantes는 완전히 소실되었기에, 윌리엄이 격노해서 달려왔던 1087년 이전 그곳에 있었을 건축물들은 고고학적 발굴에 의해서도 찾는 것이 불가능하다. 그러나 이 마지막 재앙은 너무 심한 것이었다. 한 연대기에 따르면, 그가 아직도 연기가 솟아오르고 있는 이 도시의 폐허 속을 뚫고 지나갈 때, 그의 말 앞에 있던 지붕으로부터 들보 조각 같은 무언가 뜨거운 것이 떨어졌고, 이에 놀란 말이 길길이 뛰는 바람에 윌리엄은 말안장 앞가리개 높은 부분에 심하게 내동댕이쳐졌다. 이 순간 뚱뚱한 윌리엄의 크고 부드러운 복부 부분이 뾰족한 안장 머리에 찔리는 형국이 되었다. 이로 인해 아마도 비장일 듯싶은 내장기관이 파열되었고, 정복왕은 피를 흘리기 시작했다.

윌리엄은 루앙에 있는 생 제르베St Gervais 수도원으로 이송되었다. 그의 챈슬러chancellor와 자문관들이 황급하게 달려왔다. 어떤 이들은 놀란 마음으로 허겁지겁 달려왔고, 어떤 이들은 탐욕스러운 독수리의 모습을 하고 나타났다. 윌리엄과 전장을 누빈 오랜 측근 중에서 그의 이복동생 모르탱Mortain의 로베르Robert는 근심을 표명한 무리 중 하나였다. 또 다른 이복동생 바이외의 오도는 감옥에 있었다. 그의 장남 로베르 '쿠르토스Curthose(짧은 양말)'는, 비록 윌리엄이 그에게 노르망디 공작령을 넘겨주기는 했으나, 아버지에 대한 저항을 삼가지 않는 원수나 마찬가지였다. 잉글랜드는 결국 그의 둘째 아들 윌리엄 루퍼스에게 넘어갔는데, 그는 아마도 부친의 냉철한 충고에 따라, 급하게 잉글랜드로 되돌아갔다. (후일 헨리 1세가 될) 셋째 아들 헨리Henry는 그가 특히 좋아하던 것, 즉 돈을 챙겼다.

오르데리쿠스 비탈리스는 윌리엄의 인상 깊은 임종 고백을 자신의 연대기에 기록했는데, 이는 윌리엄의 평소 성격에 전혀 부합되지 않고, 따라서 이를 곧이곧대로 믿기 어려운 측면이 있다. 그러나 오르데리쿠스는 당시 캉에 있었던 것이 사실이고, 따라서 윌리엄의 임종 침상에서 무엇이 일어났는지를 알수 있는 위치에 있기는 했다. 그러므로 윌리엄이 오르데리쿠스가 묘사한 것처럼 후계자 지명을 거부할 정도로 온몸으로 북받쳐 오르는 죄의식을 느끼지는 않았겠지만, 죽음을 앞두고 상당한 양심의 가책을 느낀 것은 사실일 가능성이 있다.

왜냐하면 나는 그 높은 명예를 세습적인 권리로 얻은 것이 아니라, 맹세를 어긴 해럴드 왕으로부터 필사적인 전투 속에서 엄청난 유혈과 함께 빼앗은 것이며, 또한 잉글랜드를 나의 통치하에 복속시키기 위해 그의 추종자들을 학살하고 추방했기 때문이다. 나는 허용할 만한 수준을 넘어 이 땅의 원주민들을 박해했다. 귀족이건, 평민이건, 나는 그들을 잔인하게 억압했고, 많은 사람의 상속권을 정당하지 않은 방법으로 박탈했다 … 나는 많은 범죄행위로써 이 왕국의 왕관을 차지했으므로 나는 감히 이 왕관을 하느님 이외의 그 누구에게도 물려주지 않을 것이다.

그가 실제로 이와 비슷한 말을 했다 하더라도, 과거 참회왕 에드워드가 임종 침상에서 했던 말에 대해서도 그러했듯이, 그 누구도 그 말을 귀담아 듣지는 않았을 것이다. 1087년 9월 9일 이른 아침 윌리엄이 죽고 루앙 대성당의 큰 종이 조종弔鐘의 소리를 울리고 있을 때, 그곳에서는 충격적일 정도로 품위 없는 장면들이 연출되고 있었다. 오르데리쿠스에 따르면, '국왕의 임종 순간을 같이 했던 일부 인사들은 정신이 나간 듯 행동했다. 그럼에도 불구하고 그들 중 가장 부유한 자들은 자신들의 재산을 지키기 위해 말에 올라타 황급히 자리를 떴다. 지체가 낮은 자들은 자신들의 주인이 떠난 것을 확인한 뒤에 무기, 리넨, 접시, 그리고 왕실 가구 등을 집어 들고 몸이 거의 드러난 왕의 시신을 수도실 바닥에 그대로 둔 채 서둘러 떠났다'.

그의 옛 적대적 경쟁자 해럴드 고드윈슨은 해협을 마주한 그 해변에 그대로 묻혀 있지만은 않았다. 헤이스팅스 전투가 끝난 지 수년이 되도록 그가 탈출에 성공하여 은둔자로 살고 있다는 소문이 무성했다. 그가 체셔Cheshire 또는 웨일스에 있는 고대 브리튼의 안전 요새에 머무르고 있다는 소문도 돌았다. 그러나 현실성을 갖춘 이야기는 따로 있었다. 이쯤 되면 안전하다 싶은 시기에, 가문의 한 여성 생존자가 그의 유해를 생전에 해럴드가 후원했던 교회 기관 중 하나인 에식스의 월섬Waltham 수도원으로 옮긴 후 그곳에 매장했다는 것이다. '교회 약탈자'이며 중대한 위증자라는 해럴드의 혐의가 교황에게는 그를 축출하고 타도해야 할 악인으로 간주할 충분한 근거가 되었는지 모르지만, 월섬의 수도사들에게는 별 영향이 없었던 것 같다. 그들은 해럴드의 유해를 은밀하게 매장하고 그의 영혼을 위해 기도했다. 그렇다면 앵글로-색슨의 마지막 왕은 노르만 정복의 표상이라고 할 로마네스크 양식의 멋진 교회 건물 기둥들과 아치들 사이 그 어느 곳에 묻혀 있다는 것이며, 이는 문자 그대로 그가 노르만 잉글랜드 기초의 한 부분으로 존재하고 있다는 이야기가 되는 셈이다.

A History of Britain

At the Edge of the World?

3000 BC-AD 1603

3

해방된 주권?

sovereignty unbound?

♛

'**브리튼**'이라는 개념은 하나의 우화 같은 몽상 속에서 탄생했다. 그러한 꿈을 꾼 몽상가는 몬머스Monmouth의 제프리Geoffrey였는데 − 그는 자필 서명에서 갈프리두스 모네무텐시스*Galfridus Monemutensis*라고 썼다 − 1136년 무렵 『브리튼 왕들의 역사*History of the Kings of Britain*』를 완성했다. 브리튼이 그랬던 것처럼 제프리 자신도 혼혈이었다. 브르타뉴 사람일 것으로 추정되는 그이지만 웨일스에서 출생했고, 노르만 귀족들에 의해 식민화된 잉글랜드 변경 지역인 마치 the Marches의 노르만 문화 속에서 성장했다. 그런가 하면, 그는 또한 중세 옥스퍼드가 만들어낸 문화적 산물이기도 했다. 그의 언명에 따르면, 그곳에서 대부제大副祭 직위에 있던 월터Walter라는 사람이 그에게 '브리튼어(웨일스어)로 쓰인 오래된 책'을 하나 주었는데, 앞에서 언급된 그의 라틴어 역사책은 이를 기초로 해서 쓴 것이다. 제프리의 야심 찬 의도는 브리튼의 기원을 자신이 가장 중요하게 생각하던 두 세계, 즉 고전 고대와 켈트의 신화 속에 깊숙하게 뿌리박게 하려는 것이었다. 그의 책 『역사*History*』에 따르면, 다섯 종족으로 이루어진 브리튼, 즉 '최고의 섬the best of islands'은 로마를 건국한 트로이Troy의 왕자 아이네이아스Aeneas의 증손자인 브루투스Brutus가 처음으로 문명의 씨를 뿌렸다. 아이네이아스에게 테베레Tiber강이 있었다면, 브루투스에게는 템스강이 있었다. 그리고 그는 후일 위대한 다민족 제국의 수도가 될 운명을 짊어진 트로이아 노바Troia Nova, 즉 새로운 트로이를 건설했다. 브루투스가 죽은 뒤에는 그의 세 아들, 로크리누스Locrinus, 캄베르Kamber, 그리고 알바낙투스Albanactus가 브리튼 섬을 분할하여 각각 로에그리아Loegria(잉글랜드), 캄브리아Kambria(웨일스), 알바니Albany(스코틀랜드)를 건국했다.

그러나 제프리의 『역사』를 구성하는 상당 부분은 ─ 그리고 가장 유명한 대목들은 ─ 일찍이 웨일스의 마법사 멀린Merlin에 의해 예고되었던 한 영웅의 서사적 무용담에 관한 것이다. 로마인들이 물러간 뒤 폭군 보르티게른Vortigern은 야만족인 색슨족을 브리튼으로 불러들였는데, 이들에 의해 벌어진 재앙으로부터 브리튼을 해방시킨 불요불굴의 용사가 바로 그였다. 보르티게른은 탑 하나를 세우려 했다. 그런데 어찌된 일인지 이 탑은 공사 중에 가라앉기를 반복하여 그의 자문관들을 당황하게 만들었다. 이때 멀린이 나타나서 그 이유를 밝히기를, 탑이 세워질 자리 바로 밑에는 지하 연못이 있고 그 안에는 두 마리의 용이 살고 있는데, 그 불안정한 위치에 탑을 세우려다 보니 자꾸 가라앉는다는 것이었다. 브리튼이라는 나라도 이와 마찬가지로 괴물들이 그 뿌리를 쏠고 있기에 역시 가라앉고 있으며, 이는 오직 우서펜드래곤Utherpendragon의 아들인 아서Arthur가 나타나서 기독교적 기사도와 전투적 용기를 기반으로 하는 새로운 국가를 건설해야만 치유될 것이었다. 과연 그러했다. 아서는 색슨족을 잉글랜드 전역에서 대부분 축출한 뒤에 픽트족과 아일랜드인들에게 눈을 돌렸고, 그들은 얼마 되지 않아서 그에게 복속되었다. 그들이 파괴하려고 했던 요크는 신에게 더 큰 영광을 바치기 위해 재건되었다. 이제 사회적 지위가 있는 모든 사람은 그의 궁정으로 몰려들었다. '가장 고귀한 혈통을 가진 자라 하더라도, 아서의 기사들과 같은 옷을 입고 같은 무기를 들지 않는다면 스스로의 존재 가치를 생각할 수 없게 되었다. 마침내 아서의 넓은 도량과 용기에 대한 평판이 세상 끝까지 전해졌다.' 아서는 그의 통치 절정기를 맞아서 스칸디나비아에서 갈리아까지, 더 나아가 넓고 차가운 바다 건너 아이슬란드에 이르는 북방 제국 전체에 힘을 뻗쳤다. 브리튼의 가장 오래된 심장이라고 할 우스크Usk 강가 케얼리언Caerleon에서 1000여 명의 '담비족earmine-clad' 귀족들이 아서 왕과 왕비 귀네비어Guinevere 앞에서 회합을 가지고 토너먼트tournament와 축제를 벌이면서 브리튼이 세계의 중심이 되었음을 경축했다. 브리튼은 이제 '풍요로움과 장식품들, 그리고 나라 사람들의 예의 바른 행동에 있어 세상 다른 모든 왕국을 능가하는 세련된 국가가 되었다'는 의미였다. 전문적인 우화 작가였던 제프리는 이러한 목가적 풍경들이 아름다운 이유를 알고 있었다. 그들은 언젠가 사라질 것이기에 그토록 아름다웠던 것이다. 아서의 황금시대는 마침내 그의 조카인 모드레드Mordred의 반역에 의해 종언을 맞이하고, 브리튼은 이교도가 지배하는 어둡고 고통스러운 세계로 되돌아가야 할 운명이었던 것이다.

『브리튼 왕들의 역사』는 근거 없는 판타지이기는 하지만, 오늘날 제프리 아서라고 알려져 있는 이 책의 작가가 1152년 세인트 애서프St Asaph(지금의 덴비셔Denbighshire에 위치했던 지방)의 두 번째 주교로 임명 되었을 무렵에 이르러 그의 수기 원고는 이미 광범위한 독자층을 형성하고 있었고, 그 영향력은 수 세기 동안 지속되었다. 제프리에게 아서에 관한 이야기를 처음 들려준 사람은 그의 후견인이었던 글로스터Gloucester 백작 로버트Robert였는데, 로버트는 그의 다른 피후견인이었던 맘스베리Malmesbury 수도원의 한 사서로부터 그 이야기를 들었다고 한다. 이 사서는 언젠가 글래스턴베리Glastonbury 수도원을 방문한 적이 있는데, 그곳의 베네딕투스 교단 수도승들은, 정확한 위치는 알 수 없지만, 그 영웅의 유해가 수도원 어딘가에 묻혀 있음을 확신하고 있었다고 한다. 제프리가 책을 집필하게 된 데에는, 자신의 시대가 영웅적인 로맨스와 현명한 통치에 관한 국가적 서사시를 필요로 하고 있음을 알고 있었고, 또한 그의 후견인 글로스터의 로버트가 나라를 찢어놓은 내전의 투사였다는 점도 작용했다. 그 내전은 윌리엄 정복왕의 경쟁적인 손자들 사이에서 벌어진 것으로서, 거의 20

년에 걸쳐 쌍방 간에 격렬하고 무자비한 전투가 계속되고 있었다. 그중 일방은 (글로스터 백작이 지원하는) 윌리엄의 아들 헨리가 낳은 딸 마틸다Matilda였고, 다른 쪽은 윌리엄의 딸 아델라Adela가 낳은 아들 블루아Blois의 스티븐Stephen이었다.

1087년 윌리엄이 죽었을 때, 그의 정복으로 건설된 앵글로-노르만 국가는 적어도 표면적으로는 정착된 것처럼 보였다. 이론적으로 말하면, 둠즈데이 북 이후 그의 정부는 통치권을 정교하게 행사할 수 있는 잠재적 수단을 갖추고 있었다. 그것은 앵글로 색슨의 행정적·법적 경험과 노르만의 군사력이 결합된 것이었다. 그러나 현실에 있어서, 권력의 행사는 극단적으로 미숙한 형태로 나타날 수 있는 것이었다. 1087년 정복왕의 죽음에서 1154년 헨리 2세의 왕위 계승에 이르는 기간 동안, 먼저 윈체스터로 달려가 왕실의 보물 창고를 접수하지 않는 한, 그 어떠한 왕위 계승자도 그의 왕위에 대한 신민들의 동의를 기대할 수 없었다. 그러므로 왕위 계승은 외관적으로 위엄을 갖춘 하나의 '의식'이 아니라, 치고 훔치기smash-and-grab, 즉 경쟁자를 치고 금을 훔치는 '작전'에 의해 이루어졌던 것이다. 윌리엄 1세에 의해 후계자로 지명되었던 그의 차남인 윌리엄 루프스William Rufus가 부친의 생명이 얼마 남지 않았다는 것을 알고는 루앙에서 말을 몰아 질주해야 했던 것도 이 때문이었다. 사정이 이러했으므로 대관식이란, 그 어떤 사제가 주관하건, 졸속으로 처리되는 하나의 형식적인 사건일 뿐이었다. 그런데 아무리 자물쇠와 열쇠로써 보물을 차지하고, 기름 부음으로 성별聖別하는 의식을 치렀다 하더라도, 왕권을 확고히 하고 정부를 운영하는 것은 정치적 기술을 요구하는 것이었다. 윌리엄 2세(루푸스)는 이러한 기술을 두드러지게 결여한 경우였다. 그는 통치 기간 대부분을 주요 봉신들로부터 웨일스 및 스코틀랜드 국경에서 벌어진 전쟁 비용을 충당하기 위한 세금을 받아내는 일과 자신이 총애하는 인물들을 주교직에 임명하느라 교회와 척을 지는 일로 보냈다. 1100년 그가 (과거 그의 큰형 리처드가 그랬던 것처럼) 사냥 행사 중에 빗나간 화살을 맞고 절명했을 때, 그의 죽음이 우발적인 것이라고 생각하는 사람은 아무도 없었다.

사냥에서 왕을 수행했던 그의 동생이자 정복왕의 막내아들이었던 헨리는 이 결정적인 순간에 자신이 윈체스터의 보물 창고까지 짧은 시간 안에 질주해 갈 수 있는 유리한 지점인 뉴 포레스트에 위치해 있음을 깨달았다. 며칠 후 런던 주교에 의해 그의 머리 위에 왕관이 씌워짐으로써 그가 헨리 1세로서 즉위했는데, 이는 그의 생존한 형제 중 가장 연장자였던 로베르 '쿠르토스Robert Curthose'의 왕위 계승권을 (또다시) 부인하는 것을 의미했다. 자신의 취약한 왕위계승권 주장을 강화하기 위해 헨리는 매우 영리한 계책 하나를 사용하기로 했다. 그것은 스코틀랜드 왕 말콤 3세의 딸 마틸다와 결혼하는 것으로서, 이는 대관식이 끝난 지 불과 엿새가 지난 8월 11일에 이루어졌다. 말콤의 왕비는 웨식스 왕가의 직계 혈통이었다. 그러므로 헨리와 마틸다 부부의 자녀들은 색슨과 노르만 혈통을 동시에 가지게 될 것이었다. 헨리는 이것이 잉글랜드인들의 충성을 요구할 수 있는 이중적인 근거가 될 것이라는 기대를 했을 것이 틀림없다. 그는 35년간 재위하면서 앵글로-노르만의 유산을 능숙한 솜씨로 운영하면서 사생아 20명을 출산했지만, 막상 후세에 대한 그의 기대는 좌절되었다. 그의 첫 번째 아내는 1118년 죽었다. 그의 유일한 적자인 윌리엄은 1120년 그가 승선하고 있던 화이트 십White Ship이 해초에 걸려 좌초하면서 익사하고 말았다. 노르만 귀족의 꽃, 그리고 비단옷도 같이 스러졌다. 헨리는 두 번째 결혼에서도 후계자를 생산하지 못하고, 오직 딸 마틸다가 유일하게 남은 직계 상속 후보자였다. 헨리는 1126년 크리스마스에 개최된 어전회의에서, 주요 주교들과 수도원장들, 그리고 귀족들로 하여금 마틸다를 그의 후계자로 존중할 것임을 맹세하게 했다.

그러나 주지하다시피 헨리가 1135년 주치의가 특별히 금했던 칠성장어를 먹은 뒤에 세상을 떠나자 그러한 맹세는 부질없는 일이 되어버렸고, 결국은 윈체스터에 누가 먼저 도착하느냐 하는 것이 후계를 결정하는 가장 중요한 요건이 되어버렸다. 윈체스터에 가장 먼저 도착한 사람은 마틸다가 아니라 헨리의 조카이자, 윌리엄 정복왕의 딸 아델라의 아들, 블루아의 스티븐이었다. 도버와 캔터베리는 스티븐을 왕으로 받아들이지 않았지만 런던은 그를 위해 문을 열어주었다. 그의 품으로 달려간 많은 귀족은 마틸다를 부인한 자신들의 행위를 합리화하기 위해 몇 가지의 근거를 제시했는데, 헨리가 죽기 전에 마음을 바꾸었다는 것, 어떠한 경우이건 공주에 대한 그들의 맹세는 그녀가 외국인과 결혼하지 않는다는 조건하에서만 유효하다는 것 등이 그들이었다. 마틸다는 독일의 신성로마제국 황제 하인리히Henry 5세와 결혼했으나 그가 죽은 뒤 1125년 앙주Anjou 백작 조프루아Geoffrey와 재혼했다. 이 재혼은 전통적으로 적대적이었던 두 공국인 노르망디와 앙주를 묶는 효과가 있는 것으로서 이 또한 헨리 1세가 발휘한 발군의 외교적 수완이었다. 그러나 많은 수의 앵글로-노르만 귀족들은 앙주에 대해 화해보다는 적대적인 태도를 견지하고 있었다. 그럼에도 마틸다는 잉글랜드 안에서 강력하기 짝이 없는 지지자 한 명을 확보하고 있었는데, 그가 바로 글로스터 백작 로버트였다. 그는 헨리 1세의 많은 사생아 중에서 가장 힘이 있고 정치적 식견이 뛰어난 사람이었다. 의심할 여지 없이 제프리의 『역사』가 나온 시점이 사건이 발발한 지 1년 뒤(1136년)라는 점, 그리고 내용 중에 나오는 늙은 리어왕에 의해 왕국이 분할된 이후 이어진 혼란 상황에 대한 교훈은 이것이 결코 우연이 아니라는 것을 말해 준다. 그 유명한 이야기를 읽은 독자라면, 마틸다와 책 속의 착한 딸 코델리아Cordeilia 사이의 유사성을 놓칠 수 없다. (셰익스피어의 비극적 여주인공과 달리 『역사』 속 코델리아는 위대한 전쟁들을 치른 후 살아남아 왕국을 다스렸다.)

자신이 살아 있는 한 자신에게 적합한 호칭은 황후empress여야 한다고 공언했던 마틸다는 겸손함을 통해 사람을 끌어들이는 코델리아의 매력을 가지지 못했다. 런던으로 향하는 힘든 여정을 지속하는 동안 그녀는 왕국의 주요 인사들 대부분을 소외시켰고, 그럼으로써 포위를 하고 포위를 당하는 길고 혹독한 세월을 자초했다. 군주정이 권위를 잃을수록 봉건 영주들의 권위는 커졌다. 그것은 서로 자기편이 유리한 방향으로 힘의 균형을 바꾸기 위해 지역의 지지에 의존했던 내전의 양측 당사자들이 샤이어의 유력자들이 원하는 것을 언제든 들어줄 준비가 되어 있었기 때문이다. 성채를 짓거나, 사병을 키우거나, 개인적인 원한 관계 청산을 위해 피의 복수를 단행하거나 장원莊園에 방화를 하는 것, 이 모든 것이 단지 그것이 상대방에게 손실을 주는 것이라면 무엇이든 허용되었다. 『앵글로 색슨 연대기』는 이 시기를 가리켜 '전쟁의 시기'로 기억하고 있다.

모든 힘 있는 사람들은 스스로 성채를 세워 왕에게 대항했다. … 그들은 나라의 불쌍한 백성들에게 강제로 노동을 시킴으로써 극심한 부담을 지웠으며, 성채들이 지어지면 그곳을 악마와 사악한 자들로 채웠다. … 그들은 돈이 있어 보이는 사람들로부터 금과 은을 강탈하기 위해 밤낮으로 그들을 붙잡아 감옥에 가두고 고문했다. … 그들의 발을 묶어 매달고 더러운 연기로 그을렸다. … 불쌍한 사람들이 더 이상 내놓을 게 없어지면 그들은 마을을 약탈하고 불 질렀다. 가엾은 사람들은 굶주림으로 죽어갔다. … 어떠한 나라도 이보다 더 큰 고통을 겪지는 않았다.

결국, 혼돈, 학살, 기근, 강탈 이 모든 것들이 윌리엄 정복왕의 유산이었다. 우쭐해진 영주들은 이제 모두가 각기의 샤이어에서 왕 노릇을 하려 했다. 윌리엄의 손녀와 손자가 서로 맹렬하게 싸우는 동안 왕국은 허물어져 내렸다. 그러나 이러한 대혼란은, 좋건 나쁘건, 잉글랜드의 주권을 다시금 정의하면서 새로운 통치 혈통을 만들어냈다. 전쟁은 통치자들의 직업이었고, 권력은 그들의 강박관념이었지만, 그럼에도 불구하고 그들은 이를 추구하는 과정에서 정부를 재창조하기에 이르렀다. 그러한 재창조의 힘이 지나치게 강했기에 이에 대한 반동으로 중세 국가의 권력에 일정한 제한을 가하려는 맹렬하고도 조직적인 반대 운동이 촉발되었다. 마틸다와 앙주의 조프루아 사이에 태어난 자녀와 손자들을 일컫는 앙주가의 사람들the Angevins은 브리튼 역사의 알파이자 오메가였다. 앙주 가문은 한때 피레네Pyrenees 산맥에서 체비엇 구릉지대(잉글랜드와 스코틀랜드의 경계)에 이르는 광활한 제국을 탐욕과 야심으로 지배했지만, 가족 간의 질시와 비대한 영토는 그들의 취약점이기도 했다. 그들의 지적 능력과 에너지가 무언가를 만들어냈다면 그들의 열정과 무절제가 그것을 파괴했다. 그 수많았던 적들의 시각으로 보면 그들은 문자 그대로, 악마 같은 존재였다. 전해오는 이야기에 따르면, 예전 어느 앙주 백작에게 멜리쥔Melusine이라는 신부가있었는데, 그녀는 새소리를 내며 창문 밖으로 날아감으로써 스스로 사탄의 딸임을 드러냈다. 그들이 악마이건 아니건, 앙주 가문은 한 세대에 걸쳐 기독교세계에서 일어나는 모든 사건의 주인공이었다.

마틸다와 그녀의 두 번째 남편인 앙주의 조프루아 사이의 결혼 생활은 불행했던 것으로 유명하다. 그녀는 독일어를 사용했으며, 황실의 격식을 (그리고 황후라는 명예로운 칭호를) 계속해서 고집했으며, 나이는 스물여섯이었다. 조프루아는 기사도의 꽃으로 길러졌고, 프랑스어로 말했으며, 열다섯 살이었다. 그러나 행복한 결혼 생활이 후계자를 생산하는 필수 조건은 아니었던지 마틸다는1133년 아들을 출산해서 남편에게 안겼다. 아이의 이름은 그녀의 부친과 첫번째 남편의 이름(하인리히)을 따서 헨리라고 지었다. 사냥개들 사이를 뛰어다니는 빨간 머리의 아이는 헨리 1세의 전략적인 통찰력이 기대했던 바를 현실에서 생생하게 구현해 주는 존재였다. 그것은 해협을 사이에 둔 초강대국의 창조였으며, 이로 인해 이제 프랑스의 왕들은 왜소한 불능 상태로 전락할 처지에놓였다. 바로 이 소년, 헨리 '플랜태저넷Plantagenet'(이는 앙주 백작들이 착용한 기사배지인 노란색 금작화金雀花 가지를 뜻하는 라틴어 플란타 제네스타Planta Genesta에서 유래된 것이다)은 성장함에 따라, 어머니로부터는 다치는 것을 두려워하지 않는 강철 같은 용기와 사나운 성정을, 아버지로부터는 날카로운 정치적 지성을 물려받았음이 확연해졌다. 그럼에도 불구하고, 헨리 2세를 대면했던 사람들이 가장 생생하게 증언하는 그의 자질, 즉 제어하기 힘든 에너지만큼은 그 자신의것이었다. 소년기와 사춘기 시절, 그는 모친을 대신해서 잉글랜드를 최소한 세

차례 방문하여 흰색 바탕에 붉은 십자가 형상화된 앙주-플랜태저넷의 깃발을 선보였는데, 이때 그의 나이 각각 아홉 살, 열네 살, 열여섯 살 때였다. 그는 1148년 휘트 선데이Whit Sunday(성령강림대축일, 부활절 후 일곱 번째 일요일)에 칼라일에서 스코틀랜드의 데이비드 1세로부터 기사 작위를 서임받았다. 아서 왕의 전통에 따른 엄숙한 의식이 진행되었는데, 정화를 위한 목욕, 황금색 겉옷에 눕히기, 개인적 문장이 장식된 방패 수여, 그리고 가능한 한 오래되고 흥미로운 문양이 새겨진 검을 수락하는 것 등이 그러한 의식의 일부였다.

이제 그는 새로운 아서가 되어 출정할 준비가 되었고, 그의 도제 생활은 그에게 어울리는 귀네비어를 찾음으로써 완결되어야 했다. 때맞추어 아키텐Aquitaine의 알리에노르Aliénor가 완벽한 후보로 떠올랐다. 그녀는 최근 프랑스의 루이Louis 7세와 이혼한 상황이었는데, 이혼의 공식적 이유는 '혈족 관계consanguinity', 즉 두 사람이 교회가 인정하기에는 너무나 가까운 친족 관계라는 것이었지만, 사실은 그녀가 후계자 생산에 실패했기 때문이었다. 그렇지만 그녀는 두 사람 사이에서 자녀를 생산하지 못한 책임이 자신에게 있지 않음을 스스로 밝힌 바 있다. 그녀는 왕과 결혼한 것이 아니라 수도승과 결혼한 것 같다고 불평해 왔던 것이다. 앙주의 조프루아가 그녀를 자기 아들의 짝으로 맺어주기 전에 그녀의 연애 욕구를 사전에 개인적으로 확인했다는 소문이 나돌았다. 그럼에도 불구하고 두 사람의 결합은 여전히 도박이었다. 그녀는 서른 살이었고 그는 열여덟 살이었다. 그는 상대적으로 경험이 적었고, 그녀는 세상사의 여러 가지 측면을 이해하고 있었다. 그러나 10대의 아서와 위험스러울 정도로 변덕스러운 귀네비어 사이에 놀라운 일 하나가 일어났는데, 그것은 정치적 편의에 의해 맺어진 혼인에서는 좀처럼 보기 어려운 현상이었다. 당사자들이 모두 상대를 갈구하는 것처럼 보였던 것이다.

알리에노르가 이혼한 지 겨우 8주가 지난 1152년 5월, 헨리는 그보다 상당히 나이 든 신부를 옆에 두고 제단에 섰다. 그녀에 대한 동시대인들의 묘사는 한결같이 '검은 눈을 가진 미인'이었다. 당황스러울 정도로 똑 부러지고, 과단

성이 있으며, 거기에다 익살스럽기까지 한 그녀는 얌전하게 베일을 쓴 성채 안의 처녀가 아니었다. 그녀 입장에서는 자신의 새 남편이 작고 단단한 골격, 크고 두툼한 입술, 소년다운 주근깨, 또한 그의 모든 노르만 조상들이 그러했듯이 매력적인 이성을 대하면 얼굴이 쉽게 붉어지는 흰 피부색을 가지고 있음을 확인했을 것이다. 소년 헨리는 학자적 태도와 무사의 면모를 두루 갖추었고, 격식을 차리지 않는 소탈한 행동과 오만스러운 자기 절제 등 어울리기 어려운 성격적 조합을 가지고 있었다. 그는 때로는 들끓는 사춘기의 에너지를 발산했지만, 때로는 지적이며 강한 정신력을 가진 존재임을 드러내기도 했다. 한 손에는 매를 들고 다른 한 손에는 책을 들고 있는 그의 이미지는 그를 바른길로만 매진하는 흔치 않은 왕자처럼 보이게 했다. 그러나 사실, 그들이 속한 현실 세계는 그리 멀지 않은 곳에 있었다. 그곳에서는 밝은 색으로 호화롭게 치장한 말에 올라탄 잔인한 기사 집단이 상대방 집단과 서로 치고 박는 전투를 벌이거나, 반대파의 장원을 불태움으로써 대군주의 명령을 수행하고 있었다. 알리에노르로 말하자면, 그녀는 기사도적 이상에 깊숙이 심취되어 있는, 그러나 습관적인 잔학 행위로 인해 그 가치가 오히려 훼손당하고 있는 세계에서 성장했다. 그녀의 조부인 아키텐 공작 기욤 9세는 십자군이었지만, 동시에 간음의 쾌락을 찬양하는 자작 노래를 부르며 즐거워하던 최초의 음유시인이기도 했다. 경건하기로 유명한 프랑스의 루이 7세가 알리에노르를 신부로 맞아들일 때, 아마도 그는 자신의 신부가 '온유한 그리젤다Griselda'가 아님을 알고 있었을 것이다. 그녀가 자신의 여동생 페트로닐라Petronilla를 위해 대신 싸워달라고 왕을 부추김에 따라 전쟁이 일어났고, 그 추악한 전쟁에서 죄 없는 사람들 1000여 명이 비트리-르-프랑수아Vitry-le-François 교회에서 산 채로 불태워졌다. 루이가 속죄의 십자가를 짊어졌을 때, 알리에노르는 참회하는 사람의 복장이라고 보기 어려운 화려한 차림을 하고 그를 따라 성지로 갔다. 그러나 십자군 원정이 종교적 열정과 경건으로 이루어지는 것이 아님을 깨닫고는, 자신의 삼촌이자 약간은 불경스럽기까지 한 툴루즈Toulouse의 레이몽Raymond과 불건전한 관계를 뜨겁게 달구는 데 열중했다.

　루이와 이혼한 알리에노르는 상처를 입은 존재였다. 그러나 앙주의 조프루아에게는 그녀와 자신의 아들 헨리의 결합이 가져다줄 눈부신 가능성을 내다볼 수 있는 안목이 있었고, 의심 없이 알리에노르에게 미래를 걸었다. 그녀는 이제 버려진 프랑스의 왕비가 아니라 장차 잉글랜드의 새로운 왕비가 될 사람이며, 미래의 아키텐 여공女公이자 노르망디 공작부인이었다. 1153년 스무 살이 된 헨리 플랜태저넷은 신부 측과 자신의 봉건 징세로 마련된 무력과 돈을 가지고 해협을 건넜다. 막강한 헨리의 군대와 직면한 잉글랜드 왕 스티븐은 아들 유스터스마저 잃자, 그만 자신감을 잃고 협상에 응했다. 1153년 11월, 윈체스터에서 협상이 타결되었다. (죽음이 임박한 것으로 보이던) 스티븐은 헨리를 그의 유일하고 합법적인 계승자로 인정하는 대신, 죽을 때까지 왕위를 유지했다.

　1154년 12월 7일, 헨리와 알리에노르는 웨스트민스터 사원에서 함께 대관식을 치렀다. 온갖 환호와 경의의 외침 속에서 식을 올린 그들은 실로 엄청난 왕국의 주인이 되었다. 피레네 산맥에서 뻗기 시작하여 가스코뉴Gascony의 포도밭과 대서양의 붐비는 항구 라 로셸La Rochelle을 거쳐 루아르Loire강과 센강을 건너 과수원들이 점재한 노르망디, 그리고는 잉글랜드 해협 너머 웨일스 변경지대의 구릉들과 컴브리아Cumbrian 황야 지대의 수도원들에 이르는 광대한 왕국이었다. 그들이 광대한 상속영지를 물려받은 시기도 적당했다. 12세기 중반의 기후는 문자 그대로 온화했다. 수확량은 풍부했고 늪, 숲, 또는 황야는 목초지로 변했으며, 경작지는 확대되었다. 기술혁신이 이루어짐에 따라 토지 생산성도 올라갔다. 징을 박은 굽, 말의 목걸이, 그리고 세로로 연결된 마구로 인해 역사상 처음으로 말이 황소를 대신해서 쟁기를 끄는 것이 가능해졌으며, 이는 일정 시간에 경작할 수 있는 토지 면적을 확대시키는 결과를 가져왔다. 기계장치를 장착한 물레방아, 그리고 약간 드물기는 하지만 풍차가 중세의 풍경 속에 출현하고 있었다. 시장과 장이 열리는 시기가 늘어났다. 원거리 여행은 보다 안전해졌고, 동부와 서부, 북부와 남부 사이의 상업적 거래 관계는 보다 신뢰할 수 있는 수준에서 수익 창출을 가능하게 했다.

헨리 2세는 해협을 건너다니는 것이 불편하고 (과거 화이트 십의 침몰과 그에 따른 윌리엄의 죽음이 결국은 내전을 낳았던 것처럼) 또한 위험하다는 것을 잘 알고 있었지만, 그의 치세 기간 35년 동안 무려 스물여덟 번이나 해협을 건넜다. 그는 바다를 자신의 왕국을 완전히 구별되는 두 개의 반쪽으로 갈라놓는 근본적인 요인으로 보지 않고, 단지 불편한 것으로 인식했다. 이로써 해협 양쪽의 그의 영토는 세련된 문화와 통치를 구성하는 공동의 언어, 즉 중세 프랑스어로 결합되었다. 웨스트민스터가 행정의 심장으로 떠올랐지만 그렇다고 그곳을 품고 있는 런던이 플랜태저넷 제국의 '수도'는 되지 못했다. 헨리는 또 다른 힘의 중심들, 그러니까 노르망디의 루앙, 루아르강 연안의 쉬농Chinon, 그리고 알리에노르의 근거지인 아키텐의 푸아티에Poitiers 등지도 매우 중요한 곳으로 간주했는데, 본질적으로 다양한 요소로 이루어진 자신의 왕국을 하나로 묶어야 했던 그의 입장에서 이는 자연스러울 뿐 아니라 필요한 처사이기도 했다. 그러나 프랑스어를 사용하는 그의 행정부는 해협의 양쪽 모두에서 권위를 도전받았다. 이는 한편으로는 힘센 지역 봉건 영주들의 담보되지 않은 충성심으로부터 비롯되었고, 다른 한편으로는 수도사들과 교구 거주 사제들 모두가 로마 교황청이 제정한 교회법에 따라 독립적인 원칙을 빠른 속도로 발전시키고 있는 상황에서 비롯되었다. 한편, 빠른 속도로 성장하고 있는 도시들에서는 각기 자신의 언어를 사용하는 플랑드르인들과 유대인들이 국왕의 직접 보호 아래 정착할 것을 권유받고 있었는데, 여기에는 그들이 강제 대부와 징세 등을 강요당할 수 있는 위험이 내포되어 있었다.

이 모든 사회적 층위의 저변에서는 구어와 문어적 전통을 망라한 고유문화가 살아남았다. 영어, 브르타뉴어, 브리튼 계통의 웨일스어가 그러했고, 심지어 이스트 앵글리아에서는 데인어Danish와 노르웨이어Norse의 흔적까지 남았다. 사실상 헨리는 자기 왕국의 각 지역이 가지고 있는 독자적인 전통과 관습들에 대해 잘 인식하고 있었고, 이에 대해 어떤 통일성을 부여하려는 생각조차

하지 않았다. 그가 나중에 (약간의 주저는 있었지만) 노르망디, 브르타뉴, 그리고 아키텐의 통치권을 헨리, 조프루아, 리처드 세 아들에게 각각 위임할 때에도, 그의 아들들에게 조금이라도 정치적인 사려심이 있다면, 자신이 그랬던 것처럼 그들 또한 각 지역의 고유한 관습과 관행들을 존중할 것이라고 생각했다. 그들이 통치해야 할 대상은 어떤 의미에서도 동일한 언어와 법을 가진 하나의 제국이 아니라, 다만 플랜태저넷 가문의 다국적 기업이었을 뿐이었다.

잉글랜드는 의심할 여지 없이 가장 다스리기 어려운 지역이었다. 거의 대부분의 성장기를 앙주에서 보낸 헨리였기에, 그가 처음에는 잉글랜드 통치의 특수성에 대해 그다지 많은 단초를 가지고 있지 못했을 것이다. 그의 어머니 마틸다는 기회가 주어졌을 때 그것을 망쳐버린 사람이므로 그의 모델이 되기에 적합하지 않았다. 그의 아버지 앙주의 조프루아는 생애의 중요한 시간들을 팽팽했던 노르망디 정복 전쟁에서 보낸 인물이었다. 헨리 2세는 아주 기초적인 영어를 말할 수 있을 뿐이어서, 비록 통역관을 대동하기는 했지만 색슨과 노르만의 군주제가 공통의 유산으로 남긴 난해하고 복잡다단한 통치제도와 법률제도들을 모두 이해하는 것은 불가능했다. 이럴진대, 헌팅던셔Huntingdonshire가 헨리 플랜태저넷에 대해 무엇을 알았을 것이며, 헨리는 헌팅던셔에 대해 무엇을 알고 있었을 것인가? 그럼에도 헨리는 최소한 에드거와 참회왕 에드워드 때부터 내려온 대관식 선서를 통해 잉글랜드 왕에게 주어진 역할이 심판관이자 군사적 지휘관이며, 또한 신정적이며 세속적인 통치자라는 사실은 깨닫고 있었을 것이다. 그에게 주어진 가장 기본적 의무는 네 가지로 정리될 수 있었다. 첫째, 교회를 보호하고, 둘째, 조상의 유산을 보전하며, 셋째, 정의를 베풀며, 넷째, (매우 포괄적인 의미에서) 사악한 법률과 관습을 폐지하는 것이었다. 이 중 두 번째와 세 번째 의무와 관련하여 헨리를 비난할 사람은 없을 것이다. 내전 기간에 싹이 튼 성채 안의 작물들은 수확되었고, 이와 함께 성채 안에 깊숙하게 자리 잡고 있던 사소한 억압 행위들도 사라졌다. 대영주들은 이제 왕에게 예우를 갖추어 복속하거나 아니면 버티다가 결국 성벽이 무너진 뒤에 반역자

프랑스 내 앙주제국의 세력 범위

옥스퍼드
런던
잉글랜드
캔터베리
윈체스터
도버
칼레
신성
로마제국
플랑드르
잉글랜드 해협
손강
루앙
캉
지조르
노르망디
샤토 가야르
파리
센강
메인
블루아
샹파뉴
브르타뉴
르망
몽미라이유
퐁티니
양주
루아르강
프레트발
베젤레
앙제
시농
부르고뉴
퐁트브로
푸아티에
대서양
푸아투
아키텐
앙굴렘
리모주
도르도뉴강
보르도
론강
가론강
가스코뉴
툴루즈
툴루즈

0   50 miles
0   100 km

□ 헨리 2세 소유 영지 및 종속 지역
■ 프랑스 왕 소유 영지 및 종속 지역

로 낙인이 찍힐 것인가를 선택해야 했다. 헨리 2세는 '성채-파괴자'로 알려졌는데, 거기에는 그럴 만한 충분한 이유가 있었다. 그는 노르만 정복 이후 처음으로 옛 국경 바깥으로 잉글랜드의 세력을 떨친 군주로서, 아일랜드해를 넘어 렌스터Leinster를 차지하고 스코틀랜드 왕의 지위를 봉신이라는 치욕적인 자리로 끌어내리는 등, 브리튼섬에서 진정한 제국주의자의 면모를 드러냈다.

헨리는 또한 자신이 열정적인 '정의의 분배자'임을 증명하려고 했다. 그의 통치 기간을 통해 사법체계의 축이 대영주 법정에서 국왕 법정으로 넘어가는 결정적이고 불가역적인 진전이 이루어졌다. 이로 인해 모든 자유민은 지역 영주들의 사법적 판단에 대해 국왕 법정에 항소할 수 있었고, 사안에 따라서는 자신들의 사건이 영주 법정이 아닌 국왕 법정에서 다루어져야 한다고 주장할 수도 있었다. 12명으로 구성된 배심원단은 과거 애설레드 2세 통치하에서 비공식적이고 선택적인 제도의 하나로서 시작되었는데, 헨리 2세에 이르러 국왕 법정에서 다루는 모든 사건에서 채택되는 하나의 표준적인 제도로서 정착되었다. 이제 잉글랜드에서 '정의'란 불평등한 사회질서의 연장이 아니라, 왕의 국가에서 요구되는 당연한 의무가 되었다. 그러나 이는 어디까지나 원칙일 뿐이었다. 현실에서 이러한 '보통법'에 접근하기 위해서는 '자유민'의 지위가 필요했고, 따라서 수많은 농부, 즉 농노와 소작 농민들은 이러한 사법적 정의의 수혜 범주에서 제외되었다. 이들은 법적으로 장원의 영주에게 예속되어 있었고, 영주 법정의 법에 종속되었다. 그럼에도 사법적 정의를 영주들이 독점하고 있던 당시 다른 유럽 지역과 비교해 볼 때, 이는 매우 획기적인 발전이라고 할 수 있었다.

헨리 2세는 자신의 사법적 판단이 잉글랜드 내에서 최고의 권위로 작동해야 한다는 너무나 확고한 입장을 견지하고 있었기에 교회와의 충돌은 피할 수 없었다. 토머스 베킷Thomas Becket과의 치열한 투쟁은 매우 고통스러운 일이었지만, 헨리 입장에서 이것이 실망스러웠던 건, 그가 한 종류의 내전을 종식시켰지만, 베킷과의 갈등이 결과적으로 다른 종류의 내전, 즉 점차 불안정한 상황으로 치닫고 있던 종교적인 갈등에 불을 붙이는 결과를 초래했다는 것을 발견했기 때문이다. 이러한 상황이 역설적이었던 것은 그의 통치 초기에 문해 능력 및 셈법을 갖춘 인력 자원을 정부에 제공함으로써 복잡다단하고 불가해해 보였던 잉글랜드 통치의 길을 헨리에게 열어준 것이 다름 아닌 교회였기 때문이었다. 왕에게 재능 있는 인물들을 천거해 준 사람은 캔터베리 대주교인 가경자可敬者 시어볼드Theobald였다. 그들은 총명했고, 여행 경험이 풍부하며, 국제적인 교육을 받은 사람들로서, 수도원보다 세속 세계의 일을 처리하는 데 더 적합한 사람들이었다. 시어볼드가 천거한 피후견인들 중에서 가장 빠르게 챈슬러chancellor에 임명된 사람이 그의 부제였던 토머스 베킷이었다. 그가 챈슬러라는 직책을 변모시키기 전까지는 이는 생각보다 중요하지 않은 자리였다. 왕실의 종교적 활동을 관리하는 역할을 하는 개인 신부, (그리고 보다 의미 있는 역할을 하는) 비서실장, 문서 및 공적 지식 보존관 등의 업무를 결합한 것이었다.

베킷은 잉글랜드 역사에 중요한 영향을 끼친 첫 번째 런던 출신 인물이었다. 상인의 아들이 빠른 속도로 왕의 최측근 자문관이 될 수 있었다는 사실 자체가 런던이라는 번성하는 도시의 잠재력을 말해 주는 것으로서, 12세기 중반 무렵 런던의 인구는 몰려드는 사람들로 인해 2만 5000명 정도로 성장했다. 런던시의 중심부에는 지금과 마찬가지로 위풍당당한 위용을 자랑하는 정복왕의 타워(런던 탑), 그리고 상류 쪽에 세인트 폴St Paul's 성당이 있었고, 템스강 양안 부둣가는 많은 배와 이들이 싣고 나갈 양모, 이들이 싣고 온 와인과 비단 등으로 가득 차 있었다. 그리고 그 한가운데에는 런던의 자부심이라고 할 수 있는 최초의 강변 카페가 있었는데, 이곳은 지갑에 관계없이 모든 사람에게 열려 있는 요리점이자 식당이며, 24시간 밤낮으로 열리는 곳이었다. '가난한 사람들을 위한 조금 질긴 고기, 부자들을 위한 사슴과 크고 작은 새 요리 등 조금 부드러운 고기 … 자신들의 음식을 직접 조리해야 했던 사람들은 철갑상어나 이오니아Ionia의 흑꼬리 도요 등을 주의해서 찾아볼 필요조차 없었다.' 이렇게 사람들이 북적대면서 서로를 난폭하게 떠밀고, 게걸스럽게 먹어치우며, 허풍 떠는 소리로 가득 채우는 공간에서, 길버트 베킷Gilbert Becket, 즉 토머스 베킷의 아버지는 단순한 상인이 아니라, 건축업계의 실력자이자 런던의 사법관으로서, 또한 가로 40피트(12.2미터)와 세로 110피트(33.5미터)에 이르는 치프사이드Cheapside

에서 가장 큰 저택의 소유자로서 으스대면서 살고 있었다. 그러므로 토머스 베킷은 상당한 자신감 속에서 출생하고 성장했던 것이다. 우리가 그를 금욕적인 사람이라고 생각할 만한 근거가 없는 것은 아니지만, 그럼에도 불구하고 그는 런던 사람들이 늘 중요하게 생각하던 것들에 대해 본능적인 애착을 가지고 있던 진정한 런던 사람이었다. 전시展示와 의상, 돈 벌기와 쓰기, 개인적인 혹은 공공의 극장, 그리고 (그의 위장 기능에 문제가 있긴 했으나) 좋은 음식과 술 등이 그가 가진 런던적인 취향이었다. 그는 저잣거리를 즐길 줄 알면서도 지적으로 세련된 인물이었다. 한마디로 그는 처음부터 '선수'였던 것이다.

그가 6년간 챈슬러직을 수행하는 동안 왕의 눈앞에서 벗어난 적이 없었으므로 헨리는 이러한 사실을 곧바로 알아차렸을 것이다. 그들은 서로 반대되는 성향들을 가진 사람들의 조합이었다. 베킷은 왕보다 열세 살이 많았고, 헨리가 다른 사람에게 맡기고 싶어도 그 외에는 맡길 사람이 없을 정도로 행정적인 실무에 능했다. 왕은 무엇인가를 하고 싶은 열정으로 가득 찬 사람이었다. 챈슬러는 키가 왕보다 더 크고 창백한 안색에 검은 머리카락을 가진 사람으로서, 왕에 비해 세심하고 자족적인 사람이었다. 베킷은 파리와 오세르Auxerre의 성당 학교에 다닐 때부터 교회를 교리적으로, 그리고 요긴하게도, 경제적으로 이해하고 있었던 것으로 보인다. 그의 개인 인장은 충격적일 만큼 이교도적이었는데, 페르세우스Perseus로 추정되는 인물이 옷을 벗은 채 투구를 쓰고 괴물을 죽이는 형상으로 만들어졌다. 그럼에도 불구하고 그는 왕과 보조를 맞출 수 있었다. 중세의 궁정은 하루에 20~30마일(32.2~48.3킬로미터)을 옮겨 다니면서 왕실의 사냥터나 노변에서 식사를 하는 행궁이었다. 더구나 헨리는 그의 종조부처럼 비만해질까 하는 두려움 때문에 운동에 병적으로 집착하는 성향이 있었다. 말을 탔다 하면 속도를 늦춤이 없이 매처럼 날아서 솔즈베리 근처의 클래런던Clarendon, 옥스퍼드 인근의 우드스톡Woodstock 등 그가 좋아하는 궁전에 밤늦게 도착했고, 다음 날 아침이면 또다시 말을 달렸다. 그의 궁정 조신 중 한 사람인 블루아의 피터Peter는 다음과 같이 썼다.

만약 왕이 어느 장소에서 하루를 더 머물 예정이라고 말했다면, 그는 다음 날 아침 일찍 출발함으로써 예정된 모든 것을 다 뒤집어버릴 것이 틀림없다. 그렇게 되면 사람들이 마치 미친 듯이 이리저리 뛰어다니면서 짐 부릴 말들을 두들겨 패고, 그들이 모는 짐차들은 서로 충돌하는 장면을 목격하게 될 것이다. 간단히 말하면, 그것은 생지옥이나 마찬가지 풍경이었다. … 감히 말하기 어렵지만, 나는 그가 곤경에 처해 있는 우리를 보며 즐기는 것이라고 믿는다. 어딘지도 모르는 숲속에서 3~4마일(4.8~6.4킬로미터)을 헤매다가 가끔은 어둠 속에서 불결한 오두막이라도 만나게 되면, 우리는 그것을 행운이라고 여길 정도였다.

베킷은 헨리가 고의로 격식을 무시하는 행동을 하는 것, 그리고 정복왕 윌리엄이 그토록 즐겨하던 공식적인 왕관 착용을 몹시 싫어하는 것을 이해했다. 일상적인 승마복에 대한 애착이나 수행원들에 대한 변덕스러운 행동도 마찬가지였다. 제 손으로 직접 궁정 조신들을 먹이던 상냥한 왕이 어느 날 갑자기 냉랭하게 애정을 거두어들이면서 노르만-앙주 가문 특유의 분노를 폭발시킨다면, 궁정 조신들이 느끼는 공포는 배가될 것이었다. 베킷에게 후일 자신을 왕과 동격시할 수 있는 자신감을 준 건, 그가 왕과 형제 비슷한 관계를 맺었기 때문이었다. 결국 그의 그런 태도가 관련된 모든 사람에게 파국적인 결과를 초래하게 만들었지만, 베킷은 주저하는 자신의 추종자들에게 다음과 같은 말을 반복했을 것이다. '이것 봐, 나는 이 사람을 알아. 이것이 그가 일하는 방식이야, 나를 믿으라고.' 그러나 그가 챈슬러직을 수행하던 영광스러운 시기에도 이미 두 사람 사이에 긴장의 조짐이 있었다. 왕이 베킷과 말을 타고 런던을 돌아보다가 수많은 빈민과 마주치자, 왕은 백색 모피가 둘러진 베킷의 주홍과 회색의 망토를 쳐다보면서, 헐벗은 거지에게 옷을 입힌다면 얼마나 자비로운 일이 되겠느냐고 말했다. '네 맞습니다. 어서 그렇게 하십시오.' 베킷이 응답했다. 이후 마상에서 품위 없는 몸싸움이 벌어지고 결국은 챈슬러가 왕으로 하여금 자신의 어깨끈을 풀도록 허용, 망토를 빈민에게 건네주는 것으로 마무리되었다.

그럼에도 불구하고 베킷은 왕에게 언제나 스파링 상대 이상의 존재였다. 그는 장관壯觀이 만들어내는 최면 효과에 대해 중세 어느 자문관보다 깊은 이해를 가지고 있었다. 과거 노르만의 왕들은 폭력으로 권위를 인정받았다. 그러나 베킷은 충성심을 확보하는 보다 훌륭한 방안을 생각하고 있었는데, 그것은 동물, 음악, 갑옷 등의 전시를 보는 사람들의 입이 딱 벌어질 수준으로 연출하는 것이었다. 베킷은 헨리가 진정으로 추구하는 소박함이 오히려 이 천박스러움을 배경으로 해서 더욱 당당한 위용을 갖추게 되리라는 것을 이해하고 있던 것이다. 그렇게 해서 베킷은 왕실이라는 무대의 지휘자가 되었고, 그의 자질이 가장 빛나게 발현된 것은 1158년 루이 7세를 감명시킬 목적으로 기획된 대규모의 대對프랑스 사절단이었는데, 그는 이 자리에서 루이로부터 그의 젖먹이 딸 마르게리트Margaret를 헨리의 어린 아들과 약혼시키겠다는 약속을 얻어냈다. 그날 베킷이 준비했던 것은 잉글랜드적인 것Englishness을 과시하는 대규모의 행사였는데, 이는 물론 계산된 것이었다. 잉글랜드 찬가를 부르는 보병 250명을 필두로 하여, 잉글랜드에서 사육된 마스티프mastiff와 그레이하운드greyhound가 그 뒤를 따랐고, 그다음 순서는 철제 테두리의 바퀴들을 장착한 마차 여덟 대에 실린 진짜 잉글랜드 맥주였는데, 마차들은 각기 말 다섯 마리가 끌고 있었다. 각각의 말에는 마부 한 사람과 (잉글랜드산은 아니었지만 잉글랜드풍의 옷을 입은) 원숭이 한 마리가 올라탔다. 그다음에는 금제와 은제의 접시를 실은 말 28마리, 시종들과 매사냥꾼들, 그리고 맨 마지막에는 소수의 친구들과 동행한 베킷 자신이었는데, 행렬의 최후미最後尾는 일부러 비격식적인 측면이 드러나도록 연출했다. 상대방을 압도하겠다는 과시욕으로 점철된 베킷의 전략이 제대로 먹혀들었다는 증거는 루이 7세가 이를 방해하려고 필사적인 노력을 기울였다는 사실이다. 그는 잉글랜드 사절단이 경유할 프랑스 마을들을 사전에 단속하여 그들이 중간 공급을 받을 수 없도록 조치했는데, 그렇게 함으로써 그들이 굶주리고 더러운 몰골로 도착하기를 기대했던 것이다. 그러나 베킷은 이보다 훨씬 앞서서 여정에 필요한 모든 것을 미리 사들임으로써, 이러한 상황을 사전에 예방하는 치밀함을 보였다.

1161년 시어볼드 대주교가 사망하자, 베킷은 그의 완벽한 후계자로 떠올랐다. 세속 일에 대한 실질적인 이해가 있으면서도, 교회에 대한 지식에도 정통한 그였다. 헨리는 교회를 제자리에 가져다 놓을 사람이 필요했다. 여기에서 제자리라 함은 매력 넘치는 전사 군주의 발밑에서 굽실거리며 아첨하는 낮은 위치를 의미하는 것은 결코 아니었지만, 그럼에도 불구하고 헨리가 생각하는 교회는 그가 말하는 '왕국의 법과 관습' 안에 확실하게 위치해야 했다. 그의 생각에 교회는 그의 할아버지 헨리 1세가 죽을 때만 해도 그러한 위치에 있었다. 이는 단순히 왕조적 향수가 아니었다. 이것은 12세기 세속 군주의 권위가 최근 들어 교황청의 권리 주장으로 인해, 특히 주교를 임명하는 중대한 사안에 있어서, 침해받고 있다는 사실의 문제였다. 세속 군주들은 자신들이 신으로부터 직접 선택을 받았다는 것을 자명한 진리로 받아들였으며, 따라서 헨리 2세가 참회왕 에드워드의 유해를 웨스트민스터에 다시 묻을 때, 그가 관을 자신의 어깨에 직접 올려놓고 운반하면서 다음과 같이 말했던 것이다. '왕을 바라보라. 그는 성인이자, 군주이셨다. 그리고 나는 그의 진정한 후계자이노라.'

그러나 교황청은 종교 문제에 관한 세속 군주들의 독립적인 권위를 한 번도 용인한 적이 없었다. 교황들은 구원의 열쇠를 가지고 있었고, 기독교 세계에서 지상至上의 권위를 가지고 있었다. 그들은 신성로마제국 황제들에게 제관을 씌워주었고, 대주교들로 하여금 왕들에게 왕관을 씌워주도록 용인했는바, 이것이 의미하는 것은 세속 군주들은 교회의 지배자가 아니라 하인이며, 그들의 권위는 그들이 교회의 독립성을 이해한다는 조건하에서만 유지된다는 것이었다. 교회의 관점에서 보자면, 세속 군주의 통치권은 대성당의 현관 앞에서 멈추어야 되는 것이다. 그러나 헨리 2세의 관점에서 보면, 그의 통치권은 그의 왕국 내에서 절대적이어야 했다. 이렇게 본다면, 중세의 냉전이라 할 수 있는 양 진영 간의 기본적인 신념의 차이는 언젠가는 닥아올 문제였다.

잉글랜드에는 두 개의 발화점이 있었다. 첫 번째는 주교들이 왕과 사전에 상의하지 않고 국왕의 관리나 귀족을 파문시킬 수 있는가 하는 문제였고, 두 번째는 성직자도 국왕의 법정에서 재판을 받아야 하는지, 재판을 받는다면 그 경우 로마 교황에게 항소할 수 있는지 하는 문제였다. 두 가지 문제 모두 종국에는 국왕 통치권의 핵심을 치고 들어오는 중차대한 문제로 귀결되었다. 교회는 왕국의 한 기구인가? 아니면, 성직자들의 존재로 인해 왕국으로부터 분리되어 있는가? 이 문제에 대한 헨리 2세의 답은 분명했다. 장기화된 내전이 지방의 대영주들에게 국왕의 법을 침해하거나 무시할 수 있는 기회를 제공했던 것처럼, 교회 역시 권력의 공백을 이용하여, 과거 노르만이나 색슨 치하의 경우와 비교할 때, 국왕의 법률에 규정된 세속적 의무와 책임으로부터 더 높은 수준의 면제를 주장해 온 것뿐이었다. 노르만 선대 왕들의 치하에서 주교들은 자신들의 서임에 앞서서, 또한 서임의 조건으로, 국왕에게 충성 맹세를 해야 했었다는 것을 헨리는 잘 알고 있었다. 그는 그것이 옛 방식이고 그것이 올바른 방식이라고 생각했다.

(성직자들 사이에서 터져 나오는 반대의 목소리에도 불구하고) 왕은 베킷을 캔터베리 대주교에 임명했는데, 그는 그렇게 함으로써 교회가 국가에 대해 열등한 지위를 가진다는 그의 견해에 동조하는 신뢰할 만한 대주교를 두었다고 확신했다. 그러나 베킷에게는 앞으로 일어나게 될 일들과 관련하여 어떤 예감이 있었다. 프랑스에 머물고 있던 베킷이 병에서 회복되어 체스를 두고 있었는데, 그의 오래된 친구 하나가 베킷이 차기 대주교 물망에 오르고 있다는 이야기를 전해주었다. 재미있는 농담이 몇 마디 오간 뒤에 베킷이 진지한 표정을 하고는 자기 대신 승진이 되었으면 하는 불쌍한 사제 세 사람을 알고 있다며 다음과 같이 말했다. '만약 내가 승진하는 상황이 된다면, 내가 그를 너무나 철저하게 잘 알기에 하는 말이지만, 결국 내가 그의 총애를 잃거나, 아니면 신이 금지하신바, 전능하신 신에 대한 나의 의무를 게을리하게 될 것이네.'

표면적으로는 거의 변한 것이 없어 보였다. 대주교의 식탁은 챈슬러의 식탁이 그랬던 것처럼 좋은 음식들로 가득 채워졌고, 그의 주변에는 언제나와 같이 똑똑하고 젊고 국제적 안목을 가진 교회 학자들이 있었다. 저녁 식사 때에는 독서가 있었고, 성서 말씀에 대한 재치 있는 논쟁이 이어졌다. 그러나 눈에 보이는 것이 전부가 아니었다. 베킷은 연회의 성찬에 손도 대지 않았고, 8년 뒤 살해당한 그의 몸에서 발견된 헤어셔츠와 수도승 의복을 이미 이때부터 입기 시작했을지도 모르는 일이었다.

대영주들과 사제들을 과세 대상으로 하는 새로운 조세에 대한 왕의 요구를 베킷이 공개적으로 비판하기 시작하자, 헨리는 믿기 어려웠지만 자신의 옛 친구에게 어떤 이상한 변화가 일어나고 있음을 알아차렸다. 헨리로서는 (그가 베킷에게 종종 상기시켜 준 바와 같이) 그의 특별한 총애로 출세한 평민 출신인 베킷이, 이제 주제 넘는 반대로써 그 은혜를 되갚고 있다고 생각하니 분노할 수밖에 없었다. 왕은 또한 범죄를 행한 성직자들을 일반 범법자들과 동일하게 취급하려는 자신의 생각에 반대하는 베킷을 특히 이해하기 힘들어 했다. 국왕의 법정에서는 강간범, 도둑, 살인자들을 처형하거나 팔다리를 절단했다. 교회 법정에서 이러한 범죄는 직위에서 쫓겨나거나 참회의 대상이 될 뿐이었다. 헨리는 이러한 처벌상의 비형평성은 자신의 통치권에 대한 모독이며, 보통법의 전제에 근본적으로 반하는 것으로 생각했다. 모든 자유로운 신민은 동등하게 다루어져야 한다는 것이 그의 생각이었다. 그러나 베킷의 입장에서는 이미 교회 법정에서 판결이 난 사건을 국왕의 소추관들이 다시 재판을 하는 것을 용인한다면, 성직자의 독립성이 종말로 치닫게 될 것이라고 보았다. 그는 또한 이를 가리켜, 사제들이 단순히 하나의 직업이 아니라 신에 의해 임명되고 오로지 성 베드로의 후계자(교황)에 의해서만 책임을 물을 수 있는 완전히 독립적인 신분임을 인식하지 못한 처사라고 비판했다. 베킷은 일련의 사건들을 다루면서 그러한 교회의 독립적 지위를 다시금 역설했고, 한 사건에서는 사제는 결코 사형이라는 형벌을 받아서는 안 된다고 판시하기까지 했다.

이 논쟁은 솔즈베리 근처 클래런던에 있는 헨리의 사냥 행궁에서 중대한 국면을 맞았다. 1164년 헨리는 주요 대영주들과 백작들, 그리고 주교들과 대주교들을 모두 불러 모아 비상 왕실 자문 회의를 개최했는데, 이 자리에서 그는 이른바 '왕국의 관습'에 대해, 과거 그의 할아버지 헨리 1세 치하에서 그랬던 것처럼 모두가 조건 없이 복종할 것을 요구했다. 베킷은 이것이 사제들이 사실상 국왕의 사법권에 종속된다는 왕의 주장을 공식적으로 확인하는 의미임을 알고 있었다. 그는 이러한 상황이 다가오고 있음을 알고 있었고 이에 대한 저항을 촉구해 오던 참이었다. 그가 래스터Leicester 백작 등으로부터 독설적인 비난을 받는 동안 동료 사제들은 그가 자신의 신념을 지킬 것이라고 생각했을 것이 틀림없다. 베킷은 그러나 일언반구의 저항도 없이 굴복해 버렸고, 학식을 갖춘 런던 주교 길버트 폴리엇Gilbert Foliot은 이를 두고 '오직 지도자만이 전장에서 달아났다'는 그 나름의 이해할 수 있는 불평을 쏟아냈다. 베킷은 다시 원래대로 반대 입장으로 돌아섰지만 이는 그의 불일치만 가중시킬 뿐이었다. 사실 그는 클래런던에서 왕의 '헌법'에 대한 일반적인 복종을 명령했지만, 며칠 뒤에 구체적 사항을 확인해 보고는 마음을 바꾸었던 것이다. 예컨대, 왕의 신하에 대한 파문은 오직 왕의 승인 하에서만 행할 수 있다거나, 국왕은 잉글랜드의 사제들과 로마 교황청 사이의 모든 통신을 통제할 수 있다거나, 교회 법정에서 유죄를 선고받은 사제는 체포되어 국왕 법정에서 다시 재판을 받을 수 있다는 항목들이 그것이었다. 베킷은 사제들에게 전면적인 저항을 명령했다. 이는 대수도원장들에게 갑옷을 (필요하다면 입을 수도 있지만) 입으라는 의미는 아니었다. 이런 의지의 싸움에서 교회가 가진 가장 훌륭한 무기는 파문의 위협과 종교적 서비스의 중단이었다. 어떠한 세례성사, 혼인성사, 그리고 임종 때의 고해성사도 없을 예정이었다. 그야말로 천국의 문에 '플랜태저넷이나 잉글랜드인들은 성가시게 문을 두드릴 필요가 없다'는 표지가 나붙을 상황이었다.

그러나 바로 그 순간, 논쟁에 결정적인 영향을 미치는 사건이 일어났다. 베킷이 우드스톡으로 가서 왕을 만나려고 했을 때 그의 안전에서 문이 쾅하고 닫혔다. 최악의 상황을 우려하며 그는 국외로 떠나려고 했지만 그만 타고 있던 배의 선원에게 들켜버렸다. 선원은 그를 다시 잉글랜드 해변으로 되돌려 놓았고, 그의 운명은 왕의 손에 맡겨졌다. 왕이 물었다. '왜 그대는 떠나려는 것이오?' '우리 둘을 품을 만큼 충분히 큰 나라라고 생각하지 않소?' 왕은 자신에게 유리한 국면임을 잘 알고 있었다. 왕의 승인 없이 외국으로 도주하려는 행위 자체가 이미 법을 위반한 것이었다. 1164년 10월 헨리는 다른 두 가지의 죄목을 추가하여 그를 노샘프턴Northampton에서 재판에 회부했다. 하나는 그가 대주교령 토지를 둘러싼 분쟁에서 소환에 응하지 않았다는 것, 다른 하나는 그가 챈슬러직에 있을 때, 예산을 부적절하게 사용했다는 것이었다. 이러한 혐의들은 매우 심각한 것이었다. 유죄가 입증되면 베킷의 모든 개인 토지와 동산이 몰수될 수 있었다. 주교들은 더욱 극심한 곤경에 놓여 있었다. 그들이 만약 베킷에게 등을 돌린다면 파문당할 각오를 해야 했다. 그러나 폴리엇을 비롯한 많은 주교는 그를 결코 좋아하지 않았고, 그에게 캔터베리 대주교 자리가 어울리지 않는다고 생각했다. 그럴진대, 그가 과거 챈슬러직에 있을 때 저지른 무절제와 클래런던에서의 변덕에 대해 주교들이 희생을 감수해야 할 이유가 어디에 있을까? 베킷이 교회의 수호자임을 의미하는 대주교의 성장盛裝을 갖추고 캔터베리의 커다란 은銀 십자가를 다른 사람에게 맡기지 않고 직접 들고 법정으로 향하고 있을 때, 그 모습을 본 폴리엇이 그의 연출된 행동에 격노하여 십자가를 뺏으려 한 것은 그 때문이었다. 비록 실패로 끝났지만 말이다. 사제들 사이의 힘겨루기가 이어졌다. '그는 언제나 어리석었고, 앞으로도 그러할 것이다'라는 것이 폴리엇 주교의 판단이었다.

베킷이 노샘프턴에 도착할 무렵, 매우 위중한 혐의 하나가 새로 추가되었다. 클래런던에서의 서약을 어기고 왕의 권위를 넘어 교황에게 항소하려 했다는 것이었다. 이는 그를 반역죄로 다루겠다는 의미였다. 재판이 진행되는 동안, 헨리의 영주들은 그를 향해 '서약을 어긴 자', '반역자'라고 외쳤고, 베킷은 베킷대로 그가 할 수 있는 모든 것을 동원하여 '호색가', '사생아' 등 그렇게 불러도 되는 특정 영주들을 골라서 맞대응을 해야 했다. 결국 베킷의 유죄가 확정되었고, 그는 극단적인 위험에 처하게 되었다. 그때 그의 가장 열렬한 추종자 중 하나인 보샴의 허버트Herbert가 잠겨 있던 성문의 열쇠를 구했다. 두 마리의 말을 마련할 틈도 없었기에 베킷은 허버트를 자신의 말 뒤쪽 잔등에 태워 전속력으로 달렸고 감금 상태에서 벗어날 수 있었다. 그 후 며칠 동안 그들은 수시로 옷차림을 바꾸고 우호적인 교회의 제단 뒤에서 잠을 자는 도망자 생활을 영위하면서 마침내 해협에 다다랐다. 1164년 11월, 베킷은 자신을 끝까지 따라온 몇 안 되는 추종자들과 함께 플랑드르 해변에 상륙했다. 그들은 의기소침했고, 단 한 푼도 없었으며, 지쳐 있었고, 자신들이 벌인 일에 대해 두려워했다.

그들의 여정은 파리에서 동남쪽으로 100마일(160.9킬로미터) 정도 떨어져 있는 퐁티니Pontigny에 있는 한 시토Cistercian 수도회의 수도원에서 일단락되었다. 장식이 없는 석회석 건물은 수도회의 금욕적 이상을 강조하기 위해 선택된 양식이었는데, 외부 세계와 단절된 곳이라서 베킷으로서는 세상과의 타협으로 흔들릴 일 없이 일관되게 마음을 다잡을 수 있는 완벽한 장소였다. 그의 마음가짐은 그가 당시 의뢰했던 성경에 생생하게 묘사되어 있는데, 왕좌에 앉아 있는 그리스도의 형상 바로 아래에 그려져 있는 하나의 초상화 세트가 그것이다. 베킷은 교황 알렉산데르 3세에게 부탁하여 특수하게 고안된 수도승 의복을 얻었는데, 그 안에는 몸을 최대한 불편하게 만들 염소 털로 된 헤어셔츠를 입었다. 베킷은 자신이 알렉산데르의 절대적인 지지를 받을 것이라고 생각했다. 왜냐하면, 알렉산데르 또한 포악한 세속 군주인 신성로마제국 황제 프리드리히 바르바로사Frederick Barbarossa에 의해 로마에서 쫓겨나 프랑스에서 원치 않는 망명 생활을 하는 등 자신과 똑같은 처지에 놓여 있었기 때문이었다. 프리드리히는 알렉산데르보다 융통성이 있는 대립 교황을 내세워 로마 교황청으로 보냈다. 베킷의 기대에 어긋났던 것은, 생존을 위해 프랑스 왕의 선의와 돈에 의지하고 있던 궁핍한 처지의 알렉산데르가 잉글랜드 왕에 대해서도 같은 태도를 보였다는 것이다. 따라서 (길버트 폴리엇이 포함된) 잉글랜드의 주교단이 왕의 뜻을 전하기 위해 상스Sens에 있는 그를 만나러왔을 때, 알렉산데르는 신중하게 계산된 모호한 태도로 그들을 맞이했다. '왕이 아주 좋은 분이라 하니 기쁩니다. 신께서 그를 더욱 좋은 분으로 만들어주소서.' 그리고는 베킷의 사람들이 클래런던 헌법을 비난하자, 법 조항이 매우 충격적이고 매우 사악하다는 데에는 동의했지만, 그것뿐이었다.

스스로의 힘으로 서야 했던 베킷은 퐁티니에 사실상의 망명 정부를 세웠는데, 그가 가지고 있던 범유럽적 첩보망과 헨리의 봉쇄선을 암암리에 뚫을 수 있는 서신 전달자들, 그리고 지칠 줄 모르는 그의 선전 담당 부서가 주요 구성요소였다. 그리고 그 자신은, 언제나와 같이, 흔들리지 않는 정의감으로 무장되어 있었다. 그리고 종교적 삶과 세속적 삶의 차이를 강조하기 위해 봉헌된 시토 교단 수도원이야말로 잉글랜드 교회가 앙주 가문 국가의 단순한 부속물이 아니라는 베킷의 간절한 믿음을 역설하기에 더할 나위 없이 좋은 장소였다.

잉글랜드의 헨리는 온화한 얼굴을 거두고 엄격한 정체성을 드러내기 시작했다. 베킷을 위해 한마디라도 좋은 말을 했다가는, 최소한 추방당할 각오를 해야 했다. 조카들과 조카딸들을 비롯한 베킷의 무고한 친척들은 가족이라는 이유만으로 죄인이 되어 망명을 떠나야 했다. 베킷의 재산은 압류되어 '재산 관리인' 격인 기사 라눌프 드 브록Ranulf de Broc에게 넘겨졌다. 삼림, 사슴, 와인 저장고, 지대 수입 등 대주교의 재산을 임의대로 처분할 수 있는 권한이 그에게 주어진 것이다. 잉글랜드의 주교들이 모두 베킷을 지지하는 것도 아니었다. 런던 주교 길버트 폴리엇과 요크 주교 퐁 레베크Pont l'Évêque의 로제Roger는 여전히 가증스러운 그의 적이었다. 그들은 베킷의 사사로운 허영심과 병적 자존심이 군주정과의 합리적이고 실용적인 협력 관계를 쓸데없이 파괴시켰으며, 교회가 누려야 할 바람직한 자유를 확보하는 것이 아니라 오히려 어렵게 만들었다고 생각했다. 폴리엇이 베킷의 엄정한 질책을 되받아치며 말한 것은, 대주교는 변덕스럽게 왕과 대립하여 문제를 일으키더니 급기야는 밤중에 도둑처럼 도망질을 쳤고, 그렇게 함으로써 자신이 보호해야 할 사제들을 오히려 포기하는 사태를 초래했다는 것이었다.

베킷은 그러나 퐁티니 수도원의 은둔처 안에서 오로지 자신의 견고한 믿음의 소리에만 귀를 기울일 뿐이었다. 시세에 영합하는 교황에게 실망한 베킷은 1166년 성령강림대축일에 베젤레Vézelay 수도원에서 미사를 올린 후, 수도원장을 비롯한 모두를 놀라게 하는 가운데 '교회의 칼을 뽑아들고' 교회의 적들을 향해 선전포고를 했다. 그리고 라눌프 드 브록처럼 '포악한 행위'를 하고 '이단'을 범하며, 교회 재산을 훔치는 자들에 대해 저주를 퍼붓고 파문을 선고했다. 헨리 2세의 이름은 저주받은 자의 목록에서 확실히 빠져 있었는데, 만약 그렇게 함으로써 왕과 화해할 수 있는 길을 열어놓으려고 한 것이라면, 베젤레 수도원에서 행한 그의 선고는 기대와는 반대의 결과를 가져왔다. 헨리가 만약 자신을 배신한 대주교를 수도원 밖으로 내쫓지 않으면 모든 시토 교단 수도사들을 잉글랜드 밖으로 추방하겠다고 위협하며 반격을 가해온 것이었다. 퐁티니 수도원장은 눈물을 흘리며 헨리의 요구에 응하는 수밖에 없었다. 1166년 11월, 베킷은 자신의 추종자들을 해산시킨 후, 생트-콜롱브St-Colombe에 있는 베네딕투스 수도원으로 향했다. 이동하기 직전, 그는 기사 네 명에게 살해당하는 꿈을 꾸었다.

베킷의 독립적인 행동에 마음이 흔들리고, 또한 이것이 자신과 헨리 2세의 관계에 미칠 영향을 염려한 알렉산데르 교황은 행동에 나서기로 마음먹었다. 헨리에게는 자신과의 화해를 모색해야 할 중요한 동기가 하나 있음을 그는 알고 있었다. 그것은 헨리가 왕위계승 문제를 염려한 나머지, 카롤루스 마그누스 Carolus Magnus(샤를마뉴 대제)의 전례서 한 장을 얻어서 자신이 살아 있을 동안 웨스트민스터에서 큰 아들에게 잉글랜드의 왕관을 씌워주기로 결정한 것을 말하는 것이었다. 아들의 조기 대관식이 헨리 2세의 조기 퇴위를 함의하지는 않았다. 오히려 이것이 충성의 이반을 방지하는 장치이며, 지명된 후계자에게 충성을 맹세해야 할 모든 귀족의 결합을 다잡는 하나의 방식이었다. 그러나 이러한 방식은 낯설고 혁신적이었기에 헨리로서는 여기에 정통성을 부여하기 위해 캔터베리 대주교로 하여금 대관 예식을 집전하게 할 필요가 있었다. 2년에 걸쳐서 교황의 특별 사절들이 헨리의 행궁과 베킷 사이를 왕래하면서 중재 노력을 편 데에는 이런 사정이 있었던 것이다. 그러나 그들의 노력은 결실을 맺지 못했다. 베킷은 헨리에게 그의 조부 통치하의 관습을 복원할 수 있는 권리가 있음을 노골적으로 부인했고, 헨리는 클래런던 헌법을 포기하길 거부했다. 양측의 원칙론에 부딪힌 교황사절단의 외교는 실용주의 노선을 택할 수밖에 없었다. 어느 쪽도 신념을 포기할 수 없다면, 표현을 절제하는 방법밖에는 없었다. 그렇게 함으로써, 베킷은 왕국의 평화를 되찾고, 그의 망명 생활 종식과 함께 재산을 되찾을 수 있을 것이고, 헨리는 그가 의도한 대로 대관식을 치를 수 있게 될 것이었다.

1169년 1월 공현축일(왕들의 축제) 다음 날, 프랑스 왕국과 앙주 가문의 땅 경계에 있는 몽미라이유Montmirail의 황량한 겨울 목초지에서 헨리와 베킷이 만났다. 한때 절친한 동반자였다가 불구대천의 원수가 된 두 사람은 대주교가 노샘프턴에서 재판을 받은 이후 4년 동안 만나지 못했었다. 헨리는 이제 서른여섯 살이었는데 병적인 활력, 날카로운 명석함, 그리고 폭발적으로 변덕스러운 성정 면에서 최고조에 달해 있었다. 베킷은 마흔여덟 살로, 중세 기준으로는 중년이었다. 회색빛 수염과 주름진 얼굴을 가진 그는 스스로를 진리와 정의의 사도로 믿고 있는 사람답게 흔들리지 않는 사도의 모습을 하고 있었다. 두 사람의 만남은 용의주도하게 준비된 행사였다. 말 위에 앉아서 담소를 나누고 있는 프랑스 왕 루이와 헨리를 향해 베킷이 다가가려고 할 때, 그의 가장 열렬한 추종자인 보샴의 허버트가 그의 소매를 잡아당기며 왕과의 화해보다 불굴의 길을 걸어갈 것을 간청했지만, 그는 이미 왕을 화나게 할 그 어떤 말도 하지 않겠다는 데에 동의한 바 있었다. 베킷은 처음에는 그가 동의한 바와 같이 각본대로 움직이는 것 같이 보였다. 그는 헨리 앞에 무릎을 꿇었고, 헨리는 그를 일으켜 세웠다. 그리고 대주교는 '저는 이제 우리 사이의 모든 문제를 당신의 관대함과 판단에 맡깁니다'라고 선언했다. 그러나 좌중에 흐르던 안도의 기운은, 그가 의도적인 짧은 침묵 뒤에 '하느님의 명예를 지키면서'라는 말을 추가하는 순간, 돌연 전율로 바뀌었다. 이는 사실상 '교회와 관련된 어떠한 문제에 대해서도 나의 입장을 유지하겠다'라는 말과 다름없었다. 이는 양보 뒤에 부인이 뒤따랐던 클래런던 사건의 재현이었다. 루이 7세와 헨리는 처음에는 전율했고, 그다음에는 격노했다. 헨리는 강경 노선으로 돌아가 '왕국의 관습'에 동의할 것을 요구했다. 베킷은 공식적으로 거절했다. 황혼이 점차 다가오고 들판에 불화의 상징인 까마귀들이 몰려들 무렵, 대주교는 그가 지키려고 한 정의와 함께 홀로 남겨졌다.

몽미라이유 사건 이후 베킷은 더욱 공격적이 되더니 요크 대주교와 런던 주교에게 파문을 선고했다. 그는 왕이 (언제 죽을지 그 누구도 모르는 일이지만) 아직도 살아생전에 아들의 대관식을 보고 싶어 한다는 소식을 전해 듣고는 시간이 궁극적으로 자기편이라고 확신했다. 그리고 그의 불굴의 의지는 확실히 보상을 받는 것 같았다. 헨리가 그의 대주교직과 재산을 복원해 주고 챈슬러직 수행 시의 부패혐의 소추를 취하할 것이라는 소식이 전해졌던 것이다. 대담해진 그는 평화의 입맞춤을 요구하기에 이르렀다. 이 중세적 입맞춤은 볼에 가볍게 입술을 갖다 대는 표면적인 행위가 전부가 아니었다. 이는 선량한 믿음의 맹세였다. 입맞춤은 곧 구속이었다. 그러므로 입맞춤을 요구한다는 것은 역설적으로 상대에 대한 의구심을 전제로 하는 것이었다. 헨리는 멈칫했다. 이 입맞춤은 지나친 것이었다.

그러므로 1170년 7월 22일, 루아르강 동안의 프레트발Fréteval 마을 근처 목초지에서 두 사람이 다시 만났을 때, 이번에는 두 사람이 모종의 합의에 이르게 될 것이라는 기대감이 있었지만, 그와 함께 어떤 조심스러운 기운 또한 불가피하게 감돌았던 것은 그 때문이었다. 보샴의 허버트는 그곳을 상서로운 예감이 있는 아름다운 곳이라고 생각했다. 그는 나중에서야 그 문제의 현장이 그 지역 사람들에게는 '반역자의 들판'으로 알려져 있음을 깨달았다. 헨리와 베킷은 말을 타고 서로를 향해 다가갔다. 왕은 그를 반기며 모자를 벗었다. 두 사람은 포옹을 한 뒤 자리에 앉아서 여러 시간 동안 이야기를 나누었다. 그러나 대주교가 왕으로부터 느끼는 불편함은, 염소 털로 만든 그의 헤어셔츠 속옷이 쏠리면서 만들어내는 불편함에 의해 더욱 커져만 갔다. 베킷은 왕이 기다리다가 지친 나머지, 1170년 6월 자신을 놓아두고 (그가 아직도 저주하고 있던) 요크 대주교의 손을 빌려서 이미 아들에게 왕관을 씌워주었음을 알게 되었다. 아무튼, 헨리는 그의 분노를 누르면서 베킷이 내건 조건들을 받아들였고, 그의 원수들을 자신의 원수들로 간주하겠다고 말했다. 모든 대화가 끝나고 마침내 베킷이 원하던 것을 모두 얻은 것처럼 보일 무렵, 하나의 둑이 터졌다. 눈물 가득한 감정의 홍수가 베킷을 휩쓸고 지나갔으며, 그는 말에서 내려 왕의 말발굽 밑에 스스로를 던졌다. 그러자, 헨리도 말에서 내려 그의 옛 친구에게 다가갔다. 그리고는 발 하나를 베킷 말의 등자에 올려놓더니 그의 몸을 잡아 말 등에 다시 태웠다. 그런 다음, 베킷과 함께 들판 끝 물가에 있는 자신의 텐트 쪽으로 말을 달려갔다. 그리고는 선언했다. 그들은 화해했으며 앞으로는 세상에서 가장 자상하고 관대한 군주가 되겠노라고.

이제 그 무엇도 두 사람 사이에 복원된 선의를 깰 수 있을 것 같지 않았다. 그런데 그것을 찾은 것은 베킷이었다. 이 순간을 보다 완벽하게 자기의 지배하에 두고 싶었던 헨리가 옛 친구에게 조금 더 말을 달리자고 했을 때, 베킷은 그동안 자신의 명분을 지지해 준 프랑스 친구들에게 감사의 말을 전해야 한다며 왕의 제안을 거절했던 것이다. 게다가, 왕이 보샴의 허버트를 포함하여 그동안 베킷에게 충성한 사람들을 사면하면서, 그의 조정 대신들에게도 상응하는 사면 조치를 베킷에게 요구했는데, 베킷은 이를 무례하게 거절했다. 대주교는 '이는 같지 않습니다'라고 반박했던 것인데, 이는 좋은 징조가 아니었다. 그런 베킷을 향해 사면을 얻지 못한 기사들 중 하나였던 제프리 라이들Geoffrey Ridel이 말했다. '만약 그가 나를 사랑하기로 선택한다면 나 역시 그를 사랑할 것이다. 그가 나를 미워한다면 나 또한 그를 미워할 것이다.' 프레트발의 시큼한 뒷맛이 베킷에게도 느껴졌던 모양이다. 그는 교황에게 비관적인 서신을 전하면서, 그를 기다리는 것이 평화인지, 처벌인지 확실하게 말할 수 없지만, 그럼에도 불구하고 잉글랜드로 돌아간다고 적었다.

토머스 베킷과 헨리와의 마지막 회합은 쇼몽-쉬르-루아르Chaumont-sur-Loire 에서 이루어졌는데, 헨리는 이 자리에서 아량을 제대로 베풀지 못하는 베킷의 어리석음에 대해 (결코 분통을 터뜨리지는 않았지만) 약간의 울분을 표현했다. 한 연대기 작가에 따르면 그는 '당신은 왜 내가 원하는 것을 한 번도 하지 않소?' 라고 불평했다. '만약 당신이 그렇게 했다면, 나는 모든 것을 당신에게 맡겼을 것이오.' 한숨 소리가 있었을지는 모르지만, 왕의 이 말에 아무런 응답이 없었다. 왕이 말했다. '자, 잘 가시오. 나는 가능한 한 빨리 당신을 따라 가겠소. 우리는 루앙 아니면 잉글랜드에서 만나게 될 것이오.' 이에 대해 베킷은 '이러한 상황에서 폐하를 떠나려 하니 왠지 이번 생에서는 폐하를 다시 뵙지 못할 것 같은 생각이 드는군요'라고 말했다. '그렇다면 그대는 나를 반역자라 생각하시오?'라고 헨리가 묻자, 베킷이 대답했다. '하늘이 금지하는 것이지요.'

대주교는 그의 예감이 현실이 될 때까지 그리 오래 기다릴 필요가 없었다. 대주교의 십자가를 앞세운 그의 배가 1170년 12월 첫 주에 켄트의 샌드위치 Sandwich항으로 들어오자 수많은 군중이 그의 앞에 엎드렸다. 그러나 베킷이 6 년 만에 잉글랜드 땅을 다시 밟은 그 순간, 마치 그를 범죄자 취급이나 하듯이 완전한 갑옷에 무장을 요란하게 갖춘 왕의 관리 셋이 그에게 다가왔다. 그중 한 명은 바로 라눌프 드 브록, 즉 몰수된 베킷의 '자산 관리인'이었다. 켄트의 지방장관인 콘힐Cornhill의 저버스Gervase가 나서더니, 대주교가 잉글랜드에 돌아온 것은 평화를 위해서가 아니라, 왕국에 불을 지르고, 헨리 2세의 아들이자, 잉글랜드의 공동 군주인 청년왕Henry the Young의 왕관을 벗기며, 그동안 주권자인 국왕의 편에 섰던 주교들과 대영주들에게 벌을 주기 위해 온 것이라면서, 노골적인 비난을 퍼부었다. 여기에서 베킷은 그의 귀환으로 위협을 느끼는 모든 사람이 연합하여 그에게 맞서고 있음을 직감했을 것이다. 그러나 이에 대한 그의 대응은 그들을 안심시키는 것과는 거리가 멀었다. 그는 파문당한 사람들은 오직 교황의 권위에 의해서만 사면이 가능하다고 말했다. 이론적으로는 맞는 말이지만 이는 솔직하지 못한 말이었다. 왜냐하면 파문을 선고한 사람은 다름 아닌 베킷 그 자신이었고, 그가 교황에게 건의만 한다면 교황은 기꺼이 파문을 철회할 것이라는 것을 모든 사람이 다 알고 있었기 때문이었다.

그러나 베킷은 그 길을 선택하지 않았다. 불길한 그 무엇이 이미 그의 행동에 개입하고 있었다. 캔터베리가 시야에 들어오자, 그는 말에서 내려 부츠를 벗고는 찬송가를 부르며 열광하는 신자들 사이로 들어가 맨발로 걷기 시작했다. 그는 그해 12월의 대부분 시간을 프레트발에서 약속된 조건들이 적절히 집행될 수 있도록 하는 데 사용했다. 그러나 그가 라눌프 드 브록에게 솔트우드Saltwood성을 돌려달라고 요구했을 때, 그가 받은 것은 꼬리가 잘려 피가 흐르는 채로 보내진 대주교 영지에 있던 짐 나르는 말 한 마리였다. 잉글랜드의 사제들도 그와 비슷한 냉정과 불안감으로 그를 대했다. 청년왕 헨리는 그를 만나려 하지 않았고, 이즈음에 대주교가 청년왕 헨리의 왕관을 벗기려 안달할 뿐 아니라, 그의 사병들을 대동하여 잉글랜드를 행진하는 등 복수의 일념에 사로잡혀 있다는 보고가 헨리 2세에게 들어왔다. 사실은 베킷이 샌드위치항에서 왕의 관리들과 위협적인 조우를 경험한 뒤에 그를 보호할 다섯 명 이내의 소규모 무장 수행단을 꾸린 것뿐이었다. 그러나 그가 만약 받아들였다면, 친왕파 주교들과 화해를 할 수도 있었던 간청에 귀를 닫은 건 사실이었다. 1170년 크리스마스, 그는 언젠가 하고 말 것이라고 다짐했던 바로 그 일을 실행에 옮겼다. 그는 캔터베리 대성당의 석조 바닥에 양초들을 내던지고 폴리엇과 퐁 레베크Pont l'Évêque의 로제Roger를 향해 저주를 퍼부었다. '예수 그리스도에 의해 그들이 지옥에 떨어지기를!' 그들이 청년왕 헨리의 대관식을 집전했다는 이유 때문이었다.

그러나 그 주교들은 지옥에 있지 않았다. 그들은 노르망디 바이외 근처 헨리 2세의 궁전에 머물면서 반역의 극에 달한 베킷의 오만함을 지적하는 악의적인 소식들을 헨리의 귀에 전하고 있었다. 베킷이 저주를 퍼부은 바로 그날, 헨리는 병상 베개에서 화를 참다못해 벌겋게 된 목을 들어 올리고는 분노의 고함을 내질렀다. 그 소리 때문에 주변의 기사들이 갑옷 안에 오줌을 지릴 정도였다. 그것은 '누가 나를 이 무도한 사제로부터 자유롭게 해주겠느냐?'가 아니라 '이 천하에 비열하기 짝이 없는 밥벌레 반역자들아. 자기 주인이 저 미천한 사제로부터 이토록 수치스러운 모욕을 당하도록 내버려두는 너희들을 내가 지금까지 내 집에서 먹이고 키웠다니!'였다. 그 자리에 있는 그 누구에게도 왕이 의미하는 바는 오직 하나였다. 이 끊임없이 이어지고 있는, 도저히 더는 참을 수 없는 베킷 문제를 끝장내라는 것이었다. 꼭 그것이 그의 죽음을 말하는 것은 아니었다. 그러나 그것이 목적을 이루기 위해 요구된다면 그러는 수밖에 없었다.

베킷을 죽이기로 한 기사 네 명은 헨리가 의미한 바가 무엇인지를 확신하고 있었고, 켄트로 가는 배를 타기 위해 노르망디 해변으로 말을 달렸다. 그들이 아니더라도 베킷에게는 커다란 위험이 다가가고 있었다. 헨리가 대주교에게 가는 사신을 막 출발시켰는데, 그의 임무는 반소反訴를 금지할 것, 만약 이를 이해하지 않으면 고통을 감수해야 할 것이라는 내용의 명령서를 그에게 전달하는 것이었다.

12월 28일 (라눌프 드 브록이 여전히 베킷의 옛 재산을 누리고 있는) 솔트우드성에서 기사 네 명과 드 브록이 만났다. 그들은 개천에서 용이 된 격인 베킷을 너무나 경멸했기에 그를 죽이기보다는 일단 체포하기로 했다. 그들은 마치 소규모 군사작전이라도 벌이듯 캔터베리를 급습하기로 계획을 세웠다. 다음 날인 1170년 12월 29일 동틀 무렵, 레지날드 피처스Reginald fitzUrse, 기욤 드 트라시(윌리엄 드 트레이시William de Tracy), 리처드 르 브렛Richard le Bret, 그리고 위그 드 모르비유(휴 드 모빌Hugh de Morville) 등 기사 네 명은 기사 12명을 추가로 공격 부대에 편입시킨 뒤에 캔터베리로 떠났다. 이들은 전날 밤 만취했고, 아마도 이날 새벽까지도 자신들의 각오를 다지고 있었을 것이다. 오후 3시 무렵, 그들은 대주교의 궁전에 뛰어들었고, 그곳에서 베킷이 저녁 식사를 마치고 자문관들과 같이 있는 것을 발견했다. 베킷이 애써 방해자들을 무시하려 하자, 피처스가 나서서 왕으로부터 중요한 전갈을 가져왔다고 외쳤다. 지체 없이 윈체스터의 청년왕에게 달려가서 대주교가 직접 자신의 행위에 대해 석명하라는 것이었다. 베킷은 자신이 범죄자 취급을 받을 이유가 없다고 대꾸했다. 둘 사이에 주고받는 말들이 험악해지고 빨라졌다. 피처스는 베킷이 더 이상 국왕의 보호하에 있지 않으며, 대주교의 호위 기사 두 명을 이미 체포했다고 말했다.

이 순간, 대주교는 시간을 벌기 위해 즉답을 피하는 듯하는 모습을 보이기도 했으나 이내 그의 추종자인 솔즈베리의 존John을 향해 '나의 마음은 결정되었네. 나는 내가 무엇을 해야 하는지 정확하게 알고 있네'라고 말했다. 존은 확신을 하지 못한 채 '신이시여, 당신은 옳은 선택을 하셨나이다'라고 말했다. 베킷은, 1166년 노샘프턴에서도 그랬던 것처럼, 후일을 기약하는 대신에 십자가를 앞세우고 저녁 기도를 올리기 위해 대성당을 향해 걸어갔다. 그는 성당 문을 걸어 잠그지 않고 오히려 예배객들이 입장할 수 있도록 문을 확실하게 열어두었다. 만약 자신이 죽을 운명이라면, 그의 회중들이 지켜보는 앞에서 죽을 생각이었던 것이다. 그러나 기사들은 예배객들이 미처 들어오기 전에 그를 북쪽 익랑翼廊에서 체포했다. 그들 기사들이 머리와 얼굴의 대부분을 가리는 등 전형적인 테러 복장을 하고 있었으므로 베킷은 그들이 무엇을 하려 하는지를 틀림없이 알아차렸을 것이다. 칼집을 벗어난 검들이 촛불 속에서 희미하게 보였고, 여차하면 문을 때려 부술 도끼들도 거기 있었다. 그들은 '반역자여, 어디에 있는가?'라고 외쳤다. 베킷은 '나는 여기 있네'라고 말했다. '반역자가 아닌 신의 사제라네. 그대들은 무엇을 원하는가?'

베킷은 무방비 상태였다. 두 명을 제외하고 그의 시종들은 이미 모두 교회당의 그늘 속으로 사라져버렸다. 레지날드 피처스는 여전히 그를 체포하는 것이 가능할 것이라 생각하고 그를 완력으로 제압하여 기욤 드 트라시의 등에 업어 운반하려고 했다. 그러나 쉰두 살의 베킷은 런던내기에다 길거리 투사였고, 거기에다 수도사의 옷을 입고 버티니 마치 오랜 된 부츠처럼 질겼다. 그리고 적전에서 물러날 뜻을 보이지 않자, 그는 육체적으로, 그리고 신학적으로 요지

부동이었다. 이제 죽음을 눈앞에 둔 베킷은 치프사이드 시절의 입버릇이 되살아났다. 그는 피처스를 향해 '뚜쟁이, 뚜쟁이' 하며 욕을 퍼부었는데, 그 순간 피처스로서는 갑자기 자신이 무력하고 조롱받는 존재로 느껴졌을 것이 틀림없다. 조롱받는다는 느낌은 그 자체로 위험하다. 아드레날린을 분출하는 펌프이기 때문이다. 검을 아래로 뻗어 베킷의 시종인 에드워드 그림Edward Grim의 팔을 자르고, 그다음에는 대주교의 머리 윗부분을 갈랐다. 그는 꽤 오랫동안 무엇인가를 중얼거리다가 바닥으로 쓰러지고, 살점 붙은 대주교 관冠이 몸과 분리되었다. (그의 성인전 작가에 따르면) 그의 마지막 말은 '예수의 이름과 교회의 보호를 위해 나는 죽음을 받아들일 준비가 되었나이다'였다. 자비의 일격이 가해졌다. 그의 머리는 완전히 절단되었다. 얼마나 세게 내리쳤는지 칼날이 석조 바닥에 부딪혀 두 동강이가 났다. 일을 마무리 지을 참인지 세 번째 기사가 그의 잘린 목 앞에 서서 자신의 칼끝을 베킷의 열린 두개골 움푹 파인 곳으로 찔러 넣더니 뇌를 끄집어내어 바닥에 뿌렸다. '기사들이여, 자 이제 가세. 이 양반, 다시는 일어나지 못할 걸세.' 그가 외쳤다.

오후 4시 30분 무렵이었다. 대성당의 문은 여전히 열려 있었다. 저녁 미사를 드리기 위해 왔던 사람들은 어둠 속에서 겁에 질린 모습을 드러냈으며, 그들 중 일부는 베킷의 시신 주위로 몰려들었다. 그러나 이들 신도 회중은 자신들이 목격한 상황을 '순교'라고 일치되게 말하지는 않았다. 연대기 작가들에 따르면, 그들 중에는 '그는 왕이 되고자 했다. 그러니 내버려두자'라는 등 베킷을 헐뜯는 목소리들도 있었다. 그러나 곧 모든 것이 달라지기 시작했다. 베킷의 시종 한 명이 베킷의 셔츠에서 찢겨져 나온 길쭉한 천 조각을 이용하여 피로 얼룩진 대주교 관冠 밑에 그의 잘린 머리를 조심스럽게 갖다 붙였다. 수도사들과 신부들이 (기사들이 떠나면서 그렇게 한다면 시신이 쓰레기 위에 버려지게 될 것이라 경고했지만) 장례를 위해 시신을 추리기 시작했다. 그러다가 그들은 그때까지 아무도 알지 못했던 사실 하나를 발견하게 되었다. 베킷의 시신 가까이 놓여 있던 헤어셔츠의 털들 사이로 이들이 바쁘게 움직이고 있었던 것이다. 엔

터테이너 베킷이 사실은 스스로에게 고통을 가하는 사람이었으며, 자존심 강하던 베킷이 사실은 겸손한 사람이었던 것이다.

그의 시신은 스스로의 피로 씻긴 채 눕혀졌다. 피투성이 그의 시신 위로 대주교의 옷이 입혀졌다. 우연하게도, 성당 지하실에는 다른 사람의 매장을 위해 준비해 놓은 묘혈이 있었다. 이제 베킷의 시신은 대주교의 온갖 복식들로 치장된 뒤에 차가운 공간 속으로 내려졌다. 장백의長白衣, 목과 어깨띠, 성향유聖香油 용기, 대사제의 관, 영대領帶, 성대聖帶 등이 진열되었고, 윗부분에는 사제복, 옆이 트인 또 다른 사제복, 미사 예복, 성체보, 성배, 장갑, 그리고 반지가 올려졌다. 베킷은 언제나 대주교 의장 일습을 중요하게 생각했는데, 마지막 순간까지 이를 갖추어두었던 것이다.

그는 정확하게 무엇을 위해 목숨을 내려놓은 것일까? 또는 버린 것일까? 그는 대주교가 되기 이전에 이미 퇴색하여 현실과 동떨어져버린 개념, 즉 교회는 최후의 방책으로, 세속 국가에 법을 내려줄 수 있다던가, 왕들은 그리스도에게 순종하는 대검자帶劍者들일 뿐이라는 그 개념에 천착했던 것일까? 우리의 근대적 본능들은 이러한 주장을 부질없는 것으로 느낀다. 헨리 2세의 세계, 그리고 무질서의 종식자이며 보통법의 보호자라는 그의 업적은 우리에게 지적으로 이해할 수 있는 대상으로 다가오는 반면, 베킷의 경우는, 당시 교황조차도 이해하지 못했던, 어떤 신정주의적인 가공의 세계에 홀로 떨어져 있는 그 무엇으로 느껴질 뿐이다. 그러나 이러한 관점은 대주교 베킷을 제대로 보지 못한 것이다. 사람들을 격분시키고, 거드름을 피우고, 거만했던 베킷이지만, 그는 역사에 커다란 흔적을 남겼다. 무엇보다도, 교회와 국가 간의 적절한 관계에 대한 그의 생각은 상당히 오랜 기간 현실 속에 존속했다. 전지전능해 보였던 앙주 제국의 통치권은 그리 오래 가지 않았다. 16세기 종교개혁에 이르는 3세기 동안, 교회 법정은 여전히 존속했고, 성직자들은 국왕 법정의 판결에 불복하고 로마 교황청에 항소할 수도 있었다. 세속 권력이 교회 권력에 개입할 소지는 거의 없었지만 부유하고, 강력하며, 지적 능력을 가지고 있던 교회의 고위 성직자들은 왕실 정부의 효율적인 운영에 필수불가결한 존재로서 역할을 지속했다. 플랜태저넷 잉글랜드는 상당 부분 행정가 겸 고위성직자들에 의해 운영되었는데, 대사법관이자 교황 특사이며 1193년부터 캔터베리 대주교를 맡았던 허버트 월터Hubert Walter, 그리고 사실상의 '마그나 카르타Magna Carta' 창안자이며, 또한 헨리의 막내아들 존에게 그것을 받아들이도록 강요한 캔터베리 대주교 스티븐 랭턴Stephen Langton 등이 그들이었다. 그들은 정치적으로 영민했고, 지적으로 날카로웠으며, 행정적으로는 끈기를 발휘했다. 만약, 베킷이 성 베드로의 재현이라는 꿈을 꾸지 않았다면, 또는 불의와 타협하지 않는 사도가 되겠다는 생각에 사로잡히지만 않았다면, 그는 아마도 그들의 완벽한 원형이 되었을 것이다.

베킷이 살해되고 수일, 수주일, 그리고 수개월 동안은 어떤 경건한 기운보다는 현실적인 권력이 더 큰 힘을 발휘하는 것처럼 보였다. 암살자들은 요크로 가서 그곳에서 1년 동안 아무 제재도 받지 않고 살았다. 그러나 그들은 결국 파문을 당했고, 십자군 원정 명령을 받았다. 그들 중 일부는 성지로 가는 도중에 죽었다. 그러나 베킷의 가장 큰 적들은 살아남았고 번영을 구가했다. 드 브록 가문은 서펙의 영주가 되었다. 런던 주교 길버트 폴리엇과 요크 대주교 퐁레베크의 로제는 그의 죽음과 관련하여 혐의 없음을 인정받았을 뿐 아니라, 베킷의 시성식에서 일정 부분 역할을 맡았으며, 그의 묘지를 돌보았다. 왕은 자신이 프랑스 전 지역에서 비난을 받고 있다는 것을 깨달은 뒤에 비탄과 공포로 몸을 제대로 가누지 못했고, 그 때문에 주변에서는 그의 정신이 온전한지에 대한 우려가 있었다. 1172년, 교황은 그에게 속죄의 의미로 3년간 십자군 원정에 참가할 것을 명했다. 그러나 그는 단 한 번도 십자군 원정에 참여하지 않았다. 그러다가 1174년, 자신의 친아들 청년왕 헨리와 지금은 소원해진 왕비 알리에노르가 자신을 상대로 일으킨 치욕스러운 전쟁을 경험한 후, 어떤 특별한 속죄의 필요성을 느꼈던 것 같다. 그는 이제는 수많은 기적의 현장으로 떠오른 베킷의 무덤을 향해 순례를 떠났다. 베킷의 작은 핏방울들로 인해 장밋빛을 띤다는 '캔터베리의 물'은 맹인과 지체가 자유롭지 못한 사람들을 치료하는 데 효과가 있는 것으로 알려졌다. 마지막 수 마일을 남겨둔 지점에서 헨리는 (4년 전 베킷이 그랬던 것처럼) 헤어셔츠를 착용하고 맨발로 걷기 시작했다. 베킷의 무덤에 도착해서는 머리를 떨구고 그의 죄를 고백했으며, 그 자리에 참석한 주교들로부터 각기 한 번씩 모두 다섯 차례의 채찍을 맞았다. 그는 아무것도 먹지 않고 다른 평범한 순례자들 무리에 끼어서 밤새 맨바닥에 누워 있었다. 다음 날, 그가 벌 받은 뒤의 정화된 마음으로 캔터베리를 떠날 즈음, 그의 가장 막강한 적이라고 할 수 있는 스코틀랜드의 사자왕 윌리엄이 전쟁에서 패해 포로가 되었다는 소식이 들려왔다. '캔터베리의 물'이 왕을 위해 기적을 행한 것일까.

1176년 11월, 비잔틴 제국의 황제 마누엘 콤네누스Manuel Comnenus의 특사가 '전 세계를 통틀어 가장 위대하고 가장 빛나는 지배자'를 만나기 위해 잉글랜드에 도착했다. 헨리 2세가 자신이 왕위에 오를 때 물려받은 영토와, 스코틀랜드, 웨일스, 아일랜드 등 그가 확대시킨 앙주 제국의 전 영토를 지도에서 일별해 본다면 이런 찬사가 결코 과장이 아니었음을 알 수 있다. 그러나 겉모습이 모든 것을 말해 주지는 않는다. 헨리의 '제국'은 콘스탄티노플에서 이해할 수 있는 그 어떤 의미에서도 하나의 통합 국가라고 할 수 없었다. 이것은 노르만인들이 ─ 프랑스인들과 함께 ─ 지배하는 여러 식민지의 불안정한 연합으로서, 각 지역의 지배자들은, 그들이 헨리를 대군주 및 통치자로 인정하고 충성 맹세를 위해 그 앞에 무릎을 꿇는 그 순간조차도, 그 충성심을 의심할 만한 근거가 충분히 있는 자들이었다. 앙주 제국의 한 지역에서 다른 지역으로 이동하면서 비잔틴의 특사는 그렇게 의미 있는 지역적 차이를 감지하지 못했을지도 모른다. 요크셔Yorkshire에서 루아르Loire에 이르는 농촌 지역에는 대규모의 시토회 수도원들이 점재하고 있었는데, 이들은 대체로 왕이나 백작의 후견 아래 있었다. 그런가 하면, 각 지역의 교구 교회들은 지역 후견인의 보호하에 있는 것이 아니라 주교로부터 중앙 집권적인 통제를 받고 있었다. 강변의 촌락들은 가파른 성벽으로 둘러싸인 성에 의해 지배되고 있었는데, 성채들은 목재와 진흙 대신에 점차 석재와 모르타르mortar를 이용해서 축조되고 있었다. 인가된 자치읍town과 자치시burgh는 플랑드르인과 유태인 등의 이주 상인과 금전대출업자들이 정착하는 특수 거주 지구를 포함하고 있었다. 이들 도시는 왕이나 귀족들의 보호 아래 있었는데, 이들은 인가자의 권한으로 해당 도시의 상업적 통행세를 수입으로 챙길 수 있었다. 콤네누스 황제의 특사는 그가 알지 못했던 새로운 종류의 고급 귀족과 그 수행단의 여행 행렬과 마주쳤을 것이다. 그들은 대개가 성직을 겸하는 국왕의 관리들로서 그들을 수행하는 마차에는 왕의 옥새가 찍힌 공식 문서를 운반하는 필경자筆耕者와 서기들이 가득 차 있었는데, 이들은 모두 왕실 최고위직들인 최고법무관, 대사법관 또는 국고 출납장관 휘하에 있었다. 비잔틴 특사는 또한 링컨이나 요크 같은 규모 있는 지방 도시에서 월 단위로 개최되는 '순회법원eyre'을 목격했을지도 모른다. '보통법'의 적용 대상이 되는 자유민 그 누구라도 소를 제기한다면, 국왕 법정의 판사는 그 사건을 심리하도록 되어 있었다. 만약 비잔틴 특사가 이러한 재판 모습을 보고 어리둥절한 표정을 지었다면 누군가 헨리의 대사법관(또는 최고법무관)이었던 라눌프 글랜빌Ranulph Glanvill이 새롭게 편찬한 것으로 추정되는 책 한 권을 보여주었을 수도 있다. 이 책은 자신들의 권리가 침해받았다고 판단한 자유민들이 국왕 법정에 호소하는 데 필요한 잉글랜드의 중요한 법적 관행과 관습들을 엮은 것이다. 소송 사건에 대한 판단은 국왕이 임명한 단독 판사가 아니라 배심원단 12명에 의해 내려질 수도 있었다. 비잔틴 특사는 심지어 국왕의 관리들도 이런 방식에 의해 피고로 소환당할 수도 있다는 얘기를 들었을지도 모른다.

비잔틴 특사는 '보통의common'라는 뜻을 가진 이 법이 사실은 모든 사람에게 적용되는 사법체계가 아니라는 것 또한 알아차렸을 것이다. 인구의 대부분을 차지하며, 자신들의 땅과 영주에게 예속되어 토지를 경작하던 농노들은 '보통법'에서 제외되어 여전히 장원의 규율에 의해 지배되고 있었다. 거기에다, 노르만 식민자들의 후손인 기사와 대영주들은 적대적인 상대방을 불러내어 결투로써 사건을 해결할 수도 있었다. 양질의 삼림지대와 보다 개방되고 인구밀집도가 높은 샤이어의 토지들을 망라한 광범위한 나라의 땅이 '왕실 직영지royal forest'로 선언되었고, 이곳에서는 또 다른 사법 및 형벌체계가 작동되고 있었다. 특히 신체 절단이나 사형 등으로 차별화된 형벌은 지역 주민들로 하여금 아주 옛날 그들의 조상들이 그랬듯이 왕실 소유지 안에서 나무를 베어 쓰거나 가축을 놓아기르는 행위 등으로 국왕의 사냥터를 훼손하지 못하도록 하는 데 그 목적이 있었다.

만약 특사가 플랜태저넷 왕국의 변방 지역을 찾았다면, 국왕의 사법권이 지방 권력에 많이 위임되어 있다는 것을 감지했을 것이다. 잉글랜드 북쪽 주변부의 북방 대영주들은 잉글랜드와 스코틀랜드 사이의 적대적 관계를 이용하여 두 왕국 모두로부터 자유로운 자율적 권력을 굳힐 수 있었다. 지난 20년간 스코틀랜드의 왕들은 컴브리아, 노섬브리아, 웨스트모얼랜드Westmorland, 심지어는 일부 랭커셔Lancashire 지역의 영토권까지 주장하면서 앙주가와 주도권 싸움을 벌여왔다. 그들은 잉글랜드가 곤경에 처했거나 취약해진 기미만 있으면 양보를 강요하거나 여의치 않으면 군사적 공격을 가해왔다. 헨리 2세는 1157년 기사 서임을 받을 때만 하더라도 당시 스코틀랜드의 데이비드 1세에게 북부 지역에 대한 스코틀랜드의 권리를 존중할 것을 약속한 바 있었지만, 후일에는 그곳 전체를 되차지하고 스코틀랜드의 말콤 4세에게 후퇴라는 치욕을 안겼다. 1173년에는 젊은 스코틀랜드 왕 윌리엄 1세(후일의 '사자왕')가 상황을 역전시키기 위해 또 한 번의 공격을 시도했다. 그러나 그는 이때 헨리의 아들들이 부친을 상대로 일으킨 전쟁에서 아들들 편에 가담하는 실수를 범했다. 1174년 그가 안윅Alnwick에서 포로로 잡히자, 헨리 2세는 그에게 계산된 치욕을 주기로 했다. 그는 말 아래 묶인 포로 신세가 되어 길거리를 끌려 다니다가 정복왕 윌리엄의 본성이었던 팔레즈Falaise성에 구금되었다. 윌리엄은 스코틀랜드 왕국과 그 밖에 자신의 모든 땅이 헨리의 봉토임을 인정하고, 헨리에 대한 절대적 충성을 맹세한 다음에야 풀려났다. 이 조약은 훗날 1189년 헨리의 아들이자 후계자인 리처드 1세에 의해 폐기되었지만, 후일 스코틀랜드에 대해 지속적으로 제기될 플랜태저넷 왕가의 봉건적 종주권 주장은 여기에서 비롯된 것이었다. 그리고 이는 장차 관련된 모든 사람의 적지 않은 유혈과 고통을 요구하게 될 것이었다.

앙주 가문이 개입된 브리튼 역사에서 잘 알려지지 않은 아이러니 중 하나는 그들의 아일랜드 식민지화 과정이 실은 웨일스 문제를 해결하기 하기 위해 시작되었다는 점이다. 웨일스의 험악한 지형, 특히 남북 관통 도로의 부재는 그곳이 정복왕 윌리엄 때와 마찬가지로 여전히 하나로 통합되지 못하고 있었음을 의미한다. 잉글랜드와 웨일스의 변경 지대는 기회주의적인 마처Marcher 지방의 대영주들이 차지하고 있었고, 쳅스토Chepstow, 브레컨Brecon, 몬머스 등 접근이 어려운 성채들은 '잉글리시리Englishry', 즉 잉글랜드계 주민들이 정착하고 있었다. 변경 지대의 대영주들은 국경 지역뿐 아니라 스완지Swansea와 가워Gower 지역 해안에 이르는 남부 웨일스의 상당 지역까지 차지하고 있었다. 그들은 자신들의 영지에서 웨일스 원주민들의 권리를 배제했고, 덕분에 그들은 그곳에서 국왕의 법률이나 보통법에 구속됨이 없이 영주로서 자신들의 권리를 행사할 수 있는 것으로 간주되었다. 좀 더 북쪽과 서쪽의 '순수한 웨일스pura Wallia' 또는 '웰시리Welshry', 즉 웨일스 원주민이 거주하는 지역은 모두 세 개의 왕국으로 나뉘어 있었다. 북부 산악 지대의 귀네드, 중앙의 포위스, 그리고 남쪽의 디허바스Deheubarth가 그것이었다. 여러 세대에 걸쳐서 강력한 왕들은 둘 또는 그 이상의 왕국들을 통합하려 노력했고 영토를 변경 지대까지 확장하려고 했는데, 헨리 2세 시대에는 리스 압 그루피드Rhys ap Gruffydd가 대표적인 인물이었다. 1165년에도 이런 움직임의 조짐이 보이자, 헨리는 많은 병사를 딸려서 기사들을 출병시켰다. 그러나 웨일스는 (해럴드 고드윈슨이 이미 1세기 전에 깨우쳤듯이) 말을 탄 기사들이 전투를 벌이기에 적합한 장소가 아니었다. 헨리의 군대는 내리는 비와 진창 속에서 꼼짝도 하지 못하는 신세가 되었다. 이들의 무력시위가 치욕적인 실패로 끝남에 따라 변경 지대 영주들에 대한 앙주 정부의 지원은 끊기게 되었고, 이는 리스 압 그루피드로 하여금 변경 지대의 몇몇 가장 강력한 앵글로-노르만 영주들에게도 일방적인 조건을 강요할 수 있는 자신감을 안겨주었다. 이제 변경 지대의 영주들은 웨일스에 남아서 이런 비정상적인 상황을 받아들이느니보다는, 차라리 더블린을 수도로 하는 아일랜드 렌스터 왕국의 왕 더머트 맥머러Dermot MacMurrough의 지원 요청을 받아들여 그에 대항하는 반란군을 상대로 전투를 벌이기로 했다. 더머트가 이미 헨리 2세에게 지원 요청을 한 적이 있으므로, 변경 지대 영주들이 웨일스에서 벗어나 더머트 왕의 용병으로 근거지를 옮기는 것은 모든 관련자를 만족시키는 깔끔한 해법이 될 수도 있었다. 그러나 세상사 모든 것이 반드시 계획한 대로 진행된다는 법은 없었다.

1169년 소규모의 기사단이 워터퍼드Waterford 근처 배노Bannow만에 상륙했다. 그리고 1년 뒤에는 '스트롱보우Strongbow'로 알려진 펨브룩Pembroke 백작 리처드 드 클레어Richard de Clare가 이끄는 훨씬 더 위협적인 군대가 뒤를 따랐다. 드 클레어가 아일랜드 정치에 접근한 방식에는 상당히 절묘한 데가 있었는데, 이는 그가 워터퍼드 시민 70명의 다리를 부러뜨린 뒤에 바다로 던지도록 명령한 것에서 드러난다. 공포는 효과가 있었다. 그 일이 있고 얼마 지나지 않아 스트롱보우와 그의 기사들은 렌스터를 평정할 수 있었는데, 이는 1171년의 일이었다. 때마침, 더머트 왕은 그의 딸 이파Aoife와 결혼한 스트롱보우를 자신의 후계자로 지명하고 세상을 떠났다. 헨리 2세는 단순히 아일랜드의 통치자를 돕기 위해 시작했던 원정이 사실상 자치적인 하나의 노르만 식민지의 창조로 귀결되었다는 사실을 깨달았다. 그는 이 대목에서 단호하게 행동에 돌입하여 아일랜드로 건너갔다. 더블린의 와틀wattle 궁전에서 그는 대부분의 아일랜드 왕들과 노르만 기사들로부터 충성 서약을 받았다. 헨리의 정책은 (그를 이어서 아일랜드해를 건너갔던 셀 수 없을 만큼 많은 후대 사람들의 그것과 마찬가지로) '손실방지'를 의도했기에, 헨리는 아일랜드 태생의 귀족들 눈에 정복자가 아니라 의심할 여지 없는 중재자적 대군주로 비쳤다. 그러나 섬의 동쪽에 앵글로-노르만인들이 출현한 이후 아일랜드에서 전개된 사태는 결코 제한적이지 않았다.

잠시 그들의 진로를 멈추고 있었지만, 노르만 식민주의자들은 섬의 서쪽을 향해 게일 아일랜드Gaelic Ireland 깊숙이 들어가고자 했다. 아일랜드의 왕들 중 가장 강력한 저항 세력을 형성했던 로리 오코너Rory O'Connor가 유일하게 그들의 전진을 지연시켰을 뿐이었다. 그러나 한 세대 혹은 두 세대가 흐르는 동안 그들은 새로운 '정착 구역pale of settlement', 즉 잉글랜드 지배 지역 내에서 봉건적 아일랜드를 창조해냈다. 이곳에는 성채, 장원, 담으로 둘러친 타운, 수도원이 두루 갖추어졌고, 프랑스어를 쓰는 기사 계급이 형성되었다. 이는 친족끼리 모여서 소 떼를 키우는 삶을 영위하고 있던 게일Gaelic인들의 씨족사회와는 완전히 다른 것이었다. 아일랜드의 옛 왕국들은 모두 미드Midhe 왕국과 같은 운명을 밟게 되었다. 미드 왕국은 최근 휴 드 레이시Hugh de Lacy의 통치권이 인정된 후에 '미드의 자유the Liberty of Meath'를 허여받았는데, 여기서 말하는 '자유'란 잉글랜드 왕 헨리를 대군주로 받아들이는 것을 조건으로 땅의 보유를 인정한다는 의미로서, 원래의 뜻과는 완전히 반대되는 개념이었다.

사실, 이제 헨리에게 영토 확장은 그다지 의미가 없는 것이었다. 그의 통치 기간이 20년이 넘어가면서, 그는 그동안 자신이 얼마나 많은 노력을 했으며, 또한 얼마나 먼 길을 말을 타고 달렸는지 하는 것과는 별개로, 과도하게 팽창된 자신의 영토를 하나의 통일된 정치적 조직체는 고사하고, 긴밀하게 결합된 하나의 왕조적 재산으로 묶는 것조차 얼마나 어려운 일인지 점차 실감하게 되었기 때문이다. 그리고 지칠 새 없이 이어진 그의 여정과 노력이 오직 앙주 가문의 위업을 위해 행해졌다는 것은 하나의 쓰라린 역설이었다. 왜냐하면, 그의 통치기를 통틀어 가장 심각한 위협들은 바로 그의 가문 안에서 비롯되었기 때문이다. 그와 알리에노르는 모두 여덟 명의 자녀를 두었는데, 그중 넷이 아들이었다. 남자 후계자가 성인이 될 때까지 생존하는 것이 쉽지 않던 시대임을 감안하면 이는 참으로 대단한 자산이었다. 그러나 자신의 새끼로부터 패륜적인 공격을 받고 있는 독수리를 묘사한 윈체스터 궁전의 한 벽화가 (베킷의 또 다른 불길한 꿈이런가) 헨리와 그의 자식들의 관계를 잘 요약해서 보여주고 있었다. 그들 사이에 형성된 적대감은 최소한 부분적으로는 헨리 자신에게 책임이 있었다. 헨리는 자식들의 능력과 성실성을 의심했고, 그 때문에 권력을 마지못해 위임했다가도 빈번하게, 그리고 예고 없이 회수함으로써 그들의 가슴에 굴욕감을 심어주었던 것이다. 왕은 원래 그의 큰 아들이자 '기사도의 꽃'이었던 헨리에게 많은 사랑을 쏟았으나, 점차 그의 허영심, 그리고 나태함과 놀이에 대한 중독 성향을 알아챈 뒤에는 남들 보란 듯이 일부러 그의 권력과 재물을 제한했는데, 이는 문제를 해결하기보다는 더 복잡하게 만드는 결과를 낳았다. 1170년 6월 단행된 대관식, 그리고 이에 따라 그에게 주어진 잉글랜드 '왕'과 노르망디 공작의 직위는 그를 더욱 공허하게 만들었고, 이것이 결국 그를 반란의 길로 이끌었다. 아버지를 상대로 일으킨 반란이었지만, 부왕은 놀랍게도 그런 그를 사면했을 뿐 아니라 더 큰 책임을 부여하기까지 했다. 그러나 그는 1183년 이질로 인해 사망했다. 둘째 아들 제프리는 그의 할아버지 앙주의 조프루아처럼 영리하고 교활했으나, 그의 아버지가 그토록 어리석은 일이라고 경멸하기를 마다하지 않던 토너먼트 경기에 출전했다가 말에 짓밟혀 죽음을 맞았다. 이로써 셋째와 넷째 아들인 리처드와 존의 왕위 계승 서열이 부쩍 올라갔다. 왕위 계승에 대한 그들의 조바심을 부추긴 건, 헨리 2세의 권력과 야망이 하루빨리 저물기를 그 누구보다 고대하던 앙주가의 한 사람 — 바로 오랫동안 버림 받아왔고, 오랫동안 고통받아온 그의 아내 알리에노르였다.

헨리 2세 통치 초기에 알리에노르는 참으로 훌륭한 자질을 갖춘 배우자처럼 보였다. 헨리가 노르망디나 앙주로 출타하여 부재중일 때, 그녀는 섭정으로 국정에 참여하고는 했다. 그녀의 궁정은 음유시인들과 음악가들을 끌어들였고, 이로써 남부 프랑스의 음악 열풍을 남부 잉글랜드로 전파시키는 역할을 했다. 헨리에게 여덟 명의 자녀를 안겨준 그녀는 그런대로 우아하게 나이 들어갔지만 그렇다고 그녀의 우아함이 남편을 정부들의 품 안에서 떼어낼 정도는 아니었다. 헨리는 특히 '세상의 장미Rosa mundi'라고 불리던 로자먼드 클리퍼드 Rosamond Clifford에게 빠져서 그녀를 위해 우드스톡에 별궁을 지어줄 정도였다.

1163년 이후 헨리와 알리에노르는 같이 보내는 시간이 점차 줄어들었다. 왕비는 아키텐으로 돌아가서 음유시인들을 불러들이는 등 푸아티에 궁정을 재건하고, 그의 아들들, 특히 제프리와 리처드의 교육에 헌신적인 열정을 쏟았다. 또한 아들들이 마땅하게 받아야 할 유산들을 부친의 손으로부터 찾아오도록 고무하는 일도 게을리하지 않았다. 이를 위해 헨리 2세의 천적들, 심지어는 프랑스 카페Capetian 왕조의 왕들과도 기꺼이 동맹을 맺을 수 있었다. 1173년, 알리에노르는 아버지에 대항하는 '아들들의 전쟁'을 촉발시키는 결정적인 사건을 벌였다. 남장을 하고 헨리의 포위망을 겨우 빠져나온 그녀는 전 남편인 프랑스의 루이 7세에게 달려가 피난처를 구했다. 그러나 그녀는 다시 체포되었고, 잉글랜드로 옮겨져서 엄격한 감시하에 놓이게 되었다. 그녀의 처소는 최소한의 인원으로 꾸려졌고, 그녀의 이동은 이제 그녀를 의심할 만한 충분한 이유가 생긴 헨리에 의해 철저하게 감시되었다. 감금이나 다름없는 이런 상황은 10년이나 이어졌다.

1183년 일어난 청년왕 헨리의 죽음은 일시적이나마 부부에게 화해의 계기를 제공한 듯했다. 알리에노르는 구금에서 풀려나 아키텐으로 여행하는 것과 딸 마틸다를 만나는 것이 허용되었다. 그러나 그녀에게 자유가 많이 주어진다는 것은 그녀에게 복수의 기회를 더 많이 주는 것을 의미했다. 1189년 아버지와 아들들 사이에 또 다른 적개심의 불꽃을 타오르게 만든 것도 그녀였다. 왕은 이제 쉰여섯 살이었고, 말 위에서 보낸 그의 치열했던 삶은 이제 종착역을 향해 달리고 있었다. 알리에노르는 자신이 총애하던 아들 리처드를 부추겨 그가 잉글랜드, 노르망디, 그리고 앙주의 후계자임을 공개적으로 인정해 줄 것을 왕에게 요구하도록 했다. 헨리는 그렇게 하는 것이 리처드의 조급한 마음을 만족시키기보다는 오히려 조급함을 재촉할지도 모른다는 생각에 주저했는데, 결국 이것이 그가 그렇게 막고자 하던 반란을 촉발시킨 셈이 되었다. 소문에 따르면, 헨리는 이때 프랑스 공주 알레Alais와 함께 잠을 자고 있었는데, 그녀는 한때 헨리가 아들 리처드의 짝으로 점지한 적이 있었던 여자였다. 한때 자신의 신부로 거론되던 알레가 헨리의 사생아를 출산하자 리처드의 불명예와 치욕감이 극에 달했고, 그 때문에 리처드는 과거 그의 형 헨리(청년왕)가 걸어갔던 길과 동일한 길을 걸을 준비를 하게 되었다는 것이다. 여기에서 그 길이라 함은 알레의 남동생이자 프랑스의 왕인 필리프Philip 2세에게 무릎을 꿇고 그의 봉건적 신하가 될 것을 맹세하는 것이었다.

전쟁의 결과는 헨리 2세의 참패였다. 리처드와 필리프의 군대에 의해 불타버린 자신의 출생지 르망Le Mans을 바라보면서, 그는 두 젊은이에게 스스로를 낮추어 그들이 내건 조건을 받아들이는 수밖에 없었다. 구경하는 사람들의 눈에는 헨리가 평화의 입맞춤 속에서 자신의 아들을 포옹하는 것처럼 보였겠지만, 그때 그가 아들에게 한 말은 '신께서 나를 보전하시어 너에게 복수할 시간을 주실 것이다'였다. 헨리의 재앙은 그게 끝이 아니었다. 헨리는 리처드에게 반란자들의 명단을 주면 그들을 사면하겠다고 했다. 그런데 막상 그 명단에 있는 가장 첫 번째 이름은 그의 막내아들 존이었다. 이는 그에게 깊은 상처가 되었을 것이다. 왜냐하면, 상속분이 부족한 존을 위해 리처드로부터 토지를 빼앗아 그에게 주려고 했었고, 이것이 리처드를 도발시킨 가장 중요한 원인이었기 때문이다. 그의 연대기 작가들에 따르면, 헨리는 존의 배은망덕한 행태를 알게 된 지 불과 이틀 뒤에 충격과 심장마비로 사망했다. 그의 임종을 지켰던 유일한 아들은 그의 사생아이자 그의 챈슬러였던 제프리였다. 헨리는 숨을 거두기 직전, '다른 놈들이야말로 진짜 사생아들이다'라고 말했다. 그의 수행원들이 상례처럼 그의 보석과 옷을 약탈한 다음, 헨리의 시신은 그가 생전에 꺼려했던 화려한 장식의 복식으로 갈아입혀졌다. 그리고 아서 왕의 전통에 따라 검은 천을 드리운 바지선에 실려 비엔느Vienne강을 따라 내려와 퐁트브로Fontevrault 수도원으로 향했다. 리처드가 형식적으로 부친의 묘소를 찾았을 때, 시신의 콧구멍에서는 피가 흘러나왔다고 한다. 또 다른 불길한 징조도 있었다. 웨일스의 제럴드에 따르면, 왕이 죽기 직전, 노르망디 엠Exmes성 근처의 한 연못에서 물고기들이 한밤중에 수중 전투를 벌였는데, 그 싸움이 어찌나 격렬했던지 다음

날 아침까지 생존한 물고기는 거의 없었다고 한다.

그러나 이제 70대가 된 알리에노르를 비롯해서 눈물 한 방울 흘리지 않고 그의 죽음을 반긴 사람들이 꽤 있었다. 그들에게 이는 거칠 것 없는 환호의 순간이었다. 강렬한 파란 눈과 붉은 금색 머릿결, 그리고 알리에노르의 교양 있는 열정이 만들어낸 성격의 소유자이며, '용맹스러운 기사'인 리처드가 드디어 왕좌에 오름에 따라, 알리에노르는 국정에 관여할 힘을 다시 갖게 되었다. 리처드가 잉글랜드에서 지체 없이 천명한 것은, 자신은 아버지의 아들이 아니라 어머니의 아들이라는 것이었다. 원성이 자자하던 헨리 정부의 고위직 신하들은 모두 쫓겨났고, 관중들을 즐겁게 해줄 화려한 대관식이 용의주도하게 준비되었다. 1189년 웨스트민스터에서 치러진 리처드의 대관식은 온통 금으로 장식되었는데, 예식의 과정이 구체적으로 기록된 첫 번째 경우이기도 하다. 리처드는 카롤루스Charlemagne 대제의 경우를 모방하여 보석이 박힌 왕관을 자신이 먼저 집은 뒤에 이를 캔터베리 대주교에게 넘겨주었는데, 이는 그가 대주교보다 서열상 우위에 있음을 명확하게 보여준 것이다. 왕관, 홀, 보주 등 통상적인 왕권의 표상 이외에도 금제의 검과 박차, 그리고 대영주 네 명이 그의 머리 위로 받쳐 든 금제의 일산日傘 등이 동원되었다. 유일하게 불길한 징조는 박쥐 한 마리가 햇빛 속에서 힘을 잃고 왕좌 주위로 날아다닌 것인데, 이 광경은 미신적인 것에 곧잘 휘둘리는 대관식 참석자들을 실망시켰다. 더욱 심각한 것은 런던의 유태인들이 바친 선물이었는데, 이것이 어떤 사악한 음모의 징표가 아니냐는 의심을 받은 것이다. 소문이 퍼졌다. 이로 인해 리처드의 연대기 작가 디바이지스Devizes가 '전번제全燔祭의 제물'로 묘사한 바와 같은 대량 학살이 이어졌는데, 그는 '그들을 악마에게 보내는 일이 너무 오래 걸려서, 그 일은 이튿날까지 계속되어야 했다'라고 짜증스럽게 덧붙였다. 리처드는 유태인 보호 정책을 펼쳤던 아버지와 동일 노선을 추구하면서, 잉글랜드에서 첫 번째 불어닥친 이 유태인 집단 학살을 불법화하려고 시도했다. 그러나 그는 대관식에서 맹세한 십자군 원정 약속을 지키기 위해 출병을 서둘러야 했고, 그가 성지를 향해 떠난 지 채 몇 달이 지나지 않아 대량 학살 사건이 다시 일어났다. 요크의 유태인들은 지방정부의 신뢰할 수 없는 중립 정책에 자신들의 운명을 맡기는 대신, 오래된 노르만Norman성에 은신하던 중 여자와 어린아이들의 목을 자른 뒤, 스스로 불을 질러 자신들의 목숨을 거두었다.

왕은 멀리 떨어져 있었다. 십자군 원정에 대한 리처드의 열정은 어떤 종교적인 가식에서 비롯된 것이 아니었다. 이는 그의 정체성 그 자체였다. 그는 어머니의 고향 푸아티에에서 성장했는데, 그곳은 기사도적 목가牧歌와 아서 왕의 무훈시武動詩로 가득 찬 세계였다. 십중팔구 그는 성지에서 치러진 기독교 군대의 전쟁과 관련하여 매우 아름답게 꾸며진 이야기들을 어머니 알리에노르로부터 들으면서 자랐을 것이다. 그뿐만이 아니었을 것이다. 글래스턴베리 수도원에서 화재가 나서 재건축에 앞서 발굴이 이루어졌는데, 여기에서 두 구의 유해가 드러났다. 많은 이가 아서와 귀네비어를 유해의 주인공들로 믿었는데, 리처드가 이를 놓쳤을 리가 없다. 오래된 검 하나도 발견되었는데, 이는 곧 아서 왕의 전설적인 명검 엑스칼리버Excalibur로 생각되었다. 이 검을 가지게 된 리처드는 성전에 뛰어들 준비가 되었다. 그에게는 나이 든 예루살렘의 총대주교 헤라클리우스Heraclius의 요청에 응하지 않은 부친의 행위를 대신 속죄하고 싶은 생각도 있었다. 헤라클리우스는 과거 1185년 실낱같은 희망을 가지고 헨리 2세에게 예루살렘의 차기 국왕을 맡아달라고 간청하기 위해 그리스도 성묘의 열쇠를 들고 온 적이 있었던 것이다.

그는 이제 (아버지와는 달리) 기꺼이 십자가를 지고 십자군 원정에 참전하겠다는 대관식 선서를 지키고자 할 따름이었다. 어떤 결과가 따를 것인지에 대해서는 묻지 않았다. 어느 연대기 작가는 다음과 같이 적었다. '태양이 없으면 땅이 떨리듯이, 왕의 출발과 함께 왕국의 모습도 바뀌었다. 귀족들은 바빠졌고, 성채들은 강화되었으며, 타운에는 요새가 구축되고 해자들이 만들어졌다.' 다른 말로 표현하자면, 막강한 대영주들과 관리들의 전횡을 막아왔던 왕의 방문 정치가 사라짐에 따라, 예측 가능하고 안전이 담보되었던 헨리식 통치가 이제 위협에 처한 것이었다. 리처드는 일리의 주교 윌리엄 롱샹William Longchamp에게 자신의 통치권 대부분을 위임했는데, 이는 이러한 우려를 현실로 만드는 결과를 가져왔다. 롱샹이 정부의 관직을 자신의 부하들로 채우고, 정부의 행정을 감시의 수단이 아닌 정실 정치의 도구로 삼았기 때문이었다. 이때 리처드의 동생 모르탱 백작 존이 롱샹과 적대적인 위치에서 경쟁적인 충성의 대상으로 떠오르자, 롱샹으로부터 소외되었던 대영주들이 그에게 몰려들었다.

이는 존이 잉글랜드 통치에 갑자기 관심이 생겼기 때문은 아니었다. 사실 리처드는 그의 부재 기간 중에 동생이 문제를 일으킬 수 있다는 것을 내다보았고, 따라서 그를 재물로 구슬려서 잉글랜드 정치에 손을 대지 못하게 하려고 했다. 리처드는 존이 3년간 잉글랜드에 입경하지 않는다는 것을 조건으로 잉글랜드 여섯 개 카운티County의 수입을 그에게 배정했다. 그는 자신이 3년 안에 십자군 원정으로부터 돌아올 것이라고 생각했던 것이다. 그런데 어머니 알리에노르가 어리석게도 개입하여 이 약정을 철회시켰다. 그러자 존은 재빠르게 잉글랜드로 들어와서는 마치 자신이 왕국의 열쇠를 다 가진 것처럼 행동했으며, 자신의 사병을 끌고 지방을 돌아다녔다. 롱샹과 그의 부하들은 도망자 신세가 되었고, 존은 국가 안에 사실상 또 하나의 국가를 만들었으며, 그 일환으로 자신의 궁정까지 마련했다. 1192년 리처드가 성지로부터 귀환하는 도중에 포로가 되었다는 소식이 들려오자, 존은 지체 없이 자신의 형이 죽었으며, 따라서 이제 자신이 왕임을 선언했다. 리처드는 물론 살아 있었고, 다만 오스트리아에서 감금 상태에 있을 뿐이었다. 그는 인질금에 혈안이 되어 경쟁을 벌이는 군주들 사이에서 저급한 입찰 전쟁의 대상이 되어 있었다. 당시 그가 처해 있던 어려운 상황은 알리에노르가 교황의 개입을 간청하는 편지에 그대로 드러나 있는데, 그 속에는 그녀의 격동적인 삶과 그에 대한 통렬한 반성 역시 담겨 있었다.

신의 분노에 의해, 잉글랜드의 왕비이자, 노르망디 공작부인이며, 또한 누구로부터도 동정 받지 못하는 불행한 어미이자, 두 왕의 아내였던 저는, 이제 제 자신을 치욕 속으로 빠뜨리는 이 비참한 노년에 도달했나이다. 저는 또한 두 왕의 어미 였습니다. 청년왕과 브르타뉴 백작은 티끌 속에 누워 있으며, 그들의 불행한 어 미는 그들과의 추억으로 인해 끊임없이 고문당하는 운명에 처해 있습니다. 두 아 들이 살아 있지만 그들은 나에게 불행을 보태주기 위해 존재합니다. 리처드 왕은 감옥에 갇혀 있으며, 그의 동생 존은 왕국을 불과 검으로써 파괴하고 있습니다. 저는 어느 쪽을 선택해야 할지 모르겠습니다. 만약 떠난다면, 이것은 내전으로 찢어진 내 아들의 왕국을, 현명한 자문 회의와 위안을 박탈당한 나라를 유기하는 일입니다. 만약 제가 여기에 남는다면, 이로써 저는 너무나 사랑하는 제 아들의 얼굴을 다시 볼 수 없게 될 것입니다. 아무도 그의 구출을 위해 열심히 노력하지 않을 것입니다. 오, 성부여, 성 베드로검을 들어 사악한 자들을…

그러나 성 베드로의 검은 큰 도움이 되지 못했다. 왕에 대한 인질금은 금 34 톤으로 정해졌는데, 이는 왕실 연간 예산의 세 배에 달하는 금액으로서 한 세 대에 걸쳐 잉글랜드를 무겁게 내려 누를 만한 형벌적인 부담이었다. 존의 야망 에 불을 붙였던 프랑스의 필리프 오귀스트Philip Augustus, 즉 필리프 2세는 1194 년 리처드가 마침내 자유의 몸이 되었다는 소식을 듣고는 그에게 우호적인 메 시지를 전달했다. '악마는 사라졌소. 그대 자신을 돌보시오.' 결국 리처드는 겁 에 질려 있는 반역자 동생을 노르망디의 리지외Lisieux에서 붙잡았는데, 그가 미워했던 아버지가 예전에 그랬던 것처럼, 반역자를 아량으로 다스리기로 했 다. 그의 발밑에 엎드려 떨고 있는 존을 일으켜 세우고는 그에게 '평화의 입맞 춤'을 보내면서 말했다. '존, 이 일에 대해 더 이상 생각하지 말거라. 너는 아직 어린애에 불과하고, 사악한 자문관들에 의해 잘못 인도되었을 뿐이다.' (그때 존의 나이는 스물일곱 살이었다.) 사실, 리처드가 가지고 있던 권위의 상당 부분은 기사도적 행동, 도덕률, 그리고 전속력으로 돌진하는 용기 등에 기반하고 있었 다. 이렇듯 왕이 기사도에 바탕을 둔 카리스마를 견지하는 것이 중요하기는 했으나, 이는 헨리 2세가 재창조한 통치 주권을 행사하기 위해 필요한 자질의 절반에 불과했다. 나머지 절반은 정치적 직관이었다. 리처드는 그의 적들을 상대로 나름대로 자신의 심리적 강점을 개발해 나가는 등 이 분야에서도 진전이 있었다. '세련된 성城'으로 불리던 샤토 가야르Château Gaillard의 대규모 폐허를 바라보면, 리처드의 에너지 그 자체가 전략적 지성으로 전환되었음을 보게 된다. 파리 북쪽 센강 연안에 위치한 이 성채는 플랜태저넷 가문의 노르망디와 프랑스 왕의 영토 경계에서 가장 근접한 곳에 의도적으로 건설된 것이다. 수로와 육로를 모두 갖추어 난공불락의 요새이면서 필요시 공격 작전을 잇달아 펼칠 수도 있는 전진기지이기도 했다. 첨단의 군사적 공학으로 설계된 이 성채가 의미하는 바는 '공격이란 아예 생각도 하지 말라'는 것이었다. '성채의 벽들이 버터로 만들어졌다 하더라도, 그들은 여전히 본래대로 서 있을 것이다.' 리처드가 말한 것으로 전해지는 구절이다.

리처드는 1199년, 반란에 가담했던 한 봉신이 보유한 리모주Limoges 인근 성채를 포위하고 있던 중에 죽음을 맞았다. 장기화된 저항에 격분한 나머지, 반드시 반란을 응징하겠다고 결심을 굳힌 리처드는 수적 열세에도 불구하고 물러날 뜻이 없었다. 어느 날 힘든 공격을 마치고 그는 궁술 연습을 하기로 했다. 그는 적에 대한 경멸을 표현하기 위해 무장도 하지 않은 채 단 한 명의 경호 무사만을 대동하고, 그에게 조그마한 방패 하나를 들고 자신의 앞에서 걷도록 했다. 그러던 중 총안이 있는 성벽 위에 방어군 한 명이 고립된 채로 서 있는 것을 발견했다. 리처드는 튀김용 프라이팬을 방패 삼아 자신들과 대적하려는 방어군 병사의 돈키호테 같은 모양새가 재미있기도 하고 애처롭기도 했다. 그러나 그 한 명의 방어군 궁수의 쇠뇌에서 발사된 화살이 그의 어깨와 목의 접합부를 뚫는 순간, 그는 더 이상 상황을 즐길 처지가 아니었다. 상처는 치명적인 괴저를 만들어냈다. 최후가 가까워져 왔음을 깨달은 왕은 죽어가면서 성이 함락되면 자신을 쏜 궁수의 교수형을 면하게 하라는 관대한 명령을 내렸다. 궁수는 교수형을 면했다. 그러나 왕이 죽은 뒤에 그는 산 채로 피부가 벗겨지는 형벌을 받았다.

잉글랜드에 남아 있는 리처드의 유일한 흔적은 빅토리아 시대 상원 청사 바깥에 세워진 그의 동상뿐이다. 이 동상은 어찌 되었건, 리처드가 마치 본질적으로 잉글랜드적인 왕이었던 것 같은 매우 잘못된 인상을 주고 있다. 실상은 9년 반에 걸친 그의 통치 기간 중 그가 잉글랜드에 체류한 기간은 겨우 1년에 지나지 않는다. 사자심왕獅子心王 리처드의 심장은 루앙에 묻혔고, 나머지 유해는 시농Chinon 근처 퐁트브로에 있는 가문의 능묘에 안치되었다. 두 장소 모두 자신의 왕국의 중심이 해협의 저편에 놓여 있다고 확신했던 군주에게 완벽한 영면 장소였다. 그런가 하면, 그를 계승한 동생 존은 잉글랜드에 묻혔는데, 크랙스턴Craxton 수도원의 수도사들이 (중세 시대 신속한 매장을 요했던) 그의 내부 장기들을 빼내어 매장하고, 그 외 대부분의 유해는 우스터 성당에 안치되었다. 그는, 세상에 알려지기를, 살아생전에도 실체(gut-배짱)가 없이 살더니, 죽어서도 실체(gut-내장)가 없이 묻히게 된 것이다.

로빈 후드Robin Hood와 관련된 중세의 모든 전기傳奇소설 속에서만 그런 것이 아니라, 실제 동시대 사람들의 생각 속에서도 두 형제는 각각 좋은 통치자와 사악한 통치자의 화신이었다. 리처드는 용기 있고, 관대하고, 경건하며, 공평무사한 모범적인 군주로 칭송받았다. 존은 교활하고, 탐욕스럽고, 잔인하고, 복수심이 강하며, 이기적인 군주라는 비난을 받았다. 그러나 이러한 정형화된 만화적 캐릭터와는 달리 두 사람은 훨씬 많은 공통점을 가지고 있었다. 우선, 두 사람은 모두 폭력적이었다. 존은 그가 인질로 삼고 있던 웨일스의 군주들과 귀족들의 자제들 28명을 무자비하게 처형한 것 때문에 사람들의 미움을 샀다. 그들은 자신과 전투를 벌이고 있던 사람들의 자식들이었다. 리처드는 아크레Acre 포위 작전에서 사로잡은 인질 2700명을 살라딘Saladin 측의 몸값 체불에 불만을 표시하기 위해 모두 살해했다. 또한 두 사람은 모두 허영심이 강했고 과도한 치장에 몰두했다. 화려한 오리엔탈-푸아티에풍의 취향을 가진 리처드는 금실로 짠 비단을 지나치게 좋아했다. 보석과 금은제의 접시를 좋아했던 존이 죽기 직전 워시wash만에서 잃어버린 수화물 목록 중에서 가장 흥미로운 것은 유리 부품들이었다. 이들은 그가 여행 중 묵게 될 숙소에서, 그곳이 어디이건, 맞춤용 창문으로 만들어 사용할 수 있는 창문 재료였을 것으로 추정된다. 존에 대한 반감 여부에 따라 그의 여행용 창문들은 세련된 군주의 우아한 취미로 간주될 수도 있고, 편집증 환자의 엿보기 구멍들peep-holes로도 생각할 수도 있다. 또 하나, 두 사람은 모두 잉글랜드를 중요하게 생각하지 않았고, 따라서 개인적인 생존을 위해 잉글랜드를 다른 통치자의 영지로 넘겨주는 것을 주저하지 않았다. 리처드는 구금 상태에서 벗어나기 위해 잉글랜드를 신성로마제국 황제에게 넘겨주었고, 존은 파문을 피하고 또한 대對프랑스 전쟁에서 우군을 얻기 위해 잉글랜드를 교황에게 주었다. 결국 두 사람은 모두 앙주 가문이 가진 약탈과 강탈의 시스템을 작동시켜 잉글랜드가 가진 모든 가치를 이용하려 했을 뿐이다. (그런데 잉글랜드는 그들을 위기에서 구원해 줄 정도의 충분한 가치를 두 사람 모두에게 제공하지 못했다.) 잉글랜드의 봉건 영주들은 개인적인 군사 의무를 피하기 위해 병역 면제금shield-money을 내도록 강요당했으며, 상속자들과 미망인들은 부친 재산의 상속이나 재혼을 허락받기 위해 '릴리프relief'라는 이름의 상납금을 바쳐야 했다. 두 사람이 왕으로 재위하는 동안 정부의 통치권, 그리고 이를 지원하거나 훼손을 방지하는 법률의 범위가, 그들의 아버지 시대에 그랬던 것만큼이나 크게 팽창했다. 그럼에도 두 왕들은 이들에게 어떤 법적인 형식을 부여하기보다는, 환경과 필요에 따른 강압책들을 완전히 자의적으로 행사할 뿐이었다. 리처드는 부재不在 군주로서 조세 및 민원과 관련된 모든 비난을 총신들이나 대리인들에게 전가할 수 있었고, 도처에 모습을 드러낸 편재遍在 군주이자, 신경증적인 간섭주의자였던 존은 그의 정부가 저지른 과잉 행위에 대한 모든 비난을 스스로 감수해야 했다.

존이 가장 확실하게 실패한 대목은 통치자라기보다는 정치인으로서였다. 부친인 헨리 2세 치하의 앙주 제국은 카리스마, 봉건적 충성심, 이기적 동기유발, 그리고 필요한 경우 위협에 이르기까지 다양한 정치적 요소의 적절한 결합을 통해 유지되었다. 정치의 요체는 봉건적 영주들에 대한 보상과 처벌을 배분함에 있어서, 불가피하게 생기기 마련인 소수의 불평분자들을 수적으로 (그리고 군사적으로) 더 선호되는 다수에 비해 열세에 있게 만드는 것이었다. 그런데 존의 문제는 그나마 자신에게 충성심을 표명한 사람들이 '좋을 때만 친구인 자들fair-weather friends'보다는 낫다는 것을 믿지 못하는 데에 있었다. (여기에서, 그의 형제들이 아버지를 어떻게 대했었는가 하는 문제 자체는 충성심에 대한 그의 비관적 냉소주의를 크게 흔드는 사례가 되지 못했음을 밝혀 두어야겠다.) 존은 충성 맹세가 지닌 가치를 낮게 평가했고, 이를 영주 계급 전체에 적용함으로써, 영주들의 봉건적 봉사의 대가로 봉토를 하사하는 것은 그들을 친구로 만드는 것이 아니라 미래의 음모자들을 만드는 것이라고 생각했다. 헨리 2세가 지지자들의 연합체를 창조하여 이들이 거의 마지막 순간까지 자신의 생존을 강력하게 받쳐 주게 만들었다면, 존은 그가 아무런 환상을 갖지 않아도 될 사람들과 수단들에 의지하려고 했다. 말하자면 용병, 인질, 협박, 강탈 등이 바로 그들이었다. 다시 말해서, 그는 사람들의 불충을 가정함으로써, 결국 그것을 현실화시키는 종말을 맞았다.

존이 가졌던 심리적 불안감이 놀라운 일은 아니다. 앙주가의 막내로서 그는 부친에 의해 조롱당했으며, 리처드를 편애하는 모친으로부터는 거의 무시당했다. 그러나 일단 그가 혼자 힘으로 왕위에 오르자, 80대의 암호랑이 알리에노르는 자신의 막내아들을 위협하는 적들을 상대로 날카로운 발톱을 세웠다. 그럼에도 불구하고 존은 왕좌가 필요로 하는 자질들을 제대로 갖추는 데 실패했으며, 취약감에 휩싸인 나머지 자신의 길을 걸어가겠다는 신념을 가지기보다는 습관적 두려움에 빠지게 되었다.

존 왕은 노르망디에서 승리를 눈앞에 두고 있다가 재앙을 자초했다. 동쪽으로부터 프랑스 필리프 2세의 군대, 서쪽으로부터는 그의 형 제프리의 아들이자, 자신의 조카인 브르타뉴 공작 아서의 지원군에 의해 협공을 당하고 있던 존은 (그의 별명 '부드러운 검'과는 대조적으로) 위협적인 장수로서의 위용을 발휘하고 있었다. 그는 모친 알리에노르가 포위되어 있는 미르보Mirebeau성까지 밤을 도와 내닫는 전광석화 같은 행군을 감행했다. 새벽에 단행된 기습 공격은 적을 완전히 놀라게 했고, 괄목한 만한 성공을 거두었다. 열두 살짜리 아서는 포로로 잡혔다. 그런데 아서는 몬머스의 제프리가 지은 아서 왕 이야기를 너무 많이 읽었는지, 이 뜻밖의 조우에서 삼촌을 합법적인 왕으로 인정하기를 거부했을 뿐 아니라, '찬탈'에 대한 응분의 책임을 지라고 협박하기에 이르렀다. 당황한 존의 대응은 소년 아서를 세상에서 사라지게 하는 것이었다. 소년 아서에게 닥친 일에 대한 가장 그럴듯한 설명은 마겜Margam 수도원의 수도사 겸 연대기 작가였던 글러모건Glamorgan으로부터 나온다. 그의 후견인이었던 기욤 드 브리우즈William de Briouze가 (나중에는 적이자 희생자가 되지만) 당시 존의 충실한 부하였고, 루앙에 같이 있었으며, 무슨 일이 일어났는지를 정확하게 알 수 있는 위치에 있었기 때문이다. 글러모건에 따르면, 부활절 다음 목요일 저녁 식사 후 술에 취한 존은 '그의 손으로 그를(아서를) 살해하고 무거운 돌을 달아서 센강에 내던졌다. 그의 사체는 한 어부의 어망에서 발견된 뒤에 강둑으로 끌려와 신원이 확인되었고, 폭군이 두려워 비밀리에 매장하기 위해 베크Bec 소수도원으로 옮겨졌다'.

이 이야기가 사실이라면, 몬머스의 제프리가 전하는 옛 전설에서는 아서가 사악한 조카에게 배신당하지만, 이번 이야기에서는 사악한 삼촌이 악역을 담당한 셈이다. 무엇이 진실이건, 아서 살해에 대한 소문은 베킷 사건이 헨리 2세에게 그랬던 것보다 더욱 강력한 정치적 영향력을 발휘했다. 존의 노르만 계통 충신들이 경악과 혐오 속에서 떨어져 나갔고, 그 결과 노르망디 공작령의 성채들과 도시들이 하나씩 프랑스 왕 필리프 2세에게 넘어갔으며, 존은 잉글랜드로 피신하는 수밖에 없었다. 길고 악몽 같았던 포위 공격 끝에 난공불락의 샤토 가야르가 마침내 함락되었다. (두 진영 사이에 있던 레 장들리Les Andelys의 시민들은 거의 굶어죽을 지경이었다.)

섬나라인 브리튼 역사가들의 입장에서 보면, 앙주 가문의 영토에서 노르망디가 떨어져 나간 것은 결과적으로 플랜태저넷 가문의 후예들로 하여금 '강력한 잉글랜드 왕'이라는 그들에게 맡겨진 숙명적 역할에 집중하게 만들었다는 의미에서, 일견 불행하게 보이지만 사실은 행복한 사건일 수도 있었다. 그러나 그 당시에 이 사건을 이런 방식으로 보는 사람은 아무도 없었다. 그것은 재앙이었다. 이는 정복왕 윌리엄이 결합시켰던 공작령-왕령의 세습재산을 깨어지게 한 것이며, 존의 입장에서는 대관식 선서의 첫 번째 조항을 지키지 못한 것이었다. 이 사건이 의미하는 바는, 노르망디로부터의 예산 수입이 끊기고, 헨리 2세의 검약한 습관을 재현하기도 어려운 상황에서, 잉글랜드를 프랑스의 침공으로부터 방어하고, 스코틀랜드와 다시 싸워 이길 수 있도록 하기 위해 반드시 필요한 국방 예산은 이제 고스란히 섬나라 백성들의 부담이 되었다는 것이었다. 이 시점에서 존은 자신이 아버지 헨리와 완전히 다른 상황에 처해 있음을 깨달았다. 헨리의 경우, 그의 치하에서 이루어진 앙주 가문 영토의 엄청난 확장과 적의 공격을 패퇴시킨 성공적인 방어는 헨리의 전쟁 능력에 대한 하나의 신화를 만들어냈으며, 이는 토지에 욕심이 있는 봉건 영주들을 그의 깃발 아래 모여들게 했다. 존은 프랑스에서의 손실을 만회하기 위해 아일랜드와 웨일스 원정을 도모했지만, 언젠가부터 그가 추구하는 대외적 명분들이 만족보다는 고통이 예상되는 일종의 부정적 카리스마를 생산하기 시작했다. 과거 앙주 가문의 성공과 더불어 눈덩이처럼 불어났던 충성의 결집체는 이제 뚜렷하게 가시화되는 패배의 전망 속에서 눈 녹듯 녹아버리고 있었다.

1208년 존은 강력하고 학문이 깊은 교황 인노첸시오Innocent 3세를 상대로 싸움을 벌였는데, 교황은 그가 함부로 대적할 상대가 아니었기에 상황을 더욱 악화시키는 결과를 낳았다. 존은 의심할 여지 없이, 과거 그의 부친 헨리가 고집했던 것처럼, 교회의 첫 번째 충성의 대상은 로마 교황청이 아니라 국왕이라는 원칙을 다시금 천명하고자 했을 것이다. 그러나 교황이 캔터베리 대주교로 지명한 스티브 랭턴Stephen Langton을 그가 거부했을 때 (또한 자신이 대주교로 지명한 자와 캔터베리 주교좌성당 참사회가 지지하던 자 사이에 이루어진 타협안마저 거부하면서) 나라는 파국에 봉착하게 되었다. 교황은 잉글랜드에 성무금지령을 내렸고, 이는 사실상 교회 폐쇄에 해당하는 것이었다. 왕의 신민 그 누구도 혼배성사의 은총을 받을 수 없었고, 성별聖別된 땅에 묻힐 수도 없었다. 교회 재산의 압류라는 존의 대응은 결국 그의 파문으로 이어졌고, 존은 1213년 마침내 굴복하고 말았다. 존은 잉글랜드 전체를 교황의 봉토로 넘겨야 했다. 그런데 현실적으로 궁핍해 보이는 이 전략은 존을 하룻밤 사이에 가장 저주받은 자에서 가장 기독교적인 군주로 탈바꿈시키는 신의 한수가 되었다. 그러나 좋은 것은 거기까지였다. 존이 교황의 은총을 무기로 필리프 2세와 최후의 결전을 벌이기로 했기 때문이다. 그리고 1214년 그가 개인적으로 참전하지 못한 부빈Bouvines 전투에서 잉글랜드군이 참담한 패배를 당함으로써 앙주 제국의 운명은 다하게 되었다.

만약 존이 부빈 전투에서 승리했다면, 마그나 카르타도 없었을 것이다. 왜냐하면 1215년 6월 중순 러니미드Runnymede에서 존이 도장을 찍음으로써 탄생한 그 유명한 '특인장charter', 즉 마그나 카르타는 무엇보다 왕의 패배를 역으로 이용하여 자신들의 이익을 챙기고 나아가 앙주 왕가의 중앙집권적 권력을 축소시키려고 한 지방 대영주들의 기회주의적 발상이었기 때문이었다. 부빈의 패배로 인해 북부에서 대규모 반란이 발발할 수 있는 상황이 만들어졌다. 만약 수도사 겸 연대기 작가 웬도버Wendover의 로저Roger가 기록한 것이 맞다면, 베리에서 '특인장'을 검토하기 위해 회동했던 대영주들은 이 문서야말로 논쟁 중인 쌍방 집단 사이의 합의를 도출하고, 또한 그렇게 함으로써 왕국을 고통의 시대로 되돌리는 것을 방지할 수 있는 절호의 수단이 될 것이라고 주장했다. 그런데 모든 개혁운동이 그렇듯이 대영주들이 자신들의 요구 속에 담아낸 언어들은 혁명적이라기보다는 향수에 가까운 것이었다. 앙주가의 왕들도 그들의 주장을 펼침에 있어서 자신들이 주장하는바 헨리 1세의 치하에서 만들어졌다는 '관습들'로 거슬러 올라가긴 마찬가지였다. 대영주들은 존보다 더 먼 과거로 올라가서는 '참회왕 에드워드의 선량한 법들'을 (그것이 무엇이건) 복원시킬 것을 주장했다. 우리가 마그나 카르타를 원초적 형태의 헌법으로 생각하면 안 되는 이유가 바로 여기에 있다. 마그나 카르타는 흔히 일컬어지는 바와 같은 '자유의 특인장a charter of liberty'이 아니라 '자유들의 특인장a charter of liberties'이었는데, 여기에서 말하는 자유들이란 중세적 언어에서는 '면제들exemptions'이라는 뜻이었다. 다시 말해서, 마그나 카르타는 앞으로 왕이 행할 수 없는 금지 행위들의 목록이며, 이는 곧 왕이 대영주들의 자유들, 즉 그들의 면제권들을 침해할 수 없다는 의미였다.

필연적으로 금지 행위 목록의 상당 부분은 토지소유 계급과 전사 계급에 대한 면세 특권이었다. 방점이 찍힌 곳은 가장 눈에 띄는 봉건 군주권의 남용이었다. 예를 들면, 왕이 순전히 재혼세를 걷을 목적으로 대영주의 미망인에게 재혼을 강요할 수 있었는데, 재혼세의 액수는 자의적이어서 그 가문의 왕에 대한 태도에 따라 관대한 액수로 책정될 수도 있었고, 의도적으로 파멸에 가까운 액수가 책정될 수도 있었다. 때마침 그 가문이 파멸에 이르게 되면, 왕은 그 재산을 자기 것으로 만들 수도 있었다. 이런 것들은 중지되어야 마땅했다. 특인장의 배경에서 작동하고 있었던 주요한 원동력이 대영주 계급의 편협한 이기심이었다고 하더라도, 그들이 불만을 표현하고, 또한 그것을 바로잡기 위해 자신들의 권리를 표현한 '형식들'은 마그나 카르타에 관행적으로 따라다닌 모든 역사적 의미를 부여받을 자격이 있다고 할 것이다. 역설적인 것은, 대영주들에게 자신들이 잃어버린 것들이 무엇인지를 새삼 가르쳐준 것은 야심만만하고 활동적이었던 앙주가의 군주정 바로 그것이었다는 사실이다. 앙주 정부는 타운들의 상업 행위에 대해 통행세와 세금을 수수하는 대가로 그들에게 '자유들의 특인장a charter of liberties'을 부여했는데, 그렇게 함으로써 정부는 이를 왕과 신민들 사이에 맺어지는 일종의 계약 개념으로 발전시켰던 것이다. 또한 앙주 정부는 원래 영주 법정에 속해 있던 사법권을 박탈하여 국왕 법정으로 가져갔는데, 이는 일부 경계심 많은 대영주들이 (특히 그들 계급에 속한 구성원들이 자의적으로 구금되고, 핍박당하고, 파산하고, 심지어는 죽음까지 당하는 것을 지켜보면서) 정작 자신들의 고통을 호소할 곳은 어디에도 없다는 것을 통감하게 만들었다. 놀랍게도, 법을 앞에 내세우면서도 폭력 행사를 주저하지 않았던 앙주 가문의 왕들이야말로, 정작 그들의 잘못을 바로잡기 위해서는 무엇을 해야 되는가를 대영주들에게 일깨워준 반면 스승이었던 것이다.

마그나 카르타가 자유의 출생증명서가 아니지만, 전제정치의 사망증명서로 볼 수 있는 까닭이 여기에 있다. 마그나 카르타는 앙주가의 왕들이 그들이 가진 왕국의 최고 재판관 자격으로도 시비를 걸 수 없는 어떤 하나의 원칙을 역사상 처음으로 의심할 여지 없이 명확하게 설명한 의미가 있다. 그것은 법이란 단순히 국왕의 의지 또는 일시적인 기분의 산물이 아니라, 자체적인 권리에 기반을 둔 독립적인 힘이며, 국왕이라 할지라도 이를 어긴다면 그에 대한 책임을 물을 수 있다는 것이었다. 예컨대, 어떤 사람의 신체를 구금하려면, 그것이 불가해한 군주의 뜻을 만족시키기 위한 것이 아니라 그렇게 해야만 하는 합당한 이유를 제시해야 한다는 것, 이를테면 하베아스 코르푸스habeas corpus, 즉 인신보호청원권이 그런 것이었다. 한편, 이 모든 것은 그때까지는 상상조차 어려웠던 그 무엇인가를 전제로 하는 것이었다. 그것은 잉글랜드라는 '국가'는 국왕 그 자체가 아니라 국왕도 (물론 최상부에 위치하기는 하지만) 그 일부에 불과하다는 개념이었다. 대영주들이 특인장에 깜짝 놀랄 만한 조항 하나를 추가시킬 수 있었던 것도 바로 이러한 국가 개념에 의한 것이었다. 이 조항이란 바로 대영주 25명으로 구성된 기구를 만들어 특인장이 준수되는지를 감시하고, 만약 필요하다면, 집단적인 권리 수호자의 자격으로 국왕의 관리들을 대상으로 특인장 침해의 죄를 묻는 재판을 진행할 수 있게 한다는 것이었다.

존은 물론 앙주가의 군주정을 그들에게 넘겨줄 생각이 없었다. 만약 1215년 봄, 런던이 반란군의 수중에 떨어지지만 않았다면, 왕은 특인장에 동의할 필요성을 결코 느끼지 못했을 것이다. 그러나 런던이 점령된 상황에서 그는 특인장에 동의할 수밖에 없었는데, 이는 단지 자신의 적들을 강경파 반란군과 온건한 반란군으로 분리시키고, 그럼으로써 자신에게 충성하는 군대가 세력을 규합하는 시간을 벌고자 하는 전술적 선택일 뿐이었다. 그러나 '자유들의 특인장'에 대한 소문이 퍼지면서 판이 커지게 되었고, 이 상황은 존으로 하여금 이 특인장을 자신이 스스로 공표하는 것이 낫다고 판단하게 만들었다. 존의 입장에서는 (우리가 전통적으로 생각해 왔던 것처럼) 이것이 그에게 강요된 것이 아니라, 왕이 '아무런 대가 없이 신민들에게 하사'하는 것으로 보이게 할 필요가 있었던 것이다.

말할 필요도 없이 이는 기망이었다. 존은 상황에 일시적으로 굴복한 것뿐이며, 상황이 호전된다면 특인장을 준수할 생각이 추호도 없었기 때문이었다. 존은 곧장 그의 새로운 우방이며 가장 확고한 우방이 된 교황에게 이의 불법성을 호소했으며, 로마 당국은 이를 신에 의해 임명된 자신들의 주인을 배신한 반역자와 반란자들에 의해 만들어진 것이라고 비난함과 동시에 이를 즉시 무효화함으로써 존의 기대에 적절하게 부응했다. 그러므로 마그나 카르타의 생명은 3개월 미만이 존속되었을 뿐이었다. 마그나 카르타의 제약으로부터 벗어난 존은 1215년, 반란군에 성문을 열어주었던 켄트의 로체스터Rochester성에 대한 포위 공격을 개인적으로 지휘함으로써 전면적인 전쟁을 개시했다. 존은 (한때 부친의 성이기도 했던) 그 성에 대한 공격 상황을 감독했다. 그의 군대는 성으로 향하는 굴을 판 뒤에, 거기에 40마리 분량의 돼지기름을 붓고 불을 붙임으로써 모퉁이 탑 하나를 무너뜨렸는데, 그가 직접 이 작전을 고안했을 가능성도 있다. 1216년의 상당한 기간 동안 왕은 두 개 전선에서 적들을 상대해야 했다. 하나는 필리프 2세의 아들이자, 잉글랜드의 왕위를 주장하는 프랑스의 루이 8세가 이끄는 침공부대로서 그들은 1066년 이후 처음으로 성공적인 상륙작전을 벌였다. 다른 하나는 대영주들에 의한 반란군이었다. 처음에는 존이 고전하는 것처럼 보였다. 1216년 5월 루이와 그의 우군인 잉글랜드 반란군이 런던을 점령했을 때만 하더라도, 잉글랜드의 다음 왕은 루이가 될 것으로 생각되었다. 그러나 대영주들이 프랑스의 체제를 경험하면 할수록 그에 대한 호감은 반비례로 감소했다. 존도 아마 이러한 상황을 인지했을 것이다. 왜냐하면, 그는 끈질긴 작전으로 전투를 끌고 나갔으며, 때로는 곤경에 빠지고 위험에 직면하기도 했지만, 일단 궁지에 몰리는 순간에는 앙주가 특유의 동물적 잔인성을 발휘하고 있었기 때문이었다.

전투는 그의 구미를 당기고 있었다. 노퍽의 린Lynn에서 강한 바람에 노출된 워시만의 바닷물을 마주하고 너무 푸짐한 식사를 한 때문이지 존은 쉴 새 없이 덮치는 격렬한 이질성 경련에 시달렸다. 열이 점차 심해졌다. 10월 11일 그가 위스베치Wisbech에 상륙하려고 할 때, 바람이 불어닥쳐 말과 짐수레, 그리고 마부들의 방향감각을 잃게 하더니 그들을 유사流砂 속에 가두어놓고 말았다. 존의 귀한 보물들과 왕실 소유 자산들을 실은 일부 짐수레가 유실되었다.

이는 마치 몬머스의 제프리가 전한 이야기 속에서 멀린이 보르티게른에게 그의 탑이 침강하고 있는 기반 위에 세워져 있다고 경고한 것이 실제로 재현된 것처럼 보였다. 그로부터 일주일 뒤인 10월 18일, 존은 (그의 부친이나 형제들과는 달리) 자신을 잉글랜드(우스터의 수도원 교회)에 묻어달라는 엄숙한 유언을 남기고 죽었다. 아홉 살이 된 그의 아들 '귀여운 작은 기사' 헨리가 곧바로 글로스터에서 왕위에 올랐고, 대영주들의 반란은 소멸되었다. 존과 갈등을 벌였던 대영주들이지만 그의 아들과는 갈등을 벌이고 싶지 않았던 것이다. 심지어 일시적이나마 프랑스 왕 루이 8세 편에 서서 싸웠던 자들조차 노련한 섭정 윌리엄 마셜William Marshal에게 설복당한 나머지, 프랑스 왕의 위성이 되기보다는 플랜태저넷 소년왕의 등극을 받아들이기로 했다.

플랜태저넷이 잃은 것은 존 왕의 수하물뿐이 아니었다. 비록 가스코뉴가 잉글랜드의 종주권 아래 (당분간) 남아 있었지만, 노르망디의 상실은 앙주 백작 조프루아가 구축했던 위대한 앙주 제국의 심장을 빼앗긴 것과 마찬가지였다. 끊어짐 없이 연결되어 있던 영토적 경계가 무너지면서 플랜태저넷의 무적 신화, 그리고 서유럽의 지배적 세력으로 자처하던 그들의 위상도 사라져버렸다. 보상의 한 방편으로 잉글랜드의 힘은 브리튼 그 자체에서, 특히 웨일스와 아일랜드에서 더욱 강하게 투영되었다. (프랑스 침공을 방어했던) 도버Dover성과 같은 강력한 성채들을 통해 잉글랜드는 브리튼이라는 섬나라 국가의 주변부들을 계속해서 지배해 나갔다. 그럼에도 불구하고, 앙주 가문이 브리튼 역사에 미친 영향은 그들이 이룩했던 영토적 경계의 이정里程이나 석조 건축보다는 법과 행정 분야에서 이룬 업적을 기준으로 평가되어야 한다. 1216년과 1217년에 마그나 카르타를 재반포하고 1225년 이를 다시 수정 반포한 잉글랜드의 대영주들은 사실상 앙주 왕조가 그들에게 제공한 교육적 효과에 대해 역설적인 찬사를 보냈을 것이다. 앙주 왕조는 그들의 왕국에 대해 너무나 강한 압박을 가했으며, 그에 대한 필연적인 반발로 국가 업무에 관해 스스로를 깨우친 새로운 세대를 키워냈다. 앙주 왕조는 그렇게 해서 단지 성채와 교회, 또는 의식儀式과 마상시합의 풍경들만 남겨놓은 것이 아니라, 판사들과 행정관들, 자치도시의 공민들과 샤이어의 기사들로 이루어진 활동적인 하나의 집단들을 만들어 놓았는데, 그들이 가진 법에 대한 이해는 전투 기술만큼이나 그들 자신을 위해 중요한 것이었다.

따라서 앙주 가문에 대한 최선의 평가는 그들은 더 이상 그들을 필요로 하지 않는 잉글랜드를 후세에 물려주었다는 것이다. 비유하자면, 그들은 거친 부모였다. 그들의 통치 방식은 의도하지 않게 그들의 신민들이 거침없이 통렬한 그들만의 새로운 저항 방식을 발전시키게 만드는 결과를 낳았다. 1216년 10월 존이 숨을 거두자, 윌리엄 마셜은 전형적인 기사의 어투로 외쳤다. 그가, 모든 사람이 버린다 해도 자신만은 어린 왕 헨리 3세를 자신의 어깨에 짊어지고 '한 걸음, 한 걸음, 이 섬에서 저 섬으로, 이 나라에서 저 나라로, 이 때문에 빵을 구걸하는 일이 있더라도 절대로 그를 실망시키지 않고' 가리라, 말할 때 그의 말은 마치 원숙한 랜슬롯Lancelot이 말하는 것처럼 들렸다. 그러나 당시의 잉글랜드가 원하는 것은 아서가 아니었다. 잉글랜드는 대신에 마그나 카르타를 가지고 있었다. 그리고 이는 시대가 원하는 엑스칼리버가 될 것으로 기대되고 있었다.

4

외래인과 원주민

aliens and natives

13세기 후반에 접어들면서 브리튼의 각 민족들은 자신들의 목소리를 내기 시작했다. 그들의 언설은 저항적이고, 분노에 차 있었는데, 이는 그들의 군주들을 향해 자신들이 살아온 땅을 결코 잉글랜드인들에게 팔아넘기지 말라고 경고하기에 충분했다.

1282년, 웨일스 북부의 귀네드 왕국에서는 '스노도니아의 영주들'에 의해 작성된 선언문이 발표되었다. 그것은 '만약 자신들의 군주가 〔잉글랜드〕의 왕에게 종주권을 넘긴다 하더라도, 스노도니아 사람들은 언어, 관습, 법률이 다른 그 어떤 외국인에 대해서도 충성 맹세를 거부할 것임을 단언한다'는 내용이었다. 1320년 스코틀랜드 아브로스Arbroath에서는 스코틀랜드의 대영주들과 백작들이 그들의 왕에게 다음과 같이 경고했다. '우리가 단 100명만이 살아남더라도, 결단코 그 어떤 조건하에서도 잉글랜드인들의 통치를 받아들이지 않겠다.' 그런가 하면, 그보다 2년 전 아일랜드인들은 잉글랜드 왕에게 다음과 같은 경고장을 보냈다. '잉글랜드인들의 끊임없는 배신행위에 대한 책임을 묻고, 또한 이 가혹하고 감당하기 어려운 노예 상태의 멍에를 떨쳐버리기 위해, 그리고 우리의 본래적인 자유를 회복하기 위해, 우리 아일랜드의 군주들은 죽음을 각오하고 전쟁에 돌입할 수밖에 없게 되었다'는 내용이었다.

역사가들은 직업의 특성상 이야기를 시간 진행 방향으로 읽으려 하지, 역방향으로는 읽으려 하지 않는다. 따라서 그들은 우리 시대의 언어나 제도들을 과거 그런 것들이 존재하지 않았던 시대에 투영하는 것을 꺼려한다. 역사가들은 '민족주의'가 근대의 산물이라고 배워왔다. 그렇다면, 앞에서 예를 든 것과 같은, 자신들의 땅과 지역적 기억에 대한 그들의 격정적인 애착을 어떻게 설명할 것인가? 그들이 기록한 것이 명백하게 '민족주의'가 아니라면, 적어도 그것은 '토착주의nativism', 즉 그들이 태어난 곳, 그리고 그들의 땅과 언어에 대한 정치적 태도인 것만은 확실하다 할 것이다. 일단 그들의 목소리가 표출된 이상, 브리튼은 더 이상 과거의 브리튼이 될 수는 없었다.

이러한 토착주의적 주장들을 촉발시킨 것은 두 차례의 재탄생 과정을 거친 잉글랜드라는 국가 그 자체였다. 첫 번째 사건은 1258년에서 1265년 사이에 일어난 '왕국 공동체'라는 강력한 개혁운동이었는데, 이는 군주정이 보다 광범위한 국민적 대의기구에 대해 책임을 지도록 하는 데 목표가 있었다. 이는 17세기 이전 일어난 모든 개혁운동 중에서 가장 급진적인 사건이었다. 두 번째 사건은 열정적이며 카리스마를 겸비했던 지도자 시몽 드 몽포르Simon de Montfort의 죽음과 함께 '왕국 공동체' 운동의 맥박이 이브셤Evesham의 전장에서 끊어진 이후, 에드워드 1세가 그동안 당한 왕권의 수모를 과잉 보상이라도 받으려는 듯, 브리튼 제도를 모두 아우르는 첫 번째 잉글랜드 제국을 건설하려고 한 것이다. 잉글랜드에서는 에드워드를 고대 브리튼을 재통일할 것이라고 예고되었던 제국 건설자 아서 왕의 후예로서 환호했다. 베리Bury의 연대기 작가 세인트 에드먼스St Edmunds는, 성급한 면이 없지 않았지만, 의기양양하게 기록했다. '잉글랜드, 스코틀랜드, 그리고 웨일스가 그의 지배하에 놓였다. 그는 그토록 오래 분열되고, 줄기 끝이 잘려 있던, 브리튼 전체를 아우르는 옛〔아서의〕군주정을 얻은 것이다.'

이런 판타지에 가까운 이야기를 현실로 바꾸는 유일한 방법은 '강압'이었다. 그렇게 함으로써 그는 브리튼섬에 잉글랜드 제국주의의 존재를 각인시키기도 전에, '쓰라림bitterness'이라는 항구적인 유산을 남겨놓았다. 그러한 유산은 특히 그가 점령 지역의 풍경들 속에 점점이 아로새겨 놓은 수많은 성채로 인해 자명해진다. 18세기 잉글랜드 관광객들과 화가들은 웨일스를 방문하여 그 고풍스러운 장소에서 화강암 더미들을 연습 삼아 스케치하곤 했다. 그러나 그 당시, 또는 그 이전의 웨일스인들에게 그것은 '우리의 굴종을 상징하는 커다란 표지'이며, 식민 지배를 위한 건축물일 따름이었다. 웨일스를 외부 세계로부터 고립시키기 위해 바다에 면하여 구축된 성채들은 저항운동이 감히 머리를 들기라도 하면 그 험악하고 이질적인 존재감을 토착 세력의 심장부에서 드러내곤 했다.

그러나 브리튼 민족들 간의 전쟁에는 단순히 폭력을 겨루는 것 이상의 그 무엇이 있었다. 그것은 주권의 개념에 대한 전쟁으로서, 제국과 국민, 지배와 기억, 그리고 전능한 군주와 왕국 공동체 사이에 벌어진 충성의 경쟁이었다.

1774년, 에드워드 1세의 무시무시한 평판에 호기심을 가진 일군의 고고학 애호가들이 웨스트민스터 사원에 안치된 그의 무덤을 발굴했다. 그런데 그의 간결한 대리석 석관에는 단 하나의 명문銘文만이 있을 뿐이었다. 히크 에스트 말레우스 스코토룸Hic est malleus Scottorum — 여기에 스코틀랜드의 망치가 누워 있다. 관 속에 누운 그의 신장은 6피트 2인치(188센티미터)로, 장경왕長脛王; Longshanks이라는 그의 별명과 일치했다. 그의 조상이나 조각상에 나타나는 이미지와는 대조적으로 그는 깨끗하게 면도한 얼굴에 섬세하게 제작된 왕관을 쓰고 있었다. 그는 로마 황제의 자줏빛 옷을 입고 있었고, 오른쪽 어깨에는 보석이 박힌 걸쇠 장식이 놓여 있었다. 그의 오른쪽 손에는 십자가를 최상부에 얹은 홀笏이, 왼쪽 손에는 (기독교적 성유 부음을 상징하는) 작은 비둘기를 역시 최상부에 올려놓은 미덕의 봉이 들려 있었다. 처음에는 봉의 비둘기 장식이 그의 뺨에 가볍게 입 맞추는 형상으로 놓여 있었을 것이다. 예의 18세기 구경꾼들은 무려 4세기 반이라는 시간이 흘렀음에도 불변하지 않은 왕의 위엄스러운 모습에 강한 인상을 받았다. 그중 한 사람은 왕의 손가락 하나를 떼어서 훔쳐 가려고 하다가, 마침 경계를 늦추고 있지 않던 웨스트민스터 수도원의 참사회 장에 의해 발견, 제지되었다. 에드워드는 1066년 노르만 정복 이후 확실한 영어식 이름을 가진 첫 번째 왕이었다. 그 이전의 11세기와 12세기의 잉글랜드 왕들은, 그들이 스스로를 노르만 또는 앙주 사람이라 생각했건, 생각하지 않았건, 언어와 문화 등 본질적 부분에서 프랑스적인 사람들이었다. 그러나 에드워드는 영어로 말했으며, 몬머스의 제프리가 전한 국가 창설 신화를 어머니 젖과 함께 체득했고, 잉글랜드의 역사적 운명에 대한 적극적인 자기 인식을 가지고 있었다.

그것은 '에드워드'라는 이름과 함께 시작되었다. 헨리 3세는 그가 생각하기에 잉글랜드 왕들 중에서 가장 이상적인 왕권을 구현했다고 생각되는 에드워드 참회왕의 이름을 따서 장남에게 주었다. 헨리 3세가 마지막 앵글로-색슨 왕이자, 1161년 성자의 반열에 올랐던 참회왕에게 푹 빠져 있었다는 것은 결코 과장이 아니었다. 그는 에드워드의 초상을 벽화로 그려놓고, 밤에 침상에 들어 눈감기 직전에, 그리고 아침에 일어나 눈뜨자마자 그를 바라보며 영감을 얻으려고 했다. 그는 에드워드가 의복을 검소하게 입었다는 얘기를 듣고는 그를 모방하여 최대한 간결한 복장을 갖추려고 애썼다. 1236년 그의 왕비 프로방스Provence의 엘레오노르Éléonore를 위해 열린 대관식 미사에서, 헨리와 왕비는 에드워드 참회왕의 성배에 구세주의 피를 받아 함께 마셨다. 왕의 주문으로 제작되어 왕비 엘레오노르에게 바쳐진 『성 에드워드 왕의 역사Estoire de St Aedwærd le rei』는 생생한 삽화가 들어 있는 역사책으로, 에드워드의 통치를 전쟁보다는 평화와 신앙에 헌신했고, 기적과 예언적 통찰력이 연속해서 이어진 시대로 규정했다.

에드워드의 통치 철학은 헨리에게 잘 맞아떨어지는 것이었다. 헨리가 비록 (간헐적이나마) 아버지 존이 잃어버린 프랑스 땅, 노르망디와 앙주의 영토를 회복하기를 원한 것은 사실이겠지만, 그는 그러한 일을 제대로 이루어낼 위치에 있지 못했기 때문이다. 그의 미성년 시절은 대영주들로 구성된 후견인들에 의해 지배되었으며, 그들은 그가 (전쟁 비용을 위해) 요청하는 세금 증여가 이루어지려면, 마그나 카르타 효력 재확인이라는 자문 회의의 전제 조건을 수락해야 함을 명확히 했다. 아무튼, 그의 성격은 대부분의 통치 기간 동안 끊임없이 말을 타고 이동하면서 전투를 벌이던 전형적인 앙주 가문 조상들의 삶과는 맞지 않았다. 예컨대, 그는 할아버지 헨리 2세와 아버지 존이 사용하던 클래런던의 사냥 행궁 일부를 플랜태저넷 디자인 표본들의 집합처로 탈바꿈시켰다. 이곳의 건물들은 왕비 엘레오노르의 기반인 지중해의 문화적 영향을 깊게 받아서, 여러 가지 색깔의 타일, 그리고 별과 초승달이 그려진 천장 등으로 화려하게 장식되었다.

그러나 순회적 군주가 아닌 정주적定住的 군주가 된다는 것은 단순히 게으름을 피우는 것과는 다른 성격의 문제였다. 그것은 권력의 집중을 의미했다. 헨리 3세의 계획은 세속적 측면이나 종교적 형식에서 모두 새로운 형태의 잉글랜드 군주정을 일찍이 에드워드 참회왕이 지정한 장소, 즉 웨스트민스터를 중심으로 설립한다는 것이었다. 웨스트민스터 홀을 건립한 것은 헨리가 아니었지만, 그곳을 왕실 살림뿐만 아니라 나라의 최상위 사법기관으로 기능하는 국왕 법정 등 국정 운영의 측면에서도 잉글랜드 국왕의 가장 위대한 의식 공간으로 만든 것은 그의 치세였다. 이곳은 또한 국왕의 자문 회의the council가 열리던 곳으로서, 자문 회의는 마그나 카르타 이후, 국왕이 요구하는 예산과 관련하여 정책의 적절성과 분별성을 심사하는 권한을 점차 강력하게 요구하고 있었다. 자문 회의는 (1230년대에 들어 처음으로 사용되던 용어인) '의회parliament'로 인식되는 수준에는 못 미쳤지만, 확실히 과거 국왕의 의지에 순순히 따르던 기관은 더 이상 아니었다.

신민들로부터 외경과 숭배를 이끌어낼 수 있는 단호하게 잉글랜드적인 군주정을 복원한다는 거창한 비전에 따라, 헨리는 에드워드 참회왕과 노르만 왕들에 의해 건설된 로마네스크 양식의 바실리카 성당을 헐어버리고, 그곳에 거대한 고딕 양식의 교회를 지었다. 웨스트민스터의 이 새로운 교회는 가장 위대하다는 프랑스의 대성당들과 어깨를 겨룰 만했는데, 사실 이 건물의 설계를 맡은 이가 프랑스 왕들의 대관식 장소가 있던 랭스Rheims 출신의 건축가였다. 이제 웨스트민스터는 왕국을 상징하는 심장으로서, 모든 잉글랜드 군주들이 대관식을 하고 묻히는 장소가 될 것이었다. 헨리 3세는 이곳의 영적 중심에 에드워드 참회왕을 위한 놀랍도록 장려한 성소를 구축하기로 했다. 퍼벡Purbeck 대리석에 상감象嵌으로 금을 입혀 묘를 장식하고, 언약궤와 마찬가지로 이를 제단보다 높은 곳에 위치시키는 한편, 바닥 부분에는 반짝이는 이탈리아 모자이크를 깔았다. 헨리는 에드워드와 그의 왕비 에디스의 유해를 이곳 성소로 옮겨와 다시 매장했다. (이렇게 해서 의식하지 못하는 사이에 고드윈 가문의 사람인 에디스 왕비가 웨스트민스터에 입성하게 되었다.) 대수도원 재건축의 첫 번째 공사가 완성될 때까지 39년이 걸렸고, 거기에 들어간 비용이 4만 6000파운드에 달했는데, 이는 담세자들이 왕을 결코 사랑할 수 없게 만들 만한 액수였다. 그럼에도 불구하고 헨리 3세는 추호의 의심도 없이 (그 사람들의 돈이) 훌륭한 곳에 사용되었다고 믿었다. 그의 자부심이 표현된 참회왕의 무덤 명문銘文에는 이렇게 적혀 있다. '오 이런, 만약 그대들이 명분을 알기 원한다면. 그 왕은 헨리, 여기 있는 성인의 친구였노라.'

전장에서 시간을 보낸 그의 조상들과는 달리 축 처진 눈꺼풀과 둔감한 행동 방식을 가졌던 '윈체스터Winchester의 헨리', 즉 헨리 3세는 (특히 1242년 푸아투Poitou 원정이 실패로 돌아간 이후) 건축물을 짓는 데 몰두했다. 그는 웨스트민스터 맞은편에 있는 런던 타워 주변을 강력한 방어벽으로 둘러쌓고, 내부에는 '웨이크필드Wakefield' 타워와 동물원을 비롯한 여러 채의 보다 작은 건물들을 지었다. 그는 또한 지방에서는 세인트 올번스 대성당의 건물들을 비롯해 엄청나게 큰 규모의 프로젝트들을 독려하는 한편, 올드 사룸에 있던 노르만식 대성당과 주교궁을 철거하고 그 대신 그곳에 외부의 위협에 덜 노출되는 새로운 도시,

즉 솔즈베리를 건설하도록 고무하기도 했다. 헨리 3세는 당대의 이미지들 안에서 묘사된 최초의 잉글랜드 왕으로서, 그는 석공들과 건축가들, 그리고 도르래와 먹줄 추를 들고 분주하게 움직이는 사람들과 협업하는 총감독으로 그려졌다.

그러나 건축으로 승부를 본다는 것은 전쟁만큼이나 큰돈이 필요한 일이었으며, 예산 관리자들이나 마그나 카르타를 수호하려는 사람들 입장에서 보면, 아무리 헨리가 에드워드 참회왕에 대한 숭배를 표면적으로 내세운다 하더라도, 결국은 사치의 일종으로 의심할 수밖에 없었다. 그들의 의심은 '외국인'이라는 수식어로 분류되는 사람들의 숫자가 궁정에서 늘어나는 것에 비례하여 더욱 커졌다. 이들 외국인은 두 집단이었다. 하나는 프로방스와 사부아Savoyard 출신으로 왕비 엘레오노르의 친족들이었고, 다른 하나는 헨리의 이복형제인 (즉, 그의 모친이 두 번째 결혼에서 얻은 자녀들인) 뤼지냥Lusignans 가문의 사람들로서 프랑스 서부 지역 푸아투 출신이었다. 한 세대 또는 두 세대 전만 하더라도, 왕실 가족으로 새로 편입된, 또는 주요 관직이나 주교 자리에 앉은 유럽 대륙 출신 인사들은 어떠한 논평의 대상도 되지 못했다. 왜냐하면, 그들은 자신들의 국왕과 비교할 때 아주 조금 더 외국인다운 사람들에 불과했기 때문이었다. 그러나 13세기 초 마그나 카르타 이후 수십 년이 흘러가는 동안, 무엇이 잉글랜드 왕국에 기여하는 것이고, 무엇이 손상시키는 것인지에 대한 정의定義가 훨씬 더 명시적으로 확립되게 되었는데, 그런 과정에서 문자 그대로 출생지를 근거로 사람을 차별하는 토착적, 또는 외국인 배척적인 성향이 눈에 띄게 되었다. 저항문학에서는 '나투스 에스트natus est', 즉 '태어나다'라는 글귀가 처음으로 엄중한 의미를 가지게 되었다.

국왕과 더불어 잉글랜드의 공동 보호자를 자처한 기관은 의회parliament였다. 1258년 위기 이전만 하더라도 의회는 앙주 가문 출신의 왕들을 자문하거나 회유하던 고위 성직자들과 귀족들의 회의체인 왕실 자문 회의the council와 거의 구분되지 않았다. 원래 마그나 카르타 제61조에서 국왕 정부가 여러 규정들을 준수하는지 감독할 수 있는 기구를 설립할 것을 제안한 바 있었지만, 수정 과정에서 폐기되었다. 그럼에도 불구하고, 이 충격적일 정도로 대담한 발상의 정신만은 살아남았다. 헨리의 미성년 통치 기간 중 이 '자문 회의의 후신인 의회 councils-become-parliaments'는 고액의 예산을 필요로 하는 정부 사업의 타당성과 낭비성 여부를 따져 묻는 업무에 적용해 나갔고, 그들이 동의하지 않는 사업에는 예산을 중지시키겠다고 위협할 정도로 성장했다. 왕이 외국인 궁정 조신들에게 시시때때로 성채, 관직, 주교직, 그리고 토지 등을 배분하고 있는 것을 잉글랜드 백작들과 주교들이 지켜보는 상황에서, 이제 대영주들로 구성된 의회는 과거와는 완전히 차별화된, 훨씬 더 야심 찬 주장을 하기 시작했다. 국왕이 관리나 자문관을 임명할 때, 의회가 그것을 승인 또는 거부할 수 있으며, 심지어는 그들을 쫓아낼 권리가 있다는 것이었다. 1250년대 후반과 1260년대를 통해 극단적 논리로 치달은 의회의 주장은 국왕의 주권 행사를 제한적으로 만들겠다, 그리고 국왕이 이른바 '왕국 공동체*communitas regni*'를 대표하는 사람들(의회)에게 책임을 지도록 만들겠다고 하는 것이나 다름없었다. 헨리가 자문관 임명에 관한 이들의 개입을 군주의 고유한 특권에 대한 중대한 침해로 간주하고 이를 결단코 거부한 것은 말할 필요도 없다. 그렇게 해서 이 갈등은 끝내 내전으로 치달았고, 종국에는 왕이 포로로 감금되는 상황으로까지 발전했다. 이 혁명적 위기 상황은 17세기 내전과 마찬가지로 모든 면에서 국가의 운명과 관련하여 중대한 의미를 가지고 있었다.

개혁에 대한 최초의 압력은 적지 않은 숫자의 잉글랜드 최고위 귀족들과 성직자들로부터 비롯되었지만, 전쟁터 안팎에서 타협 없이 이 주장을 밀고나가 궁극적으로 구현시킨 사람은 외래 귀족인 시몽 드 몽포르였다. 사실 그는 잉글랜드 왕국의 공동체를 대변해서 말하고 행동해야 하는 저항운동 지도자와는 전혀 어울리지 않는 인물이었다. 왜냐하면 비록 그가 래스터 백작의 지위를 가지기는 했으나, 어느 면을 보나 그는 그의 우군들보다는 그의 우군들이 권력에서 추방시키려고 했던 외국인 궁정 조신들과 훨씬 가까운 사람이었기 때문이다. 역시 시몽Simon이라 불렸던 그의 부친은 재산 근거지가 파리에서 서쪽으로 30마일(48.3킬로미터) 떨어진 곳에 있었던 사람으로, 기독교적 열성으로 알비파 Albigensian 이단 교도들을 대상으로 한 '십자군'(사실상은 대량 학살)을 결성한 전력이 있으며, 유대인을 남부 프랑스에서 축출하는 데 앞장섰다. 아들 시몽이 래스터 백작령을 물려받은 것은 어머니를 통해서였다. 그가 1229년 개인적으로 백작령에 대한 권리를 주장하고 나섰을 때, 그의 나이 불과 열여덟 살이었는데, 나이 많은 귀족에게 그는 잉글랜드 재산에 눈독을 들이는 또 하나의 이기적인 프랑스 모험가로 비쳐졌을 것이고, 따라서 가능하면 왕으로부터 멀리 떼어놓아야 할 존재로 인식되었을 것이다. 그러나 이 젊은이에게는 뿌리치기 힘든 그 무엇이 있었다. 그는 설득력을 갖춘 지성과 당당한 자기주장이 느껴지는 독특한 분위기를 통해 사람들에게 자신의 존재감을 과시했던 것이다. 그는 1238년 헨리의 여동생 엘리노어와 비밀리에 결혼했는데, (이는 왕위계승에 영향을 미칠 수 있으므로 자문 회의와 협의를 거쳐야 할 범주에 들어가는 문제였으며) 이는 그의 기회주의에 대한 다른 사람들의 의심을 확인시켜 주는 순간이었다. 첫 남편과 사별한 열여섯 살의 미망인인 엘리노어가 뒤늦게 캔터베리 대주교 앞에서 영원한 정절을 엄숙하게 서약했지만 그에 대한 의심을 해소하는 데 큰 도움은 되지 못했다. 후일 시몽과 왕 사이의 틈이 심각하게 갈라지면서, 이 문제는 정치적이라기보다는 개인적인 논쟁으로 변질되었다. 왕은 시몽으로 하여금 장인에 대한 자신의 채무를 대신 변제하게 하려 했으나 이것이 실패로 돌아가자, 자신이 몽포르와 여동생의 혼인을 승낙한 것은 그녀가 임신 중이라는 사실을 발견했기 때문이라는 것을 폭로했다. 자신이 체포될 위기에 처했다는 것을 정확하게 감지한 시몽은 배가 부풀어 오른 엘리노어와 함께 선편으로 강을 타고 내려가 프랑스로 피신하기에 이르렀다.

1250년대에 일어난 이 처남-매부 사이의 간헐적 언쟁은 보기보다 매우 심각한 파장을 불러왔다. 시몽과 헨리는 모두 40대의 나이였다. 시몽은 십자군에 참여하여 성지에서 2년간 호엔슈타우펜Hohenstaufen 가문의 황제 프리드리히

Frederick 2세와 함께 싸웠으며, 매우 경험 많은 여행자이자 국제적인 감각을 가진 귀족이 되어 1240년대 중반에 잉글랜드로 돌아왔다. 더욱 중요한 것은, 그는 매우 깊은 신앙을 가지게 되었으며, 한밤중에 일어나 동이 틀 때까지 침묵 속에서 철야 기도를 올렸고, 마음으로 『시편』을 읽었다. 그는 헤어셔츠를 착용하기 시작했다. 또한, 그는 다른 사람들을 대할 때는 매우 후한 사람이었지만, 그 자신은 절약하는 습관을 몸에 익히고 귀족 복장으로는 결코 화려하다고 할 수 없는 '버닛burnet과 블루잇bluet' 색깔의 옷을 입었다. 그리고 시몽은 당대에서 가장 지적이고 사려 깊은 성직자들과 가까워졌고 그들과 교분을 나누었다. 링컨 주교 로버트 그로스테스트Robert Grosseteste, 우스터 주교 월터 칸틸루프Walter de Cantilupe, 그리고 프란체스코Franciscan 수도회 소속 신학자 애덤 마시Adam Marsh가 그들이었다. 그로스테스트는 1253년 죽기 직전에 정당한 지배와 전제정치를 구분하는 논문을 썼는데, 이것은 분투적이면서 기질적으로는 독단적인 시몽 드 몽포르를 형성하는 데 매우 결정적인 영향을 미친 문헌이 되었다. 이후 그의 정치적인 신념은 종교적인 것과 맥을 같이 하게 되었다.

시몽은 그로스테스트가 말한 전제정치가 무엇을 의미하는지 자신이 이미 직접 경험했다고 믿고 있었다. 시간을 거슬러 올라가 1247년, 왕은 그에게 프랑스 땅에 남아 있던 그의 마지막 영토이자, 값비싼 와인 교역의 중심지인 보르도Bordeaux를 끼고 있던 가스코뉴의 통치를 맡긴 적이 있었다. 그때 엄격한 공정무사를 내세워 타협의 여지 없이 밀어붙인 그의 통치는 가스코뉴 지역 귀족들의 반란을 촉발시켰고, 이는 헨리가 가장 원하지 않던 일이었다. 그들을 진정시키기 위해 왕은 1252년 시몽을 재판에 회부하는 데 전격적으로 동의했다. 이 재판은 그가 권한을 남용한 것을 탄핵하는 형식으로 진행될 예정이었다. 왕과 시몽 사이에 불꽃이 일어났고, 이는 상호 비판의 불을 지폈다. 헨리는 시몽을 소요 사태를 야기한 혐의로 기소했고, 반역자와의 언약은 지키지 않을 것임을 확실하게 했다. 그러자 시몽은 자신이 마치 왕과 동격이나 되는 것처럼 왕을 비난하고 위협했으며, 자신의 반역 혐의에 대해서는 다음과 같이 대응했다. '그것은 거짓이며, 만약 당신이 나의 주군이 아니었다면, 감히 그것을 입에 올리는 순간 고통의 시간들을 각오해야 했을 것이오.' 그는 또한 왕을 몹시 화난 표정으로 쳐다보며 왕이 기독교인으로 안 보인다며 고해는 했냐고 묻기까지 했다.

결국 그는 풀려났고, 다른 임무를 맡아 가스코뉴로 돌아갔다. 그는 대부분 귀족들 사이에서 인기가 있었고, 그들은 그가 단지 보여주기식 재판에 회부되었을 뿐이라고 생각했다. 왕과 시몽은 완전히 화해했는지 헨리는 그와 엘리노어에게 자신의 성 두 개를 내어주었는데, 그중 하나는 워릭셔Warwickshire에 있는 크고 위엄을 갖춘 케닐워스Kenilworth성이었다. 이 성은 얼마 되지 않아 단순한 대영주의 성 이상의 의미를 가지게 되었다. 이곳은 궁정 조신들과 학자들의 생활에서 구심점이 되었으며, 이 점에서 이곳은 잉글랜드 내 어떤 귀족의 거처보다 월등한 위상을 가지게 되었다. 시몽은 1253년 가스코뉴에서 돌아온 뒤, (아직 양도되지 않은 아내의 지참금 등 돈 문제를 포함하여) 자신의 개인적 불만을 왕국에 부정적 영향을 끼치는 보다 큰 의미의 공적 병폐의 일부로 취급하기 시작했다. 그에게 큰 위기가 또다시 닥쳐온 1258년 무렵, 한때 코즈모폴리턴cosmopolitan이었던 시몽은 이제 자신의 가슴속에는 잉글랜드의 이익보다 더 귀중한 것은 없는 것처럼 말하고 행동하기 시작했다. 그는 글로스터 백작 리처드 드 클레어Richard de Clare와 노퍽 백작 로저 비고드Roger Bigod을 비롯한 잉글랜드 최고위 귀족들과 마찬가지로 헨리가 그의 아버지 존의 진짜 아들임을 드러내기 시작했으며, 만약 여기에서 헨리를 제지하지 않으면, 존이 그랬던 것처럼 헨리 또한 정치적인 재앙을 가져올 것이라고 생각했다. 그리고 그들에게 자신들의 생각이 옳다는 것을 확인시켜 주는 사건이 일어났다. 1254년 교황 알렉산데르Alexander 4세가 시칠리아Sicily 왕국을 헨리의 둘째 아들 에드먼드에게 주자, 헨리가 이를 덥석 수용한 것이었다. 이것은 사실 공짜가 아니었다. 교황과 적대적인 호엔슈타우펜 가문의 수중에서 시칠리아섬을 해방시키는 데 필요한 비용을 잉글랜드가 부담해야 했던 것이다. 헨리는 이 문제를 자문 회의와 협의를 했더라도 별 문제가 없으리라는 점을 알고 있었지만, 협의 절차 없이 개인적으로 교황과 약정을 맺었다. 이로써 헨리는 스스로를 난처한 상황으로 몰아넣었다. 만약, 교황에게 맹세한 약속을 어기게 된다면, (과거 그의 아버지 때에 그랬던 것처럼) 잉글랜드에 대한 교황의 성무금지령, 또는 그의 개인적 파문과 직면할 수 있었다. 이 때문에 헨리는 점차 이 문제를 성급하게 재촉할 수밖에 없었고, 시칠리아 '십자군' 원정에 필요한 경비를 얻기 위해, 국왕으로부터 직접 영지를 하사받은 대영주들을 대상으로 적절한 기한 내에 징세를 단행할 것을 요구했다.

그러나 1258년 4월 28일, 헨리가 웨스트민스터에서 맞닥뜨린 것은 돈이 아니라 글로스터 백작, 노퍽 백작, 그리고 시몽 드 몽포르 등 일곱 명의 대영주들에 의한 무장 동맹이었다. 그들은 웨스트민스터 홀 입구에 무기를 내려놓고 왔지만, 갑자기 이성을 잃은 헨리를 안심시키기에는 역부족이었다. '경들, 이게 무슨 일이오? 내가 하찮은 존재인가? 내가 그대들의 포로인가?' 노퍽 백작이 이끄는 대영주들은 자신들이 반란을 일으킨 것이 아니라 충심을 다해 사악하고 부패한 외국인 신하들로부터 왕을 해방시키러 온 것이라고 답했다. '차마 참을 수 없을 만큼 사악한 푸아투인들과 모든 외국인을 사자의 눈앞에서 도망치듯 폐하와 저희들의 눈앞에서 달아나게 하소서. 이것은 하늘에 계신 신께는 영광이, 선량한 이곳의 사람들에게는 평화가 될 것입니다.' 헨리는 일단 동의하는 수밖에 도리가 없었다. 연대기 작가 매튜 패리스Matthew Paris에 따르면, '왕은 그들의 주장한 바가 사실임을 인정하고 … 그가 너무나 빈번하게 나쁜 신하들에게 현혹되었다고 밝히는 등 스스로를 낮추었으며 … 성 에드워드St Edward의 무덤 앞에서 과거의 잘못을 모두 그리고 적절하게 수정할 것과 잉글랜드 태생의 신하들에게 호의와 친절을 베풀 것을 엄숙하게 서약했다'. 특히 헨리는 24명으로 구성되는 특별위원회를 구성하는 데 동의했는데, 위원들의 절반은 왕이 지명하고, 나머지 절반은 의회가 지명하게 될 터였다. 이 위원회는 왕국의 통치에 관한 개혁안을 입안하여 자문 회의에 보고하는 기능을 수행할 것이었다.

6월 11일 그 자문 회의가 옥스퍼드에서 열렸다. 여기에서 논의된 내용은 잉글랜드의 장기적인 정치적 미래와 관련하여 너무나 중대한 의미를 가지는 것이었고, 또한 1215년의 사건보다 훨씬 더 직접적인 영향을 주었기에, 1258년이라는 해는 국민적 기억 속에 깊게 각인되어야 마땅하다고 할 것이다. 마침 옥스퍼드는 최근 웨일스에서 참담한 패배를 맛보았던 헨리가 새로운 웨일스 원정을 위한 군대의 징발 장소로 선택한 곳이었다. 무장한 군중의 존재를 의식하고 있던 개혁운동의 지도자들로서는 옥스퍼드라면 광범위하고 다양한 불만 세력의 대표들을 불러들일 수 있음을 내다보고 있었다. 지역 실정에 어두운 지방장관들에게 염증이 난 샤이어의 기사들, 뤼지냥가⁂의 사람들을 싫어하고 그들을 잉글랜드 성채에서 쫓아내고 싶어 안달하는 대영주들, 그리고 처음부터 개혁운동의 이론적 기반을 제공해 온 성직자들과 학자들이 그들이었다. 또한 옥스퍼드 집회가 빈곤이 국가적 위기 수준에 달한 시점에서 열렸다는 그 자체만으로도 위기감이 고양되고 있었다. 1257년의 수확은 재앙에 가까웠고, 따라서 1258년 여름에 이르러 잉글랜드의 대부분 지역이 기근 상태에 준하는 고통을 경험하고 있었다. 매튜 패리스는 다음과 같이 기록했다. '식량 부족으로 인해 가난한 사람들이 셀 수 없이 죽어갔고, 시체는 곳곳에 널렸는데, 기근이 계속되면서 그 숫자는 부풀어 올랐다. 거리에는 검푸른 색을 띤 시체들이 진흙투성이 돼지우리나 퇴비 더미 속에 대여섯 구씩 같이 엉겨서 누워 있었다.'

대영주들이 그들의 빈 배를 채워줄 수는 없었지만, 나라의 정치를 급진적으로 바꾸어나갈 수 있을 것이라는 기대감을 분명히 충족시켜 주고 있었다. 아닌 게 아니라, 그들은 본질적으로 앵글로-노르만의 절대군주정을 폐지하고자 했다. 24인 위원회는 15인 위원회로 대체되었고, 이에 따라 왕이 지명할 수 있는 위원의 숫자는 3인으로 축소되었다. 또한 그들에게는 기간의 제한 없이 '왕국과 국왕의 공통 업무'를 다룰 권한이 주어졌다. 한순간에 국가의 통치권이 국왕으로부터 대영주들과 교회가 선출한 일개 상임위원회로 넘어간 것이다. 국왕이 선택한 장관이나 자문관들에 대한 최종적인 인사 결정권은 국왕이 아니라 바로 이 위원회가 행사하게 되었고, 그것은 전쟁과 평화를 가르는 예산의 수립이나 집행에 있어서도 마찬가지였다. 이 못지않게 급진적이었던 것은 카운티로의 권력 이전이었는데, 각 샤이어(카운티)에서 선출된 기사 네 명에게는 지역의 불평불만 사항을 취합하여 법무장관justiciar에게 보고할 의무가 맡겨졌다. 지난 수 세대 동안 잉글랜드에는 법무장관이 부재했었는데, 앙주 왕조 통치하에서 부활하여 국왕의 최고위직 법률관 역할을 수행해 왔다. 그런데 그의 역할이 이제 국민을 위한 고충처리 담당관으로 바뀌게 된 것이다. 오랫동안 지방의 지주들에게 독버섯 역할을 해온 지방장관sheriff은 이제 해당 카운티 공동체 구성원 중에서만 임명할 수 있도록 하고, 보수를 지급하며, 그 임기를 1년으로 제한하도록 했다. 뤼지냥 가문을 비롯한 탐탁하게 여겨지지 않는 외국인들은 (물론, 드 몽포르de Montfort 가문은 제외) 지체 없이 자신들의 성으로부터 쫓겨날 운명에 처했고 그것은 사실상 잉글랜드로부터의 추방을 의미했다. '성을 잃지 않으려다가는 그대 목숨을 잃게 될 것이네.' 이것은 증오심에 불타는 시몽드 몽포르가 불구대천의 원수 펨브룩 백작 기욤 드 발랑스William de Valence에게 한 말이었다.

이 놀랄 만한 혁명의 절정은 '옥스퍼드 규정Provisions of Oxford'을 준수하겠다는 집단적 맹세였다. 그해 10월에 완성된 옥스퍼드 규정은 라틴어와 프랑스어뿐 아니라 역사상 처음으로 토착어인 중세 영어로 기록되었다. 그러했으므로, 이 규정은 잉글랜드에 존재해야 할 '선량한 정부'에 대해 사심 없이 관심을 표명했던 모두를 위한 일종의 정치적 규범이 되었으며, 충성의 시금석이 되었다. 잉글랜드는 비록 공화국이 되지는 못했지만, 더 이상 전제국가가 아니었다.

'규정'을 위반하는 자에게 저주를 내리겠다는 캔터베리 대주교의 위협 속에서, 왕은 자신의 무기력한 상황에 대해 치밀어 오르는 분노를 누르며 남들이 하는 대로 불붙인 양초를 손에 들고 맹세를 하는 수밖에 도리가 없었다.

그러나 개혁의 추동력이 너무나 빠르게 작동했기에 이는 필연적으로 초창기 개혁을 주도하던 사람들의 생각보다 앞서나가기 시작했다. 이들은 '규정'에 의거해서 제기된 사람들의 불만들이 쏟아져 들어오자, 그들 자신이 만들어낸 창조물에 공포를 느낄 정도가 되었다. 이제 개혁가들 사이에 형성되었던 불안한 연대는 고소인들의 불만 해소 권리를 어디까지 허용할 것인가를 놓고 균열을 보이기 시작했다. 그들의 연대를 무너뜨린 핵심 쟁점은 바로 그들 자신 또는 그들의 장원 체제를 대상으로 민원인들의 권리 청구를 허용할 것인가 하는 문제였다. 이는 왕과 그의 총신들이 저지른 잘못에 대해 책임을 묻는 일과 조그마한 지식으로 우쭐해진 일부 농노들이 장원의 관리인이나 감독자들로부터 당한 고통에 대한 불만을 제기하는 일이 같은 성격의 일인가 하는 물음이기도 했다. 짐작할 수 있는 바와 같이, 이에 대한 시몽 드 몽포르의 입장은 농노들의 불만 제기를 허용해 주는 것이 절대적으로 옳은 일이라는 것이었고, 글로스터 백작을 비롯한 최고위급 귀족들은 반대였다. 시몽이 기초한 '귀족들의 규정Ordinance of the Magnates'은 왕에게 가해진 것과 동일한 제재가 귀족들에게도 적용되어야 한다는 그의 신념이 반영된 것으로서, 이를 본 글로스터 백작이 뒷걸음을 치자 시몽이 외쳤다. '나는 저처럼 변덕스럽고 기만적인 사람들과 흥정을 하느니 차라리 죽음을 택하겠다.'

개혁운동이 절정으로 치닫고 있을 무렵, 헨리 3세의 큰아들 '에드워드 경'의 입장은 명확했다. 1259년에서 1260년 사이, 그는 시몽의 마법과 반反외국인 정책의 인기에 매료되어 친親개혁적 입장에 서 있었다. 그 역시 아버지의 통제로부터 하루빨리 벗어나길 원했고, 부친의 위기를 이용하여 성채들을 차지할 욕심도 있었기 때문이었다. 또한, 시몽에게는 사람들로 하여금 쉽게 최면에 빠지게 만드는 무엇인가가 있었고, 이 힘은 에드워드처럼 자기 확신이 강한 사람들조차도 끌어들였다. 그럼에도 불구하고 에드워드 왕자가 대영주들과 어울리는 데에는 뭔가 의심스러운 면이 있었다. 그가 어느 날 조찬 자리에서 글로스터 백작 및 그의 동생과 모종의 흥정을 했는데 이는 곧 재앙이 되었다. 바로 그다음 날 백작이 잠에서 깨어나 보니 자신의 머리카락과 손톱, 발톱이 모두 빠져 있었고, 그의 동생 윌리엄 드 클레어William de Clare는 극심한 복부 통증으로 사망했던 것이다. 사실 에드워드는 최하위 계층의 젊은 기사들을 중심으로 제3의 세력을 조심스럽게 구축하고 있었는데, 그들은 부왕 헨리의 궁정에 대한 악평에서 자유로웠을 뿐 아니라 대영주들의 통제로부터도 독립적이었다. 그러나 에드워드는 궁극적으로 군주제라는 제도 자체가 존망의 위기에 놓여 있다는 것을 알고 있었다. 그러므로 원성의 대상이던 뤼지냥 가문의 사람들이 축출되고, 정치적 갈등이 왕당파와 반왕파의 양극화 양상으로 전개되자, 에드워드는 부친과 운명을 같이 할 뜻을 분명히 했으며, 실제로 왕당파의 주도적 인물로서 활동하기 시작했다. 시몽 드 몽포르가 프랑스에 있는 동안 반대파의 결속이 흐트러지자, 헨리는 이 틈을 이용하여 자신의 세력을 회복하려고 했다. 헨리에 대한 경제적 지원은 대부분 프랑스 왕으로부터 제공되었는데, 앞으로 노르망디와 앙주에 대해 영토권 주장을 하지 않겠다는 약속과 가스코뉴가 프랑스 왕의 봉토라는 영토적 지위를 받아들이는 것이 그 대가였다. 용병을 통해 전력을 강화한 왕은 점차 전략적 요충지인 성채들 다수를 되찾았고, 1261년 후반 무렵에는 '옥스퍼드 규정'을 거부한다고 선언하기에 이르렀다. 그리고 그의 옥스퍼드 선서 위반에 따르는 책임을 면하는 교황의 특별 교서를 확보하는 데에도 성공했다.

1263년, 뒤늦게 귀국한 시몽 드 몽포르는 개혁운동이 자칫 붕괴될 수 있는 혼란스러운 상황에 처해 있음을 발견했다. 그는 바야흐로 결사 항전의 시기가 임박했음을 깨닫고 승리를 위해서는 확고하고 단호한 리더십을 가진, 말하자면 자신과 같은 사람이 필요하다고 결론지었다. 그는 자신이 돌아온 곳이 어디인지 잘 알고 있었다. 그곳은 단순히 웨스트민스터와 대귀족들의 성채들뿐만이 아니라 원격지의 샤이어와 촌락에 이르기까지 나라 전체에 대격변의 소용돌이가 몰아치고 있는 현장이었다. 잉글랜드의 정치적 운명은 노르만 정복 이후 처음으로 완전히 유동적인 상황에 처해 있었고, 궁극적으로 어떤 결과가 초래될 것인지가 불확실했다. 왕당파가 세력을 회복하면서, 지역에서 자체적으로 선임했던 지방장관들이 쫓겨났고, 그 대신 그 자리들은 믿을 만한 궁정 인사들로 채워졌는데, 이러한 정부의 처사는 각 카운티에서 기사들과 젠틀맨들의 반발을 불러왔다. 1258년의 시몽이 그의 거칠기 짝이 없고 거만한 성격으로 인해 개혁파의 일부 대귀족들을 소원하게 만들었다면, 지금의 그는 자신의 도덕적 명분을 확신하고 있었고, 따라서 귀족들뿐 아니라 (그가 공개서한을 보냈던) 런던 시민들, (대체로 그를 충성스러운 아들로 간주하고 있던) 교회, 그리고 심지어는 자유농들에게도 자신의 호소가 통할 수 있을 것이라고 생각했다. 짧게 말하면, 진실하고, 정의롭고, 정직한 잉글랜드의 국민이라면 그 누구라도 자신의 대열에 동참할 것이라고 믿고 있었던 것이다. 물론, 그가 한편으로는 자신의 고귀한 생각들을 입으로 말하는 동안, 다른 한편으로는 적에게서 빼앗은 재산들로 가문을 일으키느라고 분주했던 것도 숨길 수 없는 사실이었다. 예컨대, 시몽이 말을 타고 행진할 때면 기사 160명이 수행했는데, 이는 국왕 헨리나 그의 아들 에드워드의 경우보다 많은 숫자였다. 그러나 그의 카이사르 뺨치는 위풍에도 불구하고, 그의 마음속에서 ─ 그리고 그에게 헌신하는 사람들의 마음속에서 ─ 시몽 드 몽포르는 단지 잉글랜드를 위한 한 명의 십자군일 뿐이었다. 그에 대한 전형적인 찬사에 따르면, '그는 옳은 것을 사랑하고 그릇된 것을 미워하는' 사람이었다. 만약 그가 신이 아니라면, 그는 분명히 신의 섭리에 이르는 직접적인 수단을 가진 사람처럼 보였다.

그는 자만심 강한 모험가였을까? 아니면, 세상을 구하려는 개혁가였을까? 그러나 시몽의 '진정한' 모습이 무엇이었는지에 관한 논쟁은 무의미해 보인다. 왜냐하면, 그 자신마저 이 두 역할을 제대로 분리하지 못했기 때문이다. 역사적으로 볼 때, 그 어떤 카리스마적인 지도자라도 (최소한) 한 가닥의 이기적 야망과 허영심 없이는 그 아무것도 이루지 못했다. 시몽 또한 이런 측면을 분명히 가지고 있었다. 그런데 또 하나 분명한 것은, 그가 자신에게 좋은 것은 잉글랜드를 위해서도 좋다고 믿었다는 점이다. 비록 잠시 동안이기는 하지만, 그의 곁에는 그의 이러한 생각에 동의하는 상당수의 귀족들과 평민들이 있었다.

1263년 여름, 매우 중요한 국면이 전개되고 있었다. 시몽과 그의 동맹 세력은 잉글랜드 남동부의 대부분 지역을 장악했다. 그러자 헨리는 두려움에 떨면서 런던 타워로 퇴각했는데, 그때 그는 아마도 그곳의 수비를 보강하기 위해 새롭게 방어벽 하나를 추가로 구축해 놓았던 것을 다행스럽게 여겼을 것이다. 국왕의 용병들에게 급료를 지불하기 위해 왕비가 보석들을 템플Temple 기사단에 저당 잡힌 적이 있었다. 에드워드 왕자는 그 저당물이 제대로 있는지를 조사한다는 명목으로, 혹은 돈을 지불하고 저당물을 되찾겠다는 구실을 걸고 뉴템플NewTemple 사람들을 설득하여 그곳에 진입했는데, 일단 진입에 성공하자 보석 저장고들을 부수고 템플 기사단의 금과 은을 강탈하는 등 강도 행각을 벌였다. 이것은 전형적인 에드워드 스타일의 책략이었지만, 이 사건은 그때까지만 해도 시몽에 대해 냉정하고 회의적인 시각을 견지해 오던 런던 시장과 런던 시민들을 무조건적인 시몽 지지파로 바꾸어놓았다. 결국, 그의 행동은 런던 시민들로 하여금, 만약 질서를 회복하겠다는 명분을 내세운 세력이 이렇게 앞장서서 범죄를 저지르는 집단에 불과하다면, 도대체 그들을 지원해야 할 이유가 무엇인지에 대해 스스로 회의적인 물음을 던지게 했던 것이다. 시민들은 이제 통제에서 벗어나 왕당파에 대한 불만을 자신들만의 방식으로 표현하기 시작했다. 왕비 엘레오노르는 그녀가 그동안 증오의 대상이었던 '외국인들'의 후견자였을 뿐 아니라, 또한 런던 시내 몇몇 요처에서 징수한 통행료 수입을 차지해 왔다는 점에서, 특별하게 선택된 목표가 되었다. 그녀는 최악의 경우에 대비하여 강을 통해 런던을 탈출하여 에드워드의 군대가 주둔하고 있는 윈저windsor로 가려 했다. 그러나 그녀가 탄 배는 그만 시민들에게 발각되고 말았고, 덕분에 런던 브리지에서 쏟아지는 돌과 오물 세례를 받아야 했다. 런던 브리지는 자신에게 가장 수지맞는 통행료 수입을 벌어다 주던 곳이었다. 그녀는 자신이 당한 치욕에 분개하며 세인트 폴 성당으로 피신해야 했다. 이는 그녀와 에드워드 두 사람 모두에게 잊지 못할, 그리고 용서하지 못할 무례한 모욕과 다름없었다.

이제 '잉글랜드의 청지기Steward of England'를 자처하는 시몽 드 몽포르는 사실상 나라의 유일한, 그리고 최고위의 통치자였다. 그러나 그가 어떤 칭호를 가졌다 하더라도 그것이 나라가 내전으로 치닫는 것을 막지는 못했을 것이다.

내전의 승패는 두 번의 대규모 전투에서 결정되었다. 첫 번째 전투는 1264년 5월, 서식스의 사우스 다운스 지역에 있는 루이스Lewes 근처에서 벌어졌다. 시몽은 말을 타다가 다리가 부러지는 사고를 당해 마차에 실려 이동해야 하는 낭패를 당했지만, 이것이 그의 과감한 지휘 능력에 어떤 영향을 미친 것 같지는 않았다. 그의 군대는, 특히 기병이 크게 열세였지만, 대담한 야간 행군을 통해 루이스를 내려다볼 수 있는 고지를 점령하는 데 성공했다. 본격적인 전투를 앞두고 그는 (전투 경험이 없는 다수의 런던 시민이 포함된) 자신의 군대 앞에서 맹세했다. 그와 그의 군대는 잉글랜드 왕국을 위해, 신의 영광을 위해, 그리고 축복 받은 성모 마리아와, 성자들, 그리고 거룩한 교회를 위해 싸우겠노라고. 기사, 궁사, 보병, 가릴 것 없이 병사들은 모두 땅에 엎드려 그들의 얼굴을 봄날의 젖은 초원에 푹 파묻고는 팔을 뻗어 승리를 기도했다. 그리고 그들은 일어나 윈체스터 주교와 치체스터 주교로부터 면벌부를 받아든 뒤에 십자군을 상징하는 흰 십자가가 그려진 갑옷을 착용했다. 물론 그들 중 다수는 자신의 신념과는 관계없이 자신이 속한 사회적 서열의 상급자의 명령에 따라 (그가 누구이건) 참전한 것이지만, 개중에는 시몽 드 몽포르의 종교적 경건함과 노여움을 보면서 그가 진정한 정치적 구세주라고 믿는 사람들도 틀림없이 있었을 것이다. 캔터베리 수기에서 그는 심지어 '시몽 바르-조나Simon Bar-jona'라고 묘사되었는데, 이는 마태복음(16:17)에서 예수가 천국의 열쇠를 지키는 성 베드로에게 준 이름이다. 그러니 그의 군대가 스스로를 '신의 군대Army of God'라고 불렀다 한들 전혀 놀라운 일이 아니었다.

전투의 초기 국면만 본다면 꼭 신이 그들 편에 서 있는 것 같지는 않았다. 많은 수의 앵글로-아이리시Anglo-Irish 기사들, 그리고 로버트 브루스Robert Bruce (1210~1295) 등 스코틀랜드 기사들을 포함한 왕당파 군대는 규모에서 우위를 점했고 그로 인해 고무되어 있었다. 에드워드는 대부분 런던 출신으로 이루어진 상대방 진영에 대해 총공세를 감행했고, 이윽고 그들이 무너지자 추격하면서 쓰러뜨렸다. 그는 그날 전투의 승리를 움켜쥐었다고 생각하고 부친을 보살피기 위해 전장으로 돌아왔다. 과연 그곳의 전투는 어느 한쪽의 일방적인 패배로 진행되고 있었지만, 승리한 진영은 에드워드가 생각했던 것과 정반대였다. 친왕군의 지휘관들은 죽거나 포로가 되었다. 콘월Cornwall 백작은 와중에 방앗간으로 몸을 숨겼고, 왕은 루이스 읍내의 조그만 수도원으로 피신했다. 왕이나 왕자를 포로로 잡지 못했기에 완벽한 승리라고는 할 수 없었지만, 그렇다고 수도원에 대한 공격을 감행하는 것은 '신의 군대'에 어울리지 않는 일이었다. 그 대신 시몽은 친왕군의 질서를 담보하기 위해 왕을 인질로 삼는다는 것을 포함, 몇 가지 조건들을 내걸어 타협을 끌어냈다.

이후 18개월은 짧은 기간이지만 잉글랜드 정치사에서 매우 특별한 에피소드들을 만들어냈으며, 그것은 17세기 이전 역사에서 잉글랜드가 가장 공화국에 근접하게 다가갔던 사건으로 기록되었다. 프랑스로부터 심각한 침략 위협이 가해졌던 1264년 7월, 시몽의 정부는 봉인된 칙서를 ― 이는 왕의 특권에 속하는 사항으로 헨리의 특별한 분노를 촉발시켰다 ― 각 샤이어와 '주교, 수도원장, 백작, 기사, 그리고 자유민'에게 보내 '인력과 창, 활, 화살, 도끼, 그리고 쇠뇌'를 공급해 달라고 요청했다. 이는 곧 국민의 군대였다. 이에 대한 반응은 대단했다. 적의 침략을 격퇴시키기 위해 신분과 계급을 망라한 거대한 군중이 도버와 캔터베리 사이에 있는 바람 다운스Barham Downs에 집결했던 것이다. 적이 오지 않은 것은 말할 필요도 없다. 그러나 판도라의 상자가 결정적으로 활짝 열린 것은 바로 이 순간이었다. 대중주의적 희열에 도취된 런던 시장은 헨리 3세를 향해 대담하게 말했는데, 그것은 마치 교장 선생님이 버릇 나쁜 어린아이를 엄하게 질책하는 것 같았다. '주군이여, 당신께서 선량한 군주로 남아 있는 한, 우리 또한 당신에게 충실하고 헌신적인 사람들이 되겠습니다.' 이 말이 함축하는 바는 만약 당신이 그렇지 못하다면 우리 또한 그렇지 않을 것이라는 의미였다. 1265년 8월 8일, 이브섬 전투 나흘 뒤, 왕당파에 속하는 대지주인 피터 드 네빌Peter de Nevile이 (그 전투에서 친왕군이 승리했다는 것을 모르고 있었음이 확실한) 피틀링 마그나Peatling Magna의 주민들에게 붙들렸는데, 그는 그들에 의해 '왕국 공동체에 대항했다는 대역죄와 다른 극악한 범죄' 혐의로 기소되었다. 내전으로 인해 제어가 풀리면서 분출되기 시작한 일부 대중적 감정과 편견은 그리 매력적이지도 않았거니와 폭력적 성향을 가지고 있었던 것이 사실이었다. 특히 '바람직하지 않은 외국인undesirable foreigner'이라는 범주는 시몽에게 사람들의 분노를 키울 수 있는 유용한 수단을 제공했으며, 그는 분명히 유태인들을 희생양으로 삼을 준비가 되어 있었다. 어쩌면 그러고 싶어서 안달을 했을지도 모른다. 그는 이미 1231년, 교회의 적극적 비호하에 그의 영지인 래스터의 유태인들을 추방한 적이 있었다. 1264년과 1265년 사이, 많은 상업 중심 시읍에서 유태인들에 대한 폭력적인 공격이 이루어졌으며, 엄청난 재산과 인명의 손실이 야기되었다.

19세기 역사가들은 시몽 드 몽포르의 회의체를 잉글랜드 의회의 자유주의적 전통을 탄생시킨 서사시적 사건으로 기념하면서 ─ 마치 빅토리아 시대 의원들이 중세 복장을 하고 개혁 법안들을 만들고 있는 장면을 떠올리면서 ─ 이를 차분한 심의기관으로 상상했지만, 사실 시몽의 혁명은 장기화된 위기의 시간에 통제가 한층 어려워진 엄청난 사회적 소요의 한가운데에서 일어난 것이었다. 물론, 1265년의 의회가 과거의 왕실 자문 회의와 완전히 차별화된 것은 사실이었다. 그들은 인적 구성이나 의제에 있어서 토론을 벌이는 일에 적합해 보였다. 대영주들과 성직자들만이 국정 심의에 참여한 것이 아니라, 지방에서 동료들의 회의체에서 선출된 샤이어의 기사들은 물론, 심지어는 시읍의 시민들도 발언권을 가질 수 있었다. 그러니까, 포목상이나 겨우 몇 에이커의 땅을 가졌을 뿐인 서픽의 기사가 안전을 전제로 감금 상태의 '왕의 아들'을 풀어줄 조건이 무엇인지를 판단하는 자리에 끼게 된 것이었다. 우리가 이 회의체를 아직은 평민원 또는 하원이라 부를 수는 없지만, 이것이 유럽의 봉건적 체제뿐 아니라 미래의 산물인 절대주의 체제의 기준에 의하더라도 매우 급진적이라 할 '정치적 공동체의 확대'라는 현상을 대변하고 있었던 것은 분명했다. 말할 필요도 없이 이 회의체가 잉글랜드를 변화시켰다. 이로 인해 애국심과 비복종의 연합체가 출범한 것이다.

그럼에도 불구하고, 다른 많은 준-혁명적 기구가 그랬듯이, 1265년의 의회 또한 영구적인 기관이라기보다는 전시 비상 회의의 성격을 더 많이 가지고 있었다. 에드워드의 정치적·군사적 영향력을 중립화해야 한다는 생각이 모든 사람의 공감을 얻고 있었고, 에드워드 또한 시몽이 (물론 시몽의 격렬한 성정으로 보아 그 누구도 확신할 수는 없었지만) 감히 자신의 신체에 위해를 가하지는 못할 것이기에 인질로서의 자신의 가치가 제한적일 수밖에 없다는 것을 잘 알고 있었을 것이다. 그는 옥스퍼드 규정을 준수하겠다고 맹세하고, 그의 자산 상당 부분이 몰수되는 것에 (심지어는 그것이 드 몽포르 가문으로 이전 되는 것에) 동의했으며, 심지어는 의회가 자신이 거느릴 가신들의 적합성을 판단한다는 조건에 동의한 후에야 공식적으로 석방되었다. 감옥에서 풀려나기는 했지만, 부왕과 마찬가지로 그는 여전히 시몽 일행과 같이 움직이는 이동성 구금 상태에 놓여 있었다. 그런데 과거 시몽의 지지자들 중에는 그의 가문이 보여준 탐욕과 강탈 행위로 인해 마음이 떠난 사람들이 너무나 많았다. 그들이 보기에 에드워드는 왕만큼 어리석어 보이지 않았고, 따라서 그들 중 일부는 에드워드에게 잠재적 지원자들의 동정에 대한 정보를 제공하기 시작했다. 잠재적 지원자들의 명단 속에는 시몽의 철천지원수인 로저 모티머Roger Mortimer 같은 강력한 세력을 가진 접경지대 백작들이 포함되어 있었다. 에드워드는 시몽이 경솔하게도 자신의 친구들에게 여행에 동반할 수 있는 안전 통행증을 발행한 덕분에, 그들을 통해 모티머의 군대가 불과 40마일(64.4킬로미터) 떨어진 곳에 있으며, 점점 더 가까이 다가오고 있음을 인지하게 되었다. 5월 28일, 행렬이 헤리퍼드Hereford 성문 바깥에 이르렀을 무렵, 에드워드는 검사를 받기 위해 도착한 한 무리의 말들을 점검하는 척하면서 그중 한 마리의 말은 남겨둔 채 다른 모든 말을 한 번씩 힘껏 몰았다. 그리고는 적절한 시간이 되자, 점검에서 제외되어 유일하게 힘을 비축하고 있던 바로 그 말에 올라타더니 옆구리를 향해 박차를 찔러놓고 맹렬하게 질주하기 시작했는데, 덕분에 추적자들은 쉽게 따돌려졌다. 에드워드의 탈출 소식은 사람들을 흥분시켰다. 자유의 몸이 된 그는 몽포르 가문의 경건이 위선에 불과하고 실상은 권력을 추구하기 위한 수단이었을 뿐이라고 느끼고 있던 사람들을 마치 자석처럼 끌어들였다.

시몽은 이제 숭배와 경외의 대상인 동시에 그만큼 미움 받는 존재가 되었다. 웨일스 접경 지역 영주들은 시몽이 귀네드의 군주 루엘린Llewellyn과 협정을 맺은 것 때문에 그를 미워했다. 앵글로-아이리시 노르만인들은 그를 건방지다는 이유로 미워했다. 1258년, 심지어 1263년까지만 해도 그가 잉글랜드의 이익을 대변한다고 믿고 있었던 백작들과 대영주들의 상당수도 이제는 그를 수상한 사람, 또는 잉글랜드 땅의 소금으로 행세한 '외국인'으로 보기 시작했다. 한 달, 두 달이 흐르면서 에드워드는 글로스터를 점령하고 적진의 상당 부분을 공략하는 등 눈부신 활약을 펼쳤다. 케닐워스에 주둔 중이던 아들 시몽의 부대와 세번Severn강을 사이에 두고 떨어져 있던 시몽 드 몽포르의 군대는 고립되었다. 편안하게 휴식을 취하고 있었을 케닐워스 주둔 수비대는 급습에 의해 손쉽게 제압당했고, 아들 시몽은 (일부 연기에 따르면 발가벗은 채) 성채 호수를 헤엄쳐서 도주해야 했다. 시몽은 아들의 군대와 합류하려던 계획이 참담한 실패로 끝난 데 이어, 전력이 많이 훼손된 군대를 이끌고 이브셤에서 에드워드의 군대와 맞닥뜨려야 했다. 수도원 탑 위에서 주위를 경계하던 시몽의 초병은 몽포르 가문의 깃발을 들고 다가오는 일단의 병력을 발견하고 그들이 시몽 드 몽포르가 그토록 기다리던 아들 시몽의 군대라고 생각했다. 실은 이 또한 에드워드의 계략이었다. 그들의 진정한 정체가 확인되자, 시몽은 예언자처럼 말했다. '우리의 몸은 우리 영혼의 것이기에, 하느님은 우리 영혼에 긍휼을 베푸신다.' 그는 옳았다. 전투는 살육 그 자체였다. 자신의 또 다른 아들 헨리가 죽었다는 소식을 전해들은 시몽은 '그렇다면 이제는 그들이 죽어야 할 시간이다'라고 말하고는 전투에 돌입했다. 그의 곁에는 그의 가장 오랜, 그리고 가장 헌신적이었던, 그의 고향 래스터서Leicestershire와 워릭셔 출신의 기사들이 함께했다. 시몽은 전투 중에 말에서 떨어져 땅에서 싸우다가 죽었다. '신이여, 감사합니다.' 이것이 그가 마지막으로 남긴 말이라고 전해진다. 새삼 시몽 드 몽포르가 입에 담았던 말들에 대한 분노가 치밀었던지, 에드워드에게는 전쟁의 관습적 규칙들을 지킬 의사가 없었다. 그가 부상을 입고 쩔쩔매는 부왕을 구출하러 간 사이, 시몽의 양손과 발, 고환이 잘려나갔고, 그의 생식기는 그의 코 주위에 버려졌다. 서른 명에 달하는 그의 기사들은 부상을 입고 꼼짝 못하는 사이에 검에 찔려서 죽어나갔다. 시몽과 개인적인 관계가 있는 사람들은 그 누구라도 무자비하게 추적당해 죽음을 맞았으며, 그의 위대한 케닐워스 성채는 다섯 달 동안 포위 공략을 당했다. 그들은 수비대가 굶주림과 추위로 죽어가는 와중에 단행된 적의 격렬한 공격 뒤에야 항복했다. 마침내 친왕군은 잉글랜드에서 가장 규모가 크고 위엄이 있는 성채 안으로 진입했는데, 그들은 발밑에 깔린 시체에서 나는 악취로 인해 숨을 쉴 수가 없었다.

헨리 3세는 자신의 왕관이 무사히 구출된 것에 대해 자신이 알고 있는 유일한 방식으로 감사의 뜻을 표하기로 했다. 참회왕 에드워드의 묘소를 완성시키는 것이 그것이었다. 마침내 1269년 성 에드워드의 유해가 어둠 속에 빛나는 성소에 안치되었다. 1272년 에드워드가 십자군 원정으로 팔레스타인에 나가 있는 동안, 헨리 3세는 그의 영웅과 적절한 거리를 둔 곳에 야단스럽게 치장된 자신의 이탈리아식 석관이 설치되는 사이에 잠시 참회왕의 묘소에 들어가 누웠다. (단테는 무정하게도 『신곡』에서 그를 얼간이들에게나 어울리는 연옥에 위치시켰다.) 에드워드 1세는 이러한 로마식 장엄함을 배경으로 하는 웨스트민스터에서 1274년 8월 왕위에 올랐다.

혼성 언어인 영어의 'nation'처럼, 에드워드는 태생적으로 물려받은 것과 문화적으로 습득한 요소들이 매우 흥미롭게 혼합된 성격의 소유자였다. 전쟁에서는 그토록 무자비한 사람이었지만, 그에게 자녀 15명을 출산해 준 왕비가 죽었을 때에는 슬픔으로 무너져 내릴 줄도 아는 감성의 소유자이기도 했다. 그는 어릴 때 신성로마제국 황제가 부왕인 헨리에게 (북극곰, 호저豪豬, 그리고 코끼리와 함께) 선물로 보낸 표범 세 마리가 런던 타워에 있는 것을 보고 자랐을 것이다. 이 때문에 자신을 표범에 비유하는 비호의적 평판을 대수롭게 여기지 않았을 수도 있다. 사납고 빠르며, 그러면서도 자신의 반점 무늬를 바꾸는 것으로 악명 높은 그 표범 말이다. 그에게 적대적이었던『루이스의 노래 *The Song of Lewes*』의 작가는 다음과 같은 경고를 날렸다. '궁지에 몰렸을 때에 그는 당신이 좋아할 만한 그 어느 것도 약속한다. … 그러나 일단 위기를 모면하는 순간, 그는 그 약속을 바로 깨버린다. 거짓에 기대어 목적을 이루고는 그는 이를 섭리라 부른다. … 그리고 그가 원하는 건 무엇이건 합법이라 하고, 그의 권력에는 아무런 법적 제한이 없다고 생각한다.' 그러나 에드워드가 택한 길은 자신의 생존과 승리를 위한 것이었다. 그의 용기는 일찍부터 빈번한 시험을 거쳤다. 실패로 끝난 웨일스에서의 군사작전, 부친의 정적들과 맺었던 표리부동한 우호 관계, 그리고 대규모의 내전에서 겪어야 했던 (문자 그대로) 인질 상태가 그것이었다. 십자군 원정에서는 독이 발린 암살자의 비수를 맞고도 견뎌낼 정도로 강인했으며, 상처 부위로부터 (아마도 그의 왕비에 의해) 독액이 빨려 올라오는 동안, 그리고 의사들이 독이 퍼진 그의 손발을 난도질하는 동안 그것을 참아내는 인내심이 있었다. 1274년 왕위에 오를 무렵, 그는 이미 왕자의 신분으로 중세적 정치와 전쟁의 거의 모든 것을 경험한 상태였으며, 이는 어릴 때부터 불가능을 향한 꿈을 꾸고 있던 에드워드 플랜태저넷에게는 좋은 자양분이 되었다.

그렇다면, 그의 제국이 위치할 곳은 어디였을까? 잉글랜드 내부를 보자면, 그는 드 몽포르 가문을 붕괴와 망각의 상태로 몰아넣었지만, 1258년 개혁 조치와 관련해서는 당분간 손대지 않고 그대로 둘 줄 아는 정치적 감각이 있었다. 그는 또한 부친 헨리 3세의 경우처럼 남들에게 외국인 정신廷臣들에게 이용당하는 것으로 보여서는 결코 안 된다는 것을 경험을 통해 알고 있었다. 오히려 그는 자신과 자신의 군주정을 '왕국 공동체'의 발현으로 인식시킬 참이었다. 헤리퍼드 탈출에서 이브섐 전투의 승리에 이르기까지 정신없이 지나간 수 주일 동안, 그는 자신을 1258년 개혁의 진정한 옹호자임을 내세우는 반면, 시몽은 권력에 미친 연고주의자로 깎아내렸다. 그러나 말할 필요도 없이, 그는 왕권의 실체적 권리를 무기력하게 만든 개혁 체제를 실제로 준수할 생각은 없었다. 다만, 그는 의회를 영구적인 적으로 취급하기보다는 잉글랜드라는 기업을 운영하는 데 필요한 파트너로서 상호 공조하면서 대영주들 및 주교들과의 협력 관계를 도모할 생각을 가지고 있었다. 그리고 만약 그것이 여의치 않을 경우에는, 그들 사이의 자연적 반목을 이용하여 대영주들을 지방 기사들 및 자치시읍의 공민들로부터 분리시키는 방책을 사용할 수도 있었다. 일차적으로는 반란에 개입된 모든 대영주의 재산 상속권을 박탈하도록 하는 포고령으로써 응징하고, 그다음에는 포고령을 수정하여 그들이 압류된 재산을 되살 수 있도록 한 것도 에드워드다운 정책이었다. 즉, 관대함을 연출하면서도 실리도 같이 챙기는 것이었다.

에드워드 1세는 본질적으로 그의 증조부인 헨리 2세가 펼쳤던 정치적 원리를 되살렸다. 대귀족들, 그리고 대영주들의 충성심은 그들이 지속적으로 팽창하는 국가 사업의 일부라는 기대감에서 비롯된다는 것이 그것이었다. 그러나 헨리 2세의 앙주 제국이 프랑스 서부와 북부 영토 대부분을 차지하는 것으로 국가 사업의 확장을 꾀했다면, 에드워드 1세는 브리튼 제국을 마음에 품었다는 것이 달랐다. 헨리 2세가 그랬듯이 에드워드 또한 (어쨌거나 처음에는) 기본적으로 이질적인 요소로 구성된 그의 제국 모든 지역에 잉글랜드의 것을 표준으로 삼는 법과 제도를 일괄적으로 적용할 생각은 없었다. 그가 아일랜드, 웨일스, 그리고 스코틀랜드 지배자들에게 원한 것은 그가 그들의 봉건적 종주권자라는 것을 조건 없이 인정할 것과 그러한 인정을 근거로 그가 필요로 하는 인력과 돈을 그가 필요로 하는 시간과 장소에 제공한다는 의무였다. 그렇게 되면, 그는 권위를 확보한 브리튼의 황제로서 프랑스 왕과 당당하게 힘을 겨룰 수 있게 될 것이다.

에드워드 1세는 처음부터 왕권에 대한 집착에 홀렸던 걸까? 그는 아일랜드, 웨일스, 스코틀랜드가 각기 다른 문화와 차별화된 강한 역사의식을 가지고 있으며, 거기에다 완전히 다른 법률과 정부 체제에 익숙한 사람들이 살고 있는, 사실상의 독립적인 왕국들이라는 것을 알지 못했을까? 그가 이 점을 알지 못했던 것은 확실하지만, 그의 근시안적이었던 측면은 여러 가지 관점에서 이해할 수는 있다. 왜냐하면 내전을 통해 확실하게 드러난 것은 브리튼에 존재하는 지배 종족들이 각기 민족적 구획에 따라 정연하게 분리되어 있는 것이 아니라 상호 복잡하고 불가피하게 연결되어 있다는 것이었기 때문이다. 여기에서 우리는 루이스에서 거병했던 친왕군 병력 중에는 (원래 웨일스에 정착하고 있었던) 앵글로 노르만 아이리시 기사들, 그리고 로버트 브루스처럼 경계선 양쪽에 토지를 보유하고 있었던, 따라서 최소한 잉글랜드 내의 토지에 관한 한 에드워드를 봉건적 주군으로 인정하는 스코틀랜드 주요 가문들 출신들이 있었다는 것을 상기할 필요가 있다. 시몽 드 몽포르는 웨일스의 군주 루엘린 압 그러피드 Llewellyn ap Gruffydd와 동맹을 맺었고, 루엘린의 적이었던 모티머 가문과 클레어 가문 등 변경 지대 영주들은 이브섬에서 그의 운명을 끝장냈다.

사정이 이러했으므로 에드워드 1세가 아일랜드, 스코틀랜드, 그리고 웨일스를 각기 명확하게 분리된 별개의 국민이나 왕국으로 생각하지 못한 것을 탓하기는 어렵다. 그들의 관계는 종종 개인적이거나 가문 사이의 문제였다. 에드워드의 누이 마거릿Margaret은 스코틀랜드 왕 알렉산더Alexander 3세와 결혼했으며, 웨일스의 통치자인 귀네드의 군주는 잉글랜드 왕 존의 사생아 딸인 조운 Joan의 후손이었다. 이들 세 왕국은 각기 내부적으로 고원지대와 도서 지역을 거점으로 조상 대대로 내려오는 전통을 지키며 살아가는 보다 토착적인 비영어 사용 지역, 그리고 인구밀도가 높고 문화적으로 융합된 저지대 지역으로 세분되어 있었다. 중심에서 멀리 떨어진 고지대 지역에서는 친족 관계에서 통용되는 관습법과 씨족에 대한 충성심이 통치권자의 법률적 권위에 우선했다. '피의 복수' 같은 사회적 관습은 여전히 살아 있었고, 상대적으로 독립적이었던 웨일스 지역인 퓨라 왈리아Pura Wallia(깊은 웨일스)에서는 10세기에 제정된 허웰 다다Hwel Dada의 법이 널리 통용되고 있었는데, 이에 따르면, 예컨대 열 채의 집을 지나갔는데도 양식을 얻지 못해 저지른 절도 행위는 사면의 대상이었다. 이들 지역들은 대체로 소, 말, 염소 같은 토착 가축들을 키워서 생활하는 목축 및 수렵 경제를 영위하고 있었다. (스코틀랜드의 멜로즈Melrose, 중부 웨일스의 스트라타 플로리다Strata Florida, 그리고 발레 크루시스Valle Crucis 같은) 고지대와 저지대 사이 골짜기와 계곡에서는 시토 수도회 소속의 수도원들이 상당한 숫자의 양들을 목축하고 있었는데, 이는 아마도 당시 브리튼섬에서 가장 중요한 단일 산업이라고 할 만했다. 저지대, 그러니까 웨일스의 카마던Carmarthen과 글러모건Glamorgan, 스코틀랜드의 트위드강과 포스만 사이의 지역, 그리고 아일랜드 동부와 중부 지역 등은 모두 중세 영어를 사용하는 다양한 인구 집단, 라틴어를 사용하는 성직자들과 프랑스어를 사용하는 귀족들, 그리고 자신들의 세속적 권력을 상징하는 성채를 건설한 대귀족들에 의해 식민화되었다. 게일Gaelic어와 켈트어 사용 집단은 고지대 쪽으로 밀려났다. 각 언어 사용 지역의 접점에서는 언어 차이가 줄어들면서 혼합되는 현상이 나타났고 삶의 풍경 또한 그러했다. 저지대의 농부들은 잉글랜드와 마찬가지로 개방 경지 내에 산재한 이랑들을 경작했고, 마을 공유지로 지정된 지역에서는 가축을 놓아 길렀으며, 그들이 그곳에서 삶을 영위하는 대가로서 영주에게 노동력을 제공하거나 노동력에 상응하는 일정 금액을 노동 대신 지불했다. 이들 저지대 지역들, 그리고 체비엇 또는 블랙 마운틴스Black Mountains 같은 완만한 언덕 지대에서는, 그때그때 어떤 지배자가 가장 강력한 힘을 가졌는지에 따라 경계가 언덕과 강을 따라 올라갔다 내려가는 등 불안정하기 짝이 없었다.

웨일스, 스코틀랜드, 그리고 잉글랜드는 여러 가지 측면에서 서로 달라지기보다는 닮아가고 있었다. 13세기 중반과 말엽에 이르러 세 왕국 모두에서 공격적이고, 지적이며, 또한 역동적인 군주들이 출현하여, 각기 자신들의 관할 지역 내에 단일한 법과 규칙을 적용하려는 정책을 부단하게 추진했다. 스코틀랜드의 알렉산더 3세는 1249~1286년 사이에 재위하면서, 왕의 대관식 장소인 스콘과 캔모어 왕가의 묘지가 있는 던펌린Dunfermline 수도원을 의례상의 양대 중심축으로 삼고, 왕국의 번창을 주도했다. 북쪽의 애버딘Aberdeen에서 남쪽의 베릭-어폰-트위드Berwick-upon-Tweed에 이르는 성공적인 해상 항구도시들은 피혁과 양모를 출하하는 한편, 지역 장인들은 물론, 외국인 상인과 금융업자, 특히 한자의 독일인과 당시 어디에나 출몰하던 플랑드르인들을 수용함으로써 북해를 아우르는 역동적인 무역의 현장이 되었다.

그럼에도 불구하고, 이 중 그 어느 것도 13세기 브리튼에 하나의 동질적인 경제와 사회가 자연발생적으로 형성되고 있었다고 말해 주지는 않는다. 오히려 그 반대였다. 유사성이 반드시 친화력을 만들어내지는 않는다. 이들은 서로가 비슷해질수록 결단코 서로 떨어져 있으려 했다. 웨일스에서 가장 강력한 세력은 북쪽 산악 지대를 근거로 하는 귀네드 왕국의 지배자인 루엘린 압 그러피드였다. 그는 루엘린 대왕, 즉 루엘린 압 요르웨스Llewellyn ap Iorweth의 손자였다. 요르웨스는 웨일스를 그들에게 복속시키려는 앙주 가문 출신 잉글랜드 왕들의 갖은 노력을 끝내 무산시켰으며, 존의 사생아 딸인 조운과 결혼하기까지 했다.

그와 조운 사이에 태어난 아들 다피드Daffydd는 후사 없이 죽었고, 다피드의 이복 형 그러피드는 인질로 끌려가서 런던 타워에 구금되어 있었는데, 1244년 성 다비드St David의 날에 옹이가 많은 밧줄을 타고 탈출을 시도하다가 추락사했다. 그의 아들 루엘린 2세, 즉 루엘린 압 그러피드가 귀네드 남쪽으로 세력을 확장한 것이 그나마 다행이었다. 1257년 무렵에 이르러, 그는 웨일스 전역의 3분의 2를 장악했으며, 스코틀랜드에 보낸 서한에서 스스로를 '웨일스의 군주the Prince of Wales'라고 칭했다.

비록 루엘린의 핵심 영토는 스노도니아의 산악 요새에 머물렀지만, 이쯤 되면 그는 결코 미개한 '부족국가'의 왕이 아니었다. 그의 궁전은 매사냥꾼, 하프 연주자, 시인, 심지어는 '정숙담당관silentiary' 등 필수적인 요소들을 모두 갖추

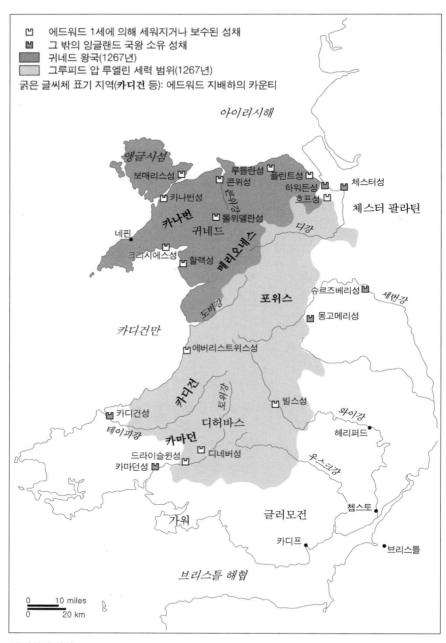

아이리시해

앵글시섬

루들란성
보매리스성
콘위성
플린트성
하위든성
체스터성
카나번성
호프성
체스터 팔라틴

카나번
클루이드강
돌위델란성
네핀
귀네드
메리오네스
디강

크리시에스성
할렉성

포위스
슈르즈베리성
세번강
도비강
몽고메리성

카디건만

에버리스트위스성

카디건
토위강
빌스성
와이강

카디건성
디허바스
헤리퍼드

테피강
드라이슬윈성
디네버성
카마던
어스크강

카마던성

쳅스토

글러모건

가워

카디프
브리스틀

브리스틀 해협

0 10 miles
0 20 km

13세기의 웨일스

었는데, 이 중 정숙담당관의 역할은 식탁에서 통제를 벗어나 소란을 피우는 자들을 조용하게 만드는 것이었다. 루엘린 2세는 스코틀랜드의 알렉산더 3세나 잉글랜드의 에드워드 1세처럼 왕국의 법률을 표준화 하는 데 힘을 기울였으며, 최소한 왕국의 법률이 기타 관습법이나 장원법과 확연하게 구별될 수 있도록 선을 긋고자 했다. 루엘린은 시몽 드 몽포르, 에드워드 1세, 그리고 알렉산더 3세와 마찬가지로 법, 관습, 언어, 그리고 역사를 새로운 하나의 정치적 조직체 안에 함께 담아내려 했던 의식 있는 국가 건설자였다. 그는 또한 유능한 군사 지휘관으로서, 변경 지대의 영주들이 일으킨 전쟁이건, 헨리 3세가 일으킨 전쟁이건, 그 앞에 닥친 그 어떤 군사작전도 수행할 능력을 갖추고 있었다. 그는 1265년 시몽 드 몽포르와 동맹을 체결했는데, 비밀에 부쳐진 이 협약 내용 중에는 그와 시몽의 딸 엘리노어의 결혼에 관한 것도 있었다. 이로써 그의 영토가 수 세기에 걸쳐 고착되어 있던 퓨라 왈리아의 경계선을 넘어 동쪽과 남쪽으로 크게 전진하는 계기가 되었다. 2년 뒤인 1267년에는 몽고메리 Montgomery 조약이 체결되었는데, 이에 의해 '웨일스의 군주Prince of Wales'라는 그의 칭호가 잉글랜드 왕에 의해 공식 인준되었고, 그 대신 그는 자신에 대한 잉글랜드 왕의 봉건적 종주권을 인정했다. 이로써, 웨일스는 완전한 독립 국가는 아니었지만, '웨일스의 군주' 영토 안에서 그곳의 최고 주권이 변경 지대의 대영주들이나 다른 식민 이주자들이 아니라 바로 그에게 있다는 것을 인정받게 된 것이다.

그러나 20년간에 걸친 성공에 자만한 때문인지, 1274년, 루엘린은 봉신으로서 ― 그의 세력이 아무리 강성하다 하더라도 ― 주군에게 행해야 할 기본적인 의무를 수행하지 않았다. 즉, 그는 잉글랜드의 새로운 왕 에드워드의 발아래 무릎을 꿇고 그의 손 안에 자신의 손을 넣어 충성 서약을 해야 했지만 그렇게 하지 않았던 것이다. 물론, 루엘린에게는 그럴 만한 까닭이 있었다. 그는 에드워드가 (그의 형들을 비롯하여) 자신에게 적대적인 웨일스인들에게 피신처를 제공한 것에 대해 화가 나 있었고, 이는 몽고메리 조약 위반이라는 그럴듯한 주장을 펼쳐오고 있었다. 그러나 에드워드가 이미 몽고메리 조약의 효력을 인정하지 않을 것임을 밝혔기에, 만약 그가 봉신의 의무를 다하기 위해 잉글랜드로 들어갈 경우 그의 신변의 안전을 장담할 수 없는 상황이었다. 상황은 급기야 그의 약혼녀인 엘리노어 드 몽포르가 몽포르 가문의 음모를 되살리려 한다는 근거 없는 억측에 의해 윈저Windsor성에 구금되기에 이르렀다. 루엘린은 1276년과 1277년 사이 세 차례 편지를 보내, 그가 자신의 의무를 방기하는 것이 아니라, 단지 두 사람 사이의 이견이 해소될 때까지 충성 맹세를 미루려는 것뿐이라고 밝혔다. 그러나 수년에 걸친 정치적 격변이 결국은 '충성의 문제'에서 비롯된 것임을 이미 경험한 에드워드로서는 이 문제를 토론으로 처리할 생각이 없었다. 결국, 루엘린이 한 번이 아니라 다섯 차례나 소환을 거부하자 에드워드는 그를 반역도라 선언하기에 이르렀다.

1277년 여름, 에드워드는 기사 800여 명과 보병 1만 5000으로 구성된 대규모 병력을 일으켰는데, 이는 웨일스인들이 목격한 사상 최대의 규모였다. (에드워드의 군사 중에는 변경 지대의 영주들을 비롯하여 포위스 및 데휴바스Deheubarth의 군주들을 포함, 루엘린의 야심에 의해 피해를 입은 9000명에 달하는 웨일스인들이 있었다.) 그들은 귀네드를 향해 진군했다. 에드워드는 체스터에 강력한 거점을 구축하고 남쪽으로 행군하여 앵글시를 취함으로써 스노도니아Snowdonia로 향하는 곡물 보급로를 끊었다. 겨울이 다가오고 심각한 기근이 현실로 다가옴에 따라 루엘린은 그해 11월 항복했다. 1278년 우스터에서 그는 뒤늦게 충성의 맹세를 하고 에드워드 앞에서 엘리노어와 결혼식을 올릴 수 있었지만, 에드워드로서는 그렇다고 그를 관대하게 대할 생각은 없었다. 에드워드의 영토와 통치권에 대한 야심은 갈수록 커져갔다. 결국, 루엘린에게 남겨진 것은 귀네드의 잔부殘部 국가일 뿐, 그가 전성기에 일구었던 대부분의 영토는 박탈당했다.

에드워드의 성채들이 에버리스트위스Aberystwyth, 플린트Flint, 빌스Builth, 그리고 루들란Rhuddlan 등에 세워지는 것을 지켜보면서, 루엘린과 그의 동생 다피드는 자신들의 나라가 이렇게 축소되어 가다가는 종국에는 웨일스 전체가 완전하고 노골적으로 잉글랜드에 병합될 수도 있음을 깨달았다. 루엘린은 이에 에드워드에게 일종의 '연방'을 하나의 해결책으로 제시하면서 다음과 같이 선언했다.

주군이신 왕의 통치하에 있는 각 지방들은 — 가스코뉴, 스코틀랜드, 아일랜드, 그리고 잉글랜드 — 각기 처한 곳의 양식과 용례에 따라 고유한 법과 관습을 가지게 하며, 〔이는 곧〕 왕권을 약화시키는 것이 아니라 강화시킨다고 할 것입니다. 같은 지혜에 의해서, 저는 웨일스의 고유한 법을 추구하고, 특히 주군인 왕께서 상호 간에 맺어진 평화 속에서 자유의지에 따라 저와 웨일스인들에게 이 법을 하사해 주시다면, 저는 이를 잘 수행할 수 있을 것입니다.

그러나 웨일스법에 의해 불리한 판결을 받았다고 생각하는 사람들이 소송을 제기하는 등 관할권의 충돌이 일어나는 경우, 잉글랜드의 판사들, 특히 체스터의 대사법관은 이를 국왕 법정에서 다룰 수 있고, 또한 필요한 경우에 그 판결을 번복할 수 있음을 명백히 했다. 이는 결국 '웨일스의 군주'가 가진 권위와 힘을 더욱 감소시키는 결과를 초래했다. 이 점에서 국왕의 관리들은 사실상 점차 강해지는 에드워드의 제국주의적 본능을 충실하게 반영하고 있었다 할 것이다.

무엇인지 불길한 일이 머지않은 장래에 터질 것만 같았다. '웨일스의 군주'가 선택할 수 있는 것은 점진적인, 그러나 멈출 수 없는 굴종의 길을 갈 것인가, 아니면 결과를 예측할 수 없는 저항의 길을 갈 것인가, 둘 중 하나였다. 그렇지만 그들은 예전에 잉글랜드 왕들을 격퇴한 적이 있었다. 가차 없이 일을 추진해 나간다는 점에서 에드워드를 닮은 루엘린의 동생 다피드는 1282년 종려 주일Palm Sunday에 하워든Hawarden성에 주둔하고 있는 잉글랜드 수비대를 공격함으로써 첫 일격을 가했다. 에드워드는 웨일스 반란군을 진압하기 위해 자신이 할 수 있는 모든 것을 투입했다. 다시금 대군을 일으켜 자신의 지휘하에 둔 에드워드는 육로와 해로를 통해 웨일스 공략에 돌입했으며, 그의 군대는 무기, 식량, 심지어는 의복에 이르기까지 그의 영토 곳곳에서 보내온 물자들을 충분히 공급받고 있었다. 그의 진압군은 스코틀랜드의 캐릭Carrick 백작 로버트 브루스Robert Bruce(시니어senior), 접경지대의 영주들, 그리고 루엘린과 적대적인 웨일스인들이 포함된 또 한 번의 혼성부대였다. 에드워드의 군대는 초기에는 북부와 동부에서 강력한 거점들을 확보하는 등 성공을 거두었으나 그들의 공세는, 과거 수많은 경우가 그랬듯이, 이내 기세가 수그러들었다. 남쪽을 공략했던 접경 지역 출신 군사들은 근거지와 요새를 상실했다. 앵글시에서는 11월 초 일단의 기사들이 섬과 본토 사이의 연결로를 확보하고자 나섰다가 웨일스 군에 참패당하고 많은 수의 기사들이 메나이Menai 해협에 빠져 익사했다.

이렇듯 전투가 소강상태에 빠지자, 캔터베리 대주교 존 페컴John Pecham이 중재에 나섰다. 귀네드를 잉글랜드 왕에게 넘기면 그 대신 연간 수입 1000파운드의 대체 영지를 하사하겠다는 그의 중재안에 대해, 과연 루엘린은 이를 고려해 볼 가치가 있다고 생각했을까? 페컴은 사실, 웨일스의 전통적인 법률들이 성경과 배치된다는 입장을 밝혔던 장본인으로서 이상적인 협상가가 될 수는 없었다. 루엘린은 그의 나라는 자신이 마음대로 넘길 수 있는 대상이 아니라고 분명하게 답했다. '스노도니아는 그와 조상들이 브루투스 시절부터 지켜온 웨일스에 부속된 땅으로서, 그의 자문 회의는 그가 이 땅을 포기하고 그와 관련이 없는 잉글랜드 땅을 취하는 것을 용인하지 않는다'는 것이었다. 페컴의 제안이 촉발시킨 반작용 중에서 보다 예리한 반응은 웨일스의 영주들이 작성한 감동적인 선언문으로서, 이는 만약 루엘린이나 또 다른 군주가 '잉글랜드 왕에게 종주권을 준다 하더라도, 그들은 자신들이 알지 못하는 언어, 관습, 그리고 법률을 가진 외국인에 대한 충성을 거부할 것'이라는 주장을 담고 있었다.

11월 중순, 보급선이 끊어진 상황에서 겨울을 버티기 힘들다는 판단을 한 것인지, 루엘린은 스노도니아를 빠져나와 남쪽 포위스로 행군했다. 이것은 매우 대담했지만, 이와 동시에 문자 그대로 치명적인 움직임이기도 했다. 12월

11일, 루엘린은 빌스 근처에서 미처 자신을 알아보지 못한 슈롭셔 출신 병사에게 살해당했다. (만약 그 병사가 루엘린을 알아봤다면, 소중한 가치를 가진 포로로서 산 채로 사로잡혔을 것이다.) 그의 잘려진 목은 에드워드에게 보내졌고, 이와 함께 웨일스인들의 저항을 떠받쳐오던 조직의 천재도 사라졌다. 전쟁은 다음 해인 1283년 후반까지 지속되었지만, 웨일스 진영에서는 에드워드의 공격이 본격적으로 가해지기도 전에 서둘러 평화를 구걸하는 배신의 행렬이 줄을 이었다. 그들의 조급한 행동은 품격을 결여했지만 이해되지 않는 것은 아니었다. 수많은 웨일스인은 에드워드의 막강한 군대와 맞서 싸운 웨일스의 전투 지역에서 자신들의 마을이 불타고 군인들이 포로가 되어 끌려가는 것을 지켜보았다. 그러나 잉글랜드 왕은 그들에게 자비를 베풀지 않았다. 루엘린의 동생 다피드가 부하들에게 배신당해 잡혀왔을 때, 에드워드는 그의 대영주들을 향해 외쳤다. '웨일스인이 우리 조상들에게 저지른 사악한 행위들은 사람의 혀로는 일일이 열거하지 못할 것이다. … 그러나 〔웨일스의〕 군주가 죽고, 역적 가문의 마지막 생존자인 다비드〔다피드〕가 … 바로 자신의 사람들 손에 잡혀 왕의 포로가 되는 것을 보니, 신께서 이들이 저지른 일련의 사악한 행위들을 끝장내길 원하시는구나.' 다피드에게는 모두 네 번의 형벌을 가함으로써, 그를 가장 소름 끼치는 처형의 본보기로 삼았다. 그는 (반역자의 신분으로) 말에 끌려 처형대까지 갔고, (살인자로서) 산 채로 교수되었으며, (부활절에 공격을 가한) 종교적 범죄자로서 그의 내장이 꺼내져 불태워졌고, (왕의 죽음을 음모했으므로) 그의 사체는 네 부분으로 잘렸다. 그에 대한 형벌이 집행된 슈롭셔에서는 런던 사람들과 요크셔 사람들이 서로 그의 중요 부위를 가지려고 쟁탈전을 벌이는 소동이 일어나기도 했다. 알다시피 그의 머리를 얻은 것은 런던 사람들이었다.

1284년 초, 에드워드는 웨일스 북부의 네핀Nefyn에서 격식을 갖춘 마상무술 시합과 원탁을 배경으로 하는 아서 왕 스타일의 궁정 의식을 관장했다. 새로 만든 카멜롯Camelot의 무게가 얼마나 무거웠던지 축제가 진행되는 도중에 바닥이 무너질 정도였다. 물론, 웨일스의 서사적 전통에 따르면, 아서 왕은 진정한 서부 브리튼인, 즉 켈트인이었다. 그렇지만 접경지대에 살던 몬머스의 제프리는 아서 왕의 서사시를 잉글랜드의 것으로 만드는 작업을 시작했고, 에드워드는 이를 완성시켰다. 브리튼의 영웅은 이제 잉글랜드의 황제로 변신하고 있었고, 더구나 그는 웨일스를 가진 존재였다. 웨일스의 병합을 공식화한 루들란법에 기록된 말을 옮기자면, '신의 섭리에 의해 웨일스의 땅과 그 거주민이 완전하게 우리의 공식 영토 안으로 편입된' 것이었다. 이로써 웨일스의 문화적 해체와 제국주의적 통제를 본질로 하는 광범위한 활동이 전개되기 시작했다. 그러나 이것은 단지 시작에 불과했다. 에드워드는 그의 부친이 왕권을 행사함에 있어 어떤 종교적인 신비로움을 창조하는 것을, (그리고 그것이 주는 권력의 첫 번째 수혜자가 되는 것을) 목격한 바 있으며, 따라서 그는 역으로, 웨일스인들의 사기를 최대한 끌어내리기 위해 그들의 전통으로부터 무엇을 제거해야 하는지 정확하게 알고 있었다. 루엘린 대왕, 즉 루엘린 압 요르웨스의 무덤이 있는 에버콘위Aberconwy의 시토 교단 수도원을 해체하고, 수도사들을 8마일(12.9킬로미터) 밖으로 내쳤다. 그곳은 참회왕 에드워드의 무덤이 있는 웨스트민스터와 동일한 의미가 있는 웨일스인들의 성소였다. 그리고 그 자리에는 대규모의 성을 세워 스노도니아와 바다 사이에 환상진環狀陳으로 구축한 석조 요새 집단의 일부가 되게 했다. 루엘린 가문을 보호해 주던 크로에스 나이드Croes Naid 성유물, 즉 성 십자가 조각들은 루엘린이 머리에 쓰던 관과 함께 잉글랜드로 옮겨졌다. 1284년, 에드워드와 엘리너Eleanor 사이의 11번째 자녀이자 아들인 에드워드가 웨일스의 카나번Caernarfon에서 태어났다. 지금까지 웨일스의 자율성을 상징해오던 칭호인 '웨일스의 군주the Prince of Wales'라는 칭호는 이제 잉글랜드의 왕위 계승 예정자, 즉 황제가 되기를 기다리는 자에게 주어질 운명이었다. 카나번의 에드워드에게 공식적으로 '웨일스의 군주' 칭호가 수여된 것은 1301년 링컨에서였는데, 웨일스에서 여행이 가능한 곳이었고 그런 의미에서 그곳도 브리튼이었다.

 이미 십자군 무장원정을 통해 라틴 기독교 세계를 경험하면서 일차적인 자극을 받았던 에드워드에게 웨일스 정복은 그로 하여금 로마 황제 놀음을 하게 할 기회를 제공했다. 웨일스의 콘위Conwy성에서 발굴이 진행되고 있을 때 유해 일부가 발견되었는데, 사람들은 이것을 마그누스 막시무스Magnus Maximus, 즉 첫 번째 기독교인 로마 황제였던 콘스탄티누스 대제의 부친 유골이라 했다. 에드워드는 이 유골을 근처에 있는 고대 로마 도시인 세곤티움Segontium의 유적으로 가지고 가서 예사롭지 않은 장관과 엄숙함을 갖춘 예식과 함께 다시 매장했다. 왕에게는 책을 읽을 시간이 많지 않았겠지만, 그럼에도 그는 마치 자신이 카이사르의 계승자인 것처럼 행동했다. 전장에서는 가공할 만한 능력을 발휘했으며, 대승을 거두었을 때에는 상대에게 까다롭게 충성을 요구했고, 또한 언제나 자신이 '법의 제국'을 창조하고 있다는 믿음을 자랑스럽게 알리려고 했다. 웨일스와 아일랜드인들은 (에드워드가 그들의 법률을 가리켜 '신이 싫어하실 뿐아니라 신의 모든 법에도 어긋나기 때문에 결코 법으로 간주되어서는 안 된다'는 칙령을 내렸기에) 자신들의 전통적인 관습들을 박탈당하고, 그 대신 왕이 하사한 법에 무한하게 만족해야 할 운명에 처하게 되었다. 더 큰 문제는, 이 당대의 가장 위대한 전쟁 군주가 지속적으로 평화Pax에 대해 이야기하고 있었다는 점이다. 그는 아마도 트라야누스 황제의 후예처럼 말하고 싶었으리라. 나의 평화로 오라. 그러면 모든 것이 잘 될 것이다. 만약 반대쪽을 선택한다면, 후회를 면키 어려울 것이니라. 웨일스의 초기 영웅기인 『매비노기언Mabinogion』에는 높고 색깔이 있는 탑들이 있는 성을 꿈꾸던 왕에 대한 이야기가 나온다. 그 꿈은 콘스탄티노플Constantinople에서 현실이 되었지만 에드워드는 또 다른 비잔티움을 창조하고 싶었다. 그는 콘스탄티노플에 있는 테오도시우스Theodosian의 성벽을 그대로 모방해서 웨일스의 카나번 바닷가에 팔각형의 탑들을 연결하여 쌓았다. 그리고는 그 성벽의 꼭대기에 로마제국의 독수리들을 앉혔다.

그가 구축한 성채들의 규모는 중세 유럽 식민지 영토를 모두 통틀어서 가장 야심적인 역작이었으며, 그 규모에 관한 한 가히 로마 건축의 부흥이라고 할 수 있었다. 콘위에서의 건설 공사는 마치 제국 군대의 군사작전같이 진행되었다. 공사가 집중적으로 이루어졌던 1283년 봄에서 1287년 가을 사이, 공사 현장에는 준-숙련 노동자 약 1500명과 그 나름대로 자기 고장에서 최고로 평가받는 전문 장인 500여 명이 일하고 있었다. 삼림지대인 서부 미들랜즈Midlands 출신의 목수들, 소택지대인 링컨서 출신의 보*壕* 건설 전문 굴착공들, 그리고 돌이 많은 데번과 도싯에서 온 석공들이 그런 장인들이었다. 처음에 이들 숙련 장인은 (군인들과 마찬가지로) 브리스틀Bristol이나 요크에 있는 징발 기지로 보내졌다가, 그다음에는 체스터에 있는 연대 본부로 보내졌다. 그들은 다시 석재와 목재 등 건축 재료들과 함께 현장으로 이동한 다음, 각기 천막 숙소와 작업장을 배정받았다. 아마도 잉글랜드의 서부나 중부 지역 사람들이 요크셔나 링컨서 출신의 사람들을 만난 것은 콘위나 할렉Harlech 같은 건설 현장이 처음이었을 것이다. 마치 과거 로마제국에서 다양한 민족 출신의 병사들이 군대 안에서 서로 연결되었던 것처럼 말이다. 그곳에서 그들은 에드워드 플랜태저넷의 사자 깃발 아래에 서서 위대한 브리튼 제국의 한 부분이라는 것이 무엇을 의미하는지를 깨달았을 것이다.

이 모든 것을 관장한 에드워드의 도편수는 놀랄 만한 천재성과 다양한 재능을 가진 건축가 세인트 조지St-George의 제임스James였다. 그는 에드워드가 십자군 원정 당시 성지에서 귀환할 때 만난 사부아 사람으로 에드워드는 남부 프랑스에 있는 그의 작품들을 목격한 바 있었다. 제임스는 큰 규모의 십자군 요새들, 그러니까 웨일스의 성채 같은 건축물뿐 아니라 전체가 성벽으로 둘러싸인 식민 도시를 어떻게 건설해야 하는지 알고 있는 사람이었다. 그러한 도시는 보급선이 확보되어야 하고, 목욕탕과 같은 편의 시설들이 갖추어져야 하며, 또한 유연한 방어가 가능해야 했다. 여기에서 유연한 방어라 함은, 상황에 따라 인력을 배치하거나 포기할 수 있도록 탑들을 구축하고, 또한 때로는 상호 연결이 되고 때로는 각각 고립되도록 설계하는 것을 의미했다. 과거 브리튼에서 이런 관점이 적용된 것은 하드리아누스 성벽의 건설이었다.

원주민들의 입장에서 본다면, 그들은 여전히 자기 나라에서 살고 있지만 이제 2등 시민으로 전락해 버렸고, 석조 괴물의 발아래 조성된 위성 신세가 되어 버린 시읍과 촌락에서 살아가는 버릇없는 어린아이들 같은 존재가 되어버렸다. 그들은 무기를 휴대하는 것이 금지되었고, 당국의 허가 없이 낯선 사람을 하룻밤 집에서 재우는 것도 금지되었다. 그들에게 일부 전통적 법률들이 허용되기도 했지만, 그것은 어디까지나 한시적인 것으로서 하시라도 왕의 법률로 대체될 수 있다는 것을 전제로 한 것이었다. 또한 왕의 법을 관장할 책임이 있는 지방장관은, 이곳의 정부가 식민 정부임을 웅변하듯이, 여러 세대에 걸쳐 절대다수가 잉글랜드 출신이었다. 최악이었던 것은 그들의 전통적 법률이 정복자들의 머릿속에서는 일종의 '보호가 필요한 이색적 전통' 정도로 인식되었다는 점이다. 진기한 맹인 하프 연주자들, 켈트 스타일 음유시인, 성가대 등이 (식민 영주들의 오락을 위해) 허용된 것이 바로 그런 예이다. 만약 그들이 삶을 영위함에 있어서 보다 중요한 일을 하려하거나 플랜태저넷 가문의 노다지판에 발을 들여놓으려 한다면, 그곳에는 에드워드의 군대가 기다리고 있었다.

상황은 더 나빠질 수도 있었다. 그리고 잉글랜드의 유태인들에게는 그것이 현실이었다. 1290년, 잉글랜드는 기독교 유럽에서, 그리고 그 문제에 관한 한 세계 어느 곳을 망라하더라도, 가장 먼저 유태인을 전염병처럼 취급하며 추방한 나라였다. 이러한 심각한 범죄가 저질러진 배경과 관련하여, 종종 웨일스 정복 전쟁으로 발생한 과도한 채무를 해결하기 위한 방편이었다는 해석이 나온다. 사실, 제국 건설에 투입된 33만 파운드의 비용은 연간 국고 수입의 10배나 되는 엄청난 규모였다. 중과세 부과가 하나의 방편이었지만, 이것이 의회 안팎의 저항을 불러일으킬 수 있으며, 그것이 과거 그의 부친과 조부의 파멸을 초래했다는 사실을 너무나 잘 알고 있었던 에드워드로서는 가능한 한 이를 피하려고 했다. 상당한 금액의 돈을 빌려줄 준비가 되어 있는 이탈리아 루카Lucca 소재 리카르디Riccardi 금융업체로부터 대출을 받는 것도 역시 하나의 방법이었지만, 고율의 이자가 부담이었다. 당시 잉글랜드에는 유태인 3000명이 거주하고 있었는데, 그들은 이미 그들에게 부과된 강제 대출과 형벌적 세금으로 과도

한 출혈 상태에 있었으므로 궁핍한 국왕의 금고를 채워줄 형편이 되지 못했다. 잉글랜드 역사를 통틀어서 그들은 인간이 아니라 재물로 취급 받아왔다. 그러므로 유용성이 고갈된 그들은 곧 폐기될 운명이었다.

교회의 촉구에 따라 에드워드는 이미 잉글랜드 내에서 악덕 대출usury, 즉 이자가 수반되는 모든 대출을 금지했고, 이에 따라 유태인들은 그들에게 허용되어 왔던 유일한 생계 수단을 즉각적으로 박탈당한 셈이 되었다. 이와 함께 에드워드는 그들에게 그들의 정체성을 표시하는 노란 배지를 달 것을 요구했는데, 이는 그들을 인류의 아종亞種으로 인식시키고자 하는 것으로서, 이는 그의 확신에 바탕을 두고 있었다. 1285년, 에드워드는 유태인들에게 다른 직업을 구할 수 있는 어떠한 방편도 허용하지 않은 채, 모든 종류의 금전대출업을 일체 금지시키는 모순된 성격의 추가 조치를 취했다. 에드워드의 계산에 따르면, 5년이 지나면 교회와 의회에 대해 막대한 금액의 세금 공여를 요구할 수 있을 것이고, 그에 대한 반대급부는 유태인들의 '추방'이 될 것이었다. 유태인에 대한 공격이 그랬던 것처럼, 유태인의 추방 또한 엄청난 여론의 호응을 불러일으킬 것이라는 것을 에드워드는 알고 있었다. 에드워드의 모친인 프로방스의 엘레오노르는 열렬한 반反유태주의자였고, (수많은 다른 사람과 마찬가지로) 이른바 '피의 모욕'이 전하는 역겨운 말들을 그대로 믿는 사람이었다. 여기에서 '피의 모욕'이란, 유태인들이 유월절逾月節에 먹는 무교병(발효시키지 않은 빵)을 만들기 위해서는 피가 필요한데, 이를 위해 죄 없는 기독교 어린아이들의 목숨이 희생되고 있다는 이야기를 말하는 것이다. 1255년, 링컨Lincoln 소년 휴Hugh의 사체가 한 우물에서 발견되었는데, 사람들은 그를 '피의 모욕'의 희생자라고 생각했다. 플랜태저넷 왕가는 소년에 대한 애도의 뜻을 아끼지 않았으며 링컨 대성당 경내에 그의 안식처를 마련해 주었다. 어린아이가 실종될 때마다 역겨운 유태인들이 또 다른 희생자를 만들어낸 것이라며, 그들을 추방시킴으로써 기독교 공동체에 대한 공격적인 독소를 제거해야 한다는 요구가 빗발쳤다.

에드워드의 전기를 쓴 우리 시대의 사학자 마이클 프레스트위치Michael

Prestwich는 요크, 링컨, 그리고 런던 등지에서 유태인 공동체를 폭력적인 수단으로 뿌리째 뽑아버린 인종청소에 관해 '놀랄 만큼 순조롭게 진행된 작전'으로 묘사했다. 끔찍한 대량 살상을 야기하지 않으면서도 국왕과 그의 관료들을 만족시킬 수준으로 진행되었다는 의미이다. 공개적인 유혈 사태가 아니더라도 구세주를 십자가로 보낸 유태인들에 대한 그들의 혐오스러운 감정을 만족시켜줄 수 있는 방법들이 있었다는 이야기이다. 어떤 배의 선장은 나름의 방법 하나를 고안해 냈는데, 그것은 그와 그의 선원들뿐 아니라 그 상황을 간접적으로 전달받는 제삼자에게도 엄청난 즐거움을 가져다줄 수 있는 것이었다. 그의 배가 썰물 때 퀸버러Queenborough 인근 템스강 어귀에 걸리자, 그는 유태인 승객들에게 배에서 내려 다리를 펴보지 않겠느냐고 권유했다. 그리고 밀물이 몰려올 때 그들은 재승선을 거부당했다, 이 광경을 대단히 흡족하게 즐기고 있던 선장은 그들을 향해 당신들의 조상이 이집트를 탈출할 때 그랬던 것처럼 바닷길을 열어 달라 신에게 기도하지 그러냐며 비아냥거렸다. 기적은 일어나지 않았고, 그 유태인들은 모두 바다에 수장되었다.

유태인을 추방한 지 얼마 안 되어, 에드워드는 자신의 소중한 사람을 잃고 상심에 빠졌다. 1290년 왕비인 카스티야Castile의 엘리너가 링컨에서 죽은 것이다, 에드워드는 그의 아버지가 그랬던 것처럼 (호색적이던 앙주 가문 왕들과는 대조적으로) 왕비와 진정한 사랑의 유대로 결합되어 있었다. 그들은 대부분의 삶을 함께했다. 둘이 결혼했을 때 그녀의 나이는 열두 살이었는데, 둘은 열다섯의 자녀를 출산했다. 이들 중 아들 하나와 딸 다섯만이 성년이 될 때까지 살아남았다. 그녀는 여전히 (비교적) 젊은 나이에 세상을 떠났다. 평소 표정을 잘 드러내지 않고 감정선이 굵은 에드워드이지만, 그녀의 죽음 앞에서는 마음이 갈가리 찢어져서 깊은 슬픔에 잠겼다. 왕은 그녀의 묘지에 사용할 두 개의 구리 도금 조상彫像 제작을 명했다. 하나는 그녀의 내부 장기를 묻은 링컨의 묘지에 사용할 것이었고, 다른 하나는 웨스트민스터 묘지에 사용할 것이었다. 그리고 그녀가 죽은 링컨에서 매장지인 웨스트민스터에 이르는 여정에서 그녀가 머문 공간들을 위해 중세의 왕들에게는 좀처럼 기대하기 어려운 독특한 기념물이 조성되었다. 월섬Waltham, 채링Charing,[1] 그리고 치프사이드 등 그녀의 시신이 여행한 경로를 따라 정교하게 조각된 일련의 십자가 조각물을 세운 것이다.

1290년 브리튼의 다른 지역에서도 왕족 가문의 죽음이 있었다. 이 죽음은 그것이 함축하는 정치적 의미가 너무나 컸기에 상심에 빠져 있던 에드워드를 단박에 현실로 끌어냈으며, 그는 능숙한 정치판의 체스 플레이어로 되돌아갔다. 그해 9월, 여섯 살이었던 '노르웨이의 소녀'가 오크니의 커크월Kirkwall에서 사망했던 것이다. 그녀는 스코틀랜드 알렉산더 3세의 손녀딸이었으며, 그녀의 죽음은 캔모어 왕가의 절손絶孫을 의미하는 것이었다. 그녀의 죽음은 또한 스코틀랜드에서 왕위계승 위기를 초래한 일련의 불운한 죽음들 중 마지막에 해당되는 것이었다. 알렉산더의 두 아들은 모두 후사 없이 죽었다. 그의 딸이며 노르웨이 왕의 왕비였던 마거릿은 딸을 낳다가 죽었다. 그 딸의 이름도 마거릿이었다. 사실, 알렉산더는 아직 40대 초반이었고, 1285년 젊은 프랑스 귀족 여성인 드뢰Dreux의 욜랑드Yolande와 결혼했으므로 또 다른 후계자 생산을 기대할 수 있었다. 1286년 3월 18일 밤, 사나운 비바람이 몰아쳤지만 그는 자신의 ─ 그리고 스코틀랜드의 ─ 안녕을 위해 후계자 생산을 서둘러야 했다. 그날 밤 그는 포스만 반대편에 있는 영지로 돌아가고 싶은 열망으로 인해, 가면 안 된다는 두 번의 간곡한 만류를 뿌리쳤다. 첫 번째는 뱃사공이 한 것이었고, 두 번째는 북쪽 해안 지방에서 조우한 지방관이었다. 그들의 경계심을 일축하며, 그는 적은 숫자의 일행과 함께 해안로를 따라 영지를 향해 말을 달렸다. 다음 날 아침, 목이 부러진 그의 사체가 해안가에서 발견되었다.

전혀 예기치 못한 마흔네 살 왕의 죽음은 스코틀랜드에 엄청난 재앙을 몰고 왔다. 알렉산더는 상당히 오랜 기간 국가의 번영을 주도해 왔으며, 동시대 아

---

1   런던 중앙부 부근 번화가에 위치한 채링 크로스(Charing Cross)의 지명과 동명의 지하철역이 여기에서 비롯되었다 ─ 옮긴이.

일랜드, 웨일스, 그리고 잉글랜드에 상당한 피해를 가져왔던 내란이나 대외 전쟁에 말려들지 않았다. 또한, 그는 13명의 강력한 백작들 사이에 벌어진 장기적인 유혈 복수극이나 상호 간의 영토 및 가축 분쟁을 막을 수는 없었지만, 최소한 그것이 무정부 상태로 발전하는 것은 막았다. 그런데 이제 한 마리 말과, 또한 신혼 침상에 뛰어들려는 일념으로 폭풍우가 지나갈 시간을 기다리지 못한 그 말의 주인에 의해, 이제 그 오랜 평화는 종언의 위기를 맞게 되었다. 이름이 알려지지 않은 한 시인은 다음과 같이 읊었다.

> 스코틀랜드를 사랑과 평화 속에 남겨두고
> 우리의 왕 알렉산더가 세상을 떠났다네.
> 풍부하던 에일과 빵이 날아가 버리고
> 와인과 왁스, 기쁨과 환희도 날아가 버리고
> 금은 모두 납으로 변했다네.
> 모든 나무가 열매를 맺지 못하네.

'노르웨이의 소녀' 마거릿은 이제 오직 하나 남은 후계자였다. 그녀의 어머니이자 알렉산더의 딸을 산고로 죽게 하며 태어난 어린 후계자였다. 그녀는 노르웨이에 있었고 병약한 것으로 알려져 있었다. 그러므로 그녀가 유아기를 노르웨이에서 보내는 동안 스코틀랜드의 국정은 '왕국의 수호자들the Guardians of the Realm'로 알려진 원로 귀족들과 성직자들로 구성된 집합적 기구에 위임되었다. 이러한 기구의 존재 자체가 (1250년대 잉글랜드에 팽배했던 것처럼) 스코틀랜드에도 어떤 '국민적 공동체'에 대한 의식이 존재했음을 말해 주는 것이다. 그 공동체는 군주로부터 독립적으로 존재하는 것이지만, 우연인지는 몰라도 그것을 체현한 것은 언제나 군주들이었다. 아무튼 이들 '수호자들'은 이 어린 후계자의 오랜 미성년 기간이 초래할 수 있는 위험에 대처할 수 있는 실용적인 해결책 하나를 찾아냈다고 믿었다. 그것은 마거릿을 에드워드 1세의 어린 아들,

카나번의 에드워드와 약혼 시키는 것이었다. 이 혼인과 관계없이 스코틀랜드는 독립적인 정체성을 유지하며, 고유한 법과 관습을 지켜나간다는 것을 혼인 계약서에 명문으로 규정한 것은 물론이다. 에드워드는 이 조항에도 불구하고 그의 전쟁, 특히 프랑스와의 전쟁에서 스코틀랜드의 충성스러운 지원을 확보할 수 있을 것이라 굳게 믿었다.

커크월의 어둡고 붉은 사암砂巖으로 둘러싸인 곳에서 벌어진 어린 여왕의 죽음은 그동안 작동되던 이들의 정밀한 계산들을 송두리째 날려버렸다. 이제 곧 에드워드가 남쪽에서 올라와 스코틀랜드의 운명과 직결되는 모종의 메시지를 던질 것이 확실했다. 그럼에도 불구하고 에드워드가 불청객의 신분으로 스코틀랜드 문제에 개입한 것은 아니었다. 그는 스코틀랜드로부터 자국의 왕위 계승 경쟁자들 사이에서 중재자의 역할을 해줄 것을 두 차례에 걸쳐 요청받았던 것이다. 첫 번째는 서신에 의해, 두 번째는 사신단을 통해 이루어진 것이었다. 이는 에드워드에게 천금 같은 기회였으며, 그는 이를 기민하게 움켜쥐었다. 스코틀랜드인들이 그로부터 기대하는 것은 따로 있었을 것이다. 에드워드로서는 그것이 무엇이던 간에 그에 대한 대가로 봉건적 종주권을 인정받으면 되는 일이었다. 1291년 5월, 트위드강 인근 국경 지대에서 잉글랜드와 스코틀랜드의 대귀족들과 고위성직자들이 참석하는 회의가 소집되었다. 잉글랜드 대표들은 국경의 자기편 지역에 있는 노럼Norham 수도원에 모였고, 스코틀랜드인들도 신중하게 아름다운 물결이 굽이치는 트위드강 북쪽의 업세틀링턴Upsettlington에 머물렀다. 에드워드는 스코틀랜드 대표들에게 트위드강을 건너 자신의 처소로 오라고 정중하게 초대했다. (회의는 예정대로 열렸고, 평소와 같이 프랑스어로 진행되었지만) 상호 간 사고의 공감대는 형성되지 못했다. 중재의 대가로 에드워드가 스코틀랜드의 '수호자들'에게 즉석에서, 그리고 영리하게 요구한 것은 만약에 그를 스코틀랜드의 종주권자로 인정할 수 없다면 그 이유를 문서로써 입증하라는 것이었다. 그러나 그가 그들로부터 얻은 대답은 똑같이 영악스러운 논리로써 그의 종주권을 부정하는 것이었다. '우리를 이곳에 보낸 책임 있는 사람들은 당신께서 그렇게 하실 충분한 권리가 있다고 믿지 않는 한 그것을 주장하시지 않으리라는 것을 잘 안다고 했습니다. 그러나 저희는 당신의 조상들께서 만들고 행사했다는 그 권리에 대해 전혀 아는 바가 없습니다.' 이것이 말하고자 하는 바는, 왕의 종주권 요구가 완전히 정신 나간 짓이라고 할 수는 없지만, 이와 관련된 사실을 문서로써 입증해야 할 사람은 그들이 아니라 바로 왕 자신이라는 의미였다. 그들은 덧붙이기를, 스코틀랜드 왕위에 오를 사람이 아직 결정되지 않은 상황에서, 더구나 그 계승자도 나름대로 이 문제에 대한 의견이 있을 것으로 추정되는 상황에서, 자신들은 그에게 어떤 의무를 사전에 지울 수 있는 그 어떠한 문제에 대해서도 답할 권한이 없다고 했다.

노럼의 회의가 막바지로 다가가면서, 토론의 자유가 심각하게 제한받기 시작했는데, 그것은 트위드강 입구에 정박한 전투 함대와 잉글랜드 귀족 67명이 대동한 무장 병력의 존재 때문이었다. 그들의 규모는 작았지만 그것이 의미하는 바는 결코 적지 않았다. 스코틀랜드인들의 민족적 저항이라는 대서사시가 머지않아 전개될 시점이었지만, 1290년 당시의 상황은 달랐다. 스코틀랜드 왕위를 둘러싼 경쟁자들은 (왕위 계승 문제가 각기 자신에게 유리한 국면으로 해결될 것으로 기대했기에) 개인적으로는 모두 1291년 6월을 기하여 에드워드에게 충성의 맹세를 바칠 준비가 되어 있었던 것이다. 그럼에도 불구하고 집단으로서의 '수호자들'은 몇 가지 결정적인 합의 조건들을 도출하는 데 성공했다. 그것은, 에드워드는 그의 중재 기간 동안 스코틀랜드의 '법과 자유'를 존중할 것을 약속해야 한다는 것, 일단 왕위 계승자가 결정되면 에드워드는 스코틀랜드 왕국과 특히, 왕국의 성채들을 스코틀랜드 국왕의 대관식 이후 두 달 안에 반환해야 한다는 것, 그리고 만약 이 약속을 어길 경우, 에드워드는 10만 파운드에 이르는 무거운 벌금을 내야 한다는 것 등이었다.

에드워드는 이 조건들이 가지는 긍정적 의미를 알아차렸으며, 내심으로 이를 반겼을지도 모른다. 왜냐하면, 1291년 당시의 그에게는 스코틀랜드를 웨일스처럼 식민지화할 생각이 없었기 때문이다. 그에게 중요한 의미가 있었던 사건은 6월 13일 초원에서 스코틀랜드의 영주들과 '수호자들'이 그들의 손을 그의 손 안에 넣고, 자신을 '우월하고 직접적인 스코틀랜드 왕국의 종주권자'로 인정한 의식이었다.

이러한 에드워드의 만족감과 함께, 이제 왕위 선출 '경연대회'는 1291년 8월 당시에는 스코틀랜드 도시였던 베릭Berwick에서 개시될 예정이었다. 그렇다고 이 경연대회는 에드워드가 자의적으로 자신의 조역을 뽑을 수 있는 '익살극'은 아니었다. (로마 공화정 100인 법정의 105인 재판관 제도를 모델로 한) '심사관' 104명이 경쟁자들의 주장을 청문할 예정이었는데, 이들 중 잉글랜드 측에 의해 지명된 인원은 24명에 불과했고, 나머지 80명은 스코틀랜드 주요 경쟁자들에 의해 지명되었다. 작은 집단의 수도사들이 난해한 고문서 더미를 정밀하게 조사하고 분류하는 과정을 거치면서 경쟁은 두 명의 후보자로 압축되었는데, 두 사람의 혈통은 모두 스코틀랜드의 사자왕 윌리엄의 동생인 헌팅던Huntingdon 백작의 딸로부터 이어받은 것이었다. 아난데일Annandale의 로버트 브루스(장차 왕위에 오르게 될 로버트 1세의 조부)와 갤러웨이Galloway 백작 존 발리올John Balliol이었다. 브루스와 발리올의 가문은 적대적인 가문이었지만, (그들은 모두 남서부 지역에 기반을 둔 강력한 코뮌스 클랜Comyns clan에 속한) 같은 부류의 스코틀랜드 귀족 가문이었다. 그들은 세련되지 못한 골짜기 거주자들이 아니었다. 그들은 앵글로-노르만을 조상으로 둔 자들로서, 여행을 많이 하고, 프랑스어를 사용했으며, 잉글랜드와 프랑스 등에 산재한 영지를 과시했다. 또한 최종 후보자에 오른 두 사람 모두 에드워드의 웨일스 원정에 참전한 전력이 있었다. 브루스는 심지어 에드워드에 의해 칼라일의 총독으로 임명된 적이 있었는데, 그곳은 스코틀랜드의 잉글랜드 침입에 대비하여 요새화했던 곳이니만큼 전략적으로 매우 중요한 직책이었다. 브루스는 또한 마지막 통치 왕조와 혈통적으로 더 가깝다는 점에서 로마법상 그의 경쟁자보다 좀 더 우월적 위치에 있었다. 다만 장자 계승을 중요시하는 봉건법에 따르면, 발리올이 더 유리했다.

일단, 에드워드는 협약에 의해 규정된 자신의 지위를 존중하기로 했다. 결국 존 발리올이 (스코틀랜드와 잉글랜드 주교들의 집전으로) '운명의 돌', 즉 스콘Scone에서 대관식을 가졌고, 자신의 성채들을 에드워드로부터 기한 내에 돌려받았다. 그의 왕위 계승은 과연, 일부 스코틀랜드 역사가들이 줄곧 주장하는 것처럼 조심스럽게 설치된 에드워드의 덫이었을까? 바꾸어 말하면, 에드워드는 스코틀랜드의 왕을 허수아비처럼 조종하기 위해 일부러 약한 자를 선택한 것이었을까? 당시에 이를 믿는 사람은 아무도 없었다. 발리올의 선출은 에드워드가 친親잉글랜드 후보로서 그를 선택할 것을 스코틀랜드인들에게 강요한 결과가 아니었다. 그는 절대다수 '심사관들'의 명백하고 자유로운 선택이었다. 애초에 베릭에서 브루스가 지명한 심사관들 중 19명은 마지막 순간에 발리올을 선택했다. 그럼에도, 에드워드가 자신에 대한 형식적인 종주권 인정에 진정으로 만족하고, 스코틀랜드 왕국의 열쇠들을 새로운 왕에게 넘겨줄 준비가 되어 있었다는 이야기는 결코 아니다. 사실, 에드워드는 부서진 스코틀랜드의 국새 네 조각을 웨스트민스터에 있는 자신의 보물 창고에 조심스럽게 보관했다. 에드워드는 또한 발리올의 통치가 시작되자마자, 실제로 그의 왕권을 조기에, 그것도 빈번하게 시험해 보려는 의도를 숨기지 않았다. 웨일스에서도 그랬던 것처럼 처음에는 그러한 시험들이 합법적으로 이루어졌다. 그는 자신이 가진 최상위의 중재자라는 지위를 활용할 수 있는 소송 사례들을 만들기 위해 애쓸 필요가 없었다. 그는 곧 스코틀랜드 법정에서 받은 판결에 불만을 가진 소송 당사자들에 의해 거의 둘러싸이다시피 되었기 때문이다. 맨Man섬 사람들과 헤브리디스 제도의 사람들은 범汎스코틀랜드라는 범주 안으로 통합되는 것을 결코 달갑게 여기지 않았다. 그리고 서쪽 도서 지역에서는 맥두걸Macdougalls 가문과 맥도널드 가문이 반목 중이었다. 무엇보다 큰 사례는 파이프Fife 백작 맥더프Macduff가 새 왕 존으로부터 구금형을 선고받은 사건이었다.

웨일스에서와 마찬가지로 중재심판의 쟁점이 된 것은 왕권의 행사 범위였다. 물론, 에드워드는 이를 통해 청원자들에게 은혜를 베풀었고, 그렇게 함으로써 존이 그의 열등한 지위를 인식하게 했으며, 또한 사실상 그의 지위를 판사가 아닌 피고로 강등시키고 있었다. 결국 존은 1293년 말까지 잉글랜드 국왕 법정으로 출두하도록 소환되었다. 처음에 존은 이를 거부했지만, 결국은 웨스트민스터에 나타나야 했고 그곳에서 모욕과 조롱의 대상이 되었다. 처음에 그는 스코틀랜드 자문관들의 충실한 조언을 얻어 자신의 입장을 견지하면서, 스코틀랜드의 법과 관습을 존중하기로 한 1290년의 협정을 상기시켰다. 그러나 그는 에드워드로부터 소름이 끼칠 정도의 길고 신랄한 비난을 들어야 했으며, 만약 그가 이 같은 반항적 태도로 허튼소리를 계속한다면, 그의 성채들을 몰수하는 것은 물론, (최소한) 구금을 면치 못할 것이라는 협박을 받았다. 에드워드의 분노에 직면했던 여느 사람들과 마찬가지로 존 또한 무너질 수밖에 없었고, 허리 숙여 다시 한 번 복종의 예를 올릴 수밖에 다른 도리가 없었다.

이에 대한 스코틀랜드의 반응은 분노와 경악이 혼합된 것이었다. '수호자들'과 유사한 기능을 가진 12인 자문위원회는 왕의 권력을 박탈했는데, 이는 1258년 잉글랜드 옥스퍼드에서 수립되었던 15인 위원회가 국왕의 권력을 자신들에게 양도하도록 하게 했던 것과 흡사한 조치였다. 그러나 이번에는 스코틀랜드에서 일어난 일이었고, 12인 위원회는 에드워드의 프랑스 원정에 수반되는 봉건적 징세 요구에 저항할 생각이었다. 사실, 그들은 저항을 넘어 아예 편을 바꿀 생각이었다. 1295년 봄, 바다를 건넌 스코틀랜드의 사신단은 프랑스와 동맹을 체결하고, 이를 굳건히 하기 위해 존 발리올의 딸과 프랑스 왕 필리프Philip 4세의 혼인을 추진키로 약속했다. 사건의 후속 경과를 보면, 이것은 마치 자살과 다름없는 우를 범하는 것이었다. 그러나 당시 스코틀랜드인들은 이를 오랫동안 그들이 이루고자 했던 ─ 프랑스, 스코틀랜드, 그리고 노르웨이로 이루어진 ─ 반反잉글랜드 동맹의 일환이라고 믿으면서 용기를 가지려고 했다. 또한 이 대목에서 그들의 원기를 가장 북돋아준 것은 웨일스에서 일어난 대규모 봉기였다. 난공불락이라고 간주되었던 웨일스의 국왕 성채들이 반란자들의 손에 넘어갔는데, 그중에서 가장 큰 것은 카나번Caernarfon성이었다.

그럼에도 불구하고 스코틀랜드의 결정은 엄청난 계산 착오였다. 셀커크 Selkirk에서 소집된 스코틀랜드 군대는 지난 두 세대 동안 어떤 실제적 전투에 투입된 경험이 없었다. 에드워드는 이제 나이가 거의 60세에 이르렀고 길고 숱이 많은 백발의 머리카락이 어깨 너머로 흘러내렸지만, 그럼에도 여전히 키가 크고, 뼈대가 굵었으며, 자세 또한 곧아서, 아직도 둘째가라면 서운해할 전쟁 군주의 위엄을 유지하고 있었다. 그의 전술들은 목표가 명확했다. 스코틀랜드인들은 단순히 박살의 대상일 뿐이었다. 임무를 수행하게 될 그의 군대는 보병 2만 5000명과 거의 1000명에 이르는 기사들로 이루어졌으며, 그 숫자는 웨일스 원정의 규모를 훨씬 뛰어넘는 것이었다. 첫 번째 목표는 스코틀랜드에서 가장 부유하고 인구가 많은 베릭이었다. 성을 함락하는 군사적 행동은 그들이 그곳에서 진정으로 하고자 하는 일의 서막에 불과했다. 그것은 운 없게도 그 도시에 살고 있던 사람들을 상대로 실로 끔찍한 규모의 대량 학살을 자행하려는 것이었으며, 이는 또한 만약 저항한다면 어떤 일을 당하게 될지를 다른 지역 사람들에게 알려주는 교훈이 될 것이었다. 사흘 동안 지속된 대량 학살의 결과로 수많은 여자와 어린아이를 포함, 최소한 1만 1000명이 희생되었다. 한 연대기 작가는 비통해하면서 이렇게 기록했다. '죽은 사람들의 몸에서 흘러나온 유혈의 양이 얼마나 엄청났던지, 그것으로 제분소의 방아를 돌릴 수 있을 정도였다.' 이제 베릭에 남은 것은 불에 타서 완전히 무너져 내린 잿더미뿐이었다. 베릭은 이제 잉글랜드 수중에 넘어갔고 노섬브리아 이주민들에 의해 식민화될 운명이었다. 또한, 두 왕국 사이의 경계선은 계속해서 북쪽으로 이동할 것이었다. 노섬브리아에 대한 스코틀랜드인들의 습격이 있었지만 ─ 잉글랜드 연대기 작가들에 따르면, 이로 인해 코브리지Corbridge에서 어린아이 200명이 희생되었다고 함 ─ 에드워드의 군대는 엄청난 파괴력을 과시하며 전진을 거듭하더니, 마침내 던바Dunbar 전투에서 스코틀랜드 군대를 가볍게 제압하기에 이르렀다. 그 모든 파괴 작전에 소요된 시간은 불과 3주가 채 되지 못했으며, 이제 스코틀랜드의 자유는 에드워드에 의해 거의 질식된 상태가 된 것 같았다. 로버트 브루스를 포함한 스코틀랜드의 주요 백작들은 하나씩 굴복하기 시작했다. 그해 6월, 존 왕은 킨카딘Kincardine성에서 또다시 조롱의 대상이 되었다. 마치 그는 군법회의에 회부된 초급 장교처럼 왕의 휘장이 가슴에서 뜯겨져 나간 상태에서 반란을 자백해야 했고, 죄를 범한 사람이 회개하는 뜻으로 입는 흰색 겉옷의 착용을 강요당했다. 그는 이제 잉글랜드와 스코틀랜드 양쪽에서 '툼 태버드 Toom Tabard', 즉 휘장이 제거된 빈 코트라는 애처롭기 짝이 없는 조롱의 대상이 되었으며, 런던 타워로 끌려가 구금되는 신세가 되었다. 웨일스의 경우와 마찬가지로 그에게 가해진 모욕은 스코틀랜드인들의 사기를 꺾기 위해 계산된 행동이었다. 세인트 마거릿의 검은 예수상 십자가와 '운명의 돌'(스콘)을 포함한 스코틀랜드인들의 보물들이 웨스트민스터로 운반되었다. 스콘 수도원에 있던 운명의 돌은 역대 스코틀랜드 왕들이 그 위에서 대관식을 올리던 것이었는데, 이제는 참회왕 에드워드에게 (그가 아니면 누구에게?) 바쳐질 예정이었다. 이 돌을 장착하기 위한 특별한 대관식 의자가 주문 제작되었으며, 이 의자는 그 실체가 확인되는 잉글랜드의 첫 번째 '왕좌'가 되었는바, 에드워드 1세에서 엘리자베스 2세에 이르는 모든 군주가 스코틀랜드 왕권의 가장 고귀한 상징 위에 앉아서 대관식을 올렸던 것이다. 스코틀랜드의 국새가 그에게 전달되자, 에드워드는 농담조의 모욕적인 말을 던지면서 이를 특별하게 취급하지 않았다. '사람은 자신의 똥에서 자유로워져야 좋은 일을 하는 법이다.' 그가 한 말이다.

그러나 독립적인 스코틀랜드 왕국이 완전히 없어진 것은 아니었다. 왜냐하면, 에드워드 자신이 왕의 신분으로 스코틀랜드를 직접 통치하는 것을 원하지 않았기 때문이다. 그 대신, 그는 잉글랜드인들에 의해 운영되는 식민 행정체제를 도입함으로써 스코틀랜드에 대한 자신의 종주권을 계속해서 유지하려고 했다. 그가 책임자로 파견한 자들은 윌리엄 드 워렌William de Warenne과 그보다 훨씬 유능한 재무 책임자 휴 크레싱햄Hugh Cressingham이었다. (드 워렌은 스코틀랜드의 기후를 너무나 싫어해서 임기의 대부분을 경계선 남쪽 요크셔에 있는 그의 영지에서 머물렀다.) 스코틀랜드의 비독립적 지위를 공식화하기 위해 모든 토지 자유보

유인freeholders이 출두하여 정복자 에드워드에 대해 충성의 맹세를 행할 것을 요구받았다.

그들 중 절대다수는 그렇게 했다. 그러나 그렇게 하지 않은 한 사람이 있었으니 그는 제임스 더 스튜어트James the Stewart의 차지인借地人 말콤 윌리스Malcolm Wallace였다. 그리고 그의 형제 중에 윌리엄이 있었다. 윌리엄 윌리스William Wallace는 비록 그가 잉글랜드-스코틀랜드 전쟁에 개입한 시기는 짧았지만 매우 극적인 상황을 연출했다. 그는 한때 19세기 역사가들에 의해 민족적 영웅으로 칭송받았다가, 전문적 역사가들에 의해 이기적인 변절자로 그의 정체성이 재확립되는 듯싶더니, 멜 깁슨Mel Gibson과 대형 스크린 영화 〈브레이브하트Braveheart〉' 덕분에 다시 한 번 불후의 명성을 얻었다. 영화에서 그려진 바와 같은, 탄탄한 서사적 로망의 주인공으로서의 그의 이미지는 역사적 사실과는 어느 정도 거리가 있다. 사실을 따져보자면, 윌리스라는 인물에 대해 우리가 알고 있는 사실이나 상상하고 있는 이미지의 대부분은 15세기부터 내려오는 『스코티크로니콘Scotichronicon』이라는 연대기와 '블라인드 해리Blind Harry'가 쓴 문예체의 시詩들, 이 두 종류의 출전에서 비롯되는 것이다. 그러나 우리가 보다 확실하게 알고 있는 사실들을 바탕으로 그를 평가한다면, 물론 이것이 그의 영웅적 면모를 완전히 부정하는 것은 아니지만, 그럼에도 그를 인민의 대변자로 보기에는 무엇인가 부족하고, 그의 투쟁을 그 혼자만의 것으로 말하는 것도 마뜩치 않다. 그는 할리우드적 상상력이 만들어낸 인물과는 달리 손으로 짠 옷을 입고 귀리를 주식으로 하는 골짜기 사람이 아니었다. 윌리스는 스코틀랜드 남서부 스트래스클라이드에서 그의 부친이 소유한 우아한 영주 저택에서 성장했다. 그의 부친은 고위 귀족인 제임스 더 스튜어트를 따르는 봉신 그룹의 일원이었다. 또한 그가 잉글랜드인들이 선전하는 바와 같이 '정의를 저버린 도망자'는 아니라 하더라도, 그가 어떤 국면에서는 무법자의 길로 들어서기도 했던 것은 의심할 여지가 없는 사실이다. 더구나, 이 시기는 브리튼 전역에 걸쳐서 부당한 처우를 받은 기사들이 숲으로 (또는 고원지대나 섬으로) 들어가서, 마치 가을비 내린 뒤 버섯처럼, 대중 속에 돌연히 그 모습들을 나타내던 때와 정확하게 일치한다. 또한 월리스를 촘촘하게 둘러싸고 있는 신화적 결들을 뚫고 들어가다 보면, 여전히 그가 어떻게 '애국적 복수자patriotavenger'의 길을 걷게 되었는지를 보여주는 충분한 실체가 남아 있다. 그의 부친은 확실히 잉글랜드인에 의해 살해된 것이 맞다. 그리고 또 하나, 래너크Lanark에서 잉글랜드 병사 하나가 윌리엄 월리스의 단도를 빼앗으려 하면서 '스코틀랜드 사람이 그런 칼을 가지고 뭘 하려는 건데? 네 아내에게 마지막으로 성교를 한 자가 누구인지 수도사에게 물어보지 그래?'라는 모욕적인 언사를 던졌기 때문에 그가 싸움을 벌이게 되었다는 이야기가 있다. 이것은 확실하지 않다. 다만, 그 언쟁의 내용이 무엇이었던 간에 월리스가 이를 좋아하지 않았고 이 때문에 폭동을 시작한 것은 사실이었다. 그는 탈출에 성공했지만, 뒤에 남겨진 그의 약혼자 매리언Marion은 그곳 지방장관sheriff에 의해 인질로 끌려갔다가 약식재판으로 처형당했다. 월리스는 돌아와 해슬리그Haselrig라는 이름의 잉글랜드인 지방장관을 살해하고 도주했으며, 그 후의 여정에서 가는 곳마다 신화를 만들고 사람들을 끌어들였다.

1297년 이전까지 스코틀랜드 남서부 지역에서 잉글랜드 사람들 사이를 뚫고 다니며 진로를 개척하던 그에게 있어서 자유를 위한 투쟁과 노골적인 살인 행위에 대한 경계선이 점차 옅어져 가고 있었다. 그러므로 만약 1297년 봄과 여름 사이에 스코틀랜드 전체가 분노로 끓어오르지 않았다면, 그의 치고 빠지는 스타일의 군사적 성취는 그다지 큰 역사적 의미를 가지지 못했을 것이다. 그런데 그 분노의 시기에 때마침 월리스의 군사적 업적에 대한 소식이 그가 거인의 풍모를 가진 구舊 왕국의 구세주라는 소문과 함께 요원의 불길처럼 퍼져나가고 있었다. 지위와 신분의 고하를 막론하고 수많은 사람이 로커버Lochaber 도끼, 창, 클레이머claymore[2] 등을 들고 스코틀랜드의 전통적인 징집 장소인 셸

---

2   끝이 두 갈래인 대형 검 ― 옮긴이.

커크에 진을 치고 있던 그에게로 몰려들었다. 잉글랜드 당국이 그를 무법자로 규정한 것은 오히려 그의 평판에 도움이 되었다. 왜냐하면, 그가 어기고 있는 법은 잉글랜드의 법이었으며, 또한 잉글랜드법과 스코틀랜드법 사이의 갈등이 야말로 두 왕국의 왕들, 에드워드와 존 사이에 야기되었던 불평등한 논쟁의 핵심이었기 때문이었다. 월리스는 잉글랜드에 대한 격렬한 저항을 이끌어가는 전 기간을 통해 자신이 존 왕의 충성스러운 신하임을 끊임없이 천명했다.

그런데 잉글랜드를 상대로 군사적 저항을 벌이고 있는 사람이 월리스 혼자만이 아니었다. 포스Forth강의 북쪽 지역에서는 앤드류 머리Andrew Murray가 월리스 수준의, 또는 그를 능가하는 게릴라 작전을 벌이면서 잉글랜드가 하이랜드highland 지역을 마음대로 통치하지 못하도록 방해하고 있었다. 월리스가 북쪽으로 세를 몰아 포스만 방향으로 진군해 오고 머리가 남쪽으로 군사를 몰아가자, 그저 들불에 지나지 않았던 반란이 제법 그럴듯한 군사작전의 모습을 갖추게 되었다. 제임스 더 스튜어트와 윌리엄 더글러스William Douglas 등 스코틀랜드에서 가장 강력한 세력을 갖춘 자들이 무대에 등장한 것도 이때였다, 폭력적이고 심술궂은 성격의 더글러스는 친척을 만나기 위해 국경을 넘어 북쪽을 방문한 잉글랜드 여인을 납치해서 아내로 삼은 인물이기도 했다. 많은 수의 대귀족들은 자신들의 나라가 당한 치욕을 갚기 위해 일어났다. 무엇보다 그들의 불쌍한 왕이 런던 타워에 갇혀 있지 않은가. 젊은 캐릭 백작 로버트 브루스는 다음과 같이 말하면서 에드워드에 대한 충성 맹세를 철회했다. '그 누구도 자신의 혈육을 증오하지 않는다. 나도 예외가 아니다. 나는 나의 사람들과 내가 태어난 나라와 함께 해야 한다.' 물론, 주로 지역에서의 분쟁거리를 해결하고자 하는 등, 그다지 고결하다 할 수 없는 개인적 동기에 의해 움직인 자들도 많이 있었고, 마찬가지로 그런 종류의 개인적 동기에 의해, 가까이 있는 주인보다는 멀리 있는 주인이 낫다는 판단으로 잉글랜드 왕에게 충성을 바치는 자들도 있었다.

그러나 월리스가 1297년 8월, 던디Dundee성을 포위 공격할 무렵에는 스코틀랜드인들의 저항은 민족적 성전의 성격을 가지게 되었고, 글래스고Glasgow 주교 위샤트Wishart와 세인트앤드루스St Andrews 대주교 프레이저Fraser 등 스코틀랜드 교회의 수장들로부터 축복을 받기에 이르렀다. 저항운동이 최종적으로 도덕적 정당성을 획득한 것은 이렇듯 고위 성직자들의 적극적인 참여가 있었기 때문이었다. 전투에 임할 병력과 신앙으로 무장한 월리스와 그의 동지들은 그달 말 스털링Stirling성 앞 강가에서 잉글랜드군과 조우했다. 스코틀랜드에 파견된 에드워드의 관리 중 가장 지위가 높았던 드 워렌과 크레싱햄 등 당시 잉글랜드군의 지휘관들은 자신들의 우월한 전력에 자신감을 가지고 있었는데, 일단은 월리스에게 협상할 의사가 있는지를 타진했다. 그런데 월리스로부터 그 유명한 대답이 돌아왔다. '너희 지휘관에게 전하라. 우리는 평화를 위해 여기 있는 것이 아니라 전투를 하기 위해서, 우리 스스로를 방어하기 위해서라고. 그들을 여기에 불러오라, 그러면 우리는 그들의 입속에서 이를 소리 없이 증명해 줄 것이다.' 이는 잉글랜드 진영을 자극하기 위한 의도적인 조롱이었다. 그들로 하여금 자신들을 상대하기 위해 성 밖으로 나와 강을 건너게 하려는 속셈이었다. 이 계획은 마치 꿈을 꾸듯이 성사되었다. 월리스와 머리는 병력의 대부분을 나무가 우거진 앨튼 크레이그Alton Craig 꼭대기에 매복시켜 놓고, 중무장한 잉글랜드군의 일진이 좁은 다리 위를 가득 매울 때까지 기다렸다. 그들은 그곳을 반드시 통과해야 했다. 그리고는 갑자기 기습 공격을 감행하여 그들을 덮쳤다. 다리 위에 있던 잉글랜드 기병들 거의 대부분이 절체절명의 위기에 몰렸다. 갈 곳을 잃은 일부 기병들은 방향을 돌리려 했고, 일부는 다리 아래로 몸을 던질 수밖에 없었다. 그런데 쇠사슬 갑옷을 걸친 그들이 강물에 뛰어든 것은 좋은 선택이 아니었다. 월리스가 커다란 전투용 칼을 휘두르는 가운데, 그의 함정에 빠진 수천 명의 잉글랜드와 웨일스의 기사들이 그 자리에 선 채로 쓰러지거나 진흙투성이 강물에 빠져죽었다. 크레싱햄은 죽은 뒤에 피부가 벗겨지는 수모를 당했고, 그것은 월리스의 칼 끈을 만드는 재료로 사용되었다.

월리스는 비록 런던 타워에 갇혀 있는 존 왕을 대신하는 신분이기는 했으나, 스털링의 승리로 의기양양한 나머지 자신의 호칭으로 '스코틀랜드 왕국 총사령관'이라는 직함을 사용하기 시작했다. 월리스는 스털링 브리지에서 적에 안겨준 충격의 여파를 활용하기 위해 군대를 끌고 국경을 넘어 노섬브리아를 공략하고, 늘 그렇듯이 잔혹 행위를 저질렀다. 그러나 노섬브리아와 스코틀랜드의 모든 성을 통틀어 오직 스털링만이 그가 취할 수 있는 유일한 왕실 소유의 성이었다. 그런데 스코틀랜드 역사를 통해 너무나 빈번하게 일어나는 일이지만, 위대한 승리 뒤에는 그보다 더 놀라운 패배가 기다리고 있었다. 월리스 사후에 전해진 비정규전에 대한 그의 명성과는 모순되지만, (다른 대부분의 스코틀랜드 젠틀맨과 마찬가지로) 그의 본능적인 전투 성향은 전면전을 선호하는 것이었다. 1298년 7월 폴커크Falkirk에서 월리스는 에드워드의 대리인이 아니라 에드워드와 직접 맞닥뜨렸는데, 그와 맞붙게 된 에드워드의 군대는 스털링에서 붙었던 군대와는 사뭇 달랐다. 에드워드가 지휘하는 군대는 가스코뉴에서 웨일스(귀네드에서만 2000명)에 이르기까지 그의 플랜태저넷 제국 내 복속 지역 전체에서 광범위하게 소집된 대규모 병력이었다. 그들은 모두 '괴물 같은 월리스'에 대한 이야기를 익히 들어 알고 있었다. 잉글랜드 사람들의 살갗을 통째로 벗길 뿐 아니라 그의 야만적인 쾌락을 충족시키기 위해 수녀들을 나체로 춤추도록 강요한다는 것 등이 그런 얘기였다. 수적으로 매우 열세였던 월리스는 병력을 네 개의 실트론schiltron, 즉 대규모의 밀집된 원형창진으로 편성하여 방어 대형으로 구축했다. 실트론은 각각 2000명의 병력으로 구성되었는데, 적의 기병이 돌진해 오면 병사들이 휴대하고 있는 12피트(3.7미터)의 창을 마치 고슴도치가 털을 곤두세우듯이 적을 향해 일제히 찌르는 방식으로 운용하는 것이었다. 월리스는 다소 과장된 여유를 내보이면서, 다음과 같이 말했다고 전해진다. '나는 여러분들을 이 원 안으로 안내했소. 이제 여러분들이 춤을 출 수 있는지 보기로 합시다.' 그들은 실제로 춤을 추었다. 그것이 춤까지는 아니더라도, 잉글랜드 기병들이 여러 차례 자신들을 덮치면서 원형창진에 찔리는 동안 그들은 여러 시간 동안 그들의 자리를 고수했다. 그러나 종국에 이르러 그들은 대군의 무게를 견디지 못했다. 특히 웨일스와 가스코뉴의 궁수들이 쏟아붓는 화살비로 엄청난 사상자가 발생하면서 실트론이 붕괴되기 시작했고, 그렇게 되자 월리스의 군대는 제대로 대응해 보지도 못하고 속절없이 쓰러지기 시작했다. 한 연대기 작가는 애통한 기억 속에서 이를 기록했다. '마치 눈이라도 내린 것처럼 시체들이 들판을 두껍게 덮었다.'

폴커크에서 참담한 패배를 맛봐야 했던 월리스이지만 그는 곧바로 항복하지 않았다. 잉글랜드군이 스코틀랜드의 남부와 동부를 통제하고 있었지만, 스코틀랜드의 '수호자들'은 앤드류 머리의 경험으로부터 배운 것을 활용하기로 했다. 그것은 상황이 허용하는 가장 빠른 속도로 고원과 오지 지역에 거점들을 마련하고 그것을 발판으로 전진과 후퇴의 전술을 번갈아 구사함으로써 유연한 방어 전략을 구사할 수 있다는 것이었다. 폴커크 전투 이후 5년 동안이나 지루한 소모전이 이어진 건 그 때문이었다. 에드워드는 (과거 웨일스나 아일랜드에서 그랬던 것처럼) 원주민들을 복속시키기 위한 제국주의적 개념의 성채 구축을 또다시 시도할 여력이 없음을 실감하고 있었기에 이번에는 스코틀랜드의 기존 성채들을 빼앗아 그곳에 군대를 주둔시키거나, 아예 파괴해 버리는 전략을 택했다. 해가 흐를수록 투지가 더욱 단단해진 에드워드는 칼라일과 베릭으로 돌아와서 그곳에서 군대를 징발한 후, 스코틀랜드의 수도원과 성채를 하나씩 취해가면서 그의 무자비하고 가혹한 원정을 끈질기게 이어나갔다. 에드워드의 군대는 트위드강과 클라이드강을 오가는 병참선 50~60척을 운용함으로써 일종의 움직이는 도시처럼 강한 지구력을 확보하고 있었다. 그가 저지른 대대적인 파괴는 길고 쓰라린 기억을 남겼다. 남서부 지역의 갤러웨이에서는 캐레버록Caerlaverock성이 함락되면서 방어하던 군사 300명이 모두 효수되었다. 보스웰Bothwell에서는 잉글랜드 병사 7000명이 클라이드강을 통해 엄청난 규모의 공성攻城 장비를 끌고 오더니, 그대로 성벽을 뚫고 들어갔다. 전쟁은 공성전을 가르치는 무자비한 학습장이 되었다. 효율적인 석조 건축물 공략을 목적으로 더 크고, 더 가공할 위력을 가진 포탄 등의 발사 장치를 고안하기 위해 로마 시대 베제티우스Vegetius의 군사 교본에 대한 연구가 이루어졌다. 그러한 장치들 중 몇몇에게는 애완용 사냥개처럼 사랑스러운 별명이 붙기도 했다. 1304년 스털링에서는 '전쟁 늑대war wolf'라는 심상찮은 이름이 붙은 에드워드의 최신 발명품이 사용되려는 순간, 머리에 재를 뒤집어쓴 스코틀랜드 수비군은 서둘러 항복하려 했다. 그렇지만 말할 필요도 없이, 에드워드는 그 최신 병기가 실제로 작동하여 예상했던 끔찍한 결과를 보여주기 전에는 그들의 항복을 허용하지 않았다. 1303년 던펌린에서는 스코틀랜드 왕실의 묘지이기도 한 바로 그 수도원이 약탈당했는데, 이는 스코틀랜드인들이 그곳에 있는 왕들의 후예에 대해 어떠한 환상도 가지지 않도록 하기 위해 의도적으로 이루어진 일이었다.

1304년에 이르러 저항 전쟁에 줄곧 헌신적으로 참여해 왔던 사람들조차 지쳐가는 형국이 되었고, 그들 중 상당수가 이른바 '왕의 평화'라고 불리는 화의 조건을 받아들이기 위해 스트래스모어Strathmore로 모여들었다, 그들은 그곳에서 에드워드에게 무릎을 꿇었고, 용서를 받았다. 그러나 승리 속에서도 에드워드는 처벌에 차별화를 두는 기민함을 발휘하고 있었다. 스코틀랜드의 명분을 거두어들인 영주들은 땅을 돌려받았다. 반면에, 1305년 몇몇 동족의 배신으로 체포된 월리스는 끔찍한 본보기 재판의 대상이 되었다. 그런데 월리스를 봉건적 충성 맹세를 어겼다는 죄명으로 기소하는 것은 좀처럼 이치에 맞지 않았다. 왜냐하면 (스코틀랜드의 거의 모든 지도층 인물들과 달리) 그는 에드워드에 대해 충성 맹세의 시늉조차 한 적이 없기 때문이다. 그럼에도 에드워드는 법의 규정이나 해석 같은 기술적인 문제는 무시해 버리기로 했는데, 그건 이 주제넘은 반란자의 처형을 큰 구경거리로 만들고 싶은 생각이 앞섰기 때문이다. 월계관을 머리에 쓴 채로 월리스가 처형장으로 끌려나왔을 때, 그를 기다리고 있던 것은 산 채로 그의 내장을 제거하는 형벌disembowelment이었다.

월리스가 죽은 뒤, 에드워드는 틀림없이 그의 오랜 스코틀랜드 진압 전쟁의 결과를 만족스럽게 개관하고 있었을 것이다. 그도 그럴 것이 이제 스코틀랜드에서 가장 영향력이 있는 인물들이 자신에게 저항하는 대신 그의 전쟁에 한몫을 거드는 상황이 되었기 때문이다. 제국을 향한 그의 야망을 이루기 위해 프랑스를 다음 목표로 삼은 그에게 그것은 매우 중요한 성과라고 할 수 있었다. 그러나 그가 반란의 불길을 완전히 잡았다고 생각한 바로 그 순간, 그 불길이 다시 타오르기 시작했다. 그 불을 놓은 사람은 에드워드가 단 한 번도 반란할 것이라 생각하지 못했던 예상외의 인물이었는데, 윌리스에 비해 보잘것없었던 해방 전쟁의 지휘관, 젊은 캐릭 백작 로버트 더 브루스였다.

어떤 기준에서 보면, 그는 스코틀랜드 역사를 통틀어 가장 정치적으로 영민하고, 군사적으로도 성공적이었던 왕이었지만, 에드워드는 로버트 더 브루스를 그저 자신과 같은 부류의 스코틀랜드 귀족 정도로만 (잘못) 판단했다. 그는 좋은 교육을 받았고, 프랑스어를 사용했으며, 헌팅던과 토트넘Tottenham 등의 잉글랜드 땅에서도 각각 명예와 영지를 보유하고 있었다. 그의 동생 에드워드는 캠브리지 대학교에서 수학하기도 했다. 아무튼, 로버트 더 브루스는 1302년까지만 해도 신중한 행보를 보였고, 또한 에드워드에게 충성을 맹세했던 전력으로 미루어, 이미 흘러간 옛 스코틀랜드의 명분에 매달려 시간과 인생을 허비할 사람으로는 생각되지 않았다. 그러나 이는 엄청난 오판이었다. 에드워드가 브루스의 진정한 정체를 확인하고자 했다면, 차라리 거울 속 자신의 모습을 보는 편이 나았을 것이다. 실로 교활하게 무자비하다는 점에서 이 특별한 스코틀랜드의 사자는 잉글랜드 표범으로부터 배울 것이 없었다. 1306년, 그는 에드워드가 과거에 행한 일을 그대로 따라하고 있었다. 외부를 치기 위해 내부를 먼저 정리한 것, 그리고 덤프리스Dumfries의 그레이프라이어스Greyfriars 수도원에서, 그것도 제단에서, 그의 주된 정적인 베드녹Badenoch의 존 코민John Comyn을 맥베스만큼이나 충격적인 방식으로 살해한 일이 그것이다. 그의 살인은 매국노를 처단하는 애국적인 행동으로 설명할 수도 없었고, 정상 참작의 여지도 없었다. 왜냐하면 코민은 잉글랜드에 대한 저항을 브루스보다 훨씬 더 일관적이고 지속적으로 펼쳐왔기 때문이다. 사실을 따져본다면, 코민 가문은 남서부 스코틀랜드의 패권을 놓고 브루스 가문과 오랫동안 겨루어왔으며, 발리올 가문과는 혼맥으로 엮여 있는 사이였다. 따라서 코뮌의 입장에서 볼 때, 존 발리올 왕이 아직 살아 있으며, 또한 그의 아들 에드워드가 불확실한 상황에서나마 후계자로 거론되는 상황에서, 브루스가 스코틀랜드의 새로운 군왕을 자처하며 일으키고자 하는 반란에 합류할 생각이 전혀 없었다. 거기에다, 잉글랜드의 에드워드가 항복한 수많은 스코틀랜드 귀족들에게 그들의 조상 땅을 회복시켜 주었을 뿐 아니라, 스코틀랜드 고유의 법과 관습을 보전해 주겠다고 약속하는 것을 보면서 그의 관대함에 놀랐는데, 코뮌도 그들 중 하나였다.

코뮌을 살해한 지 불과 6주 만에 브루스는 스콘에서 대관식을 가졌는데, 의식을 집전한 인물은 잉글랜드 입장에서 고질적인 두통거리였던 글래스고 주교 위샤트였다. 그는 코뮌을 살해한 브루스의 죄를 사면했을 뿐 아니라, 군중을 향해 브루스의 명분을 지지해 달라고 당당하게 요구했다. 그럼에도 불구하고 브루스의 코뮌 살해는 한 사람의 지도자 아래 스코틀랜드를 연합하는 대신, 이미 벌어지고 있던 스코틀랜드 내전을 더욱 격화시키는 결과를 가져왔다. 1311~1312년, 레이너코스트Lanercost 수도원에서 한 연대기 작가는 다음과 같이 회고했다. '이 모든 싸움에서 스코틀랜드인들은 너무나 분열되어 있어서, 아버지는 스코틀랜드 편에, 그 아들은 잉글랜드 편에 속한 경우가 있는가 하면, 형제 중 하나는 스코틀랜드, 다른 하나는 잉글랜드를 위해 싸우는 경우도 있었고, 심지어는 같은 사람이 처음에는 한쪽을 지지하다가 나중에는 다른 쪽으로 편을 바꾸는 일도 있었다.' 그리고 브루스는 초기에 별로 얻은 것이 없었다. 오히려 코뮌 가문을 상대로 벌인 전투에서 패배하여 북부 지역과 서부 지역에서 도피 생활을 해야 했다.

십중팔구 그는 헤브리디스 제도로 간 뒤, 그곳에서 아일랜드해를 건넜을 가능성이 크지만, 이 무렵 그의 행적은 신뢰할 수 있는 그 어느 역사 기록에도 나타나지 않는다. 이러한 정보의 공백은 통상 모종의 영웅적 신화에 의해 메워지기 마련이다. 그의 경우에 등장하는 것은 동굴과 거미의 우화인데, 이 얘기가 가진 인내와 근면의 덕목이 브루스로 하여금 곤경을 극복할 수 있는 의지를 갖도록 해주었다는 것이다. 그런데 사실 그가 역사 기록에서 사라졌던 시간 동안에 그에게 일어난 일 중에 더욱 주목할 것이 있다면, 그것은 교양 있는 귀족이자 마키아벨리적인 음모 술수에 능하던 그가 일약 게릴라 전사로 변모한 것이었다. 진정으로 게릴라전의 교범을 쓴 브리튼의 전투 애호가는 윌리엄 월리스가 아니라 로버트 더 브루스였다. 그가 운용한 것은 이제는 고전이 되어버린 치고 빠지는 전술이었다. 소수 인원으로 편성되어, 말이나 조랑말을 이용하여 신속하게 이동하는 그의 공격 부대는 식량, 냄비, 팬 등의 조리 기구를 휴대하지 않음으로써 이동 저항성을 크게 줄였다. 그들은 대신, 프랑스의 연대기 작가 프루아사르Froissart가 기술한 바와 같이, '강물, 그리고 소가죽 안에 넣고 요리한 덜 익은 고기'로 생존을 유지했다. '만약 그들의 위장이 약해지거나 기능이 제대로 작동되지 않는다고 느껴지면, 불을 피워 돌을 달구고, 그 위에 소량의 오트밀과 물을 섞어 만든 반죽을 얹어서 웨이퍼wafer 같은 작은 빵을 만들었다.' 이것이 '오트케이크oatcake', 즉 오트밀로 만든 비스킷의 군사적 기원이다. 전광석화 같은 브루스의 기동타격 부대들은 똑바로 목표를 향해 빠른 속도로 국경 넘어 깊숙하게 치고 들어갔다. 매복을 하고 있다가 적의 성채를 공격할 때가 되면 줄사다리와 갈고리를 이용했다. 그들은 성 안을 엉망진창으로 만든 후 야음을 타서 사라졌다. 그리고 그들이 잉글랜드 측에 더 큰 타격을 가하면 가할수록, 그의 행방은 더욱 묘연해졌고, 이는 상대방의 입장에서 실로 짜증나는 일이었다. 그는 잡히지도 않고 패배하지도 않았으며, 그렇게 묵묵히 견뎌가는 가운데 지원 세력을 확보해 나갔다.

종국에 브루스는 그의 천적 에드워드 1세보다 한 수 앞섰고, 그와 싸워 이겼고, 그보다 오래 살았다. 에드워드는 스코틀랜드 통치와 관련하여 선포한 포고령의 전문前文에서 이렇게 썼다. '여러 갈래 생각에 마음이 어지러워' 잠 못 이루는 밤들을 보냈지만, 이제는 '우리 왕국에 살고 있는 신민들에게 기쁨을 주고, 그들이 더 많은 안락함과 평안함을 누리기를 바라는바, 그것은 그들의 평안 속에서 우리가 휴식할 수 있고, 그들의 평안 속에서 우리가 진정으로 사랑받을 수 있기 때문이다.' 그는 다음 해인 1307년, 또 한 차례의 무자비한 점령과 파괴를 가져올 전투를 치르기 위해 행군하던 길에 칼라일 근처 버러-바이-더-샌즈Burgh-by-the-Sands에서 사망했다. 연대기 작가 프루아사르에 따르면, 그가 죽기 직전 아들에게 남긴 유언은 그의 몸을 삶은 뒤에 뼈들을 추려 스코틀랜드의 잉글랜드 병사들과 함께 행군할 수 있게 하라는 것이었다. 그가 그렇게라도 하지 않으면, 그의 아들 에드워드가 로버트 브루스와 전투를 벌였을 때, 상황이 잉글랜드에 불리하게 전개될 것을 우려했기 때문이었다.

에드워드 1세가 자신의 아들을 낮게 평가한 것은 유명한 이야기이다. 그가 아들 에드워드의 남자친구를 (영화 〈브레이브하트〉에서처럼) 실제로 전장에서 내친 것은 아니지만, 하찮은 남자친구들을 포기하길 거부하는 아들에게 화가 난 나머지 아들을 물리적으로 공격하여 머리카락 한 움큼을 뜯어낸 적이 있었다. 그런 아들에 대한 불신에도 불구하고, 에드워드는 1306년, (그가 40년 전에 저질렀던 그 보물 창고 강탈 현장에서) 호화로운 축제를 벌여 아들 에드워드의 기사 서임을 축하했다. 금제의 백조들이 등장했고, 당연히 마상 시합도 개최되었는데, 이 경연에서 최소 두 명 이상의 기사들이 목숨을 잃었다. 그러므로 1307년 카나번의 에드워드가 왕좌에 앉았을 때, 그 누구도 그를 가리켜 도저히 아버지의 그릇을 채울 능력이 못되는 동성애자 플레이보이라고 폄하하지 못했다. 사실 많은 면에서 그들 부자는 닮아 보였다. 키가 컸고, 금발이었으며, 근골이 늠름했다. 거기에다 에드워드 2세의 불같은 성정은 사람들로 하여금 그의 아버지를 떠올리게 했다. 조정, 도랑 파기, 지붕이기 등 그의 독특한 취미 생활은 확실히 사람들을 놀라게 했지만, 그것은 어떤 의도를 가지고 계산된 행동이 아니라 그냥 순수한 행동에 가까운 것이었다. 종국에 그를 곤경으로 몰고 간 것은 그 같은 그의 취미 생활도, 그의 멋쟁이 옷들도, 소름 돋게 만드는 그의 남자친구들도, 또한 아마추어 연극에 대한 그의 도 넘는 애정도 아니었다. 진정한 이유는 그가 잉글랜드라는 나라를 이끌고 갈 이렇다 할 리더십 모델을 구현해내지 못했기 때문이었다. 그는 브리튼의 제2의 카이사르도 아니었고, 그렇다고 왕국 공동체의 이념을 구현하는 왕도 아니었던 것이다.

반면에 로버트 더 브루스는 그 나름의 리더십 모델을 체현해내는 데 성공했다. 코뮌 살해 사건으로 인해 그가 어떤 일을 거리낌 없이 독자적으로 저지를 수 있는 인물이라는 것을 드러내긴 했지만, 그럼에도 불구하고 그는 스코틀랜드가 가진 집단적 지도체제의 전통을 최대한 수용하는 한편, 알렉산더 3세의 죽음 이후 환란에 휩싸인 스코틀랜드의 국가적 경험을 난국 타계에 활용하는 긍정적 면모를 보여주었다. 또한, 그는 내전과 잉글랜드를 상대로 한 대외 전쟁을 동시에 수행해야 하는 현실적 측면을 잘 이해하고 있었고, 몇몇 스코틀랜드 가문들이 자신이 존 코뮌에게 저지른 행위를 결코 용서하지 않으리라는 것도 잘 알고 있었다. 그러므로 그가 당면한 과제는 가장 소원한 그룹이야 어쩔 수 없이 제외하더라도 그들 이외의 다른 모든 사람과의 화해를 모색하는 일이었고, 브루스는 이를 위해 자신이 하는 일이 자신이나 가문을 위한 것이 아니라 스코틀랜드를 위한 것임을 강조하는 수밖에 없었다. 그렇게 함으로써 그는 과거 잉글랜드의 드 몽포르가 루이스 전투 승리(1264) 이후 범했던 최악의 실수를 비켜갈 수 있었다. 드 몽포르는 그의 가장 확고한 지지자들마저 그가 개인과 가문의 야망을 실현하기 위해 제국을 구축하려 한다는 의심을 가지게 했고, 그의 무관심에 분개하게 만들었던 것이다. 그러나 브루스는 귀족들과 정사를 함께 논의하려고 애썼고, 처음부터 그에게 열성적인 지지를 보냈던 주교들과는 매우 돈독한 관계를 유지했다. 1309년 무렵, 그는 스코틀랜드의 호국경이자 군주로서 자신의 정통성을 확보하는 데 성공했고, 의회를 소집하여 국가 방어를 위한 군비 예산을 확보할 수도 있었다. 이후 5년간에 걸쳐서 브루스는 수로와 육로를 통해 한 거점에서 다른 거점으로 체계적으로 이동하는 전략을 구사했는데, 그렇게 함으로써 북부, 서부, 그리고 서남부 스코틀랜드의 모든 지역이 완전히 그의 통제하에 들어왔다. 그러나 남동부 지역과 베릭Berwick성, 스털링성 같은 요충지들은 여전히 잉글랜드 수중에 있었다. 1314년 여름, 스털링을 방어하던 잉글랜드군의 지휘관은 항복해야 할 상황에 이르렀지만, 혹시나 에드워드 2세가 전격적으로 구원 작전에 돌입할지 모른다는 기대 속에서 버텨내며 잠시나마 브루스의 군대를 저지하고 있었다. 사실, 에드워드 입장에서 스털링의 상실은 감당하기 어려운 불명예를 뒤집어쓰는 것이었고, 따라서 스털링의 위기는 그에게 즉각적인 군사행동을 감행할 충분한 자극이 되었다. 에드워드는 잉글랜드 및 제국군 수천 명을 이끌고 북쪽으로 치달았다.

6월 23일, 스털링 외곽 포스 평야에서 브루스와 조우한 에드워드 2세의 플랜태저넷 군대는 막강한 장비를 갖춘 일종의 전쟁 기계였지만, 그 기계는 젖은 땅 위에서 잘 작동되지 않았다. 브루스는 3 대 1의 수적 열세를 극복하기 위한 작전의 일환으로 잉글랜드군을 포스강과 배넉번Bannockburn의 늪지대 배수로 사이 공간으로 몰아넣을 수 있도록 조심스럽게 전투 장소를 선택했다. 하마터면 브루스의 운은 막상 전투가 시작되기도 전에 끝이 날 뻔했다. 브루스가 군사들과 조금 떨어져서 자기 진영의 조그만 언덕 위에 서 있는 것을 발견한 잉글랜드군의 기사 헨리 드 보운Henry de Bohun이 창을 휘두르며 직접적인 공격을 감행했던 것이다. 브루스는 투우사처럼 끝까지 완벽하게 냉정함을 유지하면서 기습에 대처했다. 브루스는 몸을 측면으로 비틀면서 동시에 보운의 머리를 향해 도끼를 내리찍었는데, 그 힘이 얼마나 강했던지 도끼가 보운의 투구와 두개골을 가르며 그의 뇌 속에 박혀버렸다. 브루스는 도끼 자루의 끝을 잡고 말 위에 홀로 앉아 있었다. 순간적으로 경악했던 그의 군대는 그때서야 안도하며 기뻐했다. 자신들의 왕이 무사할 수 있도록 신의 섭리가 개입한 것이 틀림없었다. 아무튼 이것은 좋은 조짐이었다.

이튿날이 되자 전투 양상이 치열해졌는데, 스코틀랜드의 실트론(창병 밀집부대)과 잉글랜드 기병 사이에 가차 없는 정면충돌이 벌어졌다. 브루스의 친구인 주교 버너드Bernard에 따르면 브루스는 최후의 결전을 앞두고 군사들을 독려하는 비장한 연설을 했다. 셰익스피어가 열정을 다 바치더라도 그보다 더 나은 연설을 만들지 못했을 것이다. 브루스는 귀족과 평민들을 모두 아우르면서

스코틀랜드 전쟁

지난 세월 스코틀랜드의 고통을 자신의 개인적인 경험과 등치시켜 나갔는데,
그것은 자신을 스코틀랜드 형제 중의 한 사람으로, 그러면서도 동시에 그들의
우두머리임을 완벽하게 각인시키는 효과가 있었다.

나는 지난 8년 또는 그 이상의 세월을 왕국에 대한 나의 권리와 명예로운 자유를 위해 힘껏 싸워왔다. 나는 형제들을 잃었고, 친구들과 친척들을 잃었다. 여러분 들의 친족들은 포로가 되었고, 주교와 성직자들은 감옥에 갇혀 있다. 우리 귀족 들은 전쟁에서 피를 쏟았다. 그대들 앞에 보이듯, 쇠사슬 갑옷을 무장한 저들 봉 건 영주들은 나를 파괴하고 나의 왕국, 아니 온 나라를 흔적조차 남기지 않으려 고 단단히 마음먹은 자들이다. 저들은 우리가 살아남을 것이라고 믿지 않는다. 저들은 자신들의 전투마와 장비를 자랑스럽게 여긴다. 우리가 전투에서 승리할 것이라는 희망은 오로지 주님의 이름에 달려 있을 뿐이다. 오늘은 기쁜 날이다. 바로 세례자 요한의 생일이다. 우리 주 예수와 성 안드레아Saint Andrew, 그리고 순 교자 성 토마스Saint Thomas가 나라와 민족의 명예를 위해 싸울 우리 스코틀랜드의 성인들과 함께할 것이다. 만약 그대들이 가슴으로 죄를 뉘우친다면, 그대들은 신 의 지휘하에 승리자가 될 것이다.

스코틀랜드 군사들이 숲에서 나와 잉글랜드군의 시야에 들어왔는데, 그들 은 기도를 위해 무릎을 꿇었다. 나름 기분 좋은 상태에 있던 에드워드는 이 광 경을 보고는 수행하던 자들에게 물었다. '뭔가? 저 스코틀랜드인들이 오늘 우 리와 싸울 자들인가?' 그들이 스코틀랜드 병사들임을 확인한 에드워드는 그들 이 자신에게 자비를 구하기 위해 무릎을 꿇고 있다고 생각했다. 그러자 그의 스코틀랜드인 협력자들 중 한 사람이 나서서 그들이 자비를 구하고 있는 것은 사실이지만, 그것은 '왕이 아니라 신이 베푸시는 자비'라고 말했다.

시작부터 나타난 전투의 양상은 이것이 폴커크 전투의 재판이 되지는 않을 것임을 보여주었다. 스코틀랜드의 실트론 방어진은 글로스터 백작이 지휘하 는 잉글랜드군의 막강한 공격이 가한 첫 번째 충격을 꿋꿋하게 버텨냈을 뿐만 아니라, 그들의 창을 처음에는 적군의 말을 향해, 그다음에는 낙마한 적의 기 병들을 향해 찌르면서 상대 진영에 엄청난 피해를 입혔다. 잉글랜드의 기병은 도저히 그들의 방어진을 뚫을 수 없었고, 오직 궁수들만이 실트론의 단단한 응집력을 흔들어놓을 수 있었다. 그럼에도 불구하고 잉글랜드의 궁수들은 전투가 상당히 진행되는 동안에도 공격 진형의 후방에 고정 배치되어 있었다. 아마도 그들은 폴커크에서 그랬던 것처럼, 기병들의 반복된 연속 공격이 궁극적으로 실트론의 방어진을 무너뜨릴 것이라고 믿어 의심치 않았으리라. 잉글랜드군은 이 방식이 이번에는 여의치 않다는 것이 확실해진 다음에야 궁수들을 발사 위치로 전진 배치하려고 했다. 그러나 궁수들은 여기저기 널려 있는 말과 기병들의 잔해로 인해 제대로 이동을 할 수가 없었고, 이 틈을 타서 기동력을 갖춘 소수의 스코틀랜드 기병들이 그들에게 기습 공격을 가했다. 웨일스와 가스코뉴 출신 궁수들의 전열이 흐트러지면서 전장에서 퇴출되는 형편이 되었고, 이제 전투는 스코틀랜드의 창과 도끼, 그리고 잉글랜드 기병의 칼과 기병용 창이 맞붙는, 그야말로 찌르고 베기의 양상으로 전개되었다. '피가 갑옷 밖으로 터져 나와 땅으로 흘러내릴' 때까지 양측은 여러 차례에 걸쳐 강력한, 그리고 참으로 날선 공방을 주고받았다. 잉글랜드군의 전초 기병들은 하나둘씩 말에서 떨어져 일관된 동력과 조직을 상실해 갔는데, 이 틈을 타서 스코틀랜드의 실트론 대형이 천천히 전진해 들어오자 그들은 후방에 있는 개천의 진흙투성이 도랑과 실트론 사이에 갇혀버린 꼴이 되었다. 오후 언젠가 브루스는 잉글랜드군이 방어 태세로 돌아선 것을 감지하고 농부들과 요우먼yeomen(소지주)으로 구성된 비정규 예비 병력을 전투에 투입했다. 그들은 도리깨, 망치, 쇠스랑 등으로 무장하고 있었다. 혼란의 와중에서 잉글랜드 지휘관들은 이들을 제2의 스코틀랜드 정규 병력으로 착각했다. 그들은 이제 왕의 신체가 직접적인 위험에 놓이게 되었다고 판단할 수밖에 없었고, 그렇다면 그들에게 가장 긴요한 과제는 왕이 사로잡히거나 살해되기 전에 도피를 모색하는 것이었다.

에드워드 2세는 전투 중에 타고 있던 여러 필의 말이 죽어갔어도 전혀 위축되지 않았지만 결국은 그들의 의견을 받아들여 전장을 떠나기로 했다. 그는 자신의 방패와 문장, 그리고 개인적인 소지품과 옷가지를 남기고 떠났다. (나중에 방패와 문장은 브루스가 정중하게 돌려보냄.) 그가 그곳에 남기고 떠난 것은 또 있었다. 전투 지휘관으로서의 자신의 명성과 4000구에 달하는 시신이었다. 죽은 자들은 잉글랜드, 웨일스, 가스코뉴의 사람들, 그리고 브루스에게 적대적이었던 스코틀랜드인들이었다. 개울은 '너무나 꽉 차 있어서 사람들은 말과 사람들의 시체를 밟지 않고는 마른 발로 지나갈 수 없었다'. 스코틀랜드의 연대기 작가 로버트 페이비언Rober Fabyan에 따르면, 스코틀랜드인들은 다음과 같은 노래를 불렀다고 한다. '잉글랜드의 소녀들은 가슴이 아리겠네. 배넉번에서 죽은 연인을 애도하려면.' 배넉번에서 상실한 또 다른 것은 플랜태저넷 가문이 추구하던 앵글로-로만 제국의 꿈이었다.

로버트 브루스는 그 꿈이 영원히 사라지기를 원했다. 그는 배넉번 전투의 영광에 안주하지 않고 다음 해인 1315년 또 다른 거사를 감행했다. 자신의 동생 에드워드 브루스를 앞세워 노스North 해협을 건너 아일랜드 땅의 잉글랜드 세력을 공격한 것이다. 그는 에드워드 브루스를 돕기 위해 '우리의 친구인 아일랜드의 왕들, 성직자들, 그리고 주민들에게' 범汎게일(켈트) 동맹에 참여해 달라고 초대장을 보냈다. 그리고는 스코틀랜드군은 침략군이 아니라 해방군의 본분을 다할 것을 다짐했다. 아일랜드인들과 더불어 칼레도니아(옛 로마시대의 스코틀랜드)와 이베르니아Hibernia(옛 로마시대의 아일랜드 이름)로부터 가증스러운 잉글랜드인들을 몰아내고, 두 브루스, 즉 스코틀랜드의 로버트 브루스와 아일랜드의 에드워드 브루스가 '우리 땅의 자유로운 인민들'을 통치하겠다는 것이었다.

우리와 그대들, 우리 백성들과 그대들의 백성들은 옛날부터 자유로웠으며, 동일한 조상을 가졌으며, 또한 같은 언어와 관습에 의해 결속된 사람들로서, 우리는 우리가 사랑하는 동족들을 그대들에게 보내 우리의 이름으로 그대들과 협상하게 했는바, 이는 우리와 그대들 사이에 상호 불가침의 특별한 우정을 영구적으로 강화하고 유지하며, 또한 그렇게 함으로써 신의 뜻과 함께 우리 민족이 옛 자유를 회복할 수 있게 하자는 뜻이오.

매우 감동적인 수사였지만, 불운하게도 그 시기가 맞지 않았다. 1315년은 최악의 기근이 눈앞에서 벌어지고 있는 해였다. 오래 가지 않아 에드워드 브루스의 군대는 여느 무도한 기사들 패거리와 하등 다를 바가 없게 되었다. 군대의 인마 유지에 필수적인 식량을 확보하기 위해 그들은 게일의 친구들과 잉글랜드 원수를 구분하지 않고 무력을 행사하기 시작했던 것이다. 절망적인 상황에 처한 스코틀랜드 병사들은 아일랜드 마을 주민들로부터 필요한 것을 취했고, 종국에는 (전해지는 바에 따르면) 막 만든 무덤에서 시체를 파내 먹을 정도가 되었다. 달이 거듭될수록 브루스의 해방 전쟁은 점령 전쟁과 하나도 다르지 않게 되었다.

아일랜드 왕들과 귀족들 모두가 스코틀랜드 해방자들을 맞기 위해 팔을 벌리지도 않았다. 토착 아일랜드인들은 앵글로-노르만 지지자들과 스코틀랜드 지지자들로 갈려서 격렬한 싸움을 벌였다. 더블린에서는 많은 사람이 스코틀랜드에 도시를 내어주는 대신 자신들의 집을 부수어 스코틀랜드에 대항하는 방어벽으로 사용했다. 동시대의 기록에 따르면, 단 한 차례의 전투만으로 1만 명 가까운 인명이 희생되었다. 1318년 에드워드 브루스가 목숨을 잃었고, 그 해 연말이 되기 전에 스코틀랜드 군대는 퇴각했다. 노스 해협을 가운데 둔 양안의 협력 관계 실험이 실패할 수밖에 없었던 이유 중 하나는 로버트 브루스가 처음부터 아일랜드 형제들의 이익을 자신의 것처럼 소중하게 생각하지 않았기 때문이었다. 그는 단지 잉글랜드의 군사적 자원을 스코틀랜드에서 아일랜드로 이동시킬 제2의 전선을 필요로 한 것뿐이었다. 그러니까 아일랜드인들은 남의 싸움에 이용된 것이었는데, 이런 일이 이번 한 번으로 끝나지 않았다. 스코틀랜드 입장에서 보면, 그들이 아일랜드에서 남긴 흔적은 과부와 발라드 ballad뿐이 아니었다. 그들은 배넉번에서 시작한 일을 아일랜드에서 완결함으로써 플랜태저넷 무적 신화를 종결시키는 데 성공했다. '여자와 같이 분노를 참으며 살아가는 대신, 우리의 권리를 지키기 위해 호전적인 자들과 맞붙는 위험을 불사할 수밖에 없었다'는 아일랜드 군주들의 선언은 좋건 나쁘건, 수 세기에 걸쳐서 '정당한 전쟁'에 대한 논의의 필요성을 제기하게 만들었다.

아일랜드 원정의 실패와 더불어, 배넉번의 승리가 스코틀랜드에 대한 과거의 영향력을 회복하려는 잉글랜드의 야심을 완전히 좌절시키지는 못했다는 브루스의 현실적인 판단은 그로 하여금 해외의 지원 세력을 간구하게 만들었다. 물론, 에드워드 2세의 반복된 국경 도발 야욕을 막아낸 건 프랑스라는 외세에 의존했다기보다는 스코틀랜드의 자립적 의지가 있었기 때문이었다. 더욱 의미 있는 사건은, 그들의 명분에 신성함을 부여해 달라고 교황에게 요청하는 과정에서 그들은 스코틀랜드의 자기 결정권에 대한 역사상 가장 설득력 있는 언명을 만들어낸 것이었다. (이 문제에 관한 한 그 어떤 나라의 경우에도 그러할 것이지만) 자기 결정권은 중세 유럽에서는 금구禁句에 속하는 것이었다. 스코틀랜드의 귀족들과 주교들 50명이 하나의 '선언문'에 서명하기 위해 아브로스Arbroath 대수도원에 모였다. 그 선언문을 기초한 사람이 누군지는 알 수 없지만, 그들이 공유한 역사와 문화, 그리고 자유에 대한 브루스와 귀족들, 그리고 주교들의 열렬한 신념을 적절하게 반영하고 있었다. 먼저, 아브로스의 선언문은 신뢰할 수 없는 연대기와 신화 속에서 필요한 이야기를 추려내는 통상적인 고문헌 발굴 작업을 통해 생산된 것이었다. 그들은 몬머스 제프리가 쓴 트로이인Trojan들의 정착기에 의존하지 않는 새로운 신화적 유래가 필요했고, 대안적 우화를 만들어내는 데 성공했다. 이에 따르면, 스코틀랜드인들의 원형은 발칸Balkan의 스키타이Scythia까지 올라가는데, 그곳은 (아브로스 선언 이후 스코틀랜드의 공식적인 수호성인이 될) 성 안드레아St Andrew가 앵글족이나 색슨족의 원형보다 시간적으로 의미 있게 앞서는 기원 후 400년 무렵 그곳 토착민들을 개종시켰던 곳이었다.

그러나 선언문의 핵심은 그보다 더 강력하고 매우 비범한 측면이 있었다. 물론, 문서의 상당 부분은 왕과 통치 기구에 관한 것이었지만, 이것이 그들의 모국을 단순히 현재의 왕정과 구분될 뿐 아니라 잠재적 충돌의 여지가 있는 성격으로 제시해야 했다는 점에서 그만큼 상당한 고통을 감내해야 했기 때문이다. 스노도니아에서 그랬던 것처럼 국민이 곧 주권이라는 주장이 바로 그것이었다. 이러한 생각은 1258년 옥스퍼드에서도 거론된 적이 있었지만, 아브로스만큼 감동적이지는 못했다. 아브로스에서 자유로운 애국자의 이미지는 살아남은 형제들의 연대, 또는 한 사람의 지도자와 결합된 마카베오 형제Maccabees들의 연대로 제시되었는데, 그 연대는 결코 무조건적인 결합을 의미하지는 않았다.

그(로버트 브루스)가 시작했던 과업을 포기하고, 우리와 우리의 왕국을 잉글랜드의 왕이나 잉글랜드인들에게 예속시키는 데 동의한다면, 우리는 그 순간부터 그를 우리의 적이자, 자신의 권리뿐 아니라 우리의 권리까지 파괴한 자로 간주하여, 그를 몰아내는 데 온 힘을 다할 것이며, 우리를 방어할 뛰어난 능력이 있는 다른 사람을 우리의 왕으로 삼을 것이다. 우리들 중에 단 100명만이 살아남는다 하더라도 우리는 결코, 어떠한 조건하에서도, 잉글랜드의 통치를 거부할 것이다. 진정 우리는 영광, 부, 명예가 아닌 자유를 위해 싸우고 있는 것이다. 무릇 제대로된 사람이라면 자유를 포기하기보다는 목숨을 내놓아야 한다.

14세기 중반, 존 바버John Barbour의 시 「브루스The Bruce」 또한 이를 강력한 음으로 읊었다.

아, 자유는 고귀한 것이다! 자유는 사람들로 하여금 좋아하는 것을 가지게 한다네. 자유는 사람들에게 위안을 주는 모든 것을 준다네. 그러면 그 사람은 자유로운 삶을 안락하게 살아간다네.

그러나 에드워드 2세의 잉글랜드에서 자유와 주권은 부자연스러운 짝패처럼 보였고, 왕이 만약 동포들의 이익을 배신했다고 해서 타도의 대상이 될 수 있는 국민적 자기 결정권 선언을 받아들일 가능성은 없었다. 시몽 드 몽포르의 교훈은 오래전에 잊혀졌다. 에드워드 2세는 옥스퍼드 규정 대신 웨스트민스터 사원의 거대한 금빛 조상彫像을 바라보며 영감을 얻는 데 더 익숙했다. 그곳에는 조상들의 시신이 안치되어 있었을 뿐 아니라 '무오성無誤性의 황제에 대한 꿈 또한 간직되어 있었다. 어쨌건, 재앙에 가까웠던 그의 전 통치 기간을 통해 왕국 공동체가 공유한 이익으로 간주될 수 있는 그 어떤 것들도 의도적으로 무시되었다. 비양심적인 개인의 목적을 위해 정부와 정의를 명백하게 농단한 사람들에게 권력과 부, 그리고 총애를 송두리째 안김으로써 에드워드는 자신의 나라에서 마치 외국인처럼 스스로를 소외시키고 있었다. 또한 그가 동성애자라는 것에 대한 사람들의 혐오는 그가 잉글랜드 왕권에 어울리지 않는다는 여론을 증폭시키고 있었다. 그의 왕위를 전복시키려는 시도 중에서, 1321년 랭커스터Lancaster 백작 토머스가 일으킨 첫 번째 거사는 실패했고, 그와 관계가 소원해진 왕비 이사벨라Isabella와 그녀의 연인 로저 모티머가 일으킨 두 번째 거사는 성공했다. 그러나 이들 사건을 두고, 군주라는 개인의 인격체보다 왕국이라는 공동체가 더 중요하다는 드 몽포르의 주장이 다시 한 번 언명된 것이라고 보기는 어렵다. 이사벨라와 모티머는 이기적인 동기에 의해 기회주의적인 정권을 또 다른 기회주의적인 정권으로 교체한 것에 불과했기 때문이다. 그러나 1327년 에드워드의 폐위, 그리고 버클리Berkeley성에서 벌어진 그의 끔찍한 죽음, 그리고 그보다 먼저 일어났던 런던 시민들의 봉기, 에드워드의 총신이었던 디스펜서Despenser 가문의 축출을 사람들이 대놓고 기뻐한 것, 그리고 궁극적인 정권의 전복 등 일련의 사건들은, 왕국 공동체의 후견인들이 보기에 왕이 공동체를 보호할 능력이 없거나 자신의 의무에 대해 부도덕하게 무관심으로 일관한다면 왕을 제거할 수도 있고, 심지어는 그의 신체를 위해할 수도 있다는 생각을 전제로 전개된 것이었다. (세간에 알려진 그의 가학적 성애와 관련하여 맞춤식으로 고안된 형벌이었는지 그는 불에 달군 인두 같은 것으로 직장 부위를 아래쪽에서 위쪽으로 꿰찔려 죽었다.)

따라서 1330년 열일곱 살의 에드워드 3세가 그의 모친과 모티머의 후견권으로부터 벗어나 그중 한 사람을 감금하고 다른 한 사람을 참수했을 때, 잉글랜드에는 왕과 왕국 공동체를 공개적으로 그리고 명확하게 동일시하는 군주가 출현한 것처럼 보였다. 플랜태저넷 가문의 왕다운 모습이었다. 살해당했던 그의 부친은 또 다른 황금빛 무덤에 안치되었다. 그런데 그의 무덤이 참회왕이 있는 웨스트민스터가 아니라 거기에서 어느 정도 거리가 떨어진 글로스터 대성당에 마련된 데에는 어느 정도 정치적인 고려가 작용된 것이 사실이었다. 또한, 그의 모친과 그녀의 측근을 제외하면, 아버지를 축출한 범죄자들에 대해 마녀사냥 같은 복수극을 벌일 생각이 에드워드에게는 없었다. 그 대신 젊은 왕은 잉글랜드의 귀족, 교회, 도시공민, 기사, 그리고 자유농들이 오랫동안 갈망해 오던 선물을 줄 참이었다. 그것은 효율적인 통치는 강압적인 힘이 아니라 협의와 동의로부터 나온다는 통치자의 언명이었다. 잉글랜드 의회의 평민원(하원) 의원들이 불만을 왕에게 청원하면서 그들의 생각이 입법에 반영될 수 있을 것이라는 기대를 하게 된 것은 바로 에드워드 3세 치하에서 비롯된 것이었다. 그리고 왕은 전쟁과 평화의 문제와 관련하여 의회와 상의해야 하며, 특별세나 보조세를 징수하려면 사전에 의회의 동의를 얻어야 한다는 것 등을 의회의 권리로 주장하기 시작한 것도 그의 치하에서였다. 모티머를 체포한 다음 날 발표된 포고령에서 '왕과 그의 왕국의 재산에 관한 문제는 오로지 왕국의 평민원이 결정하게 될 것'임이 천명되었다. 이것은 좋은 소식임이 틀림없었다. 이것이 이런 유형의 마지막 사건은 아니었지만, 브리튼의 다른 지역 사람들에게도 잉글랜드가 어떠한 나라인지를 일깨워주는 계기가 되었다.

5

죽음의 왕

King death

♚

1348년 6월 23일, 성 요한St John 축일 전날, 도싯에서는 중세 잉글랜드의 여느 지역과 마찬가지로 풍년을 기원하는 축제가 열리고 있었다. 밀은 여물어 가고 있었고, 큰 모닥불이 밝혀진 이날 하루만큼은 미혼의 마을 처녀들이 머리에 꽃을 꽂고 장난삼아 구애를 하는 것이 허용되어 있었다. 그러나 같은 도싯의 웨이머스Weymouth만에 위치한 항구 멜쿰Melcombe에서는, 삶이 아닌, 죽음이 진행되고 있었다. 잉글랜드에서는 처음으로 그곳에서 사람들이 페스트pest, 즉 흑사병으로 죽어가기 시작했던 것이다. 페스트 균Yersinia pestis은 이미 그 균이 퍼져 있던 플랜태저넷 지방을 경유해 온 가스코뉴 선원들과 함께 멜쿰항에서 하선했다. 그 균은 벼룩들의 내장 속에 잠복한 채로 멜쿰으로 들어왔다. 그 벼룩들은 인간에게 기생하는 것Pulex irritans일 수도 있었고, 선박과 화물을 생활공간으로 삼았던 설치류 동물의 몸에서 기생하는 것Xenopsylla cheopsis일 수도 있었다. 벼룩들은 때로는 그들의 대소변을 통해 공기 속으로 균을 방출하여 사람들이 들이마시게 하거나, 때로는 숙주의 피를 빨기 전에 무는 행위를 통해 균을 숙주의 혈류 속으로 밀어 넣음으로써 균을 확산시켰다. 페스트 균은 순식간에 잉글랜드 남서부 지역에 자리 잡았다. 멜쿰의 감염자들은 그들의 림프절이 감염되었다는 신호인 사타구니나 겨드랑이가 붓기 시작한 지 대개 나흘 이내에 목숨을 잃곤 했다. 폐까지 균이 침입하면 사망하기까지 이틀 동안 피가 섞인 객담을 뱉어내야 했다. 그들의 기침에서 나온 피나 점액의 작은 방울에 접촉되면 누구든 감염될 수 있었다. 이렇게 해서 페스트 균이 멜쿰항에 상륙한 지 18개월이 경과하면서 잉글랜드뿐 아니라 브리튼 인구의 절반 가까이가 죽음을 맞은 것으로 추정된다.

잉글랜드의 왕은 의사의 역할도 해야 한다고 여겨지던 시절이었다. 에드워드 3세는 역대 어떤 전임자보다도 성스러운 마법을 이용하여 선병腺病, king's evil을 치료하는 걸 좋아했고, 한 번에 수천 명의 선병 환자들을 치료하기도 했다. 그러나 페스트는 만성 질환이 아니라 역병이었다. 게다가 그는 오랜 통치 기간을 통해 최전성기를 구가하면서 다른 문제에 골몰하고 있었다. 예를 들면, '가터 훈장the Order of the Garter' 제정 기념식 같은 것이었다. 이 서훈은 에드워드가 '성배의 기사knights of the Holy Grail'를 재현할 경건한 기사단을 꿈꾸며 창시한 것으로서, 용감한 동반자적 전사임을 스스로 증명한 기사와 귀족에게 수여하고 있었다. 이들에 대한 서훈 의식을 집행하는 공간이며, 헌신이라는 덕목과 정신적 아름다움을 표상하는 공간으로서 새로운 예배당이 윈저성 안에 건축된 것은 이러한 맥락에서였다. 이 예배당은 '용을 죽인 자'로 알려진 3세기 말의 전설적인 영웅, 성 조지St George에게 헌정되었는데, 그는 또한 비잔티움의 수호성인으로서 잉글랜드 십자군의 숭배 대상이기도 했다. 제단 배후의 장식 벽을 만들기 위해 엄청난 양의 매끄럽고 흰색을 띠는 노팅엄셔 설화석고雪花石膏가 사용되었는데, 이를 위해 모두 80마리의 말이 끄는 초대형 짐마차 10대가 윈저까지의 석고 수송을 맡았다. 1348년 8월 10일 성 로렌스St Lawrence 축일, 에드워드의 '베디비어Bedivere'이자 '퍼시벌Percival'이라고 할 첫 서훈 대상자들이 집결했다. 존 그레이John Grey 경, 마일스 스테이플턴Miles Stapleton 경, 바살러뮤 버거시Bartholomew Burghersh 경, 제임스 오들리James d'Audeley 경, 그리고 또 다른 22

명이 그들이었다. 그들은 모두 남색 예복을 걸치고 휘장을 과시하면서 두 사람 씩 짝을 맞추어 예배당 안으로 들어섰고, 이후 일행은 두 개의 종렬로 나뉘어 각각 왕과 흑태자 뒤에 앉도록 안배되었다. 그들은 마치 마상 무술시합의 상대 팀처럼 서로 마주보고 앉아서 찬송가, 설교, 축복으로 이어지는 의식에 참례했다. 그들은 석제의 성 조지 조상彫像을 바라보면서, 역시 성 조지가 프랑스의 성 드니St Denis와 스코틀랜드의 성 안드레아 등 적국의 수호성인들보다 더 강하다고 자부하면서 속으로 기뻐했을 것이다.

왕 역시 자신을 대적할 사람이 없다는 황홀한 기분에 여전히 도취되어 있었다. 지난 10년간 그의 군사적 성취는 너무나 경이로운 것이어서, 신의 특별한 허락이 없이는 그러한 불가사의한 일이 일어날 수 없다고 믿었다. 1329년 발루아Valois 가문의 새로운 프랑스 왕 필리프 5세는 주군의 자격으로 에드워드를 소환했다. 에드워드의 영지 가스코뉴와 관련하여 자신에게 충성 서약을 하라는 것이었는데, 만약 그렇게 하지 않는다면 영지를 몰수하겠다고 경고했다. 에드워드는 프랑스로 건너가서 주군 앞에 무릎을 꿇는 수밖에 없었다. 11년 뒤 그는 그러한 복종의 몸짓보다 더 좋은 방법을 찾아냈다. 그것은 자신이 프랑스의 왕임을 선언하고, 프랑스 왕가의 백합문장fleurs-de-lis을 자신의 문장에 더함으로써 그 뜻을 명확하게 하는 것이었다. 프랑스 왕위에 대한 그의 주장은 지금의 관점에서 보면 어떨지 몰라도 당시로서는 상식을 벗어난 것은 아니었다. 1328년 카페 왕조의 직계 혈통이 단절되었다. 에드워드는 그의 어머니 이사벨라를 통해 1285년에서 1314년까지 프랑스를 통치한 필리프 4세의 손자였다. 다만, 프랑스에서는 남자 혈통으로만 왕위를 잇는 전통이 있었으므로 필리프 4세의 동생들에게 왕위가 넘어갔던 것이다. 에드워드가 선택한 행위의 결과로써 전쟁이 일어났고, 100년 이상 지속된 이 전쟁은 양측에 형언할 수 없는 고통을 불러왔다. 모든 전쟁이 대개가 그렇듯이, 이 전쟁도 처음에는 문서가 왔다 갔다 하는 방식으로 시작되었다가, 곧 창과 화살의 싸움으로 발전했다. 화살이 창보다 더 효율적인 전투력을 발휘했다. 1340년, 플랑드르 슬루이스Sluys

(에클뤼즈L'Écluse) 앞, 즈베인Zwijn강 하구에서 잉글랜드와 프랑스 함선들이 서로 뒤엉켰고, 그 물 위에 뜬 전장에서 양측의 궁수들과 중기병들이 피아간의 살육전을 벌였다. 프랑스 함정 200척이 나포되고, 병사 수천 명이 다치거나 죽고, 익사했다. 그들의 숫자가 너무나 많아서 만약 물고기들이 말을 한다면 프랑스어를 배울 수 있었을 것이다. 6년 뒤, 대규모의 프랑스군이 노르망디 크레시Crécy에서 잉글랜드군과 다시 붙었지만 이전보다 더 참담한 패배를 맛보아야 했다. 그곳에서 잉글랜드군은 프랑스군뿐 아니라 플랑드르와 독일의 기병들, 그리고 제노바Genoa의 장궁長弓 사수들과도 전투를 벌여야 했다. 그러나 적군들은 잉글랜드와 웨일스의 장궁 사수들이 집중적으로 발사하는 가공할 만한 화살 비에 꿰뚫려 마치 바늘겨레 같은 신세가 되고 말았다.

이것이 그해 에드워드가 거둔 달콤한 수확의 전부가 아니었다. 같은 해 로버트 브루스의 아들이자, 스코틀랜드의 왕 데이비드 2세가 노섬벌랜드Northumberland의 네빌스 크로스Neville's Cross에서 머리에 화살을 맞고 부상당해 포로가 되었다. 이로써 프랑스를 지원하기 위해 감행된 스코틀랜드의 잉글랜드 침공은 갑작스러운 종말을 맞았다. 데이비드는 몸값을 받은 뒤에 그를 북쪽으로 인도하려는 잉글랜드 측의 의도에 따라 구금되어 있었는데, 스코틀랜드 측이 충분한 금액을 지불할 의사를 표명하지 않아 계속해서 포로 상태로 남게 되었다. 칭호야 어떻게 되건, 에드워드가 사실상 세 왕국의 주인이 되는 건 단지 시간문제로 보였다. 그럴진대, 1347년 길퍼드에서 열린 크리스마스 축제에서, 머리에서 발끝까지 용이나 백조로 분장을 하고 양 날개까지 갖춘 남녀들이 벌이는 분장극을 지켜보면서, 잉글랜드의 왕실이 온통 환상적인 취향에 빠져들고 있었던 것은 하나도 이상하지 않은 일이었다.

세상에 겁날 것 없던 에드워드였지만, 그조차 결국은 굴복할 수밖에 없었던 군주가 따로 있었으니, 그는 곧 죽음의 왕King Death이었다. 성 조지 예배당에서 가터 서훈 의식을 치른 후 몇 주 뒤에 왕은 그의 딸 조운이 9월 2일 보르도에서 흑사병으로 죽었다는 소식을 들었다. 그녀는 카스티야의 왕자 페드로Pedro와 결혼하기 위해 붉은색의 커다란 실크 침대와 함께 스페인을 향해 가던 중이었다. 이 당시 에드워드의 좌우명은 '있는 그대로 받아들여라'였다. 이 스토아Stoa 적인 금언은 무자비한 전장에서 대살육의 현장을 내려다보면서 내뱉기에는 적합한 말이었는지 몰라도, 딸의 죽음이라는 비통한 순간과 마주치는 순간에는 그다지 큰 도움이 되지 못했다. 알폰소Alfonso 11세에게 보낸 편지에서 그는 딸 조운이 '처녀 천사 성가대the choirs of virgins에 임하기 위해 먼저 하늘나라로 보내졌으며, 그곳에서 우리가 지은 죄를 탄원하고 있을 것'이라고 말하고, 또한 그녀는 자신이 '(무엇보다 그녀의 덕성으로 인해 우리가 사랑해 마지않던) 가장 사랑하던 딸'이었다고 스스로를 위로했지만, 이렇듯 태연을 가장한 그의 신심 사이로 슬픔의 독백이 묻어나왔다. '우리 역시 인간이기에, 우리가 이 쓰라린 슬픔의 상처로 인해 내면적으로 황폐해진다고 해도 누가 봐도 이것이 이상한 일은 아니다.'

전장에서의 승리로 한창 고조되었던 에드워드의 열정이 죽음의 손길에 의해 식어갈 무렵, 그는 캔터베리 대주교에게 요청하여 켄트에서 회개의 기도를 올리기로 했다. 왜냐하면, 그곳 남부 항구들 주변이 흑사병에 의해 가장 직접적인 타격을 입은 지역이기 때문이었다. 그러나 이번에는 대주교 본인이 흑사병에 감염되어 8월 23일 숨지고 말았다. 왕명을 대신 수행하게 된 캔터베리 대수도원의 부원장은 런던 주교에게 보낸 편지를 '무서운terribilis'이라는 단어로 시작했다. '무서운 것은 사람의 아들들을 대하시는 하느님이시며, 그분의 명령에 따라 모든 것은 그분의 의지에 달려 있다.' 그러나 흑사병이 퍼지기 시작한 첫 몇 주 동안에는 그것이 얼마나 무서운 것인지 짐작조차 하는 사람들이 드물었다.

그러나 이것이 전혀 예상하지 못하던 사건은 아니었다. 런던에 있던 이탈리아인들의 상인 및 금융인 공동체는 본국과의 연락망을 통해 1347년 여름과 가을에 걸쳐 역병에 감염된 이탈리아 도시들에 대한 소름 끼치는 이야기를 전해 듣고 있었다. 베네치아Venice 한 곳에서만 10만 명이 죽었으며 그들의 시신은 그곳 석호潟湖 외곽 섬들에 버려졌다고 전해졌다. 시에나Siena, 피렌체Florence, 파도바Padua, 그리고 피아첸차Piacenza 등도 모두 죽음의 제물이 되었다. 특히, 당시 런던에 거주하고 있던 제노바인들은, 애초 흑사병을 근동에서 지중해로 몰고 온 배들이 자기들 것이었기에, 이 역병에 대해 남다른 경계를 하고 있었을 것이 틀림없었다. 피아첸차의 법률가였던 가브리엘레 데 무시스Gabriele de Mussis에 따르면, 1346년 킵차크Kipchak의 칸Khan, 제니벡Janibeg이 이끄는 몽골 군대가 크리미아Crimea의 흑해 항구 카파Caffa를 포위했는데, 이때 페스트 균에 감염된 야생 설치류가 그들에게 묻어옴으로써 중앙아시아 초원 지역의 페스트 균이 그곳으로 옮겨지게 되었고, 몽골군이 균에 감염된 자신들의 동료 희생자들을 투석기를 이용해 제노바인들이 지키고 있던 카파성 안쪽으로 날려 보냈다고 한다. 이는 의도적으로 자행된 최초의 국제적 세균전이었던 셈이다. '산더미 같은 시체들이 도시 안으로 던져졌고, 기독교인들은 가능한 한 많은 시체를 바닷속으로 던졌으나, 그들로부터 완벽하게 몸을 숨기거나 도망칠 방법은 없었다. 곧 시체가 썩으면서 공기를 오염시켰고 물을 오염시켰다.' 1348년 봄, 흑사병은 마침내 알프스를 넘어 북부 유럽을 향하기 시작했고, 프랑스와 저지대 국가들을 통과하면서 잉글랜드 해협을 향해 거침없이 움직이고 있었던 것이다.

신께서는 자신이 인류를 창조하신 것이 실수라고 판단하셨음이 틀림없어 보였다. '자비로운 신이시여, 당신의 창조물을 이렇게 파괴하시고, … 이렇게 갑작스러운 소멸을 명령하시나이까?' 데 무시스는 마음에 상처를 입고 어찌할 바를 몰라 하며 이렇게 물었다. 흑사병이 옛 전차에 달린 낫처럼 유럽을 철저하게 유린하면서, 도시들은 물론, 멀리 떨어진 농촌 마을까지 가리지 않고 휩쓸어오니, 그 어디에도 피할 곳은 없어 보였다. 사람들은 역병이 자신들에게 다가오는 시간을 알아차렸다. 말을 타고 소식을 전한 사람이 갑자기 쓰러지는 일도 많았다. 혼잡한 선술집 한가운데에서 자신의 사업에 골몰하던 한 고객이 갑자기 기침이라도 해대면, 그 술집은 순식간에 빈집이 되었다. 웨일스의 시인

유안 게신Jeuan Gethin은 자신의 차례를 기다리면서 (그리고 그것은 결국 오고야 말았다.) 열에 들뜬 듯 '피부 위에 돋아나는 반점들' 같은 중복적 직유법을 사용하면서 다음과 같이 적었다.

겨드랑이에 종기가 있는 나는 비참하다. 그것은 어디에 나타나건 고통 주고 비명지르게 하는 세차고 무서운 화농부이며, 겨드랑이에 끼어서 운반되는 짐이고, 벌겋게 성이 난 고통스러운 옹이자, 흰색의 부스럼 덩어리이다. 이것은 양파의 대가리를 닮은 사과 모양이다. 이 작은 종기는 그 누구도 살려주지 않는다. 불이 이글이글 피는 숯덩이의 타오르는 기세며, 잿빛 색깔의 견디기 어려운 아픔하며 … 보기 흉한 발진까지 참으로 대단하다. 그것들은 비슷한 것으로 따지면, 검은콩의 씨앗들, 산산이 부서져 버린 엉성한 해탄海炭 조각들, … 고통스러운 장식들 … 독보리 풀의 벗겨진 껍질이자, 반 페니의 돈과 곡식의 낟알 같은 흑색 역병이다.

흑사병은 이미 고통받고 있던 세계에 가해진 치명적인 일격이었다. 역설적이게도 잉글랜드에 (그리고 나머지 브리튼 지역에) 덮친 14세기의 재앙은 앞서 성취했던 성공이 그 원인을 제공했다. 12세기와 13세기의 활발한 경제활동으로 인구가 폭발적으로 증가했다. 노르만 정복 이후 잉글랜드의 인구는 세 배 가까이 증가하여 1300년 무렵에는 400만 명에 육박했다. 개간할 수 있는 땅의 대부분은 - 삼림, 황야, 그리고 늪지에 이르기까지 - 농경지로 활용되었다. 간단히 말하자면, 이제는 그 많은 인구를 부양할 수 있는 충분한 토지가 없었다. 인구의 최소 90%가 토지에 의존하는 삶을 영위하고 있었다. 수 세기 동안 사람들은 변함없이 똑같은 촌락 생활을 지속하고 있었다. 주위의 나무를 베어 만든 목재로 뼈대를 세우고, 나뭇가지와 진흙으로 벽을 채운 뒤에 회칠로 마감한 그들의 가옥에는 하나 또는 두 개의 방이 있었다. 바닥에는 흙이나 점토를 깔고 그 위에 밀짚을 덮어서 발에 묻어 들어오는 마당의 진흙이나 집 안 여기저기 아무렇게나 널려 있는 닭, 거위, 돼지 등 가축의 배설물이 흡수되도록 했다. 창문은 없거나 있다 해도 유리를 끼우지 않은 것이었다. 음식은 개방된 노변爐邊 위에서 조리했다. 집에 딸린 작은 농경지croft 너머에는 촌락의 가옥들이 교회를 중심으로 줄지어 서 있고, 그 너머에는 둘 내지는 세 개의 넓고 울타리가 없는 개방경지들이 있었다. 개방경지에는 셀 수 없이 많은, 좁고 긴 이랑들selions이 있었는데, 마을의 농부들은 자작농이건, 예속농이건 이 각각의 이랑들을 맡아서 농사를 지었다. 그중 형편이 좋은 사람들은 많은 이랑을 보유할 수 있었고 — 그러나 자신이 보유한 이랑들이 연결되어 있는 경우는 드물었다 — 형편이 나쁘면 달랑 몇 개의 이랑만을 보유할 수 있을 뿐이어서 생계를 유지하기에도 벅찼다. 예속농들은 땅을 경작하고 촌락의 공유지에 가축을 놓아기를 수 있는 권리, 또는 공용 목초지에서 기르는 가축에 대한 일정한 몫을 가지는 대신, 영주의 농장에서 일주일에 하루나 이틀 동안 노동력을 제공하거나 아니면 그에 상응하는 현금이나 현물 형태의 지대를 영주에게 지급해야 했다. 그들은 예속된 신분으로 인해 헤아릴 수 없을 정도의 또 다른 부담과 착취의 대상이었다. 가족 중 누군가가 사망하면, 그 집의 가장 귀한 가축은 영주의 차지가 되었다. 누군가 혼인이라도 하게 되면, 또 다른 비용이 부과되었다. 이런저런 경우에 대비해서 농부들은 다른 수입원이 필요했다. 여자들은 맥주를 양조하거나 양털을 빗었다. 남자들은 여가를 틈타 나무를 베거나 짐마차를 끌었다. 아무리 좋게 말하더라도 당시의 잉글랜드는 재앙에 매우 가까이 다가서 있는 사회였다.

아닌 게 아니라, 흑사병 이전 수십 년 동안 잉글랜드 사회는 그 재앙의 경계선을 넘나들고 있었다. 1315~1316년 대기근을 일으킨 파국적인 연속적 흉작에 이어 소 전염병과 양의 질병이 뒤따랐다. (이 또한 지나가자마자 흑사병이 바로 덮치니, 사람들이 이를 사악한 인간들에게 내린 신의 징벌로 받아들인 것은 놀라운 일이 아니었다.) 플랜태저넷 왕가가 일으킨 전쟁으로 인해 세금 징수관들이 그 어느 때보다 빈번하게 지방으로 파견되었다. 이들은 마을별로 할당된 세금을 걷어 왕에게 바쳐야 했고, 그러한 목적으로 지방 행정관과 영주 법정에 압력을 가했다. 다시, 이들 지방 행정관과 영주 법정은 내놓을 것이 가장 적고, 가장 저항하기가 어려운 사람들을 대상으로 압력을 행사했다. 당시 상황을 살펴보면, 자원에 대한 인구 압력이 작용하여 토지와 곡물 가격이 천정부지로 치솟았고, 이에 따라 지주들은 자신들의 토지를 관습법적 규제가 적용되는 장원경제 바깥으로 빼냄으로써 점차 중요해지고 있던 그들의 부동산 가치를 보전하고자 하는 유혹을 받고 있었다. 또한, 지주들 중에는 육체노동의 비용이 저렴해진 것을 기회로 임금 노동자들을 고용하여 자신의 토지를 직접 경작하려는 경향이 생겨났다. 육체노동으로도, 이랑 경작으로도 생계유지가 어려웠던 형편 나쁜 농부들은 언젠가 되찾을 것을 기약하면서 자신의 경작권을 매각하는 수밖에 없었다. 그러나 물가는 계속 올라가고 과거로 돌아가는 것은 갈수록 요원해졌다. 비유하자면, 뚱뚱한 마을 고양이들과 가난한 마을 쥐들의 격차는 점점 더 벌어졌다. 전자에 속하는 자들은 배심원, 맥주 감정사, 지방의 하급관리, 그리고 많은 이랑을 소유한 지주들로서 이들은 자신들에게 다가온 기회를 움켜잡느라고 여념이 없었다. 영주들의 자선 감소로 어려운 상황이 가중되고, 보다 많은 사람이 빈곤해지면서, (쟁기질, 이랑 할당, 추수 등) 자원 및 노동의 집단적 관리에 관한 규칙들을 자발적으로 지키려는 태도가 그 준법성 강하기로 유명하던 잉글랜드에서도 점차 손상되어 갔다. (당시 같은 각박한 세상에서는 결국 중대 범죄로 이어지게 되는) 모든 종류의 경미한 사회적 범죄가 증가하고 이웃 간의 경범성 폭력이 만연했다. 최빈곤층을 위해 남겨진 '이삭줍기'조차 그것을 필요로 하는 차상위 계층 주민들이 야밤을 이용해 취하곤 했다. 휴한지로 묶어놓은 토지에서도 가축들이 불법적으로 사육되었다. 농부들은 '우연'을 가장하여 이웃한 이랑을 불법으로 침해했다. 누구나 기억하듯, 공동의 규칙을 수용함으로써 존립해 온 공동체들이 이제 사적 이익을 탐하는 무리들로 인해 파편화 되어가고 있었다.

정해진 규칙들이 지켜지지 않는다면 남는 건 구걸이나 범죄뿐이었다. 전설뿐 아니라 실제로도 삼림 속 무법 세계가 국민적 문화로 자리 잡은 것은 에드워드 3세 치하에서였다. 또한, 상황이 절망적이었던 사람들, 또는 모험심 강한 사람들에게 도시가 하나의 유혹으로 다가왔다. 흑사병 직전 인구가 거의 10만 명에 달했던 런던의 거대한 개밋둑은 특히 그랬다. 도시로 가고자 하는 사람의 도전 정신이 런던까지 갈 정도로 당차지 않았다면, 자신들의 거주지 인근에도 많은 지역 중심지들이 있었다. 노리치Norwich, 요크, 브리스틀 등은 인구가 1만 명이 넘지 않았지만, 기껏해야 50명에서 100명 사이의 사람들이 사는 농촌 촌락과 비교하면 상상조차 어려운 큰 인구를 가진 메트로폴리스였다. 브리스틀은 잉글랜드의 주요 도시 중에서 가장 먼저 흑사병에 감염된 곳이었다. 이곳은 유럽의 기旣감염 지역에서 출발한 선원, 쥐, 화물을 아무런 제재 없이 받아들이던 항구도시라는 점에서 페스트 균을 재생산하는 데 안성맞춤이었다. 이 도시의 좁고 빽빽한 도로에는 촌락과 마찬가지로 가축들이 사육되고 있었고, 가옥의 뒷마당은 돼지, 닭, 그리고 사료용 잔반으로 가득 차 있었다. 골목길에는 (깨끗하게 정돈하라는 왕의 주문에도 불구하고) 열린 하수로가 있었고, 무두질과 염색 공장에서 나오는 유독한 폐기물이 흘렀다.

1348년 여름, 이 불결하고 부산한 공동체에서 고정된 삶을 살던 사람들은 벼룩이 무는 것을 제때에 알아채지 못했고, 그것을 알았을 때에는 이미 그 지독한 서혜선종鼠蹊腺腫이 나타난 다음이었다. 매일 수백 명이 죽어나가면서 시체가 쌓이기 시작했는데, 저항력이 가장 약한 어린아이, 노인, 그리고 빈곤층이 가장 먼저 희생되었다. 완전히 감염에 노출된 시읍에서는 거의 두 사람 중 한 명이 − 인구의 45%가량이 − 1년 안에 사망했다. 브리스틀 시의원 52명 중에서 15명이 6개월 이내에 사망했고, 그들의 이름 위에는 'X'가 그어져 지워졌다. 연대기 작가인 헨리 나이턴Henry Knighton은 브리스틀에서 다음과 같이 적었다. '도시의 거의 모든 곳이 초토화되었다. 일단 한 번 누우면 2일이나 3일을 넘기지 못했기에 급작스러운 죽음이 그들을 위해 예비 되어 있는 듯했다.' 나이턴의 고향 도시인 래스터의 한 소교구에서는 불과 며칠 사이에 700명이 죽어갔다. 요크셔의 수도사 토머스 버턴Thomas Burton에 따르면, '역병이 점차 강해지더니 남자와 여자들이 길거리에서 갑자기 쓰러져 죽어가는 지경이 되었다'. 지방의 소도시들은 갑자기 두 구역으로 나뉘어, 한쪽은 산 사람들의 도시, 다른 한쪽은 죽은 사람들과 죽어가는 사람들의 도시가 되었다. 가족들은 ─ 중세 잉글랜드에 관해 널리 알려진 것과는 달리 그들은 양친과 자녀들로 이루어진 핵가족이었다 ─ 건강한 식구들이 병든 식구들을 놓고 떠나야만 하는 가슴 에이는 이산의 고통을 겪어야 했다. 아픈 자녀를 위해 아무것도 해줄 것이 없었던 부모들은 아직까지 감염되지 않은 나머지 아이들의 생명을 구하기 위해 그 어떤 자책감이 들더라도 그들을 포기할 수밖에 없었다. 웨스트민스터의 한 수도사는 '그 시절에는 슬픔 없는 죽음, 애정 없는 결혼, 가난 없는 결핍, 그리고 탈출구 없는 도피가 있었다'라고 썼다.

그때까지 당연시되던 모든 것이 갑자기 질문의 대상이 되었다. 예컨대, 빵 굽는 이도 없고, 대부분의 집 노변에서도 빵을 굽지 않는데, 어디에서 빵을 구할 수 있을까? 아무도 일하는 이가 없는데, 어디 가서 약초를 구할 수 있을까? 사체의 부패물이 접촉성 전염을 유발하고 있는데, 누가 시체들을 치울 것인가? 켄트주의 로체스터에서 윌리엄 딘William Dene은 다음과 같이 적었다.

아아, 이 떼죽음은 너무나 많은 남녀를 삼켜버려서 죽은 자들의 시신을 무덤으로 옮길 사람조차 찾지 못하겠네. 그런 와중에 남자들과 여자들이 어린 자녀들을 어깨에 메고 교회로 데려가서 그곳 공동묘지에 내려놓았는데, 거기에서 올라오는 악취가 너무나 심해서 누구라도 교회 경내를 지나가기가 어려웠다네.

큰 도시일수록 외상으로 인한 충격이 더 컸다. 흑사병의 첫 파도가 런던을 덮쳤을 때, 런던시의 매 1평방마일마다 매일 300명씩 죽어나갔다. 사람들이 죽어가는 것과 같은 속도로 커다란 구덩이를 가진 새로운 묘지들이 생겨났다. 이스트 스미스필드East Smithfield의 시신들은 위아래 다섯 겹으로 포개진 채 서둘러 매장되었다. 1999년, 스피털필즈Spitalfields에 있던 오래된 병원 묘지를 발굴하던 고고학자들은 인접 구역에서 매우 색다른 무언가를 발견했다. 그것은 다수의 어린아이들을 포함한 수천 구의 시신을 매장한 하나의 큰 구덩이였는데, 급작스러운 역병이 사람들에게 불러온 공황 상태를 충격적으로 보여주었다. 일반적인 묘지처럼 시신의 다리를 동쪽으로 향하도록 해서 죽은 자가 심판의 날에 예루살렘을 똑바로 보고 설 수 있도록 조심스럽게 묻는 대신, 이곳의 수많은 시신은 마치 인간쓰레기들처럼 구덩이에 뒤죽박죽으로 내던져져 있던 것이다. 런던 주교가 내준 땅에도 이러한 임시변통의 매장장이 하나 만들어졌다. 담이 둘러쳐진 이곳은 곧 '그 누구의 것도 아닌 땅No Man's land'이라는 별명을 얻었다. 존 스토John Stow는 1598년 런던을 개관하는 글을 쓰면서, 이 묘지 구덩이에 버려진 5만 구의 시신들을 언급한 에드워드 3세 시대의 문서를 읽었다고 주장했다. 물론 이 숫자는 과장된 것이겠지만, 그럼에도 불구하고 흑사병이 얼마나 심각한 재앙이었는지를 충격적으로 일깨워준다고 할 것이다.

시신들 중에는 불가피하게 사제의 도움 없이 창조주에게 직행해야 하는 경우가 많았을 터인데, 이는 소교구에 내려 보낼 가용한 사제들의 숫자 자체가 줄어들고 있었기 때문이었다. 1349년 1월, 바스와 웰스Wells의 주교는 소속 성직자들에게 다음과 같은 지침을 내렸다. '돈을 주건 안 주건, 병자를 방문하거나 종부성사를 집전할 사제들을 찾기가 어렵다. 아마도 병을 옮을까 겁내기 때문일 것이다.' 그러니 속인들에게 말하라. 어떤 사제도 찾지 못하면, 그들의 죄를 평신도에게 고백해도 되고, '만약 주위에 남자가 없으면 여자에게' 해도 된다. (이는 매우 급진적인 태도였다.) 그러나 주교들은 종종 귀족 신분이었고, 이들 교회의 우두머리들은 자신들이 살아남아야 한다는 명분으로 합리화하면서, 세속의 다른 부자들이 하듯이 도피라는 사치스러운 길을 선택하기도 했다. 축축하고 늪이 많은 이스트 앵글리아에 위치한 노리치는 흑사병으로 가장 심각한 타격을 받은 지역 중 하나였는데, 그곳 주교 베이트먼Bateman은 1349년 여름의 대부분을 말을 타고 여행하면서 보냈다. 그는 흑사병보다 빨리 달리려고 애썼고, 종국에는 혹슨Hoxne에 있던 자신의 저택에 도착한 뒤, 최악의 경우가 겁나서 집 안에 칩거했다. 이 무렵 흑사병은 브리튼섬의 모든 지역을 관통하고 있었다. 그럼에도 자신들의 안전을 과신한 스코틀랜드인들은 잉글랜드의 취약한 상황에 고무된 나머지, 지금이야말로 에드워드에 대한 공격을 개시하여 잃어버린 것들을 되찾을 절호의 기회라고 판단했다. 병사 수천 명이 전통적인 징집 장소인 셀커크 숲에 정해진 날짜에 맞추어 군집했다. 그러나 행군이 채 시작되기도 전에 역병이 주둔지를 덮쳤다. 군대는 해산되고, 5000명이 죽었으며, 나머지는 역병을 몸에 지니고 고향으로 돌아갔다.

도망갈 곳이 없는 사람들은 그들의 운명에 복종하기로 했다. 외부와 단절된 공동체인 수도원들은 특히 심한 타격을 입었다. 요크셔에 있는 시토 교단 소속의 모Meaux 수도원은 수도사 42명 중에서 10명만이 흑사병의 첫 파도에서 살아남았다. 몇 안 되는 생존자 중에는 장래의 수도원장 토머스 버턴이 포함되어 있었는데, 그는 8월 중에만 수도사 22명과 속인 6명이 희생당했다고 기록했다. 하루에 6명을 한꺼번에 매장한 날도 있었다. 아일랜드 킬케니Kilkenny에서 프란체스코회 수도사 존 클린John Clynn은 마치 세상의 끝에서 자신의 수의를 재기라도 하듯이, 그동안 목격했던 공포를 앞에 내려놓고 다음과 같이 적었다. '수많은 불운을 보면서, 그리고 온 세상이 악령으로 둘러싸인 채 죽은 자들 사이에서 다가올 죽음을 기다리고 있음을 보면서, 나는 실제로 내가 들은 것들을 기록하기로 했다. … 글 쓰는 이와 함께 글이 없어지지 않고, 일하는 사람과 함께 그 과업이 사라지지 않도록 하기 위해, 미래에 그 누구라도 살아남아서 글쓰기를 계속할 수 있도록 나는 양피지에 글을 남긴다.' 어느 지점에선가, 두 번째 작가는 이렇게 쓴다. '여기에서 글의 저자가 죽은 것 같다.'

잔혹했던 흑사병의 첫 파도가 가져다 준 충격으로부터 벗어난 생존자들은 '왜 우리를?' '왜 지금?'이라는 물음을 던질 수밖에 없었다. 유럽의 많은 사람에게 그 답은 명쾌했다. 유태인들이 우물과 강에 독을 탔다는 것이다. 이 때문에 과거에도 그랬듯이 대학살이 일어났다. 그것이 기독교도들의 마음을 달래줬는지는 몰라도, 그렇다고 서혜선종이 멈춘 것은 아니었다. 이미 유태인이 사라지고 없던 잉글랜드에서는 지식인 집단과 신앙적 집단이 각기 다른 답을 내놓았다. 두 공동체 모두 답이 하늘에 있다고 믿었다는 점에서는 공통적이긴 했다. 많은 지식인은 행성 세 개가 태양과 같은 방향에서 목격되는 현상이 죽음을 불러일으킨 것으로 보았다. 다시 말하면, 선하고 젖은 성질의 목성, 격렬하고 마른 성질을 가진 화성, 그리고 모호하고 악의적인 성질을 가진 토성의 3중 연결이 문제였다는 것이다. 어떤 지식인들은 불결한 위생이 그 원인이었다는 진단을 내렸다. 사람과 짐승의 배설물, 썩은 생선, 그리고 오염된 물이 호수, 습지, 배수구 위로 올라와 공기 속으로 증발하여, 눅눅하고 연무가 많은, 그리고 치명적인 독기를 머금은 하나의 공기 막을 형성했는데, 이것이 지표면에 머무르면서 감염원을 만들고 이를 마치 씨앗을 뿌리듯이 땅으로 되돌려줌으로써 발생한 현상이라는 것이다. 자신의 생존 확률을 높이고자 하는 사람들은 오염된 공기가 덩어리를 이룰 가능성이 많은 무두질 공장, 정육점, 심지어는 (찌를 듯이 자극적인 육욕의 냄새가 불길한 독기운의 주요 원천이라는 생각에서) 매춘업소에 이르기까지, 다중이 군집하는 장소를 피해야 한다는 충고를 귀담아 들었다. 그들은 또한, 만약 (14세기 사람들이 대부분 그러했듯이) 그 위험한 악취를 피할 수 없는 상황이라면 꽃 박하, 라벤더, 사향초 등 향기로운 냄새가 나는 허브류 식물을 작은 다발로 만들어 목에 두르거나 몸에 지님으로써 독 기운에 예방적으로 대응할 수 있다는 충고도 적극적으로 받아들였다. 약초의醫들은 이미 감염된 환자를 위한 해독용 약제를 제공하기도 했다. 한 약초지誌는 다음과 같이 권했다.

남자라면 운향풀 다섯 컵, 여자라면 매발톱꽃의 작은 잎사귀 다섯 잎을 준비하고, 또한 아주 많은 양의 금잔화 꽃도 준비한다. 갓 낳은 신선한 달걀 한 개를 구해 한쪽 끝에 구멍을 뚫고 안에 있는 내용물을 뽑아낸 뒤에 불로 가져가 가루가 될 때까지 굽되 타지 않도록 한다. 상당량의 당밀과 함께 이 모든 약초를 좋은 에일 맥주와 함께 끓이되 무리하게 압력을 가하지 않는다. 그리고 환자에게 이것을 3

일 밤낮 동안 마시게 하라. 만약 그들이 이것을 위장 속에 붙들고 있으면 [이것은 최상의 상황에서도 지키기 힘든 무리한 주문이었다] 목숨을 지킬 수 있을 것이다.

만약 신의 결정이 생존이 아닌 다른 것이었다면, 세상의 그 어떤 묘약이라 해도 신의 결정을 변경시킬 수는 없었다. 이미 많은 사람은 신의 분노를 불러 일으킨 것은 공기 속의 무질서가 아니라 인간의 행위라는 결론에 도달했다. 1344년 레딩Reading에 사는 존이라는 사람은 부끄러움을 모르는 사람들의 의복 이야말로 허영과 방탕의 증후이며, 이는 반드시 신의 처벌을 불러들일 것이라 고 경고하면서 다음과 같이 적었다. '옷을 너무 꽉 끼게 입은 여성들은 자신들 의 엉덩이를 가리기 위해 치마 뒤편 안쪽에 여우 꼬리를 매달았다.' 헨리 나이 턴이나 토머스 버턴 같은 수도사들은 1340년대 마상시합의 파렴치한 행태가 징벌을 초래했다고 믿었다. 버턴은 '성적 욕망을 채우기 위해' 남편이 아닌 정 부들과 어울려 떼를 지어 마상시합장으로 들어오던 여인네들을 떠올렸다. 나 이턴이 생각하기에 더욱 나쁜 것은 여자들이 이 현란한 놀이에 참석하면서 남 자 복장을 한 것이었다. '작은 두건이 달리고 거기에서 내려오는 끈 같은 긴 헝 겊들이 머리를 휘감는 얼룩진 색깔의 짧은 웃옷, 중심 부분에 금, 은의 두꺼운 장식이 있는 벨트, 그리고 배꼽 아래 가죽 주머니에 단검이라고 불리는 칼을 매단' 복장이 그것이었다. 베네딕투스 수도회 소속의 위대한 설교자 토머스 브 린턴Thomas Brinton은 에드워드 시대 잉글랜드의 호색적이고 자기만족적인 행태 를 자세히 살펴본 뒤에, 이것이 철저하게 혐오스러운 것임을 발견했다.

우리의 믿음은 충실하지 않다. 세상의 눈으로 볼 때 우리는 고결하지 않을 뿐 아 니라 세상 모든 사람 중에서 가장 옳지 못하며 그 때문에 신의 사랑을 얻지 못한 존재일 뿐이다. 잉글랜드 왕국에 일어난 그토록 처절한 결실의 감소, 그토록 잔 인한 역병, 그토록 넘쳐나는 불의는 바로 그 때문이다. 어디를 보더라도 호색과 간음이 넘쳐나서 자신의 아내에게 만족하는 남자는 거의 없고, 모든 남자가 이웃

집 아내를 갈망하거나 냄새나는 첩을 데리고 있기 때문이다.

이것이 맞는다면, 허브로 만든 어떤 묘약도, 또한 에드워드 3세가 런던시에 명령한 바와 같은 도로 위생도 장기적인 구제책이 될 수 없었다. 필요한 것은 도덕적 청결 운동이었다. 이 운동은 종교적 목적의 행진, 단식, 참회, 그리고 동정녀 마리아의 중재를 간구하는 기도 등으로 시작하더니 역병에 감염된 전국 방방곡곡을 휩쓸었다. 도덕적·물리적인 오염이 가장 집중되었던 시읍 지역 거주자 중에서 탈출 수단을 가지고 있던 사람들은 시인 존 리드게이트John Lydgate의 충고를 행동에 옮겼다. 그의 『역병에 대한 식이요법과 지침Dietary and Doctrine for the Pestilence』은 사리분별이 있는 사람이라면 공기와 풍속이 비교적 깨끗하고 전염이 덜 되었다고 판단되는 농촌 지역으로 가야 한다고 권유했다.

그들이 정말로 농촌 지역이 그러할 것이라고 기대하고 갔다면, 그들은 충격을 받았을 것이다. 그들을 기다리고 있던 것은 모든 것이 방치된 황폐한 풍경뿐이었다. 가옥들의 4분의 1은 비어 있었고, 긴 낫, 원형 낫 가리지 않고 모두 녹슬어 있었으며, 모루와 베틀에는 먼지가 쌓여 있었다. 양들과 소들은 추수도 하지 못한 들판에서 방황하고 있었다. 헨리 나이턴은 적었다. '돌봐주는 이 없이, 셀 수 없이 많은 가축이 들판과 소로 위에서, 그리고 울타리 안에서 죽어갔다.

역사가들은 긴 흐름으로 역사를 보려 하며, 순간적인 감정에 흔들리지 않으려고 한다. 많은 역사가는 흑사병이 가져온 즉각적인 외상보다는 그 이후의 역사적 흐름을 긴 호흡으로 읽으려고 노력해 왔다. 그들의 결론은, 흑사병이 흔히들 생각하듯 14세기 초 이미 약해질 대로 약해진 궁핍한 농촌 사회를 공략하여, 마치 키질하는 사람처럼 보다 더 취약한 마을을 골라서 농촌에서의 삶을 하나에서 열까지 송두리째, 그 흔적까지 파괴해 버린 '죽음의 신'은 아니었다는 것이다. 그러나 그들의 결론에도 불구하고, 불과 1년 만에 전체 인구의 60%를 잃은 서퍽의 베리 세인트 에드먼스Bury St Edmunds 주변의 촌락들처럼 흑사병의 잔인한 타격을 입은 사람들에게, 후세의 사가들이 말하듯 이 모든 것이 봉건적 장원경제에서 화폐경제로 넘어가는 구조적 전환이라는 역사적 흐름의 일환이었다고 말해 준들 아무런 위안이 되지 못할 것이다. 마을 사람들의 눈에 들어온 광경은 유아들의 사체, 졸지에 고아가 되어 방황하는 더러운 형색의 어린아이들, 잡초 속에서 웃자란 작물, 사라져버린 소교구의 사제들, 그리고 젖을 짜지 못해 몸이 부어올라 울어대는 소들뿐이었다.

장원의 문서들은 흑사병이 덮친 첫 1년 사이에 정확하게 어떤 일들이 일어났는지를 생생하게 기록하고 있다. 판햄Farnham에 있는 윈체스터 주교의 장원에서는 전체 주민의 3분의 1이 넘는 52가구의 가족이 흑사병 발발 첫해에 죽었다. 주교 장원의 관리인은 처음에는 빈 땅을 새로 경작할 사람을 구하는 데 어려움이 없었고, 오히려 소작인이 바뀔 때 징수하는 점유료entry fee를 받을 수 있어서 더 좋았다. 그러나 흑사병이 재차 덮친 1350년 무렵에는 상황이 매우 심각해졌다. 흑사병이 완전히 사라질 때까지 판햄에서 죽은 사람들의 숫자는 1300명에 달했고, 관련 문서들은 숫자와 함께 희생자들의 이름을 올림으로써 재앙에 대한 인간적인 의미를 부여했다. 그 이름 중에는 마틸다 스티커Matilda Stikker와 마틸다 탤빈Matilda Talvin도 있었는데, 마틸다 스티커는 가족들과 함께 스러져갔고, 그녀의 시중을 들던 소녀 마틸다 탤빈은 주인 가족이 모두 죽는 바람에 일자리를 잃었다. 그러나 판햄을 덮친 흑사병은 때로는 생각지도 못했던 것을 가져다주기도 했다. 미성년자였던 존 크러드채트John Crudchate는 고아가 되었는데, 그냥 고아가 아니라 아버지와 삼촌으로 추정되는 친족으로부터 토지를 상속 받은 고아였다. 그는 상속받은 이랑들을 통합하여 작지만 만만찮은 마을 재산을 일굴 수 있었고, 이는 가장 곤궁한 처지에 빠졌던 어린 크러드채트를 마을에서 제일가는 상속자로 바꾸어 놓았다. 그는 이제 거위 고기도 먹을 수 있게 되었다.

잉글랜드, 웨일스, 그리고 스코틀랜드의 농촌 사회에는 중대한 변화가 진행되고 있었다. 경제적 힘의 균형이 극적으로 바뀌고 있었고, 이는 역사상 처음으로 영주가 아닌 민중의 편에서 작동하고 있었다. 판햄의 장원 관리인은 — 후일 그 자신도 흑사병으로 죽게 되는데 — 추수 비용이 흑사병 이전의 두 배에 해당하는 1에이커당 12펜스가 들어간다고 불평했다. 노동자의 숫자가 줄어들었고, 그에 반비례하여 임금이 올라가기 시작했던 것이다. 판햄만 그런 것이 아니라 전국이 같은 양상이었다. 흑사병이 과연 이러한 농촌 대변혁의 원인이었는지, 혹은 여러 세대에 걸쳐서 진행되어 오던 일련의 과정을 완성시키는 계기를 제공한 것일 뿐이었는지를 떠나서, 중세 말기 브리튼의 농촌 지역은 불가역적으로 변화된 세계였다. 한 가지만 말하자면, 그 세계에는 더 이상 농노가 존재하지 않았다. 언젠가부터 비자유농에게 무임금으로 노동을 강제하는 일은 어려워졌다. 과거 그들은 땅과 집을 점유할 수 있도록 허용된 법적 권리의 대가로, 영주를 위해 건초를 운반하고 쟁기질을 해야 했지만, 이제 노동의 수요와 공급의 법칙이 확실하게 생존자들의 편에 선 상황에서, 더 이상 과거와 같은 무급 노동은 사실상 불가능하게 된 것이다. 이제 농부들은 영주나 관리인이 어떤 일을 해달라고 하면 임금을 지불해 줄 것을 요구하거나, 더 나아가 종전보다 더 높은 임금을 요구할 수 있게 되었다. 그뿐 아니라, 유기된 차지借地가 새로운 차지인을 찾게 될 경우, 토지의 점유 조건을 결정하는 사람들은 지주가 아닌 소작인이었다. 만약 어떤 지주가 이 완전하게 바뀐 경제적 현실을 받아들이지 못한다면, 농부가 할 일은 그곳을 떠나서 경제적 현실을 보다 확실하게 이해하고 있는 다른 장원 소유자를 찾아가는 것이었다. '도시의 공기는 자유롭다'라는 말은 1년간의 도시 거주 요건을 충족하면 농노라는 법적 신분을 변화시킬 수 있었던 것을 가리키던 오랫동안 확립되어 온 법적 원칙이었다. 그러나 흑사병이 가져온 새로운 세상에서는 그런 조건조차 의미가 없었다. 무엇이건 사라지는 것이 일상이 되어버린 세상에서, 장원을 떠난 농부가 어디로 갔으며, 무엇을 하고 있는지 알 수 있는 방법은 거의 없었기 때문이다. 수십만 명의 농부들이 노동시장을 따라 경제적·사회적 전망이 가장 밝아 보이는 곳을 찾아서 이동했다. 그 누구라도 이를 막을 방법은 없었다.

서펵의 스타버튼Staverton 마을에서 한 예속농 가구의 일원이었던 매튜 옥스 Matthew Oxe는 이런 이주민들 중의 한 사람으로 자신의 농노 신분과 촌락 마을에 안녕을 고했다. 1430년 무렵 매튜는 어디론가 사라졌는데, 노펵 공작의 프랭림엄Framlingham성에서 하인으로 일했을 가능성이 있다. 아무튼 그는 25년이 흐른 뒤에 의기양양하게 귀향하여 그가 자유민임을 증명하는 서류를 스타버튼의 장원 법정에 제출했다. 매튜는 장원 법정에 공식 문서로 등록된 이 '해방 인가서'의 초본을 얻기 위해 6펜스를 지불했다. 이는 그와 그의 후손이 자유민임을 선언하는 것이었다. 더불어, 그와 그의 후손들은 일하는 짐승 같은 느낌을 주는 옥스Oxe라는 성을 버리고 그룸Groom이라는 성을 쓸 것임을 밝혔다. 앞으로 기사 계급 대열에 들어갈 야망을 가진 사람에게는 더할 나위 없이 어울리는 이름이었다.

이럴진대, 흑사병은 농촌 지역의 오랜 사회적 위계질서를 뒤흔들어 놓고, 힘 있는 자와 힘없는 자 사이의 관계를 새롭게 재정립하게 한, 생각하지도 못했던 해방자였다. '시키는 대로 하고, 지금 있는 위치에 머물라. 그러면 너는 너에게 해를 끼치고자 하는 자들로부터 우리의 보호를 받으리라.' 이는 복종과 보호라는 쌍무적 계약에 의거하여 지난 수 세기 동안 작동해 온 봉건체제의 핵심 원리였다. 그런데 이것이 자루 긴 큰 낫을 휘두르는 흑사병의 맹습에 직격탄을 맞은 것이다. 14세기 중반에 이르러, 힘없는 자들을 '보호'해 줄 책임이 있었던 사람들, 즉 영주의 관리인, 영주 법정의 판사, 기사들과 그들의 동료 배심원, 심지어는 영주 자신과 가족들, 향사鄕士들과 그들의 하인들이 앞다투어 죽어버리니 그 보호의 약속은 공허한 울림이 되어버렸다.

물론, 이 세계는 상호 간 의무를 전제로 하는 봉건적 질서와 완전하게 단절된 개인주의적 세계는 아직 아니었지만, 그럼에도 불구하고 자조의 개념이, 갑작스럽게도, 바람직하게 여겨질 뿐 아니라 또한 절박하게 요구되는 세상임에는 분명했다. 이것은 사회적 권력의 구조뿐 아니라 종교적 믿음의 구조까지 흔들어버렸다. 기도와 출행, 그리고 참회에도 불구하고, 신의 분노는 그러한 눈물의 통회만으로는 누그러지지 않을 것처럼 보였다. 흑사병은 1361년 다시 돌아와서, 과거처럼 인구의 절반은 아니지만 남은 인구의 최소한 4분의 1에 해당하는 목숨을 앗아갔을 뿐 아니라, 이후에도 20년에서 25년을 주기로 덮쳐왔기 때문이다. 성직자들은 처음부터 일반인들보다 높은 비율로 희생당했는데, 그것은 그들이 병들고 죽어가는 이들을 의무로서 보살펴야 하는, 말하자면 전염병의 최전선에 있었기 때문이었다. 주변에 성직자가 없을 경우 속인에게 종부성사를 집전할 권리를 부여한 1349년의 결정은, 그것이 아무리 한시적인 조치라 할지라도, 성사에 관한 성직자의 절대적인 독점 원칙을 훼손했을 뿐 아니라, 나아가 당연히 죽음을 두려워했을 속인들이 다가올 죽음을 맞이하여 스스로 최상의 대비를 하도록 조장하는 경향이 있었을 것이다. 점차 구원은 개인이 스스로 감당해야 하는 일로 여겨졌다. 보호자 역할을 해야 할 교회로부터 자신들이 버림받은 것 같다는 느낌은 일부 대담한 사람들을 위험스럽게도 (또는 흥미롭게도) 이단 비슷한 생각으로 이끌었다. 옥스퍼드의 신학자 존 위클리프John Wyclif는 구원과 관련하여 사제의 존재는 필수적이지 않으며, 모든 기독교 신자는 성경 말씀 속에서 각자 진정한 구원의 길을 찾을 수 있다고 가르쳤다. 그의 복음을 따르는 사람들, 즉 롤라드파Lollards가 초기에 이단 혐의로 공식 소추되는 상황을 모면할 수 있었던 것은 위클리프에게 에드워드 3세의 세 번째 아들 '곤트Gaunt의 존John'을 비롯한 강력한 보호자들이 있었기 때문이었다. 롤라드주의에 대한 곤트의 열렬한 믿음으로 인해 이를 지지하는 작지만 강력한 기사 집단이 형성되어 있었던 것이다.

이들보다 덜 대담한 사람들은 교회가 금지한 방식을 택하는 대신, 용인된 범위 안에서 그들 나름대로의 개인적인 구원의 길을 추구했다. 가진 것이 없는 사람들은 베킷과 같은 성인들의 무덤으로 순례를 떠나 자신들의 죄를 위해 대신 기도해 달라고 간구했다. 가진 것이 있는 사람들에게는, 혹시나 흑사병으로 인해 갑작스러운 죽음을 맞이하게 되어 적절한 방식으로 신의 자비에 자신을 맡길 수 없게 되는 경우에 대비하여, 일종의 보험을 드는 방법이 있었다. 그것은 챈트리chantry였다. 이는 흑사병 이후에 처음으로 확산된 개념에 근거한 것으로서, 죽은 영혼에 대한 마지막 판결이 내려지기 전에 연옥煉獄이라는 돌출성이 중간 지대에 머물면서 자신의 죄를 속죄하는 절차를 거친다는 것이었다. 챈트리는 사후 자신을 위한 기도를 해줄 특별한 예배당, 즉 공양당供養堂을 짓거나 또는 자신을 위해 기도해 줄 성직자를 지명하여 미리 내는 헌금이었다. 약정된 수도사의 기도 시간이 많을수록 헌금액이 커졌으며, 그 기도 시간에 비례하여 연옥에서 보내는 시간이 줄어들 터였다. 의심스러우면 크게 쓰는 것도 하나의 방법이었다. 예컨대, 경건하기로 이름이 있던 헨리 5세는 그의 영혼을 위한 기도를 1년에 2만 차례, 그리고 성모 마리아의 기쁨을 위해 5000차례의 미사를 올리기에 충분한 금액의 헌금을 남겼다.

그러나 비록 그들이 천국의 공간을 마련하기 위해 미리 돈을 쏟아부었다 하더라도 막강 권세와 재산을 가진 자들은 '죽음의 왕', 즉 흑사병이 자신들의 허세를 조롱할 수 있다는 것을 잘 알고 있었다. 흑사병이 유행하던 시기에 세 명의 산 자와 세 명의 죽은 자에 대한 이야기가 널리 퍼졌다. 잘생긴 젊은 왕 세 명이 어느 하루 사냥을 나갔다가 각기 부패 상태가 다른 세 구의 시체와 맞닥뜨린 이야기가 그것이다. 세 명의 산 자는 교대로 '나는 두려웠어', '보라, 내가 무엇을 보고 있는지', '생각하건대, 이들은 악마인 것 같아'라고 지껄이기 시작했다. 한편, 죽은 자들이 내뱉은 말은 '그대들도 이렇게 될 거라네', '나도 아주 괜찮았었지', '신의 사랑을 명심해' 등이었다. 3인조 중에서도 가장 섬뜩해 보이는 자가 훈계조의 이야기를 이어나갔다.

내가 그대들, 고귀한 혈통과 부를 즐기고 있는 군주들, 즉 왕들과 귀족들의 조상이라는 것을 알라. 그럼에도 지금의 나는 너무나 소름 끼칠 정도로 추하고 벌거벗은지라 한낱 벌레들도 나를 업신여긴다는 것도 알아야 하느니.

이는 에드워드의 왕국이 미처 대비하지 못한 종류의 침공이었다. 이는 죽은 자에 의한 산 자의 공간 침공이었다. 흑사병의 세계에는 뒷마당과 묘지 사이의 경계가 무너진 것 같은 느낌, 그리고 어쩌면 죽은 자들의 경고처럼, 구원의 길을 돈으로 살 수 없을지도 모른다는 특유의 으스스한 느낌이 존재했다. (마치 예수처럼) 죽음에 대한 승리를 선언한 무덤의 조상彫像들은 아직은 시기상조인 듯 느껴졌다. 14세기 후반 유럽에서 유행한 무덤 양식 중에 '죽음의 평등'이라는 개념이 적극적으로 반영된 것은 이 때문이었다. '트랑시transi 무덤' 또는 '사체상死體像 무덤'은 (여기에서 트랑시는 문자 그대로 '쇠해버린' 것을 뜻하는 것으로 사체의 상태를 나름 적절하게 묘사하고 있는데) 무덤의 주인이 먼지와 구더기로 그 자신이 환원된다는 것을 자각하고 있음을 알리는 데 방점이 있다. 가장 공을 들여 조성된 '트랑시' 무덤들은 2층으로 이루어져 있는데, 각각의 층들은 우리가 기억되고 싶어 하는 사후의 모습과 실제의 사후 모습을 가능한 충격적이고 대조적으로 보여주고자 고안된 것이다. 예컨대, 위층은 주교의 예복을 화려하게 차려 입은 죽은 자의 모습을 보여주지만, 그 위풍당당한 모습 아래에는 부패해버린 살과 부서질 듯 쇠해버린 뼈대들이 드러나는 시신의 실제 모습, 그 측은한 모습을 적나라한 조각상으로 표현하고 있는 것이다. '트랑시' 무덤은 그것을 보는 이들이 적절한 시기에 참회할 것을 촉구하는 동시에, 죽은 자들을 위해 기도해 달라는 의미를 가지고 있었다. 잉글랜드에서 자신을 위한 '트랑시' 무덤을 최초로 고안한 사람은 대주교인 헨리 치첼Henry Chichele이었다. 그는 자신을 따르는 캔터베리 방문객들에게 보란 듯이 내보이려고 (자신이 실제로 죽기 20년 전인) 1425년에 무덤을 완성하여 성별聖別했다. 그의 비문에는 이렇게 적혀 있었다. '나는 미천하게 태어나서 대주교 자리에 올랐지만, 이제 스러져서 꿈틀거리는 벌레들에게 먹이를 제공하는 처지가 되고 말았다. 지나가는 사람이여, 내 무덤을 바라보라. 당신이 누구이건, 죽은 뒤에는 나와 마찬가지로 먼지, 벌레들, 극도로 불쾌한 살덩이, 이 모든 끔찍한 것들 사이에 누워 있을 그대를 생각하라.' 그리고 치첼은 사람들이 자신의 영혼을 위해 기도해 줄 것이라는 책략이 통하지 않을 것에 대비하여 올 소울스 칼리지All Souls College라는 대학교 내 챈트리를 만들어, 그곳 평의원들이 창립자인 자신을 위해 기도하는 것을 의무화하는 한편, 자신의 무덤에 지속적으로 색을 칠하고 산뜻하게 보존하도록 했는데, 이 규칙은 아직도 지켜지고 있다.

죽음의 평등성에 대한 열렬한 옹호에도 불구하고, 겉으로는 그러한 개념을 따르는 듯 보이지만 실제로는 권력을 과시하는 무덤들도 있었다. 많은 사람에게 커다란 슬픔을 안겨주며 1376년 마흔여섯의 나이에 사망한 흑태자Black Prince의 무덤에는 숭배자들에게 던지는 통상적인 경계의 글이 비문에 새겨져 있다. '그대들과 마찬가지로 나도 한때는 그러했다. 지금의 나는 이와 같고, 그대들 또한 이러하리라.' 그러나 비문이 주는 이 우울한 느낌의 겸양은 사실을 조금 더 알게 되면 그 진정성을 의심할 수밖에 없다. 그가 건축가 헨리 예블Henry Yevele에게 위탁하여 최상질의 퍼벡Purbeck 대리석으로 자신의 무덤을 조형할 것을 명했을 뿐 아니라, 그의 유명한 표범 투구부터 그를 천국으로 받아들이고 있는 것처럼 보이는 성 삼위일체의 그림이 있는 목재의 캐노피, 그리고 손목 가리개와 방패에 이르기까지, 연옥 탈출이라는 그의 마지막 원정을 감행하는 데 필요한 모든 전투 장비의 모형 세트 등을 갖추도록 한 점에서 그러하다.

그의 군사적 명성을 통해 '전사 국가warrior state'라는 플랜태저넷 왕조의 전통을 지켜오면서 '잉글랜드의 위안the comfort of England'이라는 이름을 얻었던 흑태자의 죽음은 흑사병에 의해 촉발된 온갖 사회적·종교적 혼란에도 불구하고 놀랄 만한 안정을 유지해 온 잉글랜드의 정치적 풍경에 긴 그림자를 드리웠다. 에드워드 3세는 플랜태저넷 가문의 가업이라고 할 수 있는 역동적이고 다민족적인 제국의 확장에 박차를 가함에 있어서 전임자들의 실수로부터, (그리고 통치 초기 범했던 자신의 실수로부터) 얻은 교훈을 적용하기 시작했다. 그것은 의회에 의해 대표되는 '왕국 공동체the community of the realm'를 국정의 동반자로 삼는 것이었다. 잉글랜드의 농촌 사회가 변화하는 토지와 노동시장의 현실에 적응하여 혈통보다는 보유 토지와 화폐를 신분 결정의 새로운 요소로 삼은 것처럼,

왕국이 추구하는 군사적 활동도 명예보다는 실리를 추구하는 비즈니스적 성격을 가지게 되었다. 국왕과 고위 귀족들은 일차적 봉토 수령자들tenants-in-chief이 순수하게 그들의 봉건적 의무를 다하기 위해 병사들을 제공할 것이라는 기대를 접게 되었다. 기사들, 보병 병사들, 궁수들의 인력 동원과 공격용 무기의 징발은 이제 봉건적 의무보다는 계약제에 근간을 두게 되었다. 동원된 인력의 군사적 성격, 우마와 무기의 종류, 그리고 동원 시점에 따라 차별화하여 경비가 책정되었다. (예컨대 보병의 경우에는 하루 2펜스가 책정되었다.) 이론적으로 이러한 비용은 사전에 지불될 수도 있었다. 다만, 이 경우 국왕이 의회에 '보조세subsidy'라는 특별세의 승인을 요청하거나, 양모에 대한 거래세를 징수하거나, 또는 이탈리아 금융업자를 통해 돈을 빌려야 하는 수고가 따를 수 있었다. 그러나 전투를 지휘하는 귀족들은 그들이 승리할 경우 전리품은 물론 상대방 귀족 포로들에 대한 막대한 몸값을 챙길 수 있다는 것을 알고 있었기에 군사작전은 적지 않은 경우에 성공보수제에 기반을 둔 자체 충당 비용으로 운용되었다. 국왕이 3분의 1이라는 두둑한 몫을 챙긴 뒤에도 상당한 배분 여력이 있었으며, 이는 에드워드 3세의 주요 지휘관들이 남긴 거대한 재산 목록에 의해 증명된다. 예를 들면, 슬루이스Sluys 전투와 크레시 전투에 모두 참여했던 애런들Arundel 백작은 6만 파운드를 남겼는데, 거의 대부분이 전쟁에서 벌어들인 것이었다. 그리고 가터Garter 기사단의 창립 멤버 중 한사람이었던 바살러뮤 버거시 경은 왕에게 그의 포로 방타두르Ventadour 백작을 넘겨주는 대가로 6000파운드를 받았다. 에드워드 달린그리거Edward Dalyngrygge 경에 의해 건축된 서식스의 보디엄Bodiam 성을 비롯한 가공할 만한 해자를 갖춘 에드워드 시대의 군사적 요새 겸 예술적 건축물 상당수는 전액 군사적 성공으로 얻은 비용으로 건축되었다.

혹태자는 정력적이고, 지적인데다 카리스마까지 겸비하고 있었으며, 공동묘지에 묻힌 200만 명 혹은 300만 명의 사람들에게는 어떨지 몰라도, 제국의 행복한 상황을 상징하는 인물이었다. 그러나 그가 죽음을 맞이하기 이전부터

도 플랜태저넷이라는 군사적 기업의 주요 주주들(귀족, 의회) 사이에는 이러한 무제한적 팽창이 대표이사(국왕)의 생명과 함께 종말을 맞을 수도 있다는 우려가 싹트고 있었다. 에드워드의 프랑스 원정은 되살아난 프랑스 왕정에 의해 역풍을 맞고 있었다. 양모와 와인 무역에 세금을 부과함으로써 새로운 원정 비용을 충당하려는 시도는 — 이미 이 산업들이 1374~1375년에 새롭게 창궐한 흑사병으로 타격을 입은 뒤였기에 — 제대로 진행되지 못했다. 왕은 늙고 병들었으며, 대부분의 사람들은 그를 정부情婦인 앨리스 페러스Alice Perrers의 포로가 되었다고 생각했다. 그의 유일한 대안은 의회에 나가 필요한 경비를 (요구하는 것이 아니라) 요청하는 것뿐이었다. 그는 이를 무척 꺼렸는데, 거기에는 그럴 만한 이유가 있었음이 곧 밝혀졌다. 군주정이 중단 없는 성공을 거두지 못하는 경우에 종종 그러하듯이, 당시 의회는 성마른 분위기에 지배당하고 있었던 것이다. 이른바 1376년의 자칭 '선량 의회good parliament'의 행동을 과거 의회가 시도했던 왕권에 대한 다른 도전 사례와 차별화한 것은 '하원의 자기주장'이었다. 하원의 샤이어 출신 의원들knights과 시읍 출신 의원들burgesses은 통상적인 거수기 노릇을 거부하고 역사상 처음으로 자신들의 의장을 직접 선출했으며, 피터 드 라메어 Peter de la Mare는 의장으로서 오늘날 우리가 진정한 토론이라고 인정할 수 있는, 하원의 논의 과정을 관장했다. 선량 의회는 심지어 의석 배치에서도 과거의 소극적 복종을 거부하려는 의도를 드러냈다. 의석들을 전면을 향해 정렬시키는 대신, 네모난 성서대(사실상 현재 영국 하원 중앙탁자의 원형)를 가운데 두고 4면으로 분리 배치한 가운데, 의원들은 차례로 이 성서대 앞으로 나와 왕의 특정한 자문관들을 향해 가차 없는 공격을 가했다. 그들은 앨리스 페러스, 그녀의 남편 윌리엄 윈저William Windsor, 그리고 런던 상인 리처드 라이언스Richard Lyons 등 왕의 궁정을 지배하고 있는 자들은 '충성스럽지도 않거니와, 왕국의 이익에도 반한다고' 질타했다. 하원은 또한 명확한 언어로써 자신들은 앞으로 국왕이 '자신의 것으로 살아갈 것live off his own'을 기대한다고 천명했으며, 이는 곧 국왕이 자신의 수입예산에 맞추어 야망의 크기와 지출 규모를 줄여야 한다는 의미였다. 곤트의 존은 하원의 무례한 언행에 분노했지만, 예산을 확보하는 대가로서 정부의 통치 행위에 대한 의회의 조사권과 비난이 집중된 자문관들에 대한 탄핵안을 받아들이는 수밖에 없었다. 이렇게 해서 의회 주도의 숙청이 이루어졌지만, 정작 의회는 7월 10일, 정부의 예산 요구를 거부하는 무모한 결정을 선택했다.

새로운 의회가 소집된 1377년, 의회의 개혁 프로그램을 용인할 의사가 있는 것으로 알려졌던 흑태자가 사망했고, 왕은 오래 살 것 같지 않았다. 사실상의 섭정 역할을 맡은 곤트의 존은 국가적 위기 상황이라는 사람들의 인식을 활용하여 의회를 설득하고 협박함으로써 의회를 협력적으로 만드는 한편, 지난 의회의 개혁 프로그램 상당 부분을 취소하고 원상태로 되돌렸다. 그러나 바로 이 순간, 잉글랜드의 중대한 의식 절차가 시작되면서 정치가 중단되었다. 에드워드 3세가 이 해 6월 뇌졸중으로 쓰러져 사망했는데, 그의 몸이 마비 상태에 있었던 흔적은 그의 무덤 청동 조상影像에 충실하게 묘사되었다. 그의 시신은 관대에 실려 검은색 복장을 하고 느리게 행진하는 기사 24명에 의해 운구되었는데, 이는 플랜태저넷 가문에서 마지막으로 치른 아서 왕 스타일의 장관이었다. 연대기 작가 프루아사르는 '그날 국민들의 슬픔, 그들의 흐느낌과 비탄을 보고 듣자니, 차라리 다른 사람의 심장을 빌리는 것이 나을 뻔했다'고 적었다.

에드워드의 후계자는 이제 열 살 된 보르도의 리처드였다. 시인 윌리엄 랭글런드William Langland는 '미성년 왕을 가진 잉글랜드에 재난이 닥칠 것'이라고 경고하기도 했지만, 리처드 2세의 즉위는 재난에 대한 두려움보다는 대체로 환희의 기대로써 받아들여졌다. 그가 비록 열 살짜리 소년 왕이라 하더라도 잉글랜드는 구원자가 필요한 상황이었다. 1375년 흑사병이 다시 덮침으로써 이 역병이 아직 완결되지 않았음을 확실하게 보여주었고, '불패의 제국'이라는 국민적 긍지는 프랑스 내 영토 상실로 인해 역 물살의 급류를 타고 있었다. 이제 잉글랜드 해협 건너 원정 전쟁을 감행하는 문제보다 프랑스의 도버항 상륙을 막는 것이 더욱 긴요한 문제가 되었다. 흑태자의 죽음은 잉글랜드가 기대했던 우두머리를 앗아간 셈이 되었고, 그럴수록 리처드의 대관식은 왕국의 미래에 대한 믿음을 과시하는 특별한 의식이 되어야만 했다. 그리고 무엇보다 이는 잉글랜드에서 무려 50년 만에 열리는 대관식이었다. 샤이어의 기사들은 이 장엄한 의식에 참석하기 위해 전국 각지에서 말에 올랐다. 가스코뉴의 와인은 런던 시내 치프사이드의 수로를 통해 운반되고 있었다. 또한 런던 시내 서쪽 끝에는 가설 성채가 세워졌고 그곳에서 우아한 흰색 예복을 입은 처녀들이 그곳에서 대기하고 있다가 노란 머리를 한 소년 왕의 행진 시간에 맞추어 그를 향해 황금색 두루마리들을 던졌다.

흑태자의 죽음이 확실해지자, 그에게 쏟아졌던 감정적 투자는 곧바로 그의 아들 리처드에게로 옮겨졌다. 죽고 없는 그의 아버지를 대신하여 이제는 그가 나라를 황금기로 인도할 것이라는 기대 때문이었다. 그의 후견인이자 삼촌인 곤트의 존, 그리고 다른 삼촌들인 글로스터 공작과 요크 공작은 소년 왕이 이런 기대를 짊어질 수 있도록 준비시키는 역할을 맡고 있었다. 1377년 1월 25일, 그들은 런던 시내 서쪽 끝, 사보이Savoy에 있는 곤트의 궁전 근처에서 대규모 연회를 열었고, 가면을 쓴 130명의 무언극 배우들이 각기 황제와 교황을 가장하여 거리에서 행렬을 벌임으로써 관중들을 즐겁게 했다. 어둠이 내리면서 횃불들이 밝혀지고, 거리의 사내들은 짝을 찾았다. 곤트의 존과 그의 형제들, 그리고 소년 왕 리처드는 미래 제국의 판타지를 그리는 화려한 의복으로 치장했는데, 그 판타지는 언젠가 리처드를 통해 실현될 것이었다. 주연을 맡은 무언극 배우가 활짝 웃으며 소년 왕에게 다가와 주사위 세트 하나를 주었다. 그것들은 가득 차 있었다. 왕은 던졌으며, 이겼으며, 그의 양팔에는 금제의 상품들이 산더미처럼 안겨졌다.

웨스트민스터 수도원에서 열린 대관식에서도 황금시대의 서곡은 계속해서 울려 퍼졌다. 리처드는 금빛 칸막이벽을 배경으로 그의 셔츠를 벗었고, 그의 얼굴과 손, 그리고 가슴에는 성유가 부어졌다. 교회를 보호하고, 신민들에게는 정의를 베풀며, 선조들의 법과 관습을 존중하겠다고 응답하는 그의 작은 목소리를 들으면서, 그곳에 모인 귀족과 성직자들은 리처드가 장차 그의 고조부 에드워드 1세에 버금가는 군주로 성장하리라, 또한 지금은 그의 작은 다리가 스코틀랜드에서 가져온 운명의 돌을 기단으로 하는 대관식 의자에 매달려 있지만, 머지않아 한 사람의 완전한 남자로서 땅을 딛고 우뚝 서리라, 하는 상상을 하고 있고 있었다. 물론, 그 순간은 아직 멀리 있었다. 종이 울리면서 수도원에서 퇴장하는 순서가 되었는데, 그가 탈 것에 실리는 순간 그만 그의 한쪽 덧신이 벗겨져 바닥에 떨어졌다. 그럼에도, 아주 예민한 소수의 사람들을 제외하고는 이를 흉조로 받아들이는 사람은 없었다. 아무튼 그는 겨우 열 살이었다. 이러한 모든 것, 그리고 그의 할아버지와 아버지의 공적 죽음은 소년 왕에게 어떤 영향을 남겼을까? 후일 그는 대관식에서 행해진 자신의 성별聖別을 작은 인간이 작은 신으로 변모하는 신격화의 순간으로 기억했을까? 만일, 리처드가 통치 초기에 행해진 이러한 모든 예식과 전례에 익숙해진 나머지 스스로를 왕국의 어린 구원자로 인식했다 하더라도 그것이 나쁠 것은 없었다. 왜냐하면, 만약 그에게 그러한 자생적 자기 확신마저 없었다면, 중세 잉글랜드 역사를 통틀어 가장 격렬했던 반란을, 그것도 열네 살의 미숙한 나이에, 제압하기 어려웠을 것이기 때문이다.

무서운 속도로 번진 농촌 봉기는 그 누구도 예상하지 못한 곳에서 시작되었다. 그곳은 변방의 빈곤한 농촌 지역이 아니라, 켄트에서 메드웨이강과 템스강을 따라 에식스와 이스트 앵글리아로 이어지는 비옥하고, 잉글랜드에서 경제적으로 가장 발전한 지역이었다. 1381년에 일어난 이른바 '농부들의 반란 Peasants' Revolt'이 가지는 가장 큰 성격적 특징은 거기에 농부들은 없었다는 점이었다. 체포된 자들의 명단을 살펴보면, 남동부 카운티에서 반란을 주도했던 대부분의 사람들은 요우먼yeoman, 즉 소지주 계층이었으며, 장원관리인, 치안관, 맥주 감정인, 배심원 등을 맡고 있는 마을의 엘리트들이었다. 그들은 또한 장원 법정을 운영하고 징병 업무를 담당하는 사람들이기도 했다. 이들은, 무엇보다도 흑사병이 불러온 위기 상황의 희생자가 아니라 수혜자였다. 이들은 흑사병 희생자들의 토지를 새롭게 차지한 사람들이었으며, 영주와의 치열한 흥정을 통해 과거에 비해 낮은 토지 임차료로 계약하는 데 성공한 사람들이기도 했다. 반란 주도자들 중에는 노퍽의 로저 베이컨Roger Bacon 경처럼 기사 계급 출신도 있었다. 그들은 1376년 열렸던 이른바 '선량 의회'의 이상을 자신들의 명분으로 삼았다. 그들은 하원에 의한 국가 재정 통제를 지지했으며, 궁정 총신들의 탄핵에 환호했다. 그런데 곤트의 존이 사실상 국정을 장악하고 있는 작금의 상황은 달랐다. 그들의 작은 재산들은 흑태자의 미망인인 켄트의 조운, 또는 재무장관 로버트 헤일스Robert Hales 같은 곤트의 추종자들에게 강탈당하고 있었으며, 그들은 이를 더 이상 참고 볼 수 없었다. 그리고 이들 분노한 향사들의 목소리를 경청하는 촌락의 자연스러운 구성원들이 있었다. 그들은 대장장이, 맥줏집 안주인, 축융공縮絨工, 톱질꾼, 그리고 짐마차꾼 등의 부류로서 촌락민들의 형편을 잘 알고 있었고, 약간의 재산이 있었으며, 개중에는 수박 겉핥기 수준이긴 해도 책을 읽는 사람도 있었다. 이들은 직업상 자신들이 소속된 소교구 너머의 바깥세상을 접촉할 수 있었기에, 사회적 사다리에서 그들보다 한 단계 아래인 사람들을 어떻게 조직화할 수 있는지에 대해서도 알고 있었다. 조직화의 대상은 생존을 위해 자신이 가진 노동력을 팔 수밖에 없었던, 빈곤선에 근접한 삶을 영위하던 사람들이었는데, 흑사병 이후 노동력 부족이라는 노동시장의 긍정적 여건을 활용하려던 그들의 노력은 임금 수준을 흑사병 이전으로 돌리려는 1351년의 노동자법the Statute of Labourers으로 인해 방해받고 있었다. 물론 노동시장은 큰 흐름에서 판매자 시장이었기에 이 법의 효과는 제한적일 수밖에 없었지만, 이 법이 주는 기억만으로도 그들의 마음에는 멍울이 맺혀 있었다.

이들 촌락 공동체의 모든 계층 사람들은 각기 다른 이유에서 자신들을 진취적이라고 생각했다. 동등한 사람들로 이루어진 하나의 공동체가 '진정한' 왕정주의자의 리더십 아래 세상의 부당함을 바로잡는다는 메시지를 가진 로빈 후드Robin Hood의 전설이 역사상 처음으로 대중화된 것이 14세기 후반이었다는 것은 놀라운 일이 아니다.

반란을 촉발시킨 것은 대개가 그렇듯이 새로운 세금이었다. 1380년에 징수한 인두세는 프랑스의 재침공에 대비한다는 명목이었다. 곤트의 존이 이끄는 정부의 결정적인 실책은 따로 있었는데, 그것은 잉글랜드 역사상 처음으로 납세자의 재산 규모와 상관없이 일률적으로 가구당 세 마리의 양(두당 1실링)을 징세한 것이었다. 반응은 예상 가능한 바와 같이 분노와 집단 회피였다. 전 가족이, 때로는 전 촌락민이 길을 따라 사라져버리거나 숲으로 들어가서는 징세관이 지나갈 때까지 그곳에서 진을 치고 기다리기도 했다. 이에 대한 정부의 대응 방안은, 물론 강제집행관과 징세관을 보강하고, 또한 마을 맥줏집을 중심으로 도망자들의 행방을 탐지할 능력이 있는 그 지역 사람들을 치안 인력으로 충원하는 것이었다. 그러나 그들을 쫓아 숲속으로 내려간 사람들은 정말로 놀라운 광경과 대면하게 되었다.

1381년 봄, 남부 에식스에 책임자급 관리들이 나타나 브렌트우드Brentwood 주변 촌락들에 거주하는 사람들에게 자진 출두하여 정해진 기일 내에 납세할 것을 명령했다. 그들은 치안판사와 네 명과 지방장관으로 이루어진 막강한 위세를 가진 집단이었지만, 5월 30일 그들은 포빙Fobbing이라는 마을 출신의 토머스 베이커Thomas Baker가 이끄는 적대적 군중에 포위되어 버린 자신들을 발견했다. 베이커가 몰고 온 사람들은 그와 같은 동네 출신뿐 아니라 레인햄Rainham, 빌러리케이Billericay, 골드행거Goldhanger, 그리고 머킹Mucking에 이르기까지 에식스의 광범위한 농촌 지역 출신이었다. 그들은 관리들 중 한 사람과 조우하게 되었는데, 군중의 숫자는 만약 그가 버텼다면 그에게 신체적인 위해를 가할 용기를 가질 수 있을 정도로 많았다. 그는 그들과 맞서는 대신 말에 올라타서 이 소식을 알리기로 했다. 사건은 일파만파로 커져갔다. 청원법원의 수석판사가 크게 증원된 군대를 이끌고 소요 지역으로 내려갔지만 더 큰 무리의 군중에게 사로잡혔고, 다시는 이런 일을 되풀이하지 않겠다는 맹세를 해야 했다. 반란군들은 자신들의 이름을 팔아넘긴 밀고자들을 확인한 후 가차 없이 그들의 목을 잘랐다. 6월 2일에 이르러 무언가 평범하지 않은 일이 일어났다. 또 다른 소요 집단의 우두머리들은 에식스의 바킹Bocking에서 맹세를 했는데, 그것은 단순히 사악한 징세에 대한 것이 아니라 봉건적인 영주권 그 자체에 반대하는 것이었다. 그들은 '그들이 스스로 제정 과정에 관여하지 않는 한 잉글랜드에서 그들이 지킬 법은 없다'라고 맹세했던 것이다.

반란자들은, 자신들이 왕의 관리들을 자처하는 사람들을 죽이기 시작하고, 놀라울 정도로 급진적인 성명을 발표하기 시작했음에도 불구하고, 열네 살짜리 왕 개인에 대해서는 여전히 열렬한 충성심을 표방하고 있었다. 리처드는 그들에게 여전히 압제자가 아닌 구원자로 인식되고 있었고, 그들은 곤트의 존, 캔터베리 대주교 시몬 서드베리Simon Sudbury, 그리고 재무장관 로버트 헤일스 등 사악한 자들의 손아귀에서 왕을 해방시키고자 했다. 이 잉글랜드 반란의 저변에는 14세기 말에 일어났던 유럽의 다른 평민 봉기들과 마찬가지로 '흑사병의 세계는 심판의 시간이었다'는 인식이 깔려 있었다. 만약 신의 손길이 막강한 권세가들을 덮치고 그들의 성벽을 뚫고 들어가 그들의 허영심을 무너뜨리고 그들을 무덤으로 데려간 것이라면, 그들이 오랫동안 고통받아온 사람들의 손길을 외면해야 할 까닭은 무엇인가? 민중들은 이제 스스로 나서서 신과 그의 기름 부음을 받은 왕의 뜻을 받들어 일을 하고자 하는 것이었다. 그들은 이제 형벌을 내리는 회초리 노릇을 할 것이며, 정의와 기독교적 평등으로 표상되는 황금시대를 여는 사람들이 되고자 했다.

이는 농촌 지역을 관통하며 말을 달리는 전초대에 의해 동원된 민중 집회에서 나온 말이었다. 6월 첫 주에 접어들면서 반란은 에식스를 넘어 켄트까지 확산되었다. 켄트에서는 수천 명에 이르는 강력한 반란 세력이 로체스터성을 습격했는데, 그들은 그곳에서 자신들의 명분을 완벽하게 상징할 수 있는 하나의 인물을 발견했다. 그는 자신의 신분을 농노에서 자유민으로 전환하는 데 필요한 '해방금manumission money'을 마련하지 못해 구금되어 있던 와트 타일러Wat Tyler였다. 원래 에식스의 콜체스터 출신인 그는 켄트의 메이드스톤Maidstone에서 반란군의 지휘관 겸 수장으로 선출되었다. 캔터베리에서는 원래 콜체스터 출신의 성직자로 교회의 금제禁制를 어긴 죄로 파문당한 후 구금되어 있던 존 볼John Ball이 군중 앞에 나서서, 단 한 사람 '민중의 주교', 즉 자기 자신을 제외한 세상의 모든 주교들과 영주들을 제거해야 한다고 말하고 있었다. 세상의 재물을 가득 움켜쥔 사제 집단은 신의 코에 고약한 냄새나 피우는 가증스러운 존재와 다름없었다. 일단 그들을 숙청하고 나면, 잉글랜드는 하느님의 나라가 될 것이며, 아주 오래전 그 순수했던 상태로 돌아갈 수 있을 것이었다. '우리가 재산을 공동으로 소유하고, 농노와 귀족의 구분 없이 모두가 동등하게 하나 되지 않는 한, 잉글랜드에서는 무엇 하나 제대로 될 수도 없고, 무엇 하나 제대로 되지도 않을 것이다.' 연대기 작가 프루아사르는 볼이 군중을 향해 이렇게 말했다고 기록했다.

우리는 같은 조상인 아담과 이브의 후예가 아닙니까? 그렇다면, 왜 그들이 우리들의 주인이어야 하는지에 관해, 그들이 무엇을 보여줄 수 있으며 또 어떤 이유를 댈 수 있습니까? 우리가 남루한 의복을 입도록 강요당하는 동안, 그들은 벨벳, 그리고 북방족제비나 다른 동물의 모피로 장식한 사치스러운 직물로 만든 옷을 입습니다. 그들에게는 와인과 향신료, 그리고 훌륭한 빵이 있지만, 우리에게는 오직 호밀과 밀짚 찌꺼기가 있을 뿐이며, 마실 것이라고는 물밖에 없지요. 그들은 그럴듯한 장원을 가졌지만 … 우리는 논밭에서 노동하며 바람과 비에 용감하게 맞서야 합니다. 그들이 과시욕을 만족시킬 수 있는 것은 … 우리의 노동 덕분인데도 말입니다. 우리는 노예라고 불리고, 의무를 다하지 못하면 매를 맞지만, 그럼에도 우리는 하소연할 주군도 없습니다. … 이제 우리는 왕께 나아가 우리의 불만을 이야기합시다. 그는 젊고, 우리는 그로부터 호의적인 대답을 들을 수 있을 것이며, 만약 그렇지 않을 경우, 우리 스스로 우리의 처지를 바로잡아야만 합니다.

그렇게 해서 와트 타일러, 존 볼, 그리고 다트퍼드Dartford 출신의 제빵업자인 로버트 케이브Robert Cave의 3인방은 마치 '세 명의 죽은 자들the Three Dead'처럼 부유하고 힘센 자들을 위한 최후의 심판일에 그들과 맞닥뜨리기 위해 행진해 나갔다.

1381년 6월 12일은 따뜻한 수요일이었다. 반란군은 템스강이 내려다보이는 블랙히스Blackheath 벌판에 진을 쳤는데, 그들은 런던 시민들에게 분명히 두려운 존재로 비쳤을 것이다. 그들의 숫자는 프루아사르가 묘사한 것처럼 5만 명은 아닐지라도 확실히 5000명에서 1만 명 사이의 병력을 갖춘 강력한 군대였다. 그들은 단언컨대 오합지졸이 아니었다. 그들 중 상당수는 말을 타고 런던의 가장자리에 이르렀으며, 다른 이들은 짐차나 사륜의 우마차를 타고 왔다. 행군 길에 그들의 공격 목표는 신중하게 선택되었다. 세리税吏들과 고위급 왕실 자문관들의 재산, 그리고 곤트의 존이 소유한 모든 것이 그들의 목표가 되었다. 에식스의 지방장관이던 존 시웨일John Sewale 경은 그의 직위를 나타내는 배지가 옷에서 뜯겨나가기도 전에 자신의 집이 약탈당하고 있는 것을 목격해야 했다. 익스체커Exchequer, 즉 왕실 재무부의 초록색 밀랍 봉인이 있는 모든 문서도 파괴의 대상이었다. 대로변에 있던 (존 볼이 'Hob Robber', 즉 시골뜨기 강도라고 불렀던) 재무장관 로버트 헤일스의 장원 저택은 샅샅이 파헤쳐진 끝에 파괴되었다. 이러한 일은 모두 의도적인 것이었다. 그리고 그들은 자신들의 행위를 애국적인 것이라고 믿었다. 프랑스군의 상륙 기도를 막기 위해 남부 해안에서 12마일(19.3킬로미터) 이내에 사는 사람들은 반란군 대열에 동참하는 것이 금지되었다. 민중 반란의 와중에서 이 같은 의무감을 표출함은 역설적으로 자신들의 충성심, 책임감, 그리고 정치적 성숙을 과시하려는 것이었다. 이는 모든 잠재적 혁명에서 가장 강력한 무기라고 할 '복종의 거부'라는 수단을 자발적으로 포기한 것으로서, 이는 브리튼 역사를 통해 여러 차례 되풀이되었다. 군주에게 청원을 올리기 위해 스스로 줄을 선 군중이 어떻게 혁명을 일으킬 수 있을 것인가.

'농민들의 반란' 기간 중 반란군의 행동반경을 보여주는 지도

그러나 1381년 6월, 당국자들은 이 점에 대해 아무것도 읽어내지 못했다. 런던 외곽에 모습을 나타낸 반란군의 모습을 목격한 이들의 첫 번째 반응은 극심한 공포였다. 곤트의 존은 노섬벌랜드에 있는 자신의 성채로 향했으나 입성을 거부당하고 스코틀랜드에서 피난처를 구할 수밖에 없었다. 그의 아들 헨리 볼링브로크Bolingbroke는 서드베리 대주교, 로버트 헤일스 경, 그리고 왕의 모친 켄트의 조운과 함께 런던 타워로 도피했는데, 이때 왕의 모친은 리처드를 대동했다. 반란군에 대해 (런던 시장 윌리엄 월워스William Walworth가 지속적으로 주장한 바와 같이) 강경 노선을 취할 것인가, 아니면 전술적인 측면에서 협상에 응하는 척할 것인가를 두고 혼란스러운 논쟁이 벌어졌다. 이러한 혼란의 와중에서 리처드 2세는 열네 살의 나이를 감안하면 놀라울 정도의 평정심을 유지하고 있었다. 아마도 그는 반란군이 표명한 충성심을 믿고 있었을지 모른다. 더 나아가 그는 자신의 후견자들에 대한 그들의 적개심을 비밀스럽게 공유하고 있었을지도 모른다. 어쨌건, 왕실 자문위원회가 그에게 반란군의 지도자들을 만나

보라고 요청했을 때, 그는 주저하지 않았다.

6월 13일 아침, 그는 서드베리 대주교, 워릭Warwick 백작, 그리고 애런들 백작을 대동하고 타워를 떠나 블랙히스로 향했는데, 중간에 포로가 되는 것을 방지하기 위해 거룻배를 타고 강의 흐름을 따라 아래쪽으로 내려갔다. 로더히스Rotherhithe와 그리니치Greenwich 사이 어느 지점에선가 거룻배가 제방 쪽으로 가깝게 다가섰기 때문에 그들은 반란군들의 이야기를 들을 수 있었는데, 그들은 곤트의 존과 다른 '역적들' 15명의 목을 치는 것을 협상의 전제 조건으로 요구하고 있었다. 그 상황에서 하선하는 것이 좋은 생각이 아니라는 것을 문득 깨닫게 된 일행은 런던 타워로 되돌아왔다. 자신들의 요구가 거부당한 것으로 생각한 반란군은 무리들을 런던 시내 안으로 풀어놓았다. 서더크에 있던 마셜시Marshalsea 왕좌재판소 감옥과 플리트Fleet 감옥을 필두로 옥문이 열렸다. 반란군들이 자신들에게 부과된 세금과 긴밀한 관련이 있다고 간주한 법적·재정적 문서들은 템플 및 램버스Lambeth궁에서 불살라졌다. 플랑드르 매춘부들이 있던, 런던 시장 월워스 소유의 런던 브리지 매춘굴이 잿더미가 되었고, 군중은 마침내 진정한 표적을 찾았다. 그것은 바로 곤트의 존이 기거하던 사보이궁이었다. 보르도 와인들로 가득 찼던 인상 깊은 그의 와인 저장고는 비워지고, 금과 은제의 쟁반들이 몰수되었다. 그러나 공격자들은 그것들을 훔치는 대신, 사보이궁의 테라스에서 템스강의 강물 속으로 내던져버렸다. 장관을 상실한 사보이궁은 잿더미가 되어 내려앉았다.

6월의 하늘이 어두워갈 즈음, 리처드는 헨리 3세가 지은 탑 중의 하나에 올라가 런던을 내려다보았다. 런던의 하늘은 석양으로 붉게 물들어 있었고, 사보이궁과 클러큰웰Clerkenwell 병원, 그리고 상당수의 부유하고 권세 높은 런던 상인들의 집들이 연기 속으로 무너지고 있었다. 이쯤 되면, 열네 살인 리처드보다 훨씬 나이가 많은 군주들이라 해도 대부분 두려움으로 무너졌을 상황이었다. 그러나 리처드는 아무래도 이 절망적인 상황에서 벗어날 유일한 길은 이에 정면으로 대응하여 부딪히는 것이라는 것을 이해하고 있는 것 같았다. 월워스는 반란군을 도심에서 몰아내기 위해 동문 훨씬 너머에 있는 촌락 마을인 마일 엔드Mile End에서 그들과 만날 것을 왕에게 제안했다. 그래서 다음 날인 6월 14일 금요일, 리처드는 작은 말에 올라탔고, 그의 모친과 대부분의 궁정 신료들을 대동한 채 혼잡한 군중 속을 지나서 와트 타일러와 나머지 지도자들을 만나러 갔다. 대로변의 군중은 깜짝 놀랄 정도의 친근감과 단순 명쾌한 말로써 그동안 관리들이 그들에게 입힌 부당한 피해를 배상해 줄 것을 요구했다. 왕이 떼를 지어 서성거리고 있는 군중에게 가까이 접근하는 동안 일부 기사들은 그들에게 맡겨진 경호 업무를 방기하고 런던으로 되돌아갔다. 마일 엔드에서 타일러는 왕을 향해 자신들이 지목한 역적들을 합당하게 처벌할 수 있는 권한을 허용해 달라고 요청했다. 리처드는 냉정하고 총명하게 이미 적법한 절차에 의해 유죄가 선고된 자들은 실제로 처벌을 받을 것이라고 응답했다. 이 대답은 반란군이 마음에 두고 있던 사적 형벌에 대한 권리 부여가 아니었다. 그리고 그들이 농노제의 종언과 1에이커당 4펜스의 정액 지대를 요구하며 압박해 들어오자, 왕은 여기에 동의했다. 그러나 리처드와 그의 자문관들이 이러한 전술적 양보들을 통해 반란을 완화시킬 수 있을 것이라고 생각했다면 그것은 틀린 것이었다. 외견상 반란의 명분을 인정하는 것처럼 보이는 리처드의 태도는 추가적인 보복을 부추기는 효과를 가져왔던 것이다. 누구건 '외국인'이라고 찍히면 색출의 대상이 되었고, 실제로 150명가량이 살해되었다. 유태인을 대신해서 선택된 희생양 – 돈의 화신 – 은 플랑드르 사람들로서, 그들 중 35명이 빈트리Vintry에 있는 세인트 마틴St Martin 성소에서 끌려나와 단두 받침목 위에서 차례로 목이 잘려나갔다. 런던 타워로 몰려온 군중은 숫자가 아주 많았고, 또한 매우 거친 분위기 속에 있었기에 수비대는 문을 열라는 그들의 요구에 응하는 수밖에 없었다. 무기고가 약탈당했고, 왕실 침대들이 더럽혀졌다. 리처드의 모친인 켄트의 조운은 반란군 중 하나에게 입맞춤을 강요당했다. 군중은 세인트 존St John 예배당에서 죽음을 준비하고 있던 서드베리 대주교와 로버트 헤일스를 발견했다. 타워 힐Tower Hill에서 참수당하기 전, 서드베리는 군중을 향해서,

만약 그가 살해당한다면 잉글랜드는 로마교회로부터 차단당할 것이라고 경고했다. 그러나 그의 위협에 군중은 웃음으로 답했고, 무자비한 단죄가 그 뒤를 따랐다. 그의 참수를 위해 여덟 번의 가격이 필요했다. 두 사람의 머리는 왕에 대해 대역죄를 저지른 사람들의 경우처럼 창끝에 꿰질러졌다. 그러나 이 시간 누가 충신이고 누가 역적이냐를 결정하는 것은 왕이 아니라 와트 타일러 같은 자들이었다.

리처드는 자신의 생존이 보장되지 않음을 알면서도 토요일 아침 스미스필드에서 또 다른 면대면 회담을 갖는 데에 동의했다. 그는 출발하기에 앞서 헨리 3세가 웨스트민스터에 건립한 위대한 신전을 찾아가서, 플랜태저넷 왕가가 그들의 수호성인으로 모시고 있는 에드워드 참회왕에게 기도를 올렸다. 그가 스미스필드에 도착하니 반란군의 지도자들은 들판의 서쪽에, 왕당파는 동쪽에 있는 것이 그의 시야에 들어왔다. 와트 타일러가 말을 타고 리처드에게 다가오더니 말에서 내렸고, 무의식적으로 잠시 무릎을 꿇었다가 일어나서는, 왕의 손을 잡으면서 그를 '형제'라고 불렀다. '왜 집으로 돌아가지 않는 것이오?' 리처드가 물었다. 타일러는 욕설과 함께, 하나의 새로운 − 이번에는 귀족이 아니라 평민을 위한 − 마그나 카르타를 요구한 것으로 알려졌다. 그의 요구는 농노제를 공식적으로 폐지할 것, 모든 범법자를 사면할 것, 교회의 재산을 해체할 것, 그리고 왕 아래 모든 사람의 평등함을 선언하는 것이었다. 이 모든 요구가 혁명적으로 느껴지고 (또한 실제로 혁명적이었지만), 이 중 범법자에 대한 사면을 제외한다면, 이 모든 것이 앞으로 수 세기 동안 잉글랜드 왕정의 정책 요소로서 되돌아올 것이었다. 그러나 이는 어디까지나 다가올 미래의 일이었다. 리처드가 이에 대해 ('왕권의 권위가 보장된다면'이라는 여의치 않을 경우 빠져나갈 수 있는 단서를 달긴 했지만) 긍정적으로 답변하자, 놀란 쪽은 반란군만이 아니었다.

기대하지 않았던 왕의 양보에 놀랐던지, 반란군과 왕당파 양측 모두에서 잠시 동안 침묵이 흘렀다. 들판에 드리워진 침묵은 맥주 큰 병 하나를 가져오라는 타일러의 목소리로 깨어졌다. 맥주를 비운 그는 다시 말 잔등에 올라탔는데, 덩치 큰 사람이 작은 말 위에 올라탄 형국이었다. 이 순간 역사가 바뀌기 시작했다.

왕당파의 누군가는 이 굴욕적 순간을 더 이상 참을 수가 없었다. 그는 왕과 같은 나이 또래의 기사 지원자였는데, 그는 타일러를 향해 도둑이라고 외쳤다. 타일러는 말을 돌려 단검을 꺼내더니 소년을 공격했다. 이 순간 마법이 풀려버렸다. 난투가 벌어지고, 굴욕감에 이성을 잃은 런던 시장 월워스가 타일러 체포를 시도했다. 타일러가 월워스를 공격해 들어올 때, 월워스가 그의 어깨와 목을 베어나갔다. 타일러가 말을 탄 채 조금 뒤로 물러섰는데, 그에게서 피가 쏟아져 나왔다. 그리고 그는 땅으로 떨어졌고, 주위에 있던 왕의 부하들이 그의 목숨을 거두어버렸다.

이는 그야말로 결정적인 순간이었다. 반란군이 그의 운명을 알게 된다면 여기저기에서 공격을 해올 것이었다. 그러나 그런 일이 일어나기 전, 리처드가 손수 분연히 일어나서 그것을 사전에 방지했다. 그는 놀랄 만한 용기와 임기응변적 재능을 과시하면서 반란군을 향해 말을 몰아가더니, 그 유명한 말을 토해냈던 것이다, '너희들에게 나를 제외한 다른 우두머리는 없다'. 이 말은 신중하게 선택된 것이었고, 만약 모호함이 있다면 그것은 의도적이었다. 반란군에게 이는, 그들이 늘 바라온 것처럼, 리처드를 자신들의 지도자로 느끼게 만드는 말이었다. 그러나 무엇보다 이것은 단순하고 쉬운 언어로써 왕권을 결정적으로 재천명하는 의미가 있었다. 어떤 경우이건, 리처드의 행동은 월워스로 하여금 런던으로 급하게 돌아가서, 전날에는 너무 겁이 나서 시도조차 하지 못했던, 군대를 징발할 수 있는 시간을 벌어주었다. 그 시간 스미스필드에서는 지도자를 잃은 반란군들을 향해서 사면과 자비를 약속하며 그들을 조심스럽게, 그리고 서서히 와해시키는 선무공작이 개시되었다. 그러나 런던과 웨스트민스터로 돌아온 왕과 자문관들은 단호한 결단을 내렸다. 스미스필드의 사건이 있은 지 불과 3일이 지난 6월 18일, 소요가 일어났던 카운티들의 지방장관들에게는 수단을 가리지 말고 질서를 회복하라는 명령이 떨어졌다.

사안 및 장소에 따라 이는 신속한 즉결심판을 의미할 수 있는 것이었다. 교수대에 매달린 시체들은 곧 전시의 대상이 되었다. 런던에서는 서드베리 대주교를 참수했다고 알려진 사람의 목이 잘렸다. 그럼에도 상당수의 지방 관리들은 범법자들을 처형하기보다는 구금 등 상대적으로 관대한 처벌로써 사태를 진정시키려고 하는 경향이 있었다. 정부 또한 지속적인 저항이 계속되는 지역에 한해서만 잔인한 진압책을 적용했다. 6월 22일, 왕은 마일 엔드에서 행해졌던 양보를 재천명해 줄 것을 요구하는 또 다른 반란군 무리들과 월섬에서 대면했다. 그러나 그들이 만난 리처드는 더 이상 예전의 그가 아니었으며, 그들을 향해 플랜태저넷 가문 특유의 분노를 폭발시켰다.

너희 이 비열한 자들, 가증스럽기 짝이 없구나. 영주들과의 평등을 좇다니 너희들은 살 가치도 없다. 너희 동료들에게 이 말을 전하라. 너희들은 과거에도 상스러웠고 지금도 여전히 그러하다. 너희들은 앞으로 예전과는 비교가 안 될 정도의 굴종 상태에 놓이게 될 것이다. 왜냐하면, 우리가 살아 있는 한, 우리는 너희를 어떻게든 진압할 것이고, 너희들의 참담함은 후손들에게 본보기가 될 것이기 때문이다. 그러나 그대들이 지금이라도 충성스러운 백성으로 남는다면, 목숨만은 살려줄 것이다. 어느 길을 따를 것인지 지금 결정하라.

반란군의 상당수는 이 같은 왕의 새로운 목소리에 놀란 나머지, 왕의 자비를 받아들여 손실을 줄이는 것이 낫다는 판단으로 돌아섰다. 다른 자들은 항전을 다짐했다. 6월 28일, 반란군 병력이 빌러리케이Billericay에서 왕의 군대를 공격했다가 패퇴했다. 에식스에서는 특별재판소가 반란군 지도자 19명을 교수했으며, 다른 12명은 교수 및 거열형으로 처형했다. 서드베리를 대신한 새로운 캔터베리 대주교 윌리엄 코트니William Courtenay가 사람들을 향해 왕을 사랑한다면 무장하고 나서라고 호소하자 4만 명이나 되는 사람들이 이에 응답했다는 기록이 있다. 이제 반란은 종결된 것이다.

10대의 나이에 조숙하게도 자신을 전능한 존재로 인식하게 된 것이 결코 건강하다고 할 수는 없지만, 그런 상황에서 어찌 리처드가 그것을 뿌리칠 수 있었을까? 그의 아버지 흑태자는 막 사춘기를 벗어난 나이에 프랑스에서 첫 명성을 얻었으며, 리처드가 어린 시절 내내 듣고 또 들은 이야기는 '프뢰 슈발리에preux chevalier', 즉 '용감한 기사'와 '기사도의 꽃' 등 온통 아버지에 관한 것이었다. 그런데 이제 그도 — 정신적·육체적으로 커다란 용기가 요구되는 — 자신의 첫 전투를 맞아서 불기둥을 뚫으며 영웅으로 등극한 것이다. 그러므로 그가 명실공히 왕 리처드 2세가 되었다는 경이로운 느낌에 이끌려 약간 흥분했다 하더라도 이해할 수는 있는 일이었다. 마찬가지로, 자신을 반란이라는 끔찍한 상황으로 끌어들인 가장 큰 책임이 있는 자들은 바로 왕국의 '공식적인' 후견인이자, 모친의 요구대로 자신의 정치적 교사이자 자문관 역할을 해온 삼촌인 곤트의 존과 잉글랜드의 고위 귀족들이라는 생각을 그가 지울 수 없었던 것도 이해할 수 있는 일이다. 반란이 완전히 진압된 후에, 반란군이 표출한 불만 중에는 실체가 없지 않았다는 주장이 하원에서 제기되기도 했는데, 이는 그들도 위기에 대한 책임이 곤트 정권에 있었다는 인식을 같이 하고 있었음을 말해 주는 것이다. 더구나, 리처드는 대귀족들이 총체적 붕괴를 맞아 각기의 재산이 있는 곳으로 허둥지둥 도망치더니 결국은 자신들의 것마저 잃고 마는 것을 침착하게 지켜보았던 터이다. 그러므로 이제 그가 자신의 국정 동반자와 자문관을 선택함에 있어서 스스로의 판단을 따르지 않아야 할 이유가 어디에 있는가?

리처드와 그의 궁정에 관한 우리의 인식은 셰익스피어에 의해 지배당하고 있다. 그에 의해 리처드는 무책임하고, 고집 세며, 심통 사나울 뿐 아니라, 자신의 재앙을 스스로 기획하는 인물로 묘사되었으며, 그의 궁정과 자문관들은 처음부터 리처드의 허영심으로 채워진 수영장과 그 안에서 헤엄치고 있는 물고기 같은 존재로 그려졌다. 그들은 장식적이고, 탐욕스러우며, 기생충 같은 존재들을 표상하는 발군의 표본이었다. 그러나 사실을 따지자면, 그들은 겉만 그럴듯한 어중이떠중이가 아니었다. 그들은 14세기 후반 잉글랜드의 주요 공동체들을 대표하는 사람들로서 다양성과 능력을 갖춘 집단이었다. 극심한 증오의 대상으로 지목된 사이먼 벌리Simon Burley는 흑태자에 의해 자신의 아들을 가르칠 교사로 선택된 인물이었다. 로버트 드 비어Robert de Vere는 왕의 동성애에 영향을 미쳤다는 터무니없는 의심을 받았지만, 그는 잉글랜드에서 가장 오래된 남작 가문 출신으로 단지 유명한 바람둥이였을 뿐이었다. 마이클 드 라 폴Michael de la Pole은 리처드의 대법관을 지낸 인물로 새로운 사회적 현실을 반영하듯 새로이 귀족 반열에 올라선 모직물 상인 가문 출신이었다. 토머스 모우브레이Thomas Mowbray는 리처드의 어린 시절 친한 동무이며, 마상 창 시합의 우승자로 이름을 날리는 사람이었다.

리처드 궁정의 진정한 잘못은 글로스터, 애런들, 워릭 등 유서 깊고 권세 있는 귀족 가문들에 대해 충분한 주의를 기울이지 못한 것이었다. 그들 가문들이 관직에서 소외되고, 리처드의 핵심 실세에서 소외되면서 불평이 시작되었다. 왕의 주변에서 '무언가가 잘못되고' 있으며, 왕은 무엇이건 '본때를 보이는 give-em-hell' 전형적인 플랜태저넷 가문 사람이라기보다는, 무언가 일탈적인 취향을 가진, 그게 아니라면, 이국적인 취향을 가진, 공상적이고 동성애적인 소년이라는 얘기가 떠돌기 시작했다. 리처드가 그의 조상들처럼 6피트(183센티미터)의 큰 키에 길게 흘러내린 금발머리를 가진 것은 중요하지 않았다. 과거 카나번의 에드워드, 즉 에드워드 2세 또한 플랜태저넷 가문의 풍모를 가졌지만, 그가 죽은 뒤 아무도 슬퍼하지 않은 것으로 유명했다. 그런데 그의 적들은 위기를 겪고 있는 리처드의 모습에서 불길하게도 에드워드 2세의 운명을 상기하고 있었다. 어떤 의미에서 리처드는 진정한 플랜태저넷의 후예가 아니었다. 진정한 그의 가문의 왕들은 요새를 건설했다. 반면에 리처드는 왕권의 내밀한 신비로움을 과시하기 위해 웨스트민스터 홀에 멋진 외팔 들보를 설치하는 등 궁전의 예식 공간을 아름답게 치장하는 데 골몰했다. 진정한 플랜태저넷 왕들은 전장을 선호했다. 그러나 리처드는 채색 타일과 채색 벽으로 장식된 목욕탕에서 목욕하는 것을 좋아했고, 자주 즐겼다. 진정한 플랜태저넷 왕들은 고기를 잡아 뜯고 떨어지는 육즙을 후루룩 마셨다. 리처드는 스푼을 사용했으며, 귀족들에게도 그것을 강요했다. 그가 만약 진정한 플랜태저넷 왕이었다면, 카르다몸cardamom[1]이나 스파이크나드spikenard(감송甘松향)같이 이름이 잘 알려지지 않은 외국산 향료로 가득 찬 레시피 186개를 수록한 잉글랜드 왕실 최초의 요리책을 출판할 것을 명하지는 않았을 것이다. 진정한 플랜태저넷 가문의 왕들은 조상의 적들인 스코틀랜드와 프랑스를 상대로 피로 물든 승리를 얻어왔지만 리처드 2세는 손수건을 가져왔을 뿐이다.

물론, 이 이야기들은 리처드가 유럽 양식사에서 초기 르네상스 군주적 특성을 강하게 가지고 있었음을 말해 주는 것이기도 하다. 다시 말하면, 무훈과 사냥뿐 아니라 에티켓과 예술의 후원 또한 소중하게 생각한 군주였다는 의미이다. 만약에 그가 정치를 베푸는 동안 지원 세력을 확보하는 데 조금만 더 세심한 주의를 기울였다면, 그의 궁정적 또는 신비주의적인 탐닉이나, 심지어는 극도의 희열감과 조울병 사이를 넘나들던 그의 악명 높은 변덕조차도 그리 큰 문제가 되지 못했을 것이며, 최소한 치명적인 결과를 초래하지는 않았을 것이다. 왕에 대한 접근은 문고리를 잡은 사람들에 의해 통제되었고, 이는 왕국의 최상위 귀족들에게도 적용되었다. 귀족들에게 이들 문지기는 벼락출세한 주제에 우쭐대는 경멸의 대상이었다. 더욱 심각했던 것은 프랑스와 전쟁 대신 평화를 추구하려는 리처드의 결정이었는데, 이는 과거 플랜태저넷 군주들에게 거대한 부를 안겨주었던 ─ 정복을 사업 수단으로 삼는 ─ 귀족들과의 공동 협력기업을 일방적으로 청산하는 조치로 간주되었다. 만약, 리처드가 1385년 스코틀랜드와의 전투를 멋지게 지휘하여 그의 군사적 명성을 획득함과 동시에 귀족들에게도 보상을 안겨주었더라면, 모든 것은 여전히 잘 굴러갔을 것이다. 그러나 스코틀랜드군을 과거 전형적인 에드워드 스타일의 전투로 유인하지 못했고, 그들을 포스만 북쪽까지 추격함에 있어서 (물류 문제를 감안했겠지만) 눈에 띄게 주

---

1   서남아시아산 생강과 식물 씨앗을 말린 향신료 ─ 옮긴이.

저하는 행동을 드러냄으로써, 리처드는 단 한 번도 전쟁을 결정적인 국면으로 밀어붙이지 못한 채, 의미 없는 행군과 방화로 점철한 꼴이 되었다.

이 고비용高費用 사업의 실패에 대해 누군가는 책임을 져야 한다는 불평의 목소리가 의회를 중심으로 한 정치 공동체 내에서 한목소리로 터져 나왔다. 정상적인 경우라면 자기들끼리 물고 뜯어야 하는데, 이번에는 모두가 진정으로 한결같이 미워한 대상이 있었으니 그는 바로 왕이었다. 그 불평의 핵심에 왕국에서 가장 높은 귀족들, 즉 왕의 삼촌인 글로스터 공작, 워릭 백작, 그리고 애런들 백작 등이 있었다. 그들은 스스로를 가리켜 '청원하는 귀족들'이라 불렀지만, 여기에서 그들이 말하는 '청원'이란 프랑스와 전쟁을 다시 시작해야 한다는 그들의 의견에 반대하고 왕의 귀를 닫게 한 자들을 처형하라는 요구를 완곡하게 표현한 것뿐이었다. 왕실 자문관들에 대해 그들이 가진 적개심은 곤트의 아들 헨리 볼링브로크Henry Bolingbroke와 같은 상대적으로 젊은 귀족들과도 공유되었다. 이들 불평분자들 사이에 결성된 광범위한 동맹은 리처드가 자초한 일이었고, 1387년 정국은 그가 기민하게 대응하지 못함으로써 지불하게 된 대가였다. 그의 자문관들 중 가장 비난이 집중되었던 드 비어, 드 라 폴, 그리고 수석 재판관 로버트 트레실리언Robert Tresilian 등을 내치라는 의회 양원의 요구에 대한 왕의 대응은, 만약 그런 식으로 요구한다면, 단 한 명의 허드렛일하는 사람조차 내보낼 수 없다는 것이었다. 이에 대해 불평분자들은 왕이 미성년자임을 의도적으로 환기시키는 그들 나름의 훌륭한 전략을 구사하면서, 이제 왕국의 통치는 왕이 성숙한 판단력을 갖출 때까지 '정부 자문 회의Council of Government'가 맡을 것이며, 3인의 최고 집행관이 의회에 의해 임명될 것이라고 대응했다. 이는 13세기 중엽에 일어났던, 헨리 3세와 '왕국 공동체community of the realm' 사이에 벌어졌던 갈등의 재현인 셈이었지만, 다른 점이 있다면 이번 사태는 대규모 내란으로는 발전하지 않은 것이다. 의회가 자신에게 자문관의 선택을 강요하는 것은 국왕의 특권을 침해하는 것이라는 법률가들의 자문에 고무된 리처드는 그의 주요 적수인 애런들 백작을 체포하려고 시도했다. 그러나 그의 이러한 행동은 반대파들에게 위협을 주기보다는 그들을 결속시키는 효과를 가져왔으며, 드 비어 휘하의 소규모 왕당파 군대는 그들보다 덩치가 큰 대귀족들의 연합부대와 부딪히자 곧바로 와해되고 말았다. 무방비 상태가 된 리처드는 사실상 포로가 되어 1381년 위기 때 머물던 런던 타워로 돌아갔다. 이른바 '무자비한 의회Merciless Parliament'는 리처드의 친구들과 자문관들을 잔인하게 다룸으로써 그의 상처 입은 자존심에 소금을 문질렀다. 왕이 미성년임을 악용하여 왕이 현명한 잠재적 자문관들로부터 등을 돌리게 만든 혐의로 소추된 드 비어와 드 라 폴은 체포되기 전에 도주했다. 그러나 벌리Burley는 앤 왕비가 '청원하는 귀족들' 앞에 무릎을 꿇고 자비를 호소했음에도 불구하고, 결국 재판을 받고 처형당했다.

이 사건은 리처드 통치 기간 중 일어난 두 번째 큰 시련으로서, '농민들의 반란'에 비해 여러 가지 측면에서 왕에게 훨씬 더 큰 손상을 입혔다. 1381년, 그는 오히려 권위를 강화하면서 위기를 벗어날 수 있었다. 반면에 1388년의 쿠데타는 단지 참담한 굴욕일 뿐이었다. 그러므로 이미 많은 것을 경험한 리처드가 1389년 성년이 되었음을 서둘러 선언할 무렵, 그가 스스로에게 던져야 했던 물음은 그가 '어떤 종류의 군주가 될 수 있을 것인가'였다. 그리고 이 문제에 관해 그가 이르렀던 대답은 끝내 그를 파멸로 이끌었다.

1389~1397년, 리처드는 이중생활을 영위하기로 작정했었음이 분명하다. 리처드는 의회 내의 정치적 실세들, 특히 삼촌 곤트의 존을 향해 앞으로는 예의 바르게 행동하고, 자신보다 나이 많고 학식 많은 현명한 자문에 귀를 기울이며, 또한 누구를 후원해야 할지 신중하게 생각하는 '착한 소년'이 되기로 약속했다. 1390년 스미스필드에서 그의 성년을 기념하는 3일간의 토너먼트가 열렸는데, 이는 조화調和를 우화적으로 표현하는 행사로 기획된 것이었다. (스탠드는 왕실의 건축 담당관이었던 제프리 초서Geoffrey Chaucer가 만들었다.) 시합에 출전하는 기사들의 창과 전곤戰棍[2]은 모두 끝을 뭉툭하게 만들어 이 행사의 여흥적 성격을 부각시키려고 애쓴 것은 그러한 맥락에서였다. 그러나 아마도 상징 조작에

관심이 많은 사람이라면, 이 행사를 통해 또 다른 리처드의 모습, 즉 '신성한 임명'에 대한 그의 집착을 읽어낼 수 있을 것이다. 왕의 기사단은 역사상 처음으로 단일한 제복을 입었으며, 모두가 왕이 새롭게 개인적 상징으로 선택한 '흰 수사슴' 배지를 달았다. 그들을 상대할 외국 기사들도 각각의 제복들을 입고 있었다. 그러나 단체 배지는 새로운 것이었다. 리처드는 그의 '친연성親緣性', 즉 친한 사람들을 한데 묶고 싶어 하는 성향으로 인해 세상을 온통 사적 군대로 구성된 미니어처적인 세계로 이해하려 했던 것이다.

흰 수사슴은 웨스트민스터의 한 벽화 안에서도 재현되었는데, 의미심장하게도 마치 왕이 그에게 가해진 제약들을 불편하게 느끼는 것처럼 벽화 속 사슴은 왕관을 썼으나 쇠사슬에 묶인 형상이었다. 그럼에도, 이 그림에는 신의 대리인, 왕국의 중재자 겸 보호자, 그리고 역병으로 고통받고 있는 타락한 세상의 구원자 등 리처드가 생각하는 올바른 왕권의 표상이 내적으로 은밀하게 표현되고 있다. 잉글랜드의 왕들은 종국에는 성인의 반열에 오를 수 있다고 간주되었으며, 그의 통치 기간 중에 제작된 윌턴 딥티크Wilton Diptych라는 두 폭의 제단화도 이런 생각을 반영하고 있다. 이 그림에서 리처드는 세례자 요한뿐 아니라 이미 성인이 된 두 명의 왕, 즉 이스트 앵글리아의 순교왕 세인트 에드먼드, 그리고 참회왕 에드워드와 함께 묘사되고 있다. 그는 기부자의 자격으로 천사 성가대에 둘러싸인 동정녀 마리아와 직접 대면하여 이야기를 나눈다. 그가 동정녀에게 바친 것은 '은銀의 바다에 놓인 섬', 즉 브리타니아로서, 이는 깃발로써 시각화되어 있다. 이렇듯 리처드와 동정녀 사이에 특별한 관계가 확고하게 성립된다면, 그나 그의 왕국이 피해를 두려워할 필요가 없었다.

그러나 어떤 사람들에게 이 왕국은 리처드가 마음대로 선물할 수 있는 것이 아니었다. 셰익스피어가 죽어가는 곤트의 존의 입을 빌려 천명한 그 유명한 섬나라 찬가는 이 섬나라 왕국에 신이 허여한 자율권을 강조하기 위함이었다. 신

---

2   끝에 갈고리가 달린 중세 갑옷을 부수는 무기. 철퇴 － 옮긴이.

이 홀勿을 주시고 축복을 주신 대상은 이 땅이지, 그것을 군주 한 사람에게 개인적으로 주신 것이 아니라는 것이다. 그러나 리처드에게는 군주 개인으로부터 분리된 어떠한 국가 주권의 개념도 이단이거나 이해할 수 없는 개념이었다. 그가 원한 것은 숭배였으며, 그는 잉글랜드 왕권의 역사를 통해 처음으로 군주는 '폐하majesty' 또는 '전하highness'의 호칭에 걸맞은 존재여야 한다는 것을 명확히 했다. 그러한 군주의 정체성을 처음으로 자각한 기획자답게 그는 전임자들이 이해하지 못했던 것 한 가지를 깨닫고 있었는데, 그것은 예식이란 것이 단지 왕권을 장식하는 것이 아니라는 점이었다. 예식은 왕권 신비주의의 핵심이며, 사람들의 복종을 이끌어내는 권력의 비밀이었다. 저녁 기도와 만찬 사이의 긴 시간 동안, 그는 왕관을 쓴 채 홀로 침묵 속에 앉아 있었다. 누구이건 왕의 눈길과 마주친 자들은 존경의 표시로 눈을 내리깔고 무릎을 구부려야 했다. 1394년, 그의 '작은 살 조각'으로 불리던 앤 왕비가 세상을 떠난 뒤, 의례의 경건성에 대한 그의 집착은 더욱 엄격해졌다. 그의 모습을 그린 커다란 패널화畵는 잉글랜드 역사상 처음으로 등장한 왕의 초상화로서, 그의 전제군주적인 고독감을 적나라하게 표현하고 있다. 위압적인데다 웃지 않는 모습의 신적 군주가 R이라는 합일문자로 장식된 남색의 튜닉을 입고 신민들을 내려다보고 있는 것이 그것이다. 리처드가 풍수지리에 관심이 많았고, 이와 관련된 연금술적, 철학적, 그리고 과학적인 연구를 담은 책을 내도록 한 것은 놀라운 일이 아니었다. 그는 잉글랜드의 동방박사가 되고 싶었던 것인지도 모른다.

판타지와 현실 사이의 경계는 마침내 1397년 엄청난 복수극의 회오리바람 속에서 무너졌다. 그것은 귀족들의 '음모'를 미연에 방지해야 한다는 리처드의 구실로 시작되었다. 그는 이제 서른이 되었지만 후사가 없었다. 이런 상황이었으므로, 야망 있는 자들이 어둠 속에 숨어서 우회적으로 불만의 소리를 내기 시작한 것은 사실이었다. 그러나 당시 리처드가 목숨을 노리던 애런들, 워릭, 글로스터 등은 이미 늙고 거죽만 남아 정치적으로 한물간 존재들이었다. 나라의 진정한 권력은 변함없이 랭커스터 공작인 곤트의 존과 그의 아들 더비Derby

백작 헨리 볼링브로크에게 있었다. 리처드는 애런들에 대한 불쾌감을 감추지 않고 짜증을 폭발시키키곤 했는데, 그가 왕비 앤의 장례식에 참석하지 않은 것을 이유로 손등으로 그의 얼굴을 때려 피가 나게 한 것이 그 예이다. 그러나 1397년의 마녀사냥은 단순히 성질부리는 것과는 차원이 달랐다. 워릭과 애런들은 체포되었고, 리처드는 직접 소규모의 군사를 이끌고 글로스터 공작의 성으로 가서 늙은 공작을 구금하기에 이르렀다. 이들에 대한 재판에 앞서, 엑시터 주교는 '그들 모두의 위에 오직 하나의 왕만이 있으리라'는 성경 구절을 인용한 설교를 했다. 이어서 애런들에 대한 재판이 진행되는 동안 랭커스터 공작, 리처드 자신, 그리고 하원 의장인 리처드 부시Richard Bushy가 차례로 심문을 했는데, 애런들은 용감하게도 자신에 대한 어떠한 혐의도 시인하지 않았으며, 그 대신에 과거 왕으로부터 받은 사면장을 보호막으로 삼아 그에게 가해질 형벌을 줄이려고 했다. 리처드는 그 사면장의 효력은 이미 철회되었다고 판단했다. 애런들은 처형당했고, 워릭은 맨섬으로 유배당했다. 글로스터는 칼레Calais의 감방에 갇혀서 의문의 죽음을 당하고 그곳으로 파견된 한 전령에 의해 발견되었는데, 그는 리처드의 명령에 따라 깃털 침대에서 질식사 당했음이 거의 틀림없다.

리처드 입장에서 이는 묵었던 구원이 해결된 것이고, 따라서 정치적 생존의 관점에서만 보자면 리처드는 승리의 기쁨을 애써 억누르고 있었을 것이다. 그러나 리처드 2세는 이제 사람들이 자신을 두려워하게 되는 것을 알게 되었고, 또한 자신이 그것을 즐긴다는 것도 알게 되었다. 곤트의 존이 죽음을 맞게 되자, '전지전능한 군주'에 대한 리처드의 망상을 억눌러오던 마지막 하나 남은 고삐마저 사라져버리고, 그의 상상 속에 있던 전제군주의 위상은 현실이 되어버렸다. 그는 이제, 마치 로마의 황제처럼, 자신의 근위대에 둘러싸여 식사하고, 잠자고, 여행했다. 체서 주둔 부대의 지휘관은 왕의 직접적 지휘를 받게 되었고, 근접한 곳에 위치한 웨일스의 성들도 그의 직접 지휘하에 요새화되었다. 자신이 군사적으로 강력해졌다고 생각한 리처드는 카운티들의 수장인 지방장관들의 인사에 개입하기 시작했는데, 그것은 13세기 내전 이래 지방장관을 각 카운티 공동체에 속한 인사로 선발해 온 원칙에 반하는 방식으로 행해졌다. 리처드에 대한 절대적 충성이 조금이라도 의심받는 사람들은 숙청되었고, 그가 마음대로 부리고 믿을 수 있는 자들로 대체되었다. 그는 궁정에서도 '황제 무오성'의 개념에 영합할 준비가 되어 있는 새로운 예스맨 집단을 구축해 나갔다. 어찌 되었건, 그 시절은 단테의 「제정론De Monarchia」(c.1313)과 같은 논문들을 통해, 신에게 직접적인 책임을 지는 한 사람의 절대군주를 옹호하는 주장들이 나오던 시대였다. 의심할 여지 없이, 리처드에게 그런 논의의 핵심적 주장을 전하려고 하는 학자들이 넘쳐났으며, 왕 또한 그들의 찬사 속에서 스스로를 인식하고 있었을 것이 틀림없었다.

그러나 그 같은 철학적 이론들은 리처드가 잉글랜드 역사상 가장 가파르게 추락하는 것을 막지는 못했다. 전제군주의 위치에서 폐위에 이르는 데는 불과 2년이 채 걸리지 않았다. '청원하는 귀족들'에 대한 그의 잔인한 보복은 리처드의 최측근 특권 집단을 제외한 모든 사람을 가슴 조이게 만들었다. 그는 아무런 사전 경고도 없이 애런들을 쳤다. 그런 그가 다음에 언제, 누구를 칠 것인지 그 누가 알겠는가? 곤트의 존과 그의 아들 볼링브로크는, 리처드에게 후사가 생기지 않는 한, 자신들이 왕위계승권에 가장 근접해 있다는 것을, 또한 그것이 기회인 동시에 엄청난 위험이라는 것을 너무나 잘 알고 있었다. 그들이 가장 두려워하던 것이 현실화된 것은, 문장원의 우두머리인 노퍽 공작 토머스 모우브레이(리처드의 죽마고우)와 헨리 볼링브로크가 서로를 대역죄 혐의로 탄핵하는 기이한 사건에서 비롯되었다. 이들의 갈등은 결국 코번트리Coventry 근처 고스퍼드Gosford에서 결투로 매듭짓게 되었고, 쌍방이 모두 결투를 위해 특별한 갑옷을 주문함에 따라, 아서 왕 스타일의 보기 드문 장관이 연출될 것이라는 기대가 높았다. 그러나 그러한 기대는 순식간에 물거품이 되고 말았다. 쌍방이 각기 말에 올라 전속력으로 달려 나가려는 바로 그 순간, 리처드가 갑자기 자리에서 일어나 '중지'라고 소리쳤기 때문이었다. 그는 물론 왕국의 최고 재판관이자 중재자였기에 결투를 중지시킬 수 있는 충분한 권한이 있었지만, 그가 그렇게 했던 건 아마도 결투의 결과에 상관없이 자신이 진정한 패배자가 될 것이라는 것을 홀연히 깨달았기 때문이었을 것이다. 만약, 모우브레이가 이긴다면, 그가 왕을 도와 글로스터 공작을 제거했다는 은밀한 소문이 공개적인 비난으로 바뀔 수 있었다. 반면에 만약 볼링브로크가 이긴다면, 그의 왕위계승 후보 자격은 더욱더 확고해질 것이었다. 그러나 리처드가 왕국의 최고 재판관으로서 내린 처벌은 그 누구도 만족시키지 못했으며, 많은 이를 분노하게 만들었다. 모우브레이는 영구 추방되었고, 볼링브로크에게는 무죄가 선고되었지만 그 역시 10년간의 유배에 처해졌다. 볼링브로크를 유배 보낼 때만 하더라도 리처드에게 그의 재산을 빼앗을 생각은 없었던 것 같다. 어찌되었건, 지난 수년간 곤트의 존은 적이 아니라 우방이었다. 거기에다 그는 늙었으므로 리처드는 그가 자신의 이익에 봉사하며 곁에 머물 것으로 생각하고 있었다. 그런데 1398년과 1399년 사이의 겨울, 곤트는 중병에 걸렸고, 결국 2월 초에 사망했다. 그의 죽음과 함께 랭커스터 가문의 막대한 재산은 더 이상 우방이 아니라, 과거 '청원하는 귀족들'의 일원이며, 경쟁자이며, 적대적 상대방, 다시 말해, 젊은 볼링브로크의 것이 되었다. 이 상황에서 그가 아무것도 하지 않는 것은 위험천만한 일이었다. 그러나 이 상황에서 리처드가 취한 조치는 치명적인 결과를 초래했다. 리처드는 볼링브로크에 대한 형벌을 영구 추방으로 바꾸는 한편, 그의 재산을 충실한 왕권 지지자들에게 분배했다. 그러면서도 볼링브로크나 그의 아들이 언젠가는 재산을 되찾을 가능성이 있음을 내비치기도 했다. 그러나 격분한 사람들에게 이런 작은 양보가 귀에 들어올 까닭이 없었다.

대귀족들의 상당수는 왕이 귀족의 상속재산에 손을 대는 것, 그것도 왕국에서 가장 강력한 귀족의 재산에 손을 대는 것은 왕의 대관식 선서에 직접적으로 위배되는 행위라고 생각했다. 그들은, 리처드가 최고위 귀족인 볼링브로크에 대해 이런 짓을 할 수 있다면, 왕국의 어떤 귀족들에게도 똑같은 일을 저지를 수 있는 위인이라고 생각했을 것이다. 그들은 리처드를 멈추게 할 필요가 있었다. 불길한 웅성거림에 귀를 닫은 채, 자신의 권력이 정점에 달했다고 판단한 리처드는 이를 1399년 5월 아일랜드 원정을 떠나는 계기로 삼았다. 그의 계획은 지적이고 까다로운 렌스터의 왕 아트 맥머러Art MacMurrough 휘하의 군주들을 자신의 봉신으로 삼으려는 것이었다. 그러나 원정의 시기가 매우 잘못 선택되었고, 실행은 더 형편없었다. 리처드가 동원한 원정 병력 규모는 본국을 무방비 상태로 만들 정도로 컸지만, 문제는 그 군사들이 아일랜드를 압도할 정도는 되지 못했던 것이다. 그러므로 리처드가 또다시 아무런 소득 없이 전쟁에서 돌아올 무렵, 아버지 존의 뒤를 이어 새로이 랭커스터 공작이 된 볼링브로크는 자신의 재산 상속권을 주장하기 위해 프랑스 왕이 지원한 병력을 이끌고 이미 요크셔의 레이븐스퍼Ravenspur에 상륙해 있었다. 그리고 몇 주가 지나지 않아, 볼링브로크는 남부 및 동부 잉글랜드의 대부분을 장악하기에 이르렀다.

그때까지만 해도, 만약 리처드가 난공불락에 가까운 웨일스의 요새들을 근거지로 삼고 거기에다 자신이 보유한 체서 궁병과 보병들의 전열을 가다듬는 등 전력을 강화했더라면, 볼링브로크의 군대와 일전을 벌일 수 있는 기회가 있었다. 그러나 그의 모습은 셰익스피어가 묘사한 바, 내적인 의지가 무너져버린 한 남자의 잊을 수 없는 초상과 너무나 흡사했다. 그는 비관 속에서 한 걸음 더 나아갔다. 믿었던 자들 대부분이 볼링브로크 편으로 돌아섰다는 흉보를 들은 뒤의 그의 반응은 일전의 결의를 다지는 대신, 야밤에 성직자 차림을 하고, 자신의 불행을 애통해하며, 그리고 늘 그렇듯이 모든 사람을 비난하면서, 들판을 가로질러 도망치는 것이었다.

처음부터 그의 퇴위가 결정된 것은 아니었다. 과거 헨리 3세와 그의 아들 에드워드는 궁지에 몰린 상황에서 한편으로 전술적인 양보를 하면서도 다른 한편으로 왕당파 군대의 힘을 길러 위기를 극복한 바 있었다. 노섬벌랜드 백작이 볼링브로크의 사절 자격으로 콘위에 있는 리처드를 방문했을 때, 볼링브로크의 요구는 단지 랭커스터 가문의 정당한 상속 재산을 돌려달라는 것, '1387년의 양보'를 재확인해 달라는 것, 그리고 그들이 원하지 않는 자들을 제거해 달라는 것이었다. 그러나 잉글랜드를 누비며 거침없는 행군을 이어가는 동안 볼링브로크의 야망은 더 큰 것으로 바뀌었다. 과거 '청원하는 귀족들'의 경험에 비추어볼 때, 비록 리처드가 이번에 양보를 하더라도, 어느 순간 갑작스럽게 돌아서서 약속을 뒤엎고 야만적인 보복 행위를 자행할지 모르는 일이었다. 그리고 최근에 왕이 어린 이사벨라를 새 신부로 맞았는데, 이 혼사를 통해 리처드의 후사가 생산될 수도 있는 일이었다. 그러므로 변덕스럽고 신비스러운 자기 탐닉에 빠져 있는 왕보다는 — 왕을 만드는 것은 신이 아니라 사람이라는 것을 이해할 수 있는 — 실용적인 왕을 원하는 귀족들과 주교들에게 등 떠밀린 헨리 볼링브로크는 마침내 왕관을 향해 움직이기 시작했다.

이 시점에서 셰익스피어는 리처드가 플린트성에 접근해 오는 볼링브로크의 군대를 무기력하게 바라보면서 체념한 어조로 '이제 나의 최후가 보이는구나'라고 외친 것으로 묘사한다. 그러나 사실상 '리처드의 체념'은 랭커스터-튜더 왕조가 만들어낸 선전물의 편린일 뿐이다. 다시 말하면, 리처드가 필사적으로 왕위를 지키고자 하는 상황에서 그것을 무력으로 탈취한 것이 아니라, 리처드가 스스로 왕위를 내려놓았다고 주장함으로써, 리처드의 퇴위가 가져오는 부자연스러운 상황을 솜씨 있게 갈무리하고자 한 것이다. 랭커스터 왕가의 선전성 역사 기록들에 따르면, 볼링브로크가 '매우 정중한 태도로' 왕의 의무를 수행하는 데 동의한 것은 왕좌가 빈 이후였다는 것이다. 그러나 실제로 일어났던 일은, 런던 타워에 갇힌 포로 신세의 리처드를 상대로 한 달이나 진행된 고통스러운 협상이었다. 그는 퇴위하겠느냐는 질문을 세 차례 받고 세 번 모두 거부했지만, 결국은 피할 수 없는 상황임을 깨닫고 이를 받아들임으로써 평범한 '보르도의 리처드 경'이 되었다.

정권 교체의 명분과 관련하여 헨리 볼링브로크는 전 정권의 위법행위 범주를 나열하는 데 상당히 민감한 반응을 보였다. 그것은 왕권의 권위를 위태롭게 할 수도 있었고, 어쩌면 그 자신이나 그의 후계자들에게 불리하게 작용할 수도 있었기 때문이었다. 따라서 그는 정권 교체의 명분을 세우는 데 있어서 전임 왕의 위법행위 대신에 모호한 혈통론에 의지하려 했다. 자신이 왕관을 차지할 정당성이 있는 것은 그가 헨리 3세의 아들 에드먼드 크라우치백Edmund Crouchback의 후손이기 때문이라는 것이었는데, 그의 다소 엉뚱한 논리에 따르면 원래는 에드먼드가 장자였는데 그의 신체적 기형으로 인해 에드워드 1세가 불법적으로 그 자리를 차지하게 되었다는 것이다.[3] 결국 헨리 볼링브로크와 그의 지지자들도 이 주장이 광범위한 동의를 얻어내기에는 턱없이 부족하다는 사실을 깨달았으며, 따라서 1399년 9월 30일, 의회에서 낭독된 리처드의 '왕위 포기 선언'에는 그의 퇴위가 '귀족들에게 내려진 복수심에 물든 판결'에 기인한 것임을 명시하게 되었다. 볼링브로크가 의회 의원들을 향해, 헤리퍼드 백작 겸 랭커스터 공작인 자신을 왕으로 승인하겠느냐고 묻자, '네, 네, 네'라는 외침이 회의장에 울려 퍼졌다. 볼링브로크는 그 소리가 충분히 크지 않다고 느꼈는지, 또 한 차례 환호를 해줄 것을 요구했다.

이 때 나타났던 그의 갑작스러운 불안감은 그를 끈질기게 괴롭히기 시작했다. 셰익스피어가 묘사한 바와 같이, 볼링브로크, 즉 헨리 4세는 무언가 꺼림칙한 것 때문에 심하게 괴로워하는 불면증 환자였다. 황제를 자처하던 리처드에 대한 귀족들의 불만이 그를 왕으로 만들었지만, 머지않아 그 또한 리처드의 정책들을 자기의 것으로 만들었다. 리처드는 황제의 제관帝冠에 관심이 있었고 (또한 그런 이유로 잉글랜드 왕권과 관련된 상징들에 대한 특별한 책을 만들라고 주문했었는데), 정작 윗부분이 봉해진 전통적 제관 양식의 왕관을 처음으로 (지금도 사용되고 있음) 머리에 쓴 왕은 헨리 4세였다. 그의 대관식 기일은, 마치 흠잡을 데 없는 자신의 플랜태저넷 혈통을 과시하려는 듯, 그의 가문이 가장 선호하던 수호성인인 참회왕 에드워드의 축일로 잡았다. 좋은 것도 지나치면 화가 될 수

---

3   헨리는 왕위 계승의 정통성을 내세우기 위해 자신이 에드워드 3세의 손자인 것에 추가해서, 자신의 외고조부가 되는 랭커스터 가문의 시조인 에드먼드가 실제로는 장자였다는 미확인된 주장을 펼친 것이다 — 옮긴이.

있다는 것을 의식한 것인지, 헨리는 리처드의 수호신이었던, 그런 의미에서 그다지 신뢰할 수 없는 수호신인 동정녀 마리아가 베킷에게 준 것으로 알려진 성유를 사용하여 기름 부음을 행했다.

이 모든 것에도 불구하고 헨리 4세는 안정감을 찾지 못했다. 퇴위된 왕 리처드를 복위하려는 봉기들이 이어졌고, 그런 일들은 리처드가 살아 있는 한 계속될 것 같았다. 이 무렵 '보르도의 리처드 경'이 폰테프랙트Pontefract성에서 사망했는데, 굶어 죽었을 가능성이 농후했다. 그렇다면, 이 끔찍한 죽음을 증언하는 어떤 민망한 흔적도 남아서는 안 될 일이었다. 헨리가 자신의 전임자를 제거한 목적을 제대로 달성하려면, 리처드의 시신을 공개함으로써 그의 핵심 지지자들을 향해 예방적 타격을 가하는 것이 요점이었다. 따라서 폰테프랙트성에서 남쪽으로 향하는 길고 느린 여정은 마치 큰 충격이나 받은 것처럼 가식적인 감정을 드러내 보이던 헨리에 의해 은밀하게 조직되었다. 런던에 도착한 리처드의 시신은 성 에드워드와 성 조지의 문장이 측면에 새겨진 검은 관대 위에 놓였다. 그러나 그의 목적지는 웨스트민스터의 왕실 묘지가 아니었다. 세인트 폴 성당에서 추도 미사를 마친 뒤에 버킹엄서 킹스 랭글리King's Langley에 있는 도미니쿠스Dominicus 수도원으로 옮겨진 그의 몸은 꽤나 불안하고 불안정했던 헨리 4세의 잔여 통치 기간 동안 그곳에 머물렀다.

그보다 더 흥미로운 것은, 리처드의 아일랜드 원정에 동반했었던 헨리의 아들 헨리 5세가 즉위한 후에 리처드의 유해를 파내어 리처드가 퇴위 전 자신의 자리로 원래 정해 놓았던 웨스트민스터 묘 자리에 그를 안장한 것으로서, 금으로 도금을 한 조상彫像을 꾸미는 등 나름 장엄한 격식까지 갖추었다. 아마도 헨리 5세는 그의 부친이 가졌던 죄책감을 물려받았던 모양이다. 그는 또한 이로써 적대적 파당들이 입었던 상처가 어떻게든 치유되길 바랐을 것이지만, 그런 것은 끝내 이루어지지 않았다.

그러나 헨리 5세의 짧은 통치 기간을 통해 잠시나마 그 상처가 치유될 것 같은 희망이 보이던 때가 있기는 했다. 영원할 것 같은 셰익스피어의 매력적인 수사가 우리 귀를 울리고 있는 한, 우리는 다른 무엇보다도 '전쟁 군주'로서의 헨리의 이미지를 떠올리지 않을 수 없다. 그러나 그는 과거 전임자들의 실패를 통해 잉글랜드에서 왕위를 유지하고 번영을 누리려면 구원자이면서 동시에 관리자가 되어야 한다는 교훈을 얻은 사람이었다. 헨리 5세는 실제로 관리자적 자질을 갖춘 군주였다. 이를테면, 필연적으로 일어나게 마련인 대귀족들의 불만을 언제 힘으로 눌러야 하는지, 또는 그들을 구슬려서 자신의 뜻에 따르게 해야 할 때가 언제인지를 아는 의심할 바 없는 최고의 행정관이었다. 그는 또한 헨리 3세 이후 가장 열성적이고 일관된 교회 후원자였다. 게다가 동생을 비롯한 최측근 인사들로 하여금 자신들이 왕으로부터 신뢰와 예우를 받고 있다고 느끼게 만드는 지극히 중요한 심리적 기술을 보유하고 있었다. 왕국을 단지 그 자신 인격체의 연장으로 간주하던 리처드와 달리, 그는 왕의 일과 나라의 일이 곧 하나라는 것을 정치 공동체가 확신할 수 있도록 만들었다. 그렇게 함으로써, 그는 사실상 '농민들의 반란'을 촉발시킨 것보다 훨씬 무거운 의회세를 그다지 큰 어려움 없이 걷을 수 있었던 것이다. 물론, 그가 아쟁쿠르Agincourt 전투에서 그들보다 수적으로 훨씬 우위에 있던 프랑스군과 맞붙어 대승을 거두면서, 수많은 프랑스의 대검帶劍 귀족들을 절멸시키고, 그들의 왕에게 치욕을 안겨 준 것이 큰 도움이 되긴 했다. 셰익스피어가 묘사한 바와 같이 헨리의 전쟁에는 일종의 토착적 민족주의의 요소가 강하게 작용했다. 프랑스로부터 날아온 전황 보고들은 역사상 처음으로 영어로 쓰였고 영어로 발표되었다. 그즈음 런던 맥주 양조 회사는 '우리의 탁월하신 헨리 국왕께서는 우리의 공동 언어를 작문 연습을 통해 습득하셨으며, 과반수의 상·하원 의원들은 논의되고 있는 문제들을 모국어로 적기 시작했다'는 기록을 남겼다. 헨리 5세가 아쟁쿠르에서 개선하고 귀환할 때에는 대규모의 '환영 축제'가 런던 거리에서 펼쳐졌다. 관중들은 천사들, 선지자들, 그리고 사도들의 이름을 빌려서, 검은 머리에 창백한 얼굴을 한, 그리고 불안할 정도로 냉정한 얼굴을 한 자신들의 왕이자, 셀레스티스celestis(기름 부음을 받은 천국의 기사)를 향해 호산나hosanna를 연호했다. 헨리 5세는 성 조지와 갤러헤드Galahad(아서 왕 이야기에 나오는 원탁의 기사 중의 한 명)의 성격이 이상적으로 결합된 유형의 리더십 소유자로서, 수도원장들을 향해 올바른 기독교적 의무에 대해 한 수 가르쳐줄 수 있는 능력을 가지고 있었다.

그는 무적이었지만 죽음만은 어쩔 수 없었다. 헨리가 1422년 35세의 이른 나이에 이질로 사망한 것은 예나 지금이나 모든 역사가가 한탄하듯 모든 면에서 재앙이었다. 물론, 헨리가 이때 죽지 않았다 하더라도, 그의 아들 헨리 6세가 통치 기간 중 경험했던 재앙에 가까운 사건들이 그의 통치라고 일어나지 않았으리라는 보장은 없다. 프랑스는 상황의 압력에 굴하여 조약을 체결하기는 했지만, 언젠가는 조약에 명시된 헨리 5세와 캐서린Katherine 왕비(프랑스 공주 발루아의 카트린) 사이의 아들에게 약속된 왕위 계승권을 거부하고, 잔 다르크Joan of Arc가 있건 없건, 전쟁을 일으켜 잃어버린 영토를 회복하고자 했을 것이다. 그랬다면 잉글랜드 왕은, 당시의 왕이 누구였건, 의회에 더 많은 보조세와 기타 세금을 요청하지 않으면 안 되었을 것이고, 그 경우 전쟁터에서 계속해서 승리를 거두지 않는 한 필연적인 저항에 부딪혔을 것이다. 이렇게 볼 때, 또다시 미성년 군주를 왕으로 모시게 된 잉글랜드의 전망은 그리 밝지 못했다. 헨리 6세가 성장하는 동안 한 가지 확실해진 것은 그의 어린아이 같은 순진함이 쉽사리 사라지지 않을 것이라는 점이었다. 그리고 모든 옛 재앙이 다시 돌아왔다. 여러 차례에 걸친 역병의 창궐, (일부는 왕의 무책임에 기인하는) 막대한 부채, 1450년의 농민 반란, 그리고 자신들의 사익을 추구하기 위해 왕을 이용하는 귀족들의 파벌 싸움 등이 그들이었다.

'장미전쟁'으로 알려진 이 시대의 혼란과 무정부적 상태는 (셰익스피어 역사극에서 많은 등장인물의 입을 통해 주장되듯이) 볼링브로크 쿠데타가 거둔 독과毒果에서 비롯된 것이었다. 볼링브로크는 왕실의 비非장자 계통의 사람이 정통성을 가진 왕을 무너뜨릴 수 있다는 것을 보여주었으며, 일단 선례가 만들어진 뒤에는 잉글랜드 귀족들이 이러한 비정상적인 정치 행위에 목숨을 걸기 시작했던 것이다.

　우리가 장미전쟁을 기억하는 방식에는 두 가지가 있다. 끊임없는 전투들에 대한 연대기, 반복되는 왕들의 등장과 퇴출에 대한 연대기, 그리고 서둘러 배를 재촉하여 떠나는 출항들과 때로는 그보다 더 빠른 대관식들에 관한 연대기들을 잉글랜드 역사상 가장 위대했던 서사시로 받아들이거나, 아니면 조금은 읽는 사람의 감각을 상실하게 하는 역사의 한 에피소드 정도로 받아들이는 것이다. 만약, 후자의 경우라면, 그 안쓰럽기 짝이 없는 엉망진창 이야기들을, 그저 제멋대로 자란 학동들이 저마다의 미니어처 군대와 '친연성 집단affinities', 즉 패거리를 동원하여, 타우튼Towton, 바닛Barnet, 그리고 세인트 올번스St Albans의 들판에서 상대편을 무의미하게 살해한 유혈적 쟁투로 단정하고 싶은 유혹을 느낄 것이다. 이러한 관점에서 보자면, 장미전쟁은 '킹메이커' 워릭 백작이 연주하는 선율에 맞추어 벌어진 '죽음의 춤'일 따름이었다. 그러나 장미전쟁이 불러온 대혼란은 사건의 당사자들인 폭력적인 귀족 계층이 입은 상처를 넘어서 무엇인가를 심각하게 위협하고 있었다. 다시 말하면, 잉글랜드는 군주정에 대한 신뢰를 회복할 필요가 있었고, 한때는 웨스트민스터에서 지방 샤이어의 판사들, 그리고 촌락의 배심원들에 이르기까지 뻗쳐 있었던, 그러나 리처드 2세의 운명과 함께 끊어져버린, '충성의 사슬'을 다시 결합할 필요가 있었지만, 장미전쟁의 혼란이 그것을 불가능하게 만들었던 것이다. 물론, 장미전쟁의 주역들은 이 점을 충분히 인식하고 있었고, 그들의 생존을 단순히 킹메이커 워릭에 대한 호의 제공이나 일시적인 군사력이 아닌, 좀 더 확고한 것에 의지하고자 했다. 그러나 그들은 헨리 5세처럼 관리자와 구원자의 역할을 동시에 수행하지 못하고 그중 어느 하나의 역할만을 차별적으로 선택함으로써 그러한 목적을 이루지 못했다.

　에드워드 4세는 관직과 명예의 배분 등을 통해 왕의 권위를 능숙하게 행사할 수 있다고 믿었고, 실제로도 그의 아내 엘리자베스 우드빌Elizabeth Woodville이 속한 랭커스터 가문에도 일정 부분 몫을 챙겨준 철저한 관리자형 군주였다.

그런가 하면, 하급의 구원자형도 더러 있었다. 에드워드의 부친인 요크 공작 리처드와 그의 막내아들인 글로스터의 리처드(후일의 리처드 3세)가 그런 유형에 속하는 인물들로서, 요크 공작은 자신이 잉글랜드의 위엄을 회복하라는 신의 소명을 받았다고 믿는 경향이 있었고, 리처드 3세는 우리가 흔히 믿고 있는 바와 같이 신을 믿지 않는 사악한 범죄자의 화신이거나, 또는 (그의 열정적인 추종자들이 믿고 있는 바와 같이) 튜더의 선전 전술에 명예를 훼손당한 북방의 영웅이었다.

그런데 리처드 3세는 앞에서 언급한 두 개의 고정관념이 허용하는 것보다 훨씬 더 흥미로운 사람이었으며, 동시에 더욱 사악한 사람이기도 했다. 그는 신을 믿지 않은 것이 아니라 오히려 광신도에 가까운 사람으로서, 형 에드워드 4세의 처남들, 그리고 자신의 불편한 조카들에 이르기까지 무가치한 자들을 소탕함으로써 잉글랜드에 경건하고 정의로운 왕국을 건설하려고 했다. 이는 크레이지캐슬crazycastle의 거울에 비친 헨리 5세의 반면 이미지였다. 그의 형 에드워드 4세가 엘리자베스 우드빌과 결혼 생활을 한 것을 죄악으로 규정하는 등 에드워드의 총체적 부도덕성을 주장하며 설득력 떨어지는 모욕적 공세를 편 사람이 리처드였으며, 에드워드의 정부였던 제인 쇼어Jane Shore를 매춘부로 취급하며 런던 거리를 행진하도록 강요한 사람도 리처드였다. 그러므로 리처드가 보스워스Bosworth 들판에서 전사했을 때, 잉글랜드는 부패하고 타락한 괴물로부터 구원을 받은 것이 아니라 사실은 청교도적 엄격론자로부터 구원받은 것이었다.

헨리 튜더Henry Tudor와 그의 왕조를 열성적으로 옹호하는 역사가들은 장미전쟁을 하나의 긴 악몽으로 묘사하는 경향이 있다. 그들에게 장미전쟁은 셰익스피어의 이야기처럼 아버지가 자녀를, 혹은 자녀가 아버지를 죽일 수도 있는, 온 나라가 맨 위에서 맨 아래에 이르기까지 갈가리 찢긴 냉혹한 대학살의 전장이었으며, 오직 튜더조의 왕들 덕분에 나라가 이 참상으로부터 구출될 수 있었다는 것이 그들의 해석이었다. 그러나 프랑스의 한 지적인 관찰자였던 필리프

드 코뮌느Phillipe de Commynes는 장미전쟁의 와중에 있던 (10년 사이에 왕관이 세 번 바뀐) 잉글랜드의 1470년대를 가리켜, 그가 알고 있는 모든 나라를 통틀어 '국민에 대한 최소한의 폭력만으로도 나라의 공적 업무가 가장 잘 수행되고 통제되는 국가 중의 하나'라고 평가했다. 사실, 코뮌느는 15세기 잉글랜드에 관한 기본적인 사실들을 잘 알고 있었다. 전투는 국가 전체를 볼 때 국소적인 영향을 미칠 뿐이었다. 중세 전쟁으로는 놀랍게도 질질 끄는 공성 전투도 없었고, 무방비 상태의 농촌을 잿더미로 만드는 군대의 두려운 행군도 거의 없었으며, 전투가 벌어진 곳을 제외한 나라의 다른 지역에서는 일상이 지속되었던 것이다.

그럼에도 불구하고, 우리가 브리튼 역사의 다른 수많은 장면에 대해 그랬던 것처럼, 장미전쟁에 대한 수정론 또한 지나친 부분이 있다. 왜냐하면, 이들 수정론에서는 대부분의 국민들에게 진정한 공포의 대상은 워릭 백작이 아니라 여전히 흑사병이었으며, 막강한 귀족들의 무력으로 비롯된 왕권의 굴욕과 무기력이 결과적으로 지방의 무법 상태를 야기한 사실이 다루어지지 않고 있기 때문이다. 리처드 3세 치하, 왕에게 제출된 의회의 한 청원은 에드워드 4세 치하에서 발생한 '정부의 왜곡'에 대한 불평을 담고 있는데, 이를 객관적인 문서라고 할 수는 없지만, 그럼에도 '이 땅은 아집과 자의, 그리고 공포와 두려움에 의해 지배되었다'라는 통탄 속에는 여전히 어떤 진실이 담겨 있다. 역병과 무정부 상태에 의해 권위의 조직 체계에 큰 구멍들이 뚫린 것은 분명한 사실이며, 이로 인해 열린 공간들은 누군가에게는 흥미진진한 기회들로 보였을 것이고, 다른 누군가에게는 두려움을 주는 빈 공간으로 느껴졌을 것이다.

이러한 고위험·고수익을 특성으로 하는 중세 후기 잉글랜드의 칼날 같은 세상을 가장 잘 묘사하고 있는 것은 노퍽 북동부의 패스턴Pastons 가문인데, 영어로 쓰인 그들의 서간문들은 현존하는 동종의 기록 중에서 가장 오래된 것으로서, 기적에 가까울 정도로 매우 생생하게 보존되었다. 그들은 지역적인 무질서, 원거리 지역의 전투들, 그리고 1460년대와 1470년대에 걸쳐서 맹위를 떨치며 재래한 역병 등을 배경으로 한 가문의 운명을 바꿀 수도 있었던 심상치 않은 사건들을 기록했다. 패스턴 가문의 재산을 일군 사람은 촌락의 기록에 따르면 평범한 '농부husbandman'로 언급된 클레멘트Clement였다. 그러나 1419년 죽을 무렵의 그는 그렇게 평범한 사람이 아니었다. 그는 당시의 노동력 부족 상황을 이용하여 영주와 유리한 협상을 이끌어냄으로써 그 나름의 성공을 거둘 수 있었던 것이다. 그는 아마도 촌락의 유지가 되어 맥주 시음관 또는 치안관으로 일했을 것이지만, 그가 이룬 가장 큰 성취는 그의 아들 윌리엄에게 법학 교육을 시킬 수 있을 정도로 충분한 돈을 번 것과, 가족의 재산은 토지뿐 아니라 교육을 통해서도 이룰 수 있다는 것을 기민하게 이해한 것이었다.

윌리엄 패스턴William Paston은 실제로 법률가가 되어 돈 있는 집안의 여자와 결혼했으며, 노픽에서 가장 큰 저택 중 하나인 옥스니드 홀Oxnead Hall을 거처로 삼았다. 그는 짧은 시간 내에 교구 내 왕의 대리인이 되었고, 그 지역 부재지주들이 자신들의 재산을 관리하는 데 없어서는 안 될 존재가 되었다. 그의 아들 존 역시 아버지를 따라 법률가가 되었는데, 존 패스톨프John Fastolf 경과 친교를 나눌 정도의 세련됨까지 갖추게 되었다. 패스톨프는 속이 차지도 쾌활하지도 않았지만, 헨리 5세의 원정에 참여한 부유한 기사로서, 흰 장미 빛깔의 '위대한 다이아몬드'를 포함한 많은 양의 보석과 금제 접시들을 유산으로 남길 정도로 충분한 재산을 가지고 있었고, 캐스터Caister성의 영주이기도 했다. 머지않아 존 패스턴John Paston은 패스톨프가 서픽과 노픽 등지에 소유한 앵글리아 지역 대규모 영지의 신탁 관리인이 되었다. 그는 종국에 기사 작위를 받아 존 패스턴 경이 되었고, 캐스터성까지 물려받음으로써, 단 세 세대 만에 농부에서 샤이어의 기사 지위에 오르는 가문의 비약적 도약 과정을 마무리 지었다.

어떤 것도 이처럼 쉽지는 않을 것이다. 패스턴 가문이 무명의 보잘것없는 집안으로 남아 있었다면 장미전쟁의 유혈적 살상전은 그들과 아무런 관련이 없었을지 모르지만, 일단 그들이 부유하고 영향력 있는 가문으로 올라선 이상 그들 역시 힘센 자들의 목표가 되었는데, 그중에서도 노픽 공작이 가장 노골적이었다. 노픽 공작 수하의 헤아릴 수 없는 '패거리' 폭력배들 중에 소규모 사병 집단을 이끌고 있는 몰린Moleyn 경이라는 자가 있었는데, 그는 1449년 존이 출타한 틈을 노려 강한 성격의 소유자인 그의 아내 '마거릿 마웃비Margaret Mautby 가 있던 곳의 방벽을 부수고 성문 밖으로 몰아내는' 방식으로 그녀를 그레셤 Gresham 장원에서 내쫓았다. 존은 헨리 5세에게 보낸 편지에서 다음과 같이 썼다. '폐하, 이같이 중대한 모반, 폭동, 범법 행위가 일상적으로 지속되어 극악무도하게도 왕권의 위엄과 안녕을 훼손하고 있음에도 … 이들을 적법하게 처벌하지 않는다면, 이는 이들과 다른 모든 범법자를 더욱 대담하게 만들 것이며 이들은 무리 지어 폐하의 신민들과 법률을 마지막까지 훼손하려 들 것입니다.'

1469년에는 줄곧 캐스터를 넘보고 있던 노픽 공작이 직접 나섰다. 존의 아내 마거릿은 비통해하며 자신의 장남에게 다음과 같은 내용의 편지를 썼다. '캐스터의 네 동생과 그의 동료들이 커다란 위험에 처해 있다는 걸 네게 알리면서 안부를 전하게 되었구나.' 그녀는 분명히 자포자기 상태였다. 그럼에도 불구하고 그녀는 매우 화가 나 있었고, 아들 존에게 몇 줄 안 되는 글을 통해 그녀의 날카로운 혀를 드러내 보였던 것이다. '이곳 카운티의 사람들은 모두 네가 어떤 도움도, 어떤 해결책도 없는 커다란 위험 속에서도, 젊은 젠틀맨에게 가해질 수 있는 가장 큰 고난을 겪어내고 있음을 경탄해 마지않는구나.' 당시 그녀의 아들 존은 궁정에서 '왕비와 아주 가까운 혈통'을 가진 신분 높은 상속녀를 배우자감으로 찾는 일에 골몰하고 있었다. 마거릿은 캐스터성을 탐욕스러운 노픽에게 넘기는 이외에 다른 방법이 없었다. 패스턴 가문이 후일 캐스터를 회복하는 데에는 7년간의 법적 싸움이 필요했으며, 그중에는 에드워드 4세에 대한 직접적인 청원도 있었다. 그러나 가문의 재산 회복이 존 개인으로 볼 때에는 큰 의미가 없었다. 1471년, 존은 끔찍한 역병이 몰아닥치자 집이 걱정되어 안부를 묻는 편지를 썼다. '이것은 내가 잉글랜드에서 목격한 것 중에서 가장 치사율이 높은 역병이다. 나라 곳곳을 여행한 순례자들로부터 내가 정말로 들었는데, 잉글랜드에서, 농촌이나 도시, 또는 말을 타거나 걷는 사람을 가리지 않고, 그 누구도 감염되지 않은 사람이 없다고 하는구나.' 그 또한 그것을 피해갈 수 없었다. 그는 그해가 채 지나가기도 전에 세상을 떠났다.

패스턴 가문은 이러한 어려움을 모두 이겨내고, 노퍽의 한 모퉁이에서 제법 유력한 가문으로 자리 잡았다. 그들과 비슷한 처지에 속했던 수많은 잉글랜드 남녀의 운명도 마찬가지였을 것이다. 그들은 결국 '생존한 사람들'이었다. 그들은 역병과 왕위 찬탈, 내전, 그리고 지역적 폭동의 와중에서 어쨌거나 살아남는 데 성공한 사람들이었다. 그들은 높은 신분의 사람들이 벌이는 일은 언제나 북새통을 이룬다는 피곤한 지식에 적응하게 되었다. 또한 그들은, 그럼에도 불구하고, 웨스트민스터의 법원들은 (그 이름이 무엇이건) 민사법원, 왕좌재판소, 형평법원, 그리고 재정법원 등을 가리지 않고 여전히 사법적 정의를 실천하고 있다는 것을 알고 있었다. 게다가 필요하다면 1년에 두 번 열리는 순회재판에서 그들의 불만을 전달할 수 있었다. 그들은 또한 재판관으로 봉직하거나 아들들을 귀족 가문, 그것도 기왕이면 덜 궁핍한 가문에 기사 후보자로 보내는 등의 방법을 통해 언젠가 그들의 지위가 사회적으로 인정받을 것을 기대하고 있었다. 상황이 좀 더 더 나아진다면, 에드워드 4세의 궁정으로 초대받아서 그의 상냥한 미소 속에서 목욕을 즐길 수 있을지도 모르는 일이었다.

흑사병이 덮친 이후의 100년은 나라가 뒤집히는 것을 목격했다. 에드워드 3세의 황혼기 무렵만 하더라도, 그 어떤 것도 플랜태저넷 왕가의 위대함을 훼손할 수 없을 것처럼 보였던 것이 사실이었다. 그러나 잉글랜드라는 농업 공동체는 빈곤한 폐쇄 사회에서 정신적 외상을 동반한 감염 사회로 전환되고 있었다. 100년이 흐르면서, 흑사병은 모든 것을 뒤집어놓았다. 어떤 역사가들은 15세기를 상업적 거래가 위축되고 농산물의 생산이 감소한 '불황'의 시기라고 규정하지만, 켄트 지역의 윌든Wealden 양식 주택들을 비롯한 농촌의 고급 주택들이 대귀족이 아니라 지방 젠트리gentry와 요우먼 계층을 위해 건축된 것이라는 사실은 이 같은 해석의 설득력을 떨어뜨리는 증거이다. 왕들은 오고 또 갔지만, 1381년 런던으로 행군하여 곤트의 존이 소유한 사보이 궁전을 잿더미로 만들었던 그 촌락민들의 후예들은 이제는 향사鄕士라고 불리는 사회적 신분을 가진 지주들로 변모하는 과정을 경험하고 있었다. 그들은 영유아들의 목숨을 앗아간 역병과 타 지역에서 온 기사들이 벌이는 광란 등 최악의 경우들을 경험해야 했다. 그러나 그들은 그런 최악의 경우라 하더라도 뚫고 나갈 길이 있다는 것을 알고 있었다.

그러므로 1480년경 잉글랜드 농촌을 방문한 사람이라면, 지금 우리가 그곳에서 볼 수 있을 것이라고 기대하는 풍경을 볼 수 있었을 것이지만, 사실 그 풍경은 그 이전까지는 존재하지 않았다. 멋들어지게 재건축된 견고하고 소박한 간결미를 가진 수직 양식의 교회 건물들, '백조', '개구리' 등 역사상 처음으로 고유한 이름을 가지게 된 맥주 양조장들, 그리고 군락을 이룬 가옥들의 중심에 위치한, 마을에서 가장 큰 규모의 농사를 짓는 차지농借地農의 크고 아름다운 주택 등이 그것이었다. 그것은 과거의 차지농들이 살던 주택, 즉 엮은 윗가지 위에 흙을 바른 한 칸짜리 오두막이 아니라 장원 영주들 주택의 축소판이었다. 집 안에는 별도의 홀이 있어서 그곳에서 하인들이 주인과 여주인의 시중을 들었을 뿐만 아니라, 뒤 칸의 식료품 저장실과 지하의 와인 저장고를 갖추고 있었으며, 거기에다 개인적인 침실들이 따로 있었다.

역병과 유혈 사태가 불러온 불길 속에서 가장 있을 법하지 않은 생존의 예가 만들어진 것인데, 이는 곧 잉글랜드 농촌 젠틀맨, 곧 신사紳士의 출현이었다.

6

불타는 종교적 신념들

burning convictions

♛

아마도 여러분은 유령을 한눈에 바로 알아보지는 못할 것이다. 마찬가지로, 빈햄Binham 수도원도 겉보기에 여느 농촌 교회들과 별반 다른 점이 눈에 띄지 않는다. 석회석과 석회 도료를 재료로 사용한 평범하고 단순한 외관의 건물이다. 그러나 여러분이 이 건물을 다시 한 번 찬찬히 들여다보면, 겉모습 뒤에 숨겨진 그 어떤 것이 있다는 걸 느끼게 될 것이다. 여러 층으로 이루어진 회랑과 서측 벽 높은 곳에 위치한 둥근 창에서 단순한 교구 교회 건물로 치부하기에는 어떤 범상한 기운이 전해진다. 이제 여러분의 눈에는 여러 개의 스테인드글라스 창과 여러 점의 벽화, 그리고 커다란 예수의 십자고상十字苦像 등, 지금은 사라지고 없는 것들이 보이기 시작할 것이다. 공허함이 가득한 곳, 이제 둥근 천장이 있는 이 공간은 믿음의 숲이 된다. 열정적이고, 색깔이 있으며, 떠들썩한 하나의 세계가, 수도승과 (평성가平聖歌와 이미지들로 이루어지는) 미사의 세계, 즉 '가톨릭 잉글랜드' 안으로 밀고 들어오기 시작한다.

수 세기 동안 이 문구는 부자연스럽지 않았다. '가톨릭 잉글랜드'는 그저 기독교를 믿는 잉글랜드를 다른 말로 표현한 것에 지나지 않았다. 그러나 두 세대가 지나가는 동안, 이것은 자명한 진실임이 부인되고, 반역으로 몰리기 시작했다. 한때 그토록 찬미되고 소중히 간직되던 성모 마리아와 성인들, 그리고 사도들의 이미지들이 조롱당하고 파괴되었다. 원래 빈햄 수도원의 벽에 걸린 십자가상을 받치고 있던 루드 스크린rood screen은 사도들의 모습을 묘사한 아름다운 그림들로 장식되어 있었다. 그러나 종교개혁이 시작되면서 이들 이미지들은 제거당하고 그 자리는 영어 성경의 텍스트로 대체되었다. 그러나 시간의 흐름은 기적을 만들어내기도 한다. 파괴자들에 의해 방랑길에 올라야 했던 잃어버린 영혼들은, 마치 창살 달린 창문 저편에 갇혀 있는, 그러나 아직은 생존 중인 죄수들처럼, 성경 글자들 틈새로 바깥 동정을 살피면서 되돌아온 것이다.

유령에게 관심을 보이는 것은 그리 좋은 일이 아니다. 만약 당신이 사려 없이 빈햄의 사도들을 만지려 한다면, 아마도 그들은 조각조각 부스러져서 아무것도 남지 않을 것이다. 그것은 그들이 살던 세계가 복원을 거부하기 때문이다. 다만, 그 세계의 종말은 그만큼 예상하기 어려웠고, 그만큼 충격적이었으며, 또한 그만큼 일어나기 어려운 일이었기에, 게다가 종교개혁과 그것이 촉발시킨 종교전쟁은 우리 역사에 너무나 깊은 자국을 만들었기에, 현재 남아 있는 역사의 파편들은 보다 큰 하나의 그림으로 재구성될 필요가 있는 것이다. 그런 뒤에야 우리는 잉글랜드 역사상 가장 가슴 저미는 질문에 대한 답을 구할 수 있을 것이다. '가톨릭 잉글랜드'에 도대체 무슨 일이 일어났는가?

1950년대, 불가사의하게 격렬했던 이 종교적 내전에 관해 필자가 배우기 시작했을 무렵에는 종교개혁의 필요성이나 정당성에 대해 아무런 의문도 제기되지 않았다. 이 사건은 모름지기 잉글랜드라는 국민국가를 건설한 초석들 중 하나로 생각되었으며, 또한 이와 연결되어 있는 의회 입법의 발달과 마찬가지로 그 필요성이 자명한 사건이었다. 혹시 종교개혁이 진행되는 과정에서 유감스럽게도 잔인한 폭력성이 있었다 해도, 그건 다만 쓸모가 다한 옛 제도를 안락사 시킨 것에 지나지 않았다. 그러나 글로스터셔Gloucestershire 페어퍼드Fairford의 세인트 메리St Mary 교회를 한번 방문해 보면, 이런 단순한 가정들이 순식간에 그 근거를 잃게 되는 것을 확인할 수 있을 것이다. 종교개혁 직전, 우리는 교회가 무기력한 침체 상태에 빠져 있었다고 흔히들 생각하지만, 사실을 말하자면 세인트 메리 교회는 그 시절 전성기를 구가하고 있었다. 이 교회는 원래 '킹메이커' 워릭 백작과 요크가 출신 왕들의 후원을 받으며 오랫동안 그들의 특별한 편애를 받아온 교회였다. 보스워스 전투의 승자인 헨리 튜더가 그들의 운명을 마감하기 전까지는 말이다. 언제나 남에게 돈을 쓰게 하고 그것을 낙으로 삼았던 헨리 7세는, 이 교회를 당시 잉글랜드에서 가장 부유한 의류제조업자 중 한 사람이었던 존 테임John Tame에게 관리를 맡겼고, 그는 멋있는 새 첨탑 건물을 교회 크로싱crossing[1] 윗부분에 건축하는 비용을 제공함으로써 왕의 기대에 부응했다. 그리고 주교인 리처드 폭스Richard Foxe에게는 세인트 메리 교회를 새롭게 장식하는 임무가 맡겨졌는데, 이로써 돈, 군주, 성직자의 3중 협력 관계가 완성되었던 것이다. 그 결과는 브리튼에서 가장 아름다운 스테인드글라스 창에서도 확인된다. 이 프로젝트의 거부할 수 없는 장관을 완성하기 위해 헨리 7세는 자신의 금고까지 일부 유출되는 것을 감당해야 했지만, 그 대신에 그와 직계 가족들은 너무나 뻔하고 솔직한 변장 속에 교회 장식의 주인공들이 되었다. 왕비 엘리자베스는 시바Sheba의 여왕으로, 왕세자인 '웨일스의 군주' 아서Arthur는 동방박사 중 한 사람으로, 아서의 누나 마거릿Margaret은 비둘기 증여자로, 여동생 메리Mary는 성경에 나오는 마리아 중 한 사람으로 각각 묘사된 것이다. 헨리 자신은 왕관을 쓰고 광륜이 있는 모습으로 표현되었는데, 이는 곧 영원한 숭배의 대상이었던 참회왕의 또 다른 환생이었다. 헨리 7세의 가족 중 한 사람만은 여기에서 빠져 있는데, 그는 곧 아서의 동생인 헨리였다. 그는 장차 왕으로서, 어떤 결과를 의미함도 없이, 이 창문들을 '복음주의의 망치' 아래 파괴하는 과정을 시작하게 될 인물이었다. 그러나 이곳 교회 유리에 그림이 착색되고 창들이 납으로 된 외장 틀 안에 자리 잡을 때만 하더라도, 왕권과

---

1   교회의 본당과 좌우의 익당(翼堂)이 십자형으로 교차하는 곳 ― 옮긴이.

교회가 충돌하는 사건 같은 것이 발생할 것이라고는 그 누구도 상상하기 어려웠다.

처음부터 헨리 7세의 마음속에는 세속적 보상 못지않은 종교적인 희구가 있었다. (랭커스터 가문의 방계 혈통 후손인 그로서는) 왕권의 정당성이 취약하다는 점을 절박하게 의식하고 있었고, 따라서 그는 자신의 왕위를 정당화하고 리처드 3세의 사후적 평판을 악마적인 것으로 만들기 위해 교회의 지지를 구할 필요가 있었다. 그는 일리의 주교였던 존 머튼John Morton을 비롯한 상당수 주교들이 리처드를 따르기 거부하다가 개인적인 고통들을 겪어야 했던 것을 너무나 잘 알고 있었기에 자신을 교회의 헌신적인 후원자로서 적시에 천명함으로써 그들의 마음을 얻고자 했다.

그가 모델로 삼았던 것은 참으로 경건했던 랭커스터 가문의 왕들이었다. 헨리 5세는 웨스트민스터 사원 안에 호화로운 규모의 공양당을 지은 왕으로서, 1421년에는 베네딕투스 교단의 세속적인 모습을 꾸짖기도 했으며, 그의 아들 헨리 6세는 성자와 같은 바보였다. 헨리 튜더, 즉 헨리 7세는 이튼Eton과 캠브리지에 세워진 헨리 6세의 위대한 유산을 확고하게 지키고자 했으며, 웨스트민스터의 새로운 왕실 성소 건립 계획이 장려함의 극치를 담은 청사진으로 제시되었을 때 이에 대해 인색하지 않았다. 이러한 형태의 예배당은 일찍이 잉글랜드 교회에서 볼 수 없었던 것으로서, 르네상스 양식으로 조각하고 금박으로 장식한 대리석 구조물이었다. 원래 이 성소는 헨리 6세의 유해를 이장하여 안치할 목적으로 조성된 장소이지만, 헨리 6세의 유해를 윈저에 계속 두는 것으로 결론이 남에 따라, 왕은 이곳을 튜더 왕조 출범에 기여한 3인방, 즉 그와 왕비 엘리자베스, 그리고 그의 어머니인 막강한 레이디 마거릿 보퍼트Lady Margaret Beaufort를 위한 영원한 안식처로 만들기로 작정했다. 이들 무덤의 설계는 이탈리아 조각가 피에트로 토리지아노Pietro Torrigiano에게 맡겨졌다.

리치먼드Richmond 공작부인 레이디 마거릿은 가톨릭교회의 번영에 대한 염원을 숨기지 않은 튜더 왕조의 대표적 인물이었다. 그러나 그것이 현실에 대한 안주를 의미하지 않았다. 레이디 마거릿은 그녀가 궁정에서 누리는 권위와 권력을 로체스터 주교 존 피셔John Fisher와 세인트 폴 성당의 주임 사제인 존 콜렛John Colet을 지원하는 데 사용했다. 그들은 교회를 약화시키려는 것이 아니라, 강화하려는 의도를 가진 개혁가로 자신들을 자처하고 있었다. 그들이 추구하는 개혁의 목적은 헨리 5세를 비롯하여, 여러 세대에 걸쳐서 지속되어 온 목소리들과 정확하게 일치하는 것이기도 했다. 그것은 수적으로 적지만 더 금욕적인 수도원과 수녀원, 그리고 보다 많은 학교와 대학을 설립하는 것이었는데, 캠브리지 칼리지Cambridge college와 마찬가지로 피셔와 레이디 마거릿이 교사 양성을 목적으로 캠브리지 내 '하느님의 집God's House'을 확장하여 설립한 크라이스트 칼리지Christ college가 그러한 예 중의 하나였다. 콜렛은 특히 부재성직자 문제와 속인俗人 후원자에 대한 사제들의 지나친 굴종 등을 포함한 모든 종류의 악을 응징해야 할 필요가 있다고 생각했다. 그러나 이들이 가지고 있던 비관적인 현실 진단은, 사실상 상당 부분 근거가 없는 것이었다. 성직자들의 반복적인 교구 방문에 대한 기록은 부패하고 무단으로 임지를 이탈하는 무책임한 성직자들의 모습이 아니라, 거의 이와 반대되는 성직자 상을 떠올리게 만든다. 예를 들면, 캔터베리 교구에 적을 두었던 사제 500명 중에서 부재성직자로 등록된 사람은 소교구 사제 26명뿐이었고, 그들은 대부분 행정 업무를 담당하고 있었다. 물론 이러한 교회의 기록이 완벽한 것은 아니지만, 그럼에도 불구하고, 당시의 성직자들이, 비판자들이 생각하듯 그렇게 게으르고 무지한 집단은 아니었다는 사실을 확인시켜 준다고 할 것이다.

개혁가들은 대중적 미신으로 인해 오히려 믿음과 실천의 가치가 실추되고 있다고 판단되는 장소들을 골라서 집중적인 관심과 노력을 쏟았다. 예컨대, 개혁적 기치를 내걸었던 주역 중의 한 사람이었던 로테르담Rotterdam의 에라스무스Erasmus는 기적이 행해지는 곳으로 대중 사이에 가장 이름 높았던 성지 두 곳 중 하나였던 노퍽의 월싱엄Walsingham 소재 성모 마리아 교회를 방문했다. (다른 한 곳은 캔터베리에 있는 베킷의 성소이다.) 그는 그곳에서 동정녀 마리아의 성유聖乳를 숭배하거나, 그곳 예배당이 이스라엘의 성스러운 땅에서 이스트 앵글리아로 바로 날아왔다는 것을 순진하게 믿고 있는 순례자들의 신앙을 조롱함으로써 그들을 분노하게 만들었다. 월싱엄 현상은 상술적인 요인과 더불어, 노퍽보다는 나폴리Naples가 더 어울리는 공간적 특성이 자아내는 성스러움이 공동으로 만들어낸 합작품인 것은 사실이었다. 그러나 에라스무스의 견해는 학자적 비판으로서 라틴어로 표현되었기에 그 파장이 크지 않았을 뿐 아니라, 왕실이나 귀족 등 그의 후원자들이 반드시 그의 견해를 지지하는 것도 아니었다. 아닌 게 아니라, 헨리 7세와 헨리 8세는 정기적으로 월싱엄으로 향하는 가장 열성적인 순례자들이었다. 헨리 7세는 재위 기간 동안 최소한 세 차례 그곳을 방문했으며, 헨리 8세는 1511년 그의 아들 출생에 대한 감사의 뜻으로 루비 목걸이를 성모 마리아에게 바치기 위해 '맨발의 참회자'가 되어 그곳까지 걸어갔다. 그때 얻었던 왕자 헨리는 3주 만에 사망했지만 (그가 바친 48실링 8펜스 덕분에) 그 후로도 촛불은 수년간 더 타올랐다.

월싱엄 순례와, 그리고 에라스무스와 피셔, 콜렛, 토머스 모어Thomas More 등 그의 진지한 동료들이 그것에 대해 보냈던 회의적인 시선이 공존했던 가톨릭 잉글랜드는 확실히 독특한 세계였다. 그것은 덕망 있고 신성시되는, 그러나 종종 사술을 사용하기도 했던 교회에 대한 깊은 애착과 더불어, 동시에 그를 넘어서려는 갱신과 개혁에 대한 요구가 공존하는 세계였다. 이러한 불일치는 일견 분명해 보이기는 했으나, 그럼에도 불구하고 가톨릭 모교회의 넉넉한 품 안에서 모두 수용될 수 있었다. 예컨대 서퍽의 롱 멜퍼드Long Melford에 있던 성 트리니티Holy Trinity 교회는 장려함과 세련미를 모두 갖춘 특별한 경우이다. 서퍽 카운티 양모 무역의 성황에 대한 찬가인 양 펼쳐진 교회의 엄청난 규모, 그리고 지출을 아끼지 않은 외양은, 돈이, 그것도 어마어마한 액수의 돈이 신앙에 투자되었을 때 무슨 일이 일어나는지를 보여주는 사례이다. 그만한 투자가 이루어질 수 있었던 건, 그 대가로 천국으로 향하는 여정이 자신들에게 주어질 것이라는 계산이 롱 멜퍼드의 젠틀맨들과 상인들에게 있었기 때문이었다. 16

세기 초 전성기를 누렸던 롱 멜퍼드의 모습은 바로 그러했다. 서펙에 있으면서 천국의 환영에 가장 가까이 다가선 곳이었다. 그런 환영은 이제 편린으로만 남았지만, 법률가이자 메리 여왕 치하에서 롱 멜퍼드의 교구 위원으로 활동했던 로저 마틴Roger Martyn이 남긴 기록 덕분에 오늘날 우리는 종교개혁 직전 그 영광스럽던 시절의 성 트리니티 교회의 모습이 어떠했을지를 그려볼 수 있다. 마틴은 세상이 많이 바뀐 엘리자베스 여왕 시절, '잉글랜드 교회'라고 불리는 단색적인 종교의 모습에 실망한 나머지, 미래 세대에게 그들이 잃어버린 것에 대해 알려주기 위해 자부심과 회한의 교차가 뚜렷하게 느껴지는 글을 남겼다. '내가 기억하는 바의 멜퍼드 교회와 동쪽 끝 성모 마리아 예배당의 모습은 이러하다. 높은 제단 뒤편으로 그리스도의 열정에 관한 이야기를 매우 공을 들여 조각한 멋진 벽 장식 부조浮彫가 있었는데, 모든 것이 강렬한 금빛과 함께 생동적이고 아름답게 표출되고 있었다.' 마틴은 마치 천국의 둥근 천장처럼 금빛 별들로 장식된 교회 천장, 평소에는 가려져 있다가 축제일에 개방되어 군중의 눈을 부시게 했던, 제단 너머 금제의 예수상을 바라보는 기사들의 모습에 관해서도 이야기했다. 또한 예수와 동정녀 마리아의 이미지들을 훌륭하게 표현한 예배당에 관해서도 기록을 남겼다. 그리고 그는 마치 천상의 교회가 가상의 미니어처로 표현된 것 같은 성당 후면의 고미다락과 그곳에 그려진 열두 사도들의 모습을 묘사했으며, 그리고 각종 조각상들, 조각 장식들, 성유물들, 거기에다 촛불에 반사되어 빛나던 은제와 금제의 성배들로 가득 들어찼던 교회 건물에 대해서도 묘사했다.

그러나 마틴이 말하고자 했던 교회는 단순히 교회의 외관뿐이 아니었다. 그는 성 트리니티 교회를 영적인 깨달음의 중심 공간일 뿐 아니라 (이렇게 말하면 신성모독이라는 말을 들을 수 있겠지만) 여흥과 구경거리의 중심으로 만들었던 여러 가지 행렬과 축제, 그리고 각종 예식과 제례에 대해서도 묘사를 아끼지 않았다.

종려주일이 되면 성찬용 빵은 행렬 속에 섞여서 경내에 도착하여 네 명의 요먼들이 받쳐 든 제법 큰 규모의 캐노피 아래로 운반되었다. ⋯ 한 소년이 건물 위에 있는 작은 탑 위에 서서 '보라, 그대의 왕이 오신다네'라는 노래를 불렀으며, ⋯ 그러면 모두가 무릎을 꿇었다가 다시 일어나서 함께 노래하며 교회 안으로 향했는데, 현관 근처에 다가서면, 한 소년이 다른 소년들에게 둘러싸인 채 꽃과 케이크를 힘껏 내던지고 있었다.

성 트리니티 교회는 광각적廣角的으로 조성된 롱 멜퍼드 시가지의 심장부로서, 그곳에서 시작해 당시 종교적 길드 및 종교 단체의 집회 공간이었던 리틀 홀스little halls(마을 회관)까지 이어지는 유서 깊은 행렬 노선을 따라 중심 도로가 이어지면서 시내의 여러 도로와 연결된다. 롱 멜퍼드가 가진 구매력은 이곳을 가톨릭 잉글랜드의 사회적 구성에 없어서는 안 될 요소로 만들었다. 교회를 중심으로 하는 이곳 공동체의 주민들은 부분적으로는 사교 클럽으로, 부분적으로는 소단위의 복지공동체로 역할을 담당하면서 지역 학교들과 빈민구호소에 돈을 댔으며, 가난한 이웃들을 위해 장례식 비용을 지불했다. 그들은 죽은 사람들을 위해 미사를 올려줄 특별 성직자들을 고용했고, 양초 가게를 계속해서 운영하도록 지원했다. 그들은 또한 사람들의 출생, 결혼, 그리고 죽음에 품격을 부여하기 위해 성직자의 제의와 제대포 등을 구입했다. 교회 중앙부 신도석과 성단소 사이에 위치하면서 교회 전체를 지배하는 대규모 루드rood 위, 십자가 위에 못 박힌 예수에게 신길 은제 신발을 구입한 것도 그들이었다.

이들의 세계에는 세속적인 것과 영적인 것 사이에 어떤 엄중한 경계도 없었고, 따라서 필요하면 성인들을 찾아가 도와달라고 기도하는 것이 부끄러운 일도 아니었다. 쟁기질을 하는 동안 어떤 특정 성인의 이름을 부르며 풍년을 간구할 수도 있는 일이었고, 건강한 출산을 지켜달라며 (용의 뱃속에서 나왔다는) 성 알렉산드리아St Alexandria의 캐서린에게 도움을 빌 수도 있었다. 특정한 경우에 어떤 성인에게 도움을 청해야 할지를 잘 모르면, 튜더 잉글랜드 초기의 영원한 베스트셀러이자 필휴 안내서였던 『목동의 캘린더Kalender of Shepherdes』를 참고해야 했는데, 이 책은 농부들을 위한 책력, 점성술 책, 그리고 기도서 등 그야말로 복합적인 역할을 수행하고 있었다. 교회는 이렇게 확장된 외연 속에서 학교이자 극장이었으며, 윤리적 교사이자 지방정부였고, 나아가 마법과 의술의 영역이기도 했다.

그러나 만약 이곳에 관리자, 즉 사제가 없었다면, 이야기는 많이 달라졌을 것이다. 성직자는 구세주의 대속구원이라는 가톨릭의 전통적 중심 신앙 속 불가사의를 지키는 수호자들이었기 때문이다. 사제들이 미사를 봉헌하며 영성체를 높이 들 때마다 그러한 불가사의는 불가항력적인 현실이 되고, 사람들은 십자가에 못 박힌 그리스도가 살과 피를 통해 실제로 그들 속에 임재臨在함을 느끼게 되는 것이었다. 롱 멜퍼드처럼 큰 교회에서는 평일에도 (오래전에 사라지고 없지만) 부속 제단들 여기저기에서 여러 개의 미사가 동시에 열리기도 했다. 이들 '부차적 미사'는 서로 시간을 적절하게 안배함으로써, 성찬용 빵과 포도주를 축성祝聖하는, 그야말로 팽팽한 긴장감이 최고로 고조되는, 그 순간들이 서로 겹치지 않도록 세심한 주의를 기울여야 했다. 신자들은 그 순간이 다가오면 이 제단, 저 제단으로 뛰어다니면서 '잠깐만, 잠깐만요!'를 외쳐야 했다. 놀랄 일도 아니었던 것이, 성체를 맞이한다는 것은 곧 자신의 구원을 보는 것을 의미했기 때문이었다.

적어도 그 시간만큼은 사제는 필수불가결한 존재였고, 그들의 손을 빌리지 않고는 천국에 닿을 수 없었다. 오로지 사제의 손만이 성찬용 빵과 포도주를 만지고 성별할 수 있었으며, 그렇게 함으로써 빵과 포도주가 예수의 살과 피로 바뀔 수 있었다. 오직 사제의 손만이 인간의 죄를 사하는 십자가의 인印을 만들 수 있었다. 초를 사건, 대학을 세우건, 어떤 선행에 의미를 부여하는 것도 사제의 손이었다. 결국, 그들은 구원과 영원한 벌 사이를 가르는 차이를 만들어내는 존재였던 것이다.

그런데 구원을 위해서는 사제가 꼭 필요하다는 바로 이 주장, 성 베드로St

Peter로부터 이어져왔다는 이 주장이야말로, 새로운 기독교 신앙을 설파하는 사도들이 — 어떤 장려함이 아니라 성경의 텍스트를 중시하는 그들이 — 가장 역겨워 하고 심지어는 신성모독이라고 생각하는 대목이었다. 마틴 루터Martin Luther를 따르는 이들은 그때까지 일반적으로 인정되어 오던 '오직 사제만이 성체를 성별할 수 있다'는 교리를 불법적인 권위의 찬탈이라고 비난하면서 놀랍도록 격렬한 공격을 퍼붓기 시작했다. 하느님이 이미 예정해 놓으신 일을 어떻게 일개 사제가 무효로 바꿀 수 있는가? 그들은 불쌍한 죄인의 운명은 오로지 주님의 결정에 달렸으며 미사, 공양당, 순례, 속죄 등으로 그 결정을 바꿀 수 있다고 생각하는 것 자체가 신성을 모독하는 무엄한 생각의 정점에 있다고 주장했다. 만약 전능하신 주님이 그의 무한한 자비로써 이 세상 가장 비참한 죄인을 구원 하시기로 결정하셨다면, 그것으로 구원은 완결되는 것이며, 그 어떤 선행이나 자선도 이에는 아무런 영향을 미치지 못한다는 것이었다. 사도 바울St Paul이 이미 강조했듯이, 죄인인 인간들은 불가해한, 그러나 한없이 긍휼하신 신의 은총에 스스로를 맡기면 될 뿐이었다. 신의 자비에 대한 믿음, 성경에 대한 믿음, 그리고 예수의 희생만으로 (성인들의 개입이 없더라도) 이미 충분하다는 믿음이라면 그것으로 충분하다는 것이었다. '오직 믿음sola fides'만 있으면 되었다.

이러한 새로운 신앙의 선지자들은 성서를 뜻하는 그리스 단어evangelion를 빌려 스스로 복음주의자evangelicals라고 불렀다. 그들의 목표는 로마교회가 마치 당연한 권리처럼 독점해 온 신앙적 지식을 이제 사람들이 각자 자신의 언어로 쓰인 복음적 진리를 공유하도록 바꾸자는 데 있었다. 만약 모든 사람이 이렇게 해서 부인할 수 없는 진리로서 소유하게 된다면 교사로서, 보호자로서, 또한 참견자로서의 사제에 대한 필요는 사라질 것이었다. 그리고 대중은 이제 스스로 안내자의 역할을 하게 될 것이었다. 믿음이 있는 모든 사람이 스스로 사제가 되는, 즉 '만인사제'의 세상이 될 것이었다. 사제의 역할이 구원의 문지기에서 단순한 영적 상담자로서의 지위로 격하된다면 그들이 지금까지 누려오던 특별한 법적 지위 또한 급작스럽게 소멸되어야 하는 상황이었다. 만약 사제들이 평범한 사람에 불과하다면, 그들에 의해 운영되는 법정, 그들을 위한 조세, 그리고 그들 교회의 조직과 법은 왜 필요한 것일까? 공양당, 즉 죽은 이들을 위해 기도하는 예배당은 사제들의 돈벌이 수단으로 간주되기 시작하고, 연옥은 그 같은 돈벌이를 위한 속임수가 아닐까 하는 의심의 대상이 되었다. 어떤 의구심 있는 사람이 말하기를, 만약 연옥에 있는 사람의 죄를 사해준다는 공양당의 목적이 제대로 이루어졌다면, 한때 아무리 그곳에 머무는 영혼이 많았다 해도, 지금은 비어 있어야 하는 것이 아니냐는 것이었다. 1520년대 잉글랜드에서는 이러한 종류의 담론들이 오고 가는 것을 들을 수 있었다. 러프버러Loughborough 출신의 윌리엄 뱅크스William Bankes는 (1527년 자신과 조카딸 사이에 두 자녀를 낳은 혐의로 법정에서 재판을 받고 있었는데) 참회를 요구하는 교회 법정을 향해 뻔뻔스럽게도 대들었다. '나는 당신들이 시킨다고 참회하지도 않을 것이고, 어차피 상급법원 판사에게 갈 생각이므로 당신들은 나의 판사도 아니오.' 또한 런던의 포목상이자 양복 재단사였던 리처드 헌Richard Hunne은 1514년 유아기 자녀의 장례식 때, 일정 비용을 교회에 지불해 오던 관행을 거부하는 등, 한걸음 더 나아가기도 했다. 헌은 교회 법정에 복종하는 대신, 교회에 의해 왕의 특권이 훼손되는 경우를 다루는 교황존신죄praemunire에 관한 법률 위반을 들어 교회를 국왕 법정에 맞고소하기에 이르렀다. 헌은 런던 주교가 보낸 사람들에 의해 체포되었고, 그들은 헌의 이단 혐의를 잡기 위해 그의 집을 샅샅이 뒤졌다. 구금된 지 이틀 뒤에 그는 감옥에서 교수된 채로 발견되었다. 충격적이게도, 검시관은 자살이라는 편리한 판단을 내리는 대신 그가 교살되었다고 판단했다. 그럼에도 교회 당국은 여전히 사자를 이단으로 낙인찍으면서 그의 시체를 불사르는 부끄러운 행동으로 대응했다. 이 사건은 의회에서, 특히 많은 법률가가 의원으로 포진해 있던 하원에서 엄청나게 강력한 항의를 불러일으켰으며, 헨리 2세 이후 처음으로 교회 법정이 관습법상의 형평성을 침해하고 있다고 간주되기 시작했다.

잉글랜드에서 반反성직자주의anticlericalism는 아주 생소한 현상은 아니었다.

그리고 이따금씩 간헐적으로 발생하는 이런 종류의 사건들은 시간이 흐르면서 유야무야될 수도 있었다. 그러나 교회 당국이 헌의 유죄를 입증하기 위해 그의 집을 전전긍긍 수색해야 했던 사실이 시사하는 바는 따로 있었다. 그것은 교회 당국이 헌의 행위를 단순한 개인적인 일탈 행위로 받아들이지 않고 그들이 어떤 커다란 위기에 봉착하고 있음을 알려주는 신호로 받아들였다는 의미이며, 그 위기의 중심에는 인쇄술이 있었다.

모국어로 인쇄된 성경은 '만인사제설'을 하나의 이단적 판타지에서 진정한 종교적 신앙으로 전환시킬 수 있는 잠재적인 힘을 가지고 있었다. 영어로 된 성경은 14세기 말 위클리프와 롤라드 시절에도 존재했지만, 수기본 형태로 회람되었을 뿐이며, 게다가 그 숫자도 적고 그만큼 비쌌다. 반면에 인쇄본 성경은 훨씬 많은 양으로 배포가 가능했고 단지 몇 실링이면 구입할 수 있었다. 영어 성경의 출판을 위해 자신의 생애를 다 바친 사람은 윌리엄 틴들William Tyndale이었다. 그는 경건하고, 단호하며, 약간은 광신적인 면이 있을 정도로, 지칠 줄 모르고 자신의 사명을 추구하는 역사적 인물의 유형에 딱 들어맞는 사람이었다. 그의 신념은 다음과 같이 천명되었다. '평신도들을 어떤 진실 안에서 세우려면, 그저 그들 눈앞에 모국어로 쓰인 성경을 놓아주는 길 이외에는 없다.' 모든 혁명가가 그러하듯, 틴들 또한 기민한 책략가였다. 런던 주교에게 영어 성경을 인쇄할 기금을 요청했다가 거절당하자, 그는 그의 취지에 동조하는 한 부유한 상인으로부터 비용을 확보하고는 해외로 나가 그 일을 완수했다. 마침내 1526년, 틴들이 번역한 신약성서 3000부가 독일 도시 보름스Worms에서 인쇄되었다. 책의 형태가 4절판에서 8절판으로 줄어들면서 가격이 4실링으로 낮춰졌을 뿐 아니라 해외에서 밀반입이 가능할 정도로 휴대가 용이해졌다. 틴들의 영어 성경은 북부 유럽의 개신교도들과 정기적인 접촉이 이루어지던 항구도시들을 중심으로 유입되었는데, 그곳에는 활발하게 활동 중이던 루터-롤라드 지하조직이 있었다. 헐Hull 출신의 선원들은 독일 브레멘Bremen을 방문했다가 그곳 성직자들이 결혼한다는 사실에 놀랐으며, 돌아오는 길에 왁스나 곡물 통에 영어 성경을 숨겨 들어오기도 했다.

정통 가톨릭 신앙의 수호를 자처하는 사람들은 틴들의 영어판 성경이 은밀하게 수입되어 유통되는 것을 불안스럽게 지켜보면서, 수단의 옳고 그름을 가리지 않고 모든 것을 동원해서라도 '가장 전염성이 강하고 치명적인 독'을 근절하기로 각오를 굳혔다. 그런데 이러한 생각을 가장 열성적으로 실제 행동으로 옮긴 사람들은, 가톨릭교회의 스펙트럼상 가장 반동적인 날개에 속한 사람들이 아니라, 우리가 흔히 자유주의적이며, 양심의 자유를 위해 순교했다고 믿고 있는 토머스 모어와 존 피셔였다. 두 사람 모두 자신들은 물론, 비슷한 생각을 하고 있는 사람들이 성경의 세세한 부분들까지 망라하여 이단에 대항하는 논쟁을 벌이도록 독려하고 있었지만, '모든 개인이 각기 하나의 교회'라는 새로운 주장이 가지는 힘 앞에서 전통적 교회의 모든 신학적 권위가 붕괴되는 것을 목격하지 않을 수 없었다. 그 시대의 남자들과 여자들은, 그들이 아무리 무지하다 할지라도, 그들 스스로 교리를 판단하려는 '주제넘은' 태도에 가세하고 있었다. 이러한 세태에 경악한 사람 중에는 헨리 8세도 포함되어 있었는데, 그는 1521년 루터주의를 가증스러운 이단으로 공격하는 논문을 자신의 이름으로 발표했다. 그가 가장 신뢰했던 신하였던 토머스 울지Thomas Wolsey 추기경 역시, 한때 틴들이 '새로운 성경의 작은 소리'라 불렀던 것이 불협화음의 커다란 소음으로 발전하기 전에 없애버리려고 열심이었다. 그리고 그는 이를 위해 체계적인 공적 수단들을 동원했는데, 성경 읽는 자들의 비밀조직에 침투하여 그들을 세인트 폴 성당의 공개 재판에 회부한 것도 그러한 조치의 일환이었다. 이 '괴물들'은 그곳에서 신앙의 철회를 강요당했고, 화목용 나무 한 단을 날라야 했으며, 자신들의 글이 불길 속으로 던져지는 동안 비굴하게 무릎을 꿇고 애원해야 했다. 그들은 만약 또 한 번 정도에서 벗어난 길을 선택한다면 (몇몇 사람은 필연적으로 그 길을 선택했지만) 그때에는 그들의 책이 아니라 그들의 몸이 불에 타게 될 것이라는 엄중한 경고를 받아야 했다.

이 모든 것이 헨리 8세를 기쁘게 했다. 왕은 그가 30대로 넘어갈 무렵, 그가 루터를 상대로 쓴 글을 고맙게 생각한 교황으로부터 '믿음의 수호자Defender of the Faith'라는 칭호를 받았는데, 이때까지만 하더라도 그가 다른 종류의 사람이 될 것이라고는 상상조차 할 수 없었다. 그는 월싱엄 순례자였으며, 그의 왕비는 스페인 왕 페르난도Ferdinand의 딸이자 흠잡을 데 없는 가톨릭 신자 아라곤 Aragon의 캐서린이었다. 캐서린은 원래 (짧은 기간이나마) 헨리의 형, 웨일스의 군주 아서와 혼인한 사이였으며, 헨리는 형의 존재로 인해 자신이 왕이 되리라 고는 생각하지도 못한 채 청춘의 대부분을 보냈다. 아서와 캐서린의 결혼은 튜더 왕가와, 페르난도(아라곤 왕국)와 이사벨라(카스티야 왕국)가 각기 대표하는 스페인의 두 왕가를 결합시킴으로써, 튜더 조의 왕조적 품격을 덩달아 높여보려는 헨리 7세의 의도에 따른 것이었다. 그러므로 그의 이름만으로도 기사도의 꽃으로 찬양되었던 아서가 1502년, 10대의 나이에 맞은 때 이른 죽음은 외교적, 그리고 왕조적인 재앙이었다. 40대 후반에 왕비를 먼저 보냈던 헨리 7세는 잠시 동안 자신이 직접 캐서린과 결혼할 것을 진지하게 검토하기도 했지만, 결국은 새롭게 웨일스의 군주, 즉 왕세자의 자리에 오른 열한 살짜리 아들 헨리를 그녀와 약혼시키는 것으로 결정했다. 두 사람은 4년 뒤, 그러니까 신랑이 열다섯, 그리고 신부가 열아홉이 되면 결혼하기로 예정되었는데, 지참금 문제가 제때에 해결되지 못해 금전 문제에 예민했던 헨리 7세에게 골칫거리를 안겨주기도 했다. 이 때문에 아들 헨리는 1509년, 부왕이 사망하기 전까지는 신부인 스페인 공주와 격리 상태로 지내다가, 그때서야 왕국의 열쇠와 함께 약속되었던 아내를 맞을 수 있었다.

이제 열여덟 살이 된 헨리는 지체 없이 자신이 왕국의 새로운 주인임을 천명하고자 했다. 부친 통치하에서 악명 높던 자문관들에 대한 평판과 결별하기 위해 (적극적인 조세 행정으로 높은 원성의 대상이었던) 에드먼드 더들리Edmund Dudley와 리처드 엠프슨Richard Empson을 약식으로 탄핵한 뒤에 처형했다. 그리고는 그들이 헌신적으로 축적했던 왕실 금고를 열어 자신과 캐서린의 호화 결혼식 등에 쓰기 시작했다. 우리는 아라곤의 캐서린을 고통받고 희생당한 나이 많은 여자라는 단선적 이미지로 기억하는 경향이 있다. 물론, 그녀가 나중에 그런 이미지를 가지게 된 것은 맞지만, 당시에는 그렇지 않았다. 그녀의 초상화들은 결혼 생활 초기에는 그녀가 결코 매력 없는 여자가 아니었으며, 가무잡잡하고 관능적이었다는 동시대인들의 평가가 사실이었음을 말해 준다. 남편과 아내 사이에 형성된 눈에 띌 정도의 애정 관계는 왕조의 상서로운 미래를 기대하게끔 만들기에 충분했을 것이다. 선왕인 헨리 7세는 모두 일곱 명의 자녀를 출산했고, 그중 세 명만이 생존하여 성인이 되었다.

헨리 8세 하면 테스토스테론, 즉 고환에서 만들어지는 남성 호르몬이 먼저 떠오른다. 그는 방법과 장소를 불문하고 건강한 남성 에너지를 분출시킬 수 있었고, 실제로 분출시키곤 했다. 그의 매력에 푹 빠진 그의 궁정 신료 하나는, 말안장 위에서, 무도회장에서, 또는 테니스 코트에서, 멋스럽게 짜인 셔츠 사이로 눈부시게 드러나는 왕의 피부에 대해 흥분을 감추지 못했다. 6피트(183센티미터)의 큰 키를 가진 왕은 (하기는 존 왕 이후 키 작은 잉글랜드 왕이 있었던가?) 그냥 빛난 게 아니라, 문자 그대로 반짝반짝 빛이 났다. 그건, 그가 손가락들을 그 많은 반지로 장식했고, 호두만큼이나 큰 다이아몬드를 목에 걸고 있었기 때문인데, 그를 숭배하던 또 다른 신하는 왕의 목을 가리켜 길고, 두꺼우며, 마치 여성의 것처럼 아름답다고 묘사한 바가 있다. 헨리는 그의 이름난 상쾌한 매력을 마치 잉글랜드의 날씨처럼 — 지루한 흐린 날의 연속, 급작스러운 천둥 번개, 그리고 사이사이 번갈아 나타나서 내리쬐는 햇살 등 — 변화무쌍하게 발산시켰다. 가슴 찌르기, 등 탁 쳐주기, 어깨에 손 올려놓기, 주먹으로 배 때리기 등이 그가 매력을 배분하는 방식이었는데, 그 선택은 그때그때 왕의 순간적 기분에 따라 결정되었으며, 때로 그것은 어떤 자를 갑자기 특별 승진시킨다거나, 또는 갑작스레 체포하는 등의 전조가 되기도 했다. 헨리는 궁정 조신들과 외국의 외교사절들이 입에 침이 마르도록 아낌없이 바치는 찬사 속에 빠져 있었다. 용맹스러운 헨리, 영리한 헨리, 민첩한 헨리, 슈퍼스타 헨리 등이 그것이었다. 그는 개인적으로 악단을 고용하여 여행 중에 동반하는 유일한 왕이었으며, 열여덟 살의 왕은 직접 작곡을 하고 주연으로 노래를 불렀다.

　통치 초기 헨리는 헨리 5세의 라틴어 전기를 영어로 번역했는데, 이는 자신이 단순히 그 아쟁쿠르Agincourt[2] 전사의 후예일 뿐 아니라 그의 직접적인 환생이라고 믿었음을 여실하게 보여주는 것이었다. 그가 프랑스와의 작은 전쟁을 국정의 최우선 과제로 삼은 것은 우연이 아니었다. 그 전쟁은 나바르Navarre의 국경 지방을 공략하고 있던 장인과 장모, 즉 페르난도와 이사벨라를 돕기 위해 벌인 일이었다. 1512년 연합 공격이 시작되었으나, 기다리고 있던 잉글랜드 함대와 합류하기로 한 스페인 육군이 끝내 나타나지 않아 유야무야 끝난 불명예스러운 전쟁이 되고 말았다. 다음 해에는 노르망디 원정이 감행되었는데, 여기에서는 엄청난 승리를 거두었다. 농장들은 여기저기 쑥밭이 되고 불태워졌으며, 시읍들은 유린되었다. 헨리는 이 모든 것을 철저하게 즐겼는데, 그중에서도 '스퍼스Spurs 전투'라는 이름으로 위용이 전해지게 된 소규모의 군사적 격돌은 특히 그를 기쁘게 했다. 이 전투에서 매복 기습을 당한 프랑스 기병들은 상당수의 귀족들을 '수익성 좋은 포로'가 되도록 남겨둔 채 퇴각했던 것이다. 그보다 더 좋은 성과도 있었다. (그의 손위 누이 마거릿과 결혼한) 그의 매부, 스코틀랜드의 제임스 4세가 '올드 동맹the Auld Alliance(잉글랜드를 상대로 한 스코틀랜드와 프랑스의 오랜 동맹)'의 기치 아래 용감하게 잉글랜드 북부를 침공해 들어왔다. 서리Surrey 백작 토머스 하워드Thomas Howard가 이끄는 비교적 적은 규모의 잉글랜드군이 1513년 플로든Flodden에서 제임스 4세와 스코틀랜드의 주요 백작들을 포함, 군사 1만여 명을 전사시키는 등 대승을 거둠으로써 적에게 파멸적인 종말을 안겨주었다.

　이 모든 군사작전은 국고를 파탄시키지 않는 수준에서 운영되었는데, 그것은 뛰어난 관리자가 있었기 때문이었다. (그의 많은 적이 틈만 나면 입에 올렸듯이) '푸줏간 집 아들'이었던 토머스 울지는 국정 운영의 모든 영역에서 왕국의 유능

---

[2]　백년전쟁 때 헨리 5세의 대표적 전승지 — 옮긴이.

한 관리인임을 증명했다. 울지 경영 기법의 핵심은 일과 사람들을 모두 숙달된 솜씨로 다루는 데 있었다. 울지는 요크가의 왕들과 헨리 7세를 거치는 동안 점차 정교해지고 있던 잉글랜드의 행정체계를 물려받았으며, 여기에 권력 작동의 메커니즘에 대한 자신의 기민한 이해를 추가했다. 그는 필요하다면 의회를 구슬릴 줄도 알았고, 상황이 요구한다면 사람들과 머리를 맞대고 (귀족의 머리라 하더라도) 토론을 벌일 줄도 알았다. 게다가 그는 후견, 명예의 배분, 뇌물, 그리고 위협 등, 자신이 가진 수단들을 기가 막히게 잘 다루는 사람이었다. 다른 표현을 쓰자면, 그는 추기경의 모자를 쓴 정치심리학자였다.

울지는 허영심과 두려움이야말로 사람들을 그때그때 움직이게 만드는 중요한 기제라는 것을 알고 있었으며, 시각적 권력의 중요성에 대해서도 인식하고 있었다. 그는 이 같은 자신의 지식을 햄프턴Hampton 궁전에서 놀라운 (나중에는 자기 파괴적인) 효과가 발휘되도록 사용했는데, 그곳은 그가 자신을 위해 스스로 건립한 곳으로 그가 가진 '교회의 군주'라는 지위가 벽돌 하나와 모르타르mortar까지 구현될 수 있도록 설계되었다. 그는 또한 이러한 권력의 개념을 헨리 8세와의 관계에 대해서도 적용했는데, 그것은 왕의 사람들과 자신의 일상적인 비즈니스 사이에 신중하게 계산된 인위적인 이격 장치를 설치하는 것이었다. 다시 말하면, 일상적인 비즈니스는 그와 추밀원Privy Council이 담당하면서, 왕의 사람들은 지밀내전Privy Chamber에 고립시킨 것이다. 지밀내전至密內殿은 문자 그대로 왕의 사적 공간으로서, 그룸 오브 더 스톨Groom of the Stole을 우두머리로 하는 선택된 젠틀맨-궁정 조신들 16명으로 구성된 내밀한 집단의 영역이었다. 그곳은 야망을 가진 젠틀맨이라면 모두가 선망하는 공간이기도 했는데, 왜냐하면 왕이 변기에 앉아 내는 소리를 비롯하여, 왕이 깨어 있는 모든 순간에 그와 모든 것을 공유하며 신변을 돌보는 영광을 누릴 수 있었기 때문이었다.

왕실의 의식 행사와 관련하여 울지가 이룬 가장 중요한 업적으로는 '금란金襴의 들판the Field of the Cloth of Gold'이라고 알려진 1520년의 대축제 행사가 있다.

이 놀라운 의식은 당시 광대한 영토를 가지고 유럽에 군림하던 신성로마제국의 새로운 황제에 등극한 카를Charles 5세를 의식한 정치적 의도가 있는 행사로서, 해협을 가운데 둔 오랜 원수지간인 두 나라 잉글랜드와 프랑스가, 필요한 경우, 카를 5세의 합스부르크 왕가의 위협에 공동으로 대항할 수 있다는 메시지를 보내는 자리였다. 이런 까닭으로, 헨리와 발루아 가문의 젊은 프랑스 왕 프랑수아Francis 1세는, 통상적인 전쟁을 벌이는 대신에 두 사람 사이의 우호적 관계를 대내외에 과시하는 경이로운 축제를 벌인 것이었다. 그러나 이 축제 또한 하나의 '전쟁'이라고 할 수 있었는데, 그것은 양측이 비록 검과 창으로 상대를 살상 공격하지는 않았지만, 어떤 의미에서는 훨씬 더 치열한 대결, 즉 '스타일style'의 대결을 벌였기 때문이었다.

수주에 걸친 행사가 진행되는 동안, 프랑수아와 헨리는 터무니없는 과시욕을 발휘하여 팽팽한 경쟁을 펼쳤다. 잉글랜드는 에드워드 3세 이후 가장 대규모의 수송 작전을 통해 백작과 주교, 그리고 각 카운티의 기사들을 포함하여 5000명의 인원을 동원하는 등, 사실상 잉글랜드의 지배계급 전체를 참여시켰다. 울지는 자신을 최대한 겸손하게 포장하기 위해 크림슨 벨벳의 옷을 입고 노새를 탔으며, 그래도 자신의 복색이 행여나 튀지 않을까 염려하여 자신과 같은 복장을 한 도반 200명을 뒤따르게 했다. 프랑수아는 푸른색 벨벳 천 조각들과 '백합' 문장이 수놓인 금란으로 치장된 높이 60피트(약 18.3미터)짜리 파빌리온pavilion에서 3000마리의 말과 5000명의 인원이 나오도록 연출함으로써 장식과 디자인 측면에서 발군의 능력을 뽐냈다. 칼레에 위치한 잉글랜드 진영에서는 500년에 한 번 볼까 말까한 모조 성채가 건립되었는데, 수많은 총안銃眼과 함께 어디서나 보이도록 '튜더의 장미'³가 장식되어 있었다. 그곳에서는 음악,

---

3 백합은 프랑스 왕가를 상징하며, 튜더의 장미는 튜더 왕가를 상징한다. 튜더의 장미는 붉은색과 흰색으로 이루어졌는데, 이는 랭커스터 가문(붉은 장미)의 헨리 7세와 요크 가문(흰 장미)인 에드워드 4세의 딸 엘리자베스의 혼인으로 두 가문이 결합되고 장미전쟁이 종식되었음을 의미한다 ― 옮긴이.

특히 헨리가 작곡한 음악들이 연주되었고, 흰색과 붉은색의 분수식 음수대에서는 와인이 흘렀으며, 상당한 양의 헤론heron이 음식으로 제공되었다. 두 왕은 상대방을 놀라게 할 복장을 갖추기 위해 많은 시간을 할애했다. 또한, 그들은 국가의 얽히고설킨 문제와 씨름했을 뿐 아니라, 두 사람 사이에 직접적인 씨름 대결까지 벌였다. 반쯤 벗은 채 서로 뒤엉켜 여우와 곰처럼 대결을 벌이던 중에 조금 더 유연한 몸을 가진 프랑수아가 헨리를 넘어뜨렸다.

의심할 여지 없이 헨리는 웃었다. 그러나 그가 이 패배를 지독히 싫어했으리라는 것에는 의심의 여지가 없었다. 헨리의 씨름판 패배는 결국, 동지애를 다지기 위해 먹고 마시는 잔치를 벌이고 평화의 성모 마리아를 위해 공동의 예배당을 설립하기로 엄숙한 맹세를 한 그들이, 불과 2년 뒤에 전쟁터에서 다시 마주치게 될 운명의 단초가 되었다.

그리고 이 과시적 행사의 중간 어디쯤에선가 울지의 몰락과 더 나아가, 잉글랜드 가톨릭교회의 붕괴라는 상상조차 할 수 없었던 사건을 휘몰고 올 젊은 여성 한 명이 출현했다. 바로 앤 불린Anne Boleyn이었다. 그녀의 삶에 관해서는 너무나 많은 비극적 드라마가 쓰였고, 그 때문에 '진지한' 역사가들은 그토록 심대한 변화를 야기한 로마교회와의 결별이 어떻게 이루어졌는가와 관련하여 조금은 더 무게 있고, 조금은 덜 개인적인 주제로 눈을 돌려야 한다는 의무감을 가지기도 한다. 그러나 만약 우리가 살펴본 대로 잉글랜드의 가톨릭교회가 이도 저도 못하는 궁지에 빠져 있었다는 것이 사실이 아니라면, 또한 잉글랜드의 프로테스탄티즘이 아직도 유아기에 머무르고 있었고, 또한 헨리가 사랑의 열병에 빠지기 전에는 종교개혁에 관해 그 어떠한 관심도 없었던 것이 사실이라면, 그토록 극명한 방향성의 전환을 가져온 그 시점 및 원인과 관련하여 우리가 다시 앤 불린에게 돌아가는 것은 논리적으로 합당할 뿐만 아니라 필수적인 일이라 할 것이다.

그녀는 아마도 '금란의 들판'에서 처음으로 왕과 만났을 것이다. 그런데 그녀는 당시 잉글랜드 진영에 속한 것이 아니라 프랑스 진영에서 프랑수아의 왕비 클로드Claude의 시중[4]을 들고 있었다. 길고 짙은 머리칼과 두드러진 코를 가진 이 소녀에게는 헨리의 눈을 끌만한 것이 많지 않았을지도 모른다. 중요한 것은 왕의 관심이 더 이상 캐서린 왕비의 침대에 있지 않았고 어딘가 다른 곳을 찾고 있었다는 것이다. 왕과 왕비 사이에 형성되었던 애틋한 온기는 1511년 그들의 아들 헨리가, 왕이 월싱엄의 성모에게 바친 공양에도 불구하고, 태어난 지 두 달 만에 죽어버린 뒤에 급격하게 식어갔다. 그 후 캐서린이 다시 임신을 하기는 했지만, 1516년 태어난 아이는 딸인 메리였다. 헨리는 겉으로는 왕비에게 합당한 예우를 다했지만, 한때는 다산 능력이 있다고 전해졌던 그 스페인 공주 출신 왕비가 이제는 자신의 대를 이어줄 왕자를 생산할 능력을 상실했다는 사실에 대해 내심 실망을 감추지 못하고 있었다. 그의 정부였던 엘리자베스 블런트Elizabeth Blount와의 사이에서 아들이 태어나자, 헨리는 자신이 가진 어떤 능력을 강조라도 하려는 듯, 그 아이에게 피츠로이fitzRoy라는 이름을 붙이고, 나중에는 그의 부친이 보스워스 전투까지 지니고 있었던 리치먼드 백작의 지위를 하사하기까지 했다. 헨리와 같은 사람들에게 (유럽의 모든 군주가 그랬듯이) 정부라는 존재가 가지는 장점은 처분이 쉽다는 데에 있었다. 그리고 헨리는 1526년 어느 시점에선가 앤 불린의 언니 메리와 잠자리를 가지기 시작했는데, 그녀가 윌리엄 캐리William Carey와 혼인한 유부녀라는 사실은 그야말로 사소한 불편에 지나지 않았다. 1526년 그녀가 헨리라고 불리는 사내아이를 출산하자, 그의 생부가 누구인지에 관해 사람들이 수군덕거린 것은 당연한 일이었다.

불린 가문이 무명의 지방 젠트리 출신이라는 항간의 근거 없는 믿음이 있지만, 그들은 사실상 켄트 지방의 엘리트들 사이에서도 최상층에 속했던 야망 있

고, 유력한 연줄 관계를 가지고 있던 가문으로서, 정부가 국정을 뜻하는 대로 순탄하게 그리고 효율적으로 집행하기 위해서는 그들의 도움을 필요로 했다. 앤의 아버지 토머스 불린은 정부에 대한 협력의 반대급부로서 왕의 총애와 궁정에서 자신의 자리를 확보할 수 있었는데, 만약 계속해서 왕의 오른편에 머물 수 있다면, 장차 추밀원의 일원이 될 수도 있었다. 토머스의 아내 엘리자베스 하워드Elizabeth Howard는 잉글랜드에서 가장 위대한 귀족 가문의 일원이자, 플로든 전투를 승리로 이끈 서리 백작의 딸이었다. 그러므로 토머스 불린은 일찍부터 젊은 왕의 궁정 조신으로 입신할 수 있었고, 나아가 왕의 투창 시합 상대를 맡을 정도로 왕과 가까운 사이가 되어 토머스 울지의 심사를 어지럽혔다. 그리고 헨리가 스스로 유럽의 강자로서 입지를 확보하려고 했을 때, 프랑스어에 능숙하고 여행을 많이 경험한 '유럽 시민'이었던 불린은 그 목적에 딱 맞는 사람이었다.

불린의 외교관 경력은 아직 어린 두 딸들을 유럽 위대한 왕가들의 궁정 생활 속으로 이끌었다. 아마도 앤의 궁정 생활 첫 경험은 플랑드르 메헬런Mechelen에 있었던 합스부르크 가문의 궁정이자, 사근사근한 성품의 네덜란드 섭정이었던 '오스트리아의 마르가레테Margaret'의 궁정이었을 것이다. 그러나 잉글랜드의 동맹 상대가 합스부르크에서 프랑스로 전환되면서, 앤의 거처 또한 당시 왕세자였던 프랑수아의 아내인 클로드가 있는 발루아가※의 궁정으로 옮겨졌다. 루아르Loire의 궁정에서 사냥 다음으로 널리 유행했던 오락은 '궁정식 사랑courtly love'이었다. 그것은 연극적 형식의 귀족들의 사랑놀이로서, 궁정의 모든 문화가 이를 중심으로 펼쳐지고 있었다. 끊임없이 거치되는 욕망, 순수하고 사심 없는 사랑으로 귀결되는 성적 욕망, 음유시인, 가면, 비단 손수건, 그리고 수많은 한숨 소리가 그 중요한 재료들이었다. 그럼에도 불구하고, 때때로 정교하게 고안된 가식의 세계가 무너지고 원초적 본능이 상황을 지배하는 순간들도 있었다. 앤 불린과 그녀의 언니 메리는 바로 그 순간, 그 시대의 가장 놀라운 성적 드라마 하나를 가까운 곳에서 목격하고 있었다.

점차 불편해지고 있던 합스부르크와의 동맹 관계에 대응하여 울지는 일종의 세력균형 정책 하나를 고안해냈다. 헨리의 어린 여동생 메리를 프랑스의 루이 12세와 혼인시키는 것이 그것이었다. 루이는 52세였고, 메리는 아직 10대의 나이였는데, 그녀는 성격이 밝고 아주 예뻤으며, 자신의 오빠를 류트lute 연주하듯 다루는 능력이 있었다. 그녀는 자신의 그러한 능력을 이용하여, 외교적 희생양이 되는 대신 하나의 조건을 오빠로부터 양보 받았는데, 그것은 만일 다음 혼인 상대를 구할 경우가 생기면 그녀 스스로 이 일에 대한 발언권을 가진다는 것이었다. 루이는 결혼한 지 겨우 11주 만에 세상을 떠났는데, 이 점에서 그녀는 오빠가 생각하지 못한 상황을 미리 내다보고 있었던 셈이다. 이렇게 해서 프랑스와의 혼인 동맹이 좌절되자, 헨리는 일시에 외교 정책의 방향을 반대 방향으로 급선회하여, 이번에는 메리를 조만간 신성로마제국 황제에 오를 것으로 예측되는 카를 대공에게 시집보냄으로써 합스부르크와의 관계를 더욱 돈독하게 하려고 했다. 그가 메리에게 약속했던 것이 무엇이건, 국가의 중요한 이익 앞에서는 하찮은 문제에 불과했다. 그는 메리도 이 문제를 대국적인 견지에서 이해해 주리라 믿었다. 그런데 메리의 생각은 달랐다. 그녀는 카를의 그 유명한 갸름하고 뾰족한 턱과 안구가 돌출된 눈에 대해 전해들은 뒤, 자신은 죽으면 죽었지 그와 혼인할 수 없다는 뜻을 오빠인 헨리에게 전했다. 일단은 그녀의 미래에 대한 결단을 미룬 채, 헨리는 가장 가까운 친구이자, 그의 무술 연습 상대인 찰스 브랜던CharlesCharles Brandon을 프랑스에 보내 메리를 본국으로 데려옴과 동시에, 그녀가 가지고 간 지참금을 최대한 회수해 올 것을 지시했다. 브랜던은 무모한 바람둥이로 유명했지만, 메리 튜더의 맑고 눈물 어린 얼굴을 대하고 나서는, 그만 그녀의 손에 놀아나는 존재가 되고 말았다. 프랑스의 새 국왕 프랑수아 1세는 중매인 역할을 자청했는데, 그의 속셈은 잉글랜드-합스부르크 혼인 동맹을 깨는 데 있었다. 그러나 메리와 브랜던 커플은 판다루스Pandarus를 필요로 하지 않았다. 메리는 브랜던에게 구애하며 사실상 결혼을 요구했다. 그들의 비밀결혼 소식을 들은 헨리는 화가 나서 쓰러질 지경이 되었고, 자신을 친구와 누이동생으로부터 이중의 사기를 당한 희생자로 여겼다. 그들의 사랑의 도피는, 법률적으로는 몰라도 왕조의 혈통을 위태롭게 하는, 사실상의 대역죄에 해당되었다. 왕의 분노와 그리고 두 사람이 죄인의 입장에서 흘리는 눈물 가득한 슬픈 이야기들이 수주일간 교차되면서, 왕의 기세가 다소 누그러졌다. 그들 커플은 결국 궁에서 쫓겨나 서퍽 공작과 서퍽 공작부인이 되었다.

그들은 재앙에서 벗어났지만 단지 그것뿐이었다. 메리와 브랜던이 서로를 위해 목숨을 내건 모험을 하도록 만든 감정은 무엇이었을까? 낭만적 사랑을 18세기적 창안이라고 들어온 역사가들 입장에서는 이것을 재구성하기가 쉽지는 않다. 16세기의 결혼은 열정이 아니라 냉정한 비즈니스의 하나로 진행되는 사회적·정치적, 또는 경제적 계산의 산물이었기 때문이다. 그럼에도 불구하고 튜더 궁정의 심장부에서 일어난 이 고전적 사례처럼 이따금씩 일어나는 예외적인 사건들도 있었다. 우리가 페트라르카Petrarch, 와이어트Wyatt 또는 셰익스피어의 소네트sonnets나 혹은 로미오와 줄리엣의 주제를 굳이 사랑이 아니라고 해도 좋고, 혹은 이런 것들을 다른 무엇이라 불러도 좋지만, 확실한 것은 이러한 종류의 감정들이 개입된 사건들이 놀라운 긴박감을 동반한 채 16세기 말까지 분명하게 작동되고 있었다는 점이다. 바로 이것이 잉글랜드 역사에 변화를 가져온 것이다.

메리 튜더와 찰스 브랜던의 드라마가 펼쳐지고 있던 그 시간, 앤 불린과 그의 언니는 프랑스 클로드 왕비의 시중을 들고 있었다. (앤이 사건 현장에서 너무 가까이 있었던 것이 나중에 메리 튜더가 그녀를 차갑게 대한 이유로 작용하게 되었을 것이다.) 그들의 연애 사건은 아마도 앤에게 '열정의 정치학politics of passion'에 대해 귀중한 가르침을 주었을 것이고, 그녀의 앞에는 자신이 이 특정한 인간 행위의 영역에 특별한 재능이 있음을 확인하게 될 운명이 예정되어 있었다. 열아홉 살 무렵, 그녀는 프랑스를 떠나 귀국길에 올라 튜더 궁정이라는 위험하면서도 화려한 세상 속으로 들어가게 되었다. 그리고 장차 자신이 그 자리를 대체하게 될 잉글랜드 왕비 캐서린의 시녀maid of honour가 되었다. 앤은 길고 검은 머릿결과 커다란 검은 눈을 가졌지만, 외모가 특출한 것은 아니었다. 이런 점을 간파한 베네치아 대사는 그녀의 가슴 또한 '그다지 봉긋하지 않았다'고 덧붙였다. 그러나 그녀는 특유의 활기찬 매력을 이용하여 자신에게 관심을 가지는 모든 사람을 상대로 사랑의 게임을 벌였다. 그녀는 타고난 본능에 의해, 그리고 자라면서 받은 교육에 의해, 언제 유혹의 손짓을 보내야 하는지, 그리고 언제 밀어젖혀야 하는지를 정확하게 알고 있었다. 그녀는 언제 남자들에게 좋은 말을 던져 그들의 허영심을 만족시켜 줘야 하는지, 또한 언제 그것을 착각이라고 깨우쳐 주고 그럼으로써 그들을 마치 호된 꾸지람을 당한 강아지 같은 비참한 기분으로 뒹굴게 할 수 있는지를 알고 있었다. 앤은 똑 부러지는 자신감을 표출하곤 했으며, 지적 놀음을 통해 자신을 매력 있는 존재로 만들었다. 남자들은 그런 그녀의 발밑에서 놀아남으로써 그녀를 기쁘게 했다.

그녀의 남자 중에는 우선 헨리 퍼시Henry Percy가 있었는데, 그는 노섬벌랜드 지역의 백작들이 가진 거대한 재산과 막대한 권력의 상속인이었다. 퍼시와 앤은 백작들의 허락을 구하지 않고 약혼을 감행함으로써, 배우자 선택의 독립성 문제를 귀족 사회의 이슈로 만들었다. 분노한 노섬벌랜드 백작은 울지로 하여금 퍼시에게 강한 압력을 행사하게 했고, 그는 결국 굴복하고 말았다. 퍼시는 앤보다 훨씬 부유한 마거릿 탤벗Margaret Talbot과 행복하지 않은 결혼을 했고, 젊어서 후사 없이 죽었다. 아무튼 앤은 이 스캔들로 인해 프랑스 궁정으로 돌아가 수년을 더 머물러야 했는데, 그곳이 그녀를 얌전한 요조숙녀로 만들 수 있는 최적의 장소는 아니었다.

1525년 귀국한 앤에게는 또 다른 숭배자가 생겼는데, 그 또한 퍼시와 마찬가지로 (그러나 다른 이유에서) 부적절한 상대인 시인이자 궁정 조신인 토머스 와이어트Thomas Wyatt였다. 그의 가문은 켄트에 있는 불린 가문의 이웃으로서 둘은 어릴 때 서로를 알고 지냈을 가능성이 매우 높다. 토머스의 아버지 헨리 와이어트Henry Wyatt는 (토머스 불린의 경우와 마찬가지로) 요크셔의 평범한 가문 출신에서 출발해서 짧은 시간에 알링턴Allington성을 구입할 정도로 큰 성공을 거둔 인물이었다. 그는 이 성을 장미전쟁 이후 유행하던 다소 과장된 양식으로 복원했는데, 외형은 봉건적으로 투박해 보이지만, 내부는 매우 안락하게 꾸며졌다. 그의 아들 역시 그 못지않은 출세의 길을 걸었다. 그는 르네상스 궁정 조신의 전형 중 전형으로, (만약 우리가 홀바인Holbein의 그림을 믿는다면) 보는 사람의 넋을 쏙 뺄 정도로 잘 생겼으며, 뛰어난 무예 솜씨를 발휘했다. (그래서 왕을 미소 짓게 만들었다.) 게다가 그는 영리했고, 많은 여행을 했으며, 이탈리아의 연애 시들을 잉글랜드에 들여와 그중 일부를 모국어로 번역하기도 했다. 와이어트의 시들은 대부분 가질 수 없는 것들을 욕망하는 데 따르는 한탄으로 가득 찼으며, 그중 최소한 하나는 앤 불린을 대상으로 한 것이었다. 앤 불린을 만날 무렵 그는 아내와 별거 중이었는데, 원인은 아내의 간통 때문인 것으로 알려졌다. 그러나 완전히 이혼한 것은 아니었으므로 그가 앤에게 줄 수 있는 것은 정부라는 역할뿐이었다. 실리를 추구하는 이 야심만만한 처녀에게 그것은 가당치도 않은 일이었다. 헛된 바람 속에 '암사슴'을 좇는 와이어트의 시는 실패에 대한 생각으로 가득하다.

사냥을 좋아하는 사람들아,
나는 '암사슴' 한 마리가 있는 곳을 알고 있다네.
아, 그러나 더 이상은 좇고 싶지 않네.
그간의 헛된 노력으로 나는 완전히 지쳐버렸고, 나는 사냥하는 사람들 중 가장
뒤에 처졌기에.
아, 그럼에도 나는 아직 내 지친 마음을 그녀로부터 완전히 떼어 놓을 수는 없네.
그녀는 저만치 앞에서 달리고 나는 지친 채 그 뒤를 좇을 뿐.

시의 끝부분에서 이제 허탈하고 기운 빠진 사냥꾼은 자신들은 다를 것이라 생각하는 다른 성급한 사냥꾼들에게 경고한다.

그녀를 좇는 자, 그 누구이건, 내가 그랬듯이 시간을 헛되이 쓰게 될 것은 자명한 일,

그녀의 예쁜 목을 감싼 목걸이, 거기엔 다이아몬드로 장식된 글씨가 선명하다네:

"나를 건드리지 마시오. 나는 카이사르의 것이니. 또한 내가 길들여진 것처럼 보

일지 모르지만, 누군가 손을 댈 정도로 순하지는 않다오."

'건드리지 마라.' 왜냐하면 카이사르, 다른 이름으로는 헨리 8세로 불리는 사냥꾼이 그녀를 향한 사냥 파티에 뛰어들었고, 왕은 우리가 알고 있는 바와 같이 지칠 줄 모르는 사냥꾼이었다. 와이어트는 패배의 순간을 알아차렸다. 그러나 와이어트는 그 경쟁에서 물러나기 직전 (그의 손자 조지가 앤의 시녀로 있었던 앤 게인스퍼드Anne Gainsford로부터 전해 들었다는 이야기에 따르면) 최소한 하나의 조그만 승리를 거두었다고 한다. 어느 날, 헨리와 시인은 볼링 시합을 하고 있었다고 한다. 헨리는 연적으로 알려진 와이어트를 향해 웃으면서, 앤의 반지가 두드러져 보이는 자신의 손가락을 이용하여 목표물을 향해 볼링공을 던지는 동안, '나는 내 것이라 믿네'라는 두서없는 말을 툭 던졌다. 그러자 와이어트는 자신의 목에 축 늘어뜨려져 있던 앤의 보석을 셔츠 안에서 꺼내 보이며 '만약 폐하께서 크기를 재는 것을 허락하신다면 제 것일 수도 있지 않을까요?'라고 대꾸했다. 물론 헨리는 즐거워하지 않았다. '그럴 수도 있겠네. 만약 그렇다면 내가 속았다는 이야기지.' 시합은 그렇게 끝이 났다.

1526년 여름에 접어들면서 앤을 향한 헨리의 구애는 자못 진지해졌다. 그가 왕비 앞에서 그녀와 춤을 추니 두 여성 사이의 대비는 뚜렷해졌다. 앤은 모든 면에서 아라곤의 캐서린과는 달랐다. 캐서린보다 최소한 10년이 젊은 그녀는 경건한 캐서린과 달리 쾌활함이 넘쳤으며, 상대를 깍듯이 존중하는 스페인식 풍속이 아니라, 기백이 넘치고, 심지어는 상대를 놀리기도 하는 프랑스식 예법에 익숙한 여자였다. 앤은 헨리에게 성적 즐거움과 가정적인 행복, 그리고 무엇보다도 자신의 후계를 이을 아들 출산의 가능성을 열어주었다. 이제 헨리는 죽은 형의 아내를 취한 자신의 결혼 생활에 신의 저주가 내렸으며, 지난 17년

간 자신이 근친상간의 관계 속에 있었다고 믿기 시작했다. 『레위기*Leviticus*』 20
장 21절은 이점을 명확하게 하고 있었다. '만약 어떤 사람이 자기 형제의 아내
를 취한다면, 이는 불결한 짓이다. 이는 그가 그의 형제의 몸을 욕되게 한 것이
므로 그들에게는 자식이 없으리라.' 만약, 우리가 여기에서 헨리가 단지 앤에
대한 갈망을 채우기 위해 이 성경 구절을 하나의 그럴듯한 구실로 둘러댔다고
생각한다면 잘못된 것이다. 그가 앤에게 푹 빠져 있던 것은 사실이지만, 헨리
가 성경을 진지하고 원문에 충실하게 읽는 사람이었음을 고려하면, 『레위기』
의 구절은 그에게 왜 그의 결혼 생활이 (딸 메리의 존재가 자식이 없으리라는 저주
와는 딱 맞아떨어지지는 않았지만) 불임의 고통으로 귀결되었는지에 대한 설명으
로 다가왔을 가능성이 크다. 1525년 그는 캐서린과의 잠자리를 중단했고, 이
성스럽지 못한 결합으로부터 탈출해야 한다는 그의 신념은 하나의 강박관념이
되어 빠른 속도로 그의 뇌리에 자리 잡았다.

　헨리의 정부가 되길 한사코 거부하는 앤의 태도는 그의 초조함만 더하게 할
뿐이었다. 1526년과 1527년 사이 궁정식 사랑놀이(수노루와 보석류 선물 등)에서
출발한 그들의 관계는 훨씬 더 심각한 사이로 발전했다. 편지 쓰는 것을 일종
의 고문처럼 여기던 헨리가 앤에게는 자그마치 17통의 편지를 썼는데, 여기에
는 불안정한 연인으로 인해 고통스러운 강박관념을 앓는 사람처럼 그녀의 답
장 하나하나를 분석하고 있는 것이 보인다.

　　그대의 편지 내용에 대해 내 스스로 문답을 이어가는 동안, 어느 구절에서 드러
　　나는 것처럼 이를 내게 불리하게 해석해야 할지, 아니면 다른 구절에서 내가 이
　　해할 수 있는 것처럼 내게 유리하게 해석해야 할지, 이를 알 수 없어 나는 극심한
　　고통 속에 빠져 있소. 나는 우리 두 사람 사이의 사랑에 관한 당신의 온전한 마음
　　을 확실하게 밝혀주기를 기도하오. 지난 1년 내내 사랑의 화살을 맞고도, 내가 과
　　연 실패한 것인지, 아니면 그대의 심장과 굳건한 애정 속에 자리 잡은 것인지를
　　확신하지 못하고 있으니, 나는 이 물음에 대한 답변을 확실하게 알아야 할 필요

가 있다오. 그대의 마지막 논점은 잠시 나로 하여금 그대를 나의 정부my mistress라고 부르지 않게 만들었는데, 그것은 그대가 공통의 애정 이외의 방식으로는 나를 받아들이지 않겠다고 하는 바, 그 이름은 공통된 애정이 아니라 일방적 사랑을 의미하므로, 결코 그대에게 속하지 않는 이름이기 때문이오.

앤은 쉬운 정복 상대로 이름이 났던 언니 메리와는 매우 달랐다. 헨리로서는 그의 일생에서 처음으로 어려운 상대를 만난 셈이었다. 헨리는 그가 가진 으뜸 패, 즉 그녀를 자신의 유일한 정부, 즉 공식적인 왕의 후궁으로 만들어주겠다는 제안을 던졌지만, 앤은 모멸감으로 치를 떨며 궁전에서 나가버림으로써 그에게 역화逆火의 형벌을 가할 뿐이었다. 뉘우침으로 어찌할 바를 몰라 하던 헨리는 앤에게 용서를 구했고, 그녀는 이에 응답하여 왕에게 하녀 한 명을 태운 작은 배 한 척을 보내어 그를 고통으로부터 구출해 주었다. 그것은 꿈처럼 진행되었다. 황홀함의 극치에 빠진 헨리는 후궁 따위와는 비할 바 없는 제안을 하기에 이르렀다.

만일 내가 어떤 식으로건 그대를 불쾌하게 만든 적이 있다면, 〔그대의 냉정함을 불러일으킨 경우와〕 마찬가지로 용서해 주기 바라오. 앞으로는 내 마음이 오롯이 당신에게만 바쳐질 것을 약속하며, 만약 신께서 용납하신다면 몸까지도 그리 될 것을 몹시도 바라고 있소. 나는 신께서 언젠가는 나의 기도를 들어주실 것을 믿으면서, 또한 이 시간이 짧을 것을 바라면서, 또한 우리가 다시 만날 날이 길어질 수 있음을 저어하면서, 이 일의 성취를 위해 매일매일 신께 간청을 드린다오.

그리고 헨리는 말미에 서명을 했다.

마음, 몸, 의지에서 당신의 충실하고 가장 확실한 하인이자 비서의 손으로 씀.
H autre A ne cherse R(앤 이외에는 보이지 않는 헨리)

이제 남은 것은 이혼뿐이었는데, 헨리는 어떤 '장애'가 있더라도 울지가 그의 마법 같은 능력으로 그 일을 잘 처리할 것이라고 확신했다.

그러나 1527년 잉글랜드에서 멀리 떨어진 곳에서 일어난 사건 하나가 그 '장애'를 산처럼 아주 큰 것으로 만들어버리고 말았다. 캐서린 왕비의 친정 조카인 신성로마제국 황제 카를 5세가 로마를 점령하고 교황 클레멘스Clement 7세를 포로로 잡은 것이다. 이 문제에 대한 교황 자신의 판단이 무엇이었던 간에, 이제 그는 황제를 극도로 분노시킬 각오를 하지 않는 한, 헨리의 '커다란 문제Great Matter'를 도와줄 수 없게 되었던 것이다. 이간질의 대명사 격인 프랑수아 1세는 이 대목에서 헨리에게 일방적으로 이혼을 선언하라고 충고했다. 그러나 헨리로서는 프랑수아의 충고를 받아들여 일방적인 이혼 선언을 하더라도, 캐서린이 로마에 항소하는 것을 막을 방법이 없었다. 이렇게 되면 그의 파문까지 초래할 가능성이 있었고, 더구나, 헨리가 가장 원하는 일, 즉 앤과의 사이에 생산될 자녀들을 적통의 후계자로 인정하는 일도 불가능해질 수 있었다.

울지는 생전 처음으로 자신의 추기경 모자를 부담스럽게 느꼈을 것이다. 만약 그가 왕의 이혼을 확보하는 일에 실패한다면 그의 파멸은 불 보듯 뻔한 일이었다. 그렇다고 그가 교황과 황제를 도발시킨다면, 그가 쌓아온 외교적 명성과 교회 군주로서의 권력을 상실하게 될 것이 틀림없었다. 1528년 가을, 그는 교황 특사 캄페지오Campeggio 추기경이 잉글랜드를 방문하면 개최할 예정인 혼인무효 사건 심리에 그의 모든 것을 걸었다. 캄페지오 추기경은 아서의 죽음 당시 『레위기』의 금지 조항에 반하여 교황이 특인장을 교부할 권리가 없었다는 헨리의 주장을 심리할 예정이었다. 주장이 받아들여진다면, 헨리와 캐서린의 결혼은 애초부터 불법으로 원천무효에 해당되는 것이었다. 그러나 법정이 실제로 열리기 전까지(1529년 6월) 오랜 지연 상태가 이어지는 동안, 국내외의 여론이 캐서린에게 유리한 쪽으로 무게추가 기울게 되었다. 근친상간 혐의와 관련하여, 캐서린은 아서와 '신방 치르기consummation'를 한 번도 한 적이 없으며, 그러므로 둘의 혼인은 완결되지 못했다는 주장을 펼쳤다. 갈수록 피해자라는 인식이 확산되면서 캐서린에 대한 호의적인 여론이 고점을 찍은 반면, 앤에게는 그녀의 남은 생애 내내 따라다닐 '퉁방울눈의 매춘부goggle-eyed whore'라는 별명이 술집과 거리에서 들리기 시작했다. 헨리는 앤을 히버Hever성의 부모에게 보낼 수밖에 없었는데, 앤은 그곳에서 (바이러스성 인플루엔자였을 것이 확실해 보이는) 발한병發汗病에 걸려 위험한 상황에 빠졌다. 캐서린 왕비의 확고부동한 태도에 난처해진 헨리는, 자신은 캐서린과의 결혼이 합법적이라는 것이 입증되기를 바랄 뿐이라는, 앞뒤가 맞지 않는 부정직한 말로써 난국을 헤쳐 나가려 했다. '그녀는 가장 겸손하고, 가슴이 풍만하며, 그뿐 아니라 귀족에 어울리는 모든 좋은 품성을 갖추었다'라고까지 했다. 아무도 이 말에 속는 사람은 없었다. 왕비 편에 선 모든 부류의 정파가 갑자기 자신들의 주장을 표출하기 시작했는데, 그중에는 로체스터 주교 존 피셔와, 심지어는, 마틴 루터까지 있었다.

블랙프라이어스Blackfriars에서 열린 법정은 실로 가슴이 터질 것 같은 절망감을 토로하는 캐서린의 무대로 변했다. 왕비가 눈물의 홍수 속에서 왕의 발아래 무릎을 꿇고서, 그들의 신방 침대에서 있었던 비밀을 사건의 핵심으로 이야기하며 흐느껴 우는 동안, 헨리는 무표정하게 앉아 있었다. 필사적으로 매달리는 심정이 아니었다면 캐서린같이 본성이 온순한 여인이 다음과 같은 말을 하지는 못했을 것이다.

폐하, 우리 사이에 있었던 모든 사랑과 또한 신의 사랑을 걸고, 제가 마땅한 정의와 권리를 가질 수 있기를 간구합니다. 저는 불쌍한 여인이고 또한 당신의 왕국 밖에서 태어난 외국인임을 생각하시어 제게 약간의 자비와 연민을 베풀어주세요. 저는 이곳에 믿을 만한 친구도 없습니다. … 감히 하느님을 저의 심판관으로 모시고 말씀드리지만, 당신이 저를 처음 취했을 때, 저는 남자의 손길이 닿은 적 없는 진짜 처녀였습니다. 이것이 진실인지, 아닌지는 당신의 양심에 맡깁니다.

이로써 재판은 더 이상 진행되기 어려웠다. 추기경 겸 교황 특사는 혹서 휴

정이라는 핑계를 대고 법정을 파하고 말았다. 헨리는 격노했다. 울지에게는
파멸이 기다리고 있었다. 그는 표면상으로는 사기와 부패 혐의로 해고당했다.
그의 파멸을 주도한 반울지 연합 세력에는 앤의 가족들이 포함되어 있었다. 부
친, 남동생 로치퍼드Rochford 자작 조지 불린George Boleyn,[5] 앤의 외가인 하워드
가家의 노퍽 공작, 그리고 서퍽 공작 찰스 브랜던 (그는 아마도 메리와의 결혼으로
인해 왕에게 빚이 있다고 생각했을 것이다.) 등이 반울지 세력이었다. 울지는 1년
도 채 안되어 죽었는데, 그의 머리 위에는 여전히 대역죄의 혐의가 씌워져 있
었다.

　그러나 울지의 제거가 곧 문제의 해결을 의미하는 것은 아니었다. 그의
챈슬러직 후임을 맡게 된 토머스 모어는 '이혼'이라는 독배를 마실 생각이
없었다. 존 피셔는 죽은 형제의 아내를 연민으로 품을 것을 종용하는 『신명기
Deuteronomy』의 구절에 주목할 것을 집요하게 주장하고 있었다. 만족스러운 결
과를 잔뜩 기대했던 헨리는 실망한 나머지, 앤에게 자신의 정부가 되어달라는
제안을 다시 한 번 고려해 달라고 했지만, 앤은 이에 대해 '재미 삼아' 자기를
시험하려는 것에 틀림없다며 극도로 불쾌한 반응을 보였다. 1530년의 어느 시
점에서 앤은 이 문제를 자신이 직접, 그리고 모든 것을 근본적으로 새로운 방
향에서 추진하기로 마음을 정했다. 그녀는 윌리엄 틴들의 책『기독교적 인간
의 복종과 기독교 군주의 통치법에 대하여On the Obedience of a Christian Man and how
Christian Rulers Ought to Govern』한 부를 헨리의 손에 쥐어주었는데, 교회의 입장
에서 보자면 절대 금서에 해당하는 것이었다. 틴들은 루터와 마찬가지로 이혼
에 대해 부정적인 입장이었지만, 신의 권위가 교회와 국가에 분산되어 있다는
어떠한 개념도 단호하게 부인하고, 그 대신 '모든 왕국에서 한 사람의 왕, 하나
의 법이 있는 것이 곧 신의 법'이라고 주장하고 있다는 점에서 강한 폭발력을

5　앤 불린 세 남매의 생년과 관련해서는 여러 가지 설명이 있다. 전기 작가들 중에는 조지를 오
　　빠라고 보는 사람들도 있다 ― 옮긴이.

가지고 있었다. 다른 말로 하자면, 진정한 기독교 군주는 교회와 국가를 모두 통치하며, 로마 주교가 불법적으로 찬탈한 권력을 따를 필요가 없다는 것이었다. 굳이 교황을 통하지 않아도 되는 이혼 문제 해결책이 모습을 드러내는 순간이었다. 이 논리대로라면, 헨리는 스스로 교황처럼 행동하며 스스로에게 이혼이라는 선물을 — 그것도 주교들과 의회의 축복 속에서 — 줄 수 있게 된 것이다. 왕의 이혼 문제는 개인적이고 왕조적인 것이었는데, 이렇게 되면 이제 국가적, 그리고 정치적 문제의 성격으로 변모하게 되는 것이었다.

1530년 봄, 교회와 국가의 업무를 둘러싸고 어떤 기이하고 비현실적인 기운이 감돌고 있었다. 토머스 모어는 이단자들과 그들의 사악한 문헌들을 불태우느라고 바빴는데, 정작 연기 속에서 사라질 운명에 처한 것은 잉글랜드의 로마 가톨릭교회였다. 종교적 신념과 사적 이익의 추구라는 특유의 결합으로 무장한 앤 불린과 그녀의 가족들은 '왕권 지상주의royal supremacy'에 대한 역사적 증거를 내놓기 위해 캠브리지 대학교의 토머스 크랜머Thomas Cranmer를 비롯한 자신들에게 호의적인 신학자들을 규합하여 두뇌 집단을 만들었다. 그들은 때맞춰 분주하게 움직이며 고문서들을 탐색했으며, 마침내 『충분히 방대한 수집본 Collectanea Satis Copiosa』이라는 문헌집을 발간하기에 이르렀다. 이 문헌들에 따르면, 초기 교회 시절에는, (예를 들면 잉글랜드 등) 각각의 지방들이 로마와는 완전히 다르고, 로마로부터 자유로운 개별적인 관할권을 가지고 있었으며, 신이 의도하신 바는 언제나 왕들로 하여금 각 지방 교회의 통치자로서 오로지 전지전능한 신께만 책임을 지도록 하는 것이었다. 기만적인 고전 연구라는 혹평 속에서도 『수집본』이 함축하는 바는 틴들의 책만큼이나 급진적이었다.

헨리는 로마교회와 단절하겠다는 최종적인 결심을 아직 굳히지 못하고 있었다. 그가 고용한 법률가와 신학자 집단은 교황의 마음을 흔들 수 있는 의견을 생산하라는 지시를 이행하기 위해 유럽의 대학들을 휩쓸고 다녔다. 그러나 애써서 붙들고 있던 그의 인내심이 고갈되면서, 헨리는 어느덧 최고의 군주이며 동시에 최고의 성직자처럼 행동하고 말하기 시작했다. 그는 자신이 소집한 교회 집회에서 깜짝 놀라는 성직자들을 향해 자신은 이단을 탄핵할 수 있으며, 또한 자신이 직접 성경 번역 문제에 착수해서, 그것이 적합하고 또한 적절하다고 판단되면 속인들에게 배포할 예정이라고 말했다. 신성로마제국 대사를 불러서는 루터가 말한 것 중 일부는 자신에게 긍정적인 측면이 있다고 말했다. 사실, 헨리는 왕권지상주의에 대해 공부하면 할수록 거기에 대한 애착이 커졌다. 처음에는 교황과 주교들이 이혼 문제를 자신이 원하는 방식으로 인식하도록 겁박하는 하나의 전술이었지만, 시간이 흐르면서 헨리는 왕권지상주의의 개념을 자명한 진리로서 내면화하기 시작했다. 그는 어쩌면 치켜세운 이마를 툭 치면서 '내가 어찌 이걸 미처 알지 못할 정도로 어리석었단 말인가?'라고 소리쳤을지도 모른다.

헨리의 성격 중에 결코 적지 않은 부분을 차지한 것은 자존심이었는데, 그것은 이제 제국적인 규모로 부풀어 올랐고, 그것을 담을 궁전들이 필요했다. 그중 15개가 그의 치세 기간 중에 완성되었다. 가장 규모가 크고 웅장한 궁전들의 일부는 원래 토머스 울지의 소유였다가 왕에게 이전되었다. 예컨대, 런던의 요크 플레이스York Place는 왕에게 이전된 후 화이트홀Whitehall로 개칭되었는데, 앤이 직접 이곳의 시설이 거처하기에 적절한지 확인하는 과정을 거쳤다. 햄프턴 코트Hampton Court는 헨리 시대의 궁정 생활을 자랑하는 멋진 극장식 무대가 되었다. 아마도 햄프턴 코트의 제국적 스케일을 가장 잘 보여주는 곳은 취사 공간의 규모일 것이다. 매일 수천 명의 인사에게 왕실의 예산으로 식사를 제공했는데, 여기에 고용된 사람들의 숫자만 약 230명이었다. 식육 부분에만 커다란 저장고가 세 개 있었고, 외부 수원지에서 물을 끌어다 물고기를 보관하도록 특별하게 고안된 저장실, 향신료 보관실, 과일 보관실, 그리고 거대한 난로가 여섯 개 있었다. 또한 매년 입하되는 와인 300통과 에일 맥주 60만 갤런을 보관할 수 있는 엄청난 규모의 지하 저장고가 셋이나 되었다. 그리고 이 모든 것의 중심에는, 그의 부적절한 노출을 방지하려는 지밀내전Private Chamber 신료들의 세심한 배려 속에서, 잉글랜드의 새로운 카이사르를 자처하는 마흔

살의 건장하고 독립적인 왕이 건재하고 있었다. 그렇게 왕국을 휘어잡은 그의 자세는 로마 황제의 권력을 의도적으로 상기시키는 것이었다.

그러했으므로 1530년 여름, '제국적imperial'이라는 단어가 어느 정도 계산된 규칙성을 가지고 헨리의 말 속에 나타나기 시작한 것은 그리 놀라운 일이 아니었다. 황제란, 말할 필요도 없이, 지구상에 그 어떤 상급자의 존재도 인정하지 않는 것을 의미한다. 앤의 남동생 조지 불린과 서퍽 공작 찰스 브랜던은 로마 교황 대사에게 다음과 같이 말했다. '잉글랜드는 설사 성 베드로가 살아서 돌아온다 하더라도, 로마 교황에 대해 그 어떠한 배려도 하지 않을 것인바, 왜냐하면 왕은 자신의 왕국 안에서 절대적인 황제이며 동시에 교황이기 때문이다.' 이 정형화된 문구는 1533년 로마 교황에게 항소하는 것을 금지하는 법률의 서문에서도 되풀이되었는데, '잉글랜드는 제국The realm of England is an Empire'이라고 선언한 것도 바로 이 대목에서였다. 로마에서 아무런 결정을 내리지 않는 달수가 쌓여갈수록 헨리는 더욱 공격적으로 되어갔다. 그는 외교사절들을 향해 잘 알려진 사생아인 교황으로부터 어떠한 지시도 받지 않을 것이라고 말했다. 1530년 11월경에는 자신이 '성직자들의 우두머리'라고 큰 소리로 주장했다.

아마도 성직자들은 과거 헨리 3세와 존 왕 시절에 그들의 전임자들이 그랬듯이, 이 또한 지나가리라 생각했겠지만, 그들을 기다리고 있는 것은 매우 끔찍한 충격의 순간이었다. 1530년 말, 교황존신죄praemunire에 대한 영장이 발부되었는데, 이는 왕의 법률을 위반한 자를 다루는 '덜 중대한 반역죄'였다. (덜 중대하다고 하지만 이에 대한 형벌은 투옥과 재산의 몰수였다.) 첫 번째 이름이 오른 사람은 캔터베리 대주교인 윌리엄 워햄William Warham이었고, 다음에는 광범위한 주교 집단, 그리고 마지막으로 교회 법정을 집요하게 거론함으로써 교회 전체가 이 '덜 중대한 반역죄'에 연루되는 상황이 발생했다. 그들은 처음에 교부금 10만 파운드로 헨리를 구슬리려고 했으나, 그들의 공포심을 간파한 헨리는 자신의 사냥감을 물고 늘어지며 자신에게 '교회 수장Supreme Head'의 지위를 인정하라고 요구했다. 동시에 의회를 부추겨서 교회 법정, 십일조, 그리고 성직자들의 세속주의 등 교회에 대한 잘 알려진 불만들에 대해 길고 격렬한 공격을 가하도록 함으로써, 헨리는 가용한 모든 선전 전술을 아낌없이 동원할 생각임을 확실히 했다. 1532년 봄, 헨리는 마지막 결정타를 때릴 기회를 노리고 있었다. 성직자들이 교황에게 서약한 내용과 매년 그에게 지불한 돈의 액수가 폭로되자, 헨리는 그들에게 진정한 충성의 대상이 누구냐고 물었다. 왕은 특별히 소집된 국민의 대표들을 향해서 일갈했다. '친애하는 신민들이여, 우리는 우리의 성직자들이 전적으로 우리 국민인줄 알았는데, 이제 우리는 그들이 반만 우리 국민이라는 걸, 아니, 거의 우리 국민이 아니라는 것을 분명하게 깨닫게 되었소.'

이 같은 큰 협박에 직면하여 교회는 사분오열되었다. 존 피셔처럼 용감한 영혼을 가진 자들은 여전히 왕비 캐서린의 열렬한 수호자로 남았는데, 그들은 교황의 권위에 대한 어떠한 침해도 기독교 세계의 단합을 파괴하는 것과 다름없는 일이라고 믿었다. 그러나 어떤 성직자들은 과거에는 상상조차 할 수 없었던 일들을 생각하기 시작했다. 그것은 교황이 아닌 국왕이 교회의 수장이 될 수도 있으며, 그 성직자들 또한 '잉글랜드 교회Church of England'의 일부가 될 수 있다는 생각이었다. 1532년 5월, 새로운 교회를 향한 열기가 저항의 기운을 녹여버렸다. 토머스 모어는 챈슬러직을 사임했으며, 존 피셔는 계속해서 왕에게 가르침을 주려했다. 그러나 그의 동료 성직자 대부분은 비굴한 항복문서나 다름없는 '성직자들의 복종Submission of the Clergy'에 동의하고 말았다. 이제 '성직자 회의Convocation'는 국왕의 명령에 의해서만 소집될 것이고, 국왕의 동의 없이는 어떠한 새로운 교회 법령도 통과될 수 없으며, 기존의 법령들도 국왕이 임명한 위원회에 의해 재검토를 거칠 예정이었다. 이제 잉글랜드 교회에는 단 한 명의 주인만 있을 뿐이며, 그 주인은 더 이상 성 베드로의 교회, 즉 로마교회에 속하지 않는다는 것은 논박의 여지가 없는 사실이 되었다.

이것은 종교개혁이었지만, 그렇다고 개신교에 기반을 둔 종교개혁은 아니었다. 가톨릭의 어떠한 핵심 교리도 건드리지 않았던 것이다. 미사 때 예수가 실제로 임재臨在한다는 믿음도 그대로 보전되었다. 성직자들은 여전히 순결을 지킬 것이 요구되었다. 수도원들은 여전히 건재했고, 기도서와 성경은 여전히 라틴어로 읽혀졌다. 그러나 헨리는 드디어 이혼할 수 있는 길을 발견했으며, 임신으로 배가 많이 불러온 앤은 웨스트민스터 성당에서 새로이 캔터베리 대주교로 임명된 토머스 크랜머의 집전으로 대관식을 올렸다. 그러므로 전통적 교회에 대한 간섭은 이쯤에서 멈출 만도 했다.

그럼에도 거기에서 멈추지 않았던 것은 브리튼 역사상 가장 주목할 만한 협력적 동반자 관계를 형성했던 두 사람, 바로 토머스 크랜머와 토머스 크롬웰 Thomas Cromwell 때문이었다. 만약, 두 사람 중 하나만 없었더라면, 잉글랜드에서 종교개혁은 일어나지 않았을 것이고, 일어났다 하더라도 상당히 다른 방식으로 진행되었을 것이다. 그들의 의제는 언제나 왕의 그것보다 대담했는데, 그것은 두 사람 모두 개혁의 명분을 추구할 강력한 개인적·종교적 동기를 가지고 있었기 때문이었다. 잉글랜드의 종교개혁은 한낱 퍼트니 의류 노동자의 아들인 크롬웰이 에식스 백작의 지위를 지닌 채 (비록 자연사는 아니었지만) 죽을 수 있게 만들었고, 그야말로 대단한 권력과 권위를 누리게 만들었다. 그리고 크랜머의 경우에는 그의 강한 종교적 신념이 일차적으로 작용한 것은 맞지만, 그 밖에 다른 여러 가지 이유로 크롬웰보다 훨씬 더 위험한 게임을 벌이고 있었다. 캔터베리 대주교로 임명되기 직전, 그는 독일 여성인 마가레테Margarethe 와 비밀리에 결혼함으로써 루터의 가장 충격적인 혁신 중 하나를 몸소 실천하고 있었다. 그는 또한 속인들을 위해 영어 성경이 필요하다는 옛 롤라드의 개념을 받아들였다. 물론, 그는 대중에게 보급할 성경을 아무나 독자적인 판본으로 출판하게 해서는 안 된다고 생각했다. 그렇게 되면 종교적 무정부 상태가 초래될 수도 있기 때문이었다. 크롬웰과 마찬가지로 크랜머 또한 '하나의 강력한 기독교 국가 안에 한 명의 강력한 군주'라는 르네상스 이상을 신봉했다. 대중에게는 위에서 주어지는 공식적으로 인정된 성경만이 허용되어야 하고, 다른 판본은 용납되지 않아야 하는 건 이 때문이었다.

질서 정연하고 심지어 권위주의적이기까지 한 잉글랜드 교회의 모습은 크롬웰 주도로 1539년 발행된 『위대한 성경The Great Bible』의 표지에 형상화된 것과 정확하게 일치하는 것이었다. 맨 위에서 군주이자 최고 사제인 왕-황제 king-emperor가, 솔로몬이 그랬던 것처럼 신의 말씀the Verbum Dei을 하늘에 계신 아버지로부터 직접 받아서, 이를 그 아래에 있는 그가 가장 신뢰하는 두 대리인, 영적 영역의 영주인 왼쪽의 크랜머, 그리고 세속 영역의 영주인 오른쪽의 크롬웰에게 전달하고, 마지막으로 이들은 그들 아래에서 고마워하며 은혜를 기다리는 성직자와 속인들에게 차례로 전달하는 것이다.

토머스 크롬웰은 아마도 역사를 통틀어 국가 경영에 감성적 요소가 개입하는 것을 가장 최소한으로 절제한 잉글랜드 사람이었을 것이다. 그렇다고 해서 그가 튜더 강권정치의 창안자였다는 이야기는 아니다. 그는 힘의 정치에 대한 울지 특유의 개념을 열심히 받아들인 것뿐이었다. 여기에서 우리는 전임 왕의 대신들을 본보기로 재판에 넘겨 처형하는 것을 헨리 8세의 독립 통치 첫해를 기념하는 아주 좋은 이벤트로 생각했던 사람이 바로 헨리 그 자신이었다는 것을 상기할 필요가 있다. 크롬웰은 토머스 모어를 심문하는 동안, 모어가 잉글랜드인들의 로마교회 복종을 더욱 굳건히 하기 위해 폭력을 사용한 점을 추궁하는 등, 강권정치를 무조건 신봉하지는 않았다. 그러나 크롬웰은 최후의 방책만이 남아 있는 상황이라면 자신이 왕을 위해 악역을 담당해야 한다는 것을 알고 있었다. 그리고 그 어떤 잔인한 일을 자행하더라도 왕이 그 추악한 사건과 관련지어지지 않도록 보호해야 했으며, 이는 거짓의 공모였다. 무엇보다도, 크롬웰은 헨리를 그대로 두면 제대로 일을 추진할 수 없으리라는 것, 또한, 로마와의 단절을 선언하면 모든 사람이 국왕에게 충성 맹세를 하며 그 뒤를 따를 것이라는 낙관적인 기대만으로는 일이 성사되지 않을 것을 명확하게 이해하고 있었다. 그는 싸움을 예상하고 있었고, 그는 그 싸움에서 비열할 정도로 대차게 싸울 각오를 하고 있었다.

크롬웰은 교황이 조만간 '파문장'이라는 무기를 들고 그 싸움판에 나설 것이라는 것을 너무나 잘 알고 있었고, (존 왕이 패배했던) 그 대목에서 헨리 8세가 이기기 위해서는 무언가 그럴듯한 새로운 무기로 반격을 해야 하는 것도 잘 알고 있었다. 크롬웰이 생각한 신무기는 바로 애국주의라는 정치적 언어였다. 이제 잉글랜드라는 나라는 독립적 주권과 잠재력이라는 새로운 감각으로 각성되어야만 했다. 반면에, 이제 로마는 '외국인' 또는 '적'이라는 수식어를 통해 악마화의 대상이 되어야 했다. 국민의 목소리인 의회가 왕권지상주의를 구현하는 법률을 제정토록 하고, 그럼으로써 이는 완곡한 강요, 애국적 희열, 폭파부대의 환희, '잉글랜드, 잉글랜드'를 연호하는 응원의 함성과 함께 이 거사에 따르는 모든 우려를 떠내려 보낼 수 있을 것이었다. 토머스 스타키Thomas Starkey나 리처드 모리슨Richard Morison 같은 선전 활동가들은 이 불안할 정도의 커다란 변화를 일종의 국민적인 자각으로 정착시키기 위해 고용되었다. 교황은 이제 단지 '로마 주교'라 불릴 것이며, 그에게 집착하는 완고한 자들에게는 '페이피스트papist'라는 매우 새로운 단어를 사용하는 경멸적인 딱지가 붙게 될 것이었다. 파파(로마 교황)는 잉글랜드 교회의 예식에서 설 자리가 없어질 것이며, 설교는 이제부터 교회 수장the Supreme Head, 즉 국왕 헨리의 이름으로 행해질 것이었다.

크롬웰은 외국인 혐오를 중심으로 하는 이러한 선전 장치에 국가 폭력이라는 강력한 중장비를 추가로 장착시켰다. 왕권지상주의에 더해, 헨리와 앤 사이에 출생할 자녀의 후계 정통성과 (이제는 더 이상 공주 신분이 아닌) 메리의 사생아적 지위 인정에 대한 서약을 강요한 것이 그것이었다. 또한 새 왕비를 모욕하는 행위, 국왕을 종파 분리론자 또는 이단으로 부르는 행위는 대역죄로 다스릴 것이었다. 이러한 것을 글로 쓰거나, 음모를 꾸며도 범죄가 되는 것은 물론, 잉글랜드 역사에서 처음으로 이러한 것을 말하기만 하더라도 범죄를 구성하게 되었다.

크롬웰은 그렇게 해서 잉글랜드를 겁먹고, 징징대는 조마조마한 공간으로 바꾸어놓았는데, 이제 그곳에서 누군가를 공개적으로 맹렬하게 비난하는 것은 성스러운 의무가 되었으며, 오로지 자신들은 옳은 일을 할뿐이라는 사람들에 의해 셀 수 없이 많은 묵은 원한이 청산되었다. 경솔한 언행으로 희생된 사람들도 많았다. 아마다스Amadas 부인은 스스로 예언자를 자처하면서, 왕에게 '신이 직접 저주를 내리셨다'면서, 그는 추방되고 왕국은 스코틀랜드에 의해 정복될 것이라고 큰 소리로 말했다. 웨일스의 성직자인 윌리엄 압 리William ap Lli는 왕을 스노든Snowdon산 위로 데려가, 그곳에서 '왕의 머리가 충분히 부드러워질 때까지 왕의 귀 주변을 내리 덮치고 싶다'고 했다. 또한 그는 캐서린 왕비의 시중을 들라 하면 기꺼이 받들겠지만, '창녀이자 생계를 위한 매춘부'인 앤을 위해 시중을 들기에는 자신이 너무나 선량한 존재라고도 했다.

이들은 모두 말이 많은 사람이었다. 그러나 토머스 모어는 입을 꽉 닫았다. 그는 이미 왕위 계승 문제는 의회가 결정할 사안임을 밝힌 바 있었다. 그런데 왕의 교회 수장권royal supremacy 및 교황의 잉글랜드 관할권 폐지 문제에 대해서는 단 한마디도 하지 않았고, 그에 대한 선서에도 응하지 않았다. 크롬웰은 모어보다 훨씬 더 노골적인 비판자이며 한때 왕의 고해신부였던 피셔와 함께, 모어를 런던 타워로 보냈는데, 크롬웰의 속셈은 이들로부터 양보를 받아내려는 것이었다. 실제로 피셔는 기세가 누그러들었고, 빠져나갈 생각을 하는 듯도 했다. 그럼에도 여전히 피셔는 입을 다물지 않을 것이고, 모어는 입을 열지 않을 태세였다. 이 마당에 교황이 피셔를 추기경에 임명하자 헨리의 분노가 폭발했다. 이제 모어와 피셔는 배은망덕한 반역자의 본보기가 될 운명에 처했다. 원래 그들에게는 매달고 산채로 내장을 적출한 뒤에 사지를 절단하는 형이 내려졌으나 왕의 자비에 의해 사형집행자가 도끼로 그들의 머리를 참하는 것으로 대체됨으로써 참혹한 고통만은 피할 수 있었다. 그들은 영웅적으로, 그리고 그들의 양심을 지키기 위해 죽었지만, 그렇다고 그들이 다른 어떤 사람의 자유를 위해 죽은 것은 분명히 아니었다. 모어는 유죄가 선고된 뒤에야 입을 열었는데, 자신이 줄곧 왕의 수장권을 반대한 것은 신의 뜻에 반하는 혐오스러운 것이라 생각했기 때문이며, 만약 그가 챈슬러직에 머물고 있었다면 그는 자신이 생각하는 진리의 실현을 위해 지금 크롬웰이 그를 탄핵하고 있는 것만큼 치열하게, 모든 힘을 다하고 있을 것이라고 말했다.

크롬웰의 강압통치 기간 중에 그의 충직한 부하들이 수행한 일 중에서 그들이 1535년과 1536년에 걸쳐 전광석화처럼 단행한 '수도원 감찰visitation'만큼 신나게 해낸 일은 또 없었을 것이다. 거의 1만 5000명에 해당하는 수도사와 수녀들의 뿌리가 뽑혔으며, 수도 생활이라는 오래된 삶의 한 방식이 완전히 파괴되었는데, 이 일이 일어나게 된 것은 사실 개혁적 열망과는 그다지 큰 관련이 없었다. 이것은 무엇보다 먼저, 돈 때문이었다. 다시 말해서, 수도원과 수녀원은 향후 불가피할 것으로 전망되는 가톨릭 유럽 국가들과의 전쟁 비용을 마련하기 위해 약탈당했던 것이다. 크롬웰은 이 프로젝트를 공식적으로는 수도원들을 약화시키려는 것이 아니라 강화하려는 것이라고 발표했다. 즉, 퇴락이 심각한 일부 부실 기관들을 청산하고 그곳에 속한 재산과 토지를 국왕에게 인도하여 재매각하며, 소속 수도사들과 수녀들은 보다 규모가 크고, 보다 운영이 잘 되는 기관들로 통합 수용한다는 것이었다. 그러나 리Leigh, 레이턴Layton, 앱 리스ap Rees, 그리고 트레건웰Tregonwell 등 크롬웰의 별동대는 수도원을 불시에 방문하여 숙소를 요구하고, 그곳 수도원장들을 고통으로 무릎에 힘이 빠져 덜덜 떠는 존재 정도로 취급했는데, 이는 개혁가를 자처하는 사람들이 보일 자세는 아니었다. 우선, 그들은 자신들의 일을 지나치게 즐겼다. 이들 크롬웰의 청부업자 중 한 사람은 자신의 처분에 운명이 달린 한 수도원 부원장과 관련해서 '그에게 반역죄 은폐 혐의를 적용했다'고 보고하면서 다음과 같이 적었다. '제가 창안해낼 수 있는 최악의 이름들을 사용하여 그를 가증스러운 반역자라 칭했으며, 그는 내내 무릎을 꿇고 그의 파멸을 초래한 전제들에 대해 당신께 함구해 달라고 중재를 요청했습니다.' 그들에게는 이런 종류의 일들이 개혁이 주는 즐거움이었다.

크롬웰의 '방문자들'은 광범위한 지역을 매우 빠른 속도로 이동했다. 북쪽을 향한 단 한 차례 극적인 여정을 통해 그들은 1000마일(1609.3킬로미터)을 이동했고, 무려 121개 기관을 감찰했다. 그들은 목적지에 도착해서 자신들이 무엇을 해야 하는지 정확하게 알고 있었다. 그것은 섹스, 사기, 음모, 미신 등 유죄 입증이 가능한 진술 목록이었다. 섹스는 그들의 목적에 부합되는 자백 목록 중 최우선 순위에 있었고, 충격적인 재미가 있으면 더욱 좋았다. '비역질sodomy'은 그들의 보고서에 빈번하게 등장하는 단어로서, 때로는 동성애적 행위를 뜻했고, 때로는 단순한 자위행위를 의미하기도 했다. '실금失禁, incontinence' 또한 자주 사용된 단어로서, 이는 이성 간에 이루어진 간음을 의미하는 것이었다. 수녀들이 출산한 아이들, 소수녀원장들과 동침한 수도원장들에 관한 보고도 있었다. 왕과 왕비에 대한 비방과 로마에 대한 집요한 충성, 또는 의심스러운 침묵조차 그들의 '음모'를 증명하기에 충분했다. '미신' 또한 크롬웰의 방문자들에게 지극히 유용함이 밝혀졌는데, 그들은 미신을 핑계로 이른바 성유물이라고 알려진 값비싼 물건들을 여러 수레에 가득 실어 갔던 것이다. '성모 마리아의 젖'이라고 불리는 걸쭉한 상태의 의심스러운 물질을 담은 주전자들, 그리고 '성 베드로의 사슬'로 숭배받는 녹이 슨 철제 조각들도 그들 중 일부였는데, 이들은 임산부들이 출산할 때 주변에 매어두는 물건들로서, 크롬웰을 기쁘게 하는 목록에 흔쾌히 이름을 올렸다. 서퍽주, 베리 세인트 에드먼스에 있던 수도원 소속의 수녀들은 '방문자들'의 집요한 심문 과정에 굴하지 않고 침묵을 지켰지만, 그럼에도 불구하고 방문자들은 그곳에서 대박을 냈다. 그곳 수도원장이 '카드놀이와 주사위 놀이를 무척이나 즐기는' 도박 중독자였던 것이다. 또한 수도원의 문은 행실이 나쁜 여자들이 드나드는 회전문으로 되어 있었고, 장롱 속에는 런던의 골동품 상점가인 포토벨로 로드Portobello Road에나 있을 법한 온갖 미신적인 액세서리들로 가득 차 있었다. 예컨대 (빈민들의 이익을 옹호하던 3세기 로마의 부제) '성 로렌스를 굽는 데 사용되었다는 석탄, 성 에드먼스의 손톱 한 쌍, 성 토마스 캔터베리의 작은 주머니칼과 장화, 그리고 두통 치료에 쓰이는 다양한 두개골 조각들'이 그것이었다.

졸지에 속세로 내몰린 수천 명의 남녀들에게 1536년과 그 이후 수년간에 걸쳐서 일어난 일은 농담이 아니었다. 수도원 재산의 재분배는 잉글랜드 역사에서 어떤 혁명적인 사건도 경험하지 못한 규모로 진행되었다. 월트셔의 라콕 Lacock 수도원 같은 작은 수도원들은 저렴한 매각 가격이 제시되었는데, 새로운 질서에 대한 충성심 확보는 수도원 재산의 재분배와 궤를 같이 하는 것이었다. 그 건물들에 거주하던 사람들의 존재는 곧 잊히거나, 우두머리를 잃은 수녀들과 유령 같은 수도사로 전락한 그들의 이야기는 곧 전설이 되었다. 수도원 매각을 통해 국왕의 금고가 채워짐에 따라, 수도원 해체는 헨리에게 가톨릭 세력이 자신을 상대로 감행할 수 있는 최악의 공세에 맞설 수 있는 물리적인 수단을 제공해 준 셈이었다. 이것은 과거 울지가 꿈속에서도 상상할 수 없었던 현실 정치의 성취였다.

그러나 크롬웰은 울지 추기경의 운명을 하나의 교훈으로 받아들일 정도로 울지와 가까운 존재이기도 했다. 그가 얻은 교훈은 이러했다. 행여나 너의 상황이 안전하다고 방심하지 말라. 네가 어떻게 그들의 웃음을 샀건, 실제로는 너를 벼락출세한 주제에 우쭐대는 권력병 환자이며, 잉크 묻은 손가락을 가진 하층계급 출신의 건방진 놈이라고 경멸하고 험담할 귀족들을 경계하라. 왕은 너의 구세주이다. 그러므로 그가 원하는 것을 그가 자신이 무엇을 원하는지 알기도 전에 해주어라. 그러면 그 귀족들이 네게 손가락 하나 대지 못할 것이다. 그리고 크롬웰은 헨리가 절실하게, 가슴 가득히, 그리고 비참할 정도로 애타게 원하는 것이 아들의 존재임을 너무나도, 실로 고통스러울 정도로 잘 알고 있었다. 앤은 아직까지 그에게 약속했던 아들을 안겨주는 데 실패하고 있었다. 1533년 9월, 딸아이인 엘리자베스가 태어났다. 헨리는 손을 어린 딸의 이마 위에 올려놓고, 그녀가 적자임을 인정하고는 다음번에는 더 좋은 일이 있기를 기대했다. 18개월이 지난 뒤, 앤은 또 임신했다. 1536년 1월에는 더 좋은 소식이 있었다. 아라곤의 캐서린이 세상을 떠난 것이다. 헨리는 말했다. '신이여, 찬송받으소서. 우리는 이제 모든 전쟁의 위협에서 벗어났나이다.' 크롬웰은 아마도 이 시점에서 그의 상황 예측 시스템을 긴박하게 가동시키고 있었을 것이다. 이제 카를 황제의 이모인 캐서린이 죽은 마당에 그와 헨리의 화해를 도모하지 않을 이유가 있을까? 그러나 두 사람 사이의 평화를 위해서는 사생아가 된 메리를 다시 적자로 복원시켜야 하는 대가를 지불해야 할 텐데, 이에는 앤이 절대 동의하지 않을 것이었다. 논리적 결론은 그녀가 가야 하는 것이었다.

모든 것은 앤의 임신이 가져올 결과에 달려 있었다. 1월 19일 그녀는 사산했다. 사내아이였다. 이 재앙은 헨리의 비관주의와 분노를 다시금 일깨워주었다. '신이 내게 아들을 결코 주지 않으시리라는 걸 이번에 깨닫게 되었소.' 이는 앤의 몸이 다시 회복되면 다시 오리라고 퉁명스러운 말을 던지기 전에 앤에게 한 말이었다. 헨리가 누군가 책망할 상대를 찾기 위해 이리저리 분주한 동안, 그의 암울한 우울증은 훨씬 더 괴이한 무엇인가로 발전하며 곪아터지고 있었다. 저주는 여전히 그에게 있었다. 그는 이제 이 결혼은 신의 뜻이 아니라 악마의 짓이며, 그는 다만 마녀의 주술에 꾀였을 뿐이라고 생각하기 시작했다. 마녀들은 발기부전을 일으킨다는데, 정력이 넘치던 왕은 이와 관련하여 약간의 문제를 가지고 있었다. 앤과의 결혼은 불결했고, 그래서 불임이 초래된 것이라고 그는 생각했다. 이를 위해 필요한 건 빠른 푸닥거리였다.

크롬웰은 앤을 위해 슬퍼할 사람이 별로 없다는 것을 잘 알고 있었다. 캐서린의 죽음은 사람들 사이에 그녀의 딸 레이디 메리에 대한 동정심을 다시 한번 촉발시키는 동기를 제공했고, 노퍽 공작과 서퍽 공작은 불린 가문을 탐욕스럽고 주제넘은 벼락부자라고 혐오하고 있었다. 개인적으로 크롬웰은 어느 쪽이건 개의치 않았다. 문제는 불린 가문이 그가 처리해야 할 국정 과제의 한가운데에 있었던 것이다. 그게 다였다. 그리고 그에게 앤은 애매하게 반쪽만 처리하기에는 너무나 벅찬 상대였다. 따라서 만약 그녀를 제거하고자 한다면, 그녀 주변의 모든 사람까지 같이 제거해야 하고, 그것도 다시는 일어설 수 없도록 철저하게 파멸시켜야 했다.

그리고 그가 사건을 요리한 비법은 완전한 악마의 마술이었다. 그것은 포르

노그래피와 피해망상증이라는 두 가지 재료들을 정교한 계산하에 적절하게 혼합한 것이었다. 르네상스 궁정에서 그다지 별난 일이라 할 수 없었던 가벼운 성적 유희의 순간들이 ― 5월 축제 창술 시합에서 떨어진 왕의 것이 아닌 한 장의 손수건, 왕이 아닌 젊은 남자와의 춤, 한 번의 손 키스, 한 번의 키득거림이 ― 크롬웰의 손 안에서 불경스럽고, 반역적인 섹스의 사육제로 왜곡되었다. 앤의 재판에서 한 증인은 선서를 한 뒤에 다음과 같이 말했다. '왕비는 매일매일 헛된 성적 욕망을 좇았고, 국왕의 일상적이고 친숙한 하인들 중 다양한 자를 자신의 간통 상대로 삼았지요.' 앤이 이 모든 사람과 섹스를 나누었다는 이야기였다. 그녀는 궁정 악사와 잠을 잤으며, 지밀내전 젠틀맨과도 잠자리를 가졌다. 왕의 테니스 파트너인 프랜시스 웨스턴Francis Weston과 궁정 조신 윌리엄 브레레턴William Brereton을 자신의 잠자리 상대로 삼았으며, 심지어는 남동생과도 잠을 잤다. 앤은 마치 자신이 메살리나Messalina[6]나 되는 것처럼, 이 악마적이고 난잡한 역적 행위를 주관했을 뿐 아니라, 이 정신없이 바쁜 교미의 결과로 맺힌 독과毒果를 왕의 후계자인 양 내세우려는 계획을 꾸몄다는 것이다.

크롬웰이 꾸며낸 이 사법 살인에서 그나마 조그마한 법적 근거로 제공된 것은 목수의 아들이자 궁정 악사였던 마크 스미턴Mark Smeaton의 자백이었는데, 그것은 고문으로 받아낸 것이었다. 4월 27일, 스미턴의 자백은 헨리에게 전달되었고, 그는 이를 사실로 받아들였다. 3일 뒤 어린 딸 엘리자베스를 안고 있던 앤은, 자신과의 연루 혐의를 받는 사람들 중 첫 번째 인사가 런던 타워에서 터지는 대포 소리와 함께 구금되자, 왕이 이성을 찾을 수 있도록 필사적인 탄원을 시도했다. 그러나 허사였다. 아무리 위대하고 선량한 사람들이라 할지라도, 크롬웰이 풀어놓은 괴물에 겁을 먹고는 그들이 낼 수 있는 가장 빠른 속도로 숨을 곳을 찾기에 바빴다. 앤의 외삼촌이기도 한 탐욕스러운 노퍽 공작은

---

6   로마 황제 클라우디스(Claudius)의 세 번째 아내. 음란한 생활을 하다가 클라우디스에 의해 살해됨 ― 옮긴이.

자기 조카에 대한 인민재판을 주관했다. 앤이 아니었다면 아직도 캠브리지 대학교에서 불평하고 안달하면서 자기가 먹을 머핀이나 굽고 있었을 크랜머는 한때 자신이 앤을 역사를 통틀어 가장 고귀하고 덕스러운 왕비라고 믿었던 것은 자신이 가장 사악한 속임수에 빠졌었기 때문이라고 생각하기로 했다. 가장 가당치도 않았던 사람은 다름 아닌 그녀의 아버지 토머스 불린으로, 그는 자녀들의 목숨이 어떻게 되건 자신의 목숨을 구하기 위해 남매 사이의 근친상간을 사실인 것처럼 증언하기로 결정한 것이었다. 앤과 과거에 관련되었던 인물들은 파멸의 순간으로 깊숙이 끌려갔다. 그녀의 옛 연인이었던 토머스 와이어트는 간통 (그 외에 무슨 또 다른 이유가 필요했을까?) 혐의로 체포되어 타워로 보내졌고, 그는 그곳 종탑에 있던 쇠창살 사이로 앤의 남동생과 다른 친구들의 처형을 지켜보았다.

> 종탑은 낮이고 밤이고 내 머릿속에서 떠나지 않는 광경들을 보여주었다. 그곳에
> 서 나는 쇠창살 바깥에서 전해오는 교훈을 얻었다. 그 모든 왕의 은혜, 명예, 또
> 다른 그 무엇, 모두가 천둥이 포효하는 왕좌 주변에 있는 것을.

이틀 뒤인 5월 19일은 앤의 차례였다. 사내아이를 사산한 지 4개월이 된 날이었다. 왕이 특별하게 은혜를 베풀어 프랑스로부터 전문적인 칼잡이가 초빙되어 왔다. '사형 집행인의 기술이 아주 좋다고 들었소. 그리고 나는 작은 목을 가졌소.' 앤은 타워의 간수장에게 이렇게 말했다고 한다. 그리고 그녀는 손을 목젖에 갖다 대고 웃음을 터뜨렸다. 그리고 가장자리가 담비 털로 장식된 검은색 다마스크직織의 옷을 차려입은 그녀는 처형장에서 다음과 같이 선언했다. '나는 그 누구를 비난하거나, 또는 내가 혐의를 받고 이곳에서 죽음을 맞게 한 그 어떤 것에 대해 얘기를 하려는 것이 아닙니다. 다만, 지금의 왕보다 온순하고 자비심이 많은 군주는 지금껏 결코 없었으므로, 신께 그를 구원해 주실 것을 기도하고, 또한 그가 오랫동안 여러분들을 다스릴 수 있기를 신께 간구하려

는 것입니다.' 잉글랜드 사상 초유의 왕비 처형을 지켜보는 사람들 중에는 그녀의 외삼촌 노퍽 공작, 토머스 크롬웰, 서퍽 공작, 그리고 런던 시장이 포함되어 있었다. 와이어트의 누이인 마거릿은 왕비의 마지막 시중을 든 귀부인 중 한 사람이었을 것이다. 와이어트 자신은 타워 종탑의 작은 쇠 격자를 통해 이 드라마의 마지막 장면을 지켜보고 있었다.

이 피로 물든 나날들이 내 가슴을 찢어 놓는구나. 그리고 욕망과 나의 젊음이 그들을 떠나가게 했구나….

그러나 와이어트는 앤의 파멸에서 살아남았을 뿐 아니라 크롬웰과 가까운 사이가 되었고 켄트 카운티의 지방장관 자리에 오르는 보상을 받았다.

앤의 참수는 헨리 8세의 원기를 회복시키는 역할을 했다. 그녀의 처형 하루 전, 앤의 결혼은 크랜머 주관하에 그녀의 간통을 근거로 무효화되고, 이에 따라 엘리자베스는 이복 언니 메리와 마찬가지로 사생아 신분이 되었는데, 이는 메리에게 고무적인 소식이었다. 앤의 처형 다음 날, 왕은 제인 시모어 Jane Seymour와의 약혼 사실을 발표했다. 18개월 뒤, 그는 다시 아버지가 되었는데, 이번에는 그가 그토록 갈망해 오던 아들이었다. 그리고 2주가 채 안되어 그는 또다시 홀아비가 되었다. 어찌되었건, 제인은 자신의 한 가지 역할은 제대로 한 셈이었다.

앤 불린의 사망 소식이 도버에 도달할 무렵, 자연스럽게 교회에는 양초의 촛불이 다시 밝혀졌다고 전해진다. 대부분의 사람들은 로마교회와의 단절 이후에도 스스로를 여전히 가톨릭이라 여겼기에, 그녀의 죽음을, 그들이 이단이라 간주했던 사람들, 그리고 2펜스짜리 책(영어판 성경) 출판업자들에 대한 때늦은 심판으로 받아들였다. 그들은 왕이 이제 미망에서 깨어났으므로 그가 이제 모든 것을 원래 자리로 돌려놓을 것이라고 기대했다. 그런데 자신들의 이런 기대가 즉각적으로 이루어지지 않자, 그들은 이제 왕의 참된 의지를 가로막고 있는 사악한 신하들로부터 왕을 구출하려는 직접적인 행동에 돌입했다. 북부와 동부에서 일어난 반란군 1만 명은 '예수의 다섯 상처'라는 깃발을 들고 행군하면서 옛 종교의 복원을 요구했다. 아니, 요구했다기보다 청원했다고도 할 수 있을 것이다. 그건 그들의 지도자 로버트 아스케Robert Aske가 (그 이전과 이후의 수많은 반란자들이 그랬듯이) 국왕에 대한 탄원이라는 방식을 통해 자신들의 뜻을 전하려고 했기 때문이다. 그는 성가를 연호하는 자신들의 정체성을 반란이 아니라 순례라고 믿었다. 이 '은총의 순례the Pilgrimage of Grace'가 왕에게 요청한 것은 단지 사악한 크롬웰과 크랜머로부터 벗어나 자신들이 진정으로 믿는 바대로 국왕이 원하고자 하는 개혁을 이루어달라는 것이었다. 그것은 수도원을 복구하는 것, 메리에게 적자의 지위를 돌려주는 것, 과거 울지와 모어가 보여주었듯이 열정을 가지고 이단을 처단할 것, 그리고 오래된 교회 예식을 보전해달라는 것 등이었다.

십자군의 불길은 상상했던 것처럼 타올랐다. 1536년 12월, 4만 명에 가까운 병력이 '다섯 상처'의 깃발 아래 모였다. 이제는 아스케 같은 농촌 젠틀맨뿐 아니라, 퍼시 가문 같은 주요 귀족들도 이들과 뜻을 같이하기 시작했다. 이는 사실상 잉글랜드 종교전쟁의 서막이었으며, 앞으로 수 세기 동안 지속될 전쟁의 지리적 특징을 이미 구현하기 시작했다. 그것은 한편으로 북부와 서부의 가톨릭과, 다른 한편으로는 보다 개혁적 마인드를 가진, 또는 그게 아니라면, 최소한 정부의 통치력이 보다 강력하게 미치는 남동부의 대립 구도였다. 처음에 정부는 반란군과 직접적으로 맞닥뜨려 그들을 패퇴시킬 만한 충분한 병력을 동원할 수 없었으므로, 당장은 일반 사면 및 가톨릭 복원 등 반란군의 요구를 경청하는 척하는 수밖에 별 도리가 없었다. 복음주의자들에게 적대적인 종교적 성향을 가진 것으로 알려졌으며 조카인 앤을 처형장으로 보낸 당사자인 노퍽 공작이 이 궂은일을 맡아 동커스터Doncaster로 파견되어 수도원 복원을 제외한 반란군의 요구들을 왕을 대신하여 받아들이는 등 차분하게 임무를 수행했다. 로버트 아스케는 그의 '다섯 상처' 배지를 떼어내며 '우리는 이제 우리 주군의 배지 이외에 그 어떤 배지도 착용하지 않을 것이다'라고 외쳤다. 그리고 순례자들은 이제 왕이 선의에 의해 그들이 바라는 바를 수락해 주었다고 믿고, 기뻐서 어쩔 줄 몰라 하며 집으로 돌아갔다.

그러나 이것은 1381년, 당시 왕이 농부들의 반란을 달래며 시간을 벌던 전술의 재판일 뿐이었다. 목전의 위협이 사라진 순간, 반란에 대한 응징을 맹세하는 헨리의 횡포한 기세는 리처드 2세를 넘어섰다. 노퍽 공작에게 보낸 편지에서 그는 이렇게 썼다. '모든 시읍과 소촌에 이르기까지 법을 어긴 수많은 자들을 끔찍하게 처형함으로써, 앞으로 다른 자들에게 그런 일을 저지르면 어떻게 되는지를 보여줄 공포의 본보기를 만들어주면 기쁘겠네.' 그리고 우리는 노퍽이 그 명령을 따랐음을 잘 알고 있다.

은총의 순례가 준 교훈은 정파에 따라서 달랐다. 노퍽과 같은 전통주의자들은 앞으로 반란을 유발하지 않으려면 보다 감압적滅壓的인 혁신 조치가 필요함을 이번 반란이 보여주었다고 믿었다. 크랜머와 크롬웰은 정확하게 이와 반대되는 결론을 이끌어냈다. 그들 반란군이 부지불식간에 가톨릭 신앙을 반역과 연계시킨 것이 과거보다 빠르고 더 멀리 신학적인 공세를 펼칠 수 있는 기회를 부여했다는 것이다. 1538년 크롬웰은 성직자들에게 한 묶음의 '명령서Injunctions'를 내려 보냈는데, 대부분 '미신'을 겨냥한 것이었다. 그러나 그의 진정한 표적은 단순한 미신이 아니라 많은 수의 군중을 한 곳에 군집시킬 수 있는 모든 전통적인 관행이었다. 군중은, 특히 신과 성인들이 자기편이라고 믿는 군중이라면, 개인으로서는 감히 엄두를 못 낼 일을 감행할 수 있는 용기를 가질 수 있다는 것을 그는 너무나 잘 이해하고 있었던 것이다. 이 조치에 따라 순례, 성자의 날, 그리고 성유물의 전시가 미신이라는 이유로 금지되었고, 또한 가장 고귀한 숭배의 대상이 되었던 물건들은 어리석은 자들을 교화한다는 명분으로 공개적으로 파괴되거나 불에 던져졌다. 기적을 행한다는 성 데르펠St Derfel의 동상을 새로운 질서를 받아들이기 거부하는 한 프란체스코 수도회 수사와 함께 불태운 것은 그러한 공포 학습의 한 예였다.

잉글랜드에서 가장 유명했던 순례 성지 두 곳도 그들이 특별한 불만을 가지고 있던 대상이었다. '여행하는 복음주의 극작가'였던 존 '빌리어스' 베일John 'Bilious' Bale은 캔터베리에서 『베킷의 반역Treason of Becket』이라는 희곡의 집필을 위해 고용되었는데, 이 희곡에서 반역적인 주교, 즉 베킷은 우연한 실랑이 속에서 죽은 것으로 각색되었다. 이 연극은 크롬웰이 파견한 우상파괴단이 베킷의 성지를 완전히 파괴하는 동안 캔터베리에서 상연되었다. 몸의 병을 치료하기 위해 성인의 무덤 위에 엎어져 간구하는 나이 든 부인들도, 켄트의 거리를 맨발로 걷는 순례의 모습도 이제는 사라졌다. 그리고 27년 전 헨리 8세가 아들의 출생에 감사드렸던 월싱엄에서는 성모 마리아의 동상이 불탔다. 1538년 그곳의 회계장부는, 처음으로, '큰 양초에 대한 왕의 비용 지불, 수도원장에 대한 급여 없음'이라고 기록했다.

크롬웰과 크랜머는 우상 파괴 공세를 국왕의 권위에 반대하는 적들에 대한 공격과 동일시하면서, 왕을 그들 편으로 끌어들이는 도박을 하고 있었다. 그러나 그들의 자신감은 적절하지 못한 것이었다. 왜냐하면, 헨리의 마음속에서는 국왕의 수장권善과 프로테스탄트 개혁惡이라는 선악 사이의 경계가 나이가 들수록 확고해지고 있었기 때문이었다. 공양당과 출처가 불분명한 성인들에 대한 과도한 숭배 등의 문제는 자신의 부친과 조모 때에도 이미 가톨릭 개혁 프로그램의 일환으로서 비판의 대상이었다. 그러나 프로테스탄트 신앙이 가장 받아들이기 어려워하는 가톨릭 교리들, 즉 예수가 미사에 실제로 임재한다는 것, 성직자의 순결, 그리고 선행과 구원의 관련성 문제에 관한 한, 헨리는 단순한 보수주의자가 아니라 완벽한 정통 가톨릭이었다. 크랜머와 그의 추종자들이 철저한 프로테스탄트 교리에 입각한 새로운 교회 질서 확립을 위한 '주교서 Bishop's Book'를 편찬하고자 했을 때, 헨리가 이의 승인을 거부하고 스스로 광범위한 수정 작업을 벌인 것은 이 때문이었다. 크랜머는 『위대한 성경Great Bible』 2판 서문에서, 이 성서가 '모든 종류의 사람들, 남자, 여자, 젊은이, 노인, 부자, 가난한 성직자, 속인, 귀족, 귀부인, 관리, 소작인, 천민, 처녀, 아내, 과부, 법률가, 상인, 어떤 신분과 상태에 관련 없이 모든 부류의 사람을 위한' 것이라고 명시적으로 밝혔다. 그러나 헨리는 이러한 '믿음의 공동체'를 용인할 의도가 없었으며, 1543년에는 여자와 (신민 중 대다수에 해당하는) 낮은 신분의 사람들을 영어 성경 독자층에서 공식적으로 배제하는 조치를 취했는데, 그 명분은 그들이 잘못된 길로 빠지지 않도록 하기 위함이었다. 많은 사람은 이러한 권리 박탈에 대해 통탄을 금치 못했다. 옥스퍼드에 사는 한 양치기는 종교 문제를 다룬 어떤 소책자의 공지空紙에 다음과 같은 글을 남겼다. '양치기들이 성서를 읽는 것을 금지당했을 때 나는 이 책을 샀다. 나는 신께 이 무지함을 교정해 주시라고 기도를 올린다. 세인트베리 힐Saintbury Hill에서 양을 치는 로버트 윌리엄스 씀.'

헨리를 독일의 한 영방국가 공주와 결혼시키고 이를 통해 헨리를 독일 루터파 군주연합과 동맹 제휴하게 하려는 크롬웰의 시도는 그가 자신의 운을 과신하고 있었음을 의미한다. 클레베Cleves 공국 앤과의 혼인은 헨리가 그녀의 실제 모습이 세밀 초상화에 묘사된 그녀의 사랑스러운 모습에 비해 매력이 떨어진다는 사실을 발견하는 순간 곧바로 파멸을 맞았다. 그 직전에 에식스 백작의 지위에 올랐던 크롬웰의 운명은 노퍽 공작과 서퍽 공작이 기도한 궁정 쿠데타에 의해 여지없이 휩쓸렸는데, 그것은 과거 크롬웰이 주도했던 그 여느 사건들 못지않게 무자비했다. 마침 그즈음 의회가 통과시킨 '6개 조條'에는 성직자의 혼인을 불법화하고 위반자는 사형으로 다스린다는 조항과 미사에 예수가 직접 임재한다는 교리를 옹호하는 조항이 포함되어 있었다. 이런 이유로 자신의 결혼 사실을 행여나 왕이 눈치 챌까 전전긍긍하고 있던 크랜머는 크롬웰을 도울 수 있는 입장이 아니었다. 잠시 크롬웰을 옹호하는 듯했던 그는 이내, 과거 앤 불린을 버렸듯이, 그를 냉정하게 버림으로써 살아남았다. 헨리는 그로 인해 자신이 오도되었다는 생각을 하지 않은 것은 아니지만, 그래도 그동안 수많은 폭풍을 뚫고 나오게 해준 대주교에 대해 어느 정도 감정적인 애착을 가지고 있었다. 그러나 신학적 입장에 관한 한, 그의 무게 추는 갈수록 스티븐 가디너

Stephen Gardiner 같은 훨씬 보수적인 주교들에게 실리고 있었다.

헨리는 통치 말기에 이를수록 육체적·신학적으로 더욱 뻣뻣해지고 있었다. 나이가 50대에 접어들면서, 한때 테니스 코트에서 보는 사람들의 극단적인 감탄을 자아내던 그의 몸은 이제 옆으로 넓게 퍼지고 부풀어 올랐으며 관절염까지 앓고 있어 헐크 같은 모습이 되었다. 햄프턴 코트에는 그를 싣고 이 방, 저 방으로 옮기는 용도로 작은 손수레가 제작되었다. 그의 눈앞에 노퍽 공작의 조카이자 성적 매력이 넘치는 캐서린 하워드Catherine Howard가 나타난 건 그 무렵이었다. 헨리는 자신이 그녀에게 푹 빠졌듯이, 그녀도 자신에게 빠졌다고 착각했다. 헨리는 자신의 다섯 번째 부인이 된 그녀를 위해 건강한 남편 역할을 하려고 어렵게 노력했다. 그녀가 족친인 토머스 컬페퍼Thomas Culpeper와 잠자리를 한 것이 발각되기 전까지는 그랬다. 그의 마지막 아내가 된 캐서린 파Catherine Parr는 헨리의 쇠퇴기에 안성맞춤인 여자였다. 그녀는 간호사였으며, 이모였고, 양호교사였다. 그녀는 헨리의 분노에 비위를 맞춰주었으며, 아직도 자신이 위대한 전사 군주라는 헨리의 판타지를 다 받아주었는데, 이는 헨리가 프랑스와 파멸적인 최후의 일전을 벌이도록 독려하는 효과가 있었다. 그러나 그의 주력 전함 메리 로즈*Mary Rose*가 포츠머스Portsmouth 항구에서 침몰했을 때, 이는 마치 머리가 너무 무거웠던 헨리의 제국 자체가 바닷속 저 밑바닥으로 가라앉는 것 같은 느낌이었다.

헨리가 가졌던 판타지들 중에 스스로에게 위로가 되었던 것은 자신이 국가의 극심한 분열에 급제동을 겶으로써 그것을 치유했다는 것이었다. 외과의外科醫 협회를 위해 제작된 홀바인의 대형 초상화 속 헨리는 초자연적인 잉글랜드의 카이사르 이미지와 '위대한 의사'의 이미지를 동시에 가지고 있었는데, 이 의사의 이미지야말로 헨리가 가지고 싶어 하던 것이었다. 교황주의자들이 퍼뜨린 미신적 병폐로 인해 앓고 있는 잉글랜드를 수술대 위에 올려놓고 치료하는 '튜더 의사'가 바로 그였다. 환자는 이제 회복되었고, 국민들은 고마워하니, 수술은 완전 성공이었다.

물론 모든 것이 성공한 것은 아니었다. 헨리를 이을 세 자녀는 국가의 영적·정치적 건강을 위해 무엇이 최선인가 하는 문제에 대해 각기 다른 생각을 가지고 있었다. 잉글랜드는 누가 봐도 후계자가 분명한 에드워드, 그리고 그의 이복 누이들인 메리와 엘리자베스 사이에서, 열정적인 프로테스탄트 복음주의에서 공격적인 가톨릭에 이르는 광범위한 신앙적 스펙트럼 사이에서 요동칠 것이었다. 또한 잉글랜드 교회의 방향성은 그 어느 때보다 어떤 고해 프로그램에 의존하기보다는 왕실의 출생, 혼인, 사망 같은 극히 우연적인 요소에 의해 결정될 것이었다.

헨리의 장례식은 살아생전 그가 그랬던 것처럼 방대하고 인상적이었지만, 앞으로 일어날 일에 대한 어떤 시사점도 없었다. 그의 영혼의 휴식을 위한 만가와 미사곡이 울려 퍼졌으며 그의 장대한 내장은 예를 다해 화이트홀에 안치되었다. 윈체스터의 스티븐 가디너와 런던의 에드먼드 보너Edmund Bonner 등 가장 보수적인 주교들은 아직 자리를 유지하고 있었다. 그러나 헨리 치하의 마지막 해에 그들은 지나친 자신감에 취해 심각한 면역 결핍증에 걸려 있었다. 보수 정파인 서리 백작은 처형되고 그의 부친 노퍽 공작은 런던 타워에 투옥되어 있었다. 이에 반해, 크랜머는 에드워드 왕자의 대부이자, 서거한 왕의 유언집행자 중 한 사람으로서, 다가올 에드워드 시대 문화혁명에서 주도적 역할을 할 수 있는 좋은 위치에 서 있었다. 얼마 지나지 않아 그는 수염을 길러 마치 구약성서에 나오는 선지자 같은 모습을 하고 아홉 살 소년 왕을 조사이아Josiah(요시야)에 빗대는 설교를 함으로써 그의 새로운 역할을 수행하기 시작했다. 조사이아는 우상 숭배 타파를 자신의 사명으로 삼았던 이스라엘의 소년 왕이었는데, 잉글랜드의 경건한 소년 왕 에드워드는 이를 마음에 두고 새겼다. 비록 웨스트민스터 대성당에서 열린 대관식에서 그는 성 에드워드의 박차가 그의 작은 신체에 맞지 않아 벗어버려야 했지만, 그럼에도 그는 엄연한 신의 십자군이었다. 이제 그의 통치하에서 전면적인 대변화가 일어날 것이며, 이로 인해 그의 아버지 시대에 있었던 그 모든 것이 단지 폭풍 직전 불고 간 산들바람처럼 느껴지게 될 것이었다.

크랜머가 그 변화의 중심인물이었다. 서머싯 공작이자 호국경인 에드워드 시모어는 거기에 힘을 제공했다. 그들은 함께 진정한 종교개혁을 시작했다. 에드워드 6세 재위 첫해인 1547년 1월 추밀원이 특별 '명령' 하나를 발동했는데, 그것은 거의 모든 전통적 관습과 의식을 금지하는 것이었다. 이제 성촉절聖燭節에 올리던 촛불 축원도, 성 금요일이면 십자가에 몸을 구부리던 의식도 사라지게 되었다. 오순절에 세인트 폴 성당 지붕 위로 날리던 비둘기들도 볼 수 없게 될 것이었다. 재위 2년차에는 종교적 길드와 우애 단체들이 사라졌다. 그들이 있던 교회 공간에는 빈민구제 모금함이 놓였다. 크롬웰의 무지막지한 공격 속에서도 요행히 살아남았던 일부 성인 숭배나 행렬도 이제는 완전히 금지되었다. 에드워드 자신도 적절한 과정을 거쳐서 가터 훈위에서 성 조지의 이름이 언급되지 않도록 조치를 취했다. 수레와 마차들은 오래된 교회들로부터 뜯어낸 십자고상十字苦像, 스테인드글라스, 제의, 그리고 의식용 제기 등의 잔해로 가득 찼다. 종들은 종탑으로부터 제거되어 땅에 내려졌다. 더럼의 한 집행관은 커다란 성체 축일용 성체 안치기에 올라서서 그것이 확실하게 부서질 때까지 껑충껑충 뛰었다. 다량의 석회 도료가 교회들로 운반되어 왔는데, 그것은 교회의 벽화들을 지우기 위한 용도였다. 앞에서 언급했던 빈햄 수도원의 그림이 회칠로 덮인 것도 이 무렵이었을 것이다. 시각적 대상들뿐 아니라 청각적 요소들도 전례에서 배제되었다. 한 여인은 '아, 무슨 이야기인가? 우리가 습관처럼 보곤 하던 모든 경건한 볼거리가 사라지고, 우리가 늘 들을 수 있던 피리 소리, 노랫소리, 찬송, 오르간 연주 소리를 듣지 못한다니, 그러면 우리가 교회에서 할 수 있는 일은 무엇인가?'라고 비통해했다.

재위 3년차인 1549년에는 의심스러운 신학적 소품들이 사라지고 그 자리에는 영어 번역본 성경들이 놓였다. 이제 최소한 60종류가 넘는 번역 성경들이 나왔으며, 이들 영어판 성경은 과거 헨리 8세가 독자층에서 제외시켰던 '위험한' 하층 신민들에게도 읽는 것이 허용되었다. 설교집들은 구원이 신의 은총이며, 이는 그의 아들의 희생으로 말미암아 아무런 대가 없이 주어지는 신의 선물임을 속인들에게 설명해 주었다. 그리고 모든 교구에 영어로 쓰인 새로운 공동 기도서를 의무적으로 비치토록 함으로써 영어는 역사상 처음으로 교회 예배에서 사용되는 지배적 언어가 되었다. 세례에서 소금으로 악령을 쫓는 의식도 사라질 것이고, 결혼식에서 반지에 대한 축원을 하는 의식도 더 이상 없을 터였다.

에드워드 종교 혁명이 어디까지 갔는지를 보려면, 글로스터서의 헤일즈Hailes 교회에 가보면 된다. 수년 전 앤 불린은 그리스도의 피로 액화되었다고 전해지는 십자가의 진실을 파악하기 위해 이곳에 직접 사람들을 보낸 적이 있다. 당시 조사단은 이것이 왁스와 오리 피의 혼합물로 이루어진 사기임을 밝혀냈다. 그리고 1550년, 이 교회에는 훨씬 더 급진적인 사건이 일어나고 있었다. 교회의 동쪽 끝 주요부 공간에 설치된 석제 제단은 빵과 포도주가 그리스도의 살과 피로 체화되는 바로 그 공간이었지만, 이제는 평범한 목제 테이블이 성단소 중앙에 놓이고 교구 서기와 다를 바 없이 간소한 중백의中白衣를 입은 사제가 옆에 앉은 신자들에게 빵을 나누어주고 있었다. 교회의 배치 구조가 바뀐 것은 분명히 사제와 ─ 그들은 아직도 그렇게 불리고 있었다 ─ 신자들 사이의 거리를 없애려는 의도에서 비롯된 것이었다. 미사가 가진 신비주의적 성격을 보호하기 위한 경계 역할을 했던 루드 스크린은 이제 독실한 신자들과 사제의 만남이라는 의미만을 가지게 된 성찬식으로 들어가는 통로일 뿐이었다. 이제 성찬은 그리스도의 희생을 기억하는 상징적 의식일 뿐, 신비스러운 성체 변화와는 아무런 관련이 없게 되었다. 이것을 충격적이라고 말하기에는 아직 멀었다. 1550년 언젠가부터 사제들은 그때까지 교회에서 전혀 들어보지 못하던 '친애해 마지않는Dearly beloved'이라는 영어 표현을 사용하며 신자들에게 성찬을 들게 했다. 그러나 이 친숙한 언어의 사용은 오히려 많은 사람을 혼란스럽게 만들었고, 또 다른 사람들이 마치 사제를 향해 '밥 목사vicar Bob'라고 부르라고 채근당하는 것 같은 불편을 느끼게 했다. 더 나빴던 것은, 성찬식에서 탁자를 가운데 놓고 양쪽에서 남자들과 여자들이 마주보도록 줄을 세웠는데, 이 모습은 모든 사람에게 마을 춤을 출 때를 연상시켰을 것이 틀림없었다.

에드워드 개혁의 결과로 남녀 관계에서 중대한 변화의 순간이 일어나고 있었다. 사제들은 이제 공공연히 아내와 함께 살 수 있었고, 실제로도 그러했다. 기혼자로서 처음으로 캔터베리 대주교 자리에 올랐던 토머스 크랜머는 영어 기도서로 혼인 예배를 진행했는데, 이 기도서는 역사상 처음으로 결혼을 성례聖禮가 아닌 도덕적인 인간관계로 규정했다. 그것은 두 사람이 번영할 때와 어려울 때 모두 서로 돕고, 서로 어울리며, 서로 위로해야만 하는 관계였다. 결혼이 성례가 아니라는 것은 그것이 이혼에 의해 언제든지 종결될 수도 있다는 의미였다. 에드워드 재위 기간 중에 '역사상 처음으로' 일어난 또 하나의 사건은 여성들이 남편의 간음에 대한 책임을 물어 이혼할 수 있는 권리를 획득했다는 것이다. 교황주의에 대한 남편들의 완고한 집착도 '영적 간음spiritual adultery'으로 간주하여 이 같은 이혼 가능 사유의 범주에 포함되는 것으로 해석할 수도 있었다.

잉글랜드는 이제 분열된 나라였다. 첫 번째로 이야기할 수 있는 것은 세대 간 분열이었다. 남동부의 시읍들은 종교개혁이 가장 강력하게 전개되었던 지역인데, 이 지역의 젊은 세대, 즉 에드워드 세대들은 1530년 이전의 옛 교회에 대해 어떠한 기억도 가지고 있지 않았다. 10대들, 특히 남자 아이들은 성유물, 조각상, 스테인드글라스 등 모든 옛 물건이 당국에 의해 여지없이 폐기되는 것을 지켜보았다. 이제 그들은 흘러간 옛 교회를 자유롭게 농담거리로 삼을 수 있게 되었다. 사제들은 길모퉁이에 서 있는 건방진 자들로부터 돌멩이 세례를 당하거나, 떼거리 농담의 대상이 되거나, 이유 없는 비방의 대상이 되기도 했다. 분개한 가톨릭 신자 마일스 허가드Miles Huggarde는 젊은이들이 '성일聖日에 교회를 수리할 생각은 아예 없고, 그저 가판대 위에 떼를 지어 몰려 앉아서 지나가는 행인들을 놀리거나, 성서를 끼고 앉아서 자기들이 알고 있는 몇몇 그럴듯한 소리나 지껄이고 있다'고 격렬하게 비판했다. 런던이나 노리치의 젊은이들은 그곳 교회가 가진 매력에 빠져들었다. 순회 설교자들의 이야기를 들을 기회가 역사상 처음으로 그들에게 주어졌으며, 그들의 설교는 때때로 야외에서 펼쳐지기도 했다. 예컨대 프리비 가든Privy Garden은 곰 사냥을 구경할 수 있는 곳이기도 하지만, 복음주의자의 열띤 설교를 들을 수 있는 곳이기도 했다. 인류의 불평등에 관해 우레와 같이 설파하는 사람들이 가장 인기 있는 설교자들이었는데, 그들은 듣는 이들의 혈액을 순환시키고 심장을 뛰게 했다. 이는 또한 죄인들에게는 경종을 울리는 시간이기도 했다. 이것은 영어 운율로 바뀐 『시편』의 언어로써 이루어진 그들의 종교였으며, 이는 그들로 하여금 정의의 군대의 일원으로서 충성심이 용솟게 했다.

여기에서 이런 이야기를 하는 것은 프로테스탄티즘이 가진 자극적 매력을 경박스럽게 수용된 일종의 반문화로 표현함으로써 폄하하려는 의도가 아니다. 수 세기에 걸쳐 켜켜이 쌓인 모든 관습과 절대적인 권위를 일소하자는 그들 주장의 단순명료함 그 자체가 엄청난 전율을 일으키는 힘이 있었기 때문이다. 거짓된 신들과 우상들이 파괴된다면 복음적 진리의 순수성이 찬연하게 드러날 것이었다. 모든 신자가 오직 성서 안에서 복음적 진리를 스스로 찾을 수 있다는 말 자체가 진정한 해방을 의미하는 것이었다. 기독교 신앙의 역사에서 처음으로 개인주의가 용인되는 순간이었다. 이러한 자유의 물결과 자족성自足性을 경험한 사람들은 마치 다시 태어난 느낌을 받았을 것이다. 맑은 물을 마시고 가장 순수한 산소를 호흡하는 것처럼 말이다.

로마교회는 항상 어머니와 같은 존재로 묘사되어 왔었다. 이제 잉글랜드인들은 어머니 없이 독립해서 성장해야 할 시간이었다. 그러나 집을 떠난다는 게 누구에게나 허락된 일은 아니었다. 1540년대 랭커셔나 콘월 같은 지역에 사는 젊은이들은 그들의 부모 세대, 혹은 그 이전의 세대와 마찬가지로 여전히 전통적인 방식에 애착을 가지고 있었다. 잉글랜드 서부와 북부의 사제들은, 에드먼드 보너와 스티븐 가디너 등의 주교들이 크랜머의 개혁에 저항하다가 감옥에 갇히고, 또한 그들의 주교직이 개혁 성향의 성직자들에게 넘어가는 것을 조심스럽게 지켜보면서도, 여전히 라틴어 미사를 은밀하게 집전하고 있었다. 그런가 하면, 어떠한 희생이 따르더라도 저항하기로 결심한 사람들도 있었다. 1547년 4월 6일, 헬스턴Helston에서 콘월 지역의 성상 파괴를 감독하고 있던 윌리엄 보디William Body가 그곳 교회 앞에서 폭행을 당해 죽음에 이르는 사건이 일어났다. 2년 뒤 단행된 공동 기도서의 강제적 도입은 남서부 지역에서 대규모 반란을 촉발시켰으며, 이는 35일간의 엑서터 포위 작전, 그리고 데번과 콘월에서 4000명의 인명을 앗아간 샘퍼드 코트니Sampford Courtenay의 총력전에서 절정을 이루었다.

이것이 끝이 아니라는 듯이, 공동 기도서에 대한 반란은 옥스퍼드셔와 버킹엄셔에서도 일어났다. 또한 극심한 인플레이션과 인클로저enclosure가 불러온 사회적·경제적 불만과 겹쳐지면서 이스트 앵글리아에서는 훨씬 더 심각한 반란이 일어났는데, 3000명의 장인들, 도시 수공업자, 그리고 자작농들이 운집하여 노리치 외곽 마우스홀드 히스Mousehold Heath에 진을 치기에 이르렀다. 무두장이인 로버트 케트Robert Kett가 그들을 이끌었는데, 그는 '모든 젠틀맨에 대해 놀라울 정도의 증오를 품고 있었고, 그들 모두를 자신들의 적으로 삼았다'. 특히, 마우스홀드의 반란군들은 평민들의 경작에 피해를 입히는 영주들의 공유지 사용과 양의 방목을 금지해 달라고 요구했다. 이 반란은 수천 명의 생명을 앗은 뒤에야 진압되었으며, 서머싯 섭정공의 권위는 땅에 떨어졌다. 메리를 대신 섭정공에 앉혀야 한다는 주장이 일각에서 거론되기는 했으나, 크랜머는 새롭게 부각된 주류 귀족인 워릭 백작, 존 더들리John Dudley의 리더십에 힘입어 개혁 정책을 지속할 수 있었다. 마치 개혁의 칼날을 더 날카롭게 만들려는 듯 미사에 사용되던 쓸모없는 제기들을 몰수하는 한편, 저명한 (어떤 사람들의 의견으로는 악명 높은) 프로테스탄트 인물들을 잉글랜드로 초청하고 그들에게 옥스퍼드 대학교와 캠브리지 대학교에 활동 공간을 마련해 주었다.

그런데 이 모든 것은 왕의 지원이 없었으면 일어나지 못했을 것이다. 에드워드 6세는 10대로 성장하는 동안 점차 자신의 부친을 빼닮아갔고, 대중이 근거 없이 믿고 있던 '창백한 얼굴의 약골' 이미지와는 거리가 멀었다. 에드워드는 헨리처럼 승마, 매사냥, 사냥을 주체하지 못할 정도로 탐했다. 또한 그의 아버지와 마찬가지로 (특히, 마땅히 자기 몫이라 생각했던 것을 가지는 데 실패하면) 변덕스럽게 성질을 부렸다. 그리고 그는 자신이 교회의 수장이 될 자격이 충분히 있다고 믿었다. 아버지와 다른 점이 있다면, 그는 구교에 대한 어떠한 거리낌도 가지고 있지 않았다는 것이다. 그는 친구들, 이복누이인 엘리자베스, 그리고 찰스 브랜던과 메리 튜더(헨리 8세의 누이동생)의 손·자녀들 등의 친척들과 함께, 그의 개인 교사인 존 체크John Cheke를 비롯한 열정적이고 학식 있는 개신교도들로부터 교육을 받았다. 그는 처음부터 무지몽매한 교황주의자들의 우상숭배를 분쇄하기 위해 뜻을 키웠고, 의지를 다졌으며, 행동에 옮길 준비가 되어 있었다. 겨우 열 살이었을 때도 그는 교황을 가리켜 '악마의 진짜 아들이자 적그리스도이며 추악한 폭군'이라고 말했다. 그는 1550년, 미사를 불법화한 1549년 교식敎式 통일법 반포에도 불구하고 이복 누이 메리가 끈질기게 가톨릭 예배 방식을 지켜나가고 있을 뿐 아니라 그 사실을 숨기려 하지도 않는다는 것을 알게 되었다. 에드워드는 이 문제를 해결하기 위해 메리와 만난 뒤에 이 비생산적인 만남에 대해 다음과 같이 적었다. '나의 누이인 레이디 메리는 인사차 나를 찾아 웨스트민스터에 왔다가 추밀원의 요청으로 어떤 방으로 인도되었는데, 그곳에서 나는 그녀의 미사로 인해 얼마나 오랫동안 내가 고통받아왔는지를 이야기했다. 그녀는 자신의 영혼은 하느님의 것이며, 따라서 자신의 얼굴을 바꾸거나 자신의 생각과 반대되는 행동을 하는 가식을 꾸미지 않을 것이라고 대답했다.' 남동생에 대한 애정이 없었던 것은 아니지만, 그녀는 가톨릭 신앙에 더 헌신적이었으며, 실제로 동생과의 만남 이후에 자신의 미사 참여 횟수를 하루에 두 번, 심지어는 세 번으로 늘리기까지 했다. 그녀는 말했다. '그들이 미사를 금지하는 명령을 보내오면, 나는 과거 아버지 생전에도 그랬듯이 그에 따르는 고통을 감내하려 했다. 나는 작고 무지한 소녀일 뿐이며, 내 물건이나 세상일에는 신경 쓰지 않고 다만 하느님에 대한 예배와 나의 양심만을 생

각할 뿐이다.'

메리의 극심한 순교자 콤플렉스는 물론, 어머니의 시련, 그리고 뒤이어 공주에서 사생아로 격하되어 '레이디 메리'가 되는 과정에서 경험한 치욕으로부터 비롯된 것이었다. 그러나 남동생의 통치기에 접어들면서 그녀는 과거 자신이 알고 있던 무력한 존재가 더 이상 아니었다. 1543년 당시 왕비 캐서린 파는 메리와 엘리자베스의 왕위 계승 자격을 회복시켜줄 것을 왕에게 설득했으며 그들을 자신의 거소로 불러들였다. 1544년 고급스러운 청록색 바탕 위에 제작된 왕실 일가의 초상화에 묘사된 메리는 흔히들 알고 있는 볼품없는 수녀의 모습이 아니라 보석들, 그리고 화려한 채색의 프랑스제 벨벳으로 치장된 르네상스 공주의 모습이다. 아마도 죄책감에서 비롯되었을 관대함이었겠지만 헨리는 메리에게 이스트 앵글리아의 궁전과 성채를 하사했고, 이를 통해 그녀는 자신에게 주어진 힘을 회복했다. 또한 그녀는 그녀의 사촌 카를 5세를 강력한 우군으로 두고 있었다. 황제는 그녀의 미사 참례가 금지될 때마다 전쟁으로 위협했으며, 그의 우호적 태도에 힘입어 메리는 크랜머의 복음주의적 왕국으로부터 도피를 시도할 수 있었던 것이다.

그러므로 1552년 봄과 여름에 걸쳐 에드워드의 만성적인 열 감기가 호흡기 감염으로 악화되자, 복음주의자들의 눈에는 무엇인가 극단적인 조치를 취하지 않는 한 메리가 다음 왕위에 올라 잉글랜드를 종교개혁 이전의 상태로 되돌리려 할 것이 명약관화했다. 병든 열다섯 살의 왕은 이러한 재앙을 방지하기 위해 이제 노섬벌랜드 백작이 된 존 더들리와 함께 계책을 꾸몄다. 노섬벌랜드는 서둘러 행동에 나서면서, 자신의 아들 길퍼드 더들리Guildford Dudley를 레이디 제인 그레이Lady Jane Grey와 결혼시켰는데, 그녀는 소문난 연애의 주인공 찰스 브랜던과 메리 튜더(헨리 8세의 누이)의 손녀딸로서 믿음직스러운 개신교도였다. 에드워드의 폐 감염은 폐결핵은 아니었지만 점차 악화되어 폐에 궤양이 생기고 긴 기침 발작을 유발할 정도에 이르자, 제인 그레이와 길퍼드 더들리는 가능하면 빨리 후계자를 생산할 수 있도록 같이 잘 어울릴 것을 명 받았다. 그러나 에드워드가 1553년 4월 13일에 세상을 떠남에 따라, 이들에게는 그럴 만한 충분한 시간이 주어지지 못했다. 노섬벌랜드는 제인을 불러 이제 그녀가 여왕이라고 말하고 그녀의 머리 위로 캐노피를 둘러쳤다. 이러한 예방적 선제공격의 설계자로서 그는 한 가지 결정적 실수를 저질렀다. 무엇보다 먼저 메리의 신병身柄을 확보했어야 했는데, 그것을 하지 못한 것이다.

노섬벌랜드는 국민적 분위기와 메리에 대해 결정적인 오판을 했다. 메리는 그의 쿠데타에 겁을 먹기는커녕, 오히려 그녀에게 찾아온 구원의 순간을 맞아 십자군처럼 싸우기로 결심했다. 그녀는 하트퍼드셔Hertfordshire 헌스던Hunsdon에 있던 자신의 거처에서 신속하게 북쪽으로 이동, 캠브리지셔Cambridgeshire를 통과한 뒤에, 서펵의 프램링햄Framlingham성에 자신의 깃발을 내걸었다. 그곳은 1547년 이래 계속 구금 상태에 있는 노퍽 공작의 선조 대대로 내려오는 재산이었다. 순식간에 수천 명에 달하는 사람들이 그녀를 위해 달려왔는데, 사실 그녀는 농촌 지역의 젠틀맨과 샤이어의 기사들 사이에서 인기가 좋았다. 개중에는 그녀의 모친이 얼마나 터무니없는 대우를 받았는지를 기억하는 사람들도 있었고, 개중에는 그녀가 종교개혁이 불러온 이 생경한 세상으로부터 자신들을 구원해 줄 것이라 생각하는 사람들도 있었다. 또한 아마도 그들 중의 다수는, 비록 자신들은 로마교회로부터 소원해졌지만, 그럼에도 불구하고 그녀의 부친인 헨리 8세의 유지가 확실하게 천명하는 바와 같이 여전히 그녀가 왕위를 계승해야 한다고 믿는 사람들이었다. 이 모든 것이 그녀의 대의명분에 좋은 근거를 제공했다. 입스위치Ipswich에 주둔 중이던 제인 여왕의 해군 수병들이 반란을 일으켰으며, 노섬벌랜드 휘하의 병사들조차 탈영을 감행하여 메리의 깃발 아래로 달려왔다. 노섬벌랜드는 애처롭게도 캠브리지에서 자신의 모자를 공중에 던지면서 '신이여 메리 여왕을 구하소서!'를 외치며 목숨을 보존하고자 했다. 메리는 손수 백마에 올라 눈물을 흘리면서 1만 5000명의 군대를 사열했다. 그리고 이를 하느님의 기적이라고 말했다. 누가 그녀를 비난할 수 있을까?

1553년 9월, 메리는 개선 마차를 타고 런던에 입성했다. 거리는 꽃으로 뒤덮였다. 짧은 시간이나마 마치 그녀가 세상의 시계를 헨리 8세의 보수적인 시절로 되돌린 듯했다. 메리는 자신에게 경의를 표하기 위해 도착해 있던 동생 엘리자베스를 영접했는데, 그녀는 신중하게도 기병 2000명으로 이루어진 작은 군대를 이끌고 왔다. 보너와 가디너 등 주교들이 구금에서 풀려났고, 의회는 에드워드 통치하에서 이루어진 종교적 법률들을 신속하게 폐지했다. 그러나 메리가 사명으로 삼은 것은 사실상 좀 더 급진적인 반동이었다. 그녀는 교회를 1546년이 아닌 1526년으로 복귀시키려고 했다. 그것은 로마교회에 복종하는 잉글랜드 교회를 의미했다. 그리고 수도원 해체로 인해 매각된 토지는 원상태로 복구하지 않을 방침임을 명확하게 천명하자, 구교회 복고에 대한 저항도 미미해졌다. 교황 특사였던 추기경 레지날드 폴Cardinal Pole은 망명에서 돌아왔고, 1554년 소집된 의회의 상·하원 멤버들은 모두들 자신들이 1530년대 이후 저지른 죄에 대해 눈물로 속죄하며 무릎을 꿇었다. 여왕이 교회 분립의 책임을 물어 가장 비난해 마지않았던 크랜머는 체포되었고, 그녀가 못마땅해 하던 또 다른 복음주의적 성향의 주교들과 함께 런던 타워로 보내졌다. 교회를 다시 칠하고, 십자가상 위에 그리스도의 모습을 다시 깎아 만들고, 석제 제단과 라틴어 미사를 복구하라는 명령이 떨어졌다. 1554년 11월 30일, 메리는 잉글랜드 교회의 로마 귀환을 공식적으로 선언하고, 그날을 (우연히 성 안드레아의 축일이었다.) 나라의 모든 축제일 중 가장 성대하게 기념할 것을 명령했다.

메리는 모든 면에서 의기양양했지만 단 한 가지가 마음에 걸렸는데, 그것은 그녀의 생물학적 시계가 내는 재각재각 소리였다. 그녀는 이제 서른여덟 살이었고, 16세기 기준으로 볼 때, 임신하기에는 조금 늦은 나이였다. 그럼에도 불구하고, 그녀는 후계자를 생산함으로써 로마에 대한 잉글랜드 교회의 충실한 복종을 지켜나가도록 만드는 것이 자신에게 주어진 성스러운 의무라고 생각하고 있었다. 그녀는 사촌인 카를 황제를 항상 자신의 안내자로 생각했으므로 그녀가 그의 아들인 스페인의 펠리페Philip를 배우자로 선택한 것은 논리적 귀결이었다. 그러나 잉글랜드 의회는 그녀의 선택에 충격을 받았고, 국내외의 다른 누군가를 배우자로 선택해 줄 것을 간청했다. 가장 보수적이었던 주교인 가디너조차 그녀를 만류하려 했다. 요지부동의 여왕은 약간의 짜증을 내며, 만약 자기가 싫어하는 누군가와의 결혼을 강요받는다면, 이는 곧 자신이 몇 주 안에 죽을 수도 있다는 의미이며, 이는 곧 후계자 생산의 가능성이 소멸되는 것이라며 항의했다. 이런 와중에서 잉글랜드를 보호하기 위한 최상의 방책이 마련되었다. 펠리페는 명목상으로만 잉글랜드의 왕이 될 것이며, 또한 잉글랜드의 제도들을 보호하고 보전할 것이라는 선서를 하기로 한 것이다. 또한, 만약 여왕이 먼저 죽더라도 펠리페는 잉글랜드의 왕위계승 후보에서 제외될 것이었다. 게다가 펠리페는, 사실, 아우토스-다-페autos-da-fé[7]를 런던 거리에 수입하는 일 따위에는 관심이 없었다. 그러나 스페인 왕가와의 혼인은 이러한 조심스러운 조치에도 불구하고 여왕의 인기에 회복 불가능한 타격을 입혔다. '여왕은 마음 속으로는 스페인 사람이고, 이곳이 아닌 다른 왕국을 더 사랑한다'는 말이 떠돌았다.

여왕에 대한 비관적인 예감이 옳았음이 입증된 것은 과거 앤 불린을 연모하던 옛 시인의 아들인 토머스 와이어트가 켄트에서 3000명의 젠틀맨과 평민들을 이끌고 런던 입구에 도달했을 때였다. 와이어트의 선전전에서 중요한 비중을 차지한 것은 과거 에드워드 통치하에서 유행하며 특별한 의미를 가지게 된 '코먼웰스'와 '자유'라는 단어들이었다. 와이어트는 스스로에게 국민의 자유를 수호하는 역할을 부여하면서, '외국인 회피avoidance of Strangers'를 맹세했다. 이로써, 최소한 일부 사람들의 마음속에 이제 개신교와 애국주의가 연결되기 시작한 것이다.

그러나 메리는 왕관과 예복을 착용하고 길드홀Guildhall로 나가, 자신의 혼인은 추밀원의 간청에 의한 것이라고 (조금은 부정직하게) 말하며 난국을 헤쳐 나

---

7   이단으로 선고받은 사람들을 공개적으로 속죄하게 하는 의식 — 옮긴이.

가려 했다. 만약 불만이 있으면 의회에서 논의하는 것이 합당한 일이며, 지금은 신민들이 그녀 편에 서서 반란군과 대항해야 할 순간이라는 의미였다. 그리고 사람들은 그렇게 했다. 2만 명이 넘는 런던 시민들이 도시를 방어하기 위해 자발적으로 나섰다. 와이어트의 군대는 런던 성문을 뚫는 데 실패했고, 급속하게 무너져 내렸다. 그리고 그의 죽음과 함께 명분도 사라져버렸다. 메리는 자연스럽게 이 또한 신이 이루신 일이라고 생각했다. 이는 또한 신이 자신의 결혼을 승인한다는 의미이기도 했다. 결혼식은 1557년 7월, 윈체스터 대성당에서 적법한 절차에 따라 거행되었다. 당시 메리를 가리켜 '눈썹이 없었다. 그녀는 성자였다. 그녀는 옷을 잘 못 입었다'라고 묘사한 베네치아 대사와는 달리, 펠리페는 자신의 손위 배우자를 살갑게 대했다. 스페인 수행단의 눈에 잉글랜드 사람들은 '희고, 분홍색이며, 걸핏하면 싸우려드는 사람들'처럼 보였다. 그들은 성당을 나와 호우가 쉬지 않고 내리는 런던의 전형적인 여름 날씨 속으로 발을 들여놓았다. 그러나 그 어느 것도 메리의 황홀감을 꺾을 수는 없었다. 그녀는 외로운 삶을 살아온 자신에게 이제 처음으로 의지할 수 있는 사람이 생겼다고 믿었다. 그녀는 심지어 펠리페가 순결을 간직한 모범적인 군주라고 믿기까지 했다. (그가 불과 결혼 몇 달 전에 네덜란드에 있던 두 정부와의 관계를 정리했다는 사실을 메리가 전혀 몰랐던 것은 오히려 다행스러운 일이었다.) 이제 메리는 신과 펠리페의 도움 속에서 이단으로 오염된 왕국의 청소를 시작할 수 있게 되었다.

이단자들의 화형은 1555년에 시작되었다. 이후 3년간에 걸쳐 남자 220명과 여자 60명이 메리가 피운 불 위에서 죽어갔다. 이는 처음에는 사람들을 불안하게 하더니 이내 공포에 떨게 만들었는데, 이렇게 느끼는 사람들 중에는 개신교도들뿐 아니라 온건한 가톨릭 신자들도 있었다. 크랜머와 불구대천의 원수였던 늙은 주교 가디너도 1555년 11월 죽기 전에 이단 화형에 대한 강력한 반대의 뜻을 밝혔다. 펠리페와 그의 최측근 자문관들조차도 점차 메리의 광신적 열정에 경악을 금치 못했으며, 이는 결국 군주와 신민들의 관계를 소원하게 할 것이라고 내다보았다. 그리고 그들의 예측은 맞았다.

초기 단계에 취해진 메리의 종교적 조치들은 에드워드 통치 기간 중 일어난 일들에 대한 (그러나 그 시기에는 단 한 명의 가톨릭 신자도 화형에 처해진 적이 없었다.) 보복적 성격의 보여 주기식 재판이었다. 맨 처음 화형을 당한 사람은 글로스터 주교 존 후퍼John Hooper였는데, 그는 땔감용 나뭇단에 뿌려진 화약이 터지지 않는 바람에 오래 끄는 죽음의 고통을 당했다. 그의 뒤를 따른 사람들 중에는 런던 주교 니컬러스 리들리Nicholas Ridley와 우스터 주교 휴 래티머Hugh Latimer가 있었다. 그들은 옥스퍼드로 소환되어 조롱 속에 조사를 받았는데, 결국 그들의 의견이 틀렸음이 공식적으로 선언되었다. 1556년 2월 14일, 그들은 브로드Broad가에 있는 화형대로 끌려갔는데, 래티머는 그곳에서 동료 순교자를 향해 다음과 같이 말했다. '리들리여, 마음을 편하게 하시오. 그리고 당당하시오. 오늘 우리는 잉글랜드 안에 계신 주님의 은혜에 의해 촛불을 밝힐 것이며, 나는 그 불이 꺼지지 않을 것을 믿습니다.' 역시 옥스퍼드에서 열린 재판에서 토머스 크랜머는 크라이스트 처치 성당 후면에 높이 선 채로 (그곳은 그가 그토록 파괴하려고 노력하던 곳들과 같은 성격의 장소였다.) 이른바 그가 잉글랜드에 불러들였다는 악의 장황한 목록에 대해 들어야만 했다. 얼마 동안 그는 저항을 시도했지만, 그에 대한 화형 명령서가 발부되자 무너지면서 자신의 종교적 견해를 철회한다는 문서에 서명하고 말았다. 그러나 그가 만약 그렇게 함으로써 자신의 생명을 구할 수 있다고 생각했다면 그건 틀린 것이었다. 여왕은 그가 먼저 옥스퍼드 대학교의 교회인 세인트 메리에서 공개적인 회개를 하도록 한 후에, 그와 관계없이 화형에 처하도록 명령했기 때문이었다. 상황이 이렇게 되자, 크랜머는 속죄와 회한 등의 단어들을 동원하여 회개를 하는 대신, 그의 개신교적 믿음을 강조했다. 큰 소동이 벌어졌다. 크랜머는 '교황에 관하여 나는 그를 적그리스도로 간주하여 거부한다'고 소리치며 강단에서 화형대로 끌려갔다. 불이 붙자, 그는 철회장에 잘못 서명했던 자신의 손을 먼저 화염 속으로 밀어 넣었는데, 그것은 자신의 불충실한 행동에 대한 자기 처벌적 행위였다.

메리가 처형한 대부분의 순교자들은 직물공, 잡화상, 칼 장수 등 보다 평범한 사람들이었고, 그들 중 많은 이는 젊고, 영어 성경을 혼자 읽으면서 진리를 발견하는 즐거움을 깨우친 세대에 속하는 사람들이었다. 개중에는 어부였던 롤링스 화이트Rawlings White처럼 문맹인 사람들도 있었다. 그는 아들을 학교에 보내는 데 돈을 썼다. 아들에게 글을 익히게 한 후, 밤마다 저녁 식사가 끝나면 자신을 위해 성경을 읽어주도록 부탁할 생각이었다. 더비에 사는 조운 웨이스트Joan Waist는 가난한 맹인 여성이었는데, 신약성경을 사기 위해 저축을 하고, 그것을 자신에게 읽어주는 사람에게 돈을 지불했다. 화이트나 웨이스트, 그리고 다른 여러 사람들이 가졌던 단순하고 강력한 믿음에 대한 생생한 이야기는 한 권의 책에 기록되었는데, 이 책은, 다른 무엇보다도, 장차 개신교적 잉글랜드를 규정할, 달리 말하면 로마와의 결별 등 잉글랜드의 운명은 이미 신의 뜻에 의해 예정되어 있었다는 의미로 잉글랜드의 역사를 다시 쓰게 할 만한, 영향력 있는 책이었다. 이 책은 바로 존 폭스John Foxe의 『활동과 기념비Acts and Monuments』로서 보통 『순교자 열전Book of Martyrs』으로 더 잘 알려져 있다. 엘리자베스 1세 재위 기간인 1563년에 처음 출판된 이 책은 텍스트와 함께 매우 효과적인 목판화 이미지를 배합시킴으로써, 메리 시대의 이단 화형을 희생과 구원을 주제로 한 국민적 서사시로 변모시켰다. 그리스도의 희생으로 인류가 구원을 받은 것처럼, 메리 시대 이들 순교자들의 희생은 잉글랜드를 이민족의 폭정과 적그리스도의 지배로부터 구원받게 할 것이었다.

폭스의 책은 티모시 브라이트Timothy Bright가 편집한 축약판 형태로 가장 널리 보급되었다. 브라이트는 원래 의사였다가 성직자로 임명된 사람이며, 이 축약판 책은 1589년, 그러니까 잉글랜드가 스페인 무적함대의 위협에서 가까스로 벗어난 바로 그 이듬해에, 소지가 간편한 4절판 형태로 출판되었다. 그 무렵에 이르면, 잉글랜드의 운명과 역사가 개신교와 연결되어 있다는 데에 어떤 의문도 제기되지 않았고, 순교자들의 고난에 대한 폭스의 기록은 그들이 영적 희생자였을 뿐 아니라 국민적 애국주의의 희생자이기도 했다는 증거로 받아들여졌다. 폭스의 책에는, 이것이 가진 선전적 목적에도 불구하고, 도덕적 진리의 핵심 주제들이 담겨져 있었다. 메리의 통치 기간 중에 형언할 수 없는 잔악한 행위들이 자행된 것이 사실이며, 이것은 그녀의 부친도 이단을 화형시킨 적이 있다던가, 혹은 잉글랜드 이외 지역에서는 그보다 훨씬 많은 사람이 희생되었다거나 하는 역사적 사실들, 혹은 대다수 국민은 침묵했다거나, 혹은 '유혈의 메리Bloddy Mary'는 역사가들이 섣불리 만들어낸 고정관념에 불과하다던가 하는 변명들, 또는 그 어떤 것으로도 범죄의 심각성을 희석시킬 수는 없는 것이다.

점차 많은 사람이 메리와 그녀의 통치에 문제가 있다고 인식하기 시작했다. 두 차례나 그녀의 임신 사실이 공표되었으나 아무런 결과도 얻지 못했다. 펠리페는 남편으로서의 역할과 군주의 배우자로서의 역할 모두에 매우 불편함을 느끼면서 두 번이나 잉글랜드를 떠나기도 했다. 여왕은 자신의 망상으로 인해 고통을 경험했을 뿐 아니라 실제로도 난소암 또는 자궁암을 앓고 있었다. 1577년, 마지막 남아 있던 플랜태저넷 제국의 남은 영토였던 칼레의 치욕적인 상실은, 마침 같은 시기에 일어난 인플레이션의 급속한 진행과 심각한 도시 실업 문제와 맞물려, 사람들로 하여금 마치 과거 잉글랜드를 고통스럽게 만들었던 흑사병이 또 한 차례 덮친 것 같은 느낌을 갖게 했다. 하여 열정적인 엘리자베스 시대 사람인 토머스 스미스Thomas Smith는 이에 대해 다음과 같이 말했다. '나는 잉글랜드가 돈, 사람, 재물에 있어서 (이보다 더) 빈약한 경우를 본 적이 없다. … (내가 본 것은) 오로지 벌금을 물리고, 목매달고, 사지를 찢고, 불태우고, 세금 걷고, 사람들을 거지로 만들고, 해외에 있는 우리의 강력한 거점을 상실하는 것뿐이었다. 소수의 성직자들이 모든 것을 지배했는데 그들은 6피트(183센티미터)짜리 십자고상을 세움으로써 모든 것을 당당한 존재로 만들 수 있다고 생각하고 있었다.' 1558년 11월 17일, 메리가 지독한 고통과 함께 신학적으로 의심스러운 동생 엘리자베스가 자신의 왕위를 승계할 것이라는 굴욕 속에 죽던 바로 그날에도, 그녀는 두 사람에게 화형 명령장을 발부하는 오기를 부렸다.

엘리자베스는 처음부터 메리가 취한 반동적 조치의 과도한 부분을 원래대로 되돌릴 것임을 분명히 했다. 사제들이 무심하게 왕실 예배당에 촛불을 밝혔다가 그녀로부터 '우리가 아주 잘 볼 수 있으므로' 불을 끄라는 여왕의 명령을 들어야 했다. 그러나 엘리자베스가 복원할 교회가 보수적이던 부친의 교회인지, 아니면 복음주의적이던 남동생의 교회인지는 불분명했다. 1559년의 통일법은 가톨릭교도와 개신교도 모두가 자신들의 신앙을 실천할 수 있는 중간 길 via media을 발견하려고 애쓴 노력의 결과였다. 미사가 폐지되고 크랜머의 공동기도서가 다시 채택되었으나, 성직자들의 순결은 단지 '장려'될 뿐이었고, 성인들의 축일은 달력에 남았다. 교구 교회들에게는 많은 선택의 자유가 주어졌다. 엘리자베스는 '수장Supreme Head'이었던 아버지와 달리 스스로를 '최고 관리자 Supreme Governor'로 자처하면서, 무엇보다도 나라의 정치적 공동체에 그토록 깊은 상처를 남긴 종교전쟁에 종지부를 찍고 싶었다. 그러나 문제는 그의 이복 남동생과 이복 언니 재위 기간 중 진리, 신앙, 복종에 관한 개념들과 관련하여 상호 배타적이었던 진영 사이의 갈등으로 인해 나라가 양극화되었다는 것이다. 1560년대 가톨릭교도들의 입장을 보면, 그들이 교회와 여왕 모두에게 충성스러울 가능성이 여전히 남아 있었지만, 그것은 어디까지나 그들이 여왕이 준 것을 모두 받아들인다는 전제하에서 가능한 것이었고, 무언가를 시도한다 하더라도 잉글랜드 교회 안에서 그것을 추구할 때에만 가능한 것이었다. 그러나 엘리자베스가 준 선물은 그들 입장에서 대체로 충분하지 못했다. 로마교회 입장에서 보면 이것은 아무런 의미가 없었다. 왜냐하면, 1560년대의 반反개혁 운동the Counter Reformation은 중앙 주도적이고, 군사적 지휘체계를 수반하는, 화해 불가능한 전쟁의 성격을 띠고 있었기 때문이다. 고립된 잉글랜드에 갇힌 신세가 된 충실한 가톨릭교도들은 로마로부터 이단적 교회와 거리를 두라는 지시를 받았다. 처형을 피하기 위해 겉으로는 정부 당국의 지침에 순응하는 척

했지만, 그들의 옛 신앙을 지켜나갈 수 있는 그들만의 은밀한 교회를 찾을 수밖에 없었다. 그리고 이제 그들의 사명은 잉글랜드를 넘어, 스페인, 스코틀랜드의 가톨릭 여왕, 로마 교황 등 바깥 세계로부터 도움을 구하는 방향으로 확대되었다. 급기야, 1570년 교황은 엘리자베스를 암살하는 그 누구라도 순교자로서 천국에 입성할 수 있도록 기도를 올릴 것을 약속했다.

모든 전례典禮의 시행을 사제들에게 의존해 온 교회(가톨릭교회)에서 사제 집단을 배제시킨다는 것은 그 교회에 대한 사형선고와 마찬가지였다. 다만, 그 형이 '느리게 집행될' 뿐이었다. 또한 교회가 공개적 의식을 행하지 못하게 한다는 것은 그 교회의 번성을 받쳐주며 공유되어 온 공동체 의식 자체를 완전히 파괴하는 것이었다. 그렇다면, 잉글랜드의 가톨릭교회에는 무엇이 남았을까? 지하화 된 존재이며, 소책자, 조그마한 이미지, 보석, 그리고 묵주처럼 암매와 은폐가 용이한 물건들 속에서 존재하는 '휴대할 수 있는 교회portable church'가 그것이었다. 이 시대에는 신앙과 국가는 별개의 존재였다. 해외 신학교에서 교육받은 잉글랜드 출신의 가톨릭 사제들은 밀입국하여 활동하다가 죽음을 당하거나 그들을 보호해 줄 수 있는 충분한 힘과 재력을 갖춘 가톨릭 가문의 보호막 아래에 있었다. 이것이 바로 잉글랜드 가톨릭에게 일어난 일이었다. 결국 이 모든 것은 사제의 공백으로 귀결되고, 롱 멜퍼드 교회에서 행해지던 격조 높은 의례의 장엄함은 이제는 쫓기는 신앙의 신세가 되었다.

7
여왕의 신체
the body of the queen

다섯 살의 고드프리 굿맨Godfrey Goodman은 쉰두 살의 엘리자베스에게 푹 빠졌다. 오랜 시간이 흘러 찰스 1세 아래에서 글로스터 주교로 일할 때에도, 그는 여전히 1588년 잉글랜드가 무적함대와 일전을 벌였던 바로 그날 저녁의 긴박한 시간들을 기억하고 있었다. 저녁 5시가 거의 다 되가는 시간이었는데 겨울이라 꽤 어두웠다. 그는 당시 '스트랜드Strand가街 상단 세인트 클레먼츠St Clements 교회 근처에 살았는데, 갑자기 여왕 폐하가 추밀원 회의에 참석하실 예정이고, 폐하를 뵙고 싶으면 서둘러야 한다는 소식이 들려왔다'고 한다. 고드프리와 친구들은 작은 걸음을 최대한 재촉하면서 런던 거리를 가로질러 화이트홀 궁전으로 달려갔는데, 궁정 안뜰로 향하는 문들은 활짝 열려 있었다. 그곳 공간은 사람들로 가득 찼고, 활활 타오르는 횃불로 밝았다. 그리고 한 시간 뒤에 여왕 폐하가 위엄 있는 자태로 등장했다. '우리는 "신이여, 여왕 폐하를 구하소서!"라고 외쳤다. 그러자 여왕께서 우리 쪽으로 돌아서서서 "신께서 그대 선량한 자들에게 축복을 베푸시길!"이라고 하셨다. 우리는 다시 "신이여, 여왕 폐하를 구하소서!"라고 외쳤다. 그리고 여왕께서는 "그대들은 나보다 더 위대한 군주를 가질 수 있겠지만, 나보다 그대들을 더 사랑하는 군주는 가지지 못할 것이다"라고 말씀하셨다. 이 말씀은 우리에게 매우 엄청난 감명을 주었고, 이 때문에 우리는 그녀가 얼마나 존경스러운 분이며, 그녀에게 봉사하려면 어떻게 우리의 목숨을 걸어야 하는지, 하루 종일 그 얘기만 했다.'

그녀는 모든 부류의 사람들에게 같은 효과를 이끌어냈는데, 특히 남자들의 경우, 나이가 더 들고 세상에 대해 보다 많은 것을 알고 난 뒤에도 그 효과가 지속되었다. 월튼-온-템스Walton-on-Thames에 살던 존 셀윈John Selwyn은 남자답게 몸을 던져 그녀에게 깊은 인상을 주겠다고 결심한 뒤, 어느 날 오틀랜즈Oatlands 왕실 공원에서 벌어진 사냥에서 자신의 말에서 수사슴의 등 위로 올라타 여왕 앞으로 몰고 가더니 창을 사슴의 목에 찔러 넣어 죽였다. 그녀는 결국, (벨피비Belphoebe, 킨티아Cynthia, 아스트라이아Astraea, 시링크스Sirinx 등 그녀를 지칭하는 다른 여신들의 이름은 말할 필요도 없이) '다이애나Diana'가 될 운명이었다. 그러나 아무리 시인들과 발라드 가수들이 그녀를 여신으로 칭송하며 찬사를 바친다 하더라도, 그녀는 살과 피로 이루어진 너무나 인간적인 존재임에 틀림없었다. 그녀는 자만심이 강하고 오만했으며, 독하고 심술궂었으며, 거기에다 때때로 불공평했고, 사람을 미치게 할 정도로 우유부단한 경우는 더욱 많았다. 이를 다른 표현으로 바꾸자면, 그녀는 진정한 튜더가※의 사람이었다. 그럼에도 불구하고, 그녀는 또한 용감하고 지적이었으며, 놀랄 만큼 표현이 분명했고, 사물을 유심하게 살필 수 있었을 뿐 아니라, 때로는 매우 현명하기까지 했다. 게다가 그녀는 강한 카리스마를 가지고 있었으며, 지위 고하를 막론하고 보기 드물게 명민한 눈으로 사람들을 파악할 줄 알았다. 그녀는 사실상 브리튼 역사에 처음으로 등장한 여성 정치인이었다. 그녀는 가끔은 위험을 피하려고 움츠러들기도 했지만, 국민의 충성심은 자신의 헌신을 통해 얻어지는 것이 가장 강력하다는 것을 깨닫게 되었다. 말기에 이르러 그녀의 헌신이 많은 부분 공적인 이미지 조작을 통해 과장되었던 것은 맞지만, 그것이 그리 큰 문제는 아니었다. 브리튼 역사를 통틀어 그러한 정치적 행위를 시도하지 않은 정권이 있었던

가. 아무튼, 엘리자베스는 국민들로 하여금 잉글랜드인이라는 자긍심을 갖게 하는 데 성공했고, 이는 결코 작은 성취가 아니었다. 또한 그녀는 다른 무엇보다도 그들에게 자신들이 배려받고 있다는 느낌을 가지게 해주었다. 요컨대, '요정 여왕'은 분명히 결점을 가지고 있었지만, 그럼에도 그녀는 잉글랜드 군주정의 당당한 수장이었던 것이다. 그러나 단 하나의 문제, 그러나 아주 큰 문제가 하나 있었는데, 그것은 그녀 스스로의 선언으로 인해 자신을, 문자 그대로 불임, 즉 후계 생산이 불가능한 존재로 만들어버렸던 것이다.

1603년 2월, 이유를 알 수 없는 우울함 때문에 마음이 그늘졌던 엘리자베스는 육체적으로도 심한 통증을 앓고 있었다. 목구멍에 생긴 궤양 때문에 무슨 음식이건 숟가락으로는 섭취가 곤란했고, 적은 양의 수프를 직접 식도로 흘려넣을 뿐 다른 도리가 없었다. 그녀의 손 또한 류머티즘으로 인해 고통받고 있었다. 궁정 조신들이 몸을 굽혀 입맞춤하던 그녀의 손가락들은 이제 몹시 심하게 부어올랐고, 심지어는 대관식 반지가 그녀의 피부와 살을 뚫고 깊이 파고드는 바람에 줄로 쓸어 제거할 수밖에 없는 상황이 되었다. 그녀가 실제로 자신의 대관식 반지를 국민과의 연합을 상징하는 '결혼반지'로서 내세웠는지의 여부는 알 수 없지만, 사람들은 모두 그녀가 수년간에 걸쳐 그렇게 했었다고 믿고 있었다. 한 발라드 작가는 그의 작품 속 엘리자베스가 그녀의 구혼자인 '즐거운 잉글랜드Merrie England'를 향해 다음과 같이 노래하게 했다.

여기 내 손이 있다오
내 사랑 잉글랜드여,
나는 내 마음과 심장을 다 가지고 그대와 함께 있다오
영원히 견디며
그대는 확신하리라
죽음이 우리 둘을 갈라놓을 때까지

이제 그 이별의 시간이 임박한 듯했다.

물론 그녀가 불운했던 모친으로부터 얻은 좌우명인 '언제나 같은 사람semper eadem'이 상징하듯, 그녀는 불멸의 존재여야 했다. 나이가 들어갈수록, 그녀의 초상화가들이 그녀의 모습을 여자의 가슴 옷에 장식된 카네이션과 팬지꽃처럼 영원히 꽃피우는 존재로서 묘사하곤 한 것도 그 때문이었을 것이다. 그녀가 세상을 떠나기 1년 전인 1602년, 시인 존 데이비스John Davies도 자신 있게 외쳤다.

> 그녀에겐 아직도 젊음의 시간이 머물러 있고
> 그녀의 눈과 뺨은 가득 차 있다네
> 신선한 젊음과 아름다움으로

이상한 것은, 야한 색의 가발과 검게 변색이 된 치아, 거기에다 여위고 작아진 젖가슴(처녀들이 그러하듯이 그녀도 그것을 완전히 가리지 않았다)에도 불구하고, 베네치아 대사 스카리넬리Scarinelli 같은 외국인들은 커다란 진주로 머리를 장식한 그녀를 보면서, '비록 전성기는 지났지만' 완전히 미모가 퇴색하지는 않았다고 생각했다. 심지어 독일인인 토마스 플라터Thomas Platter는 가면 뒤에 숨겨진 '20세를 채 넘지 않은' 젊은 여성을 보았다고 우기기까지 했다. 그녀가 성수태고지 축일 전날 '무르익은 사과가 땅으로 떨어지듯' 너무나 편안하게 세상을 떠나고, 그녀의 옷들을 몸에서 벗겨낼 때가 되었을 때, 거기에는 여전히 처녀의 굴곡진 몸매에 딱 맞는 속옷들이 드러났다. 그녀는 여전히 가느다란 허리와 날씬한 엉덩이, 거기에다 늘씬한 팔다리를 가지고 있었던 것이다.

또한, 당시 의사들에 따르면, 여자들의 몸은, 만약 신이 빚은 바대로의 목적을 수행하지 않으면, 감염에 의한 변색, 특히 처녀들이 주로 걸리는 '위황병萎黃病'으로 인해 피부가 족제비처럼 검은색으로 변하는 증상을 감수해야 한다고 했기에 그녀의 정상적인 피부 상태는 더욱 놀랄 만한 일이었다. 당시 의사들은 여성의 정액이 자궁 안에 저장되는 것으로 생각했고, 만약 이것이 배출되지 않으면 안에서 부패하여 몸의 상체 부위를 오염시킴으로써 변색이 일어난다고 믿었다. 1544년 환자의 질병을 위황병이라고 처음으로 진단했던 의사 존 레인지John Lange는 이 정액을 위험하게 몸 안에 가지고 있지 말고 건강한 성교를 통해 몸 밖으로 배출시킬 것을 권고했다. 그러므로 엘리자베스 자문관들은 한때 그녀 자신과 왕국을 위해 엘리자베스가 그러한 기회를 놓치지 말고 잡아야 한다며 필사적으로 매달리기도 했는데, 그것은 그녀와 그녀의 왕국은 하나이며, 정치적 동일체였기 때문이었다. 아닌 게 아니라 엘리자베스도 처음에는 남편을 얻어 나라의 평화와 진정한 종교를 지키고 번영으로 이끌기 위해 후계자를 생산할 생각이었다. 그러나 그녀는 이것을 끝내 이루지 못했다. 그럼에도 불구하고 그녀의 몸이 무덤 속에 놓이는 바로 그 순간에도 그녀가 잉글랜드를 망쳤다고 믿는 사람은 아무도 없었다. 그녀가 자기만의 세상을 가진 하나의 독특한 섬 같은 존재였던 것은 확실하지만, 그녀가 자신의 후계 문제와 관련하여 모든 사람에게 적절한 지침을 주었던 것도 사실이다. 그녀는 왕위에 오르자마자 자신은 두 가지 신체를 가지고 있다고 천명했다. 하나는 '자연스럽게 생각되는' 여성으로서의 신체이고, 다른 하나는 신의 허락을 받아 '통치를 담당하는' 정치적 신체였다. 그리고 그녀는 자신의 자연적 신체를 정치적 신체에 종속시키는 과정을 밟아나가면서 군주정의 역사에서 아주 새로운 캐릭터를 창안해 나갔는데, 그것은 양성兩性의 특성을 모두 가진 처녀 군주였다.

그녀는 결코 성性의 정치에서 탈피할 수 없는 존재였다. 생물학적 행위가 그녀의 어머니 앤을 왕비로 만들었지만, 바로 그러한 생물학적 행위가 그녀를 죽였다. 1542년 앤 불린이 죽은 지 6년이 지나 엘리자베스가 여덟 살이 되었을 때, 그녀는 아마도 부친의 궁정에 일종의 회전문 장치가 작동되고 있다는 것을 깨달았을 것이고, 그렇지 않았다 해도 최소한 순차적으로 들어왔다가 나가는 계모들의 존재는 인식했을 것이다. 바로 그때, 자신의 외가인 하워드가家의 족친이자 부친의 왕비였던 캐서린이 헨리 8세가 사냥을 나간 동안 또 다른 족친인 토머스 컬페퍼와 간음한 혐의로 기소되어 사형을 당하는 사건이 일어났다. 일반적으로 여성들은 이성보다 욕망에 의해 지배된다고 간주되던 시절에, 이 사건은 하워드 집안 출신의 여성들이 보다 더 심각한 성적 문제를 가진 것으로 인식시키는 데 일조했다. 그러니 왕비 캐서린 하워드의 범죄가 같은 족친인 하워드가의 왕비 앤 불린의 문제를 경감시켜 주지도 않았다. 앤은 여전히 근친상간과 간통을 범한 마녀로서 영원히 비난받아야 할 존재로 남았을 뿐이었다. 거기에다 엘리자베스의 외숙모이자 앤 불린의 올케였던 레이디 로치포드Lady Rochford가 캐서린과 컬페퍼의 만남을 사주했다는 것도 상황을 어렵게 만들었다. 어머니의 젖을 통해 자녀가 어머니의 성격을 물려받는다는 것이 진리로 받아들여지던 세상에서 엘리자베스의 튜더 혈통이 마녀의 젖을 통해 오염되지 않았다고 누가 장담할 수 있었으랴?

이런 상황이었으므로, 붉은 머리카락을 가진 소녀 엘리자베스는 보호자가 필요했고, 그것도 그녀를 최악이 아니라 최선으로 평가할 수 있는 보호자를 절실하게 필요로 했다. 때마침 그녀의 마지막 계모인 캐서린 파가 그러한 보호자 역할을 해주었다. 헨리 8세에게 딸들을 다시 왕위계승 후보 명단에 이름을 올리도록 유서를 변경할 것을 설득한 사람도 바로 그의 여섯 번째 왕비 캐서린 파였는데, 이것은 1544년 의회 입법으로 공식화되었다. 캐서린은 첼시Chelsea에 있던 그녀의 거처로 엘리자베스를 불러들였고, 엘리자베스는 자신을 인정하고 심지어 사랑해 주는 그녀의 따뜻한 배려 속에서 잠시나마 긴장을 풀 수 있었다. 또한, 아무리 심술궂은 성격에 피부경화증마저 앓고 있던 부친이라지만, 그가 캐서린 왕비의 무릎 위에 다리를 올려놓고 쉬고 있는 동안은 엘리자베스에게 호의와 미소를 보여주곤 했다. 이제 그곳에서 엘리자베스는 친모의 악덕을 상기시켜 주는 존재가 아니라 덕성을 내뿜는 존재로 탈바꿈했다. 예컨대, 1545년 열두 살의 엘리자베스는 캐서린 소유의 『기도와 명상Prayers and Meditations』이라는 전범서를 부친이 보는 앞에서 프랑스어, 이탈리아어, 그리고 라틴어로 각각 번역했는데, 그것은 진홍색 천으로 제본되고 헨리와 캐서린의 이름을 합친 모노그램이 금, 은으로 수놓인 책이었다. 이렇게 해서 부친의 호감을 회복한 데 힘입어, 그녀는 자신과 불과 세 살 차이가 나는 남동생 에드워드와도 친밀한 사이가 되었다. 1547년 1월, 헨리가 죽고 이 소식이 이들 남매에게 전해졌을 때 에드워드는 심신을 가누지 못하고 이복 누나에게 안겨 흐느껴 울었다. 또한 그들은 같은 개인 교사들로부터 배웠다. 높은 학식을 갖춘 캠브리지 대학교 휴머니스트 존 체크도 그중 한 사람이었는데, 그의 강의는 여성은 경박스럽다는 따위의 고정관념을 허용하지 않는 것이었다. 1548년 엘리자베스를 가르쳤던 로저 애스컴Roger Ascham은 그녀에 대해 경탄을 금치 못하면서 친구에게 다음과 같은 글을 썼다.

그녀의 머리에는 여성스러운 약점이 없고, 그녀의 인내심은 남자들과 동일하며, 그녀의 기억력은 사물들을 재빨리 파악하여 오랫동안 담아놓는다. 그녀는 프랑스어와 이탈리아어를 마치 영어를 말하듯 했을 뿐 아니라, 가끔은 내게 유창한 라틴어로 선뜻 말을 걸어왔으며 중급 수준의 그리스어로도 얘기하곤 했다. 그녀가 그리스어와 라틴어로 글을 쓸 때면, 그녀의 필체는 아름답기 그지없었다. 그녀는 음악에도 재능이 있으며, 그만큼 또 즐긴다. 장식을 할 때면 그녀는 현란함보다는 우아함을 추구한다.

그런데 애스컴은 어쩌다 궁정에서 한 자리를 차지한 교수 나부랭이가 아니라, 매우 중요한 인물이었다. 그는 엘리자베스가 매우 아름다운 서체를 가질 수 있도록 만든 장본인으로서 일급의 서예가였으며, 또한 라틴어 텍스트를 영어로 번역하여 학생들에게 제시한 후 그것을 다시 라틴어로 번역하게 하는 이른바, '이중 번역'이라는 새로운 교수 방법론을 최초로 도입하여 엄격하게 적용한 사람이었다. 게다가 애스컴은 캠브리지 대학교의 대표 연설자이기도 했는데, 그가 엘리자베스에게 키케로의 『웅변가에 관하여De Oratore』라는 책에 대해 얘기한 것은 그의 이러한 면모에서 비롯된 것이었다. 사실, 그가 대부분의 사람들이 여성에게 맞지 않다고 생각하는 지식 영역에 속하는 대중연설의 기술을 10대 소녀에게 가르치려한 것은 참으로 별난 생각이었다. 그녀의 언니 메리도 간헐적으로 이 분야에서 약간의 기량과 용기를 보여주긴 했지만, 수사학은 처음부터 엘리자베스가 가진 정치적 수단들 중에서 가장 강력한 것이었다. 그녀의 연설문은 언제나 그녀가 손수 쓴 것이었고, 여러 차례의 원고 수정 과정을 거치면서 공들여 쓴 것이었다. 통치 초기에는 연설문을 남자들이 대신 읽도록 했지만, 오래되지 않아 엘리자베스는 직접 연설문을 읽기 시작했는데, 그것은 확실히 특별한 효과가 있었다. 호소력에 더해서 용의주도하게 잘 짜인 그녀의 연설은 때로는 강압적으로 때로는 유혹으로 대중에게 다가가 청중들의 애를 태우거나 겁박하는 효과가 있었다. 그녀가 연설문을 들고 대중 앞에 설 때마다 그녀의 적들과 비판자들은 자신들이 아주 어려운 상황에 봉착할 것임을 직감하면서 위축될 수밖에 없었다.

에드워드 6세의 공개적 지시에 의해 제작된 엘리자베스 공주의 10대 시절 초상화는 경건하고 지적인 르네상스의 전형적인 아름다움을 표상하는 작품이다. 어린 왕은 그녀를 '절제의 미덕을 갖춘 사랑스러운 누이Sweet Sister Temperance'라고 불렀는데, 초상화 속 그녀는 장차 그녀의 시각적 서명이 될 '처녀의 진주들'로 장식하고 있었다. 화가는 신중한 눈으로 그녀의 얼굴 턱과 길고 마치 뼈가 드러날 듯이 보이는 코의 조합을 통해 그녀의 얼굴을 묘사했으며, 그녀의 왼쪽 손 집게손가락은 그림 때문에 억지로 중단된 독서를 계속하고 싶어 안달이라도 난 듯, 읽고 있던 책의 페이지 갈피에 놓여 있다. 엘리자베스는 이미 자신이 가진 강점이 무엇인지 알고 있었고, 그것은 그녀가 자신의 자질에 관해 겸손을 가장할 때에도 마찬가지였다. "내게 있어서 얼굴을 내놓는 것은 부끄러울 수 있지만, 마음을 내놓는 것은 전혀 부끄럽지 않을 것이다." 그녀가 동생인 소년 왕에게 써서 보낸 글이다.

그럼에도 불구하고, 그녀는 여전히 의심으로부터 자유롭지 못했다. 1558년 11월 17일 왕위에 오르기까지, 엘리자베스의 삶은 옹호와 불명예 사이에서 절묘한 균형을 이루는 것이었다. 어머니 앤처럼 검은 눈동자를 통해 그녀는 자신이 감시당하고 있음을 확인해야 했다. 그럼에도 그녀는 모친이 그랬듯이 아직은 장난기 많은 사춘기 소녀였으며, 그렇기에 때로는 경계심이 흐트러지는 순간이 있었다. 언젠가 그러한 짧은 순간이 그녀를 거의 파멸의 경지로 끌고 갔다.

그 일은 거의 일어나지 않을 것 같은 시간에 일어났다. 에드워드 통치의 첫 수년간은 소녀시절 엘리자베스에게 가히 최고의 나날이라 할 수 있었다. 그 사건이 일어나기 전까지는 그러했다. 그 사건이란, 그때까지 비난할 여지 없이 기독교적인 대비大妃의 덕성을 잘 유지해 오던 캐서린 파가, 한때 연인 사이었다가 헨리 8세가 결혼을 방해하는 통에 헤어져야 했던 바로 그 남자와 재혼하면서 사람들을 놀라게 한 것이었다. 그는 바로 에드워드 6세의 외삼촌이자, 해군 사령장관 토머스 시모어Thomas Seymour였는데, 그는 또한 당시 호국경으로 국가의 최고 실세였던 서머싯 공작 에드워드 시모어Edward Seymour의 동생이기도 했다. 당시 토머스는 서른여덟 살이었는데, 카리스마가 있어 보이는 준수한 용모를 가지고 있었고, 야망에 사로잡혀 있었다. 두 사람이 만난 지 얼마 안 된 짧은 시간에 — 그것이 어떤 사람들에게는 정말로 짧게 느껴지는 시간이었는데 — 캐서린이 임신을 했다. 1549년에 나온 토머스 시모어에게 불리한 증언에 따르면, 그것이 문제의 발단이었다.

토머스 시모어는 캐서린 파와 결혼하기에 앞서 엘리자베스와의 결혼을 생각한 적이 있었는데, 엘리자베스는 그때 열네 살이었지만 당시 귀족들의 기준으로는 결혼 적령기에 도달한 나이였다. 호국경인 그의 형은 이 계획의 무모함에 깜짝 놀랐고, 즉각 이에 대한 금지령을 내렸다. 그런 전력이 있던 토머스가 이번에는 엘리자베스가 당시 몇 달간 기거하고 있던 글로스터서에 있던 시모어가家 재산인 수들리Sudeley성에서 함께 지내는 동안 둘의 관계를 마치 이성 간의 시시덕거림처럼 보일 수 있는 자못 위험한 상황을 연출하기에 이르렀다. 엘리자베스의 가정교사였던 캣 애슐리Kat Ashley에 따르면, 그는 엘리자베스가 '아직 옷을 입을 준비가 되기 전, 나이트가운만 걸치고 ⋯ 맨발로 있는' 이른 아침 시간에 그녀의 침실로 들어오곤 했다.

> 그녀가 자리에서 일어나면, 그는 그녀에게 아침 인사를 하고 어떻게 지냈는지를 물어보곤 했으며, 그녀의 등이나 엉덩이를 친근하게 두드렸어요. ⋯ 만약 그녀가 침대에 있으면, 그는 커튼을 열고 ⋯ 마치 그녀에게 다가갈 것처럼 행동했어요. 그러면 그녀는 그가 다가오지 못하도록 침대 안으로 더 들어가야 했지요. 어느 날 아침에는 그가 아직 침상에 있는 그녀에게 입맞춤을 하려고 애쓰기에, 그때 거기에 있던 본 피심문인〔캣〕이 그를 수치스럽게 떠나도록 말했습니다.

그런데 캣 애슐리가 그에게 나가라는 말을 할 때, 과연 그녀는 웃고 있었을까? 아니면 찡그리고 있었을까? 그것은 조금은 별난 잉글랜드식 애정 표현법에 부합되는, 단순히 유쾌한 장난으로서의 엉덩이 두드림이었을까? 아니면, 사악한 삼촌이 왕위후계자의 몸을 더듬는 행위였을까? 얼마 동안은 캐서린조차도 이 즐거운 놀이에 동참했으며, 장식용 끈으로 묶여 있던 엘리자베스의 드레스를 토머스가 풀 수 있도록 엘리자베스를 가만히 있게 한 적도 있다. 그러나 얼마 가지 않아 캐서린은 웃음을 거두고 이 광경을 쏘아보기 시작했다. 임신 중이었던 그녀는 '레이디 엘리자베스에 대한 해군 사령장관〔토머스〕의 잦은 접근을 의심스러운 눈으로 보면서 갑자기 그들에게 다가갔는데, 그때 그들은 (그가 그녀를 손으로 안은 채) 단 둘만 있었고, 그런 까닭에 그녀는 해군 사령장관과 레이디〔엘리자베스〕, 두 사람 모두와 소원해졌다'. 열두 살 때 나바르 왕국의 마르그리트Marguerite가 지은 『죄 많은 영혼에 대한 명상들Meditations of a Sinful Soul』을 번역, 책에 담긴 불륜 연인들의 간음에 대한 경계를 캐서린에게 전했던 그 순진하던 엘리자베스가, 이제, 아직도 어리긴 하지만, 충격적인 성적 유희의 당사자로, 그것이 아니라고 해도 최소한 토머스 시모어의 충동적 범죄의 피해자로서 그 정체가 드러난 것이다. 모든 사람을 위해 그녀는 짐을 싸야 했다.

그러나 정말로 심각한 사건은 그때가 시작이었다. 캐서린 파는 엘리자베스가 떠난 몇 주가 되지 않아 출산 중 사망했다. 시모어는 이에 구애받지 않고 형의 권력을 자신이 대신 차지하려는 음모를 꾸미느라고 바빴다. 그는 에드워드 6세를 납치해서 레이디 제인 그레이와 혼인시키려고 했다. 또한 그 자신이 새로운 호국경이 되고자 했다. 약간 술이 취한 상태에서 그는 에드워드의 침실 가까이에 접근했는데, 그만 에드워드의 스패니얼spaniel종種 충견이 의무를 다하느라 짖는 바람에 계획이 수포로 돌아가고 말았다. 시모어는 체포되어 런던 타워로 끌려갔으며 서른세 개의 개별적인 범죄 혐의로 기소되었다. 혐의 중 하나는 추밀원의 동의 없이 엘리자베스와 결혼하려 한 것으로서, 이는 그 자체만으로 반론의 여지 없이 반역죄에 해당되는 범죄였다.

캣 애슐리는 수들리성에서 일어난 일을 함께 목격했던 엘리자베스의 금고지기와 함께 심문을 받았다. 그녀는 수들리성 공주의 침실에서 일어났던 성적 유희에 관한 모든 구체적인 사실을 털어놓았지만, 심문관인 로버트 타르휘트 Robert Tyrwhit 경의 격분에도 불구하고, 엘리자베스가 국왕과 추밀원, 그리고 국가를 상대로 한 음모에 개입되었다고 볼만한 어떠한 증언도 거부했다. 엘리자베스 자신이 심문을 받게 되었을 때, 그녀의 머릿속에는 사람들이 말해 준 어머니와 족친인 캐서린 하워드에 대한 이야기 등 불안한 기억들이 몰려들었을 것이 틀림없지만, 그녀가 커다란 어려움에 처했을 때 자주 그랬던 것처럼, 그동안 깊숙이 비축해 온 불굴의 용기로 상황을 헤쳐 나갔다. 그녀는 얼버무리거나 변명을 하는 대신, 진실을 있는 그대로 말할 뿐이었다. 그녀는 시모어가 자신과 결혼하려는 야심을 가지고 있었음을 인정했지만, 결코 그를 추호도 부추긴 적이 없다고 말했다. 또한 호국경인 서머싯 공작을 향해서는 동생인 시모어가 그녀를 이용하여 반란 계획을 세웠는지 여부에 대해 아는 것이 없다며 혐의를 부인했다.

경이시어, 타르휘트 경과 다른 이들이 말하길, (제가 무엇보다도 중요하게 여기는)

저의 명예와 정직함에 대한 평판을 크게 손상시키는 소문이 널리 퍼져 있다고 하는데, 그중에는 이런 얘기도 있다 합니다. 제가 해군 사령장관의 아이를 가진 채 타워 안에 있다는 겁니다. 경이시어, 이는 수치스러운 중상中傷이 아닐 수 없으며, 따라서 저는 이 때문에 국왕 폐하를 꼭 만나 뵈어야겠다는 바람을 갖게 되었습니다. 경께 바라옵건대, 제가 궁으로 가서 그곳에서 제 자신 있는 그대로를 보여줄 수 있도록 조속한 결단을 내려주시기 바랍니다.

1월 28일, 해트필드Hatfield에서 서둘러 이 편지를 씁니다.

당신의 작지만 충실한 지지자

엘리자베스

그녀는 겨우 열다섯 살이었다. 그럼에도 불구하고 그녀는 편지에서 가식이 느껴지지 않게 하는 대단한 수사적 기교를 발휘하고 있었다. 또한, 그녀는 틀림없이 두려웠겠지만, 호국경으로 하여금 '소문이 사실이 아니므로 함구하라는' 포고령을 전국 각 지역에 보내도록 청원하는 등 (그것은 당시 상황으로 볼 때 거의 불가능한 요구에 가까웠다) 자신의 감정을 충분히 통제하고 있었다. 비록 그녀에게는 어머니의 운명에 대한 기억이 없었지만, 어머니가 지키지 못했던 것, 그러나 자신에게는 너무나 중요한 자산을 지키기 위해 투쟁하고 있었던 것이다. 그 자산이라 함은 자신의 왕위계승권, 그리고 영향력 있는 배우자와 결혼할 수 있는 권리를 보전할 수 있는 좋은 평판이었다. 고귀한 지위를 가진 그 누구도 정숙하지 않은 공주를 자신의 신부로 원하지는 않을 것이었다.

1549년 3월, 불운한 토머스 시모어는 처형당했다. 이 땅에서 맞이한 마지막 날 밤, 그는 자신의 더블릿doublet[1]과 스타킹을 연결하는 끈의 금속제 물미를 이용, 엘리자베스와 메리에게 상황 설명과 유감의 뜻을 표하는 편지를 썼다. 그의 방식이 어리석기는 했지만 그는 분명히 두 사람을 깊이 좋아했던 것이다.

---

1   14~17세기 남성들이 입던 짧고 꽉 끼는 상의 — 옮긴이.

물론 그 편지들은 영원히 목적지에 도달하지 못했다.

이 사건은 엘리자베스에게는 너무나 잔일할 정도로 이른 나이에 닥친 '성의 정치학'에 대한 조기 교육이었다. 언젠가 자신이 정치적 가십의 희생자가 될지도 모른다는 엘리자베스의 불안은 이복 언니 메리가 집권 후 처음 열린 의회가 메리의 어머니 아라곤의 캐서린과 헨리 8세 사이의 결혼이 적법한 것이었음을 선언했을 때 더욱 커졌을 것이 틀림없다. 의회의 이 결정은 엘리자베스를 다시한 번 사생아로 만들었다. 그 누구도 감히 그녀의 왕위계승권을 공식적으로 박탈하려고 하지는 못했지만, 엘리자베스는 헨리 8세 누이들의 자손들이 궁에서 자신보다 우선권을 누리고, 자신은 다만 개신교도들에 의한 잠재적인 저항의 진원지로서 감시당하는 처지라는 데에서 치욕을 느껴야 했다. 그리고 메리 여왕이 스페인 왕 펠리페와 결혼하는 것을 막기 위해 와이어트가 헛된 모반을 일으켰을 때, 그녀는 정말로 심각한 어려움에 봉착하게 되었다. 와이어트가 처형장에서 엘리자베스는 자신의 계획에 대해 전혀 알지 못했다고 강변했고, 그녀 또한 일각에서 와이어트가 그녀에게 보냈으리라고 의심하는 편지를 자신은 결코 받은 적이 없다면서 혐의를 부인했다. 그럼에도 그녀는 세인트 제임스St James 궁전에서 철저한 감시 상태하에 놓이게 되었다. 그리고 여왕과 추밀원으로부터 그녀를 타워로 이송하라는 명령이 하달되었다. 엘리자베스의 사촌 동생이자 고작 2주일간 여왕의 자리에 있었던 제인 그레이는 그때까지 아직 타워에 있었지만, 그녀가 결국은 단두대에서 죽음을 맞이하게 되리라는 것은 기정사실이었다. 바로 그 타워의 담장 바깥에는 와이어트 반란군들의 몸에서 적출된 내장들의 잔해가 여전히 교수대에 걸려 있었다.

바지선에 태워져 타워로 이송되는 순간, 엘리자베스는 불현 듯 그 역시 죽음의 운명을 맞이하게 된 에드워드 시모어, 즉 서머싯 공작이 처형 직전 남긴 말을 떠올렸다. 그것은 만약 자신이 동생 토머스와 얘기를 나눌 수 있는 시간을 가졌더라면, 그를 단두대로 보내지 않았을지도 모른다는 말이었다. 엘리자베스는 오직 메리를 알현하는 것만이 자신이 살 수 있는 길이라고 확신하게 되었는데, 그것은 근거 없는 생각이 아니었다. 그래서 그녀는 여왕에게 자신을 만나달라고 간청하는 편지를 쓰기 시작했는데, 자신의 결백을 주장하고 동시에 서머싯의 후회도 인용한 편지였다. 그녀의 마음 상태는 편지의 서체에 잘 반영되어 있는데, 편지의 첫 줄은 그녀의 아름다운 손처럼 잘 조율된 우아한 서체로 시작되었으나 갈수록 생각과 단어들이 뒤흔들리더니 끝으로 갈수록 글씨가 더 커지고 급해졌다. 하단의 공백에는 자신에게 우호적이지 않은 누군가가 글을 첨가하여 자신의 뜻을 왜곡시키는 것을 미연에 방지하기 위해 대각선을 손으로 그려 넣었다. 그것은 마치 템스강의 잔물결처럼 흘러내려 마지막 장을 마감하는 것 같았다. 그녀가 쓰고 또 쓰는 동안 템스강의 조위潮位는 부풀어 올랐으며, 그녀가 쓰기를 마쳤을 때에는 런던 브리지까지 물이 차올라 그녀를 타워로 이송할 통로 공간조차 확보가 되지 않았다. 아무튼, 그녀의 좋은 필체가 스스로의 목숨을 구하지 못할 것이라고 누가 말할 수 있으랴?

다음 날, 그녀를 태운 배는 노를 저어서, 전설처럼 전해지는 이야기와는 다르게, '반역자의 문'이 아니라 그 옆에 있는 상인들의 출입구로 쓰이는 수로를 통해 타워 안으로 들어갔다. 그러나 그곳도 물론 쾌적한 공간은 아니었다. 전해지는 이야기에 따르면, 그녀는 축축한 바위에 앉아서 그녀를 수행하고 있는 적은 숫자의 시종들을 향해 애써 눈물을 참으며 다음과 같이 말했다고 한다. '여기 있는 모든 선량한 친구와 동료여, 나는 그대들이 내가 반역자로 이곳에 온 것이 아니라, 현재 이 세상에 존재하는 모든 사람 중에서 여왕 폐하의 가장 진정한 여인으로서 왔음을 증언해 달라고 기도한다오.' 엘리자베스는 그 후 두 달을 타워에서 보냈다. 그녀의 식사를 두고 논쟁이 벌어지기도 했다. 메리는 엘리자베스를 위해 따로 음식을 차리지 말고 다른 죄수들과 마찬가지로 간수장의 식탁에서 식사할 것을 고집스럽게 명했다. 엘리자베스는 엄격한 감시 속이지만 뷰챔프Beauchamp[2]와 종탑 사이의 연결로 위를 산책할 수 있었다. 1554

---

2   서쪽 성벽과 연결된 문루 — 옮긴이.

년 4월, 그녀는 타워에서 풀려나 리치먼드궁으로 옮겨졌는데, 어찌나 긴장을 했던지 그곳을 자신의 처형장으로 착각할 정도였다. 다시 우드스톡으로 옮겨진 그녀는 그곳에서 1년여의 가택연금 생활을 한 끝에 마침내 메리를 알현할 수 있었다. 메리는 엘리자베스가 '참으로 완고하게도 굴하지 않았다'며 못마땅해 했다.

이번에는 메리 여왕의 생물학적 상황이 엘리자베스의 편이었다. 메리의 임신이 자칫 새 생명의 탄생이 아니라 그녀의 죽음으로 이어질 우려가 있다고 판단한 그녀의 남편 펠리페는, 엘리자베스를 왕위계승 라인에서 제외하지 말 것과 그녀에게 자유를 부여하도록 메리를 설득하는 등, 엘리자베스와의 화해를 모색하는 신중한 노선을 밟고 있었다. 펠리페는 엘리자베스를 적당한 가톨릭 군주와 혼인시킴으로써 잉글랜드가 신교 국가가 되는 것을 막으려 했던 것이다. 그러나 엘리자베스 입장에서는 아무리 자유가 소중하다 하더라도 이런 식의 혼인을 받아들일 의향은 없었다. 그녀는 메리에게 편지를 써서 항변했다.

저는 지금 현재의 생활과 비교할 수 있는 삶은 있을 수 없다고 스스로를 설득하면서 지금의 상태를 너무나 좋아하고 있습니다. 앞으로 제가 어떤 일을 해야 하게 될지 모르지만, 나의 진실함과 충절을 걸고 감히 확언을 드리자면, 신의 자비로움에 힘입어 저는 현재로서는 유럽의 가장 위대한 군주가 제안을 해온다 할지라도 이미 말씀드린 바와 다른 생각을 하지 않을 것입니다. 그럼에도 혹시 폐하께서 이러한 저의 답변을 제 나름의 확고한 결의가 아니라 처녀의 부끄러움에서 비롯된 것으로 받아들이시지 않을까 걱정입니다.

1558년 가을 무렵, 메리를 제외한 모든 사람은 그녀의 부풀어 오른 배가 태아가 아니라 종양 때문이라고 확신하고 있었다. 이단으로 단죄된 사람들은 여전히 연기 속에서 불타고 있었지만, 엘리자베스가 살고 있는 하트퍼드셔의 해트필드 하우스로 가는 길은 그녀를 향한 충성 경쟁에서 남보다 앞서려는 잉글랜드 귀족들로 인해 분주했다. 인파에 섞여서 엘리자베스를 만나려고 그곳으로 간 스페인 대사 페리아Feria 백작은 튜더가家 두 이복 자매의 너무나 다른 성격에 당황스러워했다. '그녀는 매우 자만심이 강하고 영리한 여성이다. 그녀는 부친이 일을 처리하던 방식을 철저하게 교육받았음에 틀림없다. 나는 그녀가 종교 문제에서 비우호적일까 매우 두렵다. … 그녀의 편에 서기 위해 무덤에서 소생하여 즐겁게 일어난 자들은 이 왕국 전체를 통틀어 모두 이단 아니면 반역자들이다. 그녀는 그 누구에게도 지배당하지 않을 각오이다.'

1558년 11월 17일, 런던으로부터 전령이 오랫동안 기다리던 소식을 가지고 도착했다. 전해내려 오는 이야기에 따르면, 오래된 오크나무 옆에 서 있거나 혹은 앉아 있다가 언니의 죽음을 전해들은 엘리자베스는 메리의 손가락에서 빼낸 반지를 받아서 자신의 손가락에 끼었다고 한다. 그리고는 나무 밑에 무릎을 꿇고 『시편』 118편의 한 절을 라틴어로 읊었다고 한다. '이것은 주님께서 행하신 것이오, 우리 눈에 놀랍도다A domino factum est mirabile in oculis nostris.'

이는 잉글랜드 역사에서 가장 익숙하고 또한 소중하게 간직되어 온 장면 중의 하나이다. 위대한 잉글랜드의 시대를 이제 막 열어나갈 오크나무 아래 황금빛 소녀가 바로 그 주인공이다. 그런데 이 대목에서 나무에게 주어진 조연 역할은 이 이야기가 전하는 신화적 효과와 관련하여 매우 중요하다. 아닌 게 아니라 잉글랜드 역사의 많은 장면이 오크나무와 연결되어 있다. 고대 브리튼 사람들도 오크나무를 숭배했다고 전해진다. 오크나무는 의로운 무법자들에게 은신처가 되기도 했고, 도피 중이던 왕들이 그 나무들 사이에 숨기도 했다. 오크나무의 심장이 바다로 가서 제국을 얻는다는 노래도 있다. 이런 사연을 가진 오래된 오크나무들이 국가적 내구성의 상징으로 굳건하게 자리 잡은 건 다음 세기의 일인데, 존 에블린John Evelyn의 『실바Sylva』(1664)가 그 예이다. 어찌 되었건, 뒤틀리고 옹이가 많으며 폭풍에 강타당하고도 꿋꿋하게 서 있던 해트필드의 그 오크나무는 엘리자베스가 처음으로 얻은 충성스러운 지지자로 해석되었다. 그렇다면 이 나무는 사실상 그 전통의 힘과 무게를 결집시켜 국가의 위대한 재탄생을 선언하는 잉글랜드 그 자체와 다름없었다.

　그러나 당시의 잉글랜드인들도 과연 그렇게 느꼈을까? 부자이건, 가난한 사람이건, 많은 사람이 이 새로운 군주가 그들이 절실하게 필요로 하던 것들을 가져다주리라 기대했던 것은 의심의 여지 없는 사실이다. 메리 통치의 마지막 수년간이 잔인한 겨울, 초라하고 형편없는 수확, 그리고 치솟는 식량 가격으로 점철되었기에 더욱 그러했다. 거기에다 도로는 방랑하는 빈민 집단으로 넘쳐났으며, 역병은 다시 창궐했고, (펠리페 국왕을 위해 싸운 전쟁의 직접적인 결과로) 치욕스럽게 칼레를 잃었다. 엘리자베스가 대관식을 하기 위해 (그녀의 점성술사인 존 디John Dee에 의해 1559년 1월 15일이 가장 상서로운 날로 택일됨) 런던에 공식적으로 입성하던 날, 새롭게 자갈이 깔린 도로 위로 눈이 내렸지만, 동시대인의 증언에 따르면, '오직 기쁨과, 오직 기도와, 오직 위안'만이 있을 뿐이었다. 물론, 축하 행사와 야외극들은 정교하게 연출된 선전 이벤트로서, 메리가 벌인 전쟁의 종식과 번영의 회복을 갈구하고 있던 런던 상인들이 비용을 부담했다. 이들 행사들은 젊은 여왕을 지혜, 경건, 정의의 화신으로, 다시 말하면 '새로운 데보라new Deborah'로 의인화하는 성스러운 신화를 출범시키기 위해 기획된 것이기도 했다. 잉글랜드의 군주들은 대관식 전에 타워에 머무는 것이 관례였는데, 수로를 이용하여 그곳으로 가는 여행이 두 번째였던 엘리자베스로서는 당연히 그 자신이나 신민들과 관련하여 개인적인 의미가 없을 수 없었다. 그것은 그곳에 갇혀 있었던 고통스러운 기억을 지우고 그 대신 앞으로 다가올 축제에 대한 기대로 채우는 것이었다. 엘리자베스는 자신의 통치가 시작된 이후 처음으로 행한 연설에서, 자신의 지난 과거를 하느님이 행하신 기적의 구원에 의해 사자 굴에서 안전하게 빠져나온 선지자 다니엘의 경우에 비유했다. (그녀가 갇혀 있던 타워에는 실제로 사자들이 있었다.) 그녀의 모든 행보는 그녀의 통치를 언니의 그것과 차별화하고자 신중하게 고안된 것이었다. 또한, 분명히 예행연습을 거친 것으로 보이는 또 다른 행보 속에서 그녀는 성경 말씀을 우화적으로 의인화하는 가운데 영어 성경을 우아하게 받아들이는 광경을 연출했다. 『여왕 폐하 행적록*The Queen Majesty's Passage*』의 공식적인 기록에 따르면, '그녀는 두 손으로 그것을 경건하게 받아서 입맞춤을 하고, 보는 사람들이 큰 위안을 느끼도록 그것을 가슴에 얹으셨다'.

그러나 가장 열렬한 개신교도들 입장에서는 이 같은 가식적인 경건성은 연달아 여성 군주들을 섬기게 된 불행에 대한 충분한 보상이 되지 못했다. 그들에게 여성 군주란 좋게 말한다 해도 나랏일이 위험한 상황에 빠졌다는 의미이고, 나쁘게 말하면 신에 의해 주어진 남녀 간의 역할 관계가 전도되어버린, 말하자면 아주 부자연스러운 반전反轉 상태였다. 여성을 상대적으로 '약한 배the weaker vessel'에 비유하는 상투적인 영어 묘사는 윌리엄 틴들의 1526년 영어 성경에 처음으로 등장했는데, 이후 이것은 바람직한 가족 질서에 대한 신교적 해석에 의해 남성에 대한 여성의 무조건적인 복종 요구와 더불어 일상처럼 되풀이되었다. 왕국도 결국은 가정의 확대판이었다. 스코틀랜드의 칼뱅주의 설교자이고, 메리 스튜어트 시대 종교적 망명자이며, 『괴물 같은 여성들의 군대에 대항하는 첫 번째 나팔소리*The First Blast of the Trumpet against the Monstrous Regiment of Women*』(1558)의 저자이기도 한 존 녹스John Knox에게 메리 튜더, 스코틀랜드의 왕비 기즈Guise의 마리, 프랑스 왕비 메디치Medici의 카트린느Catherine 등 수많은 여성의 통치는 '괴물을 만들어내는 혐오스러운 존재monstriferous abomination', 즉 역병의 일종일 뿐이었다. 이는 사실상 당시 상황이 왜 그렇게 비정상적이었던가에 대한 그의 분명한 설명이었다. 그는 당시 흔히 쓰이던 상투적인 언어에 공명하며 다음과 같이 썼다. '여성은 변함없고 안정적이며 신중해야 하며, 모든 일을 행함에 있어서 남자에 비해 부족할 수밖에 없는 덕성인 분별과 이성에 따르도록 각별해야 한다. … 자연은, 내가 말하건대, 〔여자들을〕 더욱더 취약하고, 부서지기 쉽고, 참지 못하고, 의지가 약하고, 어리석게 만들며, 또한 경험은 그들이 변덕스럽고, 가변적이고, 잔인하며, 거기에다 서로 돕고 협력하는 정신이 결여된 존재임을 말해 준다. … 모든 여성의 본성 속에는 좋은 통치자 아래에서는 용납될 수 없는 악덕들이 도사리고 있다.'

엘리자베스가 왕위를 계승한 사실을 인지한 녹스는 혹시라도 자신이 잉글랜드에 신교 정부가 들어서는 것을 방해하는 게 아닌지 깊이 우려하면서, 엘리자베스의 신임 국무대신 세실Cecil에게 편지를 써서 (비록 자신의 주장을 철회하지는 않았지만) 자신의 여성 비판에 대해 '설명'했다. 여성 통치에 대한 다른 비판자들과 마찬가지로 녹스 또한 엘리자베스를 하느님이 진정한 복음을 복원하시기 위해 보내신 '특별한 경우'로 인정할 준비가 되어 있었다. 그럼에도 불구하고, 여성의 통치는 전지전능하신 하느님이 만드신 온당한 질서에 '어긋나는' 것이라는 그의 완고한 주장은 젊은 여왕의 총애를 스스로 뿌리친 행위와 다름없었다. 문제는 잉글랜드에도 녹스의 주장을 지지하는 의견이 많이 있었다는 것이다. 잉글랜드 국교회의 강단에서 행해진 '결혼 상태에 관하여'라는 설교는 여성의 육신 안에 깃든 수많은 결함, 또는 '모든 나약한 애착'에 대해 반복적으로 이야기하고 있었다. 후일 런던 주교 자리에 오르게 될 존 에일머John Aylmer가 쓴 『충직하고 진실한 신민들의 보금자리An Harborowe for Faithfull and Trewe Subjects』(1559)라는 책은 일견 녹스의 주장을 논박하는 것으로 보이지만, 그럼에도 그는 또 한 명의 여성을 통치자로 선택한 신의 결정에 당황해하면서, '본성이 나약하고 신체가 허약하며, 용기가 여리고, 일솜씨가 없으며, 거기에다 적에게 두려움을 주지 못하는' 여성을 통치자로 선택하심은 오로지 기적을 행하시려는 그분의 시험이라고 할밖에는 설명할 수 없다고 써야 했다.

지배계급의 모든 사람, 그리고 그 범주 바깥의 일부 사람들은 이러한 '불운한' 상황을 해결하기 위한 방책이 무엇인지 알고 있었다. 그것은 바로 결혼이었다. (아마도 엘리자베스 자신도 느끼고 있었겠지만) 엘리자베스가 자신의 통치권을 희생시키지 않으면서 남편에게 선량한 양심으로 복종하는 것이 가능하겠느냐는 반론에 대해 에일머Aylmer는 '군주의 두 신체'라는 편리한 개념을 불러들여 솜씨 있게 조리했다. 즉, 여성의 신체를 가진 자연인으로서의 엘리자베스는 그녀의 남편에게 복종할 수 있되, 통치자로서의 그녀는 신 이외의 누구에게도 복종하지 않는다는 것이었다. 잉글랜드 의회는, 남편의 존재로부터 파생될 수 있는 여왕의 통치권 문제에 주의를 기울이는 가운데, 1559년 2월부터 여왕에게 혼인을 청원하기 시작했다. 그리고 엘리자베스는 대부분의 전기 작가들이 생각한 것과 달리 결혼을 혐오하지 않았을지도 모른다. 물론, 에드워드 6세 통치기 스웨덴의 에리크Erik 왕자로부터 청혼이 들어왔을 때 그녀는 이복동생에게 '모든 사람이 다 나를 최고로 좋아하고 또한 나를 즐겁게 하는 이 상황에 머물면' 안 되겠느냐, 즉 처녀로 계속 남으면 안 되겠냐고 물었다. 또한 메리 통치 시기에도 그와 비슷한 얘기를 한 적이 있었다. 그러나 이제는 사정이 달라졌다. 왕국의 안보와 신교 정착의 운명이 그녀의 후계자 생산 가능성 여부에 달려 있었다. 언제나 자신에게 주어진 정치적 현실을 철저하게 이해하고 있던 엘리자베스 또한 자신에게 요구되고 있는 것이 무엇인지 정확하게 알고 있었다. 의회의 청원에 대한 응답으로 그녀가 말했다는 그 유명한 구절은 그녀가 결혼을 주저했다는 근거로 자주 들먹여지는 것이지만, 사실 그것은 수십 년 뒤, 윌리엄 캠던William Camden이 마치 여왕이 그런 말을 한 것처럼 꾸민 것이었다. 캠던이 기록한 이 연설의 마지막을 장식하는 명ﾒ문장, 즉 '나중에 하나의 대리석이 한 시절을 통치했던 여왕 하나가 처녀로 살다가 처녀로 죽었노라고 언명한다면, 나는 그것으로 충분하다'라는 대목은 어떤 의도를 선언하기보다는 미래의 묘비명을 더욱 연상시킬 따름이다. 달리 말하면, 이것은 여왕의 영원한 처녀성이 어떤 책임의 문제가 아니라 애국적 숭배의 대상으로 전환된 그녀의 통치 후반기 선전책의 일부였음이 확실하다. 요컨대, 이것은 집권 초기의 엘리자베스가 한 말이 아니었다. 당시 그녀는 결혼을 할 것이지 말 것인지가 아니라, (기정사실처럼 받아들여지던) 결혼을 위해 예비 신랑들의 자격 검증에 더 집중하고 있었다. 특히, 그녀는 다음과 같은 약속을 하기도 했다. '내 마음이 다른 종류의 삶 쪽으로 기울어지는 것이 신을 기쁘게 한다면, 그대들은 그때마다 내가 의미하는 바가 무엇인지 스스로 확신할 수 있을 것인바, 그것은 내가 왕국이 불만을 가질 만한 정당한 이유가 있는 그 무엇도 하지 않을 것, 단연코 하지 않을 것이라는 점이다. 또한, 내가 우연히 나의 짝을 발견하게 된다면, 그

가 누구이건, 나는 그가 우리 왕국과 그대들을 배려할 것이라 믿는다.'

다른 말로 하자면, 엘리자베스는 언니가 저지른 실수, 즉 배우자의 야망과 종교로 인해 그와의 결혼이 잉글랜드의 이익을 보호하기는커녕 오히려 손상시킨 잘못을 되풀이하지 않으려 했던 것이다. 서둘러 혼인을 함으로써 재앙을 자초하기보다 시간이 걸리더라도 올바른 상대를 찾아야 한다는 것이 그녀의 생각이었다. 그러나 여왕이 그렇게 한가롭게 선택의 시간을 갖는 것을 사치라고 간주하는 사람들이 일부 있었다. 특히 국무대신 세실의 입장에서 보면 여왕의 결혼만큼 더 긴급한 사안은 없었다. 그와 그의 동서 니컬러스 베이컨Nicholas Bacon, 그리고 프랜시스 놀리스Francis Knollys 등 에드워드 치하 추밀원에서 같이 일하던 개신교 동료들은 모두 메리의 반동-종교개혁 시기에 망명을 가거나 정치에서 배제되는 등 개인적으로 고통을 당한 사람들이었다. 그들은 여전히 국민의 절반 이상이, 적극적이건 혹은 수동적이건, 가톨릭 신자임을 정확하게 간파하고 있었다. 1559년의 타협적인 종교 정착 법안은 회유책의 일환으로 잉글랜드 군주의 종교적 지위를 '수장Supreme Head'에서 '관리자Governor'로 격하시켰음에도, 상원에서 주교 전원과 속인 귀족 일곱 명이 반대하는 바람에 힘든 진통을 겪은 뒤에야 겨우 의회를 통과할 수 있었다. 세실은 종교 문제와 관련하여, 여러 차례, 심지어는 통치 초기에도 여왕이 얼마나 선량한 개신교도일지 궁금해 했다. 왜냐하면, 어느 성직자가 성탄절 미사를 올리려고 하자 그녀가 왕실 예배당을 뛰쳐나가긴 했지만, 후일 그녀가 그곳의 십자고상을 좋아한다고 밝힌 적이 있었기 때문이었다. 또한 엘리자베스는 성찬식에서 (비록 장식이 없는 것이지만) 제병을 허용할 준비가 되어 있었고, 성찬대를 석제 제단이 있는 성단소로 옮겼으며, 거기에다 성직자들이 전통적인 제의를 착용할 것을 적극적으로 주문하기도 했다. 세실은 여왕의 이러한 조치들이 잉글랜드 가톨릭 신자들의 충성을 확보해 가면서 나라 전체를 매우 점진적으로 신교화 해가는 데 필요한, 그러나 마뜩치 않은 현상유지책으로 이해했지만, 그럼에도 불구하고 왕국 안에서 이러한 타협책에 진정으로 만족하고 있는 사람은 아마도 여왕을 빼면 아무도 없을 것이라는 점을 불안스레 인식하고 있었다.

이러한 딜레마는 세실이 추밀원 회의에서 매일 직면하는 문제이기도 했다. 그는 자문관들의 충성심을 보다 확실하게 관찰하기 위해 추밀원의 규모를 현저하게 축소시켰지만, 엘리자베스가 중립성을 명분으로 선택한 윌리엄 페터 William Petre 경과 윈체스터 후작 등 메리 치하 추밀원 멤버들 몇몇과 여전히 책상을 마주하고 앉아야 했다. 게다가, 퍼시Percys 가문과 데이커Dacres 가문, 그리고 펨브룩과 애런들 등 고위 귀족들은 여전히 가톨릭 성향이 강했으며, 이 점이 세실의 불안감을 고양시켰다. 그와 동료들은 이러한 모든 문제를 해결할 수단이 얼마나 미약한지를 잘 알고 있었다. 엘리자베스가 속립열粟粒熱이나 천연두 같은 역병의 희생자가 되지 말란 법도 없었으며, 실제로 그녀는 1562년 10월 천연두로 인해 거의 죽음 가까이 간 적도 있었다. 게다가, 자신들이 칼이나 총알 등에 난공불락이라는 헛된 망상을 가졌던 높은 위치의 다른 군주들처럼 그녀 또한 암살의 대상이 될 수도 있었다.

여왕이 끊임없이 의회와 추밀원을 상대로 자신의 혼인 문제를 적당한 시점에 처리할 것이라고 말하고 있었음에도 불구하고, 또한 그것이 어디까지나 여왕의 일이지 자신들이 처리할 수 있는 일이 아니라는 것을 알면서도, 세실과 동료들은 잉글랜드가 정말로 절실하게 후계자를 원하고 있음을 그녀에게 상기시키지 않을 도리가 없었다. 1560년 신년을 맞아 토머스 샬로너Thomas Chaloner 경은 여왕에게 그녀의 부친을 찬양하는 책을 선물하면서 헌정사에 그의 희망을 덧붙였는데, 그것은 그녀가 '겸양지덕을 남편에게 베풂으로써 … 어린 헨리가 궁정에서 우리를 위해 뛰어놀 수 있었으면' 하는 것이었다. 엘리자베스는 그녀의 통치가 남자 왕들로 이어지는 왕위 계승 구도를 단절시킨 불행한 경우이며, 그녀의 주된 의무는 후계를 생산하여 이러한 결점을 극복하는 것이라는 것이 이 헌사가 암시하는 바임을 아마도 깨달았을 것이며, 화를 내며 고개를 쳐들었을지도 모르는 일이다.

그녀가 '단순한' 여성을 넘어서는 존재라는 주장은 일찍부터 강조되었다. 그럼에도 젊은 엘리자베스는 만약 높은 신분, 현실적인 종교관, 흠잡을 데 없는 혈통, 그리고 막대한 부富 등 모든 범주에서 자신에게 적합한 후보자가 등장한다면, 마땅히 그를 남편감으로 고려할 준비가 되어 있었다. 1559년에서 1566년까지는 구혼자가 많았다. 가장 강력한 조건을 갖춘 이는 펠리페 2세였다. 그는 자신의 아내 메리가 죽기도 전에 이미 구혼을 시작했지만, 엘리자베스가 자신의 통치를 이복 언니와는 가능한 차별화시키려고 애를 써왔고, 또한 그녀가 외국 군주의 이익을 위해 잉글랜드의 이익을 희생시키지 않으리라는 것을 번번이 역설해 온 터라, 그가 엘리자베스의 결혼 상대자로 선택될 확률은 그리 높지 않았다. 엘리자베스의 관점에서 볼 때, 펠리페의 범죄는 사실 이단자들의 화형보다는, 그녀가 믿는 바, 스페인의 이익을 위해 벌어진 전쟁에서 잉글랜드가 칼레를 잃게 만든 것이다. 가능성이 있는 다른 후보자 중에는 오스트리아 대공 카를이 있었지만 그의 열렬한 가톨릭 신앙이 문제였다. 엘리자베스와 추밀원의 자문관들은 가톨릭 신자라 하더라도 몇 가지 조건을 갖추고 있다면 고려할 준비가 되어 있었다. 그것은 적절한 시간을 통해 개종할 것이 기대되는 경우, 자신의 종교의식을 개인적 차원에서 행할 경우, 그리고 자녀들을 개신교 교회의 교리 안에서 양육하는 것에 동의하는 경우 등이었다. 그러나 이러한 것들은 합스부르크 가문이나 프랑스 왕가를 가릴 것 없이, 신실한 가톨릭 신앙을 가진 후보자라면 도저히 받아들일 수 없는 양보 조건들이었다.

그녀의 주의를 끌기 위해 길게 줄을 선 개신교 후보자들도 있었다. 그러나 1560년대 초반 이름이 뭇사람들의 입에 오르내리던 윌리엄 피커링William Pickering 경을 포함하여, 그들이 가진 조건은 엘리자베스의 신분과 위엄에 비해서 당혹스러울 정도로 낮다는 것이 일반적인 평가였다. (엘리자베스 자신도 그렇게 생각했다.) 그런데 세실에게는 더욱 고통스러운 골칫거리 하나가 있었다. 그것은 만약 여왕을 너무 세게, 너무 빨리 몰아붙였다가는, 그녀가 행여나, 모든 사람이 생각하듯, 그녀가 진정으로 사랑하는 '그 남자'의 품으로 뛰어들지도 모른다는 것이었다. 그는 개신교도였고 잉글랜드 사람이었다. 그러나 세실을 유감스럽게 만든 것은 그가 바로 로버트 더들리라는 사실이었다.

더들리는 세실이 가지지 못한 것들을 가지고 있었다. 그의 혈통은 실상은 그다지 멀리 올라가지는 못하지만, 그럼에도 불구하고 더들리는 자신이 나름 대로 유서 깊은 귀족 혈통이라는 느낌을 사람들에게 줄 정도의 매너를 갖추고 있었다. 그는 냉철하고 차분하지는 못한 대신 번쩍이는 용맹을 지니고 있었고, 신중하기보다는 충동적이었다. 그는 생동감과 열정이 넘쳤으며, 무엇보다 믿기 어려울 정도로 잘 생겼는데, 특히 말을 탄 모습이 그러했다. 남녀 불문하고 외모가 떨어진다는 이유로 사람들을 면전에서 쫓아냈던 여왕으로서는 이 점이 중요했다. 그들이 보기 좋은 한 쌍을 이룰 수 있다는 것은 부인할 수 없는 사실이었다. 게다가, 그녀와 로버트 더들리는 과거의 많은 부분을 공유하고 있었다. 로버트의 부친 존 더들리, 즉 노섬벌랜드 백작은 호국경 서머싯을 권좌로부터 축출해서 참수대로 보냈지만, 후일 레이디 제인 그레이를 왕위에 올린 일로 인해 그 자신이 처형되는 운명을 맞았다. 그러므로 로버트 더들리와 엘리자베스는 어떤 의미에서는 처형대가 만들어낸 고아들이었다. 더들리는 그녀의 이복동생 에드워드와 함께 교육받았으며, 엘리자베스가 그랬던 것처럼 그 대단한 애스컴을 스승으로 모셨다. 또한, 메리 치하의 그 암울한 시기에 그는 엘리자베스의 곤경에 연민을 느꼈으며, 더욱 중요한 것은 자신의 형편도 그리 좋지 않았음에도 불구하고 가문의 땅을 팔아 그녀의 삶을 조금은 안락하게 만들어주기까지 했었다. 그녀로서는 결코 잊지 못할 일이었다. 그들의 관계를 어떻게 정의하건, 그들 사이에는 서로를 소울 메이트, 내지는 거의 남매로 느끼게 하는 어떤 감정이 있었다. 그에게 있어서 그녀의 별명은 '눈eyes'이었고, 그녀에게 편지를 쓸 때면, 'ㅇㅇ'으로 서명을 하곤 했다. 그들이 볼타volta 춤[3]을 추는 것을 지켜본 사람들 중에 그들이 그 둘 이외의 다른 누군가를 원하고 있다고 생각한 사람은 아무도 없었다.

---

3   16~17세기에 유행했던 활발한 움직임의 춤 ─ 옮긴이.

그들은 얼마나 대단한 한 쌍이었을까? 엘리자베스와 더들리가 '연인 사이'라고 생각한 사람들이 단지 할리우드 영화 제작자들만은 아니었다. 그들이 드러내놓고 보여준 육체적 애정 행각은 동시대인들을 깜짝 놀라게 했으며, 전 유럽에 걸쳐 험담꾼들의 입에 오르내렸는데, 당시 잉글랜드 주재 스페인 대사도 그들 중 하나였다. 여왕이 더들리의 아이를 임신했다는 소문도 많이 돌아다녔다. 민중들 사이에는, 두 사람 사이에서 둘인지, 넷인지 모르는 사생아들이 태어났는데, 그들은 배에 태워져 몰래 어딘가로 보내졌고, 심지어는 그 어린 나이에 죽음을 당했다는 이야기도 돌았다. 1587년 마드리드에서 체포된 잉글랜드의 한 첩자는 펠리페 2세의 비서에게 말하길 자신이 더들리와 엘리자베스 사이에서 태어난 '진짜' 사생아인 '아서 더들리'라고 했다는 이야기도 있다. 어느 지방의 성직자는 엘리자베스를 창녀라고 불렀다는데, 왜냐하면 그녀가 춤추는 여자이고, 그가 생각하기에는 그 점에서 그녀나 다른 사람들이 다르지 않기 때문이라는 것이었다. 그런데 더들리가 이미 에이미 롭사르트Amy Robsart와 결혼 중이었음에도 불구하고, 두 사람의 사이의 친밀한 관계가 이에 구애받지 않았다는 것은 더 충격적이었다. 물론 엘리자베스는 에이미의 존재를 잘 알고 있었지만, 그녀가 유방암으로 추정되는 병으로 매우 아팠고, 그리 오래 살지 못하리라는 것 또한 알고 있었다. 튜더 시대 잉글랜드에서 약혼자와 동침하는 것은 매우 흔한 일이었다. 대략 신부 다섯 중 한 사람은 결혼식 때 임신 중이었던 것으로 추정되고 있는데, 여기에서 당시의 낮은 임신율을 감안한다면, 약혼한 커플 중 최소 20%를 훌쩍 넘는 경우가 혼전 섹스를 경험한 것으로 유추할 수 있을 것이다. 그리고 정부情婦들의 도움으로 건강을 위해 정기적으로 정액을 배출해 오던 남성 군주들의 경우에는, 혼전 섹스가 흔했을 뿐 아니라 바람직한 것으로 간주되기도 했다.

  그럼에도 불구하고, 사람들 사이에서 그리고 유럽의 남성 군주들 사이에서 이제 사실로 굳어져버린 그들의 스캔들은, 그녀가 대관식에서 다듬지 않은 처녀의 머리 단을 드러내보였던 것을 감안하면 너무나 충격적이지 않을 수 없었다. 그녀 모친의 역사와 시모어 스캔들을 고려한다면 (아무리 엘리자베스가 이 사건에서 결백하다 하더라도) 그녀의 자연적 신체와 정치적 신체가 하나이며 동일체라는 것, 그리고 그녀에게는 자신의 마음이 움직인다고 해서 그것을 선택할 자유가 없다는 것은 구태여 신료들에게 상기시킬 필요도 없는 주지의 사실이었다. 그럼에도 불구하고, 그녀는 자신에 대한 빈정거림에 압박을 느낀 나머지, 호사가들을 향해 자신에 대한 소문이 수치스러운 거짓 비방에 불과하지만, 설사 자신이 '명예스럽지 못한 삶'을 선택한다고 하더라도 자신을 멈추게 할 수 있는 권위를 가진 사람은 자기가 아는 한은 없다며, 방어적인 짜증으로 대꾸할 뿐이었다.

물론, 세실은 제정신이 아니었다. 1560년 9월, 엘리자베스가 온갖 명예와 돈, 그리고 선물을 더들리에게 쏟아붓는 것을 무기력하게 지켜보면서 스페인 대사에게 말하기를, 더들리와 그리고 '더들리에게 모든 것을 넘겨주고 그와 결혼할 생각까지 하는 여왕' 사이의 친밀한 관계 때문에 '왕국의 파멸'이 빤히 바라보인다고 했다. 세실에게 있어서 여왕의 행동은, 그의 생각에 단지 사익을 추구할 뿐인 한 파벌적 가문에게 잉글랜드를 넘겨주는 것과 진배없는 것으로 보였다. (그런데 로버트 더들리의 아우인 앰브로즈Ambrose가 추밀원의 일원이었던 것처럼, 세실의 동서인 니컬러스 베이컨 또한 추밀원 멤버였다.) 아무튼 국무대신 세실은 이 러브 매치를 깨기 위해 어떤 일이라도 저지를 태세였으며, 더들리가 자신의 아내에게 독을 먹였다는 악의적인 소문을 퍼뜨리기까지 했다. 그리고 세실이 스페인 대사를 향해 악담을 퍼부은 이틀 뒤, 그가 들먹였던 최악의 악몽이 현실이 되는 되는가 싶은 사건이 일어났다. 더들리의 아내 에이미가 친구 집 계단 아래에서 목이 부러져 죽은 채로 발견된 것이다. 그녀는 병으로 인해 끔찍한 고통을 호소하고 있었고, 그녀가 죽기 수시간 전 집주인들에게 집을 떠나달라고 고집을 부린 점으로 미루어 자살의 가능성이 분명히 있었다. 검시관들은 사고사로 판단했다. 앓고 있던 유방암이 진행됨에 따라 뼈들이 약해져서 그런 치명적인 추락 사고를 당했을 것이라는 추정이었다. 그러나 더들리와 엘리자베스의 로맨스를 좋지 않은 시각으로 바라보던 사람들에게 이런 설명이 곧이 들어올 리 만무했다. 그 시대는 가십의 황금시대였고 가십은 에이미가 추락했다고 믿지 않았다. 가십은 그녀가 떠밀린 것이라고 믿었다.

여왕은 지체 없이 궁정에 애도의 뜻을 표할 것을 지시했고, 더들리에게는 그에 대해 돌고 있는 모든 사악한 혐의가 해소될 때까지, 런던 서남부의 큐Kew라는 곳으로 가서 머물도록 조치했는데, 더들리는 결국 모든 혐의를 공식적으로 벗었다. 비록 엘리자베스는 이로써 그에 대한 어떤 패역悖逆한 혐의도 완전히 사라졌다고 진심으로 얘기하고 있었지만, 그런 사건이 일어난 이상 더들리와의 결혼은 이제 영원히 불가능하게 되었음을 잘 알고 있었다. 그녀는 신민들에게 사랑받는 군주가 되기를 참으로 원하고 있었고, 그것은 더들리와 스캔들을 일으켰던 1560년 당시에도 마찬가지였다. 그런데 자신이 만약 배우자를 죽였다는 의심을 받는 사람과 결혼한다면, (스코틀랜드 메리 여왕의 역사적 사례가 증명하듯이) 신민과의 관계는 재앙을 맞을 것이 확실했다. 그럼에도 불구하고, 여왕, 그리고 특히 더들리는 두 사람의 관계를 정리하려 들지 않았다. 1561년 스페인 대사는 더들리와 엘리자베스가 행복하게 수상 야외극을 관람하고 있던 바지선에 초대받아 갔는데, 그곳에서 벌어진 일에 대한 목격담을 이렇게 전했다. '그녀와 로버트, 그리고 나만 그 갤리선에 타고 있었는데, 그들은 엘리자베스가 업무보다 더 좋아한다는 농담을 시작했다. 그들의 농담이 무르익었을 무렵, 로버트 경이 나서서, 만약 여왕께서 좋다고 하시면 나더러 성직자로서 결혼 예식을 진행하면 좋겠다고 말을 했는데, 그럼에도 여왕은 듣기 싫은 내색이 전혀 없이, 내가 영어를 능숙하게 할 수 있을지 모르겠다고 말할 뿐이었다.' 그런데 그들의 농담은 스페인 대사가 생각한 것보다 훨씬 덜 익살스러운 것이었을지도 모른다. 더들리는 두 사람의 결혼에 관해 너무나 필사적이었기에 그는 무엇인가 상상조차 어려운 일을 꾸미고 있었다. 그는 만약 펠리페 2세가 자신들의 결혼을 지지하고, 또한 거의 확실하게 예견되는 민심 이탈 문제를 해결할 수 있도록 협력해 준다면, 잉글랜드 교회를 다시 로마교회로 복귀시키겠다는 제안을 던질 예정이었다. 그의 계획은 상당히 진척되었고, 실제로 교황의 의사를 타진하는 단계까지 진행되었다.

이것이 실현된다면, 이보다 더 충격적인 역설이 따로 있을 수 없었다. 잉글랜드 교회가 튜더 왕가 혼인 침상의 노리개가 되는 것이었다. 어머니의 욕망이 로마교회와의 단절을 불러왔는데, 이제 그 딸의 욕정으로 로마교회와의 관계를 다시 복원하다니….

그러나 세실은 이런 일이 일어나지 않도록 할 생각이었다. 그는 이러한 더들리의 계획이 외부로 확실하게 누출되도록 일을 꾸몄고, 이로 인해 더들리를 혐오하는 많은 귀족과 도시의 민중 사이에서 분노의 폭풍이 즉각적으로 터져 나올 것이라 기대했다. 반反가톨릭 폭동이 일어날 것 같았다. 엘리자베스와 더들리는 구교회를 복원하거나 스페인과 어떤 협상을 벌이는 일은 없을 것이라며 애써 부인하며 서둘러 뒷걸음쳤다.

위험스러운 상황은 지나갔지만, 세실은 '말의 주인', 즉 엘리자베스의 혼인 상대자를 누구로 할 것인가 하는 문제에 대한 긴장을 늦추지 않았다. 그는 자신이 선호하는 후보자인 오스트리아 대공 카를을 지지하면서, 더들리(1564년 래스터 백작의 작위를 받음)가 모든 면에서 열세로 나타나는 두 사람 사이의 장단점 비교 목록을 작성했다.

구분	카를	더들리
지위	대공으로 태어남	백작이 됨
재산	연간 3000으로 알려짐	모두 여왕의 것. 빚이 있음
지식	모든 자질을 보유	궁정 조신에게 필요한 지식수준
평판	만인의 칭송을 받음	아내의 죽음으로 많은 사람의 미움을 받음

사실은 엘리자베스 또한 더들리가 자신과 짝을 이룰 수 있을 정도로 충분한 위엄을 갖추었는지에 대한 확신이 없었으므로, 세실이 그렇게까지 일을 세게 밀어붙일 필요는 없었을지도 모른다. 1565년 그녀는 프랑스 대사에게 다음과

같이 말했다. '래스터 백작에 관해 말하자면, 나는 늘 그의 덕성들을 사랑하지만, 내 안에 있는 위대함과 명예에 대한 염원으로 인해 그를 동반자이자 남편으로 받아들일 수가 없다오.'

그럼에도 불구하고 더들리는 여전히 왕위 계승자의 아버지가 될 수 있는 가능성을 가지고 있었다. 그러나 이번 경우에는 엘리자베스가 그의 결혼 상대가 아니었다. 1563년 무렵 엘리자베스는 스코틀랜드 여왕 메리 스튜어트의 혼인 상대자로 그를 추천하는 방안을 진지하게 준비하고 있었던 것이다.

한편, 웨일스 출신인 튜더 왕가 입장에서 보면 스코틀랜드는 언제나 문젯거리였다. 그 북쪽 왕국과 관련된 '무엇'인가가 그들 특유의 오만과 불안이 결합된 복합적인 정서를 유발시켰다. 그 '무엇'이란, 물론 잉글랜드인들이 어렵지 않게 상상할 수 있는 것처럼 프랑스와 스코틀랜드가 두 전선에서 잉글랜드를 동시에 공격하는, 이른바 '오래된 동맹auld alliance'이었다. 그러나 무릇 인과관계라는 것은 두꺼운 모직천의 앞면과 뒷면처럼 어느 쪽에 서는가에 따라 입장이 달라지는 법이다. 스코틀랜드인들의 입장에서 그들이 프랑스로부터 도움을 구하고자 할 수밖에 없었던 이유는 튜더 왕조가 아직도 옛 '플랜태저넷 판타지'에 사로잡혀서 스코틀랜드에 대해 '대군주의 지위overlordship'를 행사하려 한다는 의심을 가지고 있었기 때문이었다. (상당 부분 그것은 사실이었다.) 다른 이야기는 할 필요도 없이 '운명의 돌Stone of Destiny'이 아직도 웨스트민스터 사원에 있지 않은가. 그러므로 쌍방 모두 피해망상에 사로잡혀 여러 세대에 걸쳐 비극적 결과를 초래하는 상호적 도발 행위를 주고받으면서 촉각을 곤두세워 왔던 것이다. 튜더 왕가의 군주들은 스코틀랜드를 상대로 대략 두 가지 전략을 구사해 왔는데, 둘 다 그다지 절묘한 것이라고 평가하기는 어려운 것이었다. 그것은 '후려치기'와 '혼인'이었다. 헨리 7세는 혼인 정책을 선호했으며 그의 큰딸 마거릿을 스튜어트 왕가의 제임스 4세와 결혼시켰다. 그러나 이것이 후일 헨리 8세가 스코틀랜드를 상대로 두 차례 전쟁을 일으켜 그때마다 스코틀랜드에 심대한 타격을 입히는 것을 막지 못했다. 1542년 벌어진 솔웨이 모스Solway

Moss 전투에서 발생한 간접적인 사상자 중에는 헨리 8세의 조카 제임스 5세도 있었는데, 그는 자신의 귀족들과 병사들이 살육되는 상황에서 살아남았지만 얼마 되지 않아 커다란 정신적 충격 속에서 사망했다. 그는 두 명의 메리를 남겼는데, 한 명은 그의 프랑스 출신 왕비로 섭정을 맡게 된 기즈의 메리였고, 다른 한 명은 젖먹이 어린 나이에 졸지에 스코틀랜드 여왕이 된 그의 딸 메리 스튜어트였다.

기즈의 메리와 그녀의 왕실 자문관들이 취할 수 있는 방책은 두 가지였다. 메리는 헨리 8세가 제안한 대로 헨리의 어린 아들 에드워드와 자신의 어린 딸 메리를 혼인시키고 잉글랜드와의 화해를 모색함으로써 자신의 손실을 줄이거나, 아니면 적의 적이자, 자신의 모국인 프랑스를 우방으로 선택하여 감당할 수 있을 때까지 전쟁을 계속하는 것이었다. 친親잉글랜드 정책이 가진 문제는 그녀가 프랑스 왕 앙리Henry 2세와 로렌Lorraine 추기경의 누이였다는 것인데, 왜냐하면 그들은 모두 신교의 종교개혁을 철천지원수로 삼고 있었기 때문이었다. 헨리 8세가 통치 말기에 이르러 보수화되고 외관상 친親가톨릭 적 성향을 나타냈다고는 하지만, 그들의 눈에 헨리는 여전히 스스로의 왕국에서 교황 성하의 권위를 찬탈한 이단자에 지나지 않았다. 이러한 상황이므로 메리 입장에서 자신의 딸 메리를 잉글랜드에 보내 신교도 군주의 배우자로 성장하게 만드는 선택은 받아들이기 어려웠다. 거기에다, 헨리 튜더에 의해 약속되었던 두 왕국의 평화공존이라는 매혹적 비전이 실상은 어떤 방식으로건 불평등한 동반자 관계로 표출될 것이라는 의심도 있었다. 이에 따라 결국 스코틀랜드의 어린 소녀 군주는 프랑스 궁정에서 성장하여 장차 가톨릭을 신봉하는 발루아 왕가의 왕비가 되기 위한 여정으로 프랑스행 배에 태워졌다.

헨리는 메리가 자신의 제안을 거절한 것을 모욕으로 받아들였고, 스코틀랜드 저지대의 대부분을 불바다로 만듦으로써 '거친 구애'를 시작했다. 그런데 모든 스코틀랜드 귀족이 그러한 강압 정책의 피해자는 아니었다. 당시 스코틀랜드에는 어린 여왕 메리의 이복 오빠이며 사생아인 제임스 스튜어트, 곧 머리

Moray 백작이 이끄는 주요 정파가 있었는데, 그들에게 잉글랜드는 가해자가 아니라 구세주였다. 그 이유는 그들 상당수가 신교도였기 때문이었다. 그렇기에 그들로서는 잉글랜드와 동맹을 맺는다면 기즈의 메리가 불러들인 프랑스군을 내쫓고 그들 나라에 진정한 교회를 건설할 수 있는 좋은 기회였다. 존 녹스와 그의 동료들이 설파한 칼뱅주의의 정의正義로 무장된 스코틀랜드의 신교도들은 1557년 스스로를 '회중의 지도자들'로서 연대하는 서약을 맺었다. 그들의 목적은 기즈의 메리를 축출하고, 스코틀랜드 개혁 교회의 불가역적 기반을 마련하는 것이었다. 2년 뒤, '회중의 지도자들'은 (세실에 의해 주도된) 잉글랜드 정부와 동맹을 체결했고, 잉글랜드는 '스코틀랜드의 권리와 자유'를 복원시키기 위해 개입하기로 약속했다. 이런 종류의 사건들은 스코틀랜드 민족사의 입장에서 보자면, 속이 뻔히 들여다보이는 제국주의적 술책이었다고 주장하겠지만, 당시 어느 당사자도 이를 잉글랜드가 스코틀랜드를 병합할 목적으로 집어넣은 트로이의 목마라고 생각하지 않았다. 세실의 목적은 단지 북방에 우호적인 신교 국가를 이웃으로 확보하고자 한 것뿐이었다. 잉글랜드가 프랑스, 네덜란드, 그리고 스페인의 가톨릭 세력에 둘러싸여 있던 시기에 이는 확실히 두통을 줄여주는 효과가 있었다.

이에 따라 1560년 봄 군사작전이 재개되었다. 엘리자베스는 (군사적 문제와 부딪힐 때마다 거의 언제나 그랬듯이) 어떤 결정을 내리든 얼마 안 가서 이를 완전히 반대방향으로 돌려야 하는 것이 아닌지 전전긍긍할 정도로 늘 우유부단했으며, 특히 적절한 인원과 금전을 투입해야 할 순간에 더욱 보수적으로 바뀌는 바람에 일을 망치곤 했다. 그러므로 노퍽 공작을 비롯한 그녀의 지휘관들은 무슨 일이건 그녀가 마음을 바꾸어 발을 빼려고 하기 이전에 그 일을 신속하게 처리해야만 한다고 느끼고 있었다. 리스Leith 포위 공격도 그렇게 서두르다가 실패한 경우로서, 당시 일단의 스코틀랜드 매춘부들이 그들의 단골 고객이었던 프랑스인들이 축출되는 것에 앙심을 먹고 공격하는 잉글랜드 병사들을 향해 불붙은 석탄을 던지는 일이 발생했는데, 이는 (가뜩이나 부상병이 많이 발생하여 어려운 판국에) 상처에 소금을 뿌린 격이 되었다. 그때 기즈의 메리가 예기치 않게 세상을 떠나고, 그녀의 수많은 적이 적기에 에든버러 조약에 서명한 덕분에 잉글랜드는 하마터면 당혹스러울 수도 있었을 낭패의 순간을 겨우 비켜 갈 수 있었다. 아직은 공식화되지 않았지만 세실은, 두 나라 사이의 평화공존을 보다 더 매력적인 것으로 만들 수 있는 중대 사항 하나를 추가시키는 것을 검토하고 있었다. 그것은, 만일 엘리자베스가 결혼 및 후계 출산에 실패할 경우, 메리 스튜어트를 잠재적인 잉글랜드 왕위계승 후보로 인정할 수 있다는 것이었다. 그렇게 되면 '브리튼'은 멀지 않은 곳에 있었다.

그러나 여기에는 두 가지 중요한 전제 조건이 있었다. 첫째, (메리 튜더가 죽었을 때 프랑스 왕 앙리 2세가 제기한 바 있던) 스코틀랜드의 메리가 잉글랜드의 정당한 주권자이며 엘리자베스는 여전히 사생아에 불과하다는 주장이 즉각적, 공식적으로 폐기되어야 하고, 둘째, 메리의 남편이자 프랑스의 왕이었던 프랑수아 2세가 (유럽 역사상 최악의 귀 감염질환으로 인해) 죽었기에, 그녀는 현재 자유롭게 재혼을 할 수 있는 상황인바, 이와 관련하여 메리의 재혼 상대가 잉글랜드에 위협이 되지 않도록 하기 위해 엘리자베스가 메리의 재혼에 개입할 수 있는 권리를 가진다는 것이었다.

이 조건을 동시에 만족시킬 수 있는 쉬운 해결책 하나가 있었지만 그것은 하나의 판타지일 뿐이었다. 이것은 메리의 농담으로 시작되었다가 스코틀랜드 주재 엘리자베스의 대사였던 니컬러스 스록모턴Nicholas Throckmorton에 의해 그럴듯한 하나의 판타지로 발전하게 되었다. '저는 브리튼섬의 두 여왕 중 한 분이 남자의 형상으로 바뀌어 행복한 결혼을 하고 그렇게 함으로써 브리튼 전체의 통일을 이루는 것이 모든 현명한 사람들과 여왕 폐하의 선량한 신민들의 바람이 아닐까 생각합니다.'

물론, 둘 중 누가 남자 역할을 할 것인지는 구태여 물을 필요도 없었다. (후일, 월리엄 세실의 아들 로버트는 엘리자베스가 '남자 이상이었고, 사실, 여자로서는 부족했다'라는 말을 남겼다.) 이 판타지 저변에는, 두 나라의 많은 사람이 본능적으로 느끼고 있던 것, 즉 두 여왕이 사실상 하나의 인격체를 이루는 각각의 절반이라는 느낌이 깔려 있었다. 단순히 두 사람의 혈관 속에 튜더의 혈통이 흐른다는 것뿐 아니라 (두 사람 모두 헨리 7세의 자손이었으며, 똑같이 긴 코를 가졌다.) 좋건 나쁘건, 두 사람의 역사는 서로 운명적으로 연결되어 있는 듯 보였다. 그러나 그들의 성장 과정은 매우 달랐다. 엘리자베스는 대체로 귀족적인 환경이긴 하지만 비교적 수수한 지방의 가옥에서 성장했다. 엄격한 교육을 받으면서, 그녀의 일상은 일이 잘 풀리면 행복으로, 잘 풀리지 않을 때는 공포로 연결되는 긴장 속의 삶을 살았다. 왕위에 오를 무렵, 그녀는 어느새 생존의 기술을 스스로 터득하고 있었는데, '좋은 날의 친구들fair-weather friends'을 그다지 신뢰하지 않는 것도 그런 요령 중 하나였다. 반면에 메리는 퐁텐블로Fontainebleau, 앙부아즈Amboise, 그리고 슈농소Chenonceau 등 유럽의 가장 화려한 궁전에서, 그것도 르네상스 건축의 가장 위대한 정수로서 창조되던 바로 그 순간에, 그 공간의 총아로 사랑받으며 성장했다. 스코틀랜드 섭정을 맡고 있던 그녀의 모친이 스코틀랜드에서 축출되었지만 오히려 그 사건은 그녀의 외삼촌이기도 했던 프랑스 왕 앙리 2세가 그녀를 더욱 애지중지하도록 만들었을 뿐이었다. 그녀는 짙은 향기를 내뿜는 발루아 궁정의 백합들 속에서 한 송이 북방의 꽃으로 길러진 예쁜 얼굴의 스코틀랜드 인형 같은 존재였다. 그렇게 해서, 사람들이 '미인 중의 미인la belle des belles'으로 일컬었던 그녀는 거침없는 욕망의 문화 속에서 성장했다. 하트형 얼굴에 크림빛 얼굴색, 그리고 적갈색 머리카락, 거기에다 거의 감겨져 있는 아몬드형 눈동자를 가졌던 그녀는 남자들, 특히 시인들로 하여금 그녀를 욕망하는 꿈을 갈구하게 만들었던 것이다.

그런데 그녀는 얼굴만 예뻤던 것이 아니었다. 그녀가 1560년 스코틀랜드에 도착했을 때, 브리튼 땅의 두 여왕 중에서 보다 더 진지하고 책임감 있어 보였던 쪽은 엘리자베스가 아니라 메리였다. 왜 그랬을까? 어찌 되었건, 당시까지만 하더라도 메리는 누구와는 달리 무책임한 사랑놀이에 빠져 있지는 않았던 것이다. 게다가, 엘리자베스는 메리가 프랑스에서 스코틀랜드로 돌아갈 때 잉글랜드 영토 내의 안전통행권 부여를 거부함으로써 메리가 긴 해안을 배로 항해하도록 강요하는 등, 거의 비이성적이라 할 정도로 자신의 족친(5촌 조카)을 나쁘게 대우했다. 엘리자베스가 그녀를 그렇게 대한 이유는, (앞으로 수년간 지속적으로 제기될 주장과 마찬가지로) 메리가 아직도 잉글랜드 왕위계승권에 대한 공격적 주장을 철회하는 조약에 서명하지 않은 것 때문이었다. 이 대목에서, 메리는 자신에 대한 엘리자베스의 가혹한 처사를 놓고 두 사람 사이의 관계가 자기 쪽에 유리한 방향으로 해석될 수 있게 만드는 자기 연민적인 연기를 극적으로 연출했다. 프랑스를 떠나면서 그녀는 그곳에 있던 엘리자베스의 외교사절을 향해 다음과 같이 말했다고 한다. '나는 바람이 아주 순조로워서 내가 잉글랜드 해변에 상륙할 필요가 생기지 않을 것을 믿어요. 그런데 대사, 내게 만약 그래야 할 일이 생긴다면, 그대의 여왕께서는 나를 자신의 의지대로 처분하실 수 있을 것이고, 만약 그녀가 나의 종말을 원할 만큼 무정하시다면 자신의 기쁨을 위해 나를 희생시킬 수도 있겠지요. 혹시나 그런 일이 생긴다면, 나는 아마 사는 것보다 죽는 게 나을지도 모르겠네요.' 우리가 알다시피, 물론 그런 일은 일어나지 않았다. 메리의 갤리선들galleys이 공해상을 지나갈 때 그들 사이에 교환된 것은 단지 경의의 표시뿐이었다. 스코틀랜드에 도착한 메리는 여러 차례에 걸쳐 엘리자베스에게 편지를 보냈는데, 그 내용은 좀처럼 풀리지 않는 왕위계승 문제를 대면하여 해결하자는 것이었다. 엘리자베스 또한 이 문제를 해결할 생각이 없었던 것은 아니었지만, 그럼에도 불구하고 이 문제를 생각하면 할수록 메리를 자신의 후계자로 공식적으로 천명할 생각은 작아졌다. 이미 그녀의 존재로 인해 불안과 위협을 느끼고 있던 엘리자베스로서는, 그런 발표는 자신의 퇴출을 재촉하는 초대장으로 느껴질 뿐이었다. 그것은, 그녀의 표현대로, '내가 살아 있는 동안 내 수의를 내 눈앞에 펼쳐 보이라고 하는 것'과 마찬가지였다. 그러면서 그녀는 물었다. '그대는 내가 내 자신이 입을 수의를 좋아할 것이라 생각하는가?'

그럼에도 불구하고, 엘리자베스 입장에서 볼 때 만약 메리가 자신에게 정치적으로 우호적이라고 간주하는 남편감을 선택한다면, 그녀에 대한 악감정이 사라지고 족친 간의 우애가 살아날 수도 있는 일이었다. 엘리자베스가 로버트 더들리를 메리의 신랑감으로 기꺼이 추천할 용의가 생겼던 것은 이 때문이었다. 그런데 만약 더들리의 사회적 신분이 자신과 결혼하기에는 너무나 열등하다는 것이 그녀의 생각이었다면, 메리라고 그렇게 생각하지 말라는 법이 없었다. 거기에다, 메리의 생각과 상관없이 더들리는 아내의 죽음으로 인해 이미 명성에 타격을 입은 존재였다. 그러니 잉글랜드 여왕이 벗어던지기로 마음먹은 헌 옷을 '미인 중의 미인'인 스코틀랜드 여왕이 받아 입을 까닭이 없었다. 그런가 하면, 전형적인 스코틀랜드 귀족이었던 헨리 단리Henry Darnley 경은 완전히 성격이 다른 유망 후보였다. 우선, 더들리와 달리 그의 혈통은 흠잡을 데 없었다. 그는 제임스 4세와 혼인했다가 왕이 플로든에서 사망한 후 앵거스Angus 백작과 재혼한 헨리 8세의 누이 마거릿 튜더의 손자로서, 잉글랜드와 스코틀랜드의 두 여왕과 모두 족친 관계였다. 마거릿 튜더와 앵거스 백작 사이의 딸 마거릿은 스코틀랜드 왕 제임스 2세의 증손자인 레녹스Lennox 백작과 결혼했고, 단리는 이들 부부의 아들이었다. 게다가, 그의 외모는 입만 다물고 있다면 르네상스 표준으로 볼 때 걸어 다니는 예술작품이었다. 메리는 그의 조각처럼 잘 깎아놓은 광대뼈와 미끈하게 빠진 장딴지에 그만 홀딱 반하고 말았다. 그의 혈관에 흐르고 있는 것이 왕가의 혈통뿐 아니라 엄청난 양의 독주 또한 있다는 것을 그녀가 깨달은 것은 1565년 그와 혼례식을 올린 후였다. 스코틀랜드의 실무적인 왕 노릇을 하는 것이 그에게 기대된 역할이었지만, 고주망태가 되어 있거나 아니면 사냥, 매사냥, 또는 계집질에 빠져 나타나지 않는 등, 그는 지루하고 고된 국사를 맡아서 처리할 만한 인물은 확실히 아니었다.

자신의 뜻대로 마음껏 하도록 방치된 메리는 왕실 측근들, 특히 그녀의 개인 비서 중 하나였던 이탈리아 출신 다비드 리치오David Riccio에 점점 더 의존하게 되었는데, 그는 스코틀랜드 귀족들의 원성에도 불구하고 여왕에 대한 그들의 접근을 밀착 관리하고 있었다. 보다 심각한 것은 당시 스코틀랜드 신교 세력의 지도자 격이던 머리 백작이 잉글랜드 정부에 넌지시 전언한 것에 따르면, 그녀가 스코틀랜드에서 전면적인 반反종교개혁을 단행할 것을 고려하고 있다는 것이었다. 스코틀랜드 북부와 서부 지역에서는 가톨릭이 아직 지배적이었지만, 그렇다고 메리가 그런 일을 벌일 만큼 분별없지는 않았다. 사실, 스코틀랜드로 돌아온 이후 그녀는 과거 자신의 모친이 그랬던 것처럼 개인적 종교 예식과 공공 정책을 신중하게 분리하고 있었다. 그녀는 자신의 가톨릭 신앙을 숨기지는 않았지만 그녀가 명백하게 공언한 바와 같이, 그렇다고 자신의 신앙을 스코틀랜드에 강요할 생각은 없었다. 물론, 메리의 이러한 처신이 존 녹스처럼 가톨릭 우상숭배의 폐해에 관한 설교를 일상적으로 하고 있던 사람들까지 만족시킬 수는 없었다. 그뿐 아니라 그들 입장에서는 여러 차례 불만스러운 사건들이 있었다. 메리는 1년쯤 전에 펠리페 2세의 아들 카를로스Carlos 왕자와의 결혼을 진지하게 고려함으로써 스코틀랜드 신교도들을 실망시킨 적도 있었다. 또한, 그녀는 단리와의 결혼식을 가톨릭 전례에 따라 거행할 것을 고집한 전력도 있었다. 그런데 이제 프랑스에서 그녀의 외가인 기즈 가문이 칼뱅주의 교도들인 위그노를 상대로 전면적인 전쟁을 일으킨 것을 목격하게 되자, 그들은 메리가 정말로 반종교개혁을 도모하고 있다고 믿게 되었다.

단리는 자신이 이 문제와 관련하여 충분한 권위나 책임을 부여받지 못했다고 징징대더니, 막상 그런 것이 주어진 뒤에는 더욱 징징댈 뿐이었다. 아내와의 소원함이 날로 심해지자, 명목상의 왕(여왕의 부군)이 아니라 진짜 왕으로 대접받고 싶은 그의 욕망이 생겨났고, 이는 그에게 무언가 개신교 귀족들이 좋아할 만한 것을 시도해 보려는 동기를 제공했다. 이 와중에서 그들 중 몇 사람, 특히 모턴Morton 백작과 윌리엄 메이틀런드William Maitland 경 등은 그에게 접근해 폭력적인 쿠데타를 제의하기에 이르렀다. 꼽추에다 유난히 작은 몸을 가진 주제에 감히 여왕의 연인 노릇을 하고 있다고 그들이 큰소리로 떠들어대던 바로 그 가증스러운 리치오를 제거하자는 것이었다. 사실 꼽추들의 사악한 색욕에 대한 이야기는 모두에게 익숙한 전설이었다. 아무튼 이러한 폭로야말로 단리의 잘생긴 머릿속 어둠을 단번에 밝혀주는 촛불 같은 것이었는지 모른다. 왜냐하면 이것이 자신에 대한 여왕의 적대감과 냉랭한 태도를 사람들에게 설명해 줄 것이기 때문이다. 그러나 여왕의 입장에서는 누가 지배자인지 확실하게 보여줄 필요가 있었고, 특히 그녀 뱃속의 아이가 태어나기 전에 그렇게 할 필요가 있었다. 그렇게 하지 않으면, 누군가 그 아이의 자리를 넘보는 일이 생길지도 모르는 일이었다. 이런 까닭에, 등골이 오싹해지는 엘리자베스 시대 멜로드라마에 비견할 수 있는 일련의 섬뜩한 사건이 시작되었다. 1566년 3월 7일, 평소 저녁 자리에 잘 나타나지 않던 단리가 홀리루드Holyrood 궁전에 있던 메리의 식탁에 갑자기 난입하더니, 술에 취한 채 여왕을 향해 리치오에 관한 장광설을 늘어놓기 시작했다. 그의 뒤로 (대부분의 사람들이 임종 침상에 누워 있을 것이라고 생각하고 있었던) 러스벤Ruthven 경이 이끄는 일단의 공모자들이 재빠르게 따라 들어왔는데, 그들은 불손하게도 완전무장을 한 채 '데이비Davy(리치오)'를 불러오라고 소리쳤다. 이윽고 리치오는 숨어 있던 곳이 발각되어 겁에 질려 비명을 지르면서 끌려왔다. 격노한 메리가 러스벤을 향해 물러나지 않으면 체포할 것이라고 경고했지만, 그들은 아랑곳없이 그녀의 치맛자락을 붙들고 있던 리치오의 양손을 뜯어낸 뒤, 그녀 면전에서 그를 칼로 찔러 죽였다. 궁정 샛문 내부 계단에 던져진 채로 발견된 그의 시신에서는 50에서 60곳 정도 되는 자상이 확인되었다.

그런데 만약 음모자들이 폭력적 거사가 성공하면 정신적으로 위축되고 만신창이가 된 메리가 금방이라도 눈물을 흘리면서 자신들같이 강한 남자들에게 의존하는 감상적인 존재로 변모할 것으로 기대했다면, 그들의 미망은 헛된 것이었다. 그녀는 자신의 운명을 단리에게 맡기는 대신, 냉정하게 상황을 판단하고 대처 전략을 강구했다. 보다 정확하게 말하자면, 그녀는 이 쿠데타가 임신으로 부풀어 오른 자신의 배를 향해 겨냥되었던 사실을 적시하여 이번 살인 사건을 외부에 알린다면, 오히려 이것이 스코틀랜드인들이 자신에게 품고 있던 의심들을 사라지게 하는 계기가 될 것임을 확신하고 있었다. 잠시나마 의기양양했던 단리는 그녀의 단호한 태도와 직면하면서 한때의 당당하던 기세는 어디로 갔는지 처벌에 대한 두려움으로 전전긍긍하는 신세가 되고 말았다. 메리는 협박과 그리고 아내로서의 연민이라는 두 가지 요소를 적절하게 배합한 압박 전략을 구사하면서, 살고 싶다면 공모자들의 목숨을 포기하라고 그를 설득했다. 그녀는 자신에 대한 음모자들의 공격과 자신의 임신 사실을 활용하여 궁궐 밖 신민들과 일종의 거래를 한 것인데, 그녀는 이를 통해 박해당하는 여주인공의 이미지, 그리고 스코틀랜드의 미래가 될 아이의 어머니라는 지위를 신속하게 획득했다. 리치오가 죽은 지 9일 뒤에 그녀는 병사 8000명과 함께 에든버러에 다시 입성했다.

그러나 음모가 완전히 종결된 것은 아니었다. 한때 단리에게 너무 푹 빠지는 바람에 혼란을 자초했던 메리는 이제 거꾸로 그에 대한 격렬한 증오감에 휩싸이게 되었다. 그녀는 마침내 그의 제거를 원했다. 물론, 그녀가 원했던 건 자신의 남편이자 여왕의 부군이라는 지위의 박탈이었지, 그 이상의 것은 아니었다. 아이가 태어나면 그에게 이혼을 설득하고, 그다음에는 교회가 나서서 그가 행한 수많은 범죄를 이유로 혼인을 취소하면 되는 것이었다. 그러나 보스웰 백작을 포함해 여왕에게 헌신하는 사람들 중에는 그녀의 한숨과 언어들을 보다 결정적인 행동을 요구하는 뜻으로 받아들이는 무리들이 있었다.

보스웰은 일개 무뢰한이 아니었다. 그는 스코틀랜드 남동부에 토지 기반을 가지고 있던 헵번Hepburn가家의 대귀족 출신이었다. 그는 재력을 갖추고 있었을 뿐 아니라 세련되고 프랑스어를 잘 했으며, 메리가 어려움에 처했을 때 그를 보호자로 믿고 따를 수 있을 정도로 그녀를 정중한 관심으로 보살폈다. 그의 배려로 위안을 얻었던 그녀는 그가 승마 사고를 당하자 무려 20마일(32.2킬로미터)을 달려 그를 만나러감으로써 그의 충성심에 화답했다. 1566년 6월 19일, 그녀는 장차 스코틀랜드 국왕 제임스 6세, 그리고 잉글랜드 국왕 제임스 1세가 될 아이를 출산했다. 이 소식을 들은 엘리자베스는 마치 단검에라도 찔린 듯 오페라풍의 음률로 다음과 같이 외쳤다고 한다. '애통하도다. 스코틀랜드

여왕은 예쁜 아들을 실은 거룻배인데, 나는 불모지에 불과하도다.'

이제 아기 침대에 건강한 아이가 누워 있는 한, 단리는 소모품에 불과한 신세가 되었고, 메리는 절묘한 권모술수의 주인공이 되었다. 그녀는 리치오를 죽인 주요 범죄자들을 직접 추적하는 대신, 그들이 처벌에 대한 공포로 시달리도록 내버려두었다. 그러면서 중간에 사람들을 넣어 그들에게 접근시킨 다음, 만약 그들이 다른 범죄자들을 처단해 준다면 본인들은 사면 받을 수 있다는 뜻을 넌지시 전달하게 했던 것이다. 결국 살인은 그들의 숙명이 되었다. 그들 중 최고위급인 모턴이나 메이틀런드 같은 자들은, 처음에는 또 다른 살인으로 말미암아 인간이나 신의 형벌을 면하기 어려울 것이라는 불안감으로 주저했으나, 그들이 가장 두려워하고 미워하던 보스웰로부터 느끼는 압박감이 그보다 더 컸기에 그들 사이에는 단리를 목표로 하는 예상 가능한 계약이 성립되었다.

1567년 2월 9일, 단리는 에든버러 외곽의 작지만 멋진 공간인 커크 오 필즈 Kirk o' Fields 저택의 침대에 누워 있었다. 아마도 급속하게 진행되는 매독의 부작용이었는지 그가 심각한 고열 증세를 보이자 (그는 홀리루드 궁전에 그대로 머무르고 싶어 했지만) 친절하게도 여왕이 요양지로 주선한 곳이었다. 그녀는 갓난아이인 왕자의 건강에 어떤 해도 미치지 않아야 한다고 그 이유를 말해 주었다. 부부 사이의 분위기가 조금은 따뜻해진 것 같았고, 단리는 자신의 병에 관심을 가져주는 아내에게 감사하면서, 건강을 회복한 후에 다시 궁으로 돌아갈 수 있을 것이라고 생각했다. 그날, 여왕은 그가 가장 신뢰하는 신하 중 한 사람의 결혼식에서 착용할 마스크에 적합한 옷차림을 갖추고 있었다. 단리로서는 그동안 침상에서 책 읽기, 그리고 카드놀이 등 놀라울 정도로 안일한 일상을 보내던 메리가 외출을 한다는 것이 마음에 들지 않았으나, 그녀는 그 외출을 감행했다. 보스웰은 미리 정해진 수순에 따라, 가면무도회를 빠져나와 입고 있던 은색과 검정색 의상을 벗어던지고 커크 오 필즈 저택 부근 어디에선가 도화선에 불을 붙이는 작업을 감독하고 있었다.

새벽 2시, 도시 전체에 커다란 폭발음이 울렸는데 그 소리는 일시에 대포를

30발이나 쏠 때만큼 컸다. 나중에 사람들이 커크 오 필즈 건물의 잔해 속에서 잠옷 차림의 단리 사체를 발견했을 때 몸에서 그슬린 흔적은 발견할 수 없었다. 그 까닭은, 폭발이 일어나기 불과 수분 전에 단리가 정원에서 들리는 무언가 소란스러운 소리를 듣고 로프가 달린 의자를 타고 창문을 통해 1층으로 내려갔기 때문인 것으로 밝혀졌다. 그는 잠옷 바람으로 정원을 달려가다가 막 준비 작업을 마친 일단의 음모자들과 마주쳤다. 그리고 폭발음과 분노가 에든버러를 진동시키고 있는 동안 그들은 단리의 목을 졸라 죽였다.

리치오의 죽음이 어느 정도 메리의 에너지를 활성화시킨 측면이 있었던 반면, 단리의 최후는 그런 효과를 가지고 온 것 같지 않았다. 그녀가 진정으로 단리의 최후를 원했건 원하지 않았건, 그것은 비극이 틀림없었다. 그녀는 대학살을 통해 아이를 안전하게 이 세상으로 인도할 수 있었다. 그러나 지금의 메리는 평정심이 한계를 벗어났고 힘든 투쟁에 지쳐버린 몸을 통제하기 어려웠다. 그녀는 오랫동안 멈추기 어려운 헛구역질을 계속 해댔고, 창백한 얼굴에는 검붉은 점액이 솟았으며, 탈진 상태에 빠진 그녀의 성정은 간헐적인 웃음을 발작처럼 터뜨리며 널을 뛰었다. 그녀는 누군가의 도움이 절실하게 필요했고, 그때 그곳에 있던 자가 보스웰이었다. 메리가 방향감각을 잃고 있었다면, 보스웰은 자신이 가고자 하는 방향을 정확하게 알고 있었다. 그는 권력의 정상을 향해서, 그리고 여왕의 침실을 향해서 똑바로 가고 있었다. 단리 살해자들에 대한 형식적인 재판은 무장한 보스웰 추종자 수천 명의 위세에 압도되어 무죄가 선고되었다. 보스웰에 대한 여왕의 의존은 더욱 깊어갔다. 보스웰은 에인슬리Ainslie에서 스코틀랜드 귀족회의를 소집한 뒤, 예상 밖의 정치가적인 태도를 보이는 가운데, 국가의 적절한 통치를 위해서는 여왕이 배우자를 취하는 것이 본질에 부합한다고 선언했다. 그리고는 자신이 그 역할에 적합한 인물이라고 매우 젊잖게 말했다. 최소한 하나 또는 두 차례의 살인 사건에 연루되어 하찮은 범죄자 신세로 전락해 버린 다수의 귀족들은 그에게 온순하게 복종하는 수밖에 도리가 없었다. 보스웰 같은 자들에게 이제 남은 건 사소한 세부적 절차들뿐이었다. 보스웰은 하룻밤 사이 아내와 이혼을 단행했고 이제는 문자 그대로 메리를 '설득'하는 절차만 남았을 뿐이었다. 에든버러로 향하던 여왕의 마차 행렬이 매복해 있던 보스웰과 그의 부하들에 의해 습격당했다. 그들은 그때까지도 소극적 운명론의 가수假睡 상태에 빠져 있던 메리를 던바Dunbar에 있는 보스웰의 음산한 별채 건물로 데리고 갔다. 군신 간의 의례가 실종된 그곳에서 보스웰은 그녀의 몸속에 자신을 밀어 넣었고, 그럼으로써 장차 스코틀랜드 왕을 기대하는 자신의 깃발을 심었다.

바로 이것이 보스웰식의 청혼이었던 것이다. 메리가 자신의 강간범과 결혼하는 수밖에 별도리가 없을 것이라는 것이 그의 생각이었고, 그 생각은 맞았다. 몇 주 후 그들은 홀리루드에서 프로테스탄트 예식에 따라 부부로 결합되었다. 그럼에도 불구하고 스코틀랜드에는 자신들이 생각하는 바를 분연히 외치는 사람들이 있었다. 예를 들면, 존 녹스의 동료인 커크Kirk의 존 크레이그John Craig는 첫째, 메리가 강간을 당하지 않았으며, 둘째, 그녀가 자신의 의지에 반하여 억류된 적이 없음을 확인하기 전까지는 결혼을 적법하게 공표할 수 없다며 이를 거부했다. 크레이그는 심지어 두 사람의 결혼에 대한 이의異議 목록을 공개적으로 제시하기까지 했다. '간통에 관한 법률, 커크의 조례, 강간에 관한 법률, 그와 그 아내 사이에 공모가 있었을 것이라는 의심, 갑작스러운 이혼과 4일 만의 발표, 그리고 그녀의 결혼이 증명해 줄지도 모르는 왕(단리)의 죽음에 관한 의문'이 그것이었다.

이때 메리가 처한 곤경은 확실히 독특하기는 했지만 엘리자베스가 더들리 문제로 처했던 상황과 일면 유사한 이미지가 있었다. 그러나 두 사람의 대응은 완전히 달랐다. 더들리의 아내 에이미의 죽음은, 더들리가 실제 그 사건과 아무런 관련이 없었는지의 여부를 떠나, 엘리자베스에게 이 문제에 대한 일시적인 혐오감과 그를 향한 분노를 자아내게 한 것이 사실이었다. 이것이 평화로운 삶에 대한 그녀의 꿈을 실현시키기는커녕 아예 불가능하게 만들어버렸기 때문이었다. 반면에 메리에게 있어서 단리의 죽음은 보스웰을 바람직하지 않은 인물로 인식하게 하는 계기가 되긴 했지만, 그럼에도 불구하고 도저히 합리적으로는 설명이 안 되는 그 무엇에 의해 보스웰은 메리의 생존에 필수적인 존재가되었다. 이러한 상황은 그녀를 극심한 고통에 빠뜨렸을 뿐 아니라 경미한 정신이상 상태로 만들었다. 그리고 그녀는 자신에게 주어진 모든 선택 가능한 대안중에서 하필이면 최악의 수들만 고르기 시작했다. 만약, 그녀가 단리 살인 음모에 대한 사전 지식을 가지고 있지 않았던 것이 사실이라면, 그녀는 지금이라도 암살자들을 추적하여 단죄함으로써 그녀의 정통성을 회복할 수 있었을 것이었다. 그런데 그녀의 선택은 오히려 그 범죄 집단의 우두머리와 결혼하는 것이었다.

그 선택의 결과는, 아마도 엘리자베스가 마음 가는대로 더들리와 결혼했다면 그녀 또한 맞닥뜨렸을 수 있었던 '반란'이었다. 1567년 6월 15일, 메리와 보스웰의 군대는 머슬버러Musselburgh 근처 카베리Carberry 언덕에서 적과 마주쳤다. 반란군의 깃발은 그 자체로 훌륭한 선전 효과를 가지고 있었다. 살해당한 순결한 영혼을 의미하는 흰색 바탕과 살해당한 여왕의 남편을 안치한 장소를 의미하는 초록색 나무가 그것이었다. 또한 단리의 시신 옆에는 어린아이 제임스가 묘사되어 있고, 그 옆에는 '오, 주여, 나의 일을 심판하고 복수하여 주소서'라는 글귀가 명기되어 있었다. 보스웰은 이를 본 척도 하지 않고, 반란군의 지휘관들에게 개인적인 결투로써 사태를 해결하자고 제의했지만 그들은 (자기들의 숫자가 더 많았으므로) 이를 거부했다. 함성이 교차하는 사이, 보스웰의 군대는 숲속으로 흩어졌다. 자신의 군대가 붕괴되자, 보스웰은 메리를 반란군의무기력한 포로가 되도록 남겨둔 채 혼자 말을 타고 연고지인 던바를 향해 질주해 갔다. 병력을 증원해 보려는 기대였다. 이것이 메리가 본 그의 마지막 모습이었다. 그는 수년 뒤, 덴마크의 한 감옥에서 돌기둥에 묶이고 자신의 배설물에 더럽혀진 채로 죽음을 맞았다.

메리에게 굴욕의 시간은 즉각적으로 다가왔다. 에든버러로 돌아간 그 순간부터 그녀는 괜스레 심술이 나고 금방이라도 눈물이 터질 것 같았다. 에든버러의 군중은 그녀를 향해 소리쳤다. '저 매춘부를 불에 태워라, 그녀는 살 가치가 없다, 그녀를 물에 빠뜨려라.' 메리를 인어(매춘부의 완곡한 표현)라고 지칭한 전단들이 에든버러의 성벽과 성문들 앞에 나붙었다. 다음 날 그녀는 창窓 앞에 나타나 과거 자신이 경멸하던 군중을 행해 도움을 간청해야 했다. 이제 '미인 중의 미인'은 선술집 단정치 못한 여자와 다름없는 처지가 되었다. 그녀는 슈미즈 드레스가 터져버리는 바람에 허리가 드러났고, 그녀의 가슴 또한 밖으로 나왔으며, 그녀의 머릿결은 불결한 타래들로 서로 엉켰다. 그녀의 얼굴에는 눈물과 때가 뒤섞여 기다란 자국이 만들어졌다. 그녀는 곧 강제로 폐위 당했다. 왕위는 어린 아들 제임스에게 넘어갔고, 그녀의 이복동생이자 신교도인 머리 백작이 제임스가 성년이 될 때까지 섭정을 맡게 되었다. 이때 그녀의 나이 스물다섯이었다. 그녀의 이야기는 여기에서 종결되는 듯했다.

물론, 우리가 아는 바와 같이 이야기는 거기가 끝이 아니었다. 춥고 깊은 호수의 한가운데 위치한 록레이븐Lochleven성에 유배된 메리는 마지막 무기를 사용하기로 마음먹었는데, 그것은 바로 비극적으로 손상되어 버린 그녀의 미모가 풍기는 묘한 매력이었다. 그녀의 간수는 원래 완고하기로 이름난 더글러스Douglas 씨족의 일원이었지만, 그만 그녀를 향한 흠모의 늪 속에서 녹아버리고 말았다. 1568년 5월, 메리는 그곳에 갇힌 지 열 달 만에 극적으로 호수를 빠져나와 섭정공과 대적할 군대를 일으켰다. 그녀가 이 일을 놀라울 정도로 쉽게 이룰 수 있었던 것은 섭정공 머리 백작이 폐위된 여왕만큼이나 백성들의 원성을 사고 있었기 때문이었다. 아무튼 그녀는 글래스고 근처 랭사이드Langside에서 수치스러운 패배를 당함으로써 애써 얻은 군대를 허망하게도 낭비하고 말았다.

이제 그녀가 위기를 헤쳐 나갈 수 있는 길은 단 하나였다. 그것은 일단 잉글랜드로 피신했다가 기회를 도모하여 스코틀랜드로 귀환하는 것이었다. 물론 메리가 이 길에 대해 깊은 우려를 하지 않은 것은 아니었다. 무엇보다 메리는 단리 살해에 대한 엘리자베스의 혐오감이, 자신이 반란에서 폐위에 이르는 일련의 과정에서 경험한 엄청난 공포와 견주어, 그리 차이나지 않는다는 것을 확실하게 알고 있었기 때문이었다. 그럼에도 불구하고 그녀는 엘리자베스가 결국은, 필요하다면 군사력을 동원해서라도 자신의 왕권 회복을 도와줄 것이라고 믿었고 그러한 전제하에서 움직이기 시작했다. 따라서 그녀가 국경 너머로 도피를 계획할 때만 하더라도, 이를 자신이 궁극적인 개선을 이루는 데 필요한 임시적 피난 정도로만 생각했을 뿐이었다. 아마도 그녀는 자신이 기껏해야 몇 달, 길어야 1년 정도 잉글랜드에 머물게 될 것이라 생각했을 것이다.

만약, 그녀가 19년이라는 세월을 그곳에서 보내게 될 운명임을 미리 알았더라면, 메리는 솔웨이만을 가로지르는 선택을 하지 않았을 것이다. 그러나 그녀는 그때 그곳에 있었다. 후줄근하고 축 늘어진 모습을 하고, 그 유명하던 흑갈색 긴 머리 단은 변장하느라고 잘라버려 온데간데없는데, 그녀는 덮개도 없는 배 위에 앉아 몰아치는 북풍을 그대로 맞으면서 등을 둥그렇게 구부린 채로 멀어져가는 스코틀랜드 해변에 시선을 고정시키고 있었다. 그녀의 등 뒤로는 컴벌랜드Cumbrian의 조그마한 어항 워킹턴Workington과 그녀의 족친(5촌) 엘리자베스의 왕국이 있었다. 반쯤을 건넜을까. 그녀는 갑자기 무언가 잘못되고 있다는 불길한 예감을 느꼈다고 한다. 그것은 잉글랜드가 아니라 프랑스로 갔어야 했다는 때늦은 후회와 왠지 스코틀랜드를 다시는 보지 못할 것 같은 느낌이었다.

메리가 갑자기 잉글랜드에 출현하자 엘리자베스 정부는 혼란에 빠졌다. 그녀의 곤경을 동정하고 반란을 비난하는 등 가까운 족친을 위해 통상적인 언사를 건네는 것은 어렵지 않았지만, 이와 관련해서 실제로 무엇을 해야 할지를 결정하는 것은 완전히 별개의 문제였다. 특히, 스코틀랜드의 섭정공이 열성적인 개신교도라는 점이 메리 문제와 관련한 의사결정을 어렵게 만들었다. 세실은 만약 '그녀는 자발적으로 온 것이다', '그녀는 자신의 의사에 반하여 퇴위되었다' 등등 그의 유명한 '찬반 메모'가 없었더라면, 결정 장애의 늪에서 벗어나지 못했을 것이다. 세실은 메리의 존재가 아무리 불편하다 하더라도 적어도 하나의 긍정적인 효과는 있을 것이라고 기대했다. 그것은 그녀의 존재로 인해 엘리자베스가 지금껏 시간만 질질 끌고 있던, 그러나 여왕 자신뿐 아니라 왕국의 미래가 걸려 있는, 자신의 후계구도 문제에 정신을 집중하게 될 것이라는 기대였다. 엘리자베스는 문제의 1568년에 서른다섯 살이었고, 더 젊어질 수는 없는 노릇이었다. 왕실 세탁부는 매월 그녀가 아직도 출산 능력을 가지고 있다는 증거를 보고해 왔지만 결혼과 관련한 그녀의 의지는 점점 더 완고해지고 있었다. 그러나 아무리 그녀가 혼인 문제를 논의하지 않더라도, 그녀는 여전히 후계자를 제공해야 할 의무가 있었다. 만일 그녀가 이 골치 아픈 일을 스스로 해결하지 않으면, 다른 누구라도 나서야 했다. 이런 상황에서 메리가 가장 강력한 왕위계승 후보라는 것은 기정사실이었으므로, 그 누군가는 그녀를 위해 국경 근처에 대안 궁정을 만들 생각을 할 수도 있는 일이었다.

엘리자베스를 현실과 직면하게 만들기 위해서는 한 사람의 용감한 남자가 필요했다. 그녀는 더들리가 여전히 자신을 졸라대고 있다고 느끼면서 그를 향해 외쳤다. '만약 그대가 이곳을 다스릴 생각을 한다면, 나는 그대가 이곳에 오는 길을 지켜볼 수 있는 길을 택할 것이오. 그러나 이곳에는 여주인이 있을 뿐, 남자 주인은 없을 것이오.' 같은 해인 1566년 의회가 나서서, 만약 여왕이 결혼 및 후계자 문제를 논의하지 않겠다고 고집하면, 의회 또한 여왕에 대한 재정 보조를 거부하겠다고 위협했다. 그러자 엘리자베스는 심하게 짜증을 내면서, 이는 어디까지나 자신의 개인적인 일이며, 더구나 의논을 하더라도 추밀원이 할 일이지, 의회가 관여할 일은 아니라고 고집을 부렸다. 의원들이 개인적인 일에 대한 논의를 원했다면, 의당 그들 모두가 알고 있는 사실이 있었다. 노퍽 공작은 거의 반역자였고, 노샘프턴 후작의 경우에는 혼인 문제가 너무 심하게 얽히는 바람에 그것을 해결하기 위해 별도의 법을 필요로 했던 것이다. 이 밖에도 많은 헛된 시도가 있었다. 세실은 '아마 여왕 폐하께서는 이 시점에서 이 문제에 관해 들으시는 것이 매우 불편하신 듯 보인다seemth'며 의회를 정회시키려고 했다.

그러나 그녀는 자신이 '그렇게 보이는seemth' 것이 아니라 '그렇다'는 것을 알려주려 했다. 1566년 11월 5일, 냉정함을 어느 정도 회복한 엘리자베스는 의회 대표단을 불러놓고 일장 연설을 했다. 그녀는 하원이 정당한 절차를 밟지 않고 자신을 상대로 협박을 하려 한다고 꾸짖은 뒤, 브리튼 역사를 통해 가장 훌륭한 연설의 하나로 평가되는 한 대목을 제시하기에 이르렀다. 그것은 그 누구도 실제로 그녀 면전에서 제기하지 않던 주장, 즉 그녀가 신민들의 운명을 전혀 배려하지 않는다는 주장을 논박하는 고전적인 책략을 구사하는 것이었고, 이는 대단히 기민한 대응이었다. 그녀는 이렇게 묻고 있었다. 그대들은 정녕 나를 어떤 외국인에게 넘기려는가?

내가 이 왕국에서 태어난 것이 아니던가? 나의 부모님들이 외국에서 태어나셨던가? … 이곳이 내 왕국이 아니던가? 내가 누구를 억압한 적이 있던가? 내가 다른 사람에게 해를 끼치면서까지 그 누군가를 부유하게 만든 적이 있는가? 내가 우리 공동체를 배려하지 않는다고 의심을 받을 만한 혼란을 언제 초래한 적이 있는가? 나의 치세가 시작된 이래 내가 왕국을 어떻게 통치해 왔는가? 나는 오직 선망羨望에 의해서만 시험될 뿐이다. 나의 행위가 나를 판단할 것이므로 나는 많은 말을 필요로 하지 않는다. … 나는 내 명예를 지키기 위해서라도 내가 공적 공간에서 행한 군주의 언약을 깨는 일은 결단코 없을 것이다. 그러므로 내가 다시 한 번 이르건대, 나는 형편이 허락하는 대로 가능한 빨리 결혼할 것이다. … 그리고 나는 자녀를 가질 것을 희망하는바, 그게 아니라면 결혼할 이유도 없기 때문이다.

연설은 점점 더 훌륭해졌다. 청중들로 하여금 죄책감을 불러일으키도록 하는 가운데, 그녀는 자신이 메리 치하에서 왕위계승권에서 가깝다는 이유로 겪어야 했던 고통을 상기시키면서, 자신은 결코 그런 고통을 그 누구에게도 가하지 않을 것이라고 말했다.

모든 사람은 언젠가는 죽어야 하며, 그렇기에 나는 내 자신의 죽음에 대하여는 염려하지 않는다. 나는 또한, 비록 여자의 몸이지만, 나의 아버지가 그러셨던 것처럼 나의 위치에서 책임져야 할 것을 행할 수 있는 강한 용기를 가지고 있다. 나는 기름 부음을 받은 그대들의 여왕이다. 내가 무슨 일을 행함에 있어서 어떤 폭력으로 제어받는 일은 없을 것이다. 나는 내가 속옷 차림으로 이 왕국에서 쫓겨난다 하더라도 기독교 세계 그 어느 곳에서도 살 수 있는 자질들을 내게 주신 신께 감사한다.

그녀는 자신이 판단하는 안전하고 적절한 시기에 후계 구도를 밝힐 것이며, 다만, 그와 관련하여 그 누구의 지시도 받지 않을 것인바, '그것은 다리가 머리에게 지시를 내리는 괴물의 형국이기 때문이다'라고 말했다.

이 연설은 너무나 매력적이었기에, 연설 속에 들어 있는 다른 비논리적인 추론들을 그냥 덮어버린, 그야말로 고전적인 엘리자베스식의 연설이었다. 나는 결혼하고 싶고 자녀도 갖고 싶은 속치마 입은 여자이다. 그러나 다시 말하지만, 나는 그냥 여자가 아니라 언제, 또는 누구와 결혼하라는 지시를 그 누구로부터도 받는 사람이 아니다. 사실을 말하자면, 나는 왕이자 여왕이기 때문이다. 그러므로 적절하고 준비된 시간에 너희에게 모든 것을 알려줄 테니, 너희들은 입 다물고 물러들 가라, 이런 뜻이었다.

그렇다고 이것이 근본적인 문제의 해결은 아니었다. 그로부터 18개월 뒤 발생한 메리의 예기치 않은 출현은 이 문제를 적절하게 해결하지 않은 것에 대한 혹독한 대가를 요구하기에 이르렀다. 이제 몇 가지 문제가 필연적으로 제기되는 상황이 되었다. 메리 스튜어트는 그녀의 후계자인가? 아닌가? 그녀가 아니라면 후계자는 누구인가? 그녀는 어떤 대우를 받아야 하나? 왕위계승 후보자로서? 아니면, 일시적인 하객이자 동맹으로서? 그 어느 것도 아니었다. 자신의 5촌 당숙모에 대한 메리의 첫 번째 부탁은 자신의 지위에 걸맞은 옷가지와 장신구였는데, 그것은 잉글랜드에 입경할 때 입었던 누더기를 대체하기 위함이었다. 많은 불평 끝에 그녀가 받은 것은 리넨 옷감 한 상자였다. 아마도 메리는 스코틀랜드의 섭정공 머리 백작이 자신의 진주 여러 꿰미를 약탈하여 잉글랜드 여왕에게 회유차 보냈으며, 엘리자베스가 이미 그것들을 몸에 걸치고 있다는 사실을 몰랐으리라.

엘리자베스는 사실 무엇을 해야 할지 몰라서 마음속 깊이 갈등하고 있었다. 그녀는 여전히 그녀의 또 다른 5촌 조카인 단리의 죽음에 메리가 공범으로 연루된 것이 아닐까 의심하고 있었다. 거기에다 현실 정치에 대한 그녀의 남다른 통찰력이 그녀의 머릿속에서 작동하고 있었다. 스코틀랜드의 신교도 정부가 자신에게 우호적이며, 심지어는 고마움까지 느끼고 있는 상황에서 구태여 가톨릭을 믿는 여왕, 그것도 언제 또다시 프랑스에 국경을 개방할지 모르는 사람을 위해 정부를 교체해 봐야 실익이 없다는 것이 그녀의 판단이었다. 그리고는 상충되는 국사와 마주치면 언제나 그랬듯이, 엘리자베스는 아무것도 하지 않은 채 이 모든 것이 지나가길 바라고 있었다.

엘리자베스와 만나려고 하는 자신의 개인적인 노력이 허사가 되자, 메리는 의아한 와중에 누군가 자신의 편지를 중간에 가로챈 것이 아닐까 의심했다. 그러다가 엘리자베스가 전령으로 택해서 보낸 프랜시스 놀리스 경의 말을 듣고서야 자신이 손님이 아니라 포로 신세라는 것을 깨닫게 되었는데, 그녀가 크게 격분한 것은 당연한 일이었다. 놀리스의 전언은 철저한 심문을 거쳐 그녀의 결백함이 밝혀진 후에라야 잉글랜드 궁정이 격식을 갖추어 그녀를 접대할 것이라는 얘기였다. 격분해 보아야 아무런 소용이 없었다. 그녀가 화가 나서 악을 쓰면 쓸수록 엘리자베스는 그녀의 간청에 더욱더 귀를 닫을 뿐이었다. 1568년 10월, 요크에서 심문이 시작될 무렵, 엘리자베스 추밀원의 자문관 대부분은 머리 백작이 메리의 유죄를 입증할 수 있는 결정적인 증거를 제출하고, 그럼으로써 그녀의 명분이 사라져버리는 순간을 기대하고 있었다. 실제로 머리 백작은 '남편을 죽이라'며 사전에 보스웰에게 보냈다는 메리의 편지 상자를 유죄 입증의 증거로 제출했는데, 편지는 조작되었을 수도 있고 그렇지 않을 수도 있었다.

그녀는 남은 평생 늘 같은 태도를 견지했듯이, 그녀의 범죄 혐의에 관한 어떤 진술도 거부했으며, 심지어는 스코틀랜드 여왕에 대한 잉글랜드 법정의 사법 관할권을 받아들이지 않았다. 사실 그녀의 주장에는 일리가 있는 것이었다. 그러나 심문을 거치면서 그녀는 자신이 꼼짝없이 '포로' 신세가 되었다는 것을 확실하게 인식하지 않을 수 없었다. 그녀는 슈루즈베리Shrewsbury 백작 조지 탤벗George Talbot의 호위 아래 거처를 이동해야 했는데, 그는 사실상 남들이 그다지 부러워하지 않는 간수라는 책무를 수행하고 있었던 것이다. 스태퍼드셔 Staffordshire 터트베리Tutbury성을 포함한 몇몇 거처는 비에 흠뻑 젖은 폐허보다 별로 나을 것이 없었다. 더비셔Derbyshire 사우스 윙필드South Wingfield에 있는 저택 등 그런대로 참을 만한 곳들도 더러 있었는데, 메리는 그곳에서 말을 타는 것이 허용되었고, 슈루즈베리 백작의 부인 '어마어마한 베스the formidable Bess'를 위한 태피스트리도 만들 수 있었다. 그러나 세실과 (이제 엘리자베스의 국무대신이 된) 프랜시스 월싱엄Francis Walsingham이 엘리자베스에게 늘 일렀듯이 그녀는 여왕의 안전에 가장 위험한 인물이었으며, 따라서 언제나 감시받는 존재였다.

열성적인 신교도였던 월싱엄이 메리의 곤경에 대해 동정적인 태도를 취할 것이라고 기대하기는 어려웠다. 그에게 메리의 존재는, 그녀가 어디에 있건, 살아 있다는 자체가 골칫거리였다. 과거 프랑스로 보내졌던 그녀도 골칫거리였고, 트위드강 너머 스코틀랜드로 다시 돌아온 그녀도 마찬가지였다. 지금은 그녀가 비록 ― 억류 전략으로 ― 잉글랜드에 감금 상태에 있다지만, 꿀단지 하나가 파리들을 꾀듯, 그녀는 잠재적 왕위 계승자의 신분으로 잉글랜드 내 불평분자들을 끌어들일 수 있는 존재였으므로 여전히 골칫덩어리이기는 마찬가지였다. 월싱엄은 (냉정하고, 기만적이며, 외골수라는 점에서) 전형적인 비밀경찰 유형에 속하는 성격이라고 할 수 있지만, 그렇다고 그가 피해망상증에 걸려 있는 것은 아니었다. 왜냐하면 그가 걱정한 대로 메리가 실제로 자석처럼 반란 음모를 끌어들이는 주인공이 되었기 때문이었다. 가장 위험했던 음모는 그녀를 탈옥시켜 잉글랜드에서 가장 높은 귀족인 4대 노퍽 공작 토머스 하워드와 결혼시키려 한 것인데, 당시 하워드는 세 번째 아내와 사별하고 배우자가 없는 상태였다. 그런데 이 음모는 주변부에 존재하는 일부 가톨릭 광신자들이나 몽상가들이 만들어낸 것이 아니었다. 여기에는 한때 엘리자베스에게 구애를 하기도 했었던 애런들 백작을 비롯하여, 정부 핵심에 있던 사람들로부터 나온 것이었다. 그들은 광대한 영지를 소유했을 뿐 아니라 당시 세실이 누리고 있는 총애만큼이나 막대한 후원을 여왕으로부터 받아온 자들로서, 이들 무리에는 더들리도 끼어 있었다. 과거 더들리와 노퍽은 철천지원수 같은 사이였다. 어느 날 두 사람이 테니스 시합을 벌이던 중에 더들리가 관전 중이던 여왕으로부터 스카프를 건네받아 이마를 닦았는데, 이를 본 노퍽이 너무나 건방지고 꼴사나운 작태라며 분노하여 그를 라켓으로 내려치려는 위협을 한 것이 결정적인 계기가 되었다. 그런데도 불구하고 더들리가 이 음모에 개입한 것이었다.

지나고 나서 보니 이들의 계획이 터무니없었다고 볼 수도 있지만, 당시의 관점에서 보자면 상당히 절실한 상황적 요구 같은 것이 있었다. 노퍽은 모든 하워드가의 사람들이 그러하듯 마음속으로는 여전히 가톨릭 신자였지만, 어찌 되었건 공식적으로는 국교회 예배에 참석하는 신교도였다. 그러므로 래스터 백작(로버트 더들리), 서식스 백작, 애런들 백작을 비롯하여 음모를 꾸민 사람들은 메리와 노퍽 사이의 결합이 잉글랜드의 종교적 분열이 만든, 아직도 치유되지 않은 상처를 봉합해 줄 것이라 믿었는지 모른다. 이것이 성사되면, 잉글랜드 사람과 스코틀랜드 사람, 신교와 가톨릭, 그리고 북쪽과 남쪽 등 모든 분열의 경계가 단박에 사라질 수도 있었다. 그 결과로 새롭고 더욱 바람직한 브리튼이 탄생할 수도 있고, 세실이 이 과업을 맡을 수도 있는 일이었다.

당연히 엘리자베스는 그렇게 생각하지 않았다. 그녀는 노퍽에게 스코틀랜드 여왕과 결혼할 것이라는 소문이 사실이냐며 마키아벨리식으로 물었다. '저는 안전한 베개 위에서 자고 싶습니다'가 그의 대답이었다. 엘리자베스는 속지 않았다. 노퍽의 아버지가 반역죄로 자신의 부친 손에 죽었는데, 엘리자베스 또한 하워드가의 사람들이 가진 특유의 기분 나쁜 성향을 감지하고 있었다. 그것은 자신들이 튜더 가문보다 더 낫다는 과도한 확신이었다. 여왕은 노폭에게 결혼 계획과 관련하여 사실을 말할 수 있는 기회를 수없이 주었지만, 마지막에 정작 이를 실토한 것은 래스터(더들리)였고, 덕분에 그는 처벌 대신에 여왕으로부터 고맙다는 말을 들었다. 그리고 1569년 10월, 런던 타워로 간 사람은 노폭이었다.

메리의 석방 문제는 애런들이나 래스터 등의 궁정 정치인들에게 중요한 일이 아니었다. 이들 궁정 정치인들이나 추밀원 자문관들의 또 다른 모습은 지역적 기반을 가진 대귀족이며, 엄청난 재물과 인력을 마음대로 부리는 자들이라는 것이다. 새로운 잉글랜드나 브리튼 기반의 잉글랜드에 대한 청사진은 이들이 아니라, 런던으로부터, 그리고 여왕의 행렬에 쏟아지는 흠모의 합창 소리로부터 가장 멀리에 있는 사람들에게 오히려 큰 의미가 있었다. 특히, 가톨릭 신앙이 뿌리째 뽑히기는커녕, 데이커가※와 퍼시가※ 등 과거 국경 지역 대가문들의 적개심을 자양분으로 삼아 오히려 확산되고 있던 잉글랜드 북부와 서부 지역에서는 엘리자베스를 메리로 교체하고 싶은 유혹이 강했다. 그곳 노섬벌랜드와 웨스트모얼랜드Westmorland의 사람들이 서로 이야기하기를, 튜더가의 사람들이 여전히 웨일스에서 양조업을 영위하고 있는 터에, 갑자기 남쪽에서 올라온 관리들이 우쭐거리면서 자기들 샤이어의 정부와 종교에 개입하여 무엇을 할 수 있고 무엇을 할 수 없다는 등 간섭하는 통에 정말로 진저리가 난다는 것이었다. 이들에게 메리는 엘리자베스의 후계자가 아니라 그녀를 대체할 존재였다.

남쪽에서 음모의 한 축이 함몰되면서 반란의 기운이 주춤해졌다. 그러자 여자들, 특히 강인한 성격을 가진 노폭의 누이, 웨스트모얼랜드 백작 부인이 나섰다. 그녀는 '(노폭) 공작은 일을 시작해 놓고 끝까지 밀고 나가지 못하니 참으로 단순한 사람이다'라고 적었다. 북부의 백작들에게 런던으로 와서 추밀원 앞에서 직접 석명하라는 소환장이 도착하자, 백작 부인은 이제 남은 것은 전면적인 저항이냐, 옹졸하게 단두대를 향해서 걸어갈 것이냐, 둘 중에 하나를 선택하는 것이라며 응전을 설득했다.

그래서 그들은 싸우기로 했으며, 웨스트모얼랜드 백작과 노섬벌랜드 백작이 1569년 11월 시작된 반란을 이끌었다. 처음 얼마 동안은 그들의 승리가 점쳐지기도 했고, 최소한 북부에서는 이길 것 같았다. 튜더조朝의 통치 권력은 시각적으로는 매우 인상적이었지만, 그것의 상당 부분은 불안정한 외관에 불과했고, 그마저도 북쪽으로 올라갈수록 더욱 취약한 것이 현실이었다. 반란군과 맞서기 위해 튜더 정부가 처음에 끌어 모은 병력은 고작 기사 수백 명에 약 천명 정도의 무장 병사가 전부였다. 북부 반란군은 과거 1536~1537년 사이 '은총의 순례' 반란에서 마지막으로 사용되었던 '그리스도의 다섯 상처' 깃발 아래 행군을 거듭하며 그들의 본거지인 랭커서, 요크서, 그리고 노섬벌랜드를 휩쓸었다. 1569년 더럼 성당은 그들에 의해 로마교회에 속하는 것으로 다시 성별聖別되었다. 영어로 된 성경들은 수색을 거쳐 폐기되었다. 석제 제단이 복원되었고, 거대한 노르만 양식의 바실리카에서는 늘어선 대형 기둥들 사이로 다시금 라틴어 미사 소리가 울려 퍼졌다. 틀림없이 잉글랜드 성인聖人들의 교회가 다시 탄생한 것처럼 보였으리라. 그리고 그들은 자신들이 그곳에서 겨울만 버텨내면 돌아오는 봄에는 스페인으로부터 지원군이 도착할 것이라 믿었다.

그러나 엘리자베스 정부가 상황의 중대성을 인식하면서 잉글랜드 종교전쟁은 새로운 국면으로 전개되기 시작했다. 북부 반란군의 특별기동대가 메리를 구출하기 위해 터트베리로 향해 오자, 메리는 아슬아슬하게 때를 맞춰 막강한 방어망이 구축되어 있는 코번트리로 이송되었다. 이제 정부군은 초반의 혼란을 극복하고 압도적인 비율의 남부 출신 병력으로 구성된 막강 군사 1만 2000명을 동원하기에 이르렀으며, 북부로 진격한 이후에는 그 숫자를 더욱 늘렸다. 반란은 무자비하게 진압되었고, 백작들은 스코틀랜드 국경을 넘어 달아났다. 엘리자베스는 붙잡힌 자들에게 자비를 베풀 마음이 없었다. 반란이 정점에 달했을 때 타워에 갇혀 있던 노퍽은 오히려 그 때문에 운 좋게 목숨을 건진 셈이

되었다. 반란군들에 대한 보복과 처벌에 대한 엘리자베스의 공식 지침들이 너무나 야만적이었기에 지방의 치안판사들은 그들 나름의 재량권을 발휘하여 징벌 조항들을 온정적으로 집행함으로써, 하마터면 여러 세대에 걸쳐 그들에게 쏟아질 수 있었던 혹독한 비난들을 비켜나갔다. 그렇게 했음에도 처형된 사람들의 숫자가 450명에 달했으며, 이는 헨리 8세가 이보다 더 큰 규모의 반란이었던 '은총의 순례' 때 집행한 숫자의 세 배에 해당했다. 낮은 신분의 사람들은 교수한 뒤 살아 있는 상태에서 배를 갈라 내장을 꺼내는 형을 받았다.

공포는 효과가 있었다. 북부 백작들의 봉기는 튜더 잉글랜드를 심각하게 위협한 마지막 반란 사건이 되었다. 이제 불평분자들은 반란자들의 막대한 재산이 몰수되어 여왕의 편을 지킨 자들에게 넘어가는 것을 목격하면서, 체제 교체를 위한 모험적 시도는 너무나 많은 것을 위태롭게 만든다는 사실을 깨달았다. 1570년, 그럼에도 불구하고 잉글랜드의 가톨릭 신자들은 또 한 번 극심한 딜레마에 빠져들어야 했다. 그해 교황 피우스Pius 5세가, 결과적으로 보면 적절치 못한 시기 선택이었지만 엘리자베스에게 파문장을 발부하고, 독실한 신자들을 향해 어서 일어나 이단적인 여왕을 폐위시키고, 필요하다면 목숨까지 앗을 것을 촉구했던 것이다. 이제 잉글랜드의 가톨릭 신자들은 누구를 배신할 것인가, 하는 선택의 기로에 봉착했다. 자신들의 교회를? 아니면 자신들의 군주를?

일부 사람들은 피치 못하게 후자를 선택했다. 1571년 피렌체 출신 금융업자 로베르토 리돌피Roberto Ridolfi가 주도한 음모가 발각되었다. 이 음모의 목적은 잉글랜드에서 봉기를 일으킨 뒤에 네덜란드에 주둔 중이던 스페인 군대를 끌어들여 메리를 구출하는 데 있었다. 그렇게 해서 엘리자베스를 죽이고 그 자리에 메리를 올릴 계획이었다. 그런데 반성의 태도를 보인 덕분에 타워에서 풀려났던 노퍽이 놀랍게도 이 음모에 자발적으로 연루되었다. 그는 그동안 아무 교훈도 얻지 못했던 것일까? 노퍽의 유죄를 완벽하게 입증하는 증거가 있었지만, 엘리자베스는 잠재의식 속에 내재된 족친[4] 살해에 대한 금기 때문에 결단을 내리지 못하고 노퍽에 대한 재판을 거듭해서 연기할 뿐이었다. 의회가 나서서 스코틀랜드 여왕을 '괴물 같은 거대한 용이며 흙덩어리'로 지칭하는 사태가 일어났음에도 불구하고, 엘리자베스는 메리의 사권私權을 박탈하기는커녕 그녀를 왕위계승 후보자 군에서도 제외시키려고 하지 않았다. 그러나 자신의 신민들에게 메리가 자기결정적인 존재 또는 최악의 원수로 인식되는 사태는 막아야 했고, 그러자니 희생양이 필요했다. 노퍽은 동료들로 구성된 배심원단에 의해 심리를 받은 결과 만장일치의 유죄 평결이 나와서 그의 아버지가 그랬던 것처럼 타워에서 참수되었으며, 세인트 피터 아드 빈큘러St Peter ad Vincula 교회의 판석 밑에 안치된 또 하나의 머리 없는 시신이 되었다.

북부 백작들의 난이 평정되고, 세실은 이를 가리켜 '여왕 폐하께서는 당신의 왕국 전체를 건 중대한 시험을 치르셨다'고 말했다. 그러나 그와 여왕, 두 사람 모두 쏟아지는 팡파르와 꽃 세례에도 불구하고, 영광과 파멸 사이가 불과 종이 한 장 차이도 되지 않는다는 것을 알고 있었다.

1570년대 중반 무렵, 잉글랜드가 아닌 다른 지역에서도 문제가 터질 가능성이 짙어지고 있었다. 북해 건너 저지대에서는 네덜란드와 스페인 사이에 서로 물고 뜯는 각축전이 진행 중이었다. 식량이 차단된 도시들은 굶주림으로 굴복하거나 잿더미가 되었다. 1572년 파리에서는 성 바살러뮤 축일에 대학살이 일어나서 (알려진 바에 따르면 여자들과 그들의 품에 안긴 아기들까지 포함된) 신교도들이 살육되어 센강에 던져졌다. 세실은 이를 두고 '예수의 십자가 처형 이후 가장 큰 범죄'라고 말했다.

그러나 이들 사건은 어디까지나 해외의 문제였다. 솔즈베리 주교가 선언한 바에 따르면, 과거 그 어느 때보다 '잉글랜드는 평화롭고, 건강하며 풍요로운 음식을 누리고' 있었다. '풍요'는 엘리자베스 시대 잉글랜드 예찬자들 사이에서 마치 그 시절에는 황금빛 한여름golden high summer이라는 오직 하나의 계절이

---

4   엘리자베스와 노퍽은 6촌 사이였다 ─ 옮긴이.

있었던 것처럼 흔히 사용되던 단어였다. 여왕 자신은 (비록 체리로 귀걸이를 만들어 착용하기도 했지만) 과실을 출산하지 못했다. 그러나 그녀의 치세는 열매를 맺었다. 플랑드르에서 일어난 재앙은 잉글랜드 입장에서 볼 때 자본과 숙련 기술자들의 국내 유입을 불러온 선물이었다. 엘리자베스는 안트베르펜Antwerp을 모방하여 잉글랜드에 처음으로 증권거래소를 개설했다. 잉글랜드 경제는 조금은 불안정하기는 했지만 괄목할 만한 산업의 팽창을 이루어내고 있었다. 주석과 철에서부터 리넨, 레이스, 유리, 비누, 그리고 소금에 이르기까지 모든 종류의 제품이 잉글랜드 안에서 생산되고 있었다. 규모가 그다지 크지 않은 주택들도 유리 달린 창을 다는 것이 흔한 일이 되었고, 식탁용 식기류와 조리 도구에서도 백랍이 나무 재료를 대체하게 되었다. 잉글랜드는 매우 중대한 변화를 경험하고 있었던 것이다. 물론, '풍요의 뿔cornucopia'은 모든 사람에게 그 과실을 풍족하게 나눠주지는 못했는데, 그 이유는 인구가 너무 많았기 때문이었다. 16세기 말에 이르러 잉글랜드 인구는 500만 명에 달했다. (스코틀랜드는 50만이었다.) 흑사병 이후 최대의 인구 증가가 이 시기에 이루어졌던 것이다. 먹여 살릴 인구는 늘어났는데 일자리는 부족했고, 임금 협상력은 떨어져서 노동자들은 전보다 더 낮은 임금을 받을 수밖에 없었다. 농촌 지역에서는 수익이 높은 목축을 하기 위해 공유지에 대한 인클로저가 진행되었는데, 이는 수많은 촌락에서 백성들의 자급자족적 생계의 가능성을 봉쇄함으로써, 많은 이가 토지 없는 임금 노동자로 전락하거나 이리저리 떠도는 수많은 부랑 빈민의 대열에 합류하는 수밖에 없었다. 엘리자베스 의회는 노동 능력이 없는 정주 빈민들을 위해 구호를 제공하는, 그러나 부랑 빈민에 대해서는 야만인인 형벌을 가하는, 빈민법을 통과시켰다. 부랑 빈민에 대한 처벌은, 첫 번째 위반자들에게는 채찍질과 함께 귀를 뚫는 체형을, 누범자들은 교수형에 처하도록 했다.

1575년 여왕의 순시가 임박한 워릭에서는 모든 흉물스러운 인간상들을 대상으로 여러 가지 방식의 '청소'가 이루어졌다. 그런데 막상 엘리자베스는 래스터 백작 더들리가 세운 노령 퇴역 군인들을 위한 특별 시설을 둘러봄으로써 자신의 통치가 관대하고 자비롭다는 것을 스스로 확인하고 싶어 했다. 그런데 여왕 방문에 따른 엄청난 비용을 부담해야 했던 워릭 시민들 입장에서는 구걸 빈민이나 궁정 정치인이나 부담을 안기는 방문자라는 점에서는 별 차이가 없었을 것이다. 아무튼 더러운 빈민들은 도시 밖으로 쫓겨나고 그 대신 마차 200여 대로 이루어진 여왕의 행렬이 도시 안으로 들어왔다. 마차들은 각각 여섯 마리의 말들이 끌고 있었다. 이는 안정적인 적재 공간과 많은 양의 건초가 실려 있었음을 의미하는 것이었다. 왕실 조달청 관리들은 아마도 여왕 도착 예정일보다 일주일쯤 먼저 내려와서 눈에 보이는 대로 이것저것 필요한 물품들을 그들이 적정가에 가깝다고 판단하는 가격에 사들였을 것이다. 여왕의 방문지로 선택된 도시나 가문이 여왕의 방문에 복합적인 감정을 가지고 있었던 것은 별로 놀라운 일이 아니었는데, 그것은 그 일이 무언가 잘못된 방향으로 진행될 소지가 많았기 때문이었다. 온갖 호사스러운 것에 익숙한 왕실 귀부인들과 신사들이니만큼, 자신들의 접대를 불만족스럽게 받아들일 수도 있는 일이고 그들이 그 불쾌감을 밖으로 드러낼 수도 있었다. 거기에다, 보석을 뒤집어쓴 유령이자 지상의 여신으로 간주되는 여왕은 그 장엄함으로 인해 다른 불멸의 존재들과 마찬가지로 두려움의 대상이었다. 타운의 한 관리가 관례에 따라 여왕을 위해 공개 석상에서 환영 연설을 하기로 선정되었는데, 그는, 아마도 속으로는 떨고 있었겠지만 '우리는 옛 문헌들과 진본의 연대기들 속에서 고대 브리튼 시대에 카와Carwar라고 불리던 옛 도시의 명성을 발견하곤 합니다'로 시작하는 워릭의 역사에 대한 그의 긴 논설에 비추어 자신에게 주어진 책무를 그 나름대로 수행한 것처럼 보인다. 그런데 그날 가장 겁을 먹은 사람은 워릭의 기록관이었다. 그는 여왕에게 무언가를 말했어야 했지만, 그 중요한 시간에 입이 얼어붙고 어쩔 줄 몰라 하며 허둥대는 증세를 보였는데, 이것이 오히려 여왕에게는 마법 같은 신통력을 발휘할 수 있는 천금의 기회를 제공했다. 그녀는 다음과 같이 말했다고 한다. '이리 오시게 나의 기록관, 그대가 내 얼굴을 마주 대하는 것, 내게 당당하게 이야기하는 것을 두려워한다고 남들은 말할지 모르지만, 그대는 내가 그대를 두려워하지 않는 것과 마찬가지로 나를 두려워하지 않는다오. 나는 지금 그대가 나의 의무를 상기시켜 준 것에 대해 고맙게 생각할 따름이네.' 워릭의 블랙북Black Book 기록은 다음과 같이 이어진다. '그리고는 곧장 모든 시민과 일행을 향해 가장 자애롭고 호의적인 표정으로 "나의 선량한 신민들에게 나는 더할 나위 없이 감사하다"라고 다시 한 번 말씀하셨다'.

그럼에도 불구하고 또 다른 문제가 일어나지 않으리라는 법은 없었다. 워릭 백작은 자신이 관리 책임을 맡고 있는 런던 타워로부터 대포와 폭죽을 가져왔는데, 이들을 이용하여 대규모 폭죽놀이를 벌일 생각이었다. 그런데 용의 입에서 뿜어져 나온 화염이 도시의 끝자락에 있는 주택 네 채에 불을 지폈고, '삽시간에 교외 마을들에 불이 붙었는데, 화염 덩어리 하나가 마을의 양쪽 끝을 헤집으며 사람 머리만큼 큰 구멍을 만들었다'. 다음 날 아침, 마을에 질산칼륨 Potassium Nitrate[5] 냄새가 나는 가운데, 엘리자베스는 지난 밤 침실에 있는 동안 집이 불타는 변을 당한 노부부를 불러오게 하여, 그들에게 손실을 보전할 수 있는 돈을 주었다. 물론, 그 돈은 궁정 조신들로부터 나온 것이었고, 엘리자베스는 남의 돈으로 자신의 관대함을 과시한 것이다. 그러나 중요한 것은 궁정 조신을 들볶아 돈을 받아내는 그녀의 행위로 인해 워릭의 선량한 시민들이 그녀를 더욱 사랑하게 되었다는 것이다.

여왕을 사랑한 사람들은 그들뿐이 아니었다. 1570년대는 엘리자베스에 대한 종교적 숭배가 공식적으로 출범된 시기였다. 그녀의 왕위계승 기념일인 11월 7일은 가장 중요한 국경일이자, 가톨릭 캘린더상의 그 어떤 행사보다도 성스러운 날로 기념되었다. 그 기념일에는 축하의 모닥불이 지펴지고 종이 울렸으며, 이틀 뒤에는 대규모의 마상 시합이 펼쳐졌다. 그곳에서 여왕의 챔피언(대리 전사)인 헨리 리Henry Lee 경이 그녀의 명예를 위해 마상 창 시합을 벌이는 동안 군중은 1실링을 내고 행사장에 입장하여 환호의 소리를 지를 수 있었다.

---

5   흑색화약의 원료 — 옮긴이.

마르쿠스 헤라르츠Marcus Gheeraerts 같은 플랑드르 망명화가들이 그린 그녀의 초상화, 그리고 판화, 미니어처, 메달 등으로 재생산된 그녀의 이미지들은 도처에 있었다. 그녀에 대한 교황의 파문장에 저항하는 의미로 잉글랜드의 귀족들과 젠틀맨들은 그녀의 이미지가 들어간 미니어처를 배지로 만들어 가슴에 달았다. 그녀의 결혼에 대한 기대가 줄어들면서 (나쁜 것을 최선으로 만들려는 듯) 그녀의 처녀성에 대한 숭배 또한 시작되었다. 불사조, 담비, 초승달, 그리고 장미와 진주 등 성모 마리아의 상징물 상당수가 이제 그녀를 상징적으로 표현하는 도구로 사용되었다. 그녀는 또한 순결한 다이애나, 그리고 (구멍 뚫린 체에 물을 담아 한 방울도 흘리지 않고 나름으로써 자신의 처녀성을 증명한) 베스타 여신의 신녀Vestal Virgin 투치아Tuccia로도 모습을 드러냈으며, 때로는 백설 같이 흰 담비나 펠리컨 등과 함께 표현되었다. 펠리컨은, 종교적 도상학에 따르면, 자기 가슴을 쪼아 거기에서 나온 피로 새끼들을 먹이는 자기희생의 상징이었다. 엘리자베스는 때로는 태양이 되어 그 빛을 통해 무지개의 색깔들을 만들어내기도 했다. 그녀는 모든 것이었으며, '무지개' 초상화에 묘사된 눈과 귀가 명확하게 보여주듯, 모든 것을 보고 모든 것을 듣는 존재였다. 그녀의 초상화는 궁정, 그리고 행궁으로 사용되는 농촌의 대저택에 걸렸고, 그것을 직접 볼 수 없는 사람들을 위해 연대기의 삽화에도 그녀의 이미지가 삽입되었다. 신과 함께 하는 프로테스탄트 코먼웰스 공동체가 어떻게 기적적으로 흥기했으며, 처녀 여왕의 통치하에서 어떻게 완성되었는지를 묘사한 에드워드 홀의 연대기가 그 대표적 예이다.

엘리자베스에 투영된 글로리아나Gloriana의 이미지들이 사실은 정교한 프레임에 의해 의도적으로 만들어진 것이라는 것을, 알고자면 한다면 바로 알아차릴 수 있는 지적 능력이 있는 사람들, 여왕의 얼굴에 어린 창백한 달빛이 사실은 붕사 가루와 명반으로 연출되었다는 것을 아는 사람들조차 속절없이 여왕숭배의 포로가 되었다. 예컨대, 노샘프턴셔Northamptonshire의 젠틀맨이자, 그다지 이름이 알려지지 않은 의회 의원이었던 크리스토퍼 해턴Christopher Hatton은 마침 래스터 백작이 여왕의 눈 밖에 나 있던 시점에 열린 어느 가면극 무도회에서 여왕의 눈길을 받게 되었는데, 그는 그 순간 그녀에게 완전히 푹 빠져버렸고, 그녀가 자신의 시야에서 사라질 때에는 거의 실성하다시피 했다. 해턴이 병을 앓게 되자, 엘리자베스는 그를 휴양차 온천으로 보냈는데 그는 마치 상사병에 걸린 10대 소년처럼 편지를 써서 여왕에게 보냈다. '제가 당신과 한 시간만 같이 있도록 신께 허락을 구합니다. … 나는 완전히 제정신이 아닙니다. … 나는 당신을 사랑합니다. 나는 그대 없이는 안 돼요. … 가장 상냥하고 달콤한 귀부인이시여, 제발 제 말을 좀 들어주세요. 열정이 나를 압도하는군요. 더 이상 쓸 수가 없어요. 제가 그대를 사랑하니 그대 또한 저를 사랑해 주세요. … 1만 번의 작별 인사를 보냅니다. …'

해턴은 수많은 베스마니아Bessiemania 증후군의 희생자 중 한 사람일 뿐이었다. 그러나 그 찬란한 시절의 눈부심 속에서 약간의 흐트러진 모습들도 연출되었다. 하드윅 하우스Hardwick house처럼 담장보다도 창이 많았던 엘리자베스의 행궁용 농촌 저택들, 축구장 크기의 대연회장들, ― 엘리자베스 시절에 축구가 있었다 ― 읽혀지지 않는 방대한 양의 고전들로 채워진 도서관들이 그러했고, 심지어 베이컨 경 소유의 목욕탕에는 벽과 바닥에 보석들이 여기저기 박혀 있어서 흐르는 물과 더불어 반짝였다. 16세기 전반의 잉글랜드 문화가 상대적으로 차분한 것이었다면, 화려함을 추구하는 엘리자베스 시대의 문화는 보석을 필요로 했다. 그중 일부는 브라질에서 온 토파즈와 에메랄드, 동양에서 온 감람석이나 금록석 등 이국적인 태생이었다. 16세기 말과 17세기 초에 이르러 런던 보석상의 평판을 대변했던 '치프사이드 호드Cheapside hoard'에서 펼쳐졌던 놀라운 광경은 보석에 대한 중독성이 궁정뿐 아니라 부유한 상인 계층까지 확산되었음을 여실하게 보여주는 것이다. 래스터가 여왕에게 바쳤던 새해 선물은 언제나 예외 없이, 그의 개성만큼이나 크고 현란한, 엄청난 보석이었다.

원칙대로 하자면, 래스터의 정치적 생명은 노펵과 메리의 혼인 음모에 개입한 사건으로 인해 의당 끝났어야 마땅한 일이지만, 옛 연인에 대한 엘리자베스의 연민은 크고 깊었다. 1575년 그녀는 래스터에게 케닐워스성에서 그녀를 위한 성대한 연회를 준비하도록 지시했는데, 그 성은 예전에 그녀가 그에게 선물로 준 것이었다. 그러니까 이때까지만 해도, 두 사람은 여전히 모종의 까다로운 게임을 벌이고 있었던 셈이었다.

래스터는 여전히 자신이 여왕의 열렬한 연인임을 가장하려 했고, 그녀는 그의 도 넘은 찬사를 용인하는 척했다. 래스터가 정부인 더글러스 셰필드Douglas Sheffield와의 사이에서 아들을 낳았다는 사실은 아무런 문제도 되지 않았다. 그것은 다른 종류의 게임일 뿐이었고, 1575년 케닐워스의 연회는 수천 명이 지켜보는 가운데 이루어지는 그들의 마지막 멋진 데이트였다. 래스터는 여왕이 방문하여 머무는 것은 아주 드문 경우임에도 불구하고 여왕의 행궁 처소를 영구적으로 마련하기 위해 성채의 부속 건물 한 동을 새로이 건축했다. 벽면을 진홍색의 가죽으로 치장하고 바닥에는 터키산 양탄자를 깔았으며 밤에는 수천 개의 촛불이 반짝거렸다. 또한 크리스털로 만든 체스판, 아름다운 이국적 새들로 가득 찬 새장, 그리고 벌거벗고 입맞춤하는 님프들을 묘사한 대리석 조각들로 채워진 흰색의 대리석 분수가 있었는데, 이것은 베네치아의 님페이아thenymphaea를 모방한 것이었다. 그리고 요리 300개가 연회에서 베풀어졌다. 또한 성채 전면의 들판에는 물을 끌어들여 거대한 인공 호수를 만들었는데, 여왕의 행렬이 도착하는 시간에 맞추어 호수 위에 떠 있는 섬에서 기다리고 있던 소녀 복장의 소년들이 환영의 피리를 불어댔다. 이어서 아르카디아arcadia의 숲에서 털이 많은 야만인이 나타나면서 폭죽이 터졌는데 그 광경이 너무나 생동감이 넘쳤기에 케닐워스의 수문장은 다음과 같이 기록했다. '물살이 밀려들고 성이 흔들렸으며, 이 때문에 나처럼 강인한 사람조차도 덜컥 겁을 먹을 정도였다.'

약간의 흑맥주를 마시고 얼굴이 발그레해진 래스터는 기마 관리관의 자격으로 이 모든 일을 관장하면서 스스로 만족하고 있었다. 그가 버릇없는 '엉클 로빈Uncle Robin'처럼 공개적인 애정의 대상이 된 건, 바로 그가 더 이상은 여왕의 유망한 배우자 후보가 아니었기 때문이었다. 그러나 프랑스 왕 앙리 3세의 막냇동생 알렝송Alençon 공작의 경우에는 사정이 완전히 달랐다. 엘리자베스는 그의 구혼을 진지하게 받아들였던 것이다. 이제 그녀는 40대였다. 그렇지만 그녀가 심지어 45세가 되더라도 출산 능력이 있을 것이라고 말했던 의사가 있었던 만큼 희망은 남아 있었다. 대체로 역사가들은 1572년에서 1573년 사이, 그리고 1579년에서 1581년 사이에 그녀가 취한 일련의 행동들을 본질적으로 정치적 내지 외교적 셈법에서 비롯된 것으로 평가해 왔다. 다시 말하면, 네덜란드에 주둔 중인 스페인 세력에 대항하여 프랑스가 개입하도록 압력을 가함으로써 잉글랜드의 어려움과 불필요한 지출을 완화시키는 데 그 목적이 있었다는 것이다. 이것이 세실의 셈법이었던 것은 의심의 여지가 없다. 그러나 추밀원과 일반 대중의 거친 반대의 목소리에도 불구하고 1579년 알렝송을 향해 공개적인 애정 표현을 연출한 엘리자베스의 경우는 조금 더 따져볼 필요가 있다. 그는 키가 매우 작았고, 얼굴에 소름 끼칠 정도의 우묵우묵한 자국이 있었는데, 그럼에도 엘리자베스는 그를 '나의 개구리'라고 불렀다. (그것은 누군가는 갈망할 별명이겠지만, 또한 불길한 징조이기도 했다.) 래스터가 엘리자베스 궁정 귀부인 중 한 명인 레티스 놀리즈Lettice Knollys와 재혼을 한 상황임을 감안하면, 엘리자베스가 정말로 알렝송을 좋아하고 그녀의 마지막 상대로 생각했을 가능성도 없지 않아 있었다.

이렇다 보니, 역사상 처음으로 잉글랜드 전체가 질투심에 빠졌다. 크리스토퍼 해턴은 여왕에게 반지 하나를 보냈다. 그것을 '달콤한 젖꼭지 사이, 여자의 절개 그 자체인 순결한 보금자리'에 착용하면 '병을 옮길 수 있는 기운'을 쫓는 확실한 효능이 생긴다는 것이었다. 마음의 상처라면 그 누구에게도 뒤지지 않을 래스터와 해턴이 '개구리와 생쥐의 정말로 이상한 결혼' 같은 노래를 퍼뜨리면서 애국심에 기반을 둔 대대적인 반대 운동을 벌여나갔으며, 공격적인 수사와 설교들이 인쇄되어 보급되었다. 1579년 8월, 존 스텁스John Stubbs는 『잉글랜드를 삼켜버릴 심연의 발견A Discoverie of a Gaping Gulf wherein England is like to be

Swallowed』이라는 책을 출판하여, 프랑스의 발루아 왕조 전체가 신의 저주를 받아 병균에 전염되어 있으며, 이런 상황에서 여왕은 (알렝송과의 결혼을 통해) 여왕 자신뿐 아니라 왕국의 정치 공동체에까지 병균을 감염시킬 권한을 가지고 있지 않다고 경고했다. 그에게 주어진 대가는 명예훼손 혐의에 대한 재판, 그리고 그에 따라 내려진 (그 책의 출판 및 유통업자와 함께) 오른손을 절단하라는 형벌이었다. 출판업자는 다행히 처벌을 면했지만, 스텁스의 손은 큰 식칼을 나무망치로 때려 박는 방식으로 절단되었다. 그는 온전한 다른 손으로 모자를 벗어 높이 들어올려 '신이여, 여왕을 구하소서!'라고 소리치더니 의식을 잃고 말았다. 윌리엄 캠던은 이 소름 끼치는 광경을 보고 다음과 같이 기록했다. '가까운 곳에 서 있던 군중은 모두 침묵을 지켰다. 그 침묵은 아마도 이 새롭고 이상한 형벌에 대한 공포심에서, 또는 정직하고 바른 소리를 전했을 뿐인 사람에 대한 동정심에서, 또는 그 결혼이 진정한 종교의 전복을 가져올 것이라는 깊은 우려로부터 우러나온 증오심에서 비롯되었을 것이다.'

여왕이 알렝송과 추밀원, 그리고 대중 사이에서 자신의 결혼 프로젝트를 만지작거리고 있는 동안, 그녀의 평판이 심하게 훼손된 것은 당연한 일이었다. 1581년 그녀의 왕위계승 기념일에 그녀는 마침내 알렝송과 반지를 교환하고 약혼을 발표했지만, 이는 단지 알렝송 공작의 체면을 살려주고 그를 명예롭게 잉글랜드에서 내보내려는 것뿐이었다. 그해 말에 이르자 알렝송과의 결혼 이야기는 더 이상 언급되지 않았다. 이제 그녀는, 자신이 원했건 원하지 않았건, '처녀 여왕'으로 남게 될 것이 확실해졌다.

그 전해인 1580년 4월 6일 황혼 무렵, 잉글랜드에 지진이 일어난 적이 있었다. 진원지는 켄트 동쪽 해안이었지만 런던 타워에서도 진동이 강하게 느껴질 정도여서 그곳 왕실 동물원의 사자들이 포효했다. 더 커튼 같은 런던의 극장들에서는 연극 애호가들이 놀란 나머지 관객석에서 뛰쳐나왔다. 그보다 한 해 전 10월에 혜성 하나가 출현했고, 이어 닥친 겨울에는 엄청난 눈이 내렸는데, 이는 그 누구의 기억 속에도 없는 일들이었다. 여왕은 이러한 조짐들에 대해 용감하게 맞서고 있었다. 궁정 조신들이 경악했음에도 불구하고, 그녀는 혜성의 누르스름한 불꽃을 보다 정확하게 보기 위해 창을 열었다. 다른 모든 사람은 이 모든 것을 암흑의 시간이 다가올 것을 알리는 신의 경고로 받아들였다.

그러나 잉글랜드는 좋건 나쁘건, 최악의 상황이 닥치더라도 이를 헤쳐 나갈 '다크 엔젤dark angel'을 가지고 있었다. 그가 바로 프랜시스 월싱엄이었는데, 엘리자베스 여왕이 그를 가리켜 '나의 무어인'이라고 부를 만큼 얼굴이 거무스레하고 우울한 표정을 가진 사람이었다. 그의 좌우명은 '정보보다 소중한 것은 없다'라는 것으로서, 실제로 그의 모든 경력은 '아는 것이 힘'이라는 근대적 공리를 여실하게 보여주는 예였다. 그는 개인적인 면모를 통해 '정보'가 '상황적 이해'와 '첩보 활동'을 모두 의미하는 개념임을 세인들에게 가르쳐주었다. 그는 양부를 통해 엘리자베스와 관계를 맺게 되었는데, 1572년 세실이 재무대신으로 승진한 뒤에 공석이 된 두 개의 국무대신 자리 중 하나에 임명되었다. 이후 세실과 월싱엄 두 사람은 엘리자베스 추밀원에서 한 쌍의 북엔드bookend[6] 역할을 수행했다. 그들은 능력이 있는 사람들이었지만, 그들의 능력은 서로 다른 성격과 판단을 통해 상호 의존하는 관계를 통해 구현되었다.

세실과 월싱엄의 차이는 단지 개인적인 것뿐만이 아니었다. 그들은 세계, 그리고 세계 속의 잉글랜드에 관해 차별적인 관점을 가지고 있었다. 세실은 소크라테스적 문답법에 기반을 둔 실용주의자로서, 어떤 이슈이건 늘 두 가지 측면을 모두 보고자 했으며, 두 측면을 긍정적으로 조화시키기 위해 공을 들였다. 그가 시대의 가장 큰 문제인 종교적 분열을 보는 관점도 그러했다. 그가 사람들에게 신교의 모든 교리를 받아들일 것을 강제하는 대신, 그들이 잉글랜드 국교회에 출석하고, 경우에 따라서 전통적 성찬식을 따르도록 요구한 1559년의 교회 통일법을 지지한 것은, 그런 온건한 방책이야말로 대부분의 사람들을 천천히, 그러나 확실하게 새로운 종교질서로 인도하는 길이라고 생각했기 때

---

6   여러 권의 책을 세워놓은 것이 쓰러지지 않도록 양쪽 끝에서 받치는 장치 — 옮긴이.

문이었다.

이와는 달리, 월싱엄은 화해에는 별로 관심이 없었다. 그의 관심은 오로지 이기는 데에 있었다. 그가 생각하기에 권력의 존재 방식은 복잡할 수 있겠지만, 세계는 본질적으로 좋은 것과 나쁜 것, 신교도와 가톨릭교도로 나뉜, 그야말로 단순하기 짝이 없는 것이었다. 그는 1572년 성 바살러뮤 축일의 대학살 때 파리에 있었고, 거기에는 어떤 오해도 있을 수 없었다. 조약이나 동맹 같은 것은 그것이 아무리 좋은 것이라도 단지 전술에 불과했다. 그에게 책략적 현실이란 목숨을 건 싸움뿐이었다. 그런 까닭으로, 어떤 문제의 양면을 본다는 것은 적그리스도와 타협을 하는 것이며, 이는 패배를 자초하는 행위였다. 그리고 월싱엄이 이와 관련된 어떤 능력을 가졌다면, 잉글랜드는 패배하지 않을 터였다.

누가 보아도 가톨릭이 성전을 벌이고 있던 시기에, 어떤 사람이 잉글랜드의 생존과 관련된 문제를 얼마나 심각하게 받아들이고 있었는지를 알아보는 간단한 테스트가 있다. 그것은 그가 네덜란드 전쟁을 어떻게 보고 있었는지 하는 것인데, 그 전쟁은 1568년에 일어나 아직도 끝날 조짐을 보이고 있지 않았다. 이것이 잉글랜드와는 관계없는, 지리적으로 조금은 멀리 비껴 있고 이해관계도 불명확한, 그저 남의 나라에서 일어나고 있는 내전인가? 아니면 궁극적으로 잉글랜드의 운명을 좌우할 신교도들의 투쟁인가? 월싱엄은 세실과 여왕 모두 이 전쟁에 개입할 의사가 없으며, 이를 개탄스럽기가 마찬가지인 양측의 광신자들 사이에 벌어지고 있는 전쟁쯤으로 간주하고 있음을 알고 있었다. 추밀원의 상당수 자문관들 입장도 별로 다를 바가 없었는데, 그것은 네덜란드가 스페인과 평화적으로 무역하고 있는 잉글랜드 배들을 공격하는 마당에, 그들을 돕기 위해 달려가야 할 강력한 유인이 없었기 때문이었다. 그러나 월싱엄은 만약 스페인이 네덜란드 반란을 평정하고 나면 그들의 다음 목표는 잉글랜드가 될 것이라고 철석같이 믿고 있었다. 이에 대해, 세실은 네덜란드 전쟁과 관련하여 무언가 조치를 취해야 한다는 것을 마지못해 받아들이긴 했지만, 다만 그

조치의 행위 주체가 잉글랜드는 아니었다. 즉, 프랑스를 대리로 내세우는 것이었다. 그에게 여왕과 알렝송의 결혼이 어떻게든 진행되었으면 하는 바람이 있었던 건 그 때문이었다.

그러나 혼인전략도, 군사전략도 성공하지 못했다. 몇 년이 지나지 않아 잉글랜드는 이제 진실의 순간과 맞닥뜨리게 되었다. 프랑스가 네덜란드에서 수행한 전쟁은 패배로 끝났다. 1584년 네덜란드 반란의 위대한 영웅 침묵공 빌럼William the Silent이 델프트Delft에 있는 그의 거소 계단에서 암살되었다. 네덜란드 총독 파르마Parma 공작이 지휘하는 스페인군은 플랑드르를 휩쓸면서 신속하게 해안으로 진격하고 있었다. 1585년에 이르러 그들은 안트베르펜을 점령하고 잉글랜드 해안을 마주보게 되었다.

위기에 직면하게 된 잉글랜드는 정부 내부에서, 그리고 왕국 전체에서 자기 탐구적 논쟁을 벌이기 시작했다. 잉글랜드는 바야흐로 앞으로 벌어질 역사에서 여러 차례 부딪히게 될 바로 그 질문과 처음으로 맞닥뜨리게 되었던 것이다. 유럽의 사건이 곧 잉글랜드의 사건인가? 유럽에서 작금 벌어지고 있는 유혈 사태가 잉글랜드의 걱정이나 관심거리인가? 세실과 월싱엄은 서로 반대되는 대답을 가지고 있었다. 사실 누가 보더라도 네덜란드인들의 저항이 무너지고 있고, 그에 따라 북해와 잉글랜드 해협이 위협받고 있는 상황에서, 세실 또한 잉글랜드와 스페인의 직접 격돌은 시간문제라고 인정하지 않을 수 없었다. 그러나 그의 모든 본능은 깊숙하게 '섬나라적'이었다. 돈과 인력을 잉글랜드에 요새를 구축하는 데 사용해야지, 무엇 때문에 '저 너머' 대륙에서 낭비하느냐, 하는 것이 그의 생각이었다. 성공하건 실패하건, 그것은 잉글랜드인들이 스스로 감당해야 할 몫이었다. 그러나 월싱엄의 관점에서 이 같은 세실의 생각은 문자 그대로 자멸을 초래하는 일이었다. 유럽에서 일어나는 전쟁이라고 수수방관하면서 네덜란드인들이 스러져가게 내버려두는 것은 닥쳐올 곤경을 잠시 미루는 일과 다름없거니와, 적의 세력을 100배 더 강력하게 만드는 우愚를 범하는 것이었다. 바로 지금이 적을 칠 때이고, 그것도 가용할 수 있는 모든 것을 동원해서 쳐야 한다는 것이었다. 그리고 적이 있다면, 그곳이 외해外海이건, 네덜란드이건, 아메리카이건, 또는 가톨릭 젠트리 계층의 엄호하에 예수회원들이 암약하는 잉글랜드 내부의 샤이어이건, 그 어디라도 가서 적을 쳐야 했다. 그리고 그 적들을 흩어지게 하고 도망가게 해야 잉글랜드가 전투에서 이길 기회가 생긴다는 것이었다.

시간이 갈수록 신교 신앙을 굳혀가고 있던 래스터는 북해 건너편 상황이 암울해진데다, 스페인이 네덜란드를 교두보로 삼아 잉글랜드를 침공할 계획이라는 정보를 확인하면서 월싱엄에 동조하게 되었고, 의구심이 많았던 여왕 또한 마침내 월싱엄의 의견을 받아들이게 되었다. 그렇게 해서 전체 잉글랜드 병력 8000명이 래스터 지휘하에 안트베르펜으로 떠나게 되었다. 그러나 여왕은 언제나 그랬듯이, 어떠한 종류의 백지수표도 래스터에게 내어줄 생각이 없었다. 사실, 그녀는 만약의 사태에 자신의 결정을 철회할 수 있는 대비책이 없이는 어떤 결정도 내리지 않는 사람이었다. 그러므로 래스터는 철저하게 방어전 위주로 전투를 치르라는 명령을 받았고, 그 제약 속에서 움직이고 있었다. 엘리자베스는 침묵공 빌럼이 죽은 뒤 네덜란드 연방으로부터 그들의 여왕이 되어달라는 요청을 받았으나 이를 거절했을 뿐 아니라, 래스터에게도 만약 네덜란드 측이 그에게 총독이 되어달라는 요구를 해도 거절하도록 지시를 내렸다.

그런데도 래스터는 우리가 알다시피, 몇 달이 채 지나지 않아 네덜란드 측의 요청에 응하여 헤이그에서 총독의 지위를 부여받았다. 그가 엘리자베스의 지시를 어기면서까지 총독 직을 받아들인 것을 정당화하기 위해 내세운 논리는, 악명이 있을 정도로 분열이 심한 네덜란드에서 효율적으로 전쟁을 수행하기 위해서는 지휘권을 확립할 수 있는 어떤 권위가 필요했다는 것이었다. 소식을 들은 엘리자베스는 격분하여 쓰러질 뻔했다. '우리 스스로가 일으켜 세운, 그리고 이 땅의 그 어느 신민보다도 우리가 총애를 아끼지 않았던 바로 그 사람이 그렇게 경멸스러운 행위로써 우리의 계명을 깨뜨리고, 또한 그렇게 함으로써 우리의 명예에 커다란 상처를 남겼다는 것을, 실제로 이런 일을 경험하지 못했다면 결코 상상도 할 수 없었을 것이다.…' 여왕은 원정을 당장 중단하려 했지만, 거기 그 시간에 월싱엄이 있었기에 막을 수 있었다. 래스터는 여왕의 진노를 전해 듣고는 후회하면서 풀이 죽어서 다음과 같이 말했다고 한다. 이제 그가 바랄 수 있는 건, 그녀의 마구간에서 '말굽 관리하는 일'이라도 할 수 있었 으면 하는 것이라고.

엘리자베스가 원정 중단을 지시하지 않은 것은, 만약 북해 전투에서 스페인 이 이길 경우 무슨 일이 벌어질 것인지, 매파들의 관점에서 상황을 보고 판단 하도록 그들에게 설득당했기 때문이었다. 스페인의 침공, 국내 가톨릭의 반란, 그리고 메리 스튜어트가 자유의 몸이 되어 웨스트민스터에서 대관식을 올리는 것 등이 스페인이 이길 경우 일어날 사건들의 목록이었다. 월싱엄은 이제 국내 외에서 동시에 전쟁을 수행해야 했고, 그는 모든 힘을 다 쏟을 각오가 되어 있 었다. 교황 피우스 5세는 '잉글랜드의 죄지은 여자'를 파문했을 뿐 아니라, '그 누구건 그녀를 세상 밖으로 보내는 사람은 … 죄를 짓는 것이 아니라 오히려 하느님 앞에서 칭찬받을 만한 일을 하는 것'이라며 보상을 약속했다. 이 '왕을 죽이라'는 초대장에 대응하여 월싱엄은 '결속의 연대Bond of Association'를 창안해 냈다. 이로써 여왕에게 위해를 가하려는 그 누구라도 제거하고 말겠다는 젠틀 맨들의 자경단 조직이 만들어졌다. 그가 생각한 두 번째 단계는 국내에 있는 예수회 선교사들을 살인 음모의 공범으로 규정하여 추방하는 것이었다. 만약 그들이 그래도 머물고자 한다면 그들은 자동적으로 반역 죄인으로 다루어질 것이었다. 그뿐만 아니라, 가톨릭 사제들을 보호하거나 그들과 함께 미사를 올 린 것이 발각되면, 그들이 누구이건 중죄인으로 처벌받을 운명이 되었다. 이로 써, 수천, 수만의 가톨릭 신자들은 이제 끔찍한 선택을 강요받게 된 것이다. 교 회에 대한 불순종이냐? 아니면 법에 대한 불복종이냐? '여왕에게 충성하는 가 톨릭'이라는 개념은 (많은 이가 가능하다고 항변했지만) 이제 위험한 부조리가 되 었다.

엘리자베스의 잉글랜드는 이제 월싱엄이 추구하는 국가 안보가 국정의 전부인 나라가 되었다. 정보를 얻기 위해 잠입자들과 이중 첩보요원들이 바삐 움직였고, 고문대와 엄지손가락을 죄는 고문 기구들이 쉴 새 없이 사용되고 있었다. 탑클리프Topcliffe라고 불리던 지나치게 열정적이던 사디스트sadist가 한 명 있었는데, 자신의 집에 고문대를 설치하고 혐의자들을 빈번하게 고문하곤 했다. (권한을 남용한 혐의로 나중에 그 자신도 구금되었는데) 혐의자 중에 한 사람이던 포트모트Portmort라는 사제가 탑클리프가 여왕의 가슴과 복부를 만져봤다고 자랑을 했다며 그를 고발했기 때문이었다. 추밀원은 만약의 경우 여왕이 암살될 것에 대비하여 그 후의 국가통치체제를 어떻게 운영할 것인가를 논의했는데 그들은 흥미로운 결론에 도달했다. 그것은 의회가 주권을 가지는 가운데, 평의회a grand council가 통치권을 행사하는 정체政體였다. 월싱엄은 사람이 거칠기는 했지만, 피해망상이 있는 것은 아니었다. 프랑스, 로마, 그리고 스페인에서 잉글랜드 정부 전복 음모들이 꾸며지고 있었고, 그들은 엘리자베스의 죽음과 그녀를 대체하는 메리 스튜어트의 왕위 등극이라는 하나의 목표를 향해 움직이고 있었다.

지난 수년 동안 슈루즈베리 백작과 그의 무서운 아내 베스 탤벗의 감시 아래 있었던 메리는, 사냥과 매사냥이 허용되는 등, 사치스럽지는 않지만 꽤 품위 있는 농촌 귀부인의 생활을 영위하고 있었다. 그녀의 육체는 쇠퇴 과정을 밟았고, 몸매는 두툼해졌다. 그러나 자신의 구금 상태를 단 한 번도 인정한 적이 없을 뿐 아니라, 애초에 친구이며 동맹이라고 믿었던 5촌 고모 엘리자베스를 결코 용서하지 않고 있었다. 그녀는 아들 제임스가 엄마인 자신의 존재를 부인하는 조약을 잉글랜드와 체결하는 것을 보고 경악한 나머지, 자신이 가진 잉글랜드 왕위 계승권을 스페인에 넘기는 문서에 서명하고 말았다. 이는 잉글랜드 태생의 왕위 계승자가 나올 가능성이 사라진 상황에서, 메리 스튜어트는 그 존재 자체가 엘리자베스의 심장을 겨누는 비수라는 월싱엄의 비관적인 생각을 재확인하게 만들었다.

그래서 그는 이 문제를 해결하기 위한 정교한 함정 하나를 고안해냈다.

1585년 12월, 월싱엄은 세실에게 알리지 않은 채, 메리의 억류 상태에 중대한 변화를 꾀했다. 메리와 그의 식솔들의 짐이 갑자기 꾸려지더니 그들은 짐과 함께 스태퍼드Stafford 근처 차틀리Chartley성으로 옮겨졌다. 그리고 그들에 대한 감시는 슈루즈베리보다 더 가혹할 뿐 아니라 메리에 대한 적대감을 숨기지 않았던 새 간수 아미아스 폴렛Amyas Paulet에게 맡겨졌다. 차틀리에서 그녀는 보다 정밀한 감시하에 놓이게 되었고, 필요하다면 그녀의 파멸을 획책할 수도 있는 환경이 만들어졌다. 그런 상황을 모르는 메리는 그곳에서 무엇을 생각했을까? 그녀는 파리의 첩보 조직에서 가장 최근에 그녀를 위해 복수하겠다고 맹세한 부유한 런던 상인 앤서니 배빙턴Anthony Babington에 이르기까지 자신을 위해 일하는 사람들과 몰래 교신할 수 있는 새롭고 기발한 방식이 고안되었음을 알고 행복해하고 있었다. 그것은 암호화된 편지를 방수 기능이 있는 주머니에 싸서 맥주통 마개 구멍 안으로 밀어 넣은 뒤에 맥주통과 함께 차틀리성 안으로 배달하고, 똑같은 방식으로 외부의 협조자들에게 답신을 전달하는 방식이었다. 메리가 모르고 있었던 것은, 월싱엄이 이런 일이 일어날 것을 사전에 알고 있었고, 그녀의 메시지가 발송되면 암호해독 요원들이 이를 불과 몇 시간 이내에 해독하고 있었다는 사실이었다. 사실 차틀리성의 모든 것이 메리에게 결정적인 유죄의 증거를 포착하여 그녀를 파멸시킬 수 있도록 고안된 장치였다.

마침내 그녀의 유죄 증거가 포착되었다. 배빙턴이 친절하게도 자신이 꾸미고 있던 음모의 구체적 사항들을 열거해서 메리에게 전달했던 것이다. 거기에는 엘리자베스를 살해할 여섯 명의 젠틀맨 명단, 메리를 구출하는 방법, 그리고 기대되는 스페인의 침공과 반란 등에 관한 내용이 들어 있었다. 1586년 7월 19일, 메리는 이 편지를 읽고 음모자들을 격려하는 내용의 답신을 보냈는데, 언제나 그랬듯이, 그녀가 가장 높은 우선순위를 부여한 항목은 자신의 구출이었다. 그녀는 또한, 만일 일이 잘못된다면 오직 자신의 운명을 상상해 달라는 뜬금없는 부탁을 덧붙였다. 물론 그녀의 답신은 배빙턴에게 전달되기 전에 월싱엄의 암호해독 요원들에 의해 복사되었고, 그녀의 손을 떠난 지 몇 시간도

안 되어 해독되었다.

웨스트민스터의 엘리자베스는 갑자기 암살자의 칼날이 어둠과 커튼 너머에 있음을 상상하기 시작했고, 자신의 신변 안전에 대해 극도의 불안을 느끼면서 안절부절못했다. 그녀는 네덜란드의 침묵공 빌럼에게 어떤 일이 일어났는지 알고 있었다. 그들은 그에 대한 암살을 기어코 해냈다. 월싱엄이 뭐라고 위로를 하건, 그들이 자신에게도 같은 짓을 못하라는 법이 없었다. 엘리자베스는 그만 죽을 것 같은 병에 걸리고 말았다.

차틀리의 메리는 하늘이 밝아졌다고 느꼈다. 거의 20년에 걸친 부당한 구금 생활에서 벗어나 자신의 자유와 명예를 회복할 순간이 가까이 왔다고 느꼈다. 1586년 8월 11일, 간수 폴렛은 그녀에게 승마를 함께 하자고 권유해 왔다. 그것이 낡은 허파를 위해 좋다는 걸 그 누가 모르겠는가. 그때 멀리서 말을 탄 소규모의 인원이 다가오고 있는 것이 눈에 들어왔다. 그녀는 자신의 구출을 떠올리며, 드디어 때가 왔구나, 생각했을 것이 틀림없다.

그런데 막상 그들이 들고 온 것은 자신의 체포영장이었다. 이미 체포된 배빙턴과 그의 동료 음모자들이 고문당하다가 그만 자백을 하고 만 것이다. 메리가 끌려나온 뒤에 그녀의 방에 대한 수색이 진행된 결과, 수백 통의 유죄 입증 문서와 60개의 개별 코드에 대한 암호 키가 발견되었다. 런던의 엘리자베스는 황홀할 정도의 언어를 구사한 감사 편지를 폴렛에게 보냈다. '아미아스, 나의 충직하고 진중한 신하여. 그대가 그 어렵기 짝이 없는 일을 해냈다니, 하느님이 그대에게 최상의 보상을 내릴 것이네.' 그녀는 메리를 '사악한 살인자'라고 불렀다. 그리고 세실에게 말하길, 배빙턴 같은 역적들은 교수 및 내장 적출의 형벌도 충분하지 않다고 했다.

떠도는 것으로 점철된 스코틀랜드 여왕 메리의 비극적 생애가 종착지를 향하기 전에 마지막으로 머물 경유지 하나가 있었다. 노샘프턴셔Northamptonshire 포더링헤이Fotheringhay에 있는 요크가家 소유의 커다란 성이었는데, 그곳은 리처드 3세가 출생한 곳이기도 했다. 메리가 그곳에서 눈물 젖은 고백서를 쓸 것이라고 누군가 상상했다면, 그는 메리를 잘 모르는 사람이었다. 생의 최종 단계에 봉착한 메리는 자신의 내면에 자리 잡고 있는 그 어떤 원천들에 의지하려 했는데, 그것은 그녀를 추잡한 권력의 가식을 넘어 우뚝 선 것처럼 보이게 만들었고, 보는 사람들로 하여금 당황스러울 정도의 고결함이 느껴지게 하는 것이었다. 자신의 범죄를 인정하라는 요구를 받자, 그녀는 주권자의 위치에서 대응했다. 폴렛의 위협적인 자백 강요에 대해 그녀는 다음과 같이 말했다고 한다. '나는 죄인으로서 창조주에 대한 죄를 범해왔음을 진실로 깨닫고 있다네. 나는 신에게 용서해 달라고 빈다네, 나를 용서해 달라고. 그러나 나는 여왕이자 또한 군주로서 여기 아래에 있는 그 누구에게도 해명해야 할 실수나 잘못은 범한 적이 없다네.'

그녀의 두 번째 방책은 배빙턴의 반란 모의에 관해 아는 것이 없다고 부인으로 일관하는 것이었는데, 그것은 그녀가 자신의 서명을 담아 배빙턴에게 보낸 편지가 눈앞에 펼쳐질 때까지 계속되었다. 그러나 월싱엄이 진본에다 위조 문서를 덧붙이는 등 지나치게 욕심을 부린 탓에, 이는 오히려 메리에게 월싱엄이 자신을 제거할 목적으로 이 모든 음모를 꾸몄다고 거꾸로 공격할 수 있는 빌미를 제공했다. 사실, 이 말은 진실과 그리 동떨어져 있는 것이 아니었다. 또한 그녀가 과거 추밀원 심문관들에게 말했던 바와 같이, 그녀는 자유롭게 잉글랜드에 왔으며, 스코틀랜드에 있는 자신의 적들에 대항할 도움을 주겠다는 약속을 받고 왔음을 상기시켰는데, 이 또한 사실과 거의 부합하는 것이었다. '나는 갑자기 구금되었다'는 그녀가 직설적으로 내뱉은 말이다.

엘리자베스의 관점은 달랐다. 그녀는 메리에게 보내는 편지에서 스코틀랜드 여왕을, 환대에 대한 감사의 쪽지를 남기는 대신, 수건을 훔쳐가는 배은망덕한 투숙객 같은 존재처럼 취급했다. '그대는 여러 가지 방법과 방식으로 나의 목숨을 취하고 나아가 유혈 사태로 나의 왕국을 망치려는 궁리를 했다. 내가 그대에 대한 적대적인 조치를 이처럼 서둘러 취한 적은 일찍이 없었다. 오히려 그 반대로, 내 자신을 위해 신경 쓰는 것처럼 그대를 보살펴왔고 그대의

삶을 보전하기 위해 애써왔다.'

1586년 10월 15일, 포더링헤이의 대당大堂에서 공식적인 재판이 시작되었다. 절반의 탄원과 절반의 협박으로 이루어진 특유의 감정 표현을 유지하는 가운데, 메리는 자신을 기소한 자들을 향해 스스로의 양심을 돌아볼 것과 '세계라는 무대는 잉글랜드보다 넓다는 것을 기억하라'고 경고했다. 이제 그녀는 자신에게 주어진 중앙 무대에서 세상 전체의, 그리고 시대를 넘어선 자신만의 청중들을 향해 자신에게 맡겨진 역할극을 마무리할 셈이었다.

그녀는 깜짝 놀랄 정도의 극도로 병약한 모습으로 다리를 절뚝거리며 대당 안으로 들어왔는데, 머리부터 발끝까지 화려한 수녀원장의 복색에 검은색 벨벳을 둘렀으며, 흰색 헤드드레스와 베일로 머리를 덮고 있었다. 그녀는 연단에 위치한 큰 의자 하나를 발견하고 그것을 자신의 것이라 생각했는데, 참담하게도 그것은 잉글랜드 여왕의 좌정坐定을 의미한다는 이야기를 들어야 했다. 그녀는 피고가 앉는 조그만 진홍색 의자로 안내받았다. 그녀는 용감하게 자기 방어를 시작했다. 그녀는 세실과 월싱엄을 향해, 만약 자신처럼 불리하게 수집된 증거들에 대한 접근권을 박탈당하고, 방어해 줄 변호인이나 비서, 심지어는 펜과 잉크까지 거부당한 상황이라면, '당신들 중에, 제 아무리 세상에서 가장 똑똑한 사람이라 해도 내 위치에 선다면, 부당함에 항거하거나 스스로를 방어할 수 있는 사람은 아무도 없을 것이라고 나는 생각하오'라고 말했다. 그럼에도 불구하고 그녀는 자신을 방어하기 시작했는데, 자신은 엘리자베스가 생존해 있는 한, 잉글랜드 왕위를 취할 생각은 결단코 없었으며, 단지 왕위계승 서열에 가장 근접해 있다는 반박할 수 없는 권리를 주장했을 뿐이라고 강변했다. 메리는 혐의를 인정하기는커녕, 국면을 전환시켜 월싱엄이 배빙턴 편지 전체를 조작했다고 비난하고, 월싱엄으로 하여금 그가 익숙하지 않은 자기방어에 몰입하게 만드는 등, 검찰관들을 오히려 피고인인 양 몰아붙였다. '신이 지켜 보셨듯이 … 나는 사인私人으로서 여느 정직한 사람이 해서는 안 될 일을 한 적이 없으며, 국무대신과 마찬가지로 나의 의무에 걸맞지 않은 일을 한 적이 없소이다.' 세실이 그녀를 심문할 때는, 마치 쥐와 고양이의 싸움에서 쥐가 오히려 공세를 펴는 형국이 연출되었다. 펠리페 2세에게 왕위 계승권을 양도한 사실에 대해 질문을 받고는, 세실 같은 신분의 사람들이 군주 사이의 문제에 끼어들 일이 아니라고 고자세로 답했다. 그리고 세실이 이번에는 만약 스페인이 침공하면 어떻게 행동할 것이냐고 닦달하자, 자신은 단지 불법적 구금 상태로부터의 자유를 원할 뿐이라고 답했다.

종국에는 그녀가 말한 것은 중요하지 않게 되었다. 그녀가 노련한 피고인임이 증명되면서 재판이 중지되었고, 다음 재판은 런던에서 그녀의 출석 없이 속개되었던 것이다. 열흘 뒤 재판부는 신속하게 유죄를 선고했다. 유죄 판결 소식이 알려지자 런던 거리는 이를 환호로써 맞이했고 의회는 여왕에게 그녀의 신속한 처형을 청원했다. 그러나 그것이야말로 엘리자베스가 차마 하기 어려운 일이었다. 지난 수개월 동안 그녀가 '여자 살인범'의 악행에 대해 악을 쓰며 비난해 온 것은 사실이지만, 막상 그녀를 죽여야 하는 시간이 다가오자, 노퍽과 메리 등 자신이 친족으로 느끼고 교유하던 사람들의 목이 참수대에 오르는 것을 떠올리는 순간, 오래되고 깊은 공포가 몰려오면서 그녀를 멈칫거리게 만들었다. 거기에다, 자신의 희생에 대한 복수가 반드시 이루어질 것이라는 메리의 은근한 위협도 엘리자베스를 두렵게 했다. '우리들 군주는 세상 사람들이 바라보는 무대 위에 서 있는 것이다.' 이는 메리가 한 말이며, 엘리자베스 또한 이 말이 사실임을 알고 있었다. 3개월 동안 엘리자베스는 자신의 5촌 조카의 운명에 대해 고뇌를 거듭했는데, 이는 그녀의 고질적인 결정 장애를 감안하더라도 예외적인 일이었다. 그러나 1587년 2월 1일, 그녀는 마침내 사형 집행장에 서명을 한 뒤에, 개인 비서인 윌리엄 데이비슨William Davison을 불러 잉글랜드의 국새를 첨부하여 월싱엄에게 전하라고 지시했다. 엘리자베스는 그녀의 처형이 대중의 시선이 없는 포더링헤이 같은 곳에서 이루어져야 한다고 고집을 부렸다. 사실을 따지자면, 엘리자베스가 진정으로 원했던 것은, 어느 충직한 신하가 있어서 이 어려운 일을 그녀의 손으로부터 통째로 가져가, 메리를 퇴위 군주에 합당한 전통적인 방식으로 제거했다는 이야기가 세상에 알려지는 것이었다. 폴렛은 평소 맡겨진 역할을 기꺼이 수행하는 사람이지만, 다음과 같은 암시를 받고는 공포를 느끼지 않을 수 없었다. '신은 나의 양심이 그토록 역겨운 난파를 당하는 걸 금지시켰다. 그걸 어긴다면, 나의 불쌍한 후손들에게 영장 없이 피를 흘리는 큰 오점을 남길 것이다.'

엘리자베스가 대중의 시선을 두려워했다면, 메리는 다가오는 자신의 순교를 한껏 즐기기로 마음먹었다. 숱한 혼란, 불결함, 무모한 모험, 경솔한 음모, 수많은 망상, 연극, 구사일생의 탈출, 전장에서의 낭패 — 누가 보더라도 그녀의 삶을 지배해 온 이 모든 자의적인 광기들이 갑자기 방향과 의미를 가지기 시작한 것이다. 신이 그녀를 도구로 쓰시기 위해 이 모든 시련으로 이끄셨고 이제 그녀는 마침내 변모의 순간에 도달할 참이었다. 그것은 바로 신의 진리와 영원한 교회의 굳건한 미래를 위해 자신을 희생하는 순교의 순간이었다. 따라서 메리는 어느 스코틀랜드 궁정 조신으로부터 자신이 다음 날인 1587년 2월 8일에 처형당할 것이라는 소식을 전해 듣고, 눈물을 흘리는 그에게 오히려 기뻐하라고 말할 수 있었다. '메리 스튜어트의 고통은 이제 끝났으니 … 이제 나의 전갈을 받아 나의 친구들에게 전해주시오, 나는 진정한 스코틀랜드 여인이자, 진정한 프랑스 여인답게 죽었다고.'

그리고 믿기 어려운 공연 하나가, 그것을 볼 가치가 있는 모든 사람을 위해, 마지막 그 순간까지 펼쳐졌다. 그녀는 피터버러의 주임 사제인 리처드 플렛처 Richard Fletcher가 긴 설교를 늘어놓기 시작하자 등을 돌렸고, 다른 사람들과 함께 기도하자는 권유도 뿌리쳤다. '주임 사제여, 나는 유서 깊은 가톨릭 신앙에 귀의한 몸이며, 이를 지키기 위해 나의 피를 뿌릴 생각이오.' 플렛처는 이에 구애받지 않고 처형장 반대편 쪽으로 걸어가서 메리에 대한 질책을 계속해댔다. 처형장 주변에서 영어와 라틴어 간에 치열한 줄다리기가 팽팽하게 진행되고 있었던 것이다. 그녀가 십자가에 입맞춤하려 하자 그걸 저지하려는 소동이 벌어지기도 했다. 마침내 그녀가 사형 집행인을 맞아 겉옷을 벗는 순간, 그녀의 얌전한 검은색 가운이 바닥으로 떨어지면서 핏빛 진홍색의 페티코트가 드러났다. 그것은 순교자를 상징하는 색깔이었다. 그녀는 금색으로 수를 놓은 흰색의 비단천으로 눈을 가린 채 너무나 완벽한 정적 속에 처형대에 놓여 있었는데, 이 때문인지 사형 집행관의 손바닥에 땀이 배이고 말았다. 그의 첫 번째 가격은 그녀의 머리 뒷부분을 깊게 갈랐다. 그 짧은 순간, '상냥하신 예수님'이라는 그녀의 낮은 비명 소리가 들렸고 곧이어 두 번째 가격이 이루어졌다. 이번에는 그녀의 목이 거의 절단되기는 했지만 힘줄 하나가 남았기에 집행관은 자신의 도끼를 마치 쇠톱처럼 사용해야 했다.

그런데 메리는 죽음과 같은 '사소한' 일이 그녀가 그날의 모든 행사를 총체적으로 지배하는 데 방해가 되는 것을 허용치 않으려 했던 것 같다. 목격자들에 따르면, 그 자리에 있던 사람들이 모두 충격에 빠진 바로 그 순간, 그녀의 참수된 머리에 달린 입술이, 마치 침묵의 기도라도 드리는 것처럼 몇 분 동안이나 움직였다고 한다. 아마 그 자신도 죽고 싶을 지경이었을 사형 집행관이 이제 참수된 그녀의 머리를 들고 '신이여, 여왕을 구하소서!'라고 외칠 순서였다. 그런데 그가 적갈색의 곱슬곱슬한 머리카락 뭉치를 잡아서 들어 올리는 순간, 아뿔싸, 그것은 가발이었다. 까칠하고 짧은 잿빛 머리카락으로 덮인 메리의 두개골이 가발에서 떨어져 나오더니 마치 볼링공처럼 바닥을 굴렀다. 그것으로 끝이 아니었다. 집행관의 다음 임무는 시신을 방부 처리하고 또한 귀중품 목록에 있는 성유물의 관리를 위해 머리 없는 시신의 몸통으로부터 의복을 완전히 제거하는 것이었다. 그런데 피에 젖은 메리의 페티코트가 몸에서 벗겨지는 순간, 무언가가 그 옷 주름 속에서 움직이면서 나오더니 이내 울부짖기 시작했다. 그것은 바로 메리의 애완견 스카이 테리어Skye terrier였는데, 피투성이가 된 주인의 옷자락을 이빨로 꽉 잡아 물고 있었다. 사람들은 그 개를 여주인의 잔해로부터 분리하여 문질러 씻었다. 그러나 깨끗하게 씻어지지 않았고 털에는 여전히 피가 엉겨 붙어 있었다. 그러나 개가 깨끗해졌건 그렇지 못했건, 하등의 차이가 없었다. 왜냐하면 그 개는 음식을 거부하고 시들해지더니 이윽고 죽음을 맞았기 때문이다. 메리의 비극적 드라마를 종결짓는 데 필요했던 작고도 슬픈 희생자였다. 그 개가 그녀를 애도한 첫 번째 존재였다면, 그가 마지막이 되지는 않을 것이 확실해 보였다.

종소리가 울려 퍼지는 가운데, 런던 시민들이 '스코틀랜드 여왕의 참수를 모두 기뻐하기 위한 훌륭한 짧은 노래'를 부르는 바로 그 시간, 엘리자베스는 깊은 회한의 늪 속으로 빠져들고 있었다. 메리의 죽음을 전하기 위해 달려온 전령이 만약 엘리자베스로부터 감사의 표시를 기대했다면, 그는 경악하지 않을 수 없었을 것이다. 사실은, 세실과 월싱엄은 여왕이 혹시라도 마음을 바꿀까 염려하여 메리의 처형시간을 알리지 않았었다. 이는, 그들이 여왕을 '한낱 여자mere woman'가 아니라 그 이상의 존재라고 수없이 아첨했던 것, 그리고 다른 사람들이 그렇게 하도록 허용해 왔던 것과는 달리, 그녀를 '한낱 여자'로 생각하고 행동한 예 중의 하나였다. 마치 제대로 활용되지 못한 그녀의 모체가 달과 별들의 순환 법칙에 의해 지배당하고 있는 것처럼, 자신의 감정 기복에 지배당하고 있는 고질적으로 우유부단하고 변덕스러운 한낱 여성일 뿐이었던 것이다. 대개 그들은 사건을 기정사실로 만드는 방식으로 여왕의 의사결정 문제를 헤쳐 나오곤 했는데, 이번에는 사정이 달랐다. 월리엄 캠던에 따르면, 메리의 죽음을 접한 그녀의 반응은 다음과 같았다. '그녀의 얼굴 표정이 바뀌고, 그녀의 언어가 흔들렸다. 너무나 슬픈 일을 당해 크게 놀라고 비탄에 빠지시더니, 스스로 애도의 상복을 입으시고 하염없는 눈물을 흘리셨다.' 엘리자베스는 어찌 보면 그녀의 명령을 수행했을 뿐인 신하들을 격려하기는커녕, 그들을 향해 공격적인 태도를 보였다. 전례 없이 세실을 6개월간이나 자신의 면전에서 추방했으며, 심지어는, 월싱엄에게 사형집행 영장을 전달했던 자신의 비서 데이비슨을 명령 불복종 혐의로 체포하여 교수하려고까지 했다. 그녀의 행동은 표리부동한 가식이 아니었고, 그녀의 눈물 또한 악어의 눈물이 아니었다. 그것은 중대한 사실 부정이었다. 엘리자베스는 자신이 데이비슨에게 내린 명령은, 처형을 서두르라는 것이 아니라, 반대로 지연하라는 것이었다고 믿고 있었고,

따라서 정말로 데이비슨이 자신의 지시를 어겼다고 생각하고 있었다. 그러나 그것이 자신을 비롯해서 여러 사람의 목숨이 달린 일임을 너무나 잘 알고 있었을 데이비슨이 그런 위험을 무릅썼을 것이라고는 생각하기 어렵다. 그럼에도 불구하고, 사람들은, 여왕이 통곡하고 미친 듯이 악을 쓰다가, 종국에는 메리의 죽음이 자신 때문이 아니라, 자신도 모르는 사이에 일어났다는 '자기기만'에 빠져들 수 있도록 내버려두어야 한다는 사실을 잘 알고 있었다. 그러므로 그들은 자신들에게 부당하게 할당된 비난의 몫을 가만히 받아들이는 수밖에 없었다.

엘리자베스가 진실과 대면할 수 없었던 이유가 이렇듯 양심의 가책 때문이었던 것을 부정할 수는 없지만, 또 하나, 메리의 죽음이 유럽 정치에 가져올 결과와 관련하여 그녀 나름의 근거 있는 우려에서 그렇게 행동했을 가능성이 있다. 그녀는 이제 군주를 살해한 자이며, 더 한층 악명 높은 이단으로 낙인찍히게 될 것이 분명했다. 메리가 포더링헤이에서 처형당했다는 사실이 반란 음모들을 잠재우기보다는 잉글랜드 여왕을 제거하여 교황을 기쁘게 하겠다는 사람들의 투지를 더욱 불태우게 하는 결과를 가져올지도 모르는 일이었다. 나아가, 이제 그녀는 고립된 개별적 반란 사건이 아니라, 군주들이 개입된 전면전과 부딪혀야 할지도 모르는 상황이 되었다.

만약 그랬다면, 그녀의 판단은 옳았다. 스페인의 펠리페 2세는 메리에 대한 재판이 시작되기도 전에 이미 잉글랜드에 가톨릭 신앙을 복원시키겠다는 목표 아래 침공 계획에 박차를 가하고 있었다. 그는 엘리자베스를 '악명 높은 창녀의 죄 안에서 잉태되고 태어난 근친상간의 사생아'라고 지칭한 교황의 파문장이 세상에 나오게 한 장본인이었지만, 그의 아르마다Armada, 즉 무적함대의 존재 목적은 종교적 응징보다 자신의 제국 방어에 있었다. 그런데 최근 수년간 잉글랜드 정부는 겉으로는 평화를 논하고 있었지만, 추밀원 소속의 래스터와 월싱엄 등 열성적인 신교도들이 앞장서서 프랜시스 드레이크Francis Drake나 존 호킨스John Hawkins 등 해적들에게 스페인 화물을 공격하도록 부추기고 있었다.

매년 봄과 가을, 페루 광산에서 채굴된 엄청난 양의 은을 싣고 세비유Seville 항구로 향하는 대규모 보물선 선단은 그 자체만으로도 네덜란드 전쟁에 소요되는 엄청난 예산을 감당할 수 있는 물량이었기에 한탕을 노리는 잉글랜드 해적의 표적이었다. 드레이크와 호킨스는, 진정한 대박을 터뜨리지는 못했지만, 1570년대와 1580년대에 걸쳐 상당한 양의 전리품을 챙길 수 있었고, 이는 엘리자베스를 포함한 투자자들을 – 사실은 출자만 했을 뿐, 실제로 일어날지도 모르는 위험 부담은 공유하지 않은 사람들을 – 매우 기쁘게 했다. 잉글랜드 여왕의 입장에서 보면, 이것은 스페인을 네덜란드에서 몰아내고자 하는 양면 전략의 일환이기도 했다. 즉, 높은 비용이 수반되는 대규모 부대를 그곳에 보내는 대신, 적의 공급선을 적은 비용으로 차단하는 효과를 기대했던 것이다. 모든 방법을 동원해서 평화 협상을 밀고 나가되, 한편으로는 해적을 활용하여 스페인으로 하여금 잉글랜드가 원하는 조건(네덜란드에서의 철수)을 수락하도록 압박한다는 전략이었다. 그러나 펠리페의 입장에서 보면, 이는 뻔뻔스러운 위선과 다름없었다. 스페인령 아메리카에 대한 습격은 국가가 후원하는 테러 행위에 해당되는 것이므로, 만약 엘리자베스가 이를 중지하지 않는다면 문제의 뿌리가 위치한 잉글랜드 그 자체를 처리해야 마땅하다고 생각했다.

잉글랜드 해적들의 노략질은 계속되었고, 1587년 그들의 해상 공격은 그 대담성에 있어 새로운 정점에 도달했다. 엘리자베스가 스페인에 사절을 보내 평화 협상을 벌이는 동안, 드레이크는 자신의 해적 사상 가장 뻔뻔한 공격을 단행했다. 그의 해적 선단은 카디즈Cadiz항에 정박 중인 스페인 선단을 직접 공격하여 배들을 격파하고 그들의 정박소를 활용함으로써 아무런 피해 없이 목적을 이룰 수 있었던 것이다. 이는 진주만 공격에 비유될 수 있는 16세기의 사건이었다. 마드리드Madrid에 이 소식이 전해지자, 분노와 동시에 극심한 공포가 야기되었다. 어떻게 스페인 왕의 권위가 그것도 자신의 바다에서 무시될 수 있다는 말인가?

펠리페로서는 이제 아르마다를 출진시키는 것 이외의 다른 대안을 찾기 어려웠다. 그러나 상당수 그의 자문관들은 이것이 대참사를 맞을 수도 있다는 것을 처음부터 예상하고 있었다. 위대한 스페인의 해군 제독 산타 크루즈Santa Cruz는 스페인이 잉글랜드에 승리를 거두려면 최소한 5만 명에서 9만 명 정도의 병력과 200척 규모의 배가 필요한데, 이는 엄두를 내기 힘든 엄청난 규모의 지출이 소요될 것이라고 내다보았다. 펠리페는 목표하는 전투력 규모를 감축하는 방법을 선택했는데, 이는 실패를 예약하는 것과 다름없었다.

1588년 여름은 '섬나라 애국심insular patriotism'이 역사상 가장 위대한 서사시 중 하나를 써내려간 시간이었다. 후세의 잉글랜드인들은 국가가 위기에 직면할 때마다 '잉글랜드의 불Fires of England(침입자가 다가오고 있음을 알리는 바닷가의 봉화)'을 글과 영화를 통해 재점화시키곤 했다. 1798년, 윌리엄 피트William Pitt 총리의 동료였던 헨리 던다스Henry Dundas는 프랑스가 침공할 계획이라는 소식을 접하고 공포를 느낀 나머지, 엘리자베스의 연설문을 찾아보았는데, 거기에서 여왕이 자신의 대비책을 앞지르고 있음을 발견하고 위안을 받았다. 그해 7월 리저드Lizard를 지나 항진하는 130척 아르마다 함대의 위용은 의심할 여지 없는 공포의 대상이었지만, 사실 승산은 공격군보다 방어군에 더 있었다. 드레이크는 냉정을 유지한 채 볼링 게임을 막 끝냈다고 전해지는데, 사실인지는 모르지만 그 나름의 자신감을 가지고 있었을 것이다. 진실의 순간과 직면하기 위해 항해하고 있던 스페인 함대의 지휘관들 또한 싸움의 유불리를 알고 있었을 것이다. 그동안 당한 쓰라린 경험을 통해 그들은 잉글랜드 함정들이 속도와 방향 전환의 측면에서 자신들에 비해 엄청난 우위를 유지하고 있음을 잘 알고 있었다. 특히, 잉글랜드 해군의 경우 대포를 신속하게 발사할 수 있는 기술을 가지고 있어서 전면적인 일제 사격이 매 시간마다 가능한데 비해, 스페인 함대의 경우에는 하루에 한 번이 고작이었다. 또한, 그들의 함대는 네덜란드에서 바지선을 타고 올 파르마Parma 공작의 육군과 합류할 예정이었는데, 그들은 잉글랜드 함대가 이 작전이 각본대로 이루어지도록 관망하지 않을 것임도 알고 있었다. 이 모든 상황이 스페인군을 매우 불안하게 만들었고, 이 때문에 스페인 해군 지휘관들은 더 늦기 전에 모든 계획을 철회해 달라고 펠리페에게 요청했지만 거절당했다.

　모든 국면을 통해 승패를 결정한 요인은 지형과 날씨였다. 아르마다 함대는 솔런트Solent에서 드레이크의 첫 공격을 받았지만, 이렇다 할 사상자 없이 당당하게 칼레 방향으로 항해하여 네덜란드 주둔의 파르마 공작 및 그의 병력과 합류할 예정이었다. 그런데 그때 바람이 잉글랜드 편으로 돌아서면서 파르마의 병력을 싣고 있던 바지선의 항진이 중단되고 그들은 예정되었던 심해深海 합류점에 접근할 수 없었다. 그렇다고 잉글랜드 전함에 피격당한 아르마다 함선들이 병사들을 승선시킬 수 있을 정도로 충분히 얕은 바다에 다가갈 수도 없는 노릇이었다. 패배와 승리의 차이를 가른 건, 불과 수 마일도 안 되는 잉글랜드 해협의 해저海底였다.

　7월 28일과 29일에 걸쳐서 벌어진 그하블린즈Gravelines 전투는 이제 잉글랜드가 아닌, 아르마다의 생존을 건 투쟁이 되고 말았다. 아르마다의 지휘관 메디나 시도니아Medina-Sidonia 공작은 배 11척을 잃고 전투에서 발을 뺀 뒤, 북동방향으로 길고도 파멸적인 귀환길 오디세이odyssey를 시작했는데. 그럼에도 불구하고 그의 함대는 여전히 적의 추격 부대를 따돌릴 만한 능력은 있었다. 아르마다가 파멸을 맞은 것은 함대가 스코틀랜드 북서쪽 끝부분을 돌아 나오다가 헤브리디스 제도의 무자비한 강풍, 그리고 돌풍과 부딪혔을 때였다. 펠리페의 잉글랜드 원정이 완전한 실패로 귀결된 장소가 다름 아닌 스코틀랜드와 아일랜드 사이의 바다라니, 역설逆說이 아닐 수 없었다. 선원과 병사들은 익사하거나, 굶주리거나, 발진 티푸스typhus에 감염되거나, 또는 아일랜드인들에 의해 죽어갔다.

　그런데 1588년 잉글랜드인들이 구사일생으로 위기를 모면한 사건을 순수하게 애국주의적 신화의 관점에서 본다고 해도 그것을 무가치한 일이라고 할 수는 없다. 스페인의 침공이 성공할 가능성이 희박했다는 것은, 전쟁의 진행 경과를 이미 알고 있는 후대 사람들의 평가일 뿐이고, 동시대인들은 그렇게 생각하지 않았다. 펠리페의 입장에서 보면, 전사자 1만 5000명과 괴멸당한 함대가 크게 아쉽기는 했지만, 그렇다고 해서 그가 1590년대에 다시 한 번 잉글랜드 원정을 도모한 것만 보더라도 그 패배의 충격이 그를 압도할 정도는 아니었다. 그러나 잉글랜드 입장에서 보면 전쟁의 승리는 그 의미가 남달랐다. 그것은 잉글랜드 사람들이 이 위기에 대응하는 과정에서, 아마도 단순한 군사적 병참 지원보다 더 중요한 어떤 것, 즉 강력한 국민적 자기 정체성을 만들어내는 계기를 가질 수 있었기 때문이다. '여왕은 무엇을 위해 존재했는가?'라고 묻는다면, 1588년 여왕이 수행했던 역할에 대한 답은 이렇다. 그녀는 집 안과 길거리, 그리고 대저택과 대중 주점을 가리지 않고 모든 국민에게 국가는 단순히 부분들의 합이 아니라는 것, 그리고 국가의 군주는 왕이건 여왕이건 다를 바 없이 국가의 특성을 구현하는 진정하고 불멸적인 존재라는 의식을 심어주었다. 불안에 떨고 있는 국민들을 향해 이런 의식을 투영할 수 있는 방법을 생각해낸 것은 (1940년 처칠이 그러했듯이) 엘리자베스의 천재성이었다. 래스터는, 암으로 추정되는 병으로 위중한 상태였지만, 외적의 침공에 대항하여 여왕의 사람으로 복귀했으며, 여왕의 대중적 이미지 기획자로서 마지막 원정을 벌일 준비가 되어 있었다. 그가 별 볼일 없는 군 지휘관이었고, 더 형편없는 외교관이었는지 모르지만, 애국심을 표현하는 데 있어서만은 그를 필적할 만한 사람이 없었다.

래스터는 다른 추밀원 자문관들과 마찬가지로, 만약 스페인 침략자들과 잉글랜드 본토에서 전투가 벌어지는 상황이 벌어지면 자신이 직접 군대를 지휘하겠다는 엘리자베스의 확고한 의지에 경악하며 다음과 같이 말했다. '폐하의 신체는 우리가 이 세상에서 가장 소중하게 보살펴야 할 성스러운 존재이신데, 우리가 그런 경우를 생각만 해도 몸이 떨릴 따름입니다.' 그리고 그해 8월 초는 아직 위험이 가시지 않았을 때였다. 8월 9일, 여왕은 (래스터가 그곳의 걱정스러울 정도의 무질서를 목격하고 불평을 터뜨린 바 있는) 틸버리 야영장을 방문하여 군대를 사열하고 연설을 하기로 했는데, 래스터는 이를 위해 특별한 행사 하나를 조직했다. 틸버리에서 일어난 일에 대해서는 너무나 많은 이야기와 이미지들이 전해지기에, 역설적으로 우리는 그날 엘리자베스가 실제로 무엇을 입었고, 실제로 무슨 말을 했는지 정확하게 알기 어렵다. 그러나 전날인 8월 8일, 그녀가 금박을 입힌 멋진 사륜마차를 타고 열광하는 군사 2000명의 호위를 받으며 거소인 아든 하우스Arden House에 도착한 것은 확실하다. 그리고 다음 날, 그녀는 아마도 도열한 군인들 사이를 걸어가서는, 래스터가 굴레를 잡고 있는 잿빛 거세마에 올라탔을 것이고, 뒤에서 창병들과 고적대가 그녀를 따랐을 것이다. 몇몇 이야기에서 전하는 것처럼 래스터가 제작했다는 흉갑을 그녀가 실제로 착용한 것 같지는 않지만, 그럼에도 불구하고 그녀는 부대원들을 향해 자신이 군대의 지휘관이며, 나라의 '성모virgin-mother'라는 인상을 심어준 것은 확실하다. 이 광경을 목격한 제임스 아스크James Aske는 그녀를 가리켜 '왕 같은king-like', 그리고 '성스러운 장군a sacred general'이라는 표현을 썼다.

여왕의 연설은 (다음 날 군목인 리오널 샤프Leonel Sharp에 의해 되풀이되기도 했는데) 브리튼 역사를 통틀어 가장 위대한 연설 중 하나로서, 또한 마땅히 그럴 만한 가치를 지닌 연설로서, 후손들에게 전해지게 되었는데, 그것이 더욱 특별했던 것은 그 두려움의 순간에 청중들에게 전달되었기 때문이다.

나의 사랑하는 신민들이여, 우리는 우리의 안전을 걱정하는 몇몇 사람들로부터, 무장한 군중과 마주할 때 혹시나 있을지 모를 배신에 대비해야 한다는 충고를 받았습니다. 그러나 내가 여러분에게 확언하건대, 나는 내 충성스럽고 사랑하는 신민들을 의심하며 살지는 않을 것입니다. 폭군이나 두려워하라고 하세요. 나는 언제나 하느님을 섬기면서 예의 바르게 처신해 왔으며, 바로 내 신민들의 충성스러운 마음과 선량한 의지를 나의 가장 강력한 힘의 근원이자 보호자로 삼아왔습니다. 그러므로 나는, 여러분이 보고 있듯이, 지금 이 시간, 여러분 한가운데에 와 있는 것이며, 또한 나는 지금 오락이나 장난을 하기 위해 온 것이 아니라, 전투의 열기가 한창인 지금 이 순간에, 여러분 모두와 함께 죽고 함께 살기 위한 단호한 결심으로 여기 서 있는 것입니다. 하느님께는 나의 왕국을 바치고, 나의 신민들에게는 죽을 각오를 하고 나의 명예와 목숨을 맡기고자 합니다. 나는 내가 힘없고 미약한 여자의 신체를 가졌음을 알고 있지만, 나는 왕의, 그것도 잉글랜드 왕의, 심장과 복부를 가졌다는 것을 역시 알고 있으며, 그럴진대, 파르마 또는 스페인이나 유럽의 어느 군주이건 간에, 감히 내 왕국의 경계를 넘어서는 것은 나를 부당하게 멸시하는 것과 다름없습니다. 그러므로 나는 불명예를 키우기보다는, 이에 대항하여 내 자신 스스로 무기를 들고, 내 자신 스스로 여러분의 장군이자 재판관, 그리고 전장에서 여러분 각자가 행하는 모든 미덕을 포상하는 사람이 되고자 하는 것입니다. 나는 이미 마땅히 포상과 월계관을 받아야 할 여러분들의 용기에 대해 잘 알고 있습니다. 군주의 언어로써 약속드리건대, 이 모든 것이 적절하게 여러분들에게 돌아갈 것입니다.

셰익스피어의 색채가 보다 옅은, 그럼에도 불구하고 엘리자베스 연설의 정수를 보존하고 있는 다른 판본의 연설문들도 있다. 여기에서 그 정수라 함은, 멀고 위협적으로 느껴지는 군주가 아니라, 위기의 시간을 함께하는 '국민 속 군주'의 이미지이다. 또한, 엘리자베스는 여성이었지만, 그녀에 대해 신민들이 품은 사랑은 그녀를 아마존의 여왕이자 전사인 펜테실레이아Penthesile로 만드는 것이다. 1612년 판본에 기록된, '적들은 아마 내가 여성이라는 이유로 나의 성性에 도전하려 하겠지만, 마찬가지로 나는 그들이 남자라는 이유로 그들의 영토를 공격하겠노라'라는 묘사가 바로 그러한 이미지이다. 아무튼, 엘리자베스가 틸버리에서, 그것이 무엇이건, 국민적인 아이콘의 지위를 가지게 된 것은 의심의 여지가 없다. 얼마 지나지 않아 래스터는 슈루즈베리 백작에게 다음과 같이 썼다. '우리의 자애로운 여왕 폐하께서는 군의 진지와 병사들을 둘러보기 위해 이곳에서 저와 함께 하셨는데 여왕께서는 당신의 선량한 신민들 가슴을 격동시켰지요. 하여 제 생각에는 우리 중 가장 약한 병사라 할지라도 잉글랜드 영토를 넘보는 스페인의 최정예 병사를 능히 대적할 수 있을 것입니다.' 킹스린King's Lynn에 있는 세인트 페이스St Faith 교회의 범상치 않은 벽화에는, 위쪽에는 왕관을 쓰고 광륜을 가진 처녀 여왕이 마치 하늘에서 불타고 있는 아르마다를 내려다보고 있는 모습이 묘사되어 있고, 아래쪽 틸버리 현장에는 또 다른 그녀가 군대 앞에서 어릉거리는 회색의 말을 타고 있는 모습이 묘사되어 있다.

그 같은 중성적인 전사-여제女帝의 이미지는 튜더 시대가 마감되는 어려운 시절에 몇 번이고 되풀이해서 만들어졌는데, 그중에서도 가장 장려한 이미지로 표출된 것은 조지 가워George Gower가 그린 여러 가지 버전의 '아르마다 초상화'이다. 그녀를 이와 같은 신격화의 경지에 이끈 남자들은 그리 오래 살지 못했다. 래스터는 1588년 10월에 죽었다. 여왕은 너무나 비통한 나머지 문을 걸어 잠갔고, 사람들은 그녀가 다시 세상에 나와 남은 생애와 대면하도록 하기 위해 그 문을 부수어야 했다고 전해진다. 월싱엄은 1590년에 죽었고, 크리스토퍼 해턴은 1591년 여왕이 그의 마지막 나날에 코디얼cordial[7]을 숟가락으로 떠먹이고자 했으나 그 이전에 눈을 감았다. (1571년 귀족 작위를 받은) 세실은 늙어서 관절염을 앓다가 1591년에 죽었고, 그의 둘째 아들이자, 아버지만큼 상황 판단이 빨랐던 곱사등이 '피그미pigmy' 로버트가 아버지가 짊어졌던 막중한 국사의 부담을 물려받았다. 엘리자베스 시대를 마감하는 마지막 15년 동안, 로버트 세실은 그의 최대의 정적이자, 래스터의 의붓아들인 에식스 백작 로버트 데버루Robert Devereux, 그리고 제3의 경쟁자이자, 자신보다는 에식스 백작을 더 옹호했던 월터 롤리Walter Ralegh와의 권력 투쟁 속에서 보냈다. 사실, 1590년대는 로버트 세실이 학구적인 실용주의자였던 자신의 부친 역할을 연기하고, 에식스 백작은 충동적이고 공격적이던 '여왕의 연인' 래스터의 역할을 맡아서 과거를 반추하는 한 편의 역사극 같은 이상한 시대였다. 에식스는 아일랜드 원정 등 잘못된 군사작전에 병력과 돈을 탕진했으며, 여왕의 지시에 불복종했고, 그녀에 대한 순종적인 흠모를 바치는 데 필요한 시간을 맞추지 못하면서 끊임없이 곤경을 자초했다.

---

7   과일을 주스로 만들어 마시는 단 음료 ─ 옮긴이.

엘리자베스의 궁정은 애초에 교회처럼 냉철한 이성이 지배하는 공간은 결코 아니었다. 그러나 1590년대에 접어들면서 그곳은 사회적 현실과 우화적 공상 사이의 괴리가 괴이한 모습으로 발현되는 공간이 되었다. 개인적인 반목은 패션 전쟁과 상호 비방적인 드라마로 한층 더 불을 뿜었다. 롤리와 에식스는 자신의 부하들이 똑같은 오렌지색의 제복을 입고 마상 시합에 출전하게 되자 거의 결투 직전까지 갔던 적이 있다. 어느 날 에식스는 여왕으로부터 호된 질책을 받던 중 등을 돌려버렸고, 여왕은 이 때문에 화가 나서 그의 뺨을 매우 강하게 철썩 후려갈겼다. 이때 시작된 두 사람의 소원한 관계는 1601년 그의 실패한 쿠데타와 처형으로 끝을 맺었다. 여왕에게 당한 이 마지막 모욕이 그를 칼날 위로 몰고 갔을 것이다. 한동안 그는 자신이 생각하기에 마땅히 자신의 추종자들에게 분배되어야 할 포상을 여왕이 거절한 것을 두고 분개했다. 대중 사이에서 꽤 인기가 있었던 에식스는 이러한 대중의 평판을 등에 업고 스스로 권력을 취하고자 했다. 의회와 추밀원을 장악하기 위해 돌연 아일랜드에서 회군을 감행한 에식스는, 여왕의 침실로 쳐들어가는 것을 그의 첫 군사작전의 목표로 삼았는데, 그곳에는 여왕이 아직도 자신의 얼굴을 공들여 재단장하고 있는 중이었다. 그는 가발과 치아를 갖추지 못한 여왕을 보았으며, 아마도 여왕의 벗은 모습까지 봤을 것이다. 이는 군주의 가면을 뚫어본 것이며, 이로써 용서받을 수 없는 불경죄를 범했다. 나체의 다이애나를 본 것에 대한 형벌은, 물론, 죽음이었다.

엘리자베스 신화 속에 존재하는 영원한 정치적 신체와 현실 속에 존재하는 그녀의 자연적 신체는 그녀의 노화가 진행되면서 필연적으로 그 괴리가 극명하게 드러났다. 엘리자베스는 스스로를 '날씬한 젊은 여성'이라고 착각하고 있었는데, 그것은 그녀가 자신을 그렇게 생각하도록 일부러 가식적인 행동을 하거나, 지금이 제2의 전성기라고 찬사를 보내는 등 아첨 일색의 궁정 조신들과 이미지 제작자들에게 둘러싸여 있었기 때문이었다. 이 때문에 엘리자베스는 자신의 처녀성을 과시하는 속이 비치는 윗옷을 입기 위해 전례 없는 낭비를 감행했을 뿐 아니라, 심지어 언젠가 한 번은 완전히 상의 전체를 드러내기도 했으며, 또한 여름 더운 날에는 스스로 배꼽까지 단추를 푸는 것으로 몽상가들의 기대에 부응했다. 점성술사였던 사이먼 포먼simon Forman 같은 몽상가들은 열에 들떠서 여왕의 꿈을 꾸기도 했는데, 사이먼의 꿈에 나타난 그녀는 작고 늙었지만 여전히 성적 매력을 가진 여성으로서 흰 페티코트를 땅에 끌고 있었다. 꿈속에서 그는 붉은 머리카락을 가진 (말하자면 에식스 같은) 폭한들로부터 그녀를 구출한 뒤 여왕의 밑에서가 아니라 위에서 섬길 수 있기를 간청했는데, 그것은 잉글랜드를 위해 여왕의 배가 더 불러오도록 하기 위함이었다.

옷을 지나치게 차려입은 엘리자베스 말기 사회의 가장무도회에서는 약간은 지나치다고 할 정도로 격렬하게 아름다운 그 무엇이 있었음을 쉽게 느낄 수 있다. 그런데 하필이면 농촌과 도시 가릴 것 없이 삶이 가장 고통스러웠던 그 시절에 우리가 그 시절을 여러 종류의 판타지가 만들어진 시기로 기억할 정도로, 전례 없는 문학적 창작이 폭발한 것은 단지 우연이었을까? 후계를 생산해내지 못한 정권 자체가 흔들리고 조바심하고 있는 것처럼 보일 때, 또한 에식스 같은 자들이 이미 자신들의 이익을 위해 정권 이후를 내다보기 시작했을 바로 그 시기에 역사는 새로 써지기 시작했다. 튜더 왕조야말로 프로테스탄트 국가를 완성시키기 위해 신이 계획하신 완결판이며, 튜더는 중세 말기 파벌 간 상쟁으로부터 사회 통합을 이루어낸 유일한 왕조라는 것이다. 그렇게 해서, 사회계층 간의 구분이 그보다 더 엄격할 수 없었고, 계급적 질서의 세부적 항목들을 놓고 폭력적인 논쟁이 일어날 것 같던 바로 그 시기에, 몽상가들은 아르카디아의 선계仙界 같은 이상향을 떠올리게 만들었던 것이다. 그곳에서는 남녀가 역할을 바꾸고, 신과 사람들이 같이 어우러지며, 하인이 주인에게 대거리도 하고, 또한 힘센 자들은 그들에게 마땅한 벌을 받았다. 1592년, 소小 마르쿠스 헤라르츠Marcus Gheeraerts는 막 여왕의 챔피언(대리전사) 자리에서 은퇴한 헨리 리 경을 위해, 그가 자신의 여신을 위해 마련한 마지막 여흥에 즈음하여, 여왕의 초상화 중에서 가장 기억에 남을 만한 그림을 그렸다.[8] 달빛으로 빛나는 은색의 얼굴을 하고, 하얀 장미와 순결의 진주로 장식된 옷을 차려입은 엘리자베스는 옥스퍼드셔 디칠리Ditchley에 있는 리 경의 토지 부근 템스강의 수원지水源地 위에 실내화를 신고 서 있다. 여왕과 국가는, 각각이 곧 타방他方의 연장이 됨으로써, 문자 그대로 하나로 연합되었다. 신의 눈높이에서 그려진 지도이기에 잉글랜드 역시 불멸의 땅으로 보인다. 물이 풍부하고, 작은 관목 덤불들이 풍경 속 여기저기에 흩어져 있으며, 잘 정돈된 도시와 마을들이 그 사이사이 공간에 총총하게 박혀 있는, 그야말로 절반은 천국 같은 모습이다.

그러나 현실은 훨씬 더 산문적이었다. 튜더 조 군주들에 의해 완전히 추방되었다고 공식적 역사 기록을 통해 주장해 온 그 모든 악들이 1590년대에 확연하게 되살아났던 것이다. 끝없는 전쟁 비용을 충당하기 위한 가혹한 징세, 높은 실업률, 1594년에서 1597년까지 연속된 흉작, 그리고 하늘 높은 줄 모르고 치솟는 물가가 그것이었다. 1596년에는 폭동이 일어났고, 범죄와의 전쟁을 치르게 된 지방 관리들은 기록적인 숫자의 중죄인들을 교수대로 보냈다. 교수대는 선계의 나라 여기저기에 흩어져 있었다. 1598년 켄트의 한 노동자는 '이 나라 부자들에게 고통을 안겨줄 전쟁이 일어나, 빈민들을 대하는 그들의 냉정한 마음을 되갚아주었으면 좋겠다'라는 속마음을 구태여 숨기려 하지 않았다.

수십 년 만에 처음으로 여성 통치, 그것도 (영원한 젊음을 가장했음에도 불구하고) 늙은 여성에 의해 통치되고 있는 현실에 대한 불만이 터져 나오기 시작했는데, 그러한 불만의 소리가 집중된 곳은 여왕을 모욕했다는 혐의로 단죄의 대상이 되어 수족이 절단되는 형이 집행되고 있던 법정이었다. 에식스 카운티, 그레이트 웬든Great Wenden의 노동자인 존 펠트웰John Feltwell은 '왕을 위해 기도'하길 원했다. 그 이유를 묻자, 그의 대답은 이러했다. '여왕은 단지 여성일 뿐이며, 남자 귀족들에 의해 지배될 뿐이다. … 그러므로 빈민들은 아무것도 얻

---

8   디칠리 초상화(Ditchley Portrait)로 알려진 그림으로 현재 런던 국립초상화미술관(National Portait Gallery)에 소장되어 있다 ― 옮긴이.

을 수가 없다. … 우리는 여왕이 살아 있는 한 절대로 즐거운 세상을 만날 수 없다.' 1599년 토머스 본Thomas Vaughan이라고 불린 '평범한 방랑자'는 말하길, 1553년에 죽은 젊은이는 절대로 에드워드 6세일 리가 없고, 누군가 그의 자리에 앉혀진 다른 사람일 뿐이며, 진짜 에드워드, 덴마크의 왕은 가난한 자들을 기아로부터 구출하기 위해 아일랜드와 웨일스에 와 있다는 것이다.

위험스러울 정도로 솔직했던 이들 남녀가이 말하려고 했던 건, 잉글랜드에는 자신들에게 일자리와 맥주, 그리고 빵을 주는 왕이 필요하다는 것이었다. 그들이 여왕 치하에서 얻은 것은 그것이 아니라 그들 손에는 잡히지도 보이지도 않는 제국에의 모험과 성채들뿐이었다. 가워의 '아르마다 초상화'에서 여왕은 자신의 손을 자신만만하게 인도제국 위에 올려놓고 있지만, 그 글로리아나Gloriana 제국의 바다 밑에는 그 많은 문학작품의 저자들이 꿈꾸던 것들, 그리고 또 다른 망상가들이 꿈꾸던 불가능한 계획들의 난파 잔해들로 어질러져 있다. 젊은 존 던John Donne은 스페인 제국을 굴복시킬 수 있을 것이라는 헛된 망상 속에 아조레스Azores 제도로 향하는 에식스의 원정에 참가했다. 롤리의 버지니아Virginia 로아노크Roanoke 지방 정착은 나름 독창적인 몽상이기는 했으나, 채 2년도 버티지 못하고 질병과 기아로 인한 떼죽음으로 끝났다. '농장Plantation'이라는 이름을 가진 스펜서의 낭비적인 아일랜드 정착 판타지 또한 좋은 결과를 가져오지 못했다. 그곳 원주민들이 혹시라도 잉글랜드-스코틀랜드의 신교적인 덕성의 축복을 받아 불운한 야만 상태로부터 구출되었는지는 모르지만, 그의 '농장' 프로그램은 결국 소름 끼칠 정도의 피비린내가 진동하는 장기 전쟁으로 귀결되었다. 이 프로젝트는 결과적으로 '게일 아일랜드'와 '구舊 잉글리시 아일랜드' 가리지 않고 그곳 원주민들로 하여금 자신들이 그저 '소택지에 사는 수많은 야만인'으로 취급받고 있다는 느낌을 가지게 함으로써, 잉글랜드와의 이질감만 확인시켜 주었을 뿐이다.

꿈은 때때로 그 꿈을 꾼 자들을 파멸시키는 심술궂은 습성이 있는데, 특히 그 꿈이 돌과 흙, 그러니까 건축이라는 모습으로 형상화되었을 때는 더욱 그러했다. 굴뚝, 첨탑, 박공 등 건축의 요소들을 두루 갖춘 사치스럽기 짝이 없던 '프러디지 하우스prodigy house'들은, 여왕의 행렬이 단거리 여행으로 제한되던 통치 말기에 여왕의 임시거소 목적을 염두에 두고 건축된 것들이다. 그중에서도 가장 대단했던 저택은 노팅엄 인근의 월라튼Wollaton 홀인데, 당시 왕성하게 활동 중이던 석공 및 벽돌공 전문 기술자였던 로버트 스미슨Robert Smythson이 건축주인 로버트 월로비Robert Willoughby 경을 위해 지은 건물이었다. 월로비는 월라튼 홀의 장관을 여왕 앞에서 과시함으로써, 한낱 산업 기반의 부호에 지나지 않는 자신의 사회적 지위를 귀족적 위치로 끌어올릴 수 있기를 간절하게 기대했을 것이다. 그러나 그와 그의 상속인들에게 남은 것은 막대한 빚이었다. 기대했던 여왕의 방문이 이루어지지 않았기 때문이었다.

여왕에 대한 존경의 표시로서 추진된 건축이 기대와 어긋난 경우를 따지자면, 그 어느 것도 노샘프턴셔의 건축 청부업자 토머스 트레샴ThomasTresham 경만큼 가슴 아픈 이야기를 찾기 어려울 것이다. 그의 가문은 법률가들을 배출하면서 사회적 지위가 급상승했는데, 조상 중 한 명은 헨리 5세 치하에서 검찰총장의 자리에 올랐다. 토머스 경의 조부는 다른 많은 농촌 젠틀맨과 마찬가지로 헨리 8세와 에드워드 6세를 충심으로 섬겼지만, 신앙적으로는 가톨릭을 지켰다. 한동안 토머스는 세실과 엘리자베스가 희망한 대로 1559년의 종교적 합의를 지키려고 노력했다. 그는 1575년 기사 작위를 받았고, 좋은 결혼을 하여 자녀 열 명의 아버지가 되었다. 그런데 월싱엄의 공포 정치와 예수회 포교단의 압박이 가해지자, (국왕에게) '충성스러운 가톨릭 신자loyal Catholic'로 남고자 했던 사람들은 하나의 선택을 강요받게 되었다. 토머스는 이 중에서 믿음을 선택함으로써 엘리자베스 체제의 타협적 예식들을 버리고 옛 로마교회의 예식들로 복귀하는 완전한 재개종의 길을 밟았다. 그는 국교회 예배에 참석을 거부하고, 불참에 따르는 높은 벌금을 감수하는 등, 이른바 '반항자'가 되었다. 그럼에도 불구하고, 엘리자베스를 향한 그의 열렬한 충성심은 그의 종교적인 신념과는 별개로 결코 멈춘 적이 없었는데, 그것은 월싱엄 정권이 그에게 종교적 충성의 대상을 밝히라고 압박해 들어왔을 때조차도 변함이 없었다.

트레샴은 여왕과 종교 모두를 향한 그의 선량한 믿음을 표현할 수 있는 집을 짓겠다는 결심을 했다. 그것은 잉글랜드는 유럽이자 가톨릭이며, 동시에 섬나라이자 프로테스탄트가 될 수 있다는 가슴 벅차는 포부로부터 비롯된 것이었다. 그리고 그의 결심은 브리튼에서 가장 아름다운 폐허로 귀결되었다.

엘리자베스 황혼기에 추진된 다른 대규모 프로젝트와 마찬가지로 그의 '라이비든 뉴 빌드Lyveden New Bield'는 경건한 판타지였다. 그것은 가톨릭 신자임과 동시에 여왕에게 충성하는 농촌 지역 젠틀맨이 되겠다는, 끝내 불운한 운명을 맞이하게 될, 낙관론의 결과물이었다. 종교적 신념을 대놓고 말하는 것이 불가능한 현실에서, 트레샴은 자신을 대신해서 그것을 표현할 수 있는 건축물을 갖고자 한 것이다. 바닥 설계와 창틀 디자인에 십자가 문양을 넣고, 바깥벽들을 따라가며 석제 프리즈frieze를 만들어 예수의 수난에 대한 경의를 표시한 것도 그 일환이었다. 최종 결과물은 우리가 습관적으로 '잉글랜드적' 혹은 '브리튼적'이라고 부르는 건축물들과는 완전히 다른 것으로서, 오히려 프랑스나 이탈리아 같은 외부의 영향이 느껴지는 전형적인 문화 이식의 결과로 보이는 건축물이었다. 그러나 트레샴이 의도한 것 중에 더 중요한 것이 따로 있었는데, 그것은 노샘프턴셔의 풍경 속에서 이것을 자연스럽게 어우러지도록 만든다는 것이었다. 만약, 자생적인 잉글랜드-가톨릭 양식이 있다고 한다면, 바로 이 라이비든 뉴 빌드의 양식이 그것이다.

이것은 탁월한 시각적 조예에 바탕을 둔, 놀라울 정도로 야심적인 프로젝트였다. 트레샴은 그의 서재에 비투루비우스Vitruvius, 세를리오Serlio, 팔라디오Palladio 등 고전 건축에 관한 위대한 교재들을 가지고 있었고, 그가 이탈리아를 방문했을 때는 베네치아에서 그들의 설계가 현실 속에서 구현되어 살아 숨쉬고 있는 것을 보았다. 그런 까닭에, 라이비든에 수학적으로 완벽한 비례를 갖춘 방과 세로로 우아하게 홈이 파진 벽기둥, 그리고 판테온처럼 건축물 상부를 덮는 둥근 지붕이 만들어질 예정이었던 것은 우연이 아니었다. 또한, 이 집은 트레샴이 은퇴 후 기거할 사적인 은거지가 될 것이었기에 그의 기도를 위한 작은 예배당이 만들어질 예정이었고, 많은 신성하고 상징적인 명문銘文과 계책 戒責이 벽에 새겨질 예정이었다.

그러나 그만의 성스러운 섬에 홀로 고립되어 있던 트레샴은 기적을 행할 능력이 없었다. 엘리자베스가 죽자 그는 현실 세계의 포로가 되었고, 생애의 마지막 날들을 어둠 속에서도 빛나는 그만의 천국행 대기실에서 보내는 대신, 종교를 이유로 구금되어 어두운 감옥에 갇혀서 지냈다. 그의 아들 하나가 1605년 화약음모 사건Gunpowder Plot에 연루되었다가, 공범들에게 불리한 증언을 하는 대가로 겨우 목숨을 건지는 일이 일어났던 것이다. 가문의 재산이 풍비박산되어 라이비든 하우스의 완성은 엄두도 못 낼 정도가 되었으며, 원래 설계보다 미적 기준에서 훨씬 떨어지는 대체 돔조차 씌울 수 없게 되었다. 라이비든 하우스는 끝내 완성을 보지 못했다. 트레샴이 가졌던 빼어난 조형적 설계가 흔적을 남긴 건 단지 슬픈 유령, 그리고 석재들이 품고 있을지 모르는 그들만의 비밀뿐이다.

그런데 만약 트레샴이 어찌어찌하여 집을 완성시킬 수 있었다고 하더라도, 그것이 '아픈 엄지손가락'처럼 눈에 띄게 두드러지기는 했겠지만, 그리 유쾌한 유적으로 남지는 못했을 것이다. 왜냐하면, 그레샴은 자신의 내면에서 믿음과 취향, 잉글랜드와 고전적 유럽 사이의 화해를 최선을 다해 모색하고 있었지만, 역사는 그것들을 분리시키는 방향으로 움직이고 있었기 때문이었다. 연대기 작가들, 지리학자들, 희곡 작가들, 교회 성직자들, 그리고 의회 고문서 전문가들 할 것 없이 그들의 글 속에서 '진정한 잉글랜드 적인 것'의 의미는 자꾸만 제한적인 의미로 새롭게 정의되고 있었다. 진정하게 잉글랜드적인 것은 모국어로 행해지는 전례典禮, 외국어 숙어와 매너리즘을 벗어난 문학 같은 것들이었다. 만약, 셰익스피어가 (지금 생각해 보면 가능할 것도 같지만) 은밀한 가톨릭 신자였다고 하자. 그럼에도 그가 처벌을 면할 수 있었을 것으로 생각되는 이유는 그가 잉글랜드의 섬나라적 특수성을 두고 최고의 찬사를 쓰고 그것을 죽어가

는 존 오브 곤트John of Gaunt의 입으로 말하게 했기 때문일 것이다.[9]

또한, 이렇게 찬사를 쓰면서도 '진정한 잉글랜드'의 미래에 불안을 느끼는 사람들은 트위드강 넘어 제임스 6세를 여왕의 후계자로 바라보면서, 역사상 처음으로 신이 축복하신 그 섬을 잉글랜드보다 조금 더 큰 무엇, 즉 '브리타니아'로 상상하기 시작했다. 이는 윌리엄 캠던이 여왕에게 헌정했던 역사 지리서 편찬본의 제목이기도 했다. 1603년 3월, 엘리자베스가 세상을 떠날 무렵만 하더라도, '브리튼'은 여전히 대부분 사람들에게 낯설고, 이해하기 어려운 개념이었다. 그러나 늙은 여왕 엘리자베스만큼은 이를 어떤 실체적인 의미가 있는 존재로 이해했던 극소수의 사람 중의 하나였을 것이다. 엘리자베스는 죽음을 눈앞에 둔 순간, 자신의 '결혼반지'[10]가 빠져나가는 것을 보면서 신이 자신을 끝까지 처녀로 머무르도록 예정하신 데에는 그분 나름의 계획이 있었을 것이라고 생각했음에 틀림없다. 왜냐하면, 그녀가 끝내 결혼을 하지 않았기에, 종국에 자신이 잉글랜드와 스코틀랜드의 연합이라는 중대한 사건이 일어나도록 만들 수 있었기 때문이다. 물론, 아직은 하나의 왕국이 아니라, 그녀의 5촌 조카이자, 원수이며 또한 희생자이기도 했던 메리 스튜어트의 아들을 연결 고리로 한 연합이었지만 말이다. 결과적으로 본다면, 엘리자베스는 불임이 아니었다. 처녀가 걸린다는 위황병萎黃病에 걸린 것도 아니었다. 그녀는 정녕코 열매를 맺었으며, 그 열매는 그녀의 정치적 신체를 통해 맺은 것이다. 그리고 그 열매의 이름은, 이미 장래에 걸맞은 수식어를 내포한, 마그나 브리타니아*Magna Britannia*, 즉 '위대한 브리튼'이었다.

---

9   셰익스피어가 쓴 『리처드 2세(King Richard II)』의 한 장면을 말하는 것이다 — 옮긴이.
10   국민과의 결혼을 상징하는 대관식 반지 — 옮긴이.

참고문헌[*]

원사료(인쇄본)

Adomnan of Iona, *Life of St Columba*, trans. R. Sharpe(Penguin 1995).

Alfred the Great: Asser's Life of King Alfred and other contemporary sources, trans. S. Keynes and M. Lapidge(Penguin 1983).

Aneirin, *Y Gododdin,* trans. and ed. A. O. H. Jarman(Gomer Press 1988).

Anglo-Saxon Chronicle, trans. and ed. Michael Swanton(Dent 1996).

Arthurian Chronicles by Wace and Layamon, trans. Eugene Mason(Dent 1962; University of Toronto Press 1996).

Barbour, John, *The Bruce*, ed. A. A. M. Duncan(Cannongate 1997).

Bede, *Ecclesiastical History of the English People*, ed. D. H. Farmer, trans. L. Sherley-Price (Penguin 1990).

Beowulf, trans. Seamus Heaney(Faber 1999).

Blind Harry's Wallace, introduction by Elspeth King(Luath Press 1999).

Bower,Walter, *Scotichronicon*, ed. D. E. R. Watt, 9 vols.(Aberdeen UP/Mercat 1987-1998).

Caesar, Julius, *Gallic Wars*, trans. H. J. Edwards(Loeb Library, Harvard UP 1986).

Camden,William, *The Annals of Elizabeth*(1615).

Camden,William, *Britannia*, trans. Philemon Holland(1637).

Chronicle of Richard of Devizes of the time of King Richard the First, ed. J.T. Appleby (Thomas Nelson 1963).

Chronicle of Walter of Guisborough, previously edited as the chronicle of Walter of Hemingford, ed. Harry Rothwell(Royal Historical Society 1957).

Chronicles of Matthew Paris: monastic life in the thirteenth century, trans. and ed. Richard Vaughan(Sutton 1984).

Early Irish Myths and Sagas, trans. Jeffrey Gantz(Penguin 1981).

English Historical Documents, Vols.I-VI:

    Vol.I *c.* 500-1042, ed. D. Whitelock(Routledge 1995).

    Vol.II 1042-1189, ed. David C. Douglas and G. W. Greenaway(OUP 1996).

---

[*]   BM Press - 대영 박물관 프레스; CUP - 캠브리지 대학 출판부; OUP - 옥스포드 대학 출판부; UCL - 유니버시티 칼리지, 런던; UP - 대학 언론

Vol.III 1189-1327, ed. Harry Rothwell(OUP 1996).

Vol.IV 1327-1485, ed. A. R. Myers(OUP 1969).

Vol.V 1485-1558, ed. C. H. Williams(OUP 1997).

Vol.VI 1558-1603, ed. D. Price(Methuen 1988).

Flores Historiarum, ed. H. R. Ward, Vol.III (1890).

Froissart, Jean, *Chronicles*, trans. and ed. Geoffrey Brerton(Penguin 1968).

Geoffrey of Monmouth, *The History of the Kings of Britain*, trans. Lewis Thorpe(Penguin 1976).

Gerald of Wales, *The History and Topography of Ireland*, trans. J. J. O'Meara(Penguin 1951).

Gerald of Wales, *The Journey Through Wales*, trans. Lewis Thorpe(Penguin 1978).

Gildas, *The Ruin of Britain*, trans. and ed. Michael Winterbottom(Phillimore 1978).

Harrison, William, *The Description of England*, ed. Georges Edelen(Dover Reprints, Constable 1994).

John of Fordun, *Chronicle of the Scottish Nation*, trans. Felix J.H. Skene and ed. William F. Skene(Llanerch 1993).

Leland, John, *John Leland's Itinerary: Travels in Tudor England*, ed. John Chandler(Sutton 1993).

The Mabinogion, trans. Gwyn and Thomas Jones(Dent 1993).

Nennius, *British History and Welsh Annals*, ed. J. Morris(Phillimore 1980).

Orderic Vitalis, *The Ecclesiastical History of England and Normandy*, trans.T. Forester, Vols.I and II(Bohn 1905).

Paris, Matthew, *Illustrated Chronicles of Matthew Paris,* ed. Richard Vaughan(Sutton 1984).

Paston Letters and Papers of the fifteenth century, ed. Norman Davis(Clarendon Press 1971-1976).

St Patrick, *His Writing,* ed. A. B. E. Hood(Phillimore 1978).

Smith, Thomas, *De Republica Anglorum*(Leiden 1630).

Stones, E. L. G.(ed.), *Anglo-Scottish Relations 1174-1328: Some Selected Documents* (Clarendon Press 1963).

Stow, John, *A Survey of London written in the Year 1598*, ed. Henry Morley, introduction by Antonia Fraser(Sutton 1994).

Tacitus, *Agricola*, trans. M. Hutton, rev. ed. R. M. Ogilvie(Loeb Library, Harvard UP 1980).

Vita Edwardi Secundi - The Life of Edward II by the so-called Monk of Malmesbury, trans. N. Denholm-Young(Thomas Nelson 1957).

일반문헌

Bartlett, Robert, *The Making of Europe: Conquest, Colonisation and Cultural Change, 950-1350*(Penguin 1993; Princeton UP 1993).

Black, Jeremy, *A History of the British Isles*(Macmillan 1996; St Martin's Press 1996).

Broun, Dauvit et al.(eds.), *Image and Identity: The Making and Re-making of Scotland through the Ages*(John Donald 1998).

Cannon, John(ed.), *The Oxford Companion to British History*(OUP 1997).

Connolly, S. J.(ed.), *The Oxford Companion to Irish History*(OUP 1998).

Davies, John A., *History of Wales*(Penguin 1994; Viking Penguin 1994).

Davies, Norman, *The Isles: a history*(Macmillan 1999; OUP 1999).

Davies, R. R., *Age of Conquest: Wales 1063 to 1415*(OUP 1992).

Davies, Wendy, *Wales in the Early Middle Ages*(Leicester UP 1982).

Foster, R. F.(ed.), *The Oxford History of Ireland*(OUP 1989).

Frame, Robin, *The Political Development of the British Isles 1100-1400*(OUP 1990).

Given-Wilson, Chris, *The English Nobility in the Late Middle Ages*(Routledge 1987).

Grant, Alexander, and Stringer, Keith J.(eds.), *Uniting the Kingdom: The Making of British History*(Routledge 1995).

Hallam, Elizabeth(ed.), *The Plantagenet Chronicles*(Tiger Books and Random House 1995).

Hanawalt, Barbara, *The Middle Ages - An Illustrated History*(OUP 1998).

Harbison, Peter, *Guide to National and Historic Monuments of Ireland*, 3rd ed.(Gill & Macmillan 1992).

Kearney, Hugh, *The British Isles - A History of Four Nations*(CUP 1989).

Lynch, Michael, *Scotland: A New History*(Pimlico 1991).

Morgan, Kenneth O.(ed.), *The Oxford History of Britain*(OUP 1999).

Platt, Colin, *The Architecture of Medieval Britain: A Social History*(Yale UP 1990).

Pounds, Norman John Greville, *The Medieval Castle in England and Wales: A Social and Political History*(CUP 1990).

Prestwich, Michael, *Armies and Warfare in the Middle Ages*(Yale UP 1996).

Samuel, Raphael, *Theatres of Memory*:

    Vol. 1 Past and Present in Contemporary Culture(Verso l994, 1996).

    Vol. 2 Island Stories. Unravelling Britain, ed. A. Light with S. Alexander and G. Stedman Jones(Verso 1997, 1999).

Somerset-Fry, Plantaganet, *Castles of Britain and Ireland*(David & Charles 1996; Abbeville Press 1997).

Williams, Gwyn A., *When Was Wales?* (Black Raven Press 1985).

Wright, Patrick, *On Living in an Old Country. The National Past in Contemporary Britain* (Verso 1985).

Chapter 1 세상의 끝에서?

Abels, Richard P., *Alfred the Great. War, Kingship and Culture in Anglo-Saxon England* (Longman 1998; Addison-Wesley 1998).

Barber, Richard, *King Arthur: Hero and Legend* (Boydell & Brewer 1994).

Birley, R. E., *Vindolanda. A Roman Frontier Fort on Hadrian's Wall* (Thames & Hudson 1977).

Bland, Roger, and Johns, Catherine, *The Hoxne Treasure* (BM Press 1994).

Bowman, Alan K., *Life and Letters of the Roman Frontier: Vindolanda and its people* (BM Press 1998; Routledge 1998).

Breeze, David, *The Northern Frontiers of Roman Britain* (Batsford 1993).

Breeze, David, and Dobson, Brian, *Hadrian's Wall*, 3rd rev. ed. (Penguin 1991).

Brown, Peter, *The Rise of Western Christendom: Triumph and Diversity AD 200-1000* (Blackwell 1997).

Campbell, James et al. (eds.), *The Anglo-Saxons* (Penguin 1991).

Carver, Martin, *Sutton Hoo: Burial Ground of Kings?* (BM Press 1998; University of Pennsylvania Press 1998).

Crummy, Phillip, *City of Victory: The Story of Colchester* (Colchester Archaeological Trust 1997).

Cunliffe, Barry, *Ancient Celts* (Penguin 2000).

Cunliffe, Barry, *Iron Age Communities in Britain*, 3rd ed. (Routledge 1991).

Cunliffe, Barry, *Roman Bath* (Batsford/English Heritage 1995).

Dodwell, C. R., *Anglo-Saxon Art: A New Perspective* (Manchester UP 1982).

Dumville, D., 'Sub-Roman Britain: History and Legend', *History*, Vol.62, 1977.

Esmonde-Cleary, A. S., *The Ending of Roman Britain* (Batsford 1989 and Routledge 2000).

Fletcher, Richard, *The Barbarian Conversion: From Paganism to Christianity* (University of California Press 1999).

Hanson, R. C. P., *St Patrick: His Origins and Career* (Clarendon Press 1968).

Higham, N. J., *The English Conquest: Gildas and Britain in the fifth century* (Manchester UP 1994).

Higham, N. J., *An English Empire: Bede and the Early Saxon Kingdoms* (Manchester UP

1995).

Higham, N. J., *Rome, Britain and the Anglo-Saxons*(Sealoy 1992).

Hines, John(ed.), *Anglo-Saxons From the Migration Period to the Eighth Century: an ethnographic perspective*(Boydell & Brewer 1997).

Hodges, Richard, *The Anglo-Saxon Achievement: Archaeology and the Beginnings of English Society*(Cornell UP 1994).

James, Simon, *Atlantic Celts: Ancient People or Modern Invention*(BM Press 1999).

James, Simon, *Britain and the Celtic Iron Age*(BM Press 1997).

Johnson, S., *Hadrian's Wall*(Batsford/English Heritage 1989).

Morris, John(ed.), *Arthurian Period Sources*, Vol.IV: *Places and Peoples and Saxon Archaeology*(Phillimore 1995).

O'Kelly, M. J., *Early Ireland*(CUP 1989).

Ottaway, Patrick, *Archaeology in BritishTowns: From the Emperor Claudius to the Black Death*(Routledge 1992).

Potter, T. W., *Roman Britain*(BM Press 1983; University of California Press 1993).

Renfrew, Colin, *The Prehistory of Orkney BC4000-1000AD*(Edinburgh UP 1985).

Ritchie, Anna, *Prehistoric Orkney*(Batsford 1995).

Salway, Peter, *Oxford Illustrated History of Roman Britain*(OUP 1993).

Salway, Peter, *Roman Britain*(OUP 1981, 1984).

Sawyer, Peter(ed.), *The Oxford Illustrated History of the Vikings*(OUP 1997, 2000).

Smyth, Alfred P., *King Alfred the Great*(OUP 1996).

Stenton, Frank M., *Anglo-Saxon England*, 3rd ed.(OUP 1971, 1989; Gordon Press 1977).

Thomas, Charles, *Celtic Britain*(Thames & Hudson 1997).

Todd, Malcolm, *Roman Britain*(Blackwell 1999).

Waddell, John et al.(eds.), *Book of Aran: the Aran Islands, County Galway*(Tir Eolas 1994).

Wood, Michael, *In Search of the Dark Ages*(BBC Books 1987).

Chapter 2 노르만 정복

Barlow, Frank, *Edward the Confessor*(Yale UP 1997).

Bates, David, *William the Conqueror*(George Philip 1989).

Bates, David, and Curry, Anne(eds.), *England and Normandy in the Middle Ages* (Hambledon Press 1994).

Chibnall, Marjorie, *Anglo-Norman England 1066-1166*(Blackwell 1986).

Chibnall, Marjorie, *The World of Orderic Vitalis: Norman Monks and Norman Knights* (Boydell & Brewer 1996).

Clarke, Peter A., *The English Nobility under Edward the Confessor*(OUP 1994).

Davis, R. H. C., *The Normans and their Myth*(Thames & Hudson 1976).

Douglas, David, *William the Conqueror*(Yale UP 1999).

Fleming, R., *Kings and Lords in Conquest England*(CUP 1994).

Gameson, Richard(ed.), *The Study of the BayeuxTapestry*(Boydell & Brewer 1997).

Golding, Brian, *Conquest and Colonisation: Normans in Britain 1066-1100*(Macmillan Press 1994).

Grape, Wolfgang, *The Bayeux Tapestry*(Prestel Verlag 1994).

Hallam, Elizabeth(ed.), *Domesday Book*(Random House 1995).

Higham, N. J., *The Death of Anglo-Saxon England*(Sutton 1998).

Hinde, Thomas(ed.), *Domesday Book: England's Heritage Then and Now*(Bramley Books 1996).

Holt, J. C., *Colonial England 1066-1215*(Hambledon Press 1996).

Holt, J. C.(ed.), *Domesday Studies*(Boydell & Brewer 1990, 1995).

Lemmon, C. H. et al., *The Norman Conquest*(Eyre & Spottiswoode 1966).

McLynn, P. F., *1066: TheYear of the Three Battles*(Pimlico 1999).

Rowley, Trevor, *English Heritage Book of Norman England*(Batsford 1997).

Stafford, Pauline, *Unification and Conquest: A Political and Social History of England in the 10th and 11th Centuries*(Edward Arnold 1995).

Stenton, Frank et al., *The Bayeux Tapestry. A Comprehensive Survey*(Phaidon 1957).

Strickland, M. J., *Anglo-NormanWarfare: Studies in Late Anglo-Saxon and Anglo-Norman Military Organization and Warfare*(Boydell & Brewer 1994).

Walker, Ian W., *Harold: The Last Anglo-Saxon King*(Sutton 1997).

Williams, Ann, *The English and the Norman Conquest*(Boydell & Brewer, 1997).

Wright, Peter P., *Hastings*(Windrush Press and Interlink Publishing 1997).

Chapter 3 해방된 주권?

Barlow, Frank, *Thomas Becket*(Phoenix Press 1986, 1997).

Barlow, Frank, *William Rufus*(Yale UP 2000).

Bartlett, Robert, *England Under the Norman and Angevin Kings, 1075-1225*(OUP 2000).

Bartlett, Robert, *Gerald of Wales 1145-1223*(Clarendon Press 1982).

Bradbury, Jim, *Philip Augustus: King of France, 1180-1283*(Longman 1998; Addison-Wesley

Longman 1997).

Bradbury, Jim, *Stephen and Matilda: the Civil War of 1139-1153*(Sutton 1998).

Brand, Paul, *The Making of the Common Law*(Hambledon Press 1992).

Butler, John, *The Quest for Becket's Bones: the Mystery of the Relics of St. Thomas Beckett of Canterbury*(Yale UP 1996).

Chibnall, Marjorie, *The Empress Matilda: Queen Consort, Queen Mother and Lady of the English*(Blackwell 1993).

Crouch, David, *William Marshal: Court, Career and Chivalry in the Angevin Empire, 1147-1219*(Longman 1994).

Duby, Georges, *William Marshal: The Flower of Chivalry*(Pantheon 1985).

Duby, Georges, *The Three Orders: Feudal Society Imagined*(University of Chicago Press 1982).

Duby, Georges, and Birrell, Jean, *Women of the Twelfth Century, Vol. 1*(Polity Press 1997; University of Chicago Press 1997).

Duby, Georges, and Birrell, Jean, *Women of the Twelfth Century, Vol. 2*(Polity Press 1998; University of Chicago Press 1998).

Flanagan, Marie Therese, *Irish Society, Anglo-Norman Settlers and Angevin Kingship* (Clarendon Press 1989).

Gies, Frances, *The Knight in History*(HarperColllins 1987).

Gillingham, John, *The Angevin Empire*(Holmes & Meier 1984).

Gillingham, John, *Richard I*, 2nd ed.(Yale UP 1999).

Holt, James C., *The Magna Carta*, 2nd ed.(CUP 1992).

Holt, James C., *Robin Hood*(Thames & Hudson 1982, 1989).

Hudson, John, *The Formation of English Common Law*(Longman 1996).

Jolliffe, John E., *Angevin Kingship*(A. & C. Black 1963).

Kelly, A., *Eleanor of Aquitaine and the Four Kings*(Harvard UP 1950).

Leyser, Henrietta, *Medieval Women: A Social History of Women in England 450-1500*(St Martin's Press 1998).

Mortimer, Richard, *Angevin England 1154-1258*(Blackwell, 1996).

Owen, D. D. R., *Eleanor of Aquitaine: Queen and Legend*(Blackwell 1993).

Seward, Desmond, *Eleanor of Aquitaine*(Barnes & Noble 1998).

Turner, Ralph V., *King John*(Longman 1994).

Warren, W. L., *Henry II*(Yale UP 1973).

Warren, W. L., *King John*(Yale UP 1998; Eyre Methuen 1998).

Weir, Alison, *Eleanor of Aquitaine*(Cape 1999).

Alexander, John, and Binski, Paul(eds.), *Age of Chivalry: Art in Plantagenet England, 1200-1400*(Royal Academy in association withWeidenfeld & Nicolson 1987).

Barrow, G. W. S., *Kingship and Unity, Scotland 1000-1306*(Edinburgh UP 1981).

Barrow, G. W. S., *Robert the Bruce and the Community of the Realm of Scotland*, 3rd ed.(Edinburgh UP 1988)

Binski, Paul, *Westminster Abbey and the Plantagenets: Kingship and the Representation of Power, 1200-1400*(Yale UP 1995).

Carpenter, D. A., *The Reign of Henry III*(Hambledon Press 1996).

Cosgrove, Art(ed.), *A New History of Ireland, Vol.II: Medieval Ireland, 1169-1534*, 2nd. ed.(OUP 1993).

Coss, P. R., *The Knight in Medieval England, 1000-1400*(Sutton 1993).

Davies, R. G., and Denton, J. H.(eds.), *The English Parliament in the Middle Ages* (Manchester UP 1981).

Davies, R. R., *The Age of Conquest: Wales 1063-1415*(OUP 1987).

Davies, R. R., *Dominion and Conquest: Ireland, Scotland and Wales, 1100-1300*(CUP 1990).

Duffy, Sean, *Ireland in the Middle Ages*(St Martin's Press 1997).

Duncan, A. A. M., *Scotland: The Making of the Kingdom*(Edinburgh UP 1992).

Dyer, Christopher, *Standards of Living in the Later Middle Ages c.1200-1520*(CUP 1989).

Fawcett, Richard, *Stirling Castle*(Batsford 1996).

Fawcett, Richard, *Scottish Abbeys and Priories*(Batsford 1994).

Fisher, Andrew, *William Wallace*(John Donald 1986).

Harding, Alan, *England in the Thirteenth Century*(CUP 1993).

Hicks, Michael, *Bastard Feudalism*(Longman 1995).

Keen, Maurice, *Chivalry*(Yale UP 1984).

Mackay, James, *William Wallace: Brave Heart*(Mainstream 1996).

McNamee, Colm, *The Wars of the Bruces: Scotland, England and Ireland*(Tuckwell Press 1996).

Maddicott, J. R., *Simon de Montfort*(CUP 1996).

Mundill, Robin R., *England's Jewish Solution: Experiment and Expulsion*(CUP 1998).

Prestwich, Michael, *Edward I*(Yale UP 1997).

Prestwich, Michael, *The Three Edwards: War and State in England, 1272-1377*(Routledge 1997).

Prestwich, Michael, *War, Politics and Finance under Edward I*(Gregg Revivals 1992).

Watson, Fiona, *Under the Hammer: Edward I and Scotland, 1286-1307*(Tuckwell Press 1998).

Webster, Bruce, *Medieval Scotland: The Making of an Identity*(Macmillan 1997).

Young, Alan, *Robert the Bruce's Rivals: The Comyns, 1212-1314*(Tuckwell Press 1997).

Chapter 5 죽음의 왕

Allmand, Christopher, *Henry V*(Yale UP 1993).

Binski, Paul, *Medieval Death: Ritual and Representation*(BM Press 1996; Cornell UP 1996).

Brewer, Derek S., *Chaucer and his World*(D. S. Brewer 1992, 1996).

Burrow, J. A., *Medieval Writers and Their Work*(OUP 1982).

Cam, Helen, *England Before Elizabeth*(Harper Row 1960).

Carpenter, Christine, *Wars of the Roses: Politics and the Constitution in England, 1437-1509*(CUP 1997).

Cohen, Kathleen, *Metamorphosis of a Death Symbol. The Transi Tomb in the Late Middle Ages and Renaissance*(University of California Press 1973).

Dobson, R. B.(ed.), *The Peasants' Revolt 1381*, 2nd ed.(Macmillan 1983).

Gies, Frances, and Joseph, *Life in a Medieval Village*(HarperCollins l990).

Gillespie, J. L., *The Age of Richard II*(Sutton 1997; St Martin's Press 1997).

Gillingham, John(ed.), *Richard III: A Medieval Kingship*(St Martin's Press 1993).

Gottfried, R. S., *The Black Death. Natural and Human Disaster in Medieval Europe*(The Free Press 1983).

Griffiths, R.A., *The Reign of Henry VI*(Sutton 1998).

Hanawalt, Barbara, *Growing Up in Medieval London: the Experience of Childhood in History*(OUP 1993, 1995).

Hanawalt, Barbara, *The Ties that Bound: Peasant Families in Medieval England*(OUP 1986).

Hatcher, John, *Plague, Population and the English Economy, 1348-1530*(Macmillan 1977, 1986).

Herlihy, David, *Black Death and the Transformation of the West*(Harvard UP 1997).

Horrox, Rosemary(trans.), *Black Death*(Manchester UP 1994).

Horrox, Rosemary(ed.), *Fifteenth-Century Attitudes: Perceptions of Society in Late Medieval England*(CUP 1994, 1997).

Horrox, Rosemary, *Richard III: A Study of Service*(CUP 1991).

Hughes, Jonathan, *The Religious Life of Richard III: Piety and Prayer in the North of England*(Sutton 1997).

Keen, Maurice H., *English Society in the Later Middle Ages, 1348-1500*(Penguin 1991).

Lander, J. R., *Government and Community: England, 1450-1509*(Arnold 1980; Harvard UP 1980).

McFarlane, K. B., *The Nobility of Later Medieval England*(OUP 1973).

McNeill, William H., *Plagues and Peoples*(Doubleday 1977; Peter Smith 1992).

Nicholas, David, *The Later Medieval City, 1300-1500*(Longman 1977).

Ormrod, Mark, and Lindley, Phillip(eds.), *The Black Death in England, 1348-1500*(P. Watkins 1996).

Ormrod, W. M., *The Reign of Edward III*(Tempus Publishing 1999).

Platt, Colin, *King Death: The Black Death and its Aftermath in Late Medieval England*(UCL Press 1996; University of Toronto Press 1996).

Richmond, Colin, *The Paston Family in the Fifteenth Century: Fastolf 's Will*(CUP 1996).

Ross, Charles, *The Wars of the Roses*(Thames & Hudson 1986).

Ross, Charles, *Richard III*(Methuen 1981; University of Chicago Press 1983).

Saul, Nigel(ed.), *The Oxford History of Medieval England*(OUP 1997).

Saul, Nigel, *Richard II*(Yale UP 1997, 1999).

Sumption, Jonathan, *The Hundred Years War, Vol. 1: Trial by Battle*(Faber 1999; University of Pennsylvania Press 1999).

Sumption, Jonathan, *The Hundred Years War, Vol. 2: Trial by Fire*(Faber 1999; University of Pennsylvania Press 1999).

Tuck, Anthony, *Crown and Nobility: England 1272-1461: political conflict in late medieval England*, 2nd ed.(Blackwell 1999).

Tuck, J. A., *Richard II and the English Nobility*(Arnold 1973).

Virgne, R.(ed.), *The Illustrated Letters of the Paston Family*(Macmillan 1989).

Waugh, Scott L., *England in the Reign of Edward III*(CUP 1991).

Webster, Bruce, *The Wars of the Roses*(University of California Press 1997).

Ziegler, Philip, *The Black Death*(Sutton 1998).

Chapter 6 불타는 종교적 신념들

Ackroyd, Peter, *The Life of Thomas More*(Chatto &Windus 1999).

Anglo, Sydney, *Images of Tudor Kingship*(Seaby 1992).

Aston, Margaret, *England's Iconoclasts-Laws Against Images*(Clarendon Press 1988).

Aston, Margaret, *The King's Bedpost: Reformation and Iconography in aTudor Group Portrait*(CUP 1995).

Bossy, J., *The English Catholic Community, 1570-1850*(Darton, Longman & Todd 1975).

Brigden, S., *London and the Reformation*(OUP 1989).

Chadwick, Owen, *The Reformation*(Penguin 1964).

Collinson, Patrick, *The Birthpangs of Protestant England: Religious and Cultural Change In the 16th and 17th Centuries*(Macmillan 1988, 1991).

Collinson, Patrick, *The Religion of Protestants: the Church in English Society, 1559-1625* (OUP 1984).

Cressy, David, *Bonfires and Bells-National Memory and the Protestant Calendar in Elizabethan and Stuart England*(Weidenfeld & Nicolson 1989).

Cressy, David, *Birth, Marriage and Death: Ritual and Religion in Tudor and Stuart England* (OUP 1997, 1999).

Daniell, David, *William Tyndale: A Biography*(Yale UP 1994).

Dickens, A. G., *The English Reformation*, 2nd rev. ed.(Batsford 1991; Pennsylvania State UP 1991).

Donaldson, Gordon, *The Scottish Reformation*(CUP 1960).

Doran, Susan, and Durston, Christopher, *Princes, Pastors and People*(Routledge 1991).

Duffy, Eamon, *The Stripping of the Altars: Traditional Religion in England, 1400-1580*(Yale UP 1994).

Dymond, David, and Paine, Clive, *The Spoil of Melford Church*(Suffolk Books 1992).

Ellis, Steven G., *Tudor Ireland, 1470-1603*(Longman 1985).

Elton, G. R., *Policy and Police: The Enforcement of the Reformation in the Age of Thomas Cromwell*(CUP 1972).

Elton, G. R., *Reform and Reformation: England 1509-1558*(Arnold 1977).

Erickson, Carroly, *Bloody Mary: Life of Mary Tudor*(Robson Books 1995, 1997).

Fletcher, Anthony, and MacCulloch, Diarmaid, *Tudor Rebellions Seminar*, 4th ed.(Longman 1997).

Guy, John, *Tudor England*(OUP 1988).

Guy, John, *The Tudor Monarchy*(Arnold 1997).

Haigh, Christopher, *English Reformations: Religion, Politics and Society under the Tudors* (OUP 1993).

Haigh, Christopher(ed.), *The English Reformation Revised*(CUP 1987).

Haigh, Christopher, *Reformation and Resistance in Tudor Lancashire*(CUP 1975).

Hearn, Karen(ed.), *Dynasties: Painting in Tudor and Jacobean England 1530-1630*(Tate

Publishing, 1995).

Hoak, Dale E.(ed.), *Tudor Political Culture*(CUP 1995).

Hutton, Ronald, *The Rise and Fall of Merrie England: the RitualYear 1400-1700*(OUP 1996).

Ives, E., *Anne Boleyn*(Blackwell 1986).

Kamen, Henry, *Philip of Spain*(Yale UP 1997, 1999).

King, John N., *Tudor Royal Iconography: Literature and Art in an Age of Religious Crisis* (Princeton UP 1989).

Lacey, Robert, *The Life and Times of Henry VIII*(Abbeville Press 1992).

Lloyd, Christopher, and Thurley, Simon, *Henry VIII: Images of a Tudor King*(Phaidon Press 1996).

Loach, Jennifer, *Edward VI*(Yale UP 1999).

Loades, David, *Power in Tudor England*(Macmillan 1996; St Martin's Press 1996).

Loades, David, *Tudor Government: Structures of Authority in the Sixteenth Century* (Blackwell 1997).

MacCulloch, Diarmaid, *The Later Reformation, 1547-1603*(Macmillan 1990).

MacCulloch, Diarmaid, *The Reign of Henry VIII: Politics, Policy and Piety*(Macmillan Press 1995).

MacCulloch, Diarmaid, *Thomas Cranmer: A Life*(Yale UP 1996).

MacCulloch, Diarmaid, *Tudor Church Militant: Edward VI and the Protestant Reformation* (Allen Lane 2000).

Marshall, Peter, *The Catholic Priesthood and the English Reformation*(OUP 1994, 1997).

Marshall, Peter, *The Impact of the English Reformation 1500-1640*(Arnold 1997; OUP 1997).

Platt, Colin, *The Great Rebuildings of Tudor and Stuart England*(UCL Press 1994).

Rex, Richard, *Henry VIII and the English Reformation*(Macmillan 1993; St Martin's Press 1993).

Rosman, D., *From Catholic to Protestant: Religion and the People in Tudor England*(UCL Press 1993, 1996).

Rowse, A. L., *Tudor Cornwall*(Cape 1941).

Scarisbrick, J. J., *Henry VIII*(Yale UP 1968).

Scarisbrick, J. J., *The Reformation and the English People*(Blackwell 1995).

Thomas, Keith, *Religion and the Decline of Magic: Studies in Popular Beliefs in Sixteenth and Seventeenth Century England,* new ed.(Weidenfeld & Nicolson 1997; OUP 1997).

Thurley, Simon, *The Royal Palaces in Tudor England: Architecture and Court Life,*

1460-1547(Yale UP 1993).

Todd, M., *Reformation to Revolution*(Routledge 1995).

Warnicke, Retha M., *The Marrying of Anne of Cleves: Royal Protocol in Tudor England* (CUP 2000).

Warnicke, Retha M., *The Rise and Fall of Anne Boleyn*(CUP 1991).

Watt, Tessa, *Cheap Print and Popular Piety 1550-1640*(CUP 1993).

Whiting, Robert, *The Blind Devotion of the People: Popular Religion and the English Reformation*(CUP 1989).

Wormald, Jenny, *Court, Kirk and Community: Scotland, 1470-1625*(Edinburgh UP 1991).

Chapter 7 여왕의 신체

Collinson, P., *The Religion of Protestants: The Church in English Society 1559-1625*(OUP 1982).

Ellis, Steven, *Tudor Frontiers and Noble Power: The Making of the British State*(OUP 1995).

Falls, Cyril, *Elizabeth's Irish Wars*(Constable 1996, 1997; Syracuse UP 1997).

Fletcher, Anthony, *Gender, Sex and Subordination in England 1500-1800*(Yale UP 1996).

Fletcher, Anthony, and Stevenson, John(eds.), *Order and Disorder in Early Modern England*(CUP 1985).

Fraser, Antonia, *Mary, Queen of Scots*(Weidenfeld & Nicolson 1990; Dell 1993).

Frye, Susan, *Elizabeth I: The Competition for Representation*(OUP 1996).

Graves, Michael A., *Elizabethan Parliaments*, 2nd ed.(Longman 1996; Addison-Wesley Longman 1996).

Guy, John(ed.), *The Reign of Elizabeth I: Court and Culture in the Last Decade*(CUP 1995).

Hackett, Helen, *Virgin Mother, Maiden Queen: Elizabeth I and the Cult of the Virgin Mary* (Macmillan 1995; St Martin's Press 1995).

Helgerson, Richard, *Forms of Nationhood: The Elizabethan Writing of England*(University of Chicago Press 1992, 1994).

Levin, Carole, *The Heart and Stomach of a King: Elizabeth I and the Politics of Sex and Power*(University of Pennsylvania Press 1994).

MacCaffrey, Wallace T., *Elizabeth I and Religion*(Routledge 1993).

MacCaffrey, Wallace T., *Elizabeth I: War and Politics, 1588-1603*(Princeton UP 1994).

Martin, Colin, and Parker, Geoffrey, *The Spanish Armada*, 2nd ed.(Mandolin and

Manchester UP 1999; W. W. Norton 1992).

Mattingley, Garrett, *The Defeat of the Spanish Armada*(Pimlico 2000).

Neale, J. S., *Elizabeth I and her Parliaments*(Cape 1957).

Patterson, Annabel, *Reading Holinshed's Chronicles*(University of Chicago Press 1994).

Quinn, D. B., *The Elizabethans and the Irish*(Cornell UP 1966).

Rowse, A. L., *The Elizabethan Age: the England of Elizabeth*, 2 vols.(Macmillan 1955).

Russell, Conrad, *The Crisis of Parliaments 1529-1660*(OUP 1971).

Salgado, Gamini, *The Elizabethan Underworld*(Sutton 1992, 1997).

Somerset, Anne, *Elizabeth I*(Phoenix Press 1997).

Strong, Roy, *The Cult of Elizabeth: Elizabethan Portraiture and Pageantry*(Pimlico 1999).

Walker, Julia M., *Dissing Elizabeth: Negative Representations of Gloriana*(Duke UP 1998).

Williams, Pendry, *The Later Tudors, England 1547-1603*(OUP 1995).

Williams, Pendry, *Tudor Regime*(Clarendon Press 1979).

Wilson, Charles, *Queen Elizabeth I and the Netherlands*(Macmillan 1970).

Woodfield, D. B., *Surreptitious Printing in England 1550-1640*(Bibliography Society of America 1973).

Yates, Frances A., *Astraea*(Routledge 1999).

찾아보기

옮긴이의 글

이 책의 시작은 영국 BBC가 기획한 '텔레비전 영국사'였다. 전문적인 학술토론보다는 일반 시청자들과의 활발한 소통과 공감 영역 확보라는 기술적인 측면이 더 요구되는 프로젝트였다. 그런 의미에서, 영국사라는 특정 분야에 국한되지 않고 네덜란드와 프랑스 등 유럽 전반에 걸친 폭넓은 역사 지식을 갖췄으며, 또한 미국 PBS 텔레비전 방송을 통해 예술비평 분야에서 일반 시청자들과 많은 교류 경험을 가지고 있던 사이먼 샤마가 이 다큐멘터리 프로젝트의 작가 및 진행자로 선정된 것은 자연스러운 일이었다.

상냥하고 맛깔스러운 샤마의 화법은 일반인들에게는 더 없는 행운이었겠지만, 그의 텔레비전 프로젝트가 바탕이 되어 탄생한 그의 책 『사이먼 샤마의 영국사』를 번역하는 작업은 하나의 지난한 도전 과제였다. 끝없이 이어지는 중복문의 행렬은 차치하더라도, 구체적인 사건들, 그리고 유물과 유적에 대한 그의 거리낌 없는 묘사를 원문이 가진 생생함을 희생시키지 않고 온전한 우리말로 옮긴다는 것은 결코 쉬운 일이 아니었다. 그럼에도 이 책의 번역 작업이 온통 인내와 고통의 점철로 귀결될 것이라는 생각은 기우에 불과했다. 번역이 진행되면 될수록 이 책이 가진 매력에 빠져들었기 때문이었다.

우선, 책 전체를 관통하고 있는 저자의 균형적 시각은 일반 독자들뿐 아니라, 자칫하면 나 같은 전공자들조차 빠져들 수 있는 '영국사의 함정'을 피해 갈수 있게 해준다. 그 함정이란 '아주 특별한' 영국만의 특성을 강조하는 가운데,

영국사를 자유와 민주주의를 향한 필연적이고 영속적인 역사로 가정하는 것을 말한다. 사이먼 샤마는 영국사가 여러 우연적인 사건들과 외래적 제도와 문물의 영향이 뒤섞인 혼합적인 역사였음을, 그러면서도 그것이 형해화되거나 분자화된 역사가 아니라, 간헐적인 전진과 후퇴를 거듭하면서 점진적으로 국민적 정체성을 형성해 가는 과정임을 말해 주고 있다. 전통적인 역사와 수정주의 사관 사이에서 절묘한 균형을 유지하는 것이 그리 쉬운 일은 아니다.

이 책의 또 다른 미덕은 내러티브(이야기)들이 있다는 것이다. 더구나 그 내러티브들이 사회적·경제적 이슈까지 포괄하고 있기에, 읽는 사람에 따라 읽는 재미가 배가될 수 있다. 제1권의 경우에는 선사시대에서 출발하여, 로마인들의 도래, 노르만 정복과 앙주제국의 성립, 흑사병, 그리고 처녀 여왕 엘리자베스에 이르기까지, 영국사에서 놓치기 싫은 장면들을 흥미로운 내러티브로 풀어나가고 있다.

끝으로 이 책의 번역이 이루어지기까지 2년이 넘는 시간이 속절없이 흘러갔다. 그 오랜 시간을 인내심을 가지고 지켜본 출판사와 꼼꼼하고 성실한 편집으로 크고 작은 오류를 바로잡아준 조인순 팀장에게 감사를 표한다(그럼에도 남아 있는 오류는 나의 책임이다).

지은이

사 이 먼 샤 마 Simon Schama

영국 캠브리지 대학교 크라이스트 칼리지에서 역사학을 공부했으며, 동 대학원에서 석사 학위를 받았다. 미국 컬럼비아 대학교에서 예술사 및 역사학 교수로 재직하고 있다. 『시민들: 프랑스혁명의 연대기(Citizens: A Chronicle of the French revolution)』(1989), 『애국자들과 해방자들: 네덜란드의 혁명, 1780~1813(Patriots and Liberators: Revolution in the Netherlands, 1780-1813)』을 비롯한 유럽 역사, 그리고 미술사 및 미술 비평 분야에서 업적을 쌓았다. 특히 텔레비전 방송에서 다큐멘터리 작가 및 진행자로서 두드러진 활약을 펼치면서 'T.V. 역사가'라는 독특한 장르를 성공적으로 개척했다는 평가를 받는다. 1989년 PBS의 〈서양의 미술(Art of the Western World)〉 시리즈로 시작된 그의 방송 분야 작업은 2000~2002년 방영된 BBC 텔레비전 다큐멘터리 시리즈 〈영국사(A History of Britain)〉로 세계적인 명성을 얻었으며, 2006년 미술 특강 8부작 〈사이먼 샤마의 파워 오브 아트(Simon Schama's Power of Art)〉와 2008년 〈미국의 미래(The American Future)〉, 그리고 2013년 방영된 〈유태인들의 이야기(The Story of the Jews)〉 등의 BBC 후속작들도 주목을 받았다. 2018년 역사학에 대한 그의 공로로 기사(Knight Bachelor)에 서임되었다.

옮긴이

허 구 생

미국 미네소타 대학교에서 「영국 튜더 시대 빈민법에 관한 연구」로 역사학 박사학위를 받았으며, 서강대학교 국제문화교육원장을 역임했다. 역사학의 대중화에 각별한 관심을 가지고 ≪한국경제≫에 '경제사 다시 읽기'와 '다산칼럼'을 집필하는 등 주요 일간지에 100여 편의 역사, 문화 관련 칼럼을 게재했으며, 세리시이오(SERICEO)의 동영상 강의 '라이벌의 역사'를 70회 넘게 진행했다. 저서로는 『빈곤의 역사, 복지의 역사』(2002 문화관광부 우수학술도서 선정), 『울퉁불퉁한 우리의 근대』(2013), 『근대초기의 영국』(2015, 세종도서 학술부문 선정) 등이 있고, 역서로는 『사회복지의 사상: 역사적 기원과 쟁점들』(2003) 등이 있다.

한울아카데미 2387

사이먼 샤마의 영국사 1

지은이 **사이먼 샤마** ㅣ 옮긴이 **허구생** ㅣ 펴낸이 **김종수** ㅣ 펴낸곳 **한울엠플러스(주)** ㅣ 편집 **조인순**

초판 1쇄 인쇄 **2022년 8월 5일** ㅣ 초판 1쇄 발행 **2022년 8월 10일**

주소 **10881 경기도 파주시 광인사길 153 한울시소빌딩 3층**
전화 **031-955-0655** ㅣ 팩스 **031-955-0656**
홈페이지 **www.hanulmplus.kr** ㅣ 등록번호 **제406-2015-000143호**

Printed in Korea.
ISBN 978-89-460-7387-6 93920 (양장)
　　　978-89-460-8199-4 93920 (무선)
※ 책값은 겉표지에 표시되어 있습니다.
※ 무선제본 책을 교재로 사용하시려면 본사로 연락해 주시기 바랍니다.